132poFoto: kj

Kristine Jaath
Polen – Ostseeküste
und Pommersche Seenplatte

„Die Leidenschaft des Reisens
ist das weiseste Laster,
welches die Erde kennt."

Bruno H. Bürgel (1875–1948), deutscher Astronom und Schriftsteller

Impressum

Kristine Jaath
Polen – Ostseeküste und Pommersche Seenplatte

erschienen im
Reise Know-How Verlag Peter Rump GmbH
Osnabrücker Str. 79
33649 Bielefeld

1. Auflage August 2008

Gestaltung
Umschlag: G. Pawlak, P. Rump (Layout);
Andrea Hesse (Realisierung)
Inhalt: Günter Pawlak (Layout);
Andrea Hesse (Realisierung)
Fotos: die Autorin
Titelfoto: die Autorin (Motiv: der Strand von Ustronie Morskie)
Karten: Catherine Raisin, der Verlag, world mapping project (Atlas)
Bildbearbeitung: Klaus Werner

Lektorat: Andrea Hesse

Druck und Bindung: Media Print, Paderborn

ISBN 978-3-8317-1682-1
Printed in Germany

Dieses Buch ist erhältlich in jeder Buchhandlung Deutschlands, der Schweiz, Österreichs, Belgiens und der Niederlande.
Bitte informieren Sie Ihren Buchhändler über folgende Bezugsadressen:

Deutschland
Prolit GmbH, Postfach 9,
D-35461 Fernwald (Annerod)
sowie alle Barsortimente

Schweiz
AVA-buch 2000
Postfach, CH-8910 Affoltern

Österreich
Mohr Morawa Buchvertrieb GmbH
Sulzengasse 2, A-1230 Wien

Niederlande, Belgien
Willems Adventure
www.willemsadventure.nl

Wer im Buchhandel trotzdem kein Glück hat, bekommt unsere Bücher auch über unseren **Büchershop im Internet:**
www.reise-know-how.de

Wir freuen uns über Kritik, Kommentare und Verbesserungsvorschläge.

Alle Informationen in diesem Buch sind von der Autorin mit größter Sorgfalt gesammelt und vom Lektorat des Verlages gewissenhaft bearbeitet und überprüft worden.

Da inhaltliche und sachliche Fehler nicht ausgeschlossen werden können, erklärt der Verlag, dass alle Angaben im Sinne der Produkthaftung ohne Garantie erfolgen und dass Verlag wie Autorin keinerlei Verantwortung und Haftung für inhaltliche und sachliche Fehler übernehmen.

Die Nennung von Firmen und ihren Produkten und ihre Reihenfolge sind als Beispiel ohne Wertung gegenüber anderen anzusehen. Qualitäts- und Quantitätsangaben sind rein subjektive Einschätzungen der Autorin und dienen keinesfalls der Bewerbung von Firmen oder Produkten.

120po Foto: kj

Reise Know-How im Internet

Aktuelle Reisetipps und Neuigkeiten
Ergänzungen nach Redaktionsschluss
Büchershop und Sonderangebote

www.reise-know-how.de
info@reise-know-how.de

Wir freuen uns über Anregung und Kritik.

Vorwort

Wieso ich nach Polen und nicht nach Mallorca oder in die Karibik fahre, fragt man mich oft. Die Antwort ist einfach: Weil Polen und ganz besonders der polnische Norden zauberhaft schön ist und weil die Menschen so herzlich sind.

Natürlich besteht an der Ostsee und an der Pommerschen Seenplatte keine Gut-Wetter-Garantie. Dafür wird man mit der Abwesenheit von Urlauberbettenburgen im Ballermann-Stil entschädigt. Natur pur, herrliche Sandstrände, Küstenkliffs, Dünengebirge, unzählige glasklare Seen, bunte Wiesen, weite Felder und riesige Waldlandschaften sind die Alternative zu den mediterranen und karibischen Badepisten.

Die nächste Antwort: Weil es zudem so viel von Menschenhand Geschaffenes zu entdecken gibt: die Schlösser der pommerschen Herzöge, die backsteingotischen Kirchen und Klöster, die stolzen Burgen der Ordensritter und die traditionsreichen alten Hansestädte – kurz, ein eintausendjähriges europäisches Kulturerbe.

Die dritte Antwort ist ebenso einfach: Polen ist unser Nachbarland. Den meisten Menschen, die mit dem Eisernen Vorhang aufwuchsen, sind interkontinentale Fernreiseziele gewiss näher als unser östlicher Nachbar. Umso spannender ist es, dieses herrliche Land neu zu entdecken.

Die vierte Antwort ist persönlich und führt unmittelbar zur fünften: Das historische Hinterpommern und weiter östlich Masuren ist die alte Heimat meiner Familie. Bis zum Fall des Eisernen Vorhangs war dort niemand mehr von ihnen, und vielleicht musste es erst der Enkelgeneration überlassen werden, alte Wunden zu schließen. Von den Ruinen der Pommernwallbunker bis zum Konzentrationslager Stutthoff an der Danziger Bucht zählt auch dieses schwierige Erbe zu den herausragenden Besichtigungszielen. Auch in diesem historischen Spannungsfeld bewegt sich eine Reise durch das nördliche Polen.

Seit meinen ersten Fahrten Anfang der 1990er Jahre durch die damals noch junge demokratische Republik Polen war das Land unglaublichen Veränderungen unterworfen. Neue Woiwodschaftsgrenzen wurden gezogen, neue Grenzübergänge geöffnet, neue Postleitzahlen herausgegeben, landesweit neue Telefonnummern verteilt, Hotels und Informationsstellen geöffnet und wieder geschlossen. Was soeben noch galt, bestand im nächsten Moment oft schon nicht mehr. Und der Wandel ist noch nicht abgeschlossen. Daher bitte ich um Verständnis, falls sich die eine oder andere Information schon in kürzester Zeit wieder geändert hat.

Was aber bei allem Wandel unverändert geblieben ist, sind die zauberhaft schöne Natur und die herzlichen Menschen. So wünsche ich Ihnen eine angenehme, spannende und erlebnisreiche Reise an die polnische Ostseeküste und die Pommersche Seenplatte – eine Reise in das Herz Europas.

Kristine Jaath

Inhalt

Praktische Reisetipps A–Z

Land und Natur

121po Foto: kj

Staat und Gesellschaft

Menschen und Kultur

Westpommern (Zachodniopomorskie)

Stettin und Umgebung

Die Insel Wolin

Von Kamień Pomorski nach Kołobrzeg

Von Kołobrzeg nach Darłowo

An der Drawsko-Seenplatte

Im Südwesten von Westpommern

Im Südosten von Westpommern

Exkurse und Info-Kästen

Karten und Pläne

Kaschubische Schweiz

Südliches Kaschubien

Anhang

Kartenatlas nach Seite 436

Hinweise zur Benutzung

Gliederung

Dieser Band ist ein Tourenführer zum Entdecken und Kennenlernen der beiden nordwestlichen Woiwodschaften (Verwaltungsbezirke) Polens: **Westpommern (Zachodniopomorskie)** und **Pommern (Pomorskie).**

Er beginnt mit dem Abschnitt **„Praktische Reisetipps von A bis Z“,** in dem alles Wissenswerte zu Anreise, Geldfragen, Unterkünften, Transport- und Verkehrsmitteln, Essen und Trinken und vieles mehr zu finden ist.

Die anschließenden Kapitel stellen das **Land und seine Bewohner** vor: Natur, Geschichte, Staat und Gesellschaft, Kultur, Traditionen und Alltagsleben in Polen.

Der Hauptteil des Reiseführers widmet sich der Beschreibung von **Orten und Sehenswürdigkeiten** im nordwestlichen Polen. Er ist in die Großkapitel „Westpommern (Zachodniopomorskie)“ und „Pommern (Pomorskie)“ eingeteilt. In den beiden Kapiteln geht die Reise jeweils **von West nach Ost** im ersten Abschnitt an der Ostseeküste entlang, im zweiten Abschnitt durch das zentrale Binnenland und im dritten Abschnitt durch das südliche Binnenland. Die **Einteilung** folgt dabei in etwa den **Hauptverkehrsadern:** Abschnitt 1 Ostseeküste mit Hinterland bis zur Fernstraße 6 (E 28), Abschnitt 2 zentrales Binnenland zwischen Fernstraße 6 und Fernstraße 20 und Abschnitt 3 von der Fernstraße 20 durch das südliche Binnenland bis zur Woiwodschaftsgrenze im Süden. In der Woiwodschaft Pomorskie werden außerdem die bedeutendsten Sehenswürdigkeiten in der Weichselniederung beschrieben.

Am Anfang jedes Regionalkapitels und jedes Abschnitts steht ein **Überblick** über das betreffende Gebiet. Darauf folgen die Beschreibungen der Ortschaften, ihrer Geschichte und Sehenswürdigkeiten sowie im Anschluss die reisepraktischen Informationen.

Für die Suche nach einem bestimmten Ort oder einem Sachgebiet steht im **Anhang** ein umfangreiches **Register** zur Verfügung. Ferner findet man dort eine kleine Sprachhilfe, eine Übersetzungshilfe für die Speisekarte, Literaturhinweise und ein **Verzeichnis** der polnischen, ehemals deutschen **Ortschaften** sowie von **geografischen Bezeichnungen** (Deutsch – Polnisch/Polnisch – Deutsch).

Karten und Pläne

Bei größeren und wichtigen oder auch unübersichtlichen Orten finden sich **Stadtpläne.** Der Übersichtlichkeit halber sind dabei Sehenswürdigkeiten, die im Text stets mit ihrer polnischen Bezeichnung und der deutschen Übersetzung genannt werden, in den Kartenlegenden nur mit ihren **deutschen Bezeichnungen** eingetragen, sonst sähen viele Legendenpunkte etwa so aus: „Kirche der Unbefleckten Empfängnis der Jungfrau Maria (Kościół pw. Niepokalanego Poczęcia Najświętszej Marii Panny)“, was sicher mehr verwirrt als hilft.

Das vorgestellte Gebiet ist am Ende des Buches in einem **Kartenatlas** dargestellt. In den **Überschriften** zu den Ortsbeschreibungen, Regionen und Sehenswürdigkeiten wird auf den Atlas verwiesen, damit sich die entsprechende Seite schneller finden lässt. Dabei verweist die römische Zahl auf die Atlasseite, Buchstaben und arabische Ziffern geben das jeweilige Planquadrat an. So bedeutet z.B. **XX/A2,** dass der Ort auf der Atlasseite XX zu finden ist, genauer im Planquadrat A2. **XX/A2-3** bedeutet, dass das Gebiet (z.B. ein Nationalpark) über mehrere Planquadrate verläuft.

Abkürzungen und Schreibweisen von Internetadressen

Die Abkürzung „ul." bei den Adressangaben steht für das polnische *ulica,* Straße, „al." für *aleja,* Allee, und „pl." für *plac,* Platz.

Internetadressen, die über **zwei Zeilen** verlaufen, sind nur dort mit einem **Trennstrich** geschrieben, wo dieser zur Adresse gehört.

Unterkunftspreise

Die Preisangaben für Unterkünfte gelten, sofern nicht anders angegeben, stets für ein **Doppelzimmer** für zwei Personen mit WC/Duschbad inklusive Frühstück in der Hochsaison. Die **Sterne,** mit denen die Quartiere versehen sind, kennzeichnen ausschließlich die Preisklasse und nicht die Qualität der Unterkunft. Näheres ⇗„Praktische Reisetipps von A bis Z, Unterkunft".

Namen und Ortsbezeichnungen

Als ich in einem Gespräch mit meinem Großvater von „E-ł-k" in Masuren berichtete, wollte er nicht verstehen, dass ich von „L-y-c-k" sprach, der Stadt, in der er geboren wurde und aufwuchs. Auf einmal konnten wir uns nicht mehr verstehen. Denn diese simplen drei oder vier Buchstaben, die doch nur einen Ort auf der Erde bezeichnen, bedeuteten zugleich die vielen furchtbaren Dinge, die sich zwischen Deutschen und Polen ereigneten. Sie handeln von Unterdrückung, von Krieg und Vertreibung und tragen oft heute noch einen unendlichen Schmerz.

Sagt ein Engländer „Naples" und ein Deutscher „Neapel", wird sich der Einwohner der italienischen Stadt Napoli gewiss nicht gekränkt fühlen. Die Entscheidung für „Ełk" oder „Lyck" bezeichnet dagegen leider oft immer noch die Art und Weise der Auseinandersetzung mit der deutsch-polnischen Geschichte. Und die Namen sind nicht selten ein Spiegel davon – im Guten wie im Schlimmen.

Und wie halte ich es hier? Ich beschreibe die Regionen im nordwestlichen Polen im Respekt vor den Menschen, die 1945 ihre Heimat verloren, Deutschen wie Polen, und im Gedenken an die sechs Millionen polnischen Toten im Zweiten Weltkrieg, die Hitler-Deutschland verschuldet hat.

Die beiden großen Städte im Reisegebiet, **Stettin** (Szczecin) und **Danzig** (Gdańsk), werden, wie in der öffentlichen Berichterstattung auch, mit ihren deutschen Namen genannt. Bei allen anderen Orten werden ihre polnischen Namen verwendet, der ehemalige deutsche Name wird **einmalig in Klammern** genannt.

Die **Sehenswürdigkeiten** wie Kirchen und Museen sind im Text aus Gründen der besseren Lesbarkeit zuerst mit ihrem deutschen Namen aufgeführt, in Klammern folgt die polnische Bezeichnung. Die wenigsten Hinweistafeln in den polnischen Städten sind deutsch- oder englischsprachig.

Die **geografischen Bezeichnungen** sind ebenfalls der Lesefreundlichkeit angepasst. Ein See wird nicht zum *jezioro,* sondern bleibt ein See, auch

122po Foto: kj

wenn er nicht mehr Madü- sondern Miedwie-See heißt. Wichtig ist nur zu wissen, dass, wenn man mit einer polnischen Landkarten reist, die Abkürzung „Jez." See bedeutet, und, sofern eine Karte aus einem deutschen „Heimwehverlag" mit auf die Reise geht, der Name „Miedwie" nur lupenkleingedruckt unter „Madü" steht.

Ansonsten werden die geografischen Bezeichnungen in diesem Reiseführer frei verwendet (mit Schwerpunkt auf den deutschen Namen). So

Das Land im Überblick

- **Name:** Polen (dt.), Rzeczpospolita Polska (poln.)
- **Lage:** Das Land grenzt im Norden an die russische Exklave Kaliningrad und an Litauen, im Osten an Weißrussland und die Ukraine, im Süden an die Slowakei und Tschechien sowie im Westen an Deutschland.
- **Hauptstadt:** Warschau (poln. Warszawa)
- **Staatsform:** Parlamentarische Republik
- **Staatsoberhaupt:** Präsident Lech Kaczyński
- **Regierungschef:** Ministerpräsident Donald Tusk
- **Fläche:** 312.685 km²
- **Einwohner:** 38,7 Millionen
- **Bevölkerungsdichte:** 124 Einwohner/km²
- **Amtssprache:** Polnisch
- **Nationalhymne:** Mazurek Dąbrowskiego
- **Währung:** Złoty (Zł.)
- **Kfz-Kennzeichen:** PL
- **Internet-TLD:** .pl
- **Vorwahl:** +48

ist neben dem „Gosań-Berg" auch der „Góra Gosań" (*góra* = poln. Berg) zu finden, einfach weil es dasselbe bedeutet, indes eine **polnischsprachige Karte** für uns dadurch lesbarer wird. Entsprechendes gilt auch für die „Pojezierze Kaszubskie" oder „Kaschubische Seenplatte" und „Pomorze" oder „Pommern". Und last, but not least: Zatoka Gdańska ist wie im Deutschen die Danziger Bucht, wohingegen „Zalew Wiślany" übersetzt „Weichsel-Haff" bedeutet, das Weichsel-Haff in der deutschsprachigen Landeskunde aber als „Frisches Haff" bezeichnet wird. Im Text findet sich in den meisten Fällen sowohl die polnische als auch deutsche Bezeichnung, sodass die Orientierung sowohl im Text als auch in den Karten leicht fallen dürfte.

Drachenbootfahrt in Kołobrzeg

092po Foto: kj

Praktische Reisetipps von A bis Z

133po Foto: kj

134po Foto: kj

Camping am Jamno-See

Am Strand von Gąski

Im Dendrologischen Garten von Glinna

Anreise

Einreisebedingungen

Für die Einreise nach Polen und einen Aufenthalt **bis zu 90 Tagen** in einem Zeitraum von sechs Monaten benötigen EU-Bürger einen gültigen **Personalausweis,** Schweizer einen gültigen Reisepass.

Möchte man länger bleiben, ist eine befristete **Aufenthaltserlaubnis** erforderlich, die man beim zuständigen Woiwodschaftsamt beantragen kann.

Kinder unter 16 Jahre reisen mit einem eigenen Kinderlichtbildausweis oder müssen im Pass der Eltern eingetragen sein.

In Deutschland, Österreich oder der Schweiz lebende Nicht-EU-Bürger, die unter Umständen ein **Visum** für den Polenaufenthalt benötigen, wenden sich hierfür an die zuständige diplomatische Vertretung Polens (⇗„Botschaften und Konsulate").

Mit der Umsetzung des Schengener Abkommens sind die routinemäßigen **Grenzkontrollen** des Personenverkehrs an der polnischen EU-Binnengrenze für Deutsche und Österreicher seit Ende 2007 **entfallen.** Die Schweiz wird dem voraussichtlich bis Ende 2008 folgen.

Trotz fehlender Kontrollen gibt es weiterhin **nationale Ein-, Aus- oder Durchfuhrbeschränkungen,** z.B. für Tiere, Pflanzen, Waffen, starke Medikamente und Drogen (auch Cannabis). Näheres ⇗„Zollvorschriften".

Für die Weiterreise nach **Litauen** genügt bei EU-Bürgern der gültige Personalausweis, Schweizer müssen den Reisepass vorzeigen. Für die Weiterreise nach **Russland** und **Weißrussland** ist ein Visum erforderlich, das bei den jeweiligen Botschaften rechtzeitig vor Reiseantritt beantragt werden muss. An den Grenzübergängen werden keine Visa ausgestellt. Infos:

- **Deutschland:** www.auswaertiges-amt.de (Stichwort „Länder, Reisen und Sicherheit"), Tel. (030) 50000, Fax 50003402.
- **Österreich:** www.bmaa.gv.at (Stichwort „Bürgerservice"), Tel. 05-011504411, Fax 05-011590 (05 muss immer vorgewählt werden).
- **Schweiz:** www.dfae.admin.ch (Stichwort „Reisehinweise"), Tel. (031) 3238484.

Hunde und **Katzen** dürfen mit in den Urlaub, sofern sie mindestens 30 Tage und maximal 12 Monate vor Reiseantritt gegen Tollwut geimpft worden sind. Die Impfung wird vom Tierarzt in den Heimtierausweis eingetragen, der seit 2004 den bisherigen Impfpass ersetzt und an der Grenze vorgelegt werden muss. Damit das Tier dem Ausweis zweifelsfrei zugeordnet werden kann, muss es mit einem **Mikrochip** oder übergangsweise (bis Juli 2011) mit einer lesbar eintätowierten Nummer gekennzeichnet sein.

Anreise mit dem Auto

⇗ auch Abschnitt „Unterwegs in Polen, Autofahren".

Die **Grenzabfertigung** verläuft zügig und unproblematisch. Bürger aus der Schengen-Zone werden an der Grenze nach Polen durchgewunken.

An arbeitsfreien Tagen, die hierzulande in der Regel auch geschlossene

Geschäfte bedeuten, kann es infolge des Kleinen Grenzverkehrs manchmal zu geringen **Wartezeiten** kommen.

Für die Einreise nach Polen benötigen deutsche und österreichische Autofahrer den **nationalen Führerschein** und den **Kfz-Schein.** Die **Grüne Versicherungskarte** ist für sie nicht mehr obligatorisch, seit dem EU-Beitritt Polens reicht das Autokennzeichen als Nachweis des Versicherungsschutzes. Es empfiehlt sich jedoch, die Karte trotzdem so lange noch mitzuführen, bis sich die neue Regelung auch bis zum entlegensten kleinen Außengrenzposten herumgesprochen hat. Für **Schweizer** ist die Grüne Versicherungskarte nach wie vor Pflicht.

Straßengrenzübergänge Deutschland – Polen

Nicht alle deutsch-polnischen Grenzübergänge sind für den gesamten motorisierten Personen- und Güterverkehr eingerichtet. Gelegentlich, wie etwa bei Ahlbeck – Świnoujście (Swinemünde), dürfen nur **Fußgänger** und Radfahrer passieren; ein Wissen, das Autofahrern viel Ärger ersparen kann. Hier eine Liste der Grenzübergänge von **Nord nach Süd** mit ihren jeweiligen Konditionen:

- **Ahlbeck – Świnoujście:** nur Fußgänger, Fahrräder, Pendelbusse.
- **Linken – Lubieszyn:** Personen- und Güterverkehr.
- **Pomellen** (Autobahn, bei Stettin) **– Kołbaskowo:** Personen- und Güterverkehr.
- **Rosow – Rosówek:** nur Personenverkehr.
- **Mescherin – Gryfino:** nur Personenverkehr.
- **Schwedt – Krajnik Dolny:** Personen- und Güterverkehr.
- **Hohenwutzen – Osinów Dolny:** keine Lkw und Reisebusse.
- **Kietz – Kostrzyn:** Personen- und Güterverkehr.
- **Frankfurt/O. (Stadt) – Słubice:** keine Lkw und Reisebusse.
- **Frankfurt/O. (Autobahn) – Świecko:** Personen- und Güterverkehr.
- **Guben – Gubin:** Personenverkehr.
- **Guben – Gubinek:** Personen- und Güterverkehr.
- **Forst (Autobahn) – Olszyna:** Personen- und Güterverkehr.
- **Forst – Zasieki:** nur Personenverkehr.
- **Bad Muskau – Łęknica:** nur Personenverkehr.
- **Bad Muskau (im Fürst-Pückler-Park) – Łęknica:** nur Fußgänger.
- **Podrosche – Przewóz:** nur Personenverkehr, keine Omnibusse.
- **Ludwigsdorf (Autobahn) – Jędrzychowice:** Personen- und Güterverkehr.
- **Görlitz – Zgorzelec:** nur Personenverkehr.
- **Hagenwerder – Radomierzyce:** nur Personenverkehr.
- **Ostritz – Krzewina Zgorzelecka:** nur Fußgänger und Fahrräder.
- **Zittau (Chopinstraße) – Sieniawka:** Personen- und Güterverkehr bis 7,5 t.
- **Zittau (Friedensstraße) – Porajów:** nur Personenverkehr, keine Omnibusse.

Maut

Seit Februar 2008 muss man auf der 25 Kilometer langen Danzig-Umfahrung Richtung Tczew **6,70 Złoty** bezahlen.

Anreise mit der Bahn

Zu Bahnreisen und Fahrradmitnahme in Polen ⇗„Unterwegs in Polen“.

Die **Grenzformalitäten** im Zug gehen unkompliziert mit einem Blick in den Personalausweis bzw. bei Nicht-EU-Bürgern in den Reisepass vonstatten.

086po Foto: kj

Im Eisenbahnmuseum von Kościerzyna

Von Süden her besteht aus Deutschland keine direkte schnelle **Verbindung** nach Polen, in Ost-West-Richtung verkehren jeweils drei Mal täglich der Eurocity (EC) Berlin – Warschau über Frankfurt/Oder und Poznań (Posen) sowie jeweils ein Mal täglich der EC Hamburg – Berlin – Krakau und der Intercity (IC) Amsterdam – Osnabrück – Hannover – Berlin – Stettin.

Nachts fahren auf direktem Weg der **Euronightliner** Frankfurt/Main – Warschau sowie der D-Zug 345 Berlin – Kiew über Warschau mit Kurzwagen ab Poznań (Posen) nach Krakau bzw. Danzig.

Um in den polnischen Großstädten nicht in der Peripherie zu landen, steigt man erst auf dem Bahnhof mit der Bezeichnung **Städtename plus „Głowny“** („Haupt-“, „Zentral-“) aus.

Ein grenzüberschreitender **Regionalexpress** (RE) verkehrt mehrmals täglich zwischen Berlin und Stettin, einmal durchgehend, ansonsten mit Umsteigen in Angermünde.

Alle anderen Zugverbindungen Richtung Polen enden in den **Grenzstädten,** und dort heißt es **umsteigen** – beispielsweise in den Schnellzug Stettin – Białystock. In durchgehender Verbindung führt er täglich 10.34 Uhr von Stettin über Danzig, Malbork (Marienburg) und Olsztyn (Allenstein) zu den Großen Masurischen Seen und von dort weiter über Ełk (Lyck) zum Zielbahnhof Białystock nahe der weißrussischen Grenze.

Fahrradmitnahme

Im **Schnellzug Stettin – Białystock** besteht die Möglichkeit, sein Fahrrad mit auf die Reise zu nehmen.

Über die deutsch-polnische Grenze hinweg werden die Drahtesel in einigen **RE- und RB-Nahverkehrszügen** transportiert, so z.B. von Frankfurt/Oder nach Poznań (Posen) und von Berlin nach Stettin oder auch Kostrzyn (Küstrin). Letztere Verbindung wird privat von der Niederbarnimer Eisenbahn (NEB) betrieben.

Da die Fahrradmitnahme insgesamt **uneinheitlich geregelt** ist (IC und EC sind generell nicht dafür vorgesehen, aber Ausnahmen wie im EC Berlin – Warschau oder im IC Berlin – Krakau bestätigen die Regel), empfiehlt es sich, für die gewünschte Verbindung gezielt Auskünfte bei der DB-Radfahrerhotline (Tel. 01805-151415) und den Polnischen Staatsbahnen (Tel. (030) 2423453) einzuholen.

Die für die Fahrradmitnahme obligatorische **Internationale Fahrradkarte** kostet 10 € unabhängig von der Entfernung des Zielorts. Sie gilt grundsätzlich nur im Abfahrtsland, d.h. für die Hinfahrt nach Polen ist sie bei der Deutschen Bahn (DB) zu lösen, für Binnenfahrten in Polen sowie die Rückfahrt bis zur Grenze kauft man sie an einem Schalter der Polnischen Staatsbahnen (PKP) zum umgerechnet ungefähr selben Preis (⇗„Unterwegs in Polen“).

Ermäßigungen

Mit dem **Sparpreis 25 Europa** ermäßigt sich der Bahnfahrpreis nach Polen um 25 Prozent und für die zweite bis fünfte Person, die mitgenommen wird, sogar um 50 Prozent. Voraussetzung: Das Ticket muss mindestens drei Tage vor Reiseantritt gekauft werden. Für die deutschen Strecken müssen für Hin- und Rückfahrt Züge und Zeitpunkt bereits beim Ticketkauf verbindlich festgelegt werden. Zwischen Hin- und Rückfahrt muss außerdem eine Nacht von Samstag auf Sonntag liegen.

Mit der **Bahncard 25 oder 50** gibt es für den deutschen Streckenabschnitt weitere 25 oder 50 Prozent Ermäßigung. Für Bahncard-Inhaber besteht darüber hinaus die Möglichkeit, für 15 Euro jährlichen Aufpreis eine **Railplus-Card** zu erwerben. In 29 europäischen Ländern bietet sie 25 Prozent Ermäßigung auf den gewöhnlichen Fahrpreis, darunter auf den Strecken der Polnischen Staatsbahnen. Eine Kombination mit dem Sparpreis 25 Europa ist nicht möglich.

Ein weiteres Angebot in Kooperation DB/PKP ist der Tarif **Regio-Spezial Polen.** Er gilt im Nahverkehr jeweils 120 Kilometer vom/bis zum deutsch-polnischen Grenzpunkt und ermäßigt die Zugfahrt um 50 Prozent auf den Normalpreis. Im Geltungsbereich liegen die folgenden Bahnhöfe: Berlin, Cottbus, Dresden, Stettin, Świnoujście (Swinemünde), Stargard Szczeciński (Stargard), Międzyzdroje (Misdroy), Kostrzyn (Küstrin), Zielona Góra (Grünberg) und Jelenia Góra (Hirschberg). Auf den PKP-Strecken dürfen Personen- und Schnellzüge genutzt werden (nicht IC, EC, Expresszüge), auf denen der DB D-Züge, S, SE, RB und RE (nicht IC, EC).

Seit Sommer 2007 ersetzt der **InterRail One Country-Pass** das Euro Domino-Ticket. Er gilt für drei, vier, sechs oder acht Tage innerhalb eines Monats für beliebige Zugreisen in Polen in den Preiskategorien für Personen bis 26 und ab 26 Jahren. Kinder zwischen vier und elf Jahren erhalten 50 Prozent Ermäßigung auf den Erwachsenenpreis. Der Pass ist nicht für das eigene Wohnsitzland zu erwerben.

Für Reisende, die bis zu einem Monat unterwegs sein wollen und neben Polen noch weitere Länder entdecken möchten, empfiehlt sich der **InterRail Global-Pass.** Er wird ebenfalls in den Varianten für Menschen bis 26 und ab 26 Jahren ausgestellt. Kinder zwischen vier und elf Jahren erhalten 50 Prozent Ermäßigung auf den Erwachsenenpreis. Der InterRail Global-Pass gilt in 30 europäischen Ländern inklusive Türkei: Achtung: Die baltischen Länder sowie Russland und Weißrussland sind nicht mit im Verbund.

Tickets

Man kann Bahntickets an jedem größeren Bahnhof direkt am Schalter kaufen. Es geht aber auch ohne Warteschlangen online oder telefonisch; die Tickets erhält man dann per Post (2,50 €) oder druckt sie sich an einem Bahntix-Automat in den Bahnhöfen nach Eingabe einer zugewiesenen PIN-Nummer aus.

Infos

- **DB,** www.bahn.de oder in Deutschland Tel. 11861, Fahrplan- und Preisauskünfte, telefonische Ticketbestellung sowie Weiterleitung zu weitergehenden DB-Auskunftsdiensten.
- **DB Radfahrerhotline,** Tel. 01805-151415.
- **ÖBB,** www.oebb.at oder in Österreich Tel. 05 1717.
- **SBB,** www.sbb.ch oder in der Schweiz Tel. 0900-300300.
- **Polnische Staatsbahnen PKP,** Panoramastraße 1, 10178 Berlin, Tel. (030) 2423453, Fax 24729999 (keine Fahrkarten, keine Reservierungen).

Anreise mit dem Flugzeug

Seit dem EU-Beitritt Polens und damit zusammenhängend der Liberalisierung des Luftverkehrs tummeln sich neben der Lufthansa und der polnischen Fluggesellschaft LOT zahlreiche Mitbewerber am Himmel. Sie bieten preisgünstige Verbindungen zwischen deutschen und polnischen Großstädten an, darunter in Nordpolen nach Danzig. Weiter südlich werden unter anderem Breslau, Posen und Warschau angeflogen. Anzahl und Destinationen verändern sich im Augenblick jedoch ständig, sodass man sich besser direkt bei den Airlines informiert.

Dies sind die **wichtigsten Fluggesellschaften** mit Direktverbindungen nach Polen:

- **Austrian Airlines,** www.aua.com, Tel. (0043) 05-1789. Von Wien nach Warschau und Krakau; von Innsbruck nach Warschau.
- **Deutsche Lufthansa,** www.lufthansa.com, Tel. 0180-5838426. Von Frankfurt/Main und München nach Danzig, Posen und Breslau; von Hamburg, Berlin, Düsseldorf, Frankfurt/Main, Stuttgart und München nach Warschau.

Flüssigkeiten im Handgepäck

Fluggäste dürfen Flüssigkeiten oder Dinge ähnlicher Konsistenz (z.B. Gels, Spray, Shampoos, Cremes, Zahnpasta) nur in einer **Höchstmenge von 0,1 Liter** als Handgepäck mit ins Flugzeug nehmen. Die Flüssigkeiten müssen in einem **durchsichtigen Plastikbeutel** transportiert werden. Weitere Infos: www.auswaertiges-amt.de.

- **easyJet,** www.easyjet.com, Tel. 0900-110 0159. Von Dortmund nach Krakau.
- **Germanwings,** www.germanwings.com, Tel. 0900-1919100. Von Stuttgart und Köln/Bonn nach Warschau.
- **LOT Polish Airlines,** www.lot.com, Tel. 0180-3000336. Von Frankfurt/Main und München nach Danzig, Posen, Breslau, Warschau; von Hamburg nach Danzig und Warschau; von Berlin und Düsseldorf nach Warschau; von Stuttgart nach Warschau.
- **Ryan Air,** www.ryanair.com, Tel. 0900-1160500. Von Frankfurt/Hahn nach Danzig und Breslau.
- **Swiss International Airlines,** www.swiss.com, Tel. 0180-3000336. Von Zürich und Basel nach Warschau.
- **Wizzair,** www.wizzair.com, Tel. 0900-120 4021. Von Hamburg-Lübeck nach Danzig; von Köln nach Danzig und Kattowitz; von Dortmund nach Danzig, Warschau, Posen, Breslau; von Frankfurt/Hahn nach Warschau.

Anreise mit dem Bus

Es gibt zahlreiche Linienbusverbindungen von deutschen Städten in den polnischen Norden. Die Busse verkehren zwei bis vier Mal die Woche.

- **Deutsche Touring GmbH,** Am Römerhof 17, 60486 Frankfurt/Main, Tel. (069) 790 3501, www.deutsche-touring.com.
- **Becker Reisen,** Bremer Straße 36, 21255 Torstedt, Tel. (04182) 28110, Fax 281113, www.becker-reisen.de.
- **Berlinlinienbus GmbH,** Mannheimer Straße 33/34, 10713 Berlin, Tel. (030) 8619331, Fax 8619341, www.berlinlinienbus.de.

Anreise mit dem Boot

Der Wasserweg an der polnischen Ostseeküste ist 694 Kilometer lang. Skipper, die hart am Wind nach Polen einsegeln, werden von freundlichen Lotsen begrüßt, die ihnen den Wink geben, dass die polnischen Hoheitsgewässer von der Küste gerechnet zwölf Seemeilen betragen und zunächst ein Hafen mit einer Einrichtung für Pass- und Zollabfertigung angelaufen werden muss. **Häfen mit Grenzabfertigung** im internationalen Schifffahrtsverkehr sind von West nach Ost:

- Trzebież (am Stettiner Haff)
- Stettin
- Świnoujście
- Nowe Warpno (nur für Sportboote und Fährverkehr)
- Dziwnów (nur für Sportboote)
- Kołobrzeg
- Darłowo (nur für Sportboote)
- Ustka (nur für Sportboote)
- Łeba (nur für Sportboote)
- Władisławowo
- Jastarnia (nur für Sportboote)
- Hel
- Gdynia
- Danzig
- Elbląg
- Frombork

In Polen gelten die üblichen **europäischen Schifffahrtsgrundsätze.** Ausländische Bootsleute müssen über dieselben **Schifffahrtsberechtigungen** (Segelschein, Registrierschein für das Boot etc.) verfügen wie in ihren Heimatländern.

Botschaften und Konsulate

Polnische Vertretungen

In Deutschland

- **Botschaft der Republik Polen,** Lassenstraße 19–21, 14193 **Berlin,** Tel. (030) 223 130, Fax 22313155, www.berlin.polemb.net.
- **Generalkonsulate** gibt es in Hamburg, Köln, Leipzig und München, ↗ www.auswaertiges-amt.de.

In Österreich

- **Botschaft der Republik Polen,** Hietzinger Hauptstraße 42c, 1130 **Wien,** Tel. (01) 8701 5100, Fax 87015222, www.wien.polemb.net.

In der Schweiz

- **Botschaft der Republik Polen,** Elfenstraße 20a, 3000 **Bern** 15, Tel. (031) 3580202, Fax 3580216, www.berno.polemb.net.

Vertretungen in Polen

Beim **Verlust der Personalunterlagen** stellen die Botschaften Ersatzpapiere aus. Zwei Passbilder und eine durch die örtliche Polizei ausgestellte Verlustanzeige müssen dazu vorgelegt werden.

Zuständig für Deutschland

- **Warschau:** Botschaft der Bundesrepublik Deutschland (Ambasada Republiki Federalnej Niemiec), ul. Jazdów 12, 00-465 Warszawa, Tel. (022) 5841700, Fax 5841739, www.ambasadaniemiec.pl.
- **Danzig:** Deutsches Generalkonsulat (Konsulat Generalny Republiki Federalnej Niemiec), al. Zwycięstwa 23, 80-219 Gdańsk-Wrzeszcz, Tel. (058) 3406500, in Notfällen außerhalb der Bürozeiten (Mo–Do 7.30–16.30 Uhr, Fr 7.30–13.30 Uhr) 0601-676949, Fax 3406538, www.danzig.diplo.de.

Zuständig für Österreich

- **Warschau:** Botschaft der Republik Österreich (Ambasada Republiki Austrii), ul. Gagarina 34, 00-748 Warszawa, Tel. (022) 841 0081, Fax 8410085, www.ambasadaaustrii.pl.
- **Gdynia:** Österreichisches Generalkonsulat (Konsulat Generalny Republiki Austriak), ul. Podołska 21, 81-321 Gdynia, Tel. (058) 620 1993, Fax 6611912.

Zuständig für die Schweiz

- **Warschau:** Botschaft der Konföderation Schweiz (Ambasada Konfederacja Szwajcarska), al. Ujazdowskie 27, 00-540 Warszawa, Tel. (022) 6280481, in Notfällen außerhalb der Bürozeiten (Mo–Fr 9–12 Uhr) 0608-422 266, Fax 6210548, www.eda.admin.ch/warsaw.

Elektrizität

Die **Steckdosen** entsprechen der europäischen Norm. Deutsche sollten deshalb für ihre Schuko-Stecker (das sind die dicken, runden) einen **Adapter** mitnehmen.

Die **Netzspannung** beträgt 230 Volt Wechselstrom.

Frischen Räucherfisch gibt es überall in der Region, hier in Kołobrzeg

087po Foto: ki

Essen und Trinken

Gastronomische Einrichtungen

Kaum jemand kann sich die Zeiten noch vorstellen, als normalsterbliche Hungrige in den Restaurants der Valuta-Hotels unter dem wählerischen Auge des Kellners geduldig anstehen mussten, um irgendwann freundlicherweise platziert zu werden. Heute ist für jeden ein Plätzchen frei, und die Auswahl ist vielfältig. Grundsätzlich betreiben alle großen **Hotels** eine eigene Küche mit variationsreicher Speisekarte und leckerem Essen zu vernünftigen Preisen. Geht man nach 21 Uhr zu Tisch, darf man sich aber nicht wundern, wenn einen der Ober mit einem leisen Knurren begrüßt. Die Hotelrestaurants **schließen** oft bereits um 22, allerspätestens um 23 Uhr.

Daneben haben sich zur Freude der polnischen Feinschmecker eine ganze Reihe Restaurants mit **internationaler Küche** etabliert – chinesisch, griechisch, italienisch und vieles mehr, was man auf der Weltkarte findet. Doch was des einen Freud', ist des anderen Leid. Ausländer, die sicherlich erst einmal die polnische Küche entdecken möchten, haben es gar nicht so leicht. Restaurants mit ausgewiesen **polnischen Spezialitäten** sind vergleichsweise **selten.** Wozu auch, das wird schließlich zu Hause gekocht. Neben internationalen Gerichten werden sie aber in jedem Fall in den Hotel-Restaurants angeboten.

Typisch polnisch sind auch die zahllosen **Snackbars** und **Imbissbuden,** und sie sind meistens viel, viel besser als der Ruf, der diesen beiden Wörtern vorauseilt. Ja, in einigen Snackbars kann man sich besser durch die landestypischen Köstlichkeiten futtern als in manch einem Lokal. Pommes und Bratwurst gibt es dort selbstverständlich auch. Außerdem amerikanische Pizza, gelegentlich sogar noch die alte polnische Pizza, die bei Italienern wahrscheinlich zu einem mittleren Ohnmachtsanfall führen würde (Hefeteig mit Tomatenketchup und Spiegelei), und seit Polens EU-Beitritt 2004 auch immer mehr Döner Kebab.

Trinkgeld *(napiwek)* ist im Preis inbegriffen. Es zusätzlich zu geben, gilt jedoch wie überall als Ausdruck einer besonderen Zufriedenheit, die auch bei der Bedienung Freude auslöst. Üblich sind etwa zehn Prozent der Rechnungssumme.

Spezialitäten

An der Ostseeküste und an der pommerschen Seenplatte ist eine der klassischen Spezialitäten natürlich **Fisch.** In allen nur denkbaren Arten, Variationen und Zubereitungen. Die Preise der Fischgerichte werden in der Regel nach ihrem Gewicht berechnet, an der Imbissbude ebenso wie im vornehmen Restaurant.

Typisch polnische Gerichte werden nach Rezepten der altpolnischen Küche zubereitet, die vielfach von der russischen und litauischen Küche beeinflusst ist. Plinsen (kleine russische Pfannkuchen) beispielsweise werden in Polen als **Blińczyki** serviert, Kartoffelpuffer als **Racuchy.**

Als **Vorspeise** reicht man gerne Hering in Sahne, Öl oder Zwiebeln sowie Fleisch in Aspik.

Anschließend kommt die **Suppe** auf den Tisch. Die Nummer 1 und zum Ausprobieren ein Muss: **Żurek,** Roggenmehlsuppe mit Ei, Knoblauch und Wurststückchen, entweder im Brotteig oder mit Kartoffeln und zerlassenem Speck serviert; außerdem **Barszcz,** klare Rote-Bete-Suppe, mit Teigtaschen oder Pastetchen gereicht; **Kapuśniak,** Sauerkrautsuppe mit Pilzen, Zwiebeln und Fleisch von der Rippe; **Flaki,** eine Kaldaunensuppe, meist mit geschnittenem Gemüse; oder **Czernina,** eine Gänseblutsuppe, um nur die typischsten einer großen Vielfalt von Suppenzubereitungen zu nennen.

Die berühmtesten landestypischen **Hauptgerichte** sind: **Bigos,** Polens Nationalspeise schlechthin, ein Eintopf aus Weißkohl, Sauerkraut, getrockneten Pflaumen, Pilzen und verschiedenen Sorten Fleisch; **Pierogi,** herzhaft oder süß gefüllte Teigtaschen; **Gołąbki,** deftige Kohlrouladen; und nicht zu vergessen das obligatorische **Kotlet schabowy,** Schweinekotelett, zusammen mit Kartoffeln und Kohl das traditionelle polnische Sonntagsgericht.

An **Fleischgerichten** bereit man vor allem Schwein, Rind, Wild und Ente zu (berühmt ist die Bratente mit Äpfeln), oft mit heimischen Pilzen und gelegentlich, anstelle einer Kartoffelbeilage, gerösteter oder gebratener Buchweizengrütze *(kasza gryczana)*.

Und was trinkt man zu diesen deftigen Speisen? **Wodka,** natürlich. Die berühmtesten Sorten sind Wyborawa, Polonaise und der leicht grünlich schimmernde, mit einem Bison-Gras aus dem Białowieski-Urwald versehene Żubrówka. Natürlich werden überall auch Cola und Fanta, Obstsäfte und Mineralwasser serviert. Wein ist eine zu vernachlässigende Größe, aber das **Bier** *(piwo)* – vorzüglich!

Im **Anhang** zu diesem Reiseführer findet sich eine kleine **Übersetzungshilfe** mit den wichtigsten Worten für Speisen und Getränke.

Feiertage und Ferien

Wie in den anderen europäischen Ländern auch, ist der erste Tag im neuen Jahr zum Ausschlafen da: Der **1. Januar** ist arbeitsfrei. Ebenso der Sonntag und fast alle Samstage. Die höchsten **kirchlichen Feiertage** sind Ostern (nur Sonntag und Montag, Karfreitag nicht), Fronleichnam (im Mai), Mariä Himmelfahrt (15. August), Allerheiligen (1. November) und Weihnachten (25. und 26. Dezember). **Gesetzliche Feiertage** sind der Tag der Arbeit (1. Mai) und gleich danach der Tag der Verfassung (3. Mai), der an die Verfassungsgebung von 1791 erinnert. Am 11. November wird der Nationalfeiertag der Unabhängigkeit begangen.

Anders als in Deutschland werden die polnischen Schüler alle zusammen in die **Sommerferien** geschickt. Sie dauern mit Abstand am längsten, von Ende Juni bis Ende August. Die **Winterferien** gehen je nach Region von Mitte Januar bis Ende Februar, die **Osterferien** beschränken sich auf fünf bis sechs Tage rund um das Osterfest, und **Weihnachten** ist frei von Heiligabend bis Neujahr.

Lokale Feste und **kulturelle Veranstaltungen** werden in den Ortskapiteln vorgestellt; Bräuche rund um die kirchlichen Feiertage ⇗„Menschen und Kultur/Sitten und Bräuche“.

FKK

Die Nackedei-Kultur ist generell **nicht erlaubt,** offiziell für FFK eingerichtete Badestrände findet man selten. Dennoch haben sich die „Naturisten“, wie man die FKK-Anhänger in Polen nennt, ein paar Ecken erobert, auf die wir in den einzelnen Ortskapiteln aufmerksam machen. Aber in der Regel gilt: Seine Blößen bitte bedeckt halten.

Fotografie

Gebräuchliches Fotomaterial ist fast in jedem Strandkiosk erhältlich. Spezielle Batterien und produktspezifische Datenträger sollte man besser **von zu Hause** mitzubringen, sofern man nicht in die nächste Großstadt zum Einkaufen fahren will.

- **Buchtipps:** „Reisefotografie“ und „Reisefotografie digital“, erschienen in der Praxis-Reihe des Reise Know-How Verlags.

Geldangelegenheiten

In Polen bezahlt man mit **Złoty** und **Groszy.** Würde man die Bezeichnung „Złoty" wortwörtlich verstehen, müsste die Republik Polen zu den reichsten Ländern der Erde gehören: Ins Deutsche übersetzt bedeutet *złoto* das schillernde Wörtchen **„Gold".**

Im Umlauf befinden sich Złoty-Scheine im Nennwert 10, 20, 50, 100 und 200 Złoty sowie Münzen im Nennwert 1, 2, 5, 10, 20, 50 Groszy und 1, 2, 5 Złoty.

Die polnische Währung ist frei konvertierbar, der Wechselkurs unterliegt Schwankungen.

Wechselkurse (Stand Juli 2008)

• 1 € = 3,36 Zł.	1 Zł. = 0,29 €
• 1 SFr. = 2,07 Zł.	1 Zł. = 0,48 SFr.

Karten und Geldtausch

Die preiswerteste und einfachste Art der Geldbeschaffung ist die Barabhebung **vom Geldautomaten** mit der **Maestro-(EC-)Karte.** Geldautomaten *(bankomaty)* sind in allen größeren Städten und touristischen Ortschaften vorhanden. Die meisten bieten Menüs auch in deutscher Sprache. Je nach Hausbank wird pro Abhebung eine **Gebühr** von ca. 1,30–4 € bzw. 4–6 sFr. berechnet. Bei manchen Banken wird dieser Service im In- und Ausland nicht zusätzlich in Rechnung gestellt, sondern ist im Grundpreis der Kontoführung enthalten.

088po Foto: kj

So sieht es aus, das polnische „Gold"

Für **Barabhebungen** per **Kreditkarte** kann das Kreditkartenkonto je nach ausstellender Bank mit einer Gebühr von bis zu 5,5 Prozent der abgehobenen Summe belastet werden, für bargeldloses Bezahlen werden dagegen nur ca. 1–2 Prozent pro Auslandseinsatz berechnet. Also am besten viel auf bargeldlosem Weg zahlen, für Barauszahlungen lieber die Maestro-(EC-) Karte verwenden und mit dieser gleich größere Summen abheben.

Gängige **Kreditkarten** wie Eurocard, MasterCard und Visa werden von den meisten Hotels und Tankstellen sowie in vielen Restaurants und Geschäften akzeptiert.

Bei **Verlust der Geldkarte** sollte man sie umgehend sperren lassen (⇗ „Notfälle").

Wer **mit Bargeld anreist,** kann dies problemlos in Banken und Wechselstuben sowie in vielen größeren Hotels **tauschen.** Banken bieten mit Garantie den aktuellen Wechselkurs. In der Regel sind sie Mo–Fr 7.30–17 Uhr und Sa 7.30–14 Uhr geöffnet. Zusätzlich bieten **Kantors (Wechselstuben)** oft rund um die Uhr ihre Tauschdienste an, ebenfalls in der Regel zum aktuellen Wechselkurs.

Gesundheit

Für Polen gelten **dieselben Bestimmungen wie in allen EU-Ländern.** Entstehen im Urlaub Kosten für ärztliche Leistungen, die aus medizinischer Sicht nicht bis zur Rückkehr nach Hause warten können, werden sie von den Krankenkassen übernommen. Die Behandlung vor Ort erfolgt bei Vertragsärzten und -krankenhäusern gegen Vorlage der **Europäischen Krankenversicherungskarte** (European Health Insurance, EHIC), die seit 2004 den althergebrachten Auslandskrankenschein ersetzt.

Da sich der Umfang der Leistungen jedoch nach den Rechtsvorschriften in Polen richtet und außerdem andere gesetzliche Zuzahlungen bestehen, muss man die **Kosten der Behandlung** in der Regel zunächst einmal selbst tragen. Gegen die Vorlage ausführlicher **Quittungen** (mit Datum, Namen, Bericht über Art und Umfang der Behandlung sowie Kosten der Behandlung und verordneten Medikamenten) werden die Behandlungskosten dann bis zur Höhe der deutschen bzw. österreichischen Vertragssätze erstattet. Liegen sie darüber, muss man den Restbetrag aus eigener Tasche begleichen, und auch die Kosten für Krankenrücktransporte übernehmen die gesetzlichen Krankenkassen im Heimatland nicht. Daher ist der Abschluss einer zusätzlichen **Krankheitskosten- und Rücktransportversicherung** anzuraten.

Schweizer sollten bei ihrer Krankenversicherungsgesellschaft nachfragen, ob die Auslandsdeckung auch für Polen inbegriffen ist. Sofern man keine Auslandsdeckung hat, kann man bei Soliswiss (Gutenbergstraße 6, 3011 Bern, Tel. (031) 3810494, www.soliswiss.ch) kostenlos Informationen über mögliche Krankenversicherer einholen.

Apotheken *(apteka)* gibt es in allen größeren Ortschaften. Sie verfügen von Aspirin über Hustensaft bis zum Pflaster über alle gängigen Bagatellpräparate. Wer auf spezielle Arzneimittel angewiesen ist, sollte diese von zu Hause mitnehmen.

Notrufnummern ⇗„Notfälle".

Schutz vor Zeckenbissen

Die Gefahr, nach einem Zeckenbiss zu **erkranken,** wird nicht nur in Deutschland und Österreich von Jahr zu Jahr größer. Infolge des Klimawandels vermehren sich die Mini-Vampire auch in Polen massiv. Steigen die Temperaturen dauerhaft über 8 °C, beginnt die Zecken-Saison. Dann lauern die winzigen „Holzböcke" am Waldrand, im hohen Gras, im Laub und Gebüsch.

Ihr Biss bleibt meistens harmlos, kann aber auch folgenschwer sein. Denn Zecken sind Überträger der **Frühsommer-Meningoenzephalitis (FSME),** einer Form der Hirnhautentzündung, und der **Borreliose,** eines Rückfallfiebers, das wegen der diffusen Symptomatik schwer zu diagnostizieren und daher besonders heimtückisch ist.

Gegen FSME kann und sollte man sich **impfen** lassen, gegen Borreliose gibt es dagegen keinen zuverlässigen Impfschutz. Auch auf die handelsüblichen Anti-Insektensprays ist kein Verlass, denn sie wirken zeitlich nur sehr begrenzt. Also heißt es vorbeugen, indem man ein paar **wichtige Regeln** beherzigt:

Am besten ist es natürlich, Zeckenbiotope zu meiden. Möchte man trotzdem gern durch hohes Gras oder Unterholz streifen, empfiehlt sich **geschlossene, helle Kleidung.** Nach dem Ausflug sollte man den **Körper nach Zecken absuchen.** Die Blutsauger mögen am liebsten warme Körperstellen und weiche Haut.

Wurde man trotz aller Vorsicht **gebissen,** besteht noch lange kein Grund zur Panik. Bis maximal vier Tage nach dem Befall können sich Erwachsene nachträglich gegen **FSME** immunisieren lassen. Eine **Borreliose** kann durch rechtzeitiges Entfernen der Zecke sogar gänzlich verhindert werden. Der Erreger gelangt nicht sofort, sondern meist erst Stunden später von der Zecke in den Wirt – weshalb es so wichtig ist, den Körper zeitig abzusuchen.

Und wie **entfernt** man die Viecher? Grundsätzlich nie mit den Fingern! Dabei könnte die Zecke zerquetscht werden, und die erregerhaltige Flüssigkeit würde in die Bissstelle gedrückt. Besser ist, sie mit der **Pinzette** zu greifen, so nah an der Haut wie nur möglich, und sie ganz, ganz langsam herauszuziehen. Anschließend wird die Stelle mit Jod oder Alkohol **desinfiziert.**

Konnte die Zecke nicht restlos entfernt werden oder bilden sich trotz Entfernung innerhalb weniger Tage bis zu zehn Wochen **kreisförmige Hautrötungen** rund um den Einstich, sollte man unbedingt einen **Arzt** konsultieren.

Weitere detaillierte **Informationen** findet man auf den Seiten des Robert-Koch-Instituts: www.rki.de, Stichwort „FSME".

127po Foto: kj

Information

Fremdenverkehrsamt

Für allgemeine Informationen, das Neueste aus Polen, Reisetipps, Fragen nach Freizeitaktivitäten und kulturellen Veranstaltungen, Leistungen der Reiseveranstalter und vieles andere mehr steht das Polnische Fremdenverkehrsamt zur Verfügung.

Für Deutschland

•**Polnisches Fremdenverkehrsamt,** Kurfürstendamm 71, 10709 **Berlin,** Tel. (030) 210 0920, Fax 21009214, www.polen.travel, Mo–Fr 9–16 Uhr.

Für Österreich und die Schweiz

•**Polnisches Fremdenverkehrsamt,** Lerchenfelder Straße 2, 1080 **Wien,** Tel. (0043) 01 5247191, Fax 524719129, www.polen info.at, Mo–Do 9–16 Uhr, Fr 9–15 Uhr.

Reisebüros und Reiseveranstalter

Zahlreiche auf Polen spezialisierte Reiseveranstalter bieten organisierte Rad- und Paddeltouren, Städtereisen, Kuraufenthalte und vieles mehr rund um den Urlaub in Polen an, von der Anreise über die Unterbringung bis zum Freizeitprogramm.

•**Darpol,** Wilmersdorfer Str. 20, 10585 Berlin, Tel. (030) 3420074, Fax 3422472, www.darpol.com.
•**in naTOURa,** Auf dem Steinacker 13, 37077 Göttingen, Tel. (0551) 5046571, Fax 5046924, www.innatoura-polen.de.
•**Polorbis,** Friesenplatz 5, 50672 Köln, Tel. (0221) 95153430, Fax 95153440, www.pol orbis-koeln.de.

089po Foto: ki

Die lokalen Touristeninformationen sind mit „it" gekennzeichnet

•**DNV-Tours,** Heubergstraße 21, 70806 Kornwestheim, Tel. (07154) 131830, Fax 131 833, www.dnv-tours.de.
•**POLONIA Reisebüro,** Lange Reihe 46, 20999 Hamburg, Tel. (040) 243634, Fax 280 1034, www.polenreisen-polonia.de.

Touristeninformationen

Touristeninformationen sind mit **„it"** (für „informacja turystyczna") gekennzeichnet. Sie bieten Auskunft über den Ort und die Region, Unterkunfts- und Verkehrsmöglichkeiten, Auto-, Fahrrad- und Sportgeräteverleih, kulturelle Veranstaltungen, Freizeitangebote sowie Angebote von ansässigen Reisebüros, Touristikunternehmen und vieles mehr.

Die Touristeninformationen in größeren Städten und beliebten Ferienorten unterhalten in der Regel einen **Zimmernachweis** für Hotels, Pensionen und Privatquartiere. Die „its" in kleineren Ortschaften und Dörfern sind, sofern sie über keine Zimmervermittlung verfügen, zumindest bei der Unterkunftsuche behilflich. Manche von ihnen haben aber nur in den Sommermonaten geöffnet.

In den **Großstädten** befinden sich **zentrale Touristeninformationen,** die oft nicht nur über die Stadt und ihre Umgebung, sondern auch über die ganze Region Auskunft geben. Hotels der gehobenen Kategorie bieten meist ebenfalls einen Informationsservice.

Adressen von Touristeninformationen finden sich in den jeweiligen Ortsbeschreibungen unter „Praktische Informationen".

Informationen im Internet

Viele touristische Unternehmen vom großen Reiseveranstalter bis zum Privatzimmervermieter präsentieren ihre Produkte im Internet, sodass man sich sein künftiges Feriendomizil meist schon von daheim anschauen kann.

Vielfältige Informationen rund um Land und Leute sowie Urlaub in Polen bieten folgende Adressen:

- **www.kprm.gov.pl:** Die Homepage der polnischen Regierung. Sie erteilt allgemeine Informationen zu Land und Leuten, Klima und Ressourcen, zum politischen System, zu Parteien und Regierung (Polnisch/Englisch).
- **www.polen.travel:** Die offizielle Internetseite der Polnischen Tourismusorganisation (POT) für Reiselustige aus aller Welt. In zahlreichen Sprachen, darunter auch Deutsch, bieten die Seiten allgemeine Informationen über Land und Leute, praktische Reisetipps von A bis Z, Wissenswertes zu Kultur und Traditionen, einen Kalender mit den schönsten kulturellen und touristischen Veranstaltungen über das Jahr, Vorschläge zur aktiven Erholung in allen Jahrszeiten, ausgewählte Unterkunftstipps, Beschreibungen der einzelnen Regionen mit ihren Städten, Sehenswürdigkeiten und touristischen Attraktionen und vieles mehr.
- **www.pot.gov.pl:** Die offizielle Website der Polnischen Tourismusorganisation (POT) für Profitouristiker mit zahlreichen ausführlichen News und Informationen zum Tourismus- und Reiseveranstaltungsgeschäft in Polen (Polnisch).
- **www.welcome2poland.com:** Umfassendes Reiseportal mit vielen Informationen und Angeboten rund um den Urlaub an der polnischen Ostseeküste, in Pommern und Ermland-Masuren; mit Online-Reiseführer zu den Regionen und ihren kulturellen, touristischen und natürlichen Sehenswürdigkeiten, zu Sport und aktiver Urlaubsgestaltung, zu Essen und Trinken sowie mit zahlreichen allgemeinen reisepraktischen Informationen. Das vielfältige Angebot an Unterkunftsmöglichkeiten – von Hotels und Pensionen über Ferienhäuser bis hin zu Reiter- und Bauernhöfen – lässt sich jeweils mit einem Klick detailliert in Augenschein nehmen und, wenn's gefällt, mit zehn Prozent Rabatt auf den angegebenen Preis direkt online buchen (Deutsch).
- **www.pttk.pl:** Homepage der Polnischen Gesellschaft für Touristik und Heimatkunde (Polnisch/Englisch/Deutsch).

Sucht man im Web nach polnischen Namen und Begriffen, braucht man übrigens **keine Sonderzeichen** einzugeben; es reicht z.B. „Lech Walesa" statt „Lech Wałęsa".

Kioske mit Ritterspielzeug sind etwas für große und kleine Jungs

Kinder

Polen ist ein sehr **kinder- und familienfreundliches Land.** Wenn es bis auf die obligatorischen Karussell- und Rummelplatzeinrichtungen in den Urlaubsorten kein gesondertes Freizeitangebot für die Kleinen gibt, liegt es einfach daran, dass Kinder in Polen nicht als exotische Wesen betrachtet werden, sondern ganz selbstverständlich **überall mit dabei** sind. Einzige Ausnahme: Die Besichtigung der **Konzentrationslager,** die die Nationalsozialisten hinterlassen haben, ist Kindern unter 13 Jahren nicht gestattet.

Kleidung und Reisegepäck

- **Kleidung** für alle Wetterlagen: Vom Badekostüm über leichte Kleidung, Gummistiefel und Regenjacke bis zu dicken Socken und Wollpulli.
- **Regenschirm**
- **Sonnencreme**
- **Mückenschutz**
- **Kompass und Karten** für ausgedehnte Wasser- und Waldwandertouren.
- **Fernglas**
- Bei einigen schlechter gepflegten Campingplätzen empfehlen sich **Badelatschen** für die Duschkabine.
- **Adapter** für Schukostecker
- Zu **Camping- und Wohnmobilausrüstung** ⇗„Unterwegs in Polen/Wohnmobil".

090po Foto: ki

Medien

Radio

In sozialistischer Zeit wurde die Sendersuche der Radiobesitzer aus dem kapitalistischen Ausland mit tiefem Schweigen beantwortet. Nach der osteuropäischen Norm lagen die polnischen Radiosender jenseits des westeuropäischen Frequenzbereichs. Doch ist dies lange Geschichte, die gängigen Rundfunkprogramme werden allerorten empfangen. Neben den Programmen des staatlichen **Polnischen Rundfunks,** der auf Lang-, Mittel-, Kurz- und Ultrakurzwelle sendet, haben sich inzwischen zahlreiche Dudel-Stationen etabliert.

Die **Deutsche Welle** funkt gewohnheitsgemäß auf Kurzwelle. Da sich der Einsatz der Kurzwellenfrequenzen im Verlauf eines Jahres jedoch mehrfach ändert, empfiehlt es sich, die aktuellen **Frequenzen** vor Reiseantritt direkt beim Kundenservice der Deutschen Welle nachzufragen, Tel. (0028) 429 4000, www.dw-world.de.

Fernsehen

Um nicht den polnischen Untergrund aufbuddeln zu müssen, hat sich beim Fernsehen die Devise „Schüssel statt Kabel" durchgesetzt. Vom großen Hotel bis zur kleinen Pension verfügen heute die meisten Unterkünfte über **Satelliten-TV,** das auch verschiedene deutschsprachige Programme ins Zimmer bringt.

Zeitungen

Internationale Presse erhält man an großen Kiosken und in den Bahnhöfen. Im Sommer erscheint in manchen größeren Badeorten ein deutschsprachiges buntes **Blättchen extra für Urlauber** mit zahlreichen Tipps zu kulturellen Veranstaltungen und Freizeitaktivitäten.

Menschen mit Handicaps

Die Reisemöglichkeiten für Menschen mit Behinderungen sind in Polen leider **eingeschränkt.** Abgesenkte Bordsteine, Aufzüge statt Treppen, Blindenleitsysteme und akustische Ampelanlagen sind – wenn überhaupt – nur in den großen Städten zu finden, auf dem Land fehlen sie gänzlich.

Zwar verfügen immer mehr öffentliche Gebäude sowie zahlreiche **Hotels** der gehobenen Kategorie über behindertengerechte Einrichtungen, doch bleiben Barrierefreiheit und geeignete Sanitäranlagen in preiswerten Unterkünften, auf **Campingplätzen** wie auch in den meisten **Restaurants** eine Ausnahme. Besonders problematisch ist die Reise mit Bussen, Bahnen und anderen **öffentlichen Verkehrsmitteln.** Informationen erhält man über folgenden Verein:

- **Integracja** (Stowarzyszenie Przyjaciół Integracji), ul. Sapieżyńska 10 a, 00-162 Warszawa, Tel. (0048) (22) 6351330, Fax 6351182, www.integracja.org.

Nationalparks

Auf der in diesem Buch beschriebenen Reiseroute befinden sich der **Woliński-Nationalpark** mit steilen Küstenkliffs und herrlichen Buchenmischwäldern, der **Slowiński-Nationalpark** mit einer abenteuerlichen Wanderdünenlandschaft, der **Drawieński-Nationalpark** mit romantischem Auenland und stillen Wäldern rund um den Flusslauf der Drawa sowie der **Bory-Tucholskie-Nationalpark** mit herrlicher Kiefernheide und kristallklaren Seen.

Besonders **bedrohte Tier- und Pflanzenarten** haben hier eine letzte Zuflucht gefunden. In den Kernzonen der Nationalparks ist die Natur sich selbst überlassen, ohne Eingriff von Menschenhand, weshalb sie Besuchern in der Regel **nicht zugänglich** sind.

Außerhalb der Kernzonen führt ein **Wanderwegenetz** durch die Nationalparks hindurch, und es versteht sich von selbst, dass die ausgeschilderten Wege in diesen streng naturgeschützten Reservaten auf keinen Fall verlassen werden dürfen. Dafür wird man mit wunderschönen ursprünglichen Landschaften belohnt, wie man sie nur noch selten findet.

- **www.mos.gov.pl/kzpn:** die Seiten des polnischen Umweltministeriums mit umfassenden Informationen zu den einzelnen Nationalparks (leider nur auf Polnisch).
- **www.polish-online.com:** Auf dieser privaten deutschsprachigen Seite findet man allgemeine, jedoch leider nicht immer ganz aktuelle Informationen zu allen polnischen Nationalparks.

Notrufnummern

- **Notruf:** Tel. 112
- **Polizei:** Tel. 997
- **Feuerwehr:** Tel. 998
- **Unfallrettung:** 999
- **Pannenhilfe:** 981
- **Wasserrettungsdienst:** 601100100

Notfälle

Die Polnische Organisation für Tourismus bietet in Zusammenarbeit mit dem polnischen Wirtschaftsministerium und der polnischen Polizei in den Sommermonaten eine **deutschsprachige Notfall-Hotline** unter folgenden Nummern an:

- **Tel. 0800-200300,** gebührenfrei aus dem Festnetz.
- **Tel. (0048) 608-599999,** gebührenpflichtig vom Handy und aus dem Festnetz.

Die Telefonleitung ist in der Regel vom 30. Juni bis 30. September von 10 bis 20 Uhr in Betrieb. Achtung: Die Hotline wird **jedes Jahr neu geschaltet,** möglicherweise mit neuer Nummer und anderen Zeiten. Bitte informieren Sie sich sicherheitshalber vor Ihrem Reisetermin beim Polnischen Fremdenverkehrsamt (↗„Information“).

Autopanne/-unfall

Bei Autopannen hilft der Polnische Motorverband PZM (Polski Związek Motorowy) unter der Rufnummer **981.**

- **Polnischer Motorverband (PZM),** ul. Kazimierzowska 66, 02-518 Warszawa, Tel. (022) 8499361, Fax 8481951, www.pzm.com.pl.

Deutschsprachig erreicht man den **ADAC,** den **ÖAMTC** und den **TCS** unter folgenden Telefonnummern:

- **ADAC,** www.adac.de, Notruf-Tel. (0049) (0)89 222222, in Polen selbst hat er ein Notruf-Telefon mit deutschsprachigen Mitarbeitern eingerichtet, Tel. (061) 8319888.
- **ÖAMTC,** www.oeamtc.at, Tel. (0043) (0)1 2512000 und in Polen selbst Tel. (061) 8319902.
- **TCS,** www.tcs.ch, Notruf nur in der Schweiz Tel. (0041) (0)22 4172220.

Verlust von Geldkarten

Bei Verlust oder Diebstahl der Kredit- oder Maestro-(EC-)Karte sollte man diese umgehend sperren lassen. Dafür steht Kreditkarteninhabern bei deutschen Sparkassen, Landesbanken wie auch den meisten Privatbanken der einheitliche **Sperr-Notruf 116116** (aus dem Ausland mit deutscher Landesvorwahl 0049) sowie im Ausland zusätzlich 0049-30-40504050 zur Verfügung. Zum Sperren muss man den Namen des kartenausgebenden Geldinstituts, die Kartenart (Maestro-(EC-) Karte, VISA, MasterCard o.Ä.) und die Kartennummer angeben. Weitere zusätzliche persönliche Details werden am Telefon erfragt, die die Identität des Karteninhabers belegen.

Für **österreicherische** und **schweizerische** Karten gelten folgende Nummern:

- **Maestro-(EC-)Karte:**
  A: Tel. 0043-1-2048800.
  CH: Tel. 0041-44-2712230, UBS: 0041-800888601, Credit Suisse: 0041-800800488.
- **MasterCard/VISA:**
  A: Tel. 0043-1-717014500 (MasterCard) bzw. Tel. 0043-1-71111770 (VISA).
  CH: Tel. 0041-58-9588383 für alle Banken außer Credit Suisse, Corner Bank Lugano und UBS.
- **American Express:**
  A: Tel. 0049-69-97971000.
  CH: Tel. 0041-44-6596333.
- **Diners Club:**
  A: Tel. 0043-1-5013514.
  CH: Tel. 0041-44-8354545.

Ausweisverlust/dringender Notfall

Wird der Reisepass oder Personalausweis gestohlen oder kommt auf anderem Wege abhanden, muss man den Verlust bei der örtlichen **Polizei** melden. Darüber hinaus sollte man sich an die nächste **diplomatische Auslandsvertretung** seines Landes wenden, um Missverständnisse an der Grenze nach Hause zu vermeiden.

Auch in **dringenden Notfällen,** z.B. medizinischer oder rechtlicher Art, sind die Auslandsvertretungen bemüht zu helfen (⇗„Botschaften und Konsulate").

Öffnungszeiten

Nirgendwo in Polen müssen sich abgearbeitete Bürger an den Registrierkassen der Einkaufsläden in die Schlangen einreihen, um abends schnell noch eine Milchtüte zu erstehen. Es gibt **kein Ladenschlussgesetz.**

Die **Geschäfte** sind in der Woche im Allgemeinen von 9 bis 19 Uhr geöffnet, viele auch länger; samstags öffnen sie von 9 bis 13 Uhr und länger, letztendlich bleibt die Entscheidung dem Ladeninhaber überlassen. Fast überall bieten Lebensmittelgeschäfte ihre Waren auch sonntags (nach dem Kirchgang) an. Supermärkte in Städten und großen touristischen Zentren halten ihre Türen oft werktags von 6 bis 22 Uhr, Sa/So bis 13 Uhr offen.

Möchte man auswärtig speisen, sollte man dagegen rechtzeitig aufbrechen. Dinierzeiten, wie sie im mediterranen Raum gepflegt werden, sind in Polen unbekannt. Bis auf wenige Ausnahmen setzen sogar die großen **Restaurants** ihre Gäste **zwischen 22 und 23 Uhr** vor die Tür.

Dienstleister halten werktags von 10 bis 18 Uhr ihre Tore offen, **Behörden** von 8 bis 15 Uhr.

Die Schalter bei den **Banken** sind in der Regel Montag bis Freitag von 7.30 bis 17 Uhr, Samstag bis 14 Uhr geöffnet. **Kantors** wechseln Valuta auch über diese Zeiten hinaus, und bis in späte Stunden bieten die meisten großen Hotels einen Geldwechsel-Service an (nur gegen Bares).

Die Schalterzeiten der **Post** sind Montag bis Freitag 8 bis 20 Uhr, Samstag bis 14 Uhr.

091po Foto: kj

Museen halten ihre Türen meist am Montag geschlossen

Die Öffnungszeiten der **Touristinformationen** finden sich in den Info-Anhängen zur jeweiligen Ortsbeschreibung. Sie sind allerdings nicht in Stein gemeißelt und können sich besonders in kleineren Ortschaften von Saison zu Saison auch einmal ändern.

Große **Museen,** Freilichtmuseen und **Burgen** haben in der Regel Dienstag bis Sonntag geöffnet, kleinere Museen, vor allem in Ferienorten, halten oft nur in der Saison ihre Türen offen. Nicht wenige **Kirchen** in kleineren Ortschaften, die früher einmal rund um die Uhr zugänglich waren, sind wegen Diebstahl und Vandalismus (leider auch durch Touristen) mittlerweile nur noch zu den Gottesdienstzeiten geöffnet.

Post und Telekommunikation

Post

Es war einmal ein langes und trauriges Kapitel, aber man arbeitete daran und hat es inzwischen geschafft. Briefen und Postkartengrüßen, die sofort in den ersten Urlaubtagen auf den Weg kommen, wird eine gute Chance eingeräumt, den Empfänger noch vor der Rückkehr des Absenders zu erreichen.

Briefmarken werden in den Postämtern verkauft und überall, wo man Postkarten erhält (Kioske, Touristeninformationen, Hotels). Dort weiß man auch, welche Marke für wie viel Złoty auf welches Schreiben gehört (zum Zeitpunkt der Recherche für dieses Buch betrug das Porto für Postkarte und Standardbrief von Polen ins westeuropäische Ausland 2,40 Zł.).

Die **Briefkästen** sind rot und tragen die Aufschrift „Poczta".

Telefon und Handy

Auf **Postämtern** kann man von Montag bis Freitag von 8 bis 20 Uhr, Samstag bis 14 Uhr neben dem üblichen Brief- und Paketverkehr Telegramme aufgeben, Faxe senden, Telefonkarten kaufen und Ferngespräche führen.

Um von **Polen nach Deutschland** zu telefonieren, muss man die **Landesvorwahl** 0049 wählen und anschließend, wie bei den meisten europäischen Ländern im internationalen Telefonverkehr zurzeit noch üblich, die erste Null der Ortskennzahl weglassen. Die Vorwahl in die **Schweiz** lautet 0041, die nach **Österreich** 0043. Die Ländervorwahl für **Polen** ist 0048.

Bei Gesprächen aus dem Festnetz wird in Polen **auch innerhalb der Ortsnetze** die jeweilige **Vorwahl** vorangestellt, beispielsweise für ein Telefonat von Stettin nach Stettin zuerst die Vorwahl (091) und anschließend die Rufnummer des gewünschten Teilnehmers.

Die örtliche **Telefonauskunft** erreicht man unter der Nummer 913, die Auskunft für Fernverbindungen unter 912.

Die öffentlichen **Fernsprechzellen** werden mit **Telefonkarten** mit Guthaben von 25, 50 oder 100 Einheiten betrieben. Man erwirbt sie auf Postämtern, an Tankstellen, in zahlreichen Hotels und an Kiosken. Achtung: Für die Inbetriebnahme muss man ein markiertes kleines Dreieck am Rand der Telefonkarte abknicken. Im Augenblick sind sowohl Karten mit Chip als auch mit Magnetstreifen im Umlauf, die nur in den jeweils dafür vorgesehenen Apparaten verwendet werden können.

Das eigene **Mobiltelefon** lässt sich in Polen problemlos nutzen. Wegen der Roaming-Gebühren, die für die Nutzung fremder Mobilfunknetze fällig werden, sollte man bei seinem Mobilfunk-Anbieter nachfragen oder auf dessen Webseite nachschauen, welcher der **Roaming-Partner** im Reiseland günstig ist und diesen gegebenenfalls per manueller Netzeinwahl voreinstellen. Nicht zu vergessen sind die passiven Kosten, die anfallen, wenn man von zu Hause angerufen wird (**Mailbox** abstellen!). Der Anrufer zahlt nur die Gebühren ins heimische Mobilnetz, für die Rufumleitung ins Ausland muss der Empfänger tief in die Tasche greifen. Zwar wurden die Netzbetreiber 2007 durch Brüssel gezwungen, ihre Roaming-Gebühren zu senken, doch sind sie immer noch weit davon entfernt, preisgünstig zu sein.

Wesentlich preiswerter ist es, sich von vornherein auf **SMS** zu beschränken, der Empfang ist dabei in der Regel kostenfrei. Der Versand und Empfang von Bildern per **MMS** ist hingegen nicht nur relativ teuer, sondern je nach Roaming-Partner auch gar nicht möglich.

Falls das Mobiltelefon SIM-lock-frei ist (keine Sperrung anderer Provider vorhanden ist) und man viele Telefonate innerhalb Polens führen möchte, kann man sich eine örtliche **Prepaid-SIM-Karte** besorgen.

Internet

Nur etwa 15 Prozent der polnischen Haushalte verfügen über einen Internet-Anschluss, weshalb die öffentlichen **Internetcafés** *(kawiarenki internetowe)* umso beliebter sind. In ständig wachsender Zahl findet man sie in allen größeren Städten ebenso wie in vielen Ferienorten. Die Tarife belaufen sich von umgerechnet 50 Cent bis 1 € die Stunde.

Auch **Notebook-Reisenden** ist der Gang ins nächstgelegene Internetcafé zu empfehlen, da die Einwahl ins Internet über das Mobiltelefon vergleichsweise kostspielig ist.

Größere Hotels ermöglichen ihren Gästen oft die Nutzung des eigenen Laptops über **WLAN.**

Sicherheit

Hartnäckig halten sich leider die verschiedensten **Vorurteile,** vom Handtaschendiebstahl über Trickbetrügereien bis hin zum Autoklau. Woher sie kommen, wissen wir nicht, aber wir können versichern: Sie stimmen nicht. Polen verzeichnet im Gegenteil sogar eine der **niedrigsten Kriminalitätsraten** Europas!

Eine Dame, die weithin sichtbar ihr Brillantcollier spazieren führt, wird im Hafenviertel von Danzig mit ebenso großer Wahrscheinlichkeit ein Opfer von Langfingern werden wie auf der Hamburger Reeperbahn oder im Hafen von Rotterdam. Und wer seinen Schlüssel im Auto stecken lässt, darf sich nicht wundern, wenn sich das Vehikel bald darauf selbstständig macht. Ähnliches gilt für offen herumliegende Geldbörsen – wie überall auf der Welt. Gelegenheit macht Diebe. Deshalb sei noch einmal ausdrücklich angemahnt: Lassen Sie keine Wertgegenstände im Wagen liegen!

Eine mögliche Erklärung für die herrschenden irrationalen Ängste ist die Berichterstattung der Sensationspresse über die sogenannte **„Russen-Mafia“**, die in undifferenzierten Reportagen auch schon einmal zur „ehemaligen Ostblock-Mafia" gerät. Diesen schlechten Journalismus darf man nicht ernst nehmen. Leider hat er trotzdem Wirkung gezeigt, und umso mehr bemühen sich die polnischen Behörden und Touristikunternehmen, den Besorgnissen der Urlauber mit praktischen **Maßnahmen** entgegenzutreten. In keinem europäischen Reiseland wird man eine größere Anzahl bewachter Parkplätze finden, selbst noch im winzigsten Dorf, d.h. nirgendwo kann man sein Auto sicherer abstellen. Beinahe jedes Hotel bietet Gelegenheit, seine Wertgegenstände im Safe zu deponieren (wenn man sie denn unbedingt auf seine Reise mitnehmen muss).

Und sollte einem tatsächlich einmal ein Dieb in die Tasche greifen, genügt oft ein Aufschrei, damit sofort Passanten zu Hilfe eilen. So gastfreundlich wie die Menschen sind, so hilfsbereit sind sie auch. Auch die örtlichen **Polizeidienststellen** sind sehr bemüht, freundlich und hilfsbereit – weit über ihre eigentliche pflichtgemäße Tätigkeit hinaus.

Umsichtiges Verhalten ist allerdings auf den **Transitstrecken** Richtung Russland, Weißrussland und Litauen geboten.

- **Buchtipp:** „Schutz vor Gewalt und Kriminalität", erschienen in der Praxis-Reihe des Reise Know-How Verlags. Dieser Band will keineswegs Ängste schüren, sondern ganz allgemein darüber informieren, wie man sich auf Reisen durch angemessenes Verhalten vor Übergriffen schützen kann.

Sport und andere Aktivitäten

Informationen zum **Fahrradfahren** ⇗„Unterwegs in Polen"; Hinweise zu weiteren Sportarten finden sich in den Ortskapiteln unter „Praktische Informationen".

Angeln

Fast **70 Fischarten** kann man in den polnischen Gewässern angeln, darunter solche Köstlichkeiten wie Aale, Barsche, Hechte, Karpfen, Maränen und Zander, und sogar atlantische Lachse, die in Polen lange als ausgestorben galten, tummeln sich wieder in den pommerschen Flüssen. Schenkt man dem Anglerlatein Glauben, wog der schwerste Wels, der je aus polnischem Süßwasser gezogen wurde, 74 Kilogramm, und der längste jemals in Polen gefischte Aal maß stolze 119 Zentimeter.

Das Angeln ist in Polen **erlaubt** vom **1. April bis 31. Dezember** täglich von Sonnenaufgang bis zur Abenddämmerung. Nachts ist es nur in Ausnahmefällen gestattet, für Eisangeln gelten ebenfalls Ausnahmeregelungen. Vom 1. Juni bis zum 31. Oktober darf man außerdem auch vom Boot aus angeln. Leihboote müssen dafür registriert sein und auf beiden Seiten sichtbar eine Registriernummer tragen.

Fangbeschränkungen, Schonzeiten und **Mindestmaße** der Fischarten müssen selbstverständlich eingehalten werden. Detaillierte Angaben dazu findet man unter **www.polen.travel.**

093po Foto: kj

Achtung: Das Angeln mit **lebenden Köderfischen** ist nicht erlaubt.

Eine **Angelgenehmigung** *(karta wędkarska)* ist unbedingtes Muss, der deutsche Angelschein ist in Polen nicht gültig. Gegen eine Gebühr von 15 bis 60 € je nach Dauer, Gebiet und Gewässer wird sie von den jeweiligen Gewässerverwaltern ausgestellt und berechtigt zum Angeln auf den allgemein zugänglichen Gewässern des Polnischen Anglerverbandes. Die Adressen der Gewässerverwalter halten vor Ort die Touristeninformationen parat.

Für alle Angelegenheiten rund um den Angelsport ist der **Polnische Anglerverband PZW** (Polski Związek Wędkarski) zuständig. Er informiert über die aktuellen Bestimmungen sowie die auf den Gewässern des PZW geltende Mindestmaße, Schonzeiten, Tageslimits und Fangbeschränkungen.

- **Polski Związek Wędkarski,** ul. Twarda 42, 00-831 Warszawa, Tel. (0048) (0)22 620 8966, Fax 6205085, www.zgpzw.pl, www.fishing.pl (beide auch auf Englisch).

Die Pommersche Seenplatte ist ein herrliches Revier für Angler

Baden

Die Bademöglichkeiten in der Ostsee und den polnischen Seen hängen vom Wetter ab. Im Schnitt liegen die **Wassertemperaturen** der Ostsee im Sommer um 19 °C, ist es ein schöner Sommer mit viel Sonnenschein, können es auch einmal 22 °C werden. Ähnliches gilt für die Seen, die sich allerdings etwas schneller und früher erwärmen.

Wer jenseits der ausgewiesenen Badestellen einmal in einem See schwimmen möchte, dem seien wegen der schlammigen oder auch steinigen Gewässerböden **Badeschuhe** und eine Luftmatratze empfohlen.

Die **Wasserqualität** der Seen und der polnischen Ostsee ist gut bis sehr gut. Zur Möglichkeit des **Nacktbadens** ⇗„FKK“.

Segeln

Viele Wasserwege führen nach Polen, ob an der Küste entlang, über die zahllosen Seen oder die Kanäle und Flüsse, die in einem weit verzweigten Wasserwegenetz miteinander verbunden sind. Unter vollen Segeln darf nach Polen einreisen, wer die international gültigen **Ausweise und Schifffahrtspapiere** vorweisen kann, anschließend steht ihm der Weg offen (⇗ auch „Anreise“).

- **Buchtipps:** „Polen aktiv“, Küstensegeln“ und „Sicherheit im und auf dem Meer“, erschienen in der Praxis-Reihe des Reise Know-How Verlags.

Hochseehäfen der Ostseeküste befinden sich in Świnoujście, Dziwnów, Mrzeżyno, Dźwirzyno, Kołobrzeg, Darłowo, Ustka, Rowy, Łeba und Władisławowo; an der Danziger Bucht: Jastarnia, Hel, Puck, Gdynia und Danzig. Segeln auf der **Ostsee** ist **gestattet:**

- in der **Zeit** zwischen Sonnenaufgang und Sonnenuntergang
- bis **Windstärke** 4
- bei **Sicht** über 2 Seemeilen
- bei einem **Uferabstand** zwischen 0,1 und 2 Seemeilen
- auf **eisfreiem** Wasser

In **Bade- oder Naturschutzgebieten** ist Segeln grundsätzlich verboten.

Segelzentren an den **Binnenseen** sind an der westpommerschen Seenplatte Czaplinek und Szczecinek, in Kaschubien ist es Charzykowy bei Chojnice. Wegen mancher niedrigen Brücke sollte das Boot über eine Mastlegevorrichtung verfügen. Flautenschieber bis sechs PS sind erlaubt. Nachts herrscht Fahrverbot auf den Seen.

Zuständig für die Segeltouristik ist der **Polnische Seglerverband PZŻ** (Polski Związek Żeglarski), auf dessen Website sich ausführliche Informationen zum Segeln in Polen sowie die Adressen regionaler Verbände finden.

- **Polski Związek Żeglarski,** ul. Chocimska 14, 00-791 Warszawa, Tel. (022) 8480483, www.pya.org.pl.
- **www.cybersails.info.pl:** Alles, wirklich alles über Wassersport und Wassersporteinrichtungen in Polen, mit zahllosen Links zu Segel- und Windsurfzentren an der polnischen Ostseeküste und an den Binnenseen, leider nur auf Polnisch.

Surfen

Windsurfer und Kitesurfer finden ihr Wassersportdorado an der Danziger Bucht auf der **Halbinsel Hel,** die zu den besten Surfspots an der gesamten Ostsee zählt.

Paddeln

Ebenfalls großer Beliebtheit erfreut sich an den Seen und auf den zahlreichen Flüssen der Paddelsport. Über Hunderte von Kilometern sind die Gewässer miteinander verbunden, sodass man wochenlang mit Kanu oder Kajak unterwegs sein kann. Entlang der Paddelrouten sind ausreichend **Biwakplätze** vorhanden, wo man über Nacht sein Zelt aufschlagen kann, sowie gelegentlich auch ein größerer Campingplatz oder eine Wasserstation mit Versorgungseinrichtungen. In den Ortschaften rund um die Seen finden sich zahlreiche **Bootsverleihe,** die in der Regel auch einen Rücktransport anbieten.

Die Paddelstrecken sind mehrheitlich – zumindest abschnittsweise – auch für **Anfänger** gut geeignet, denn die Wasserläufe sind seicht und fließen bis auf wenige Ausnahmen gemütlich. Gelegentlich muss man mit dem Boot umgestürzte Bäume umschiffen oder es über ein Hindernis hinwegtragen. Die Seen, deren Oberfläche sich an strahlenden Sommertagen glatt in der Sonne spiegelt, können sich bei Wetterumschwung plötzlich in tückische Gesellen verwandeln, weshalb Anfänger sich stets im **Uferbereich** halten sollten. Darüber hinaus wertet das **Wasserrecht** ein Paddelboot als kleinste Schiffseinheit, das deshalb jeder größeren Schiffseinheit ausweichen muss. Insofern bietet es sich an, insbesondere wenn man die Gegend nicht kennt, an einer durch professionelle Guides **geführten Wasserwanderung** teilzunehmen. Die Touristeninformationen halten die Adressen der lokalen Anbieter parat.

- **Buchtipp:** „Kanu-Handbuch", erschienen in der Praxis-Reihe des Reise Know-How Verlags.

Über die **schönsten Wasserwege** und ihr landesweites Netz an Wasserstationen informiert die Polnische Gesellschaft für Touristik und Landeskunde (PTTK).

- **Polskie Towarzystwo Turystyczno-Krajoznawcze PTTK,** ul. Senatorska 11, 00-075 Warszawa, Tel. (0048) (0)22 8262251, Fax 8262505, www.pttk.pl.

Für den **Kajaktourismus** ist außerdem der Polnische Kajakverband zuständig, auf dessen Webseite man alles Wissenswerte rund ums Paddeln findet.

- **Polski Związek Kajakowy,** ul. Erazma Ciołka 17, 01-445 Warszawa, Tel. (0048) (0)22 8371470, Fax 8772460, www.pzkaj.pl.

Geführte und individuelle Paddelurlaube organisiert u.a. folgender **Reiseveranstalter:**

- **in naTOURa,** Auf dem Steinacker 13, 37077 Göttingen, Tel. (0551) 5046571, Fax 5046924, www.innatoura-polen.de.

Die schönsten Paddeltouren in Nordwestpolen

An der Drawsko-Seenplatte

↗ auch Exkurs „Drawa- und Piława-Paddeltour".

In Czaplinek am Südufer des Drawsko-Sees startet die **Drawa-Paddeltour,** nach dem verstorbenen polnischen Papst *Johannes Paul II.,* der als junger Priester insgesamt drei Mal zum Drawa-Paddelabenteuer aufbrach, auch „Jan-Pawla-II.-Tour" genannt. 190 Kilometer legt die Drawa vom Quellgebiet im nordöstlichen Drawsko-Landschaftspark bis zur Mündung bei Krzyż in die Noteć (Netze) zurück, 180 Kilometer davon sind befahrbar. Zahlreiche Gewässer der Drawsko-Seenplatte werden durchpaddelt, bis der Wasserlauf am Austritt aus dem Lubie-See Kurs Richtung Süden nimmt. Der folgende Flussabschnitt führt durch ein Nato-Truppenübungsgelände und kann nur passiert werden, sofern keine Manöver sind. Südlich davon geht es ab Drawno dann mit schneller Strömung und gelegentlich umgestürzten Baumriesen durch die ursprüngliche Natur des Drawieński-Nationalparks (zum Schutz der Brutvögel von März bis Juni für Paddler gesperrt). Im Süden des Nationalparks mündet die Drawa bald darauf in die Noteć. Für die Tour benötigt man neun bis zehn Tage.

Ebenfalls in Czaplinek ist der Einstieg in die **Piława-Paddeltour.** Östlich des Drawsko-Sees fließt die Piława aus dem Komorze-See aus und mündet 82 Kilometer weiter südlich in der Nähe von Piła in den Fluss Gwda. Die Piława ist auf ihrer gesamte Länge befahrbar, wenn vereinzelt auch Reste von alten Wassermühlen und ein paar Staustufen das Boot zu schleppen verlangen. Für die gesamte Route, die durch nahezu unberührte Natur an den Bunkerruinen des Pommernwalls entlang führt, muss man fünf bis sechs Tage kalkulieren.

Von den zahlreichen Gewässern der Wałcz-Seenplatte sind sieben Seen und der malerische Piławka-Fluss zur **Wałczer Kajakschleife** zusammengefasst. Einstieg in die 45 Kilometer lange, fast ausnahmslos durch Wald führende Strecke ist das Wassersportzentrum in Wałcz am Raduń-See.

An der Kaschubischen Seenplatte

238 Flusskilometer lang ist die Brda, 230 davon kann man auf der **Brda-Paddeltour** erwandern. In der Nähe von Miastko fließt der Wasserlauf aus dem Smolowe-See aus, schlängelt sich durch Wälder und zahlreiche Seen im engen Tal nach Süden zum Szczytno-See, um dann eine Volte nach Osten Richtung Bory-Tucholskie-Nationalpark zu schlagen. Bis hierin ist die Brda relativ wenig befahren, die meisten Paddler wählen erst den Einstieg in Charzykowy oder Swornegacie am Nationalparkrand. Fortan durchzieht der Fluss die Seen und Kiefernwälder der Tucheler Heide (Bory Tucholskie), um schließlich bei Bydgoszcz kanalisiert in die Weichsel zu münden. Für die gesamte Paddelstrecke werden zwölf bis vierzehn Tage gerechnet.

Nördlich des Bory-Tucholskie-Nationalparks führt die **Wda-Paddeltour** durch den Wdzydzki-Landschaftspark. 210 Kilometer lang, entspringt die Wda in der Nähe von Bytów und hält dann ostwärts auf die fünf Seen im Landschaftspark zu. Südlich vom Wdzydze-See paddelt man etwa 30 Kilometer auf dem Wda-Kanal durch Wiesen und Wälder, erreicht den Fluss wieder kurz vor der südlichen Woiwodschaftsgrenze. In ihrem Unterlauf durchströmt die Wda dann die östliche Tucheler Heide und zieht ihrer Mündung in die Weichsel bei Świecie entgegen. Der Mittellauf rund um den Wdzydzki-Landschaftspark ist gemütlich zu paddeln, am Ober- und Unterlauf muss das Boot gelegentlich über Hindernisse geschleppt werden. Die gesamte Tour dauert etwa zehn Tage.

Toiletten

Öffentliche Toiletten sind neben respektive anstelle der Aufschrift „Damski" und „Męski" oft mit einem **Kreis** und einem **Dreieck** gekennzeichnet. Um nicht das verkehrte Türchen zu erwischen:

- **Kreis** = *dla Pań* = *Damski* = **Damen**
- **Dreieck** = *dla Panów* = *Męski* = **Herren**

Unterkunft

Grundsätzlich gelten drei Dinge:
1) Die **Begriffe „Hotel" und „Pensjonat"** (Pension) sagen nicht zwangsläufig etwas über die Qualität und den Komfort einer Unterkunft aus. Es kann durchaus der Fall sein, dass ein „Pensjonat" für 30 € pro Doppelzimmer und Nacht luxuriöser ausgestattet ist und einen wesentlich besseren Service bietet als manches „Hotel" am Ort. Auch dem **„Sternesystem"** – Hotels und Pensionen werden in Kategorien von eins bis fünf Sterne gekennzeichnet, wobei die Sternezahl bei entsprechendem Luxus in der Regel auch die Höhe des Preises bezeichnet – sollte man nicht blindlings Vertrauen schenken. Die Kriterien für ihre Vergabe sind zwar gesetzlich geregelt, doch sagt das Vorhandensein beispielsweise eines Bads noch lange nichts über dessen Zustand aus. Umgekehrt kommt es im Sternesystem nicht nur zu Aufwertungen, sondern ebenso zu formellen Abwertungen, die der Hotelbetreiber insbesondere aus steuerlichen Beweggründen vornimmt.
2) Im **Winterhalbjahr** haben manche Hotels und Pensionen vor allem in kleineren Orten **geschlossen.** Außerhalb der Saison empfiehlt es sich deshalb, sich vorher telefonisch zu erkundigen.
3) Solange man sich nicht frühzeitig um ein Übernachtungsquartier bemüht oder rechtzeitig eine Reise gebucht hat, kann es während der **Hochsaison** im Juli und August bei der Suche nach einem preisgünstigen Dach über dem Kopf zu Engpässen kommen. Vor allem die **Ostseeregion** zählt zu den viel besuchten Reisezielen in Polen. Dagegen wird man in der Kategorie über 70 € pro Nacht für ein Doppelzimmer mit Frühstück auch zu frequentiertesten Zeiten ein Plätzchen finden (außerhalb der Saison gewähren alle Hotels und Pensionen Preisnachlässe).

Und wer nicht auf eigene Faust und gut Glück fahren möchte: Zahlreiche auf Polenreisen spezialisierte **Reisebüros und Veranstalter** bieten neben Pauschalreisen auch die Organisation der **persönlichen Reiseroute** an, ganz nach individuellem Geschmack mit Unterbringung und allem Drum und Dran, sofern klar ist, wann man wo gerne sein möchte (ausgewählte Reiseveranstalter ⇗„Information").

In den **Ortsbeschreibungen** haben wir die Unterkunftstipps in **sechs Kategorien** unterteilt. Es handelt sich dabei lediglich um **Preisklassen,** nicht um Qualitätsmerkmale. Diese sowie die individuelle Beschaffenheit der Unterkünfte werden jeweils im Info-Anhang zum Ort beschrieben.

Preiskategorien in diesem Buch

€	= 10–20 €	(ca. 35–70 Zł.)
€€	= 20–35 €	(ca. 70–120 Zł.)
€€€	= 35–50 €	(ca. 120–170 Zł.)
€€€€	= 50–70 €	(ca. 170–240 Zł.)
€€€€€	= 70–90 €	(ca. 240–300 Zł.)
€€€€€€	= über 90 €	(über 300 Zł.)

Alle Angaben sind **Richtpreise** und beziehen sich auf die **Hochsaison** (Juli/August) für ein **Doppelzimmer pro Nacht für zwei Personen mit Frühstück.** Sie spiegeln somit den jeweiligen Höchstpreis, der üblicherweise bei einem individuellen Spontanaufenthalt über Nacht anfällt. Daneben gibt es eine Fülle an Angeboten und Arrangements sowie die unterschiedlichsten Rabatte und Preisnachlässe für Wochenenden, für die Nebensaison (Mai/Juni/September) und außerhalb der Saison; weshalb es sich immer lohnt, für einen Preisvergleich zum Telefonhörer zu greifen oder im Internet nachzuschauen.

Hotels und Pensionen

Vertreter der **Spitzenklasse** sind **internationale Hotelketten** wie Intercontinental, Holiday Inn, Marriott, Radisson, in der Regel in Großstädten. Sie kosten **weit über 90 €** (= €€€€€€) pro Doppelzimmer und Nacht, Preisausschläge nach oben inbegriffen, wie beispielsweise für das berühmte Grand Hotel in Sopot (Zimmer mit Meeresblick ab 210 €).

Darunter rangiert die nicht weniger luxuriöse Klasse mit Hotels des ehemaligen Staatsunternehmens Polorbis mit Preisen zwischen **70 und 90 €** (= €€€€€). Mittlerweile eine Aktiengesellschaft, firmieren unter dem Dach der heutigen Orbis S.A. außerdem die Hotelketten Ibis, Mercure, Novotel und Sofitel. Daneben haben sich in dieser Kategorie zahlreiche neue, sehr elegante Hotels etabliert, die entweder in Neubauten oder in sorgfältig restaurierten Schlössern, Villen und historischen Herrschaftssitzen ihren Gästen einen angenehmen Aufenthalt bieten.

Wer weniger tief in die Tasche greifen möchte, um einmal Schlossfrau oder Schlossherr zu sein, wird in alten Gemäuern insbesondere im Landesinneren eine gehobene Mittelklasse-Unterkunft finden. In der Kategorie zwischen **50 und 70 €** (= €€€€) firmieren außerdem zahlreiche Burghotels in alten Backsteinburgen der Deutschordensritter (meist um die 50 €) sowie kleine und feine private Hotels, die etwa in restaurierten alten Fischerkaten, Hafenspeichern, Villen und Gutshäusern eine ebenso vornehme wie individuelle Unterkunft offerieren.

Zahlreiche schöne Mittelklasse-Hotels und -Pensionen zwischen **35 und 50 €** (= €€€) lassen an Service, Komfort und Annehmlichkeiten nichts missen. Die Zimmer sind meist großzügig geschnitten und verfügen in der Regel über Sat-TV, Radio und Telefon.

In der Preisklasse **20 bis 35 €** (= €€) gibt es eine weitere große Zahl kleiner Hotels und familiärer Pensionen mit gepflegten, gemütlichen Zimmern.

Pensionen zwischen **10 und 20 €** (= €) sind seit dem EU-Beitritt dagegen nur noch selten zu finden, aber gelegentlich gibt es sie noch. Die Zimmer sind meist recht schlicht ausgestattet, das Bad befindet sich auf dem Gang.

Verzeichnis polnischer Hotels und Pensionen im Internet

- www.polhotels.com
- www.welcome2poland.com
- www.hotelsinpoland.com
- www.staypoland.com

Wasserstationen, Wander- und Ferienheime

Sie sind preisgünstig, schlicht und im Juli/August restlos belegt. Die oft malerisch hinter einem Dünenstrand oder in einem Wäldchen am See gelegenen ehemaligen betrieblichen **Ferienheime** wurden renoviert und haben ihre Tore längst auch für Individualreisende geöffnet. Wer keinen Service benötigt, sein eigenes Handtuch mitbringt und seinen Urlaub gerne mit vielen anderen teilt, ist hier goldrichtig.

Auch die **Wanderheime und Wasserstationen der PTTK** (Polnische Gesellschaft für Touristik und Landeskunde) lassen in Bezug auf Komfort und Bequemlichkeit manches missen. Der Standard ist schlicht bis spartanisch, die Atmosphäre dafür umso gemütlicher. Dem Polen-Reisenden einmal mehr ein Kingsize-Schlafdomizil anzubieten, ist auch gar nicht das Ansinnen der seit vielen Jahrzehnten im Umweltschutz und Naturtourismus aktiven Organisation, eine der ältesten Touristikvereinigungen in Europa überhaupt. Mit ihren einfachen Berghütten, Wanderheimen, Bootshäusern, Wasserstationen und angeschlossenen Biwakplätzen bietet sie vielmehr polenweit Alpinisten, Fuß- und Wasserwanderern eine preisgünstige Einkehr für die Nacht. Nach einer Tagespaddelreise trifft man am Abend in den PTTK-Stationen auf andere Aktivurlauber, findet schnell Kontakt und tauscht Tipps, Erfahrungen und Erlebnisse aus, weshalb sich diese Unterbringungsmöglichkeit großer Beliebtheit erfreut. Dies bedeutet einmal mehr: Während der Hochsaison im Juli und August ist in den Häusern nur mit viel Glück ein freies Plätzchen zu finden.

Natürlich besteht bei allen PTTK-Stationen die Gelegenheit, gegen eine geringe Gebühr sein **Zelt** auf dem Gelände aufzuschlagen und die sanitären Einrichtungen mitzubenutzen. Wer aber auf ein festes Dach über dem Kopf nicht verzichten möchte, dem sei empfohlen, seinen Paddelurlaub rechtzeitig zu buchen.

- **Polskie Towarzystwo Turystyczno-Krajoznawcze,** ul. Senatorska 11, 00-075 Warszawa, Tel. (022) 8262251, Fax 8262505, www.pttk.pl.

- **Buchtipps:** „Unterkunft und Mietwagen clever buchen“, erschienen in der Praxis-Reihe des Reise Know-How Verlags.

Privatzimmer

Vom großen Kurort am Ostseestrand bis zum entlegensten Weiler im Seenland werden fast überall Privatzimmer angeboten. Sie kosten nicht viel (meist zwischen 10 und 15 €), und man hat netten **Kontakt** zu den Gastgebern – vielleicht eine der schönsten Möglichkeiten, das Land wirklich kennenzulernen. Ein Schild „Wolne Pokoje“ an

Häusern und Gartenzäunen weist auf freie Zimmer hin.

Die meisten **Touristeninformationen** unterhalten einen Zimmernachweis und sind gerne bei der Suche behilflich.

Ferien auf dem Bauernhof

Die *agroturystyk* erfreut sich auch in Polen **immer größerer Beliebtheit,** zumal die über zwei Millionen polnischen Bauernhöfe oft sehr klein und damit seit dem EU-Beitritt in der Landwirtschaft kaum noch konkurrenzfähig sind. So bietet die agrotouristische Zimmervermietung ein kleines Zubrot, nicht nur für Landwirte, sondern für alle, die über ein eigenes Häuschen und Grundstück verfügen. Da die Umstellung zum Agrotourismus darüber hinaus von Staats wegen sowohl steuerlich als auch mit günstigen Krediten gefördert wird, schätzt man die Zahl der Anbieter in Polen bereits auf über 4000. Mehr als 600 von ihnen haben sich in der **Polnischen Föderation für Tourismus auf dem Lande** (Polskiej Federacji Turystsyki Wieskiej „Gospodarstwa Goscinne“) zusammengeschlossen. Die Vereinigung, die einen Storch auf dem Dach im Zeichen führt, kategorisiert die Zimmerangebote von Standard (7 m^2/ Zimmer ohne Bad) bis drei Sterne (mindestens 10 m^2/Zimmer mit Bad). Die Ausstattung ist vorwiegend einfach und das Essen deftig, wie es sich

094po Foto: ki

für eine ordentliche Landwirtschaft gehört. Die Preise liegen im Durchschnitt bei 10 bis 15 € pro Tag und Person.

Auf der englischsprachigen **Internetseite** des Verbands kann man sich die Unterkunftsangebote in der gewünschten Region auf Fotos und mit umfassenden Beschreibungen ansehen und sich einen guten Überblick über Preise und Leistungen verschaffen. Es besteht die Möglichkeit, online zu buchen.

- **Polska Federacja Turystyki Wiejskiej „Gospodarstwa Goscinne“,** ul. Wspólna 30, 00-930 Warszawa, Tel./Fax (0048) (0)22 6232343, www.agroturystyka.pl.

Camping

Zahlreiche Campingplätze sind in der **Polnischen Föderation für Camping und Caravaning (PFCC)** zusammengeschlossen. Je nach Ausstattung, Bewirtschaftung und Dienstleistungsangebot sind sie nach dem Sternesystem in vier **Kategorien** eingeteilt. Ein Sternchen kennzeichnet Plätze mit niedrigem Standard, vier Sterne krönen die Plätze mit dem höchsten Komfort. Daneben findet man seltener auch noch die alte Qualifizierung nach Ziffern, da die Umstellung auf das Sternesystem noch nicht vollständig abgeschlossen ist. Kategorie 1 bedeutet hier bessere, Kategorie 2 schlichtere Ausstattung. Man sollte sich aber nicht blindlings auf solche Kennzeichnung verlassen, im konkreten Vergleich von diesem mit jenem Platz ist sie manchmal nicht nachvollziehbar.

Die Campingplätze liegen in der Regel am Ortsrand oder auch außerhalb der Ortschaften, meist sehr schön: gleich hinter dem Strand, in einem herrlichen Wald oder idyllisch am Seeufer. In den Urlauberhochburgen am Ostseestrand ist die Auswahl sehr groß, an der touristisch noch wenig entdeckten Pommerschen Seenplatte eher gering. Dort findet man Campings mit Versorgungseinrichtungen, die nicht nur im Juli/August geöffnet sind, etwa alle 50 bis 60 Kilometer.

Die **Ausstattung** bewegt sich in einem weiten Spektrum von sehr gepflegt, mit neu gebauten oder ausgezeichnet modernisierten Sanitäranlagen bis hin zu Verhältnissen, die kaum noch die Bezeichnung „rumpelig“ verdienen. Wir haben uns bemüht, die schönsten Plätze für Sie zu finden. Alle empfohlenen verfügen über fließend Warmwasser, Elektroanschlüsse, Stellplätze für Zelte und bis auf ganz wenige Ausnahmen auch für Wohnwagen und Wohnmobile.

Auf vielen Plätzen kann man auch ein kleines **Campinghäuschen** mieten, oft in Form einer Holz- oder Finnhütte (↗ auch „Unterwegs in Polen/Campingwagen und Wohnmobile“). Über **Restaurants** verfügen dagegen die wenigsten, gelegentlich ist eine Imbissstube und/oder ein überteuerter Mini-Markt angeschlossen.

Urig gestaltete Anlage des Hotels Park in Mirosławiec

- **Buchtipps:** „Wohnmobil-Ausrüstung", „Wohnwagen-Handbuch" und „Clever reisen mit dem Wohnmobil", alle erschienen in der Praxis-Reihe des Reise Know-How Verlags.

Die **Camping-Saison** geht auf den großen Plätzen von Anfang Mai bis Ende September, manche stark frequentierten Plätze haben bis Mitte Oktober geöffnet, einige sind sogar ganzjährig in Betrieb. An der Pommerschen Seenplatte haben die Campingeinrichtungen dagegen meist nur zwischen Juni und September geöffnet, manche auch nur Juli/August.

Wildes Kampieren ist nicht erlaubt.

Einmal im Jahr gibt die PFCC ein **Verzeichnis** mit Adressen und Ausstattung von Campingplätzen in Polen heraus. Campingkarte und Reiseführer kann man postalisch anfordern. Außerdem kann man sie über die Website des Verbands aufrufen und sich dann über Links zu den einzelnen Plätzen leiten lassen.

- **Polska Federacja Campingu i Caravaningu PFCC,** ul. Grochowska 331, 03-823 Warszawa, Tel./Fax (022) 8106050, www.pfcc.info.

Umfangreiche Informationen rund um Campingplätze in Polen findet man außerdem auf der deutschsprachigen Seite **www.campingpolska.com.**

Eine schöne Möglichkeit, seine Textilhütte aufzuschlagen, bieten darüber hinaus **Zeltplätze** *(pole namiotowe)* und **Biwakplätze** *(pole biwakowe)*. In Größe und Ausstattung sind sie recht unterschiedlich, die Bandbreite reicht von relativ komfortablen Anlagen mit Sanitäreinrichtung und Stromanschluss bis hin zum umzäunten Wald- und Wiesenplatz mit Plumpsklo und einer einfachen Waschgelegenheit. Manche bieten noch nicht einmal das, sondern die Gemeinde stellt den Urlaubern einfach einen Platz zur Verfügung, wie es hier oder da an den kaschubischen Seen der Fall ist, wo man am romantischen Seeufer kostenfrei sein Zelt oder Vehikel aufstellen kann. Selbstverständlich mit dem Wunsch, dass dort kein Müll hinterlassen wird.

Oft handelt es sich auch um Zeltmöglichkeiten, die Einheimische in der Sommersaison auf ihren **Privatgrundstücken** bereitstellen, ausgesprochen preisgünstig, herzlich und familiär, und geduscht wird im Haus der Gastgeber. Für Caravan sind diese natürlich nicht geeignet, manche von ihnen besitzen gar keine Straßenzufahrt.

Jugendherbergen

Neben den ganzjährig geöffneten Jugendherbergen findet man in den Monaten Juli und August zahlreiche **Saison-Jugendherbergen.** Sie sind meistens in Schulen eingerichtet, bieten dementsprechend in Schlafsälen einfachste Wohnlichkeit, aber immerhin ein Dach über dem Kopf. Sowohl die ganzjährig betriebenen als auch die Saison-Jugendherbergen unterstehen der **Polnischen Gesellschaft für Jugendherbergen (PTSM),** die Mitglied der internationalen Jugendherbergsföderation ist, d.h. Inhabern eines internationalen JH-Ausweises werden 25 Prozent Preisnachlass gewährt. Aktuelle **Verzeichnisse** geben heraus:

- **Deutsches Jugendherbergswerk,** Bismarckstraße 8, 32657 Detmold, Tel. (05231) 74010, Fax 740149, www.jugendherberge.de.
- **Österreichischer Jugendherbergsverband,** Gonzagagasse 22, 1010 Wien, Tel. (01) 5335353, Fax 5350861, www.oejhv.at.
- **Schweizer Jugendherbergen,** Schaffhauserstrasse 14, 8042 Zürich, Tel. (044) 360 1414, Fax 3601460, www.youthhostel.ch.
- **Polskiego Towarzystwo Schronisk Młodzieżowych (PTSM),** ul. Chocimska 14, 00-791 Warszawa, Tel./Fax (022) 8498128, Fax 8498354, www.ptsm.org.pl.

Unterwegs in Polen

Autofahren

Die **Straßenverhältnisse** in Nordpolen sind relativ gut, je nachdem, welche Ansprüche man an asphaltversiegelte Landschaft hat.

Die **Fernstraßen,** die die großen Städte miteinander verbinden, sind rund um Stettin und auf einem Abschnitt von der Danziger Bucht in die Weichselniederung vierspurig zur Autobahn ausgebaut. Ansonsten fährt man auf ihnen zwei- oder dreispurig. Sind sie dreispurig, dient die **mittlere Spur zum Überholen,** sowohl für den hin- als auch den rückfließenden Verkehr; und auf jeden Fall ist Weitsicht geboten, denn manche einander entgegenkommenden Raser tragen auf der Mittelspur ihre Machtkämpfe aus. Um anzuzeigen, dass man weder gedrängelt noch geschubst werden möchte und sich an die vorgeschriebene Geschwindigkeit hält, gilt die Gepflogenheit, sich, soweit vorhanden, möglichst weit rechts auf dem **Seitenstreifen** zu halten. Voraussetzung dafür ist, dass die **Linie** nach rechts außen **gestrichelt** und nicht durchgezogen ist.

Streckenweise finden sich tiefe **Spurrillen** auf den Fernstraßen und ebenso auf den **Landstraßen.** Diese führen, wie der Name schon sagt, über Land von einer Ortschaft zur anderen und entsprechen insofern theoretisch den deutschen Bundesstraßen. Praktisch handelt es sich um schmale Asphaltbänder, oft wunderschöne Alleen, die nur in Ausnahmefällen über eine Randbefestigung oder sogar einen Fußgänger- oder Radweg verfügen. Sie werden neben Lastern, Rasern und vernünftigen Autofahrern von Landwirtschaftsmaschinen, Pferdefuhrwerken, Reitern, Radlern, Fußgängern, Kühen und Gänsefamilien bevölkert und verpflichten darum besonders in der Dämmerung oder Dunkelheit zum vorausschauenden Fahren.

Nebenstrecken sind oft nur einspurig, links und rechts von Bäumen gesäumt und ohne Seitenstreifen, und auch sie werden von allen Verkehrsteilnehmern genutzt. Vorsicht ist auf Nebenstrecken darüber hinaus bei Straßenbauarbeiten geboten, die einem ohne Vorwarnung manchmal unmittelbar hinter einer Haarnadelkurve begegnen.

Anstelle von Kreuzungen mit Ampelregelung herrscht häufig **Kreisverkehr,** insbesondere an den Ortsein-

Auch Fuhrwerke mit nur 1 oder 2 PS sind in Polen häufige Verkehrsteilnehmer

gängen. Vorfahrt haben, wie z.B. in Deutschland auch, die Autos im Kreisverkehr, wer in den Kreis einbiegt, muss warten.

Gleise an Bahnübergängen befinden sich oft nicht zu ebener Erde, weshalb sie grundsätzlich im Schneckentempo überfahren werden müssen.

Fußgänger sollten sich besser nicht auf **Zebrastreifen** verlassen, selbst Polizei und Fahrschulwagen brettern ungebremst darüber hinweg. Und auch dem einen oder anderen Traktoristen, der nach Feierabend mit ein paar Gläschen Wodka intus sein nahezu unbeleuchtetes Vehikel heimwärts kutschiert, sollte man Aufmerksamkeit schenken und sicherheitshalber gemächlich hinter ihm hertuckern, bis er irgendwann abbiegt.

Noch einige **Verkehrsregeln:** Das Führen eines Fahrzeugs ist schon beim Genuss geringer Mengen von Spirituosen verboten: Die zulässige Alkoholhöchstmenge beträgt 0,2 Promille. Es besteht Anschnallpflicht und Telefonierverbot ohne Freisprechanlage während der Fahrt, und es herrschen die internationalen Straßenverkehrsvorschriften. Außerdem ist seit 2007 obligatorisch, auch **tagsüber mit Abblendlicht** zu fahren.

Straßenkarten

Zwei empfehlenswerte Karten sind im world mapping project bei Reise Know-How erschienen: **„Polen"** im Maßstab 1:850.000 und **„Nordpolen"** im Maßstab 1:400.000.

Tankstellen

Tankstellen gibt es **flächendeckend.** Sie verteilen sich über das Land in durchschnittlichen Entfernungen zwischen 20 und 50 Kilometern und werden von den bekannten internationalen Mineralölkonzernen, vom polnischen Unternehmen Orlen sowie einigen freien Tankstellen betrieben. In der Regel sind sie werktags von 6 bis 22 Uhr geöffnet, an Sonn- und Feiertagen von 7 bis 17 Uhr, an Haupt- und Fernstraßen sowie in größeren Städten rund um die Uhr. Gängige **Kreditkarten** werden nur in Ausnahmefällen

Zulässige Höchstgeschwindigkeiten

	Pkw/Motorrad	Pkw m. Anhänger	Lkw
• Geschlossene Ortschaften:	50 km/h	50 km/h	50 km/h
• Landstraße mit einer Fahrbahn:	90 km/h	70 km/h	70 km/h
• Landstraße mit zwei Fahrbahnen:	100 km/h	80 km/h	80 km/h
• Schnellstraße mit einer Fahrbahn:	100 km/h	80 km/h	80 km/h
• Schnellstraße mit zwei Fahrbahnen:	110 km/h	80 km/h	80 km/h
• Autobahnen:	130 km/h	80 km/h	80 km/h

nicht akzeptiert. Das Benzin **kostet** umgerechnet etwa 10 bis 20 Cent weniger als in Deutschland.

Bezeichnung der Treibstoffe an den Tankstellen (bleifreies Benzin ist mit einem durchgestrichenen „Pb" markiert):

- **98E:** Europlus, bleifrei, Oktanzahl 98
- **95E:** Eurosuper, bleifrei, Oktanzahl 95
- **95U:** Uniwersalna, bleifrei für Autos ohne Kat, Oktanzahl 95
- **ON:** Diesel
- **LPG:** Autogaz, Autogas

Panne

Bei Autopannen hilft der **Polnische Motorverband PZM** (Polski Związek Motorowy) unter der Rufnummer 981. Weitere Informationen sowie Rufnummern deutscher, österreichischer und schweizer Automobilclubs ⇗„Notfälle".

Unfall

Sollte es einmal gerumst haben: In jedem Fall sind die in einen Autounfall verwickelten Kraftfahrer verpflichtet, den Unfallort ordnungsgemäß **abzusichern** und das Eintreffen der Polizei abzuwarten **(Polizeiruf 997, Unfallrettung 999).** Notarztwagen heißt auf Polnisch *pogotowie ratunkowe.*

Mietwagen

Viele **internationale Autoverleiher** verfügen über Niederlassungen in Polen. Die Wagen entsprechen dem neuesten technischen Stand und Komfort, und die Mietpreise befinden sich ebenfalls auf internationaler Höhe. Direkt ausleihen kann man an **Flughäfen** und bei den meisten internationalen **Hotelketten.** Ansonsten sind die Rezeptionen größerer Hotels und die Touristeninformationen beim Automieten behilflich und informieren über die Anbieter vor Ort.

Wohnwagen und Wohnmobil

Zweifellos eine der schönsten Möglichkeiten, die polnische Ostseeküste und die Pommersche Seenplatte zu erkunden, ist die Reise mit dem eigenen Haus auf vier Rädern. Für Individual-Urlauber bedeutet dies Mobilität und Unabhängigkeit von der Quartiersuche, was besonders während der Hochsaison im Juli und August ein Vorteil sein kann. Auf nordpolnischen Wegen wird man allerorts Wagen mit Camping-Anhängern aus Warschau und Breslau, Posen und Krakau begegnen und ebenso Wohnmobilen mit ausländischen Kennzeichen, selten dagegen welchen aus der Region. Die **„Womo-Kultur"** ist in Nordpolen **noch nicht sehr verbreitet,** weshalb man auch nicht böse sein darf, wenn ein polnischer Wohnmobilist seine Hand nicht zum internationalen Womo-Gruß hebt und sich stattdessen nur über die netten Touristen wundert.

Wohnmobil-Urlauber dürfen auf Campingplätzen auch keine Hightech-Versorgungsstationen erwarten. Seinen **Wassertank** füllt man gelegentlich noch mit Gießkanne und Plastikeimer. Auf eine Bitte hin bieten nahezu alle Tankstellen ebenfalls die Möglichkeit, sich mit frischem Leitungswasser zu versorgen.

Auf etwa einem Viertel der Plätze besteht die Möglichkeit zur **Chemietoiletten-Entsorgung.**

Um sich unnötige Sucherei und lange Fahrwege zu ersparen, empfiehlt sich, eine **Ersatz-Gasflasche** mitzunehmen. **Stromanschlüsse** auf Campingplätzen sind vorhanden, und selbst bei den kleinsten, die über keine spezifischen Einrichtungen für Caravans verfügen, stets mit einem **Verlängerungskabel** zu erreichen.

Bei Komplettbelegung bieten die Campingplatz-Betreiber meistens die Gelegenheit, sein Vehikel auf die grüne Wiese zu rollen, sodass man eigentlich immer ein Plätzchen findet. Doch ob Wiese oder komfortabelste Kategorie, nur in den seltensten Fällen wird man eine ganz ebene **Stellfläche** vorfinden. Meistens sind sie **naturbelassen** und können Buckel, Steinchen und Wurzeln aufweisen. Zum wohlausgerichteten, geradlinigen Schlaf empfiehlt es sich deshalb, **Unterlegkeile** mit auf die Reise zu nehmen.

Für Nachtschwärmer besteht die Möglichkeit, in Städten ihren Wohnwagen oder ihr Wohnmobil gegen eine kleine Gebühr auf einem **bewachten Parkplatz** abzustellen. Normalerweise hat niemand etwas dagegen, und der geringfügige Preis darf – wenn man denn unbedingt möchte – auch noch verhandelt werden.

Zu Campingplätzen im Allgemeinen ⇗„Unterkunft".

Öffentliche Verkehrsmittel

Bahn

Im Vergleich mit den Tarifen der Deutschen Bahn sind die Fahrkarten in Polen sehr **preiswert.** Das gut ausgebaute **Streckennetz** wird von den Polnischen Staatsbahnen (PKP) unterhalten. Personenzüge *(pociag osobowy)* sind vergleichbar mit unseren Bummelzügen. Schnellzüge *(pociag pospieszny)* halten in mittleren Städten, Expresszüge in Großstädten und Intercitys nur am Zielort.

Die Mitnahme von **Fahrrädern** innerhalb Polens ist nach dem Kauf eines Fahrradtickets in folgenden Zügen möglich:

- In Zügen, die einen **geeigneten Wagen** führen (in Fahrplan und Kursbuch mit einem **Fahrradpiktogramm** gekennzeichnet). An der polnischen Ostseeküste sind das die Verbindungen R 18112/18113 „Rybak" von Stettin über Koszalin, Danzig und Malbork nach Białystock.

- In Zügen mit **Gepäckwagen** (im Kursbuch/Fahrplan mit **Gepäckzeichen** gekennzeichnet). Dazu muss man das Fahrradticket am Rad befestigen und dieses am Gepäckwagen abgegeben, wo man es nach der Ankunft auch wieder abholt.
- In Zügen mit einem Abteil für **Reisende mit größerem Handgepäck** (mit „E" gekennzeichnet).
- Auf fast allen **Express-** sowie ausgewählten **IC-Strecken** in eigens dafür vorgesehenen Wagen.
- In allen anderen Zügen jeweils im **Vorraum des ersten und des letzten Waggons,** sofern keine Fahrgäste behindert werden und der Drahtesel beaufsichtigt bleibt.

Eine Fahrradplatzreservierung ist nicht möglich. Die **Tickettarife** für das Rad sind nach Kilometern gestaffelt und reichen von 2,80 Zł. (bis 30 Kilometer) bis 11 Zł. (über 400 Kilometer). Für IC- und Expresszüge gilt ein entfernungsunabhängiger Pauschaltarif von 9 Zł.

Für Wochenendreisende haben die Polnischen Staatsbahnen für 60 Zł. das **Bilet turystyczny** (Touristenfahrkarte) im Programm. Es gilt von freitags 18 Uhr bis montags 6 Uhr für eine unbegrenzte Anzahl von Fahrten in Personen- und Schnellzügen.

Ein ähnliches Angebot für IC, EC und Expresszüge (außer Berlin – Warschau) bietet das **Bilet weekendowy** (Wochenendticket). Für 99 Zł. fährt man damit ab Freitag 18 Uhr bis Sonntag 24 Uhr, so viel man möchte.

Das **Bilet wycieczkowy** vergünstigt von Freitag 20 Uhr bis Sonntag 24 Uhr den normalen Tarif auf Strecken bis maximal 200 Kilometer Entfernung. Für die einfache Fahrt gibt es 15 Prozent Ermäßigung, hin und zurück 33 Prozent.

Das **Bilet tygodniowy** (Wochenfahrkarte) zu 130 Zł. berechtigt zu einer unbegrenzten Anzahl von Fahrten in Personen- und Schnellzügen an sieben aufeinanderfolgenden Tagen.

In allen Zügen der PKP reist man auf allen Strecken für sieben Tage mit dem **Bilet sieciowy** (Netzfahrkarte). Es kostet 270 Zł., die Platzreservierung ist inbegriffen. Die Netzfahrkarte kann man auch für vier Wochen, drei Monate, sechs Monate oder ein ganzes Jahr erwerben.

Unschlagbar preisgünstig sind die Fahrten mit den **TLK-Zuglinien.** Für pauschal 27 Zł. plus 3 Zł. obligatorische Platzreservierung reist man auf einer beliebigen Strecke der insgesamt 47 TLK-Verbindungen (z.B. von Świnoujście nach Krakau oder von Stettin nach Lublin). Das Ticket kann frühestens 60 Tage im Voraus, spätestens jedoch acht Tage vor Reiseantritt gebucht werden.

Ein besonderer Spaß zur Sommerzeit sind Ausflugsfahrten mit den teils noch von Dampfloks betriebenen alten **Schmalspurbahnen.** Sie unterstehen den PKP und werden von den örtlichen Staatsbahndirektionen verwaltet. Auf Ausflüge mit den schnaufenden Schmalspurgesellen machen wir jeweils in den einzelnen Kapiteln der Reisebeschreibung aufmerksam.

Ausführliche Informationen (kein Ticketverkauf, keine Reservierungen) erhält man unter folgender Adresse:

- **Polnische Staatsbahnen (PKP),** Panoramastraße 1, 10178 Berlin, Tel. (030) 242 3453, Fax 24729999, pkpvg@aol.com.

Bus

Busse des **Staatlichen Autoverkehrs** (PKS) verbinden die **größeren Städte** untereinander. Auskunft und Tickets erhält man an den Busbahnhöfen, die sich gewöhnlich bei den zentralen Eisenbahn-Stationen befinden, sowie in Reisebüros oder auch beim Busfahrer, sofern noch freie Plätze im Bus vorhanden sind.

Die **Überlandbusse** verkehren auf Normalstrecken mit Stopp in jedem Ort sowie auf Schnellverkehrslinien, die auf den Abfahrtstafeln rot gekennzeichnet sind. Kinder bis vier Jahre ohne eigenen Sitzplatz fahren gratis, Kinder zwischen vier und zehn Jahre zahlen die Hälfte.

Von **Dorf zu Dörfchen** verkehren reguläre Buslinien des PKS. Die Haltestellen sind mit blauen Schildern gekennzeichnet, auf denen schwarz auf weiß ein Bussymbol und das gelbe Logo des PKS prangen.

Städtische Verkehrsmittel sind Straßenbahnen, Omnibusse und Trolleybusse. Fahrkarten erhält man an Zeitungskiosken und in einigen Läden *(bilet na autobus, bilet na tramwaj)*.

Taxi

Ein bequemes und im Vergleich zu Deutschland **relativ preiswertes** Fortbewegungsmittel sind Taxis. Die Tarife schwanken von Stadt zu Stadt und sind auch zwischen den einzelnen innerstädtischen Fuhrunternehmen recht unterschiedlich. Als seriös gelten die **Funktaxen,** die man üblicherweise per Telefon bestellt, in zahlreichen Städten unter der **Nummer 919.** Im Regelfall sind die Telefonnummern auch in der Tagespresse oder im Informationsblatt der örtlichen Touristinformation inseriert.

Bei **Privattaxen,** die keinerlei Korporation oder Kooperative angehören, heißt es darauf zu achten, dass der Taxameter eingeschaltet wird. Um Missverständnissen vorzubeugen, empfiehlt es sich außerdem, vor der Fahrt den zu erwartenden Preis mit dem Taxichauffeur abzusprechen. Auch sollte man darauf achten, dass die Tarife auf der Beifahrerseite ausgehängt sind.

In der Nacht zwischen 23 und 5 Uhr sowie sonn- und feiertags wird ein **Zuschlag** erhoben.

Fahrrad

In Polen ist das Fahrrad als Fortbewegungsmittel noch zu keinen besonderen Ehren gekommen. In größeren Städten wird man nur wenige Menschen antreffen, die ihre Gänge per Veloziped verrichten. Zumal es recht abenteuerlich sein kann, als schwächstes Glied in der Kette durch den brausenden Straßenverkehr zu strampeln. Separate **Radwege** sind so gut wie unbekannt, sowohl in den Städten als auch an den Landstraßen.

An **Radwanderrouten** und -ausflugsvorschlägen herrscht dagegen speziell in den touristischen Regionen kein Mangel, und Jahr für Jahr kom-

Busse verbinden noch die kleinsten Dörfchen miteinander

men neue dazu. Sie sind meist gut gekennzeichnet, allerdings bestehen sie teils aus holprigen Waldwegen, uralten Kopfsteinpflastern und staubigen Sandpisten, die besonders Pedalrittern mit viel Gepäck manches abfordern. Dort, wo wieder angenehm glatter Asphaltbelag herrscht, muss man ihn mit allen anderen Verkehrsteilnehmern teilen. Vorsicht ist da vor allem vor den dahindonnernden **Lastwagen** geboten! Und auch die Autofahrer in Polen nehmen keine besondere Rücksicht auf Radler.

Dennoch: Im sanften Auf und Ab inmitten einer zauberhaften Natur bieten sich ganz besonders die Ostseeküste und die Pommersche Seenplatte zu ausgedehnten Radwanderungen oder auch längeren Radreisen an.

Über knapp 480 Kilometer führt der markierte **Internationale Ostsee-Radfernweg R10** von Świnoujście (Swinemünde) auf der Insel Usedom an der polnischen Ostseeküste entlang nach Danzig. Er ist Teil der von der ECF (European Cycling Federation) initiierten **Euro Velo Route 10,** die einmal auf 8000 Kilometern sämtliche Ostseeanrainer-Staaten verbinden soll. In Polen ist der mit grünem Rad auf weißem Grund und der Beschriftung „R10" beschilderte Weg nur abschnittsweise als Radweg ausgebaut, überwiegend verläuft er auf Waldwegen, Feldwegen und Auto-Nebenstrecken. Auf dem Abschnitt zwischen Łeba und Danzig ist die Beschilderung noch im Aufbau.

Weiter südlich überschreitet bei Küstrin-Kietz/Kostrzyn an der Oder der

096po Foto: kj

- **Buchtipps:** „Radreisen Basishandbuch", erschienen in der Praxis-Reihe des Reise Know-How Verlags.

Internationale Radfernweg R1 die deutsch-polnische Grenze, durchquert ganz Nordwestpolen und erreicht über Chełmo, Elbląg und Braniewo nach 675 Kilometern die polnisch-russische Grenze zur Enklave Kaliningrad.

Der **Deutsch-Polnische Freundschaftsweg** führt über 235 Kilometer auf beiden Seiten der deutsch-polnischen Grenze an der Oder entlang von Frankfurt/Oder durch den Nationalpark Unteres Odertal bis nach Stettin, zumeist auf verkehrsarmen, zum Teil kopfsteingepflasterten Nebenstraßen.

Da auf dem Land und in den kleineren Städten nur sehr wenige **Fahrradwerkstätten** über einen Vorrat an importierten Ersatzteilen verfügen, wird empfohlen, von daheim ein kleines persönliches **Ersatzteillager** mit auf die Radelreise zu nehmen.

Die Mitnahme des Velozipeds auf **Pendelfähren** über Flüsse und Seen ist unproblematisch. Für den Transport in **Überlandbussen** existiert keine verbindliche Regelung, manchmal hängt er nur vom freundlichen Nachfragen und vielleicht einem ebenso freundlichen Trinkgeld ab. (Zur Fahrradmitnahme in Zügen ⇗„Öffentliche Verkehrsmittel/Bahn".)

Fahrrad-Verleihe finden sich an der Ostseeküste in nahezu allen touristischen Ortschaften, an der Pommerschen Seenplatte nur gelegentlich. Die Adressen der Anbieter vor Ort halten die Touristeninformationen parat. Darüber hinaus verleihen auch die meisten größeren Hotels und Pensionen Drahtesel.

Infos zum Radwandern in Polen erteilen folgende Organisationen:

- **Allgemeiner Deutscher Fahrrad-Club ADFC,** Postanschrift: Postfach 10 77 47, 28077 Bremen, Hausanschrift: Grünenstr. 120, 28199 Bremen, Tel. (0421) 346290, Fax 3462950, www.adfc.de.
- **Polnischer Radfahrerverband** (Polski Związek Kolarski) PZKol, ul. Kościuszki 14, 05-800 Pruszków, Tel. (0048) (0)22 728 8534, Fax 7288785, www.pzkol.pl.

Individuelle und geführte Radreisen in Nordpolen bieten z.B. an:

- **in naTOURa,** Auf dem Steinacker 13, 37077 Göttingen, Tel. (0551) 5046571, Fax 5046 924, www.innatoura-polen.de.
- **DNV-Tours,** Heubergstraße 21, 70806 Kornwestheim, Tel. (07154) 131830, Fax 131833, www.dnv-tours.de.
- **Sausewind Reisen,** Meeschweg 9, 26127 Oldenburg, Tel. (0441) 935650, Fax 304 7109, www.sausewind.de.
- **Velociped Fahrradreisen,** Alte Kasseler Str. 43, 35039 Marburg, Tel. (06421) 886890, Fax 8868911, www.velociped.de.

Zollvorschriften

Seit dem Beitritt Polens zur Europäischen Union am 1. Mai 2004 bestehen für Bürger Deutschlands und Österreichs an der polnischen Grenze **keine Zollkontrollen** mehr. Als EU-Mitgliedstaat ist die Republik Polen Teil des Europäischen Binnenmarkts, an dessen Binnengrenzen keine Einfuhr- und Ausfuhrabgaben wie Zölle, Einfuhrumsatzsteuern oder besondere Verbrauchsteuern erhoben werden. Sämtliche Waren dürfen im EU-Binnenraum unbegrenzt ein- und ausgeführt werden, sofern sie dem Eigenbedarf dienen (keine gewerbliche Verwendung), unter Bezahlung aller Steuern und Abgaben gekauft wurden und vom Reisenden selbst eingebracht werden. Als **Richtmengen** für den Eigenbedarf (nicht als Höchstgrenzen) gelten:

- 90 Liter **Wein** (davon max. 60 Liter Schaumwein)
- 110 Liter **Bier**
- 20 Liter **alkoholische Getränke** bis maximal **22% vol.**
- 10 Liter **Spirituosen**

Eine Ausnahme bildet die Ausfuhr von **Tabak** aus Polen. Da der polnische Fiskus deutlich weniger hohe Steuern auf Tabakwaren erhebt, ist die zollfreie Ausfuhr bis Ende 2008 noch auf 200 Zigaretten bzw. 250 Gramm Tabak pro Person über 18 Jahren beschränkt.

Für **Schweizer** gelten die Zollbestimmungen der Europäischen Union; d.h. bei der Einfuhr muss alles über den persönlichen Eigenbedarf hinaus deklariert werden. Schweizer können bei Rückeinreise in die Schweiz pro Tag und Person folgende Mengen zollfrei einführen:

- **Alkohol:** 2 Liter bis 15 % Vol. und 1 Liter über 15 % Vol.
- **Tabakwaren:** 200 Zigaretten oder 50 Zigarren oder 250 g Pfeifentabak
- **Sonstiges:** neu angeschaffte Waren für den Privatgebrauch (ausgenommen Lebensmittel) bis zu einem Gesamtwert von 300 SFr.

097po Foto: kj

Bernsteinverkauf

Für alle gilt: Die Ausfuhr von **Antiquitäten, Kunstwerken** und **kulturhistorisch wertvollen Objekten,** die vor dem **9. Mai 1945** hergestellt wurden, ist grundsätzlich durch den Denkmalkonservator der betreffenden Woiwodschaft genehmigungspflichtig.

Darüber hinaus gelten in allen EU-Mitgliedstaaten weiterhin nationale Ein-, Aus- oder Durchfuhrbeschränkungen, z.B. für Waffen, starke Medikamente etc. Nähere Informationen:

- **Deutschland:** www.zoll.de oder Zoll-Infocenter, Tel. (069) 46997600.
- **Österreich:** www.bmf.gv.at oder Zollamt Villach, Tel. (04242) 33233.
- **Schweiz:** www.zoll.admin.ch oder Zollkreisdirektion in Basel, Tel. (061) 2871111.

098po Foto: kj

Land und Natur

135po Foto: kj

136po Foto: kj

Der Insko-See

Eingang zum Woliński-Nationalpark

Nicht alle polnischen Gänse führen ein so glückliches Leben wie diese – viele landen zu Weihnachten auf deutschen Tischen

Polens nordwestliche Regionen

Märchenhaftes Land zwischen den Wassern, von den Eiszeiten geformt – das ist der Norden von Polen. Im Wechsel der Jahreszeiten branden die Ostseewellen an, mal mit leisem Plätschern und Gurgeln, dann wieder mit Brausen und Tosen. Ein wilder Gesang, der steile Kliffs unterspült, abbricht und ihnen bizarre Formen verleiht; der das Gestein zu feinstem Sand zermahlt, ihn zu riesigen Sanddünen aufbläst und herrliche Strände schafft.

Knapp **500 Kilometer** ist die **polnische Ostseeküste** lang, und wie ein endloses weißes Band zieht sich an ihr, nahezu ohne Unterbrechung, ein schöner **Sandstrand** entlang. Im Unterschied zum zerlappten Meeressaum im westlichen deutschen Vorpommern zeigen sich die Gestade von der Oder bis zur Danziger Bucht ohne spektakuläre Vorsprünge und Einschnitte. Zahlreiche stille **Strandseen** unmittelbar hinter dem Meeresufer verwandeln die Küste vom Stettiner Haff (Zalew Szczeciński) bis zum Frischen Haff (Zalew Wiślany) an der Grenze nach Russland in einen bezaubernden Flickenteppich aus Wasser und Land.

Im sandigen **Flachland** hinter dem Meer schließen sich Heide- und Sumpfgebiete, Feuchtwiesen und Wälder an, gefolgt von Viehweiden und Feldern. Noch weiter landeinwärts blinken im pommerschen Hügelland die Gewässer der **Pommerschen Seenplatte** (Pojezierze Pomorski) auf. Über 2000 Seen hat man gezählt. Durch Flüsse und Kanäle sind sie miteinander verbunden und von sanften Hügeln umkränzt. Als Teil des Baltischen Höhenrückens, der das gesamte mitteleuropäische Tiefland durchquert, erreichen die Hügel jenseits von Stettin (Szczecin) Höhen um 100 Meter. Gegen Osten nach Kaschubien hin, wo der Baltische Höhenrücken am dichtesten an die Ostsee herantritt, erhebt sich das Land sogar auf über 300 Meter über dem Meeresspiegel.

Westpommern (Zachodniopomorskie)

Die Landesgrenzen der 22.900 Quadratkilometer großen Woiwodschaft Westpommern (Zachodniopomorskie) entsprechen in etwa denen des ehemals deutschen, historischen **Hinterpommern.** Westlich bildet die **Oder** (Odra) die Woiwodschafts- wie auch die Staatsgrenze nach Deutschland, östlich verläuft die Woiwodschaftsgrenze auf Höhe des **Wicko-Sees.**

An der **Ostseeküste** ziehen sich vom **Stettiner Haff** (Zalew Szczeciński) mit seinen vorgelagerten Inseln Usedom (Uznam) und Wolin puderzuckerfeine, breite **Sandstrände,** steile Abbruchkliffs und malerische Strandseen entlang, geschmückt von einer langen Kette von **Seebädern** und Kurorten. Nach den **Slowinzen,** die hier vor Jahrhunderten lebten, wird der Küstenstrich bis nach Kaschubien kurz vor der Danziger Bucht **Slowinzisches Küstenland** (Pobrzeże Słowińskie) genannt. Viele Ortschaften erinnern in ihren **Namen** noch an die alte **slawische Siedlungszeit,** die vor rund 1500 Jahren begann. So geht z.B. Kołobrzeg auf das westslawische Wort *chol* = Salz zurück; der Ort hieß zuerst Kolbreg (= Salzufer), danach Kolberg und schließlich Kołobrzeg.

In den Städten ragen die **Schlösser** der Fürsten von Pommern und großartige Monumente der **norddeutschen Backsteingotik** in den Himmel auf. Dörfchen mit kleinen **Fachwerk- und Feldsteinkirchen** prägen das dünn besiedelte Land.

Die 410.000 Einwohner zählende **Landeshauptstadt Stettin** (Szczecin) und weiter östlich **Koszalin** (Köslin) mit seinen 105.000 Einwohnern sind die einzigen Großstädte in der Woiwodschaft. An dritter Stelle rangiert mit nur noch 74.000 Köpfen das Tor zur Pommerschen Seenplatte, **Stargard Szczeciński** am Miedwie-See, gefolgt von den Ostseebädern **Kołobrzeg** (Kolberg) und **Świnoujście** (Swinemünde), in denen knapp 50.000 bzw. 42.000 Menschen leben.

Alle anderen Landstädtchen überschreiten kaum die 10.000-Einwohner-Marke, wobei die Faustregel gilt: Je weiter landeinwärts, desto menschenleerer die Gegend. Hier und da stehen in den Dörfchen noch Milchbänke vor den verwitterten Maschendrahtzäunen. Federvieh hat sich wohlig an den Weihern eingerichtet, und gelegentlich klappert sogar noch ein Pferdefuhrwerk über die schmalen Alleen.

Es soll aber auch nicht verschwiegen werden, dass die **Zersiedlung** der Landschaft voranschreitet, wobei der typische polnische Individualismus manchmal recht kuriose Blüten hervorbringt. Zu bewundern am **eklektizistischen Stil,** in dem manches postmoderne Eigenheim mit dorischen Säulen und gotischer Loggia unter kobaltblau glänzendem englischem Walmdach wild auf die grüne Wiese gesetzt wurde.

Des ungeachtet liegt Westpommern in Sachen **Naturschutz** ganz vorne, nicht nur in Polen, sondern europaweit. Etwa ein Fünftel der gesamten Fläche ist naturgeschützt. Zwei **Nationalparks** zählt die Woiwodschaft, im Norden mit Buchenwäldern und steilen Küstenkliffs der Woliński-Nationalpark auf der Insel Wolin, im Süden der Drawieński-Nationalpark rund um die Auen und Feuchtgebiete des Flüsschens Drawa herum. Dazu kommen ausgedehnte **Naturparks** entlang der Oder sowie weitere Schutzgebiete im Herzen Westpommerns, die dort die Schönheit des Hügellands mit seinen Wäldern und unzähligen Seen bewahren.

Pommern (Pomorskie)

An Westpommern schließt sich im Osten die Woiwodschaft Pommern (Pomorskie) an. 18.300 Quadratkilometer groß, umfasst sie den östlichen Teil des ehemaligen **Hinterpommern** und die Region **Pomorze Wschodnie** (Ostpommern, das ist das historische Pommerellen), außerdem die fruchtbare **Weichselniederung** sowie die bewaldeten Höhenrücken, Täler und Seen **Kaschubiens.**

Einzige Großstadt weit und breit vor der Danziger Bucht ist das 100.000 Einwohner zählende **Słupsk** (Stolp); größte Badeorte vor der Danziger Bucht dürfen sich Ustka (Stolpmünde), keine 20.000 Einwohner klein, und danach **Łeba** (Leba) mit nur noch 4000 ständigen Einwohnern nennen. Zwischen Ustka im Westen und Łeba im Zentrum des Küstenlands erheben sich zwischen Ostseewellen und Strandseen die gewaltigen Wanderdünen des **Słowiński-Nationalparks** – dank seiner himmelstürmenden Sandberge auch „Polnische Sahara" genannt. Östlich von Łeba schließt sich bis zur schmalen, weit in die Danziger Bucht hineingreifenden Halbinsel Hel (Hela) das **Kaschubische Küstenland** (Pobrzeże Kaszubskie) an.

Die **Kaschuben** haben dem malerischen Küstenstrich und ebenso weiten Teilen des Binnenlands den Namen geschenkt. Von jeher bewohnte das kleine westslawische Völkchen das Kaschubische Küstenland und die mit zahllosen Seen geschmückten, von tiefen Tälern durchschnittenen Höhenzüge der **Kaschubischen Seenplatte** (Pojezierze Kaszubskie). Und bis heute hat es sich seine eigene Kultur und Sprache bewahrt.

Im Herzen Kaschubiens schützen ausgedehnte **Landschaftsparks** die oft noch nahezu unberührte Natur. Auf insgesamt neun große Naturparks kann die Woiwodschaft von der Halbinsel Hel bis südlich zur Tucheler Heide blicken. Und auch, was **Nationalparks** betrifft, steht Pomorskie seinem Nachbarn Zachodniopomorskie nicht nach. Neben dem Słowiński-Nationalpark am Ostseestrand verfügt die Woiwodschaft mit den Sandergebieten im Nationalpark **Bory Tucholskie** im Süden über eine weitere streng geschützte Naturattraktion.

Ganz anders zeigt sich die Landschaft in der **Weichselniederung** (Żuławy Wiślane). Unzählige kleine Kanäle durchziehen die fruchtbaren schweren Böden, auf denen Getreide, Obst und Gemüse üppig gedeihen. Eines der herausragenden europäischen Bauwerke, der drittgrößte Burgkomplex Europas, befindet sich bei Malbork im Niederungsland: der alte Hochmeistersitz des Deutschen Ordens, die **Marienburg.**

Von dort ist es nicht weit bis zum Scheitel der **Danziger Bucht,** wo sich die Weichsel mit ihren Mündungsarmen in die Ostsee ergießt. Gleich in der Nachbarschaft liegt das Ballungsgebiet der **Trójmiasto** (Dreistadt). Nirgendwo an der polnischen Ostseeküste leben mehr mehr Menschen als dort. Auf 35 Kilometern Länge ziehen sich die drei zusammengewachsenen Städte **Gdynia** (Gdingen), **Sopot** (Zoppot) und **Gdańsk** (Danzig) an der Bucht entlang. Knapp 800.000 Einwohner stark ist das größte städtische Konglomerat in Nordpolen – mit der eintausendjährigen Hansestadt Danzig, Perle der Ostsee, als dem kulturellen und architektonischen Höhepunkt auf einer Reise durch den polnischen Norden.

Foto: kj 099po

Klima

Polen liegt in einer **gemäßigten Klimazone.** An der Ostseeküste herrschen ozeanische Luftmassen vor, es ziehen aber auch trockene, kontinentale Lüftchen aus dem Osten heran, oder auch nördliche, polaren Ursprungs, und manchmal sogar südliche, tropische. Die Folge davon ist ein recht **unbeständiges Wetter** – Seewetter eben: mit strahlendem Sonnenschein und dann plötzlich Regen. Die **Niederschlagsmenge** an der Küste ist im Sommer relativ hoch, knapp zwei Wochen in einem Monat fällt Regen. Doch so schnell, wie die Wolken sich aufgetürmt haben, so schnell hat sie der Wind wieder weggepustet. Über Tage anhaltender Dauerregen ist selten, und meistens lacht bald darauf wieder die Sonne.

Etwa entlang der **Parsęta,** die bei Kołobrzeg (Kolberg) in die Ostsee einmündet, verläuft die „Kampfzone" zwischen atlantischen und kontinentalen Luftmassen. Westlich des Flusses ist es milder und die Temperaturen sind ausgewogener, östlich wird es rauer und das Klima ist durch größere Temperaturgegensätze zwischen Sommer und Winter geprägt.

Unterschiedliches Temperatur-Empfinden an der Schwanen-See: die einen brutzeln, die anderen hüllen sich in warme Daunen

Durch die sehr langsame Erwärmung der Ostsee hält auch der **Frühling später Einzug** im Land. Die Durchschnittstemperatur im April liegt beispielsweise in Stettin bei 7 °C. In Lębork (Lauenburg), 40 Kilometer vor der Danziger Bucht, beträgt sie schon anderthalb Grad weniger. Zum Vergleich: Im wetterverwöhnten Rhein-Main-Gebiet werden im April 10 °C Durchschnittstemperatur gemessen. Ausnahmen wie der Hitze-April 2007 bestätigen die Regel. Aufgrund der globalen Klimaerwärmung wird es jedoch auch in Nordpolen voraussichtlich zu dauerhaften Verschiebungen kommen.

Die Tagesdurchschnittstemperatur im **Sommer** liegt bei 20 °C, dabei klettert das Thermometer tagsüber oft bis zur 30-Grad-Marke hinauf. Ein Sprung in die über 20 °C warmen Seen verspricht dann immer noch Abkühlung, ebenso wie eine frische Brise am Meeresstrand. Ebenfalls um die 20 °C warm kann in sonnenverwöhnten Jahren im Juli und August sogar die Ostsee werden.

Die Wärmeabgabe der Wassermassen wirkt sich auch verzögernd auf den Eintritt des **Winters** aus. So zeigt sich der **Herbst** im Allgemeinen von seiner goldenen Seite und ist trocken und mild, so lange, bis die ersten Stürme hereinbrechen.

Eine **Bauernregel,** nach der man sich noch heute richten kann, besagt:

„Ein rechter Pommer alter Art
trägt seinen Pelz bis Himmelfahrt.
Und vierzehn Tage nach Johann [29.8.],
da zieht er ihn schon wieder an."

Flora und Fauna

Flora

Die polnische Pflanzenwelt ist charakteristisch für die **Laub- und Mischwaldzone Mitteleuropas.** Eiche *(dam),* Linde *(lipa)* und Eibe *(zis)* haben bereits in der Zeit der Völkerwanderung, als die westslawischen Stämme die Ostseeküste besiedelten, vielen Orten ihre Namen gegeben. Wegen ihrer Giftigkeit für das Vieh wurde die **Eibe** jedoch schon sehr früh weitgehend abgeholzt und kommt heute nur noch, streng geschützt, als Wiederanpflanzung vor. Auch die **Linde** ist schon lange kein Waldbaum mehr. Dagegen zeigt die **Eiche** nach wie vor in großen Beständen ihr prachtvolles Kleid und bewächst am liebsten die hügeligen Endmoränen. Der wichtigste, pommern-typischste und am weitesten verbreitete Waldbaum ist aber die **Buche.** Sie mag kalkige Böden und mischt sich auf ihnen, über Schachtelhalmen und riesigen Huflattichblättern, mit Ahorn, Kiefer und Föhre.

Am **Meeresstrand** fühlen sich im Sand Strandgras, Strandhafer, Binse und Stranddistel wohl. Auch die kriechende Weide versucht hier oder da Wurzeln zu schlagen, und im Hinterland hält der Sanddorn die Sandhänge zusammen. Sobald sich der Boden etwas verfestigt hat, stellen sich, von vorwitzigen Krüppelkiefern durchsetzt, weite Teppiche von zartrosa über tiefrot bis dunkelviolett blühendem Heidekraut ein.

An den **Ufern** der **Haffe, Strandseen** und **Binnengewässer** ziehen dichte Schilfgürtel entlang. Stille Gewässer sind oftmals von wunderschönen Teichrosen bedeckt, und mancher See ist im Begriff zu vermooren. Kleine Inselchen von verknäulten Wurzeln, sogenannte „Triebkämpen“, treiben auf ihm, während vom Ufer her Rohrkolben und Kalmus das Wasser erobern. Wollgras und (fleischfressender) Sonnentau, Sumpfporst und Moosbeere bewachsen vermoorte Wiesen und Torfmoore.

Im **Kulturland** blüht goldgelb auf weiten Flächen der Raps, und zwischen Kirsch-, Apfel-, Birnen- und Pflaumenbäumen drehen Sonnenblumen ihre Köpfe dem Licht entgegen. An den Gartenzäunen klettern bunte Wicken empor, und am Rain der Getreidefelder leuchten rot der Klatschmohn, blau die Kornblumen und weiß die Margeriten.

Fauna

Die Tierwelt Nordpolens zählt zur Kategorie der **europäisch-westsibirischen Zone.** Bis weit über das Mittelalter hinaus hausten in den pommerschen Wäldern riesige Hirsche, Wölfe, Wisente und **Bären.** 1750 erschlug man im Wasser bei Stepnica am Stettiner Haff den letzten pommerschen Meister Petz, als er sich vor seinen Verfolgern in die Oderausdehnung retten wollte. Die **Wisente** haben dagegen überlebt und grasen heute in einem Reservat des Woliński-Nationalparks auf der Insel Wolin. In den Wäldern und an den Flüssen und Seen tummeln sich Füchse, Dachse, Biber, Bisamratten und Fischotter. Hirsche und Rehe, Wildschweine und Hasen kommen sogar oft bis an die Küste heran.

Dank seiner unzähligen Gewässer ist Nordpolen vor allem ein **Wasservogelparadies.**

„In großen Schwärmen erscheinen die Wildschwäne“, berichtet eine Landeskunde von 1912, „Wildenten, die im Röhricht aller Seen nisten, werden im Jahr 10.000 an der Zahl erbeutet. An manchen Stellen existieren Kranich- und Reiherhorste, sehr zum Schaden der Fischerei, so daß Schußprämien ausgesetzt werden.“

128po Foto: kj

Auf Du und Du mit Vertretern der heimischen Fauna

002po Foto: kj

Heutzutage geht natürlich niemand mehr auf die Jagd nach dem frei fliegenden Federvieh. Dafür werden von Ornithologen und Vogelliebhabern in den zahlreichen polnischen **Vogelschutzreservaten** umso mehr Fotos geschossen. Feuchtwiesen, Wasser- und Sumpfbiotope bieten ausreichend Nahrung für **selten gewordene Vögel** wie Rohrdommeln und Seggenrohrsänger. In den Überschwemmungsgebieten der weitgehend unregulierten Flüsse rasten zahlreiche europäische Zugvogelarten. Große Graureiher- und Kormoran-Kolonien, wie man sie insbesondere an der Weichselmündung vorfindet, stehen allesamt unter Schutz, ebenso wie allerorts die Brutgebiete der vom Aussterben bedrohten Seeadler und Fischadler. 140 Seeadler-Horste hat man in Nordpolen gezählt. Neben den majestätischen Raubvögeln bewohnen Fisch- und Schelladler die Wälder rund um die großen Gewässer, außerdem Uhus, Mäusebussarde, Sperber und Turmfalken, und auch die seltene Sumpfohreule hat hier ein Refugium.

In besonderen Schutzgebieten wie dem Słowiński-Nationalpark nisten weit **über 250 Vogelarten,** darunter Wildenten, Schreischwäne und Seeschwalben. Rund um die Strandseen bauen in feuchten Niederungen Kraniche und Kiebitze ihre Nester. Im offenen Gelände suchen sich Schleiereulen und Steinkäuze in Mauerlöchern und Baumhöhlen, Steinbrüchen, Ruinen und verlassenen Scheunen ihre Brutplätze, während Habichte und die seltenen Schwarzstörche dichte Wälder bevorzugen.

Nicht zu vergessen der **Schwan,** der stolze König der Schwimmvögel, den man am Ostseestrand ebenso wie an den Binnengewässern findet.

Als **Hausvögel** werden Hühner und Gänse gehalten, und der Begleiter der Menschen über die schöne Jahreszeit ist der **Storch.** Überall hat Meister Adebar auf Dachfirsten, Schornsteinen und Telefonmasten in den pommerschen Dörfern seine Nester gebaut. Immer im Frühjahr kehrt der Klappergeselle aus Afrika in seine Sommerheimat zurück, um dort zwei bis vier Nachkommen auszubrüten. Ende Mai schlüpfen die Jungen, und ab Mitte August sammeln sich die Störche schon wieder für ihre lange Reise zurück ins afrikanische Winterquartier (↗ auch Exkurs „Der Storch").

Umwelt- und Naturschutz

Polen besitzt eine **große Zahl einzigartiger Natur- und Wildnisgebiete,** die anderswo in West- und Mitteleuropa oft längst verschwunden sind. Ein Drittel der polnischen Landesfläche steht unter Naturschutz in insgesamt 23 Nationalparks, gut 1350 Naturreservaten, 120 Landschaftsschutzparks, über 400 Landschaftsschutzgebieten und knapp 6500 ökologischen Nutzflächen. Wobei das Schutzniveau „Landschaftsschutzpark" oder kürzer auch „Landschaftspark" - eine Kategorie, die es in Deutschland nicht gibt -, dem eines Nationalparks durchaus entsprechen kann. Der Unterschied zwischen einem **Nationalpark** und einem **Landschaftsschutzpark** liegt in Polen lediglich in der administrativen Zuordnung. Nationalparks sind der Zentralregierung in Warschau zugeordnet, während Landschaftsschutzparks zu den Woiwodschaften gehören. Beide bieten gleichermaßen einen streng geschützten Lebensraum für zahlreiche seltene und bedrohte Pflanzen- und Tierarten.

Der Otter ist das Wappentier des Drawieński-Nationalparks

Nichtsdestotrotz gibt es in Sachen Umweltschutz noch jede Menge zu tun. Insbesondere in den **Ballungsgebieten** und industriellen Zentren sind die Böden, Wasser und Luft oftmals **deutlich belastet** - ein Erbe nicht zuletzt der alten Volksrepublik. Wie alle Staaten, die aus der sozialistischen Planwirtschaft entlassen wurden, kämpft auch Polen mit zahlreichen Altlasten.

Bis zur Wende 1989 spielte der Umweltschutz außerhalb der streng geschützten Naturreservate nur eine untergeordnete Rolle. Es wurden im Gegenteil in den **Wiederaufbau** der nach dem Zweiten Weltkrieg neu hinzugekommenen Nordgebiete, die bis auf die Industrie- und Werftzentren von Danzig und Stettin traditionell See- und Landwirtschaft trieben, desaströse Złoty-Mengen zur Entwicklung einer ortsuntypischen **Schwerindustrie** gepumpt. Von 1946 bis 1966 belief sich die Summe zum Wiederaufbau der kriegszerstörten Regionen auf etwa 300 Milliarden Zł., davon flossen fast 50 Prozent in die Errichtung von Großindustrieanlagen.

Die Energie dafür lieferte überwiegend die Verstromung von **Steinkohle und Braunkohle.** Ganze Landstriche versanken im giftigen Nebel. Die Emission ging ungefiltert in die Luft, und auch die Abwässer leitete man ungeklärt in die Flüsse. Das Resultat: Die polnische Küste galt als der am stärksten verschmutzte Abschnitt der ganzen Ostsee. So rückte die Umweltverschmutzung bereits in den 1980er Jahren ins Bewusstsein einer breiteren Öf-

Ein bisschen Erdgeschichte – die Entstehung der Ostsee

Die Geschichte der Ostsee beginnt vor etwa 17.000 Jahren mit dem Ausklang der letzten **Eiszeit** im späten Pleistozän. Infolge der Erwärmung des Erdklimas zog sich in jener Epoche das Inlandeis aus der Nordeuropäischen Tiefebene nordwärts nach Skandinavien zurück, und die ausgedehnte tiefe Senke, die es hinterließ, füllte sich allmählich mit **Schmelzwasser.** Es staute sich zwischen dem Eisrand im Norden und den Geröllschuttmassen im Süden, die die Gletscher auf ihrem Rückzug zurückgelassen hatten. Ein bitterkalter Süßwasserstausee entstand: der **Baltische Stausee.**

Kontinuierlich wurde ihm Schmelzwasser zugeführt, sodass sein Wasserspiegel allmählich auf 20 bis 30 Meter über das damalige Weltmeeresniveau anstieg. Vor 10.000 Jahren **brach** der riesige Stausee schließlich über Mittelschweden **zur Nordsee durch.** Salzwasser flutete ein – ein Meer war entstanden –, und mit dem Salzwasser drang die Muschel *Yoldia arctica* ein. Nach der in entsprechenden Gesteinsschichten gefundenen Muschel bezeichnet man diesen ersten Vorläufer der Ostsee heute als **Yoldia-Meer.**

Zwischenzeitlich schmolz nun auch in **Skandinavien** das Eis. Von der Last der gewaltigen Eismassen befreit, hob sich langsam der skandinavische Schild, und zum Ausgleich senkte sich das Gebiet am südlichen Meeressaum. So **fiel der Nordsee-Zugang** bald wieder **trocken** und wurde vor etwa 9000 Jahren vollends geschlossen. Die **Verbindung zum Atlantik** war damit erneut **unterbrochen,** somit der Salzwasserzustrom versiegt, und das Yoldia-Meer begann im Lauf der Zeit wieder auszusüßen. Ein **Süßwasser-Binnenmeer** bildete sich, größer als die heutige Ostsee, das man nach der in den entsprechenden Gesteinsschichten gefundenen Süßwasserschnecke **Ancylus-See** nannte.

Doch der Kampf der Elemente war noch lange nicht ausgefochten. Mit der Freisetzung unvorstellbarer Wassermengen durch das fortlaufende Abschmelzen der Gletscher **stiegen die Meeresspiegel** solcherart an, dass die **Nordsee** vor 8000 Jahren über den Großen und Kleinen Belt wieder **einfließen** konnte. Die Ancylus-See wurde zum **Litorina-Meer,** dem nach der Salzwasserstrandschnecke *Litorina littorea* bezeichneten unmittelbaren Vorläufer der Ostsee.

Vor etwa **4000 Jahren** waren die heutigen Küstenlinien dann im Wesentlichen ausgebildet, und auch das Meer hatte seine ungefähre **heutige Entwicklungsstufe** erreicht – begleitet von einem zwar regional begrenzten, jedoch umso nachhaltigeren Ereignis: Im Bereich der dänischen Inseln vollzog sich eine stärkere Landhebung, und durch die erwachsenden Hindernisse nahm der **Wasseraustausch** zwischen Nord- und Ostsee wieder ab. Dieser Prozess hält bis heute an. Seit 4000 Jahren süßt die Ostsee gemächlich wieder aus und trägt als **größtes zusammenhängendes Brackwassergebiet der Erde** nach der Wasserschnecke *Limnea ovata* den geologischen Namen **Limnea-Meer.**

Die **Hebung der skandinavischen Landmasse** ist ebenfalls noch nicht abgeschlossen, was einen kontinuierlichen Landgewinn an der nördlichen Ostseeküste und ein entsprechendes Absinken am Südufer zur Folge hat. Dazu gesellen sich die elementaren Kräfte von Wasser und Wind, die vorspringende Küstenabschnitte abhobeln und untergraben, die Sedimente forttragen und an anderem Ort wieder ablagern, wodurch im ständigen Fluss eine zwar nur in Millimetern gemessene, aber doch stets neue Landkarte der Ostsee entsteht.

Entstehung des mitteleuropäischen Tieflands

Über den selben Zeitraum entstand auch das mitteleuropäische Tiefland, das sich von der niederländischen Nordseeküste über Norddeutschland nach Nordpolen erstreckt und dessen heutige Oberflächengestalt vor allem das Resultat pleistozäner Vereisungen ist. Der Norden Polens, von der Oder bis zur russisch-litauisch-weißrussischen Grenze, ist ein Kind der gewaltigen Eismassen, die vor ungefähr 500.000 Jahren von Skandinavien her nach Süden vordrangen.

Mehrfach überzogen sie die Gebiete der südlichen Ostsee und schoben dabei wie Planierraupen gewaltige Mengen an Geröll, Kies, Sand und Gestein vor sich her. Jeweils beim Rückzug der Gletscher hinterließen sie quergestellte, bis zu 200 Meter hohe Schutthaufen, die man heute **Endmoränen** nennt. Eine solche Endmoräne ist der **Baltische Höhenrücken.** Von den Eiszeitgletschern zu einem vielfach hintereinander gestaffelten, abwechslungsreichen Hügelland zusammengetragen, zieht er sich jenseits von Stettin mit Höhen um 100 Meter gegen Osten nach Kaschubien, wo er am dichtesten an die Ostsee herantritt und Erhebungen über 300 Meter erreicht, bis nach Gołdap mit dem Szeska-Berg (308 m) im nordöstlichen Polen.

Die zweite geomorphologische Form, die man in Nordpolen antrifft, sind **Grundmoränenlandschaften.** Sie sind aus zwischen den Eismassen und den Gletscherbetten gemahlenen Gesteinen entstanden, die absanken und zusammen mit an den Gletscherböden ausgeschürften Geschieben ein romantisches, sanft gewelltes Land mit teils recht fruchtbarer Erde hinterließen.

Dazwischen blinken die Seen der **Pommerschen Seenplatte** auf. Bei ihnen handelt es sich entweder um Grundmoränenseen, d.h. Seen, die aus Schmelzwasseransammlungen in großen Becken entstanden, oder Rinnenseen, also durch abfließendes Gletscherwasser gegrabene, langgezogene Furchen, die sich mit Süßwasser füllten.

An der Ostseeküste überwiegen **sandige** und **sandig-tonerdene Böden,** die sich nicht zum Anbau anspruchsvollerer Kulturpflanzen eignen. Eine Ausnahme bildet die fruchtbare Weichsel-Niederung. Wo tonige, wasserundurchlässige Böden dominieren, haben sich **Salzwiesen** sowie eine Vielzahl von **Flach-** und **Hochmooren** gebildet.

Zum letzten Mal erreichten die Gletscher das heutige Küstengebiet ungefähr 10.000 Jahre vor unserer Zeitrechnung. Sie formten dabei steile **Kliffküsten** mit Inseln wie Rügen, Usedom und Wollin. Östlich der Oder beginnt eine sogenannte **Ausgleichsküste,** die sich bis zur Danziger Bucht ohne spektakuläre Einschnitte und Vorsprünge, aber mit schönen Strandseen und einer streckenweise atemberaubenden Wanderdünenlandschaft zeigt.

Und woher kommt all der **Sand** am Ostseestrand? Die Zerstörungskraft von Brandung und Wind allein würde selbst über zehntausende Jahre nicht ausreichen, diese riesigen Sandberge zu mahlen. Man nimmt deshalb an, dass die heute der Ostseeküste vorgelagerten großen Bänke, wie die Oder- und die Stolpebank, einmal Inselkerne waren, die während der Litorina-Senkung unter den Meeresspiegel gezogen wurden. Unter Wasser wurde die Substanz der versunkenen Inseln ausgewaschen, abgetragen und klein gemahlen (allein die Oderbank würde noch heute vier Milliarden Kubikmeter bewegliche Masse hergeben). Um diese Barrieren herum lagerten sich mit der Strömung Sandbögen und Dünenketten ab, die teils mit dem neuen Festland in Verbindung traten und bei der nächsten Meereshebung abermals im Wasser versanken. Der verfügbar gewordene, nun nicht mehr gebundene Sand wanderte weiter, jeweils so weit, wie es die wiederum neu entstandene Küste mit ihren Vorsprüngen erlaubte. Diesem Vorgang verdanken auch die **Bodden, Haffe** und **Strandseen** ihre Entstehung.

fentlichkeit. Noch in den letzten Jahren der Volksrepublik entstand eine kleine **Ökologie-Bewegung,** und bis heute arbeitet man intensiv daran, die umweltpolitischen Versäumnisse der Vergangenheit wettzumachen.

Die **Umstrukturierung** der veralteten Produktionsbetriebe kostete viel Geld und leider auch sehr viele Arbeitsplätze. Umso erstaunlicher ist es, was sich im Bereich Umweltschutz seit 1990 getan hat. Bis 1998 vergrößerte sich die Fläche der Nationalparks um 88 Prozent, der Naturschutzgebiete um 21 Prozent, und die der Landschaftsparks verdoppelte sich sogar. Erklärtes Ziel ist die Einrichtung weiterer Naturschutzgebiete sowie die Förderung eines sanften Tourismus.

Der **Ausstoß an Schwefelverbindungen** in die Luft verringerte sich bis 1997 um die Hälfte, der **Staubanteil** in der Luft sogar um 57 Prozent. Mittlerweile nutzt man die wieder frische Brise zur Energiegewinnung. In rund 30 **Windparks** in Polen erzeugten Windkraftanlagen 2007 gut 300 Megawatt Strom. Viel ist das zwar immer noch nicht (20.000 Megawatt werden beispielsweise jährlich in Deutschland aus Wind produziert), doch fließen gewaltige Investitionsmittel in den Ausbau regenerativer Energien.

Durch den Bau modernster **Kläranlagen** ist die Einleitung ungereinigter Abwässer um fast drei Viertel zurückgegangen. So konnte die Wasserqualität spürbar verbessert werden. In

100po Foto: kj

Flüssen und Seen wimmeln heute wieder die Fische, und an den Stränden trifft man nirgends mehr auf ein Schild mit der Aufschrift „Uwaga! Kąpiel wzbroniony" („Achtung! Baden verboten"). Die **Wasserqualität** auch der Ostsee ist gut - und das nach wenigen Jahren!

Dank der relativ großen Zahl kleinbäuerlicher **Landwirtschaftsbetriebe** kam es auch niemals zu einer flächendeckenden Verseuchung der Böden mit **Düngern** und **Pestiziden.** Mit durchschnittlich nur fünf Hektar kleinen Parzellen reichten und reichen sie auch heute oft gerade zum Leben. Für chemischen Schnickschnack bleibt da kaum etwas übrig, auch wenn es sich mancher Landwirt sicherlich anders wünschen würde.

Einzig mit dem **Verkehr** läuft es unter umweltpolitischen Gesichtspunkten völlig verkehrt. Zuwachsraten von 500.000 Benzinkutschen pro Jahr werden verzeichnet. Die durch Auspuffgifte verursachte **Luftverschmutzung** steigt dementsprechend, und mancher Großstadt droht der Verkehrskollaps. Zehn Milliarden Euro fließen bis 2014 in den Bau neuer Autobahnen und Schnellstraßen sowie in den Ausbau der Flughäfen. Denn die Zahl der Touristen, die Polens schöne Natur mit einem Billigflieger ansteuern, steigt jährlich, zur großen Freude der Low Cost Carrier.

001po Foto: kj

Die Wasserqualität in Polen hat sich deutlich verbessert ...

... sodass es nichts ausmacht, wenn man ab und zu mal tüchtig Wasser schluckt

Daneben sind weitere **Milliardeninvestitionen** für Umwelt und Natur vorgesehen. Bis 2015 hat Polen noch Zeit, seine nationale **Umweltgesetzgebung** an den **EU-Standard** anzugleichen. Auf 20 bis 45 Milliarden Euro schätzt man die Kosten, die dafür anfallen werden. Doch sind es gute Investitionen, für die Umwelt ebenso wie für die Wirtschaft.

Die ökonomische Chance insbesondere der deindustrialisierten nördlichen Woiwodschaften, welche die schönsten polnischen Sommerurlaubs- und Erholungsgebiete umfassen, liegt im **sanften Tourismus.** Das haben die Verantwortlichen längst erkannt. Man baut auf ökologische Campingplätze, Hotelanlagen, die sich in die Landschaft einschmiegen, und Freizeiteinrichtung, die vor allem den Naturgenuss herausstellen als ein Gut, das wahrhaftig immer seltener und kostbarer wird.

101po Foto: kj

Staat und Gesellschaft

137po Foto: kj

138po Foto: kj

Flaggen in Danzig

Turm des Konzentrationslagers Sztutowo

Fischer im Hafen von Hel

Geschichte

Die Anfänge

Vergleichsweise spät in der Ära der großen Völkerwanderungen begann Anfang des **6. Jahrhunderts n. Chr.** die **Besiedlung** der von den Germanen verlassenen Gebiete zwischen Weichsel und Elbe durch slawische Stämme. Woher die **Slawen** ursprünglich kamen, lässt sich nicht mit Gewissheit sagen, doch kann man das Land zwischen mittlerer Weichsel, Bug und Dnjepr, das heute etwa das östliche mittlere Polen, das südliche Weißrussland und die Westukraine umfasst, als den Ursprungsraum der slawischen Sprachen ausmachen. Ein Teil der dortigen Völkerschaften wanderte ostwärts, ein anderer nach Süden bis zur Donaumündung ins Schwarze Meer, fiel von dort aus in die Donauprovinzen des **Römischen Reiches** ein und fand in diesem Zusammenhang in den spätantiken römischen Chroniken auch erstmals unter dem Namen „Slawen" Erwähnung. Ein dritter Teil zog Richtung Nordwesten und ließ sich im Verlauf des 6./7. Jahrhunderts in der Region zwischen Weichselmündung und dem östlichen Holstein nieder.

Es waren **heidnische Völker,** die ein Pantheon voller Naturgottheiten anbeteten, in losen Sippenverbänden zusammenlebten, Viehzucht, Fischfang und eine spärliche Ackerwirtschaft unterhielten, später Burgen und in deren Schutz feste Dörfer errichteten und bereits vor der Jahrtausendwende Fernhandel mit Russland, Byzanz und sogar Arabien trieben: **Abodriten,** die im heutigen Holstein sesshaft wurden, **Wilzen** und **Liutizen,** die den Raum Mecklenburg-Vorpommern besiedelten, **Ranen** auf Rügen, **Polanen** zwischen Warthe und mittlerer Weichsel und schließlich **Pomoranen** zwischen Oder- und Weichselmündung.

Ihrer neuen Heimat gaben die Ostseeanrainer den Namen **Pomorje,** was soviel wie „am Meer entlang" heißt. Im Unterschied zu den Verwandten in der Gegend um Gniezno (Gnesen) und Poznań (Posen), die sich „Polanen" (Feldbewohner) nannten, bezeichneten sie sich als „Pomoranen" (Küstenbewohner). Allen gemeinsam wiederum war, dass sie ihre Nachbarn fremder Zunge, mit denen sie sich schwerlich verständigen konnten, als „Niemy", „die Stummen", titulierten, wie es heute noch beinahe wortgleich im polnischen *niemiecki* für „deutsch" und *Niemcy* für „Deutschland" vorkommt.

Mieszko I.

Das polanische Siedlungsgebiet zwischen Wisła (Weichsel) und Warta (Warthe) ist die Keimzelle Polens. Bereits im 8. Jahrhundert wurde **Gniezno** (Gnesen) gegründet, Hauptort der Polanen und erste Residenz des **Piasten-Geschlechts,** aus dem bis 1370 die polnischen Herrscher hervorgehen sollten. Die Herkunft der Piasten ist unbekannt, doch erzählt die Legende, dass ein Bauernjunge namens *Piast* einst freundlich zwei Fremde bewirtete, die, vom Königshof zuvor abgewiesen, sich schließlich als Engel herausstellten und dem jungen *Piast* und seiner Heimat eine große Zukunft vorhersagten.

Erster historisch verbürgter Herrscher aus der Piasten-Dynastie ist **Mieszko I.** (reg. um 960–92). Unter dem großen Herzog dehnten die vereinigten Polanen-Stämme ihr Hoheitsgebiet weit nach Westen und Norden aus. 963 waren sie bis zum Elbestrand vorgedrungen, wo *Mieszko* nach erfolglosem Waffengang Kaiser **Otto I.** (deutscher König 936–73, römischer Kaiser 962–73) den Treueid schwor und ihm für das Land zwischen Oder und Warthe fortan Tribut entrichtete. Gegen 980 hatten die Polanen, nun mit Unterstützung des Kaisers, die **gesamte Ostseeregion zwischen Oder- und Weichselmündung** gewonnen.

Im Jahr 965 bereits beging der heidnische *Mieszko* feierlich **Hochzeit** mit der christlichen böhmischen Fürstentochter *Dubrava*. 966 ließ er sich nach lateinischem Ritus **taufen** und trat damit - und mit ihm sein ganzes Volk, wie es damals Gepflogenheit war - in die Gemeinschaft des christlichen Abendlands ein. Die Taufe *Mieszkos* trug dem polanischen Herrscherhaus die **gleichberechtigte Stellung im europäischen Hochadel** ein. Und mehr noch wurde der Herzog nicht nur ein Bundesgenosse, sondern ein **amicus imperatoris,** ein „Freund des römischen Kaisers". Noch im selben Jahr 966 wurde das **Missionsbistum Poznań** gegründet, womit das Polanen-Land zum nordöstlichen Vorposten der **Christenheit** wurde. 991 stellte es *Mieszko* unter den Schutz des Stuhls Petri in Rom.

Als erster großer Herrscher der Polanen ging *Mieszko I.* in die Geschichte Europas ein, Abkömmling des sagenhaften Ahnen *Piast,* von dem alle Könige Polens der Piasten-Dynastie abstammen sollen. Er **verstarb** im Jahr **992** und fand seine letzte Ruhestätte in der Kathedrale zu Poznań. Auf dem Herzogthron folgte ihm sein ältester Sohn **Bolesław I. Chrobry** (der Tapfere) (reg. 992–1025), unter dem Polens glanzvoller Aufstieg begann.

Glanz und Glorie

In die Zeit *Bolesławs des Tapferen* fiel die erste glorreiche **Blüte Polens.** Mit der Eroberung Krakaus und der Wislanen-Stämme, die an der Weichsel siedelten, baute der Herzog die Vormachtstellung Polens unter den Westslawen aus. Und nicht nur das. Im Jahr 1000 ernannte ihn **Otto III.** (deutscher König 983–1002, römischer Kaiser 996–1002) im Akt von Gnesen zum **„Bruder und Mitstreiter" im Heiligen Römischen Reich.** Damit wurde das Piasten-Reich zum gleichberechtigten Partner im Sacrum Imperium und war von allen Tributpflichten befreit.

Die beiden in Freundschaft miteinander verbundenen Herrscher waren in den frühen Märztagen des Jahres 1000 in Gniezno zusammengekommen, um dort die sterblichen Überreste des heiligen Adalbert feierlich beizusetzen. Drei Jahre zuvor hatte der böhmische Adlige **Adalbert** *(Woj-*

ciech), Bischof von Prag, im Prußenland nordöstlich der Weichsel den **Märtyrertod** gefunden; während seiner Missionsreise 997 war der heutige polnische Nationalheilige von den heidnischen Prußen erschlagen worden. Seine Gebeine handelte Herzog *Bolesław* den Ungläubigen ab und ließ sie nach Gniezno verbringen – in jener gottesfürchtigen Zeit mehr als nur ein symbolischer Akt. Noch im Jahr 1000 folgte die Erhebung Gnieznos zum **Erzbistum,** dem man die Bistümer Kolberg, Breslau, Krakau und später auch Posen unterstellte, womit eine von der westlichen Erzdiözese Magdeburg unabhängige, **souveräne Kircheneinheit** entstanden war.

Die Ernennung *Bolesław Chrobrys* zum „Bruder und Mitstreiter" und die Einrichtung einer eigenständigen Kirchenprovinz im Akt von Gnesen bedeuteten entscheidende Schritte auf dem Weg zur polnischen Staatswerdung; durch die Heirat von *Bolesławs* Sohn, *Mieszko II.,* mit einer Nichte *Ottos III.* wurden darüber hinaus auch verwandtschaftliche Bande geknüpft.

Nach dem frühen Tod des Kaisers, der 1002 mit nur 22 Jahren verstarb, änderte sich jedoch die politische Großwetterlage. Zwischen 1004 und 1018 kam es wegen umstrittener Gebiete östlich der Elbe zu drei langen **Kriegen** und mehreren **Feldzügen** der deutschen Krone gegen den Nachbarn. 1018 fanden die Auseinandersetzungen im **Frieden von Bautzen** ein Ende, mit dem **Kaiser Heinrich II.** (reg. 1014–24) die Grenzen des polnischen Herzogtums anerkannte und *Bolesław* ihm im Gegenzug für das Lausitzer und das Milzener Land den Lehnseid leistete.

Der Tapfere befand sich auf dem Höhepunkt seiner Macht. Das **Piasten-Reich** erstreckte sich von der Odermündung bis hinunter zur ungarischen Grenze, im Osten wurde es jenseits der Flüsse San, Bug und Narew begrenzt, und im Nordosten reichte es bis zur Danziger Bucht. In seinem Todesjahr 1025 erfüllte sich schließlich *Bolesław I. Chrobrys* größter Wunsch: Mit päpstlichem Segen wurde er zum **ersten König von Polen** gekrönt.

Bruderstreit und Zerfall

Doch das Reich war nicht von Dauer. Auf Landgewinne folgten Verluste, über das gesamte Mittelalter hinweg zählten allein Großpolen, Kleinpolen und Masowien sowie mit wenigen Ausnahmen Schlesien – um das die Piasten mit der böhmischen Krone zahlreiche Kriege führten – kontinuierlich zum polnischen Staatswesen. Und auch die **Königswürde ging** wiederholte Male **verloren.** Bereits *Bolesławs* Sohn *Mieszko II.* (reg. 1025 und 1032–34) büßte, im Konflikt mit Kaiser *Konrad II.* (reg. 1024–39), die Krone wieder ein. Piastische Erbstreitigkeiten, Feindseligkeiten von Seiten des erstarkenden Adels und eine Reihe heidnischer Revolten von Pommern bis Schlesien schwächten die Macht. Im Sommer 1039 wurde schließlich die Residenz **Gniezno** durch den böhmischen Herzog *Břetislav* **zerstört,** welcher das Grab des heiligen Adalbert öffnen und die Reliquie nach Prag überführen ließ.

Unter dem Spross und Nachfolger *Miezkos II.,* **Każimierz I.** (reg. 1034 und 1039–58), erfolgte die **Restauration Polens,** nun mit **Krakau als neuem Herrschersitz,** das für das kommende halbe Jahrtausend Hauptstadt und geistig-kultureller Mittelpunkt des Landes werden sollte. Als „Odnowiciel", der „Erneuerer", ging *Każimierz I.* in die Geschichte ein.

Der **Zerfall der Zentralgewalt** war dennoch nicht aufzuhalten. Die äußeren Grenzen von allen Seiten bedroht, versank Polen innenpolitisch im piastischen Bruderzwist und zerfiel in der Folge in sich dauerbefehdende Kleinfürstentümer. Einzig **Bolesław III. Krzywousty** („Schiefmund", reg. 1102–38) gelang noch einmal eine kurzzeitige staatliche Erneuerung. Überdies ließen ihm seine friedlichen Beziehungen zu Böhmen wie zum deutschen Reich Raum, sich der **Eroberung Pommerns** zuzuwenden, das seit dem Tod *Mieszkos II.* wieder unabhängig war. 1113–16 unterwarf er zunächst Pommerellen, den Landstrich zwischen Łeba-Fluss und der Danziger Bucht. Anschließend bezwang er in drei siegreichen Feldzügen 1116, 1119 und 1121 die Heiden zwischen Łeba und Oder.

Innenpolitisch führte *Bolesław III.* mit dem sogenannten **Senioratsprinzip** eine **Neuregelung der Thronfolge** ein: Dem männlichen Erstgeborenen, dem Seniorherzog mit Sitz in Krakau und Herrschaft über Pommern und das südliche Großpolen, gebührte die Oberhoheit über die unter allen weiteren Söhnen aufgeteilten Gebiete. Eine verhängnisvolle Neuerung, wie sich schon kurze Zeit später herausstellen sollte. Denn es entstand eine Vielzahl miteinander konkurrierender piastischer **Territorialherzogtümer,** die oft nur die Empörung gegen den Senior miteinander verband – wer auch immer in Krakau gerade den Thron bestieg oder wieder abgesetzt wurde. Nachdem man 1180 die Senioratsverfassung wieder abgeschafft hatte, verlor sich noch der letzte Anschein einer staatlichen Einheit.

Pommern unter den Greifenherzögen

Im Jahr 1121, als *Bolesław III. Krzywousty* im Zuge der dritten Schlacht um Pommern Stettin eroberte, wird **Wartislaw I. von Stettin** (reg. 1121–35) als erster sicher bezeugter Herrscher aus dem Geschlecht der Greifen erstmals erwähnt. Nach seiner Niederlage musste der pommersche Herzog die polnische Oberhoheit anerkennen und sich zu Tribut, Heerfahrt und Christianisierung verpflichten. 1124 und 1128 entsandte *Bolesław III.* den Bamberger Bischof *Otto* zu zwei Missionsreisen ins Land. Ebenfalls im Jahr 1128 wurde auf einem Landtag zu Usedom die **Christianisierung ganz Pommerns** beschlossen. *Wartislaw,* und mit ihm sein Volk, empfing die christliche Taufe.

Es folgten Eroberungen des Greifen im Siedlungsgebiet der Liutizen – nun

wahrscheinlich mit Unterstützung durch *Bolesław III.* –, die westlich der Oder bis nach Demmin im heutigen Vorpommern ausgriffen. Im Osten reichten die Lande des „ducatus Stettinensis et Dimminensis" bis zum Góra Chełmska (Gollenberg) bei Koszalin (Köslin). Und von dort bis zur Łeba (Leba) lenkte in den Landen Schlawe-Stolp sein Bruder **Ratibor I.** (reg. 1124–55) Pommerns Geschicke.

Wartislaw wurde von revoltierenden Heiden ermordet, nichtsdestotrotz fiel das Wort Christi auf weithin fruchtbaren Boden. Schon 1140 wurde das Bistum Wolin gegründet, 1153 folgte die Eröffnung des Klosters Stolpe bei Anklam, 1173 die Gründung von Kloster Kolbatz (Kołbacz) nicht fern von Stettin, 1178 die Einweihung von Belbuck bei Treptow an der Rega (Trzebiatów), und auch der Zug **deutscher Siedler** über die Oder begann. Förderer der Einwanderung waren neben der Geistlichkeit vor allem die Greifenherzöge, die sich von einer höheren Einwohnerzahl in ihrem dünn besiedelten Territorium eine produktivere Wirtschaftskraft und damit sprudelnde Steuereinnahmen versprachen.

So zügig wie **Christianisierung** und **Kolonisierung** verliefen, so verworren zeigte sich die **politische Lage.** 1164 wurden die Nachkommen *Wartislaws* Lehnsleute des Sachsen **Heinrich der Löwe,** 1181 erhob **Kaiser Friedrich I. Barbarossa** (reg. 1155–90) den Greifen **Bogislav I. von Stettin** (reg. 1155–87) als „Herzog von Slavien" in den Reichsherzogstand und gab ihm **Pommern** zum Lehen, das damit in den Reichsverband eintrat. Nur vier Jahre später wurde Pommern-Stettin bis zur Schlacht bei Bornhöved 1227 kurzzeitig dänisches Lehen, ab 1231 geriet es zusammen mit Schlawe unter brandenburgische Lehnshoheit, während östlich das Land Stolp nach einem dänischen Zwischenspiel 1236 an Pommern-Danzig (Pommerellen) unter den Samboriden-Herzögen ging.

Mehr und mehr **deutsche Siedler** strömten ins Land. Zwischen 1250 und 1350 wurden Städte nach Magde-

Im Jahr 1175 wurde der Grundstein für die gotische Kathedrale St. Johannes in Kamień Pomorski gelegt

burger oder Lübischem Recht gegründet, und die Küstenorte schlossen sich großteils der **Hanse** an. Das Haus mit dem Greifenvogel im Wappen splitterte im Lauf der Zeit in eine Reihe winziger Fürstentümer auf, doch konnte es sich bis zum Aussterben in männlicher Linie bis 1637 insgesamt mehr als 500 Jahre lang in Pommern behaupten.

Deutschherren im Prußenland

Unterdessen litten die Menschen im östlichen polnischen Teilfürstentum Masowien unter den Einfällen prußischer Stämme. Mehrere Kriege gegen die heidnischen **Prußen,** die im Baltikum und weiten Teilen des heutigen nordöstlichen Polens lebten, waren erfolglos geblieben, und so rief **1226** Herzog *Konrad von Masowien* (reg. 1199–1247) den **Deutschen Orden** zum militärischen Beistand ins Land. Während der christlichen Kreuzzüge ins Heilige Land war der Ritterorden aus dem „Orden des Spitals St. Marien vom Deutschen Haus zu Jerusalem" in Akko hervorgegangen. Die Ritter im weißen Mantel mit schwarzem Kreuz verstanden sich als eine Art mittelalterliche **„Weltpolizei";** seit ihrer Vertreibung aus dem Heiligen Land waren sie ohne feste Adresse und dienten europäischen Herrschern ihre Kriegskünste an. Also folgten sie dem Ruf Herzog *Konrads* und erhielten von ihm im Gegenzug für die kriegerische Dienstleistung gegen die Prußen das Kulmer Land zugesprochen sowie sämtliche Ländereien, die sie noch hinzugewinnen würden.

1230 zog ein erster Ordens-Konvent an die Weichsel, 1234 sicherte Papst *Gregor IX.* in der Goldenen Bulle von Rieti die Schenkung an die Deutschherren ab. Unter dem Landesmeister von Preußen, **Hermann von Balk,** begann die Eroberung der Region – mit dem Schwert wurden die Prußen missioniert, d.h. sie wurden **getauft oder getötet.** 1231 erfolgte die Gründung von Thorn, 1232 von Kulm, 1237 von Elbing und 1255 schließlich die der Burg Königsberg. Bereits **1283** war die **Unterwerfung Preußens** vollzogen. Ebenso rasch wuchs das Ordensland zu einem effizient organisierten Staatswesen an, das als hochgerüstete Militärmacht den polnischen Teilfürstentümern auf einmal bedrohlich gegenüberstand.

Kampf um Pommerellen

Polen, dessen Küste in piastischer Blütezeit von der Oder zur Weichsel reichte, hatte **keinen Zugang zur Ostsee** mehr. Pommern im Westen war Teil im deutschen Reichsverband, östlich der Weichsel herrschten die Deutschritter. Allein wer die Oberhoheit über das noch unabhängige Pommerellen gewann, stand noch offen. In dem schmalen Landstrich westlich der Danziger Bucht und der Weichselmündung herrschten die Herzöge von Ostpommern aus dem Samboriden-Geschlecht.

Nach dem Tod des ostpommerschen Herzogs *Swantopolk* **1266** entflammte zwischen seinen Söhnen ein folgenschwerer **Krieg** um die Nachfolge. **Mestwin II.,** der ältere der beiden Sprösslinge, bat um Waffenhilfe beim Markgrafen von Brandenburg und trug diesem als Belohnung seines Bruders Burg und Stadt **Danzig** an. Ein verlockendes Angebot. 1271 rückten die Brandenburger in Danzig ein.

Doch schon bald bereute *Mestwin* den Handel. Er verbündete sich mit Herzog *Przemysław von Großpolen,* gewann mit dessen Unterstützung Pommerellen zurück und überantwortete das Herzogtum der **polnischen Krone.** 1294 verstarb der Samboride ohne männliche Erben, sein Geschlecht war erloschen. *Przemysław* trat in Pommerellen die Herrschaft an. 1295 wurde er als **Przemysław II.** zum polnischen **König** gekrönt – und ein halbes Jahr später ermordet.

Dasselbe grausame Schicksal ereilte 1306 seinen Schwiegersohn und Nachfolger auf dem polnischen Thron, *Wenzel II.* von Böhmen. Anschließend erklärte sich *Władysław Łokietek* („Ellenlang"), Herzog von Kujawien, zum rechtmäßigen Erben Polens und Pommerellens. Nun hatte die Schaukeldiplomatie *Mestwins* aber zu den **unterschiedlichsten Ansprüchen** auf den schmalen Landstrich an der Ostsee geführt. Zum zweiten Mal marschierten also brandenburgische Truppen in Danzig ein. *Władysław Łokietek,* alleine militärisch zu schwach, rief darum **1308** den **Deutschen Orden** zur Hilfe. 1309 hatten die Ordensritter die Brandenburger aus der Stadt wieder fortgejagt. 10.000 Silbermark verlangten sie für den Dienst, und da *Władysław*

103po Foto: kj

die Summe schuldig blieb, **annektierten** sie kurzerhand **Danzig und Pommerellen.**

Der polnische Traum von der Wiederherstellung des Piastenreichs, wie es zur Zeit *Bolesław Chrobrys* bestand, fand damit ein Ende. In der **Feindschaft zwischen Polen und Deutschem Orden** kristallisierte sich bereits die fatale geopolitische Konstellation heraus, die später noch unendlich viel Leid über die Menschen bringen sollte: das Streben Polens nach einem Zugang zur Ostsee gegen das Streben der deutschen Mächte nach einer Landverbindung mit Ostpreußen.

Der Weg zur Macht

So unglücklich, wie *Władysław Łokietek* auch in Pommerellen agierte, so erfolgreich war seine Politik, was die **Konsolidierung Polens** betraf. 1314 gelang ihm die Vereinigung der beiden wichtigsten polnischen Provinzen **Groß- und Kleinpolen.** Das Fundament für ein einheitliches Staatsgebilde war damit gelegt. 1320 wurde **Władisław** auf dem Wawel, dem Burgberg zu Kraków, zum **König** des vereinigten Königreichs Polen gekrönt. Eine neue, glanzvolle Ära kündigte sich an.

Nach dem Tod *Łokieteks* folgte ihm 1333 sein Sohn **Każimierz III.** (reg. 1333–70) auf dem Thron. Weise und weitblickend, zugleich cleverer Taktiker und Diplomat von großem Format, knüpfte er an das Werk seines Vaters an. Mit zahlreichen **Reformen** konnte er das Land **innenpolitisch stabilisieren:** Der Szlachta, dem polnischen Klein- oder Landadel, eröffnete er den Zugang zu Staatsämtern, während die Magnaten, der ungleich reichere Hochadel, mit einem gewichtigen Einfluss auf die Thronfolge zufriedengestellt wurden. Sobald keine männlichen Erben mehr zur Verfügung stünden, würde fortan der Sejm, der polnische Reichstag, über die Kronwürde entscheiden – ein **Wahlkönigtum** sollte sich etablieren. Gleichzeitig wurde die Macht der Teilfürstentümer zurückgedrängt. Als Woiwodschaften hatten sie zwar auch weiterhin ein gewisses Eigenleben, wurden aber nun straff von Starosten (königlichen Statthaltern) verwaltet.

Każimierz führte darüber hinaus einen verbindlichen **Rechtskodex** ein, außerdem einen Schutz für die **Bauern** gegen Willkürakte von Seiten des Adels. Mitte des 14. Jahrhunderts, als in Europa die **Pest** wütete und im Deutschen Reich die **Juden** dafür grausam verfolgt wurden, gewährte er ihnen Zuflucht in seinem Land, woraufhin in Polen die **größte jüdische Gemeinschaft Europas** entstand. Durch den Verzicht auf Schlesien erwirkte der König nach Jahrhunderten voller Kriege den Frieden mit Böhmen. Im selben Atemzug konnte er sein Land weit nach Osten hin ausdehnen. 1364 wurde die **Universität Kraków** gegründet – nach Prag die zweite Universität in Mitteleuropa.

Detail am Portal der Basilika in Pelplin, mit deren Bau 1280 begonnen wurde

Als einzigem polnischen König wurde *Każimierz III.* von der Nachwelt der Titel „Wielki", „der Große", verliehen. Mit seinem Tod 1370 erloschen über 400 Jahre Piastenherrschaft, das Reich fiel an seinen Neffen *Ludwig von Ungarn.* Doch hatte *Każimierz* Polen eine Achtung gebietende Stellung im Konzert der europäischen Mächte erstritten. In seiner Regierungszeit wurden die Grundlagen für Polens Aufstieg zur Großmacht gelegt.

Das jagiellonische Großreich

In Personalunion führte **Ludwig der Große,** König von Ungarn und Polen (reg. 1370–80), fortan die Regierungsgeschäfte. Bereits 1339 hatte der kinderlose *Każimierz III.* seinen Schwestersohn aus dem Hause Anjou zum Nachfolger bestimmt. Diese Anwartschaft sicherte sich der Ungar **1355** im **Privileg von Buda** durch weitgehende Zugeständnisse an den polnischen Adel ab. So verzichtete *Ludwig* darauf, außerordentliche Steuern zu erheben, ebenso wie auf den Waffendienst polnischer Adliger außerhalb Polens ohne Vergütung. Solcherlei Sonderrechte stärkten den Adel und schwächten die Königsmacht. Vier Jahre nach *Ludwigs* Krönung erkaufte er sich, ebenfalls ohne männliche Erben im Stamm, mit dem **Privileg von Kaschau 1374** die Thronfolge für eine seiner beiden Töchter. Im Gegenzug garantierte er den Bestand Polens als eigenständiges Königreich und gewährte dem polnischen Adel nahezu vollständige Steuerfreiheit.

1384 setzte man seiner Tochter und Thronerbin **Hedwig (Jadwiga) von Anjou** als elfjährigem Mädchen die polnische Krone aufs Haupt und arrangierte ihre Ehe mit dem litauischen Großfürsten *Jogaila.* Zwischenzeitlich war dem christlichen Polen mit dem heidnischen **Litauen,** dessen Grenzen in etwa das heutige Litauen, Weißrussland sowie Teile Westrusslands und der Ukraine umfassten, ein bedeutender **Rivale** erwachsen. Andererseits verband Polen und Litauen ihre gemeinsame Feindschaft gegen den Deutschen Orden.

1386 wurde *Jadwiga* mit *Jogaila* vermählt, der das Christentum annahm und unter dem Taufnamen **Władisław Jagiełło II.** (reg. 1386–1434) zum König von Polen-Litauen gekrönt wurde. Quasi über Nacht war ein riesiges **polnisch-litauisches Großreich** entstanden – ein Markstein in der Geschichte des östlichen Mitteleuropa. *Jadwiga* und *Władisław Jagiełło* wurden zu den Begründern der **Jagiellonen-Dynastie,** die für die nächsten knapp 200 Jahre die Geschicke des Reichs lenken sollten. Und – mit dem polnisch-litauischen Doppelreich stand dem **Deutschen Orden** erstmals eine Großmacht gegenüber.

Die Schlacht von Tannenberg

Im **Juli 1410** kam es im südlichen Zentrum des Ordenslands zur legendären **Schlacht von Tannenberg,** in Polen nach dem Nachbarort „Schlacht von Grunwald" genannt – der größten militärischen Auseinandersetzung des

Mittelalters auf mitteleuropäischem Boden. Zwischen 12- und 15.000 Deutschritter und ihre Söldner standen auf dem Feld einem 20.000 Mann starken polnisch-litauischen Heer gegenüber. Der Waffengang endete mit einer katastrophalen **Niederlage für den Deutschen Orden.** Gewaltige Reparationszahlungen waren die Folge sowie der Verlust verschiedener Ländereien, die der Verlierer gemäß den Buchstaben des **Ersten Thorner Friedens 1411** zu entrichten hatte. Sie läuteten den **Niedergang des Ordens** ein. Denn nun mochten sich auch die reich und selbstbewusst gewordenen Hansestädte von den Deutschherren nicht länger am Gängelband führen lassen.

1440 schlossen sich 19 Städte und die preußischen Stände unter der Führung von Danzig zum **Preußischen Bund** zusammen. 1453 unterstellte sich das Bündnis dem Schutz Polens, und noch im selben Jahr brach der **Dreizehnjährige Krieg** gegen den Orden aus. Am Ende waren die Deutschritter personell wie ökonomisch auf ganzer Linie besiegt. Vor allem der exorbitanten Finanzkraft der Hansestädte, welche die polnische Krone unterstützten, vermochte der Orden nichts entgegenzusetzen. Zur Auslösung seiner Söldnerheere musste er 21 Burgen an die Kriegsdienstleister verpfänden, darunter auch die berühmte **Marienburg,** seit 1309 Sitz des Ordenshochmeisters.

Im Oktober **1466** wurde der **Zweite Thorner Frieden** geschlossen. Der Orden verlor u.a. Pommerellen mit Danzig, das Kulmer Land sowie die Gebiete von Marienburg (Malbork), Elbing (Elblag) und das Bistum Ermland (Warmia), die als „Preußen Königlich Polnischen Anteils" der polnischen Krone zugesprochen wurden. Der Ordenshochmeister leistete König *Każimierz IV.* (reg. 1447–92) den Treueid und gelobte die Heeresfolge. Der **Untergang des Deutschen Ordens** in Preußen war damit besiegelt.

Die Adelsrepublik

Anfang des 16. Jahrhunderts war das Polnisch-Litauische Reich durch weitere Landnahme und dank einer klugen Heiratspolitik zum **größten Staatswesen Europas** herangewachsen. Es erstreckte sich vom Baltikum bis zum Schwarzen Meer und von Pommerellen bis weit nach Russland hinein.

Die Anwärter auf den polnischen Thron sahen sich, um die Krone für sich zu gewinnen, zu stets größeren Zugeständnissen an den Adel gezwungen. Dieser war längst von der Steuer und auch vom Kriegsdienst befreit. Mehr und mehr Privilegien schwächten die Stellung des Königs und erreichten ihren Höhepunkt in der Konstitution **Nihil Novi Nisi Commune Consensu.** 1505 trat sie in Kraft und besagte nicht weniger, als dass ohne die Zustimmung des Sejm, welcher aus Senat (Magnaten und Klerus) und Abgeordnetenkammer (Szlachta, Kleinadel) bestand, *nihil novi,* d.h. nichts Neues mehr durchgesetzt werden durfte. Der König war damit ein Gleicher unter Gleichen mit gewissen

Kompetenzen geworden und Polen zur **Rzeczpospolita,** zur Adelsrepublik.

Das 15. und besonders das 16. Jahrhundert unter der Regierung der letzten beiden Jagiellonen *Zygmunt I. Stary* („der Ältere", reg. 1506–48) und *Zygmunt II. August* (reg. 1548–72) ging als das **„Goldene Zeitalter"** in die Geschichte ein. Wirtschaft und Handel blühten, ab 1514 erschienen die ersten **Bücher** in polnischer Sprache, und **Nikolaus Kopernikus** revolutionierte die Welt mit seiner Entdeckung, dass sich die Erde um die Sonne dreht. Eine weitere Revolution war der **Protestantismus,** dem sich überwiegend die deutschsprachigen polnischen Hoheitsgebiete anschlossen. 1525 wurde der Ordensstaat **säkularisiert** und in ein **preußisches Herzogtum** unter polnischer Oberlehnshoheit umgewandelt.

Nihil novi

Doch das Goldene Zeitalter barg den Keim des Untergangs von Anfang an in sich. Tatsächlich wurde er bereits 1505 mit dem Nihil Novi ausgesät: Die Konstitution sah ein **Liberum Veto** vor, ein Vetorecht für den Einzelnen. Ähnlich wie heute im UN-Sicherheitsrat, konnte mit dem Liberum Veto also ein Einzelner alles verhindern. Zwar wurde es erst 1652 konkret angewandt, doch führte bereits die hypothetische Möglichkeit zur Lähmung des gesamten Regierungsbetriebs.

Stattdessen zog beim polnischen Adel der **Sarmatismus** ein. Sarmatien hieß das märchenhafte Land, von dem die Polen, wie es die wissenschaftlichen Thesen jener Zeit erläuterten, angeblich herstammten – ein reiches und riesiges Land irgendwo im heutigen Iran, dessen Bewohnern die Tauben in den Mund flogen und die deshalb nicht arbeiteten, sondern dem süßen Müßiggang frönten. Wer sarmatischer Abstammung war, war ein Pole, zumindest wenn er der Oberschicht angehörte. Man behängte sich mit orientalischen Klunkern, baute prunkvolle Paläste und übersah fatalerweise dabei, dass sich mittlerweile die politische Landkarte Europas bedrohlich verschob. Längst war Polen zum Objekt der Begierde verschiedener Mächte geworden. Nur die „Sarmatier" hatten noch nichts bemerkt.

Mit dem Tod *Zygmunts II.* 1572 ging die Herrschaft der Jagiellonen und auch das polnische Goldene Zeitalter zu Ende.

Die Sintflut

Nach dem Ableben *Zygmunts II.* sollte sich das polnische Wahlkönigtum endgültig als verhängnisvoll erweisen. Im Osten war Russland inzwischen zur wichtigen politischen Größe in Europa aufgestiegen, im Norden Schweden, und im Westen stand Preußen kurz davor sich zu formieren.

Schaut man sich einmal die Liste der **polnischen Könige** von 1572 bis 1795 an: Wer dieser Herrschaften hätte sich wohl für Polen stark machen wollen? Neben vier Polen – darunter *Jan III. Sobieski* (reg. 1674–96), der berühmte Türkenbezwinger vor Wien – waren es ein Franzose, ein Habsburger, ein Ungar, zwei Sachsen und drei Schweden. Schon zu Zeiten *Sigismund III. Wasas* (reg. 1587–1632), zugleich König von Schweden und Polen, waren die **Skandinavier** bestrebt, das Baltikum und die pommersche Ostseeküste für sich zu gewinnen. 1618–48 verwüstete der Dreißigjährige Krieg das Land, und von Süden her fielen die Türken ein. 1629 musste Polen Livland an Schweden abtreten. Dem brandenburgischen Kurfürsten **Friedrich Wilhelm** (reg. 1640–88) gelang es durch zweimaligen Parteiwechsel zwischen Schweden und Polen, die polnische Lehnsherrschaft über Ostpreußen abzuschütteln. Das Fundament für das spätere Königreich Preußen (ab 1701) war damit gelegt. Im **Westfälischen Frieden 1648** fielen Vorpommern, die Inseln Usedom und Wolin plus ein weiterer kleiner östlicher Landstreifen an Schweden. Kurfürst *Friedrich Wilhelm* erhielt Hinterpommern, das Land zwischen Oderhaff und Pommerellen.

Das **Ringen um Polen** aber ging weiter. Tatareneinfälle verheerten ganze Regionen. Durch Kosaken-Aufstände ging die Ukraine verloren. Russische Truppen drangen 1654 in Polen ein, eroberten Smolensk und große Teile Litauens. Mit *Karl Gustav von Schweden* wurde von 1655 bis zum Frieden von Oliva 1660 der **Schwedisch-Polnische Krieg** geführt. Es war wie die Sintflut, und so nannte man diese Zeit auch. Polen hatte riesige Gebiete verloren, seine Großmachtstellung eingebüßt, und die Hälfte der Bevölkerung war getötet worden.

104po Foto: kj

Nachdem 1697 der sächsische Kurfürst *August der Starke* (reg. 1697–1733) gegen zehn Konkurrenten auf den polnischen Thron gelangt war, entfesselte er gegen Zar *Peter den Großen* den **Nordischen Krieg** (1700–21). Um Schweden Livland wieder abzunehmen, griffen sächsische Truppen 1700 Riga an. Daraufhin besetzte *Karl XII. von Schweden* Warschau, und nach vielen weiteren kriegerischen Verwicklungen war der Zar der lachende Dritte. Livland wurde russisch, die Vormachtstellung Schwedens war gebrochen, und **Russland** stieg zur europäischen Großmacht auf. 1720 si-

Das polnische Staatswappen ist in dieser Form bereits seit 1241 bekannt

cherten sich Russland, Schweden, Preußen und hinzukommend Österreich gegenseitig zu, die **polnische Verfassung aufrechtzuerhalten** – also keine der so dringend nötigen Reformen in Polen zuzulassen. Zum „Schutz" blieben russische Truppen im Land.

Der Untergang

Der letzte polnische König war *Stanislaus II. Poniatowski* (reg. 1764–95), ein Günstling Zarin *Katharinas II. der Großen* (reg. 1762–96). Bürgerkriegsähnliche Zustände zwischen der katholischen Adelspartei, die den „Russen" vom Thron jagen wollte, und den „Dissidenten" (den Nichtkatholiken) lieferten immer wieder willkommene Vorwände für ein politisches und militärisches **Eingreifen von russischer Seite.** 1772 zwackte sich Russland die überwiegend von Christlich-Orthodoxen besiedelten polnischen Gebiete östlich der Düna und Weißrusslands ab. Königlich **Preußen** verleibte sich das Ermland und das teils protestantische Westpreußen ein, womit die deutsche **Landverbindung von Pommern nach Ostpreußen** hergestellt war. Österreichs Kaiserin *Maria Theresia* (reg. 1740–80) weinte bittere Tränen um Polen und schluckte als kleines Trostpflaster – „weil so viele große und gelehrte Männer es wollen" – Süd- und Südostpolen. **1772** hatte Polen insgesamt 203.000 Quadratkilometer mit 4,5 Millionen Einwohnern verloren. Die erste **polnische Teilung** war vollzogen.

Mit diesem Schock in den Gliedern rafften sich nun endlich die **Reformkräfte** auf. Gegen alle Erwartung erwies sich König *Stanislaus* auch nicht als Marionette Moskaus. Mit seiner Billigung gab sich Polen am 3. Mai 1791 eine **Verfassung** – noch vor der französischen die erste niedergeschriebene Verfassung Europas! Das Liberum Veto wurde abgeschafft, die Thronfolge erblich, die Religionsfreiheit proklamiert und vor allem die Gewaltenteilung festgeschrieben. Auf dem Papier zumindest war eine **konstitutionelle Demokratie** entstanden. Gegen diese „französische Pest an der Weichsel", wie Zarin *Katharina die Große* die Ereignisse nannte, schickte sie 100.000 Soldaten ins Land und okkupierte sämtliche ostpolnischen Gebiete. Preußen nahm sich Großpolen und Danzig.

1793 war die **zweite Teilung Polens** vollzogen. *Tadeusz Kościuszko* (1746–1817), der bereits im amerikanischen Unabhängigkeitskrieg gekämpft hatte, errang 1794 zwar noch einen glanzvollen Sieg über das russische Heer, doch war es der letzte vor der endgültigen Katastrophe. Mit der **dritten Teilung 1795** dehnte sich Preußen bis Warschau aus. Den Rest teilten Russland und Österreich unter sich auf. **Polen war von der Landkarte verschwunden.**

Volk ohne Land

Die Nationalhymne „Polen gehört uns immer noch auf ewig" sangen 1797 erstmals polnische Soldaten in Italien. In Scharen zogen sie mit dem kleinen Korsen und großen französischen Kaiser **Napoleon** in den Krieg gegen Preußen und Russland, in der Hoffnung, dass er ihren Kampfesmut mit der Wiederherstellung ihres Landes belohnen würde. Stattdessen **teilten** die europäischen Großmächte, die nach der Niederlage *Napoleons* auf dem **Wiener Kongress 1815** die europäische Landkarte neu absteckten, **Polen zum vierten Mal auf.** Preußen verzichtete zwar auf die meisten der 1795 hinzugeraubten Gebiete, umfasste aber auch weiterhin die alten polnischen Regionen Posen und Westpreußen. Das südliche Polen um Kraków und Lwów (Lemberg/Lviv) wurde unter dem Namen Galizien Teil des Habsburger Reichs, und die riesigen ostpolnischen Territorien verleibte sich Russland ein. Unter Kontrolle der Teilungsmächte entstand eine Freie Stadt Kraków (ab 1846 bei Österreich) sowie das nach seiner Urheberschaft „Kongresspolen" genannte Restherzogtum Warschau, dessen König allerdings der Zar von Russland war.

Es folgten **Aufstände** in allen Teilungsgebieten: 1846 in Kraków, 1848 im preußischen und österreichischen Teil, 1863/64 in Warschau unter *Romuald Traugutt,* dessen Name wie der von *Kościuszko* heute zahlreiche Straßen und Plätze in Polen ehrt, 1904/05 in Russisch-Polen. Sie alle wurden blutig niedergeschlagen, die Aufständischen hingerichtet. Gerade 20 Jahre alt, organisierte der aus einer litauischen Adelsfamilie stammende, spätere polnische Staatschef *Józef Piłsudski* (1867–1935) ein **Attentat auf den Zaren** und wurde für fünf Jahre nach Sibirien verbannt.

Zahllose Menschen **emigrierten,** viele nach Frankreich und ein sehr großer Teil in die Vereinigten Staaten. Als **1914** der Erste Weltkrieg ausbrach, mussten sich drei Millionen polnische Soldaten unter deutscher, österreichischer oder russischer Fahne gegenseitig erschießen.

Dank der russischen Oktoberrevolution stand die polnische Frage Ende des Ersten Weltkriegs international wieder auf dem Programm. Man dachte sich **Polen als Puffer,** als „Cordon Sanitaire" gegen das sich im Osten formierende **Sowjetregime.** Im **14-Punkte-Programm** des US-Präsidenten *Woodrow Wilson,* das Anfang 1918 die alliierten Kriegsziele verlautbar machte, wurde unter dem vorletzten Punkt die Errichtung eines **unabhängigen polnischen Staates** mit einem Zugang zur Ostsee vorgestellt.

Die Zweite Republik

Am Tag der Waffenstillstandserklärung, dem **11. November 1918,** wurde Marschall *Piłsudski* der Oberbefehl über die polnischen Streitkräfte und die provisorische Staatsgewalt übertragen. Dieser Tag wird heute als das **Gründungsdatum** der zweiten polnischen Republik angesehen. Am 22.

I. Teilung Polens 1772

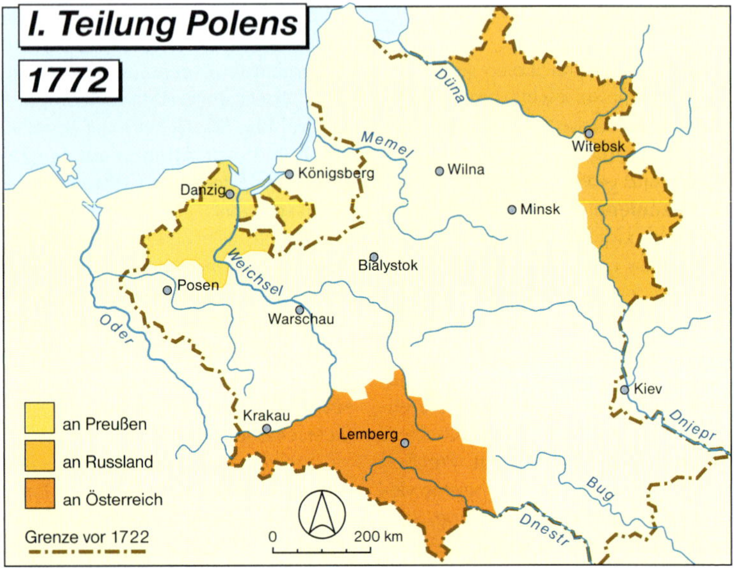

II. Teilung 1793

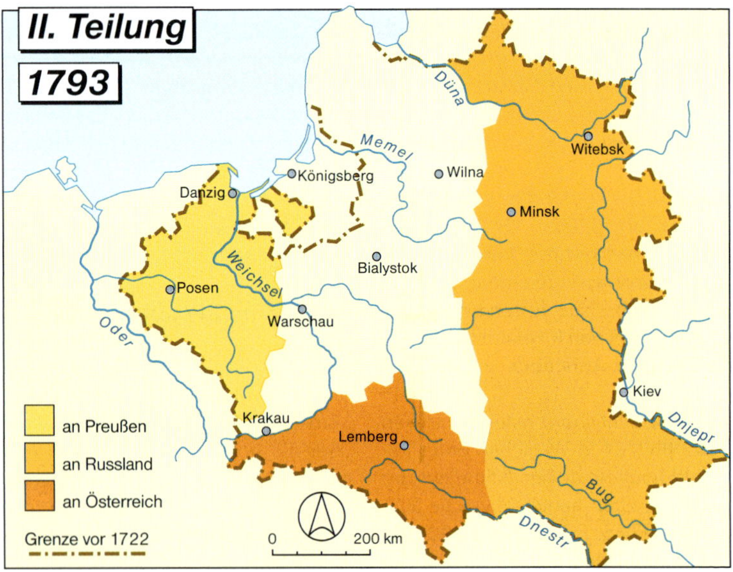

III. Teilung 1795

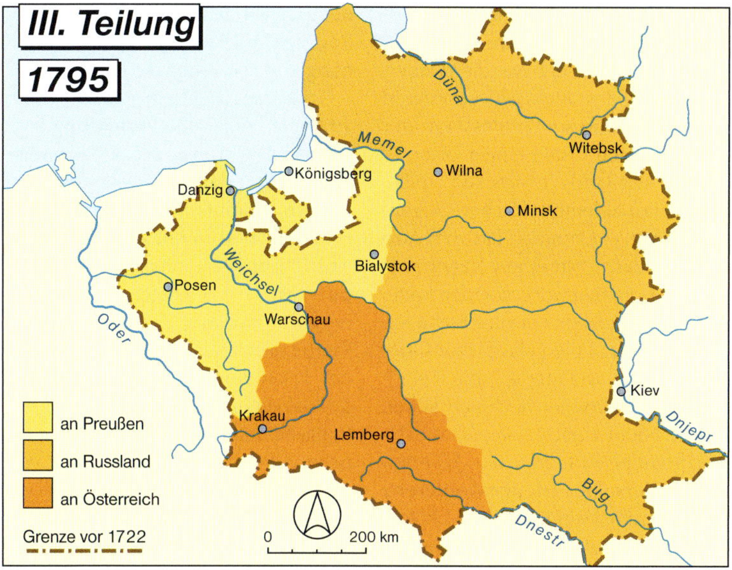

Die Westverschiebung Polens nach dem II. Weltkrieg

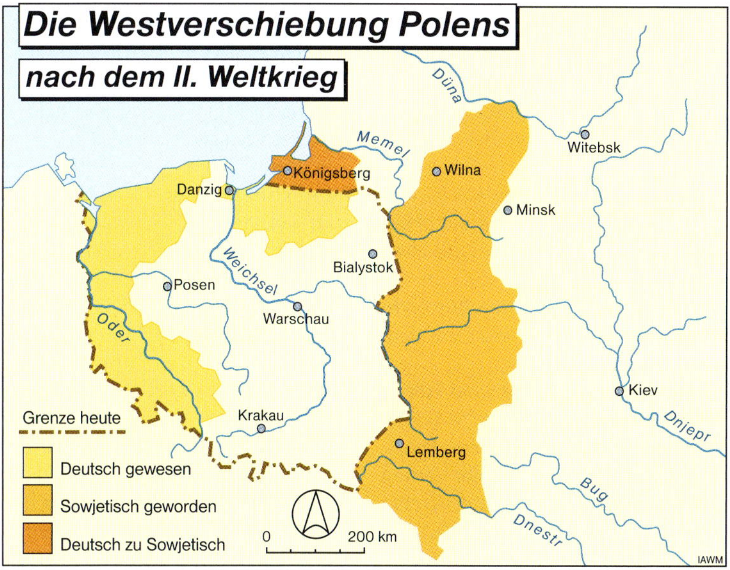

November ernannte man **Józef Piłsudski** (1867–1935) zum vorläufigen Staatschef. Seine Idee war die Wiederherstellung des alten jagiellonischen Reichs als eine Art Bundesstaat, der sich weit nach Osten hinein, also auf Kosten Russlands erstrecken sollte. Sein nationaldemokratischer Gegenspieler *Roman Dmowski,* der vom Ausland her dem Polnischen Nationalrat und der Exilarmee vorgestanden hatte, bevorzugte dagegen die piastische Variante, also ein Polen, das bis zur Oder reichen und demgemäß die Feindschaft der Deutschen nach sich ziehen würde. Nicht zuletzt dank *Dmowskis* Engagement verfügten die Alliierten auf der **Versailler Friedenskonferenz** die Abtretung Pommerellens an Polen, das damit wieder einen **Zugang zur Ostsee** erhielt. Nur Danzig wurde entgegen der polnischen Wünsche zur „Freien Stadt" unter Aufsicht des Völkerbunds erklärt.

Die Bewohner Ostpreußens sprachen sich im Rahmen der Abstimmung über die künftige nationale Zugehörigkeit 1920 mit überwältigender Mehrheit für **Deutschland** aus. Marschall *Piłsudski* interessierte das allerdings nicht besonders. Noch im selben Jahr entfesselte er den **Russisch-Polnischen Krieg,** der 1921 mit dem Friedensvertrag von Riga und einem beträchtlichen **Gebietsgewinn Polens** im Osten endete. Mit sechs Millionen Ukrainern und zwei Millionen Weißrussen sowie den im Versailler Vertrag gewonnenen Gebieten mit deutscher Bevölkerung war die junge polnische Republik zum **Vielvölkerstaat** geworden. Östlich waren Erhebungen und Revolten, westlich Empörung, Ablehnung und Schikanen die Folge.

Nach französischem Vorbild wurde **1921** eine polnische **Verfassung** konstituiert. Die Wahlen am 5. November entschieden die Nationaldemokraten für sich, woraufhin *Piłsudski* beleidigt zurücktrat und 14 Regierungen später, im Frühjahr 1926, mit Hilfe des Militärs **putschte.** Ein Sechstel der Bevölkerung war zu dieser Zeit arbeitslos, ein Viertel aller Erwachsenen konnte weder lesen noch schreiben. *Piłsudski* schloss einen **Nichtangriffspakt** mit Russland und Deutschland, Oppositionelle wurden verhaftet und die Verwaltung von Piłsudski-Gegnern „gesäubert". 1932 kam ein Ermächtigungsgesetz, und im April 1935 trat eine neue Verfassung in Kraft, die den Marschall zum **Alleinherrscher** machte. Einen Monat später war er tot und Polen eine Diktatur ohne Diktator. Sein Nachfolger wurde Armeechef *Edward Rydz-Śmigły.*

In Deutschland hatte mittlerweile **Adolf Hitler** die Macht ergriffen. Ab 1938 forderte der nationalsozialistische Führer immer lauter die Rückkehr der Freien Stadt Danzig ins Reich, deren Bewohner zu 90 Prozent Deutsche waren, sowie die Lösung des sogenannten „Korridor-Problems". Eine exterritoriale Autobahn sollte Pommern und Ostpreußen miteinander verbinden. Gegenleistung der Nazis: Verlängerung des Nichtangriffspaktes um 25 Jahre und die Anerkennung der neuen deutsch-polnischen Grenze. Doch spätestens seit dem Einmarsch in die Tschechoslowakei war klar, was von *Hitlers* Zusagen zu halten war.

Am 23. August 1939 wurde im Rahmen des **Hitler-Stalin-Pakts** per geheimem Zusatzprotokoll zwischen den Außenministern *Ribbentrop* und *Molotow* die **fünfte Aufteilung Polens** vereinbart. Am 1. September um 4.45 Uhr eröffnete der Panzerkreuzer „Schleswig-Holstein" das Feuer gegen die Danziger Westerplatte, womit der Zweite Weltkrieg begann.

Der Zweite Weltkrieg

Über kaum ein Land in der Welt wurde im schlimmsten Krieg aller Zeiten mehr Leid gebracht. Kein Land musste im Verhältnis zur Einwohnerzahl mehr Tote beklagen als Polen. Mehr als ein Fünftel der polnischen Bevölkerung verlor ihr Leben – **sechs Millionen Menschen.** In Konzentrations- und Vernichtungslagern wurde der größte Teil der **jüdischen Bevölkerung Europas** ermordet – sechs Millionen Menschen.

Polen verlor über die Hälfte seines Nationalvermögens. Ziel der nationalsozialistischen Politik war es, mit der Eroberung des **„Lebensraums im Osten"** die polnischen „Untermenschen" zu **versklaven.** Sie sollten die einfachsten Verrichtungen nicht mehr erlernen dürfen und nur noch den germanischen „Herrenmenschen" zu Diensten stehen. Die polnische Sprache wurde verboten, die Intelligenz und der Klerus wurden verfolgt und getötet.

Die westlichen Gebiete Pommerellen und Danzig gliederten die Nazis als „Reichsgau Danzig-Westpreußen", Großpolen und Kujawien als „Reichsgau Wartheland" unverzüglich in das Dritte Reich ein. Im Dreieck Warschau, Krakau und Lublin, das Zentralpolen und Westgalizien umfasste, entstand das berüchtigte „Generalgouvernement" unter der Leitung *Hans Franks.* Hier befanden sich die **Massenvernichtungslager:** Auschwitz (Oświęcim), Bełżec, Sobibór, Majdanek, Treblinka und Chełmno. In den größeren Städten wurden **Gettos** eingerichtet, in denen die jüdischen Einwohner unter menschenverachtenden Umständen eingepfercht wurden und auf ihren Abtransport in die Gaskammern warteten.

Wie kann man diesen Wahnsinn beschreiben? Wie von den 27 Tagen im **April 1943** erzählen, dem blutigen, hoffnungslosen **Aufstand im Warschauer Getto?**

In den Ostgebieten, welche die Sowjetunion besetzt hielt, wurden weitere 1,5 Millionen Menschen verschleppt. Die meisten kehrten nicht mehr zurück. Am **1. August 1944** rief die polnische Exilregierung in London zum **Aufstand in Warschau** auf. 32.000 Warschauer wurden getötet, Soldaten der polnischen Heimatarmee ebenso wie unzählige Zivilisten. Anschließend legten die deutschen Besatzer die polnische Hauptstadt, die es bis dahin noch gab, in Schutt und Asche. Kein Stein blieb auf dem anderen. Auf Hilfe gegen die Nationalsozialisten hatten die Menschen bis zum letzten Moment vergeblich gewartet. Dafür rückten im Januar 1945 sowjeti-

105po Foto: kj

sche „Befreiungskomitees" in das zerstörte Warschau ein.

In Jalta auf der Krim wurde auf der Konferenz der großen Drei, *Josef Stalin, Franklin D. Roosevelt* und *Winston Churchill,* im Februar **1945** die **Westverschiebung Polens** beschlossen. Für den Verlust seines östlichen Territoriums an die Sowjetunion, immerhin knapp die Hälfte des polnischen Staatsgebiets der Vorkriegszeit, erhielt Polen die deutschen Gebiete Schlesien, Neumark, Hinterpommern, das südliche Ostpreußen und Danzig.

Die **Vertreibung** begann. Aus den ehemals polnischen Ostgebieten zogen Hunderttausende Polen gegen Westen, um dort ihre neue Heimat zu finden, so wie sie die Deutschen verlassen hatten. 100 Złoty und 1000 Kilogramm (Stadtbewohner) bzw. 2000 Kilogramm (Landbewohner) Gepäck durften sie mitnehmen. Aus den ehemals deutschen Ostgebieten flohen die Deutschen mit Pferdewagen und zu Fuß Richtung Westen. Ihre Ortschaften waren besetzt worden, sie konnten ein kleines Bündel mit dem Notwendigsten zusammenraffen und mussten sich in klirrender Kälte auf den langen Marsch über das Haff und die Grenzflüsse machen. Unzählige kamen dabei ums Leben, wurden auf den Transportschiffen versenkt, wurden erschossen oder vergewaltigt, ertranken, erfroren, verhungerten.

Das Mahnmal an der Danziger Westerplatte erinnert an den Beginn des Zweiten Weltkrieges 1939

Volksrepublik und Wende

Einer der polnischen Kommunisten, die das Hitlerreich überlebt hatten, war **Władisław Gumołka.** 1905 in Krosno geboren, führte er während der deutschen Besatzung den kommunistischen Partisanenkampf an. 1943 übernahm er das Amt des Generalsekretärs der Polnischen Arbeiterpartei (PPR). Nachdem im **Januar 1945** russische Truppen in Warschau einmarschiert waren, erklärte *Gumołka* dort die **Provisorische Polnische Regierung.** Schnell wurde die bürgerliche Heimatarmee ausgeschaltet. Man behinderte die Vertreter der bürgerlichen Parteien, wo es nur ging, und besetzte den Verwaltungs- und Sicherheitsapparat mit Moskaugetreuen. Bei den **Wahlen** zum verfassungsgebenden Sejm im **Januar 1947** erhielt der Demokratische Block mit mehrheitlich Sozialisten und Kommunisten 80 Prozent aller Stimmen. Und was lange Zeit nur hinter vorgehaltener Hand ausgesprochen werden durfte, ist mit dem heutigen Forschungsstand offiziell: Der neue polnische Staat erwuchs auf dem Fundament einer Wahlfälschung.

Es erfolgten Enteignungen, Verstaatlichungen und eine Bodenreform, die Wirtschafts- und Handelsbeziehungen wurden auf die Sowjetunion ausgerichtet. Im Juni 1948 verabschiedete man den ersten **Dreijahresplan** mit dem ehrgeizigen Ziel, dass die im Krieg völlig zerstörten neuen Westgebiete nach Dreijahresfrist ein Drittel (!) der gesamten industriellen Produktion liefern sollten. Noch im selben Jahr musste *Gumołka* wegen „Rechtsabweichung" zurücktreten und wurde verhaftet. Er hatte sowohl den Propaganda-Feldzug gegen *Tito* in Jugoslawien als auch die Zwangskollektivierung der polnischen Landwirtschaft abgelehnt. In der sich anschließenden Zeit zog sich die stalinsche Klammer immer enger zusammen. Im Würgegriff der **Staatssicherheit** wurden Tausende inhaftiert, darunter auch der Primas von Polen, Kardinal *Stefan Wyszyński.* Erst der Tod *Stalins* 1953 brachte eine gewisse Lockerung der Verhältnisse.

Bereits ein Jahr zuvor, **1952,** war Polen **Volksrepublik** geworden, eine „Volksdemokratie", in der alle Macht von den Werktätigen ausging. Während der **Streiks und Unruhen im Sommer 1956,** die nach einer „Erhöhung der Arbeitsnorm" ausbrachen, schoss die Armee allerdings auf sie. Offiziell fanden 53 Arbeiter den Tod. Das Politbüro holte *Gumołka* in das Amt des Parteichefs zurück.

1970 kam es abermals zu **Streiks,** diesmal aufgrund einer Erhöhung der Lebensmittelpreise bei gleichzeitig extremer Lebensmittelknappheit. 1165 Menschen wurden dabei verwundet, 48 getötet (heute spricht man von 70). *Edward Gierek* löste *Gumołka* als Parteichef ab.

Zahllose Haftstrafen bis zu zehn Jahren wurden nach den **Arbeiteraufständen 1976** verhängt. Zur Unterstützung der Inhaftierten bildete sich unter den Bürgerrechtlern *Adam Mischnik* und *Jacek Kuroń* das „Komitee für gesellschaftliche Selbstverteidigung" (KOR) – der intellektuelle Wegbereiter der **Solidarność-Bewegung.**

Am 14. August 1980 traten die Arbeiter der **Danziger Leninwerft** in den Ausstand und verschanzten sich in ihrem Betrieb. Am Tor II strömten die Menschen zusammen, bald schon aus allen Teilen des Landes. An die Spitze der Streikbewegung stellte sich der Elektriker **Lech Wałęsa.** Nun befand sich ganz Polen im Ausstand. Zwei Wochen später unterzeichneten am 31. August der stellvertretende Ministerpräsident *Jagielski* und *Lech Wałęsa* die „Danziger Vereinbarung", welche die **Zulassung freier Gewerkschaften** garantierte. Am 24. Oktober wurde sie unter dem Namen „Solidarność" registriert, wenige Wochen später zählte sie über zehn Millionen Mitglieder. Die Warschauer-Pakt-Staaten beraumten eine Sondersitzung ein. Die amtliche sowjetische Nachrichtenagentur TASS empfahl eine „sozialistische Lösung", woraufhin die NATO *Leonid Breschnew* vor einem Einmarsch der Warschauer-Pakt-Armeen in Polen warnte. Ende Dezember 1981 verhängte General *Jaruzelski* das Kriegsrecht. Es wurde 1983 wieder aufgehoben, doch die Solidarność nach jahrelanger subversiver Tätigkeit erst im April 1989 wieder zugelassen. Bei den sich anschließenden Parlamentswahlen errang sie sämtliche Sitze, die den Unabhängigen überhaupt eingeräumt werden mussten. Im November 1990 vereidigte man **Lech Wałęsa** als den **ersten frei gewählten Staatschef** in der Geschichte Polens.

Republik Polen

45 Jahre nach Kriegsende erkannte die wiedervereinigte Bundesrepublik Deutschland im Grenzvertrag vom 14. November **1990** die **Oder-Neiße-Linie** als völkerrechtlich verbindliche polnische Westgrenze an. Am 17. Juni 1991 wurde zwischen Polen und Deutschland ein Vertrag über freundschaftliche Zusammenarbeit und Nachbarschaft geschlossen.

1993 wählten bei nur 52 Prozent Wahlbeteiligung 20,4 Prozent der polnischen Bevölkerung die **Ex-Kommunisten,** die sich als „Bündnis der demokratischen Linken" (SDL) neu formiert hatten, zur stärksten Partei im Sejm. Zwei Jahre später löste **Aleksander Kwaśniewski,** Ex-Kommunist und Mitbegründer der Sozialdemokratischen Partei, den konservativen Friedensnobelpreisträger *Wałęsa* als Staatspräsident ab. Hier bereits machte sich die sogenannte **„Solidarność-Paradoxie"** bemerkbar: Zwar hatte die industrielle Arbeiterschaft den Sozialismus gestürzt, dessen Bollwerk sie der reinen Lehre zufolge doch war. Zugleich aber fielen ihre Fabriken als Industrie-Dinosaurier als Erste den marktwirtschaftlichen Reformen zum Opfer. 1993 betrug die **Arbeitslosenrate** stolze 16,4 Prozent, knapp drei Millionen Menschen standen außer Lohn und Brot.

Im selben Jahr, 1993, trat Polens Vertrag mit den Ländern der Europäischen Freihandelszone **(EFTA)** in Kraft. **1994** wurde das Land mit der **EU** assoziiert, **1995** trat es der Welthandelsorganisation **(WTO)** bei, **1996** der Organisation für Wirtschaftliche Zusammenarbeit und Entwicklung **(OECD),** und im Frühjahr **1998** begannen die Beitrittsverhandlungen mit der **Europäischen Union.**

Mit Wirkung zum 17. Oktober 1997 war bereits die **neue Verfassung** in Kraft getreten. Sie löste die sogenannte „Kleine Verfassung" ab, die seit 1990 das ordnungsgemäße Funktionieren der polnischen Nachwende-Republik garantierte.

Bereits im September 1997 hatte das Mitte-Rechts-Bündnis „Wahlaktion Solidarność" (AWS) die Parlamentswahlen gewonnen und war als stärkste Kraft in die Regierungsverantwortung getreten. Ein gewaltiges **Reformprogramm** wurde angeschoben: Durch die Verwaltungsreform zum 1. Januar **1999** verringerte sich die Zahl der Woiwodschaften von 49 auf 16, eine Bildungs-, eine Renten- und eine Gesundheitsreform wurden auf den Weg gebracht und das Land außenpolitisch fit für die NATO und den EU-Beitritt gemacht. Im Hinblick auf die EU-Mitgliedschaft forcierte die Regierung unter Ministerpräsident *Jerzy Buzek* Polens Haushaltskonsolidierung und die wirtschaftliche Liberalisierung. Der Preis dafür waren zunehmende soziale Erschütterungen, die Arbeitslosigkeit stieg über die Fünf-Millionen-Marke. Am 12. Mai 1999 wurde Polen Mitglied im Nordatlantik-Pakt **(NATO).**

Polen im neuen Jahrtausend

Kirche, Konservative und Postsozialisten

Anfang Oktober 2000 gewinnt der Sozialdemokrat **Aleksander Kwaśniewski** zum zweiten Mal die Präsidentschaftswahl und wird für die nächsten fünf Jahre im höchsten Staatsamt bestätigt. Durch nichts ist die Talfahrt der konservativen **Wahlaktion Solidarność** (AWS) noch aufzuhalten, von der sich vor allem die einfachen Menschen mit großer Enttäuschung abgewandt hatten. Bei den Sejm-Wahlen im September 2001 scheitert das Mitte-Rechts-Bündnis AWS an der gesetzlichen Acht-Prozent-Hürde für Wahlbündnisse, nicht ein einziger Vertreter der alten Regierungsfraktion zieht ins neue Parlament ein. Ein einzigartiger Vorgang – wie es damals scheint.

Aber nur vier Jahre später wird die neue Regierungskoalition, bestehend aus dem Bündnis der Demokratischen Linken (SDL) mit der Union der Arbeit (UP) und der Polnischen Bauernpartei (PSL), ebenso rabiat abgestraft. Denn ausgerechnet die Postsozialisten verpassen dem Land 2001 bis 2005 eine marktradikale Rosskur von bis dahin ungeahntem Ausmaß, die Polen zwar einen enormen **wirtschaftlichen Aufschwung** einbringt, dem 38-Millionen-Volk aber auch acht Millionen **Arbeitslose** beschert. Während die städtischen „Leuchttürme" prosperieren, allen voran die Hauptstadt Warschau, werden die ländlichen Regionen mehr und mehr abgehängt, besonders im polnischen Osten. Von den Regionen Europas mit dem niedrigsten Bruttoinlandsprodukt rangieren 2002 gleich sechs Regionen Polens unter den schlechtesten zehn; darunter Warmińsko-Mazurskie mit einem Index von 34 (EU-Durchschnitt liegt bei 100), untertroffen nur noch von Podkarpackie (33) und schließlich Lubelskie (32) auf dem untersten Rang aller Regionen Europas. Zum Vergleich: Inner London (315), Hamburg (188), Wien (174).

Am **1. Mai 2004** tritt die Republik Polen der **Europäischen Union** bei. Mit dem Geldregen, der sich danach über die östlichen Grenzregionen ergießt, werden Straßen asphaltiert, Ortskerne saniert und Beschäftigungsprogramme aufgelegt.

Doch nichts davon kann das **Auseinanderdriften der einzelnen Wirtschaftsregionen** stoppen. Polen zerfällt immer weiter in florierende Großstädte und in Gebiete, in denen Perspektivlosigkeit den Alltag bestimmt. In Ostpolen wissen die Armen oft nicht, wovon sie noch leben sollen. Dörfer mit **100 Prozent Arbeitslosigkeit** sind nicht die Ausnahme, sondern die Regel. Wer jung und fit ist, zieht in die Stadt. Zurück bleiben die Alten, die in ihren Gärtchen wieder Kartoffeln anbauen und Subsistenzwirtschaft treiben. Das Tourismusgeschäft, wie es in Nordpolen über drei Sommermonate blüht, machen andere. Und was am Ende vom Tag übrig bleibt, ist oft nur noch Gottvertrauen.

Am 2. April 2005 stirbt *Karol Wojtyła* (1920–2005), **Papst Johannes Paul II.,** nach über einem Vierteljahrhundert Pontifikat. Im Juni 1987 hatten Tausende auf der Westerplatte bei Danzig die Heilige Messe mit ihm gefeiert. Im Jahr darauf waren die katholischen Arbeiter in den Streik getreten – Fanal für den Untergang des kommunistischen Ostblocks. So genießt kein anderer Mensch in Polen eine solche **Verehrung** wie der „berühmteste Pole der Welt". Bereits zu seinen Lebzeiten wurde der Papst dort wie ein Heiliger verehrt, gleichermaßen von Säkularen wie Religiösen. Über die Person *Karol Wojtyła* waren Glaube und Freiheit untrennbar miteinander verbunden. Mit seinem Tod verliert vor allem die Jugend ihr größtes Idol.

Rechtsruck in Polen

Die Parlamentswahlen im September 2005 gewinnt die nationalkonservative Partei **„Recht und Gerechtigkeit"** (PiS) unter ihrem Vorsitzenden *Jarosław Kaczyński.* Dem voran geht ein erbitterter Wahlkampf, wie ihn das Land bis dahin noch nicht gesehen hatte. Denn erklärtermaßen tritt die PiS gegen den **„Uklad"** an, eine Art Krake, der in Gestalt der Postkommunisten, Liberalen und Antiklerikalen, der Homosexuellen und Feministinnen die Moral der polnischen Gesellschaft untergrabe. Die „moralische Revolution" mit „Säuberungen" unter Kommunisten und Vaterlandsverrätern soll das Fundament einer künftigen, vierten polnischen Republik legen, für die das Parlament geschwächt, Polizei und Armee gestärkt und die Todesstrafe eingeführt werden müssten.

Mit diesem Programm **gewinnt „Recht und Gerechtigkeit" die Wahl** gegen die Linksparteien, die für viele zu Recht aus der Regierung fortgejagt werden. Mit dem Votum 2005 erhalten die Linksparteien die Quittung für Günstlingswirtschaft und zahlreiche Korruptionsskandale, für Raffgier und Inkompetenz sowie die beharrliche Weigerung, zu Ungunsten der eigenen alten Seilschaften die kommunistische Geschichte des Landes endlich aufzuarbeiten.

Im Oktober 2005 folgen die **Präsidentschaftswahlen.** Kein Kandidat kann sie für sich entscheiden, weshalb es zwei Wochen später zur Stichwahl kommt. Gegen **Donald Tusk** von der konservativ-neoliberalen Bürgerplattform (PO) trägt der Zwillingsbruder des PiS-Chefs, **Lech Kaczyński,** mit schrillen Tönen den Sieg davon und macht seit seiner Wahl ins höchste Staatsamt Formulierungen wie „antipolnisch zersetzend" nun auch landesweit politisch salonfähig.

Fortan zeichnet der Liberalismus verantwortlich für sämtliche sittlichen und sozialen Verwerfungen. In der Folge wird die Kampfzone gegen eine unabhängige Presse ausgeweitet und überhaupt gegen alle gesellschaftlichen Errungenschaften, denen ein emanzipatorisches Odium anhaftet – ebenso simpel wie reaktionär. Die weltanschauliche, politische und personelle „Erneuerung", die die *Kaczyńskis* in Gang setzen, die „Säuberung" des Staatsapparats, der Justiz und der Vorstandsetagen, der Bildungseinrichtungen und Redaktionen von Andersdenkenden und politischen Gegnern, vertieft die Gräben im Land.

Ihren stärksten **Verbündeten** findet die PiS in Teilen der polnischen katholischen **Kirche,** die eine gottlose Gesellschaft als Teufelswerk geißelt. Bereits 2003 startete das nationalkonservative Lager zusammen mit dem Bauernanführer *Andrzej Lepper* sowie zahlreichen Geistlichen im Bunde eine demagogische **Anti-Europa-Kampagne.** Nur *Papst Wojtyła* konnte die Gesinnungstäter seinerzeit zur Räson rufen. Im Wahlkampf 2005 fehlt diese vatikanische Autorität, und der fundamentalistische **katholische Privatsender Maryja** berieselt fünf Millionen gläubige Hörer mit PiS-Propaganda.

Anfang Mai 2006 treten die rechtsradikale, antisemitische **Liga der polnischen Familien** (LPR) und *Leppers* rechtslinkspopulistische Bauernpartei **„Selbstverteidigung"** *(Samoobrona)* in die Regierung ein. Ganz oben auf der Agenda des neuen Pakts zwischen Nationalkonservativen, Populisten und Rechtsradikalen steht neben dem Schutz von Ehe, Familie und ungeborenem Leben der Aufbau eines „Zentralen Antikorruptionsbüros", einer Art Geheimpolizei, die das Land nach inneren Feinden durchstöbert.

Nach einer Regierungskrise im Juli 2006 muss Ministerpräsident *Marcinkiewicz* seinen Hut nehmen, und Staatschef *Lech Kaczyński* ernennt seinen Zwillingsbruder *Jarosław* zum neuen Premier. Fortan regieren die Zwillinge Polen im Doppelpack, begleitet von zahlreichen politischen Intrigen und Skandalen. Gut 60 Prozent der Bevölkerung wünscht sich im Herbst 2006 Neuwahlen, im August 2007 sind es knapp 90 Prozent.

Neuwahlen 2007

Die Mehrheit im Land fühlte sich von der Rechtsaußen-Regierung ohnehin nicht repräsentiert. Von den über 28 Millionen Wahlberechtigten gaben bei den Parlamentswahlen 2005 nur noch 40 Prozent ihre Stimme ab. Das ist die **niedrigste Wahlbeteiligung** seit Bestehen der Republik Polen. Und erwies sich die Stichwahl 1995 zwischen dem damals amtierenden katholisch-konservativen Staatspräsident *Wałesa* und seinem Herausforderer, dem Linken *Kwaśniewski,* noch als Straßenfeger, schritt zur Präsidentschaftswahl zehn Jahre später nicht einmal mehr die Hälfte der Wähler.

Anfang August 2007 wirft Premier *Jarosław Kaczyński* Bauernparteiführer und Vizepremier *Lepper* aus der Regierung. Es folgen weitere Demissionen, die darin gipfeln, dass der Inlandsgeheimdienst den kurz vorher entlassenen Innenminister vor laufenden Fernsehkameras verhaftet. Das Rechtsaußenbündnis, angetreten, um Polen zu „säubern", scheitert an seinen unsauberen Machenschaften.

Anfang September stimmt das Parlament in Warschau mit großer Mehrheit seiner Selbstauflösung zu und macht damit den Weg für Neuwahlen frei. Mitte Oktober siegt die **Bürger-**

106po Foto: kj

plattform (PO) von *Donald Tusk* mit 41,5 Prozent der Stimmen. Als zweitstärkste Kraft, aber mit 32,1 Prozent abgeschlagen, zieht die **PiS** wieder in den Sejm ein – im Unterschied zu ihren ehemaligen Koalitionspartnern Samoobrona und Liga der polnischen Familien, die beide die Fünf-Prozent-Hürde nicht überwinden. Drittstärkste Kraft mit 13,2 Prozent ist das Parteienbündnis **Linke und Demokraten** (LiD), als Nummer 4 geht die gemäßigte **Bauernpartei** PSL mit 8,9 Prozent aus den Wahlen hervor.

Am 5. November konstituiert sich der neue Sejm, in dem nun die **Regierungskoalition aus PO und PSL** über eine großzügige Mehrheit verfügt. Einfach wird das Regieren trotzdem nicht. Dem neuen Premier *Donald Tusk* steht nach wie vor *Lech Kaczyński* als Staatspräsident gegenüber, der von Amts wegen über weitreichende Kompetenzen und ein Veto-Recht gegen jedes Gesetzesvorhaben verfügt. So darf man gespannt sein, wie sich die wirtschaftsliberal-konservative neue Regierung durchsetzen wird. Denn trotz aller dramatischen politischen Wechselfälle in den vergangenen Jahren besteht eine wesentliche Kontinuität: Noch nie seit der Gründung der dritten Republik hat eine Regierung eine zweite Wahlperiode erlebt.

Die Verehrung des ehemaligen Papstes Johannes Paul II. in Polen ist ungebrochen

Geschichte im Überblick

● **966:** *Mieszko I.* nimmt das Christentum an. Gründung des Bistums Poznań.
● **992:** *Bolesław I. Chrobry* („Der Tapfere") besteigt den Herrscherstuhl.
● **1000:** Akt von Gnesen: *Bolesław I.* wird „Bruder und Mitstreiter" im Heiligen Römischen Reich, Gniezno wird Erzbistum.
● **1025:** Krönung *Bolesławs I.* zum ersten König von Polen. Das Piasten-Reich umfasst ein Gebiet von der Odermündung über Danzig bis Ungarn und weit nach Russland hinein.
● **1121:** *Bolesław III. Krzywousty* („Schiefmund", reg. 1102–38) unterwirft die heidnischen Pomoranen. Erste Erwähnung der pommerschen Greifen.
● **1124/28:** Missionsreisen des Bischofs *Otto von Bamberg* nach Pommern. 1128 Einführung des Christentums in Pommern.
● **Mitte 12. Jh.:** Die Einwanderung deutscher Siedler nach Pommern beginnt.
● **1181:** Kaiser *Friedrich I. Barbarossa* belehnt den Greifen *Bogislav von Stettin* mit Pommern, das damit Teil des Heiligen Römischen Reichs wird.
● **1226:** Herzog *Konrad von Masowien* ruft den Deutschen Orden ins Land.
● **1283:** Die Eroberung der prußischen Gebiete durch den Orden ist abgeschlossen.
● **1309:** Die Ordensritter besetzen Danzig und Pommerellen.
● **1333:** *Kazimierz III. Wielki* („Der Große") besteigt den polnischen Thron. Mit seinem Tod 1370 erlischt die Piasten-Dynastie.
● **1364:** Gründung der Universität Kraków.
● **1384:** *Hedwig (Jadwiga) von Anjou* wird elfjährig zur Königin von Polen gekrönt.
● **1386:** Durch die Heirat *Jadwigas* und *Jogailas (Jagiełłos),* Großfürst von Litauen, entsteht das polnisch-litauische Großreich. Als *Władisław Jagiełło II.* besteigt der Großfürst den Königsthron. Sie werden zu den Begründern der Jagiellonen-Dynastie.
● **1410:** Siegreiche Schlacht des polnisch-litauischen Heeres gegen den Deutschen Orden bei Grunwald/Tannenberg.
● **1411:** Erster Thorner Frieden: Der Deutsche Orden verliert Ländereien und muss hohe Reparationen zahlen.
● **1440:** Gründung des Preußischen Bunds.
● **1454–66:** Krieg des Preußischen Bunds gegen den Deutschen Orden.
● **1466:** Zweiter Thorner Frieden: Der Orden verliert Pommerellen mit Danzig, das Bistum Ermland, das Kulmer Land sowie die Gebiete von Marienburg und Elbing, die als „Preußen Königlich Polnischen Anteils" an die polnische Krone gehen. Der Ordenshochmeister leistet König *Każimierz IV.* (reg. 1447–92) den Treueid.
● **Anfang 16. Jh.:** Das Polnisch-Litauische Reich dehnt sich vom Baltikum bis zum Schwarzen Meer aus. Es ist das größte Reich Europas.
● **1505:** Polen wird Adelsrepublik.
● **1525:** Der Ordensstaat wird säkularisiert und preußisches Herzogtum unter polnischer Oberlehnshoheit.
● **16. Jh.:** Die Regierungszeit *Zygmunts I. Stary* („Der Ältere", reg. 1506–48) und seines Nachfolgers *Zygmunt II. August* (reg. 1548–72) geht als „Goldenes Zeitalter" in die Geschichte ein. Mit dem Tod *Zygmunts II.* erlischt die Jagiellonen-Dynastie. Es beginnt die Ära der Wahlkönige.
● **1648:** Ende des Dreißigjährigen Kriegs. Vorpommern mit Usedom und Wolin fällt an Schweden, Hinterpommern an Preußen.
● **1654:** Russische Truppen fallen nach Polen ein, erobern Smolensk und große Teile Litauens.
● **1660:** Der Friede von Oliva beendet den Schwedisch-Polnischen Krieg, Preußen wird souveränes Herzogtum.
● **1683:** *König Jan III. Sobieski* (reg. 1674–96) bezwingt die Türken vor Wien und geht als „Retter des Abendlands" in die Geschichte ein.
● **1700–21:** Nordischer Krieg: Warschau wird von Schweden besetzt. Russland steigt zur europäischen Militärmacht auf.
● **1772:** Erste polnische Teilung.

- **1791:** Am 3. Mai tritt die polnische Verfassung in Kraft, die erste geschriebene Verfassung Europas. Polen wird konstitutionelle Monarchie.
- **1793:** Zweite polnische Teilung.
- **1795:** Dritte polnische Teilung. Preußen, Russland und Österreich haben sich das Land vollständig einverleibt. Polen ist von der Landkarte verschwunden.
- **1815:** Wiener Kongress: Die Grenzen Europas werden neu gezogen. Die alten polnischen Regionen Posen und Westpreußen verbleiben bei Preußen. Das südliche Polen um Kraków und Lwów (Lemberg/Lviv) wird unter dem Namen Galizien Teil des Habsburger Reichs, die ostpolnischen Territorien verleibt sich Russland ein. Unter Kontrolle der Teilungsmächte entstehen eine Freie Stadt Kraków (ab 1846 bei Österreich) und das „Kongresspolen" genannte Restherzogtum Warschau mit dem russischen Zaren als König.
- **Mitte 19. Jh. – Anfang 20. Jh.:** Zahlreiche Aufstände in den Teilungsgebieten werden blutig niedergeschlagen.
- **1914–18:** Erster Weltkrieg.
- **1918:** Am 11. November werden Marschall *Józef Piłsudski* der Oberbefehl über die polnischen Streitkräfte und die provisorische Staatsgewalt übertragen. Dieser Tag gilt als Gründungsdatum der zweiten polnischen Republik. Am 22. November folgt die Ernennung *Piłsudskis* zum vorläufigen Staatschef.
- **1920:** Nach einer Volksabstimmung verbleibt Ostpreußen bei Deutschland. Pommerellen wird polnisch und Danzig Freie Stadt unter Aufsicht des Völkerbunds. *Piłsudski* erweitert die Grenzen der jungen Republik kriegerisch Richtung Osten.
- **1934:** Polnisch-deutscher Nichtangriffspakt.
- **1935:** Eine auf *Piłsudski* zugeschnittene, autoritäre Verfassung tritt in Kraft. Im Monat darauf stirbt er.
- **23.8.1939:** Hitler-Stalin-Pakt. In einem geheimen Zusatzprotokoll wird die Aufteilung Polens zwischen dem Dritten Reich und der Sowjetunion vereinbart.
- **1939–45:** Zweiter Weltkrieg.
- **1.9.1939:** Mit dem Angriff des deutschen Panzerkreuzers „Schleswig-Holstein" auf die Danziger Westerplatte beginnt der Zweite Weltkrieg. Innerhalb eines Monats hat die deutsche Wehrmacht Polen besetzt.
- **1943:** Aufstand im Warschauer Getto.
- **1944:** Aufstand in Warschau gegen die deutschen Besatzer.
- **1945:** Einmarsch der Roten Armee in das von den Nazis zerstörte Warschau. Auf der Konferenz von Jalta vereinbaren *Stalin, Roosevelt* und *Churchill* die Westverschiebung Polens. Polen verliert knapp die Hälfte seines Territoriums an die Sowjetunion und erhält dafür die Gebiete Schlesien, Neumark, Hinterpommern, das südliche Ostpreußen und Danzig. Der Generalsekretär der Polnischen Arbeiterpartei (PPR), *Władisław Gumołka,* erklärt die provisorische Regierung.
- **1952:** Polen wird eine Volksrepublik.
- **1956:** Streiks und Unruhen nach einer Erhöhung der Arbeitsnorm.
- **1970:** Abermals schwere Unruhen. *Gumołka* wird von *Edward Gierek* als Staatschef abgelöst.
- **1980:** Im August treten die Arbeiter der Danziger Lenin-Werft in den Streik, kurz darauf befindet sich ganz Polen im Ausstand. Am 31. August unterzeichnen der Arbeiterführer *Lech Wałęsa* und der stellvertretende Ministerpräsident *Jagielski* die „Danziger Vereinbarung", die freie Gewerkschaften zulässt. Am 24. Oktober wird die Solidarność als erste freie Gewerkschaft des Ostblocks registriert.
- **1981–83:** Kriegsrecht in Polen. Bis 1989 ist die Solidarność verboten.
- **1989:** Bei den Parlamentswahlen erringt die Solidarność alle unabhängigen Sitze.
- **1990:** *Lech Wałęsa* wird der erste frei gewählte Staatspräsident in der polnischen Geschichte. Am 14. November erkennt die

Bundesrepublik Deutschland die Oder-Neiße-Linie als völkerrechtlich verbindliche deutsch-polnische Grenze an.

- **1991:** Vertrag über freundschaftliche Zusammenarbeit und Nachbarschaft mit Deutschland.
- **1995:** Der sozialdemokratische *Aleksander Kwaśniewski* löst den konservativen *Wałęsa* als Staatspräsident ab.
- **1997:** Am 17. Oktober tritt die neue Verfassung in Kraft. Sie löst die sogenannte „kleine Verfassung" ab, die seit 1990 das ordnungsgemäße Funktionieren der polnischen Nachwende-Republik garantierte.
- **1998:** Beginn der Beitrittsverhandlungen mit der EU.
- **1999:** Polen wird NATO-Mitglied.
- **2000:** Bei den Präsidentschaftswahlen wird *Kwaśniewski* für weitere fünf Jahre im höchsten Staatsamt bestätigt.
- **2004:** Am 1. Mai wird die Republik Polen Mitglied der Europäischen Union.
- **2005:** Aus den Parlamentswahlen im September geht die nationalkonservative Partei „Recht und Gerechtigkeit" (PiS) unter *Jarosław Kaczyński* als Sieger hervor. Im Oktober gewinnt sein Zwillingsbruder und PiS-Kandidat *Lech Kaczyński* die Stichwahl um das Staatspräsidentenamt.
- **2006:** Im Juli wird *Jarosław Kaczyński* zum Ministerpräsidenten ernannt.
- **2007:** Im Sommer zerbricht *Jarosław Kaczyńskis* Regierungskoalition. Bei Neuwahlen im Oktober wird die konservativ-wirtschaftsliberale Bürgerplattform (PO) unter *Donald Tusk* stärkste Partei. Zusammen mit der gemäßigten Bauernpartei PSL bildet sie die neue Regierungskoalition unter *Donald Tusk* als Ministerpräsident.

Staat und Verwaltung

Staatsgebiet, Verwaltungseinheiten und Bevölkerungszahlen

Das Territorium der Republik Polen beläuft sich auf **312.700 Quadratkilometer.** Die Landesgrenzen umfassen knapp 3600 Kilometer. **Nachbarn** sind von Nordost nach Nordwest im Uhrzeigersinn: Russland, Litauen, Weißrussland, die Ukraine, die Slowakei, Tschechien und Deutschland.

Das Staatsgebiet ist in **16 selbstverwaltete Verwaltungsgebiete/Provinzen (Woiwodschaften)** unterteilt, die von der Größe her etwa mit den deutschen Bundesländern vergleichbar sind. Verwaltungseinheiten in den Woiwodschaften sind die städtischen und die ländlichen Kreise sowie, als kleinste Beschluss- und Kontrollorgane der Selbstverwaltung, die Gemeinden. **38,7 Millionen Menschen** leben im Land, davon 38 Prozent in Dörfern und 62 Prozent in den Städten. Am dichtesten drängelt sich die Bevölkerung in den Ballungsräumen um Kattowitz (4 Mio.), Warschau (2,5 Mio.), Danzig (1,5 Mio.) und Posen (1,5 Mio.). Am dünnsten besiedelt sind die ländlichen Regionen im Nordwesten und Nordosten Polens.

Mit 1,6 Millionen zählt die Landeshauptstadt Warschau die meisten Einwohner, gefolgt von Lódż mit 804.000 und der Dreistadt Gdynia/Sopot/Gdańsk (Gdingen/Zoppot/Danzig) mit 800.000 Menschen. Krakau mit 740.000, Breslau mit 637.000, Posen mit 577.500 sowie Stettin mit 410.000 Bewohnern schließen sich an.

Von den 38,7 Millionen polnischen Staatsbürgern rechnen sich geschätzte 1,5 Millionen zu **nationalen Minderheiten.** Unter ihnen bilden die größten Gruppen die Deutschen (ca. 400.000), Ukrainer (ca. 300.000) und Weißrussen (ca. 200.000).

14 bis 17 Millionen Menschen polnischer Herkunft leben auf alle fünf Kontinente verstreut in **anderen Ländern.**

Staatliche Konstitution

Konstitutive Grundlage der Republik Polen ist die am 17. Oktober 1997 in Kraft getretene **Verfassung.** Sie löste die sogenannte „Kleine Verfassung" ab, die von 1990 an bis zur Verabschiedung der neuen, umfassenden Konstitution das ordnungsgemäße Funktionieren des polnischen Staates garantierte. Den Buchstaben der Verfassung von 1997 gemäß ist Polen ein einheitlicher, demokratischer, freiheitlicher Rechtsstaat und eine parlamentarische Demokratie.

Die **Legislative** besteht aus einem **Zweikammer-Parlament:** dem Sejm mit 460 Abgeordneten und dem Senat mit 100 Mitgliedern. Der **Senat** als zweite Kammer wird in den Woiwodschaften gewählt und verfügt über eine beratende Funktion bei der Gesetzgebung. Erste Kammer und höchste gesetzgebende Instanz ist der **Sejm.** Beide Kammern des Parlaments werden alle vier Jahre in freien und geheimen Wahlen gewählt.

107po Foto: kj

Die Abgeordneten im Sejm sind an der Regierungsbildung beteiligt, entweder indem sie den vom Staatspräsident berufenen Ministerrat (die Regierung) bestätigen oder auch selbst den Ministerpräsidenten und sein Kabinett wählen. Als oberstes Organ der Exekutive ist der Ministerrat dem Sejm gegenüber verantwortlich. Dem Ministerrat steht der Ministerpräsident als Regierungschef vor.

Staatsoberhaupt Polens ist der für eine Amtszeit von fünf Jahren direkt vom Volk gewählte **Staatspräsident.** Er ist der oberste Landesrepräsentant und verfügt über weitreichende Kom-

62 Prozent der 38,7 Millionen polnischen Staatsbürger leben in den Städten

Staatssymbole

Am 30. Dezember 1989 wurde mit der Reformnovelle zur polnischen Verfassung der alte Name „Volksrepublik Polen" in „Republik Polen" geändert, und auch der **Adler im Staatswappen,** weiß auf rotem Grund, erhielt seine angestammte Krone zurück, die er nach dem Zweiten Weltkrieg hatte ablegen müssen.

In farbigen Abbildungen ist das Staatswappen bereits **seit 1241** bekannt. Der Adler selbst stammt sogar schon von 1228. Fürst *Leszek der Weiße* soll ihn als Erster im Siegel verwendet haben. Auch die Farben Weiß und Rot tauchen zuerst im 13. Jahrhundert auf, als Zeichen des Militärs.

Rot und weiß sind auch die **Farben der Nationalflagge,** die Polen seit der Gründung der Zweiten Republik 1918 hisst. Dabei versinnbildlicht **Weiß** Unschuld und moralische Integrität, und **Rot** steht für die Unmengen an vergossenem Blut in den Kämpfen für die Freiheit und Unabhängigkeit der Nation.

Auf die Teilungszeit geht die **Nationalhymne** „Polen gehört uns immer noch auf ewig" zurück. Nach einer Dichtung *Józef Wybickis* (1747–1822) stimmten sie, als Polen auf keiner Landkarte mehr zu finden war, erstmals polnische Soldaten in Italien an: „Noch ist Polen nicht verloren, in uns lebt sein Glück. Was an Obmacht ging verloren, bringt das Schwert zurück." Auch die Melodie stammt möglicherweise aus der Feder *Wybickis.* (↗ auch Exkurs „Józef Wybicki".)

Seit 1997 sind Wappen, Flagge und Hymne in dieser Form in der polnischen Verfassung festgeschrieben.

104po Foto: kj

petenzen. So kann der Staatspräsident unabhängig vom Parlament den Ministerpräsidenten benennen, das Parlament vorzeitig auflösen und mit seinem Vetorecht außerdem Einfluss auf die Gesetzgebung nehmen. Darüber hinaus ist er Oberbefehlshaber der Streitkräfte und kann im Verteidigungsfall die allgemeine Mobilmachung anordnen.

- **www.berlin.polemb.net:** Die Seite der polnischen Botschaft in Berlin mit vielen Information zu Land und Leuten, Wirtschaft und Politik, Wissenschaft und Kultur (Polnisch/Deutsch).
- **www.kprm.gov.pl:** Die Seite der polnischen Regierung (Polnisch/Englisch).
- **www.prezydent.pl:** Die Seite des polnischen Staatspräsidenten (Polnisch).
- **www.sejm.gov.pl:** Die Seite des polnischen Parlaments (Polnisch).

Medien

Radio und Fernsehen

Wie überall in Europa, ist die Flimmerkiste auch in Polen nicht wegzudenken. Über den Äther, das Kabel und, ganz besonders beliebt, die Satellitenschüssel lassen sich **mehr als 400 Programme** empfangen, über 50 davon in polnischer Sprache.

Die drei gebührenfinanzierten Programme des öffentlich-rechtlichen Senders **Telewizja Polska** (Polnisches Fernsehen) – TVP1, TVP2 sowie die dritten Regionalprogramme – erreichen stolze 99 Prozent der Bevölkerung. Für die Auslandspolen strahlt **TV Polonia** Bilder aus der Heimat aus.

Daneben hat sich eine Reihe kommerzieller **Privatsender** wie PolSat, TVN oder die digitale Plattform Cyfra etabliert, die mit Serien, Talkshows und bunter Nachrichtenwelt Quote machen. Nichtsdestotrotz hält das öffentlich-rechtliche Fernsehen immer noch gut die Hälfte des Marktes.

Ganz anders sieht das beim **Radio** aus. Nur noch ein Drittel der Bevölkerung lauscht den drei öffentlich-rechtlichen Rundfunkprogrammen von **Polskie Radio,** PR1, PR2 und PR3. Sie funken landesweit gegen 200 regionale oder **lokale private und kirchliche Radioanstalten** an, die sich bei über 70 Prozent der Polen großer Beliebtheit erfreuen. Die unangefochtenen Marktführer unter den Dudelsendern, RMF FM und Radio Zet, sind im Unterschied zur Konkurrenz außerdem polenweit zu empfangen, ebenso wie der umstrittene radikalklerikale Sender Radio Maryja.

Die Sendeerlaubnis erteilt der **Staatliche Rat für Hörfunk und Fernsehen** (Krajowa Rada Radiofonii i Telewizji, KRRiT). Seit 1993 lizensiert die staatliche Aufsichtsbehörde Funk- und TV-Anstalten und überwacht die Einhaltung der Mediengesetze. Seit der Öffnung des polnischen Medienmarkts für ausländische Investoren mit dem EU-Beitritt 2004 ist diese Arbeit nicht leichter geworden. Kapitalstarke Medienkonzerne wie Springer und Bertelsmann strömen ins Land.

Die Konzentration in der Funk- und TV-Welt **zuungunsten der Meinungsvielfalt** macht auch vor Polen nicht Halt. Dem Versuch der nationalkonservativen Regierungspartei „Recht und Gerechtigkeit" (PiS), 2006 den Nationalen Rundfunkrat mit einem neuen Mediengesetz unter ihre Kontrolle zu bringen, konnte das polnische Verfassungsgericht dagegen einen Riegel vorschieben.

Zeitungen und Zeitschriften

Wer im polnischen Blätterwald die Marktführerschaft innehat, lässt sich bereits an den in Großbuchstaben aufgemachten bunten Schlagzeilen auf den Titelseiten ablesen. Es ist die täglich überregional erscheinende **Boulevardzeitung „Fakt",** die wie die polnische Schwester der deutschen „Bildzeitung" anmutet. Und tatsächlich stammt „Fakt" aus dem Springer-Verlag. Dass das ebenso schlichte wie populäre Kleine-Leute-Blatt gerne als Sprachrohr der PiS fungiert, daraus wird in den Redaktionsstuben in Warschau kein Hehl gemacht.

Da gibt sich **„Dziennik"** („Tageszeitung"), die Nummer 3 der überregionalen polnischen Tageszeitungen, schon einen seriöseren Anstrich. Weltanschaulich rechtskonservativ und in der Aufmachung an die deutsche „Welt" angelehnt, wird „Dziennik" ebenfalls im Hause Springer Polska produziert. Im April 2006 startete das Blatt mit der Ansage: Frontalangriff auf die unter dem Chefredakteur und Bürgerrechtler *Adam Mischnik* erscheinende, liberale „Gazeta Wyborcza" („Wahlzeitung").

Bereits 1989 wurde die **„Gazeta"** gegründet, um die ersten freien Wahlen in Polen publizistisch zu unterstützen. Meinungsbildend, kritisch, debattenstark, stieg sie schnell zur auflagenstärksten Tageszeitung im Lande auf. Mit dem Erscheinen von „Fakt" auf dem polnischen Markt wurde sie dann vom Thron gestürzt und auf Platz 2 verwiesen. Zusammen mit „Dziennik" erreicht der Springer-Verlag mittlerweile einen Marktanteil von über 40 Prozent im Zeitungssegment. Doch gilt die vom Medienkonzern Agora verlegte „Gazeta Wyborcza" nach wie vor als das wichtigste politische Blatt.

Weitere bedeutende überregionale Tageszeitungen sind die liberal-konservative **„Rzeczpospolita"** („Republik"), vergleichbar in etwa mit der deutschen „FAZ", und die aus dem ehemaligen Zentralorgan der kommunistischen Partei 1990 hervorgegangene, linksdemokratische **„Trybuna"** („Tribüne") sowie ferner die nationalkatholische **„Nasz Dziennik"** („Unsere Tageszeitung").

Zu den wichtigen **politischen Wochenzeitschriften** gehören das Magazin **„Polityka"** („Politik"), herausgegeben von *Adam Krzemiński,* einem der führenden polnischen Intellektuellen, und das Magazin **„Wprost"** („Direkt"), außerdem die liberal-katholische Wochenzeitung **„Tygodnik Powszechny"** („Allgemeine Wochenzeitung") sowie **„Newsweek Polska"**, Letztere einmal mehr aus dem Axel-Springer-Verlag.

Mit bald 20 täglich oder wöchentlich erscheinenden Publikationen und neuerdings einer 25-Prozent-Beteiligung an einem der größten privaten TV-Sender verfügt **Springer** inzwischen über eine geballte Medienmacht in Polen. Weitere internationale Konzerne wie **Murdoch** und **Bertelsmann** blasen mit bunten Hochglanzblättern für Modebewusste, Hobbygärtner, Autoschrauber und dergleichen Special-Interest-Organen mehr zur Aufholjagd. Exoten wie intellektuelle Kunst- und Literaturzeitschriften oder gar die sozialkritischen Magazine **„Obywatel"** („Bürger") und **„Nowy Robotnik"** („Neuer Arbeiter") wird man dagegen nur noch schwerlich in den Geschäften finden.

Insgesamt werden in Polen **5400 Titel** verlegt: lokale und überregionale Tageszeitungen, Wochenzeitungen, Magazine und Zeitschriften.

Wirtschaft

Nach dem Fall des Eisernen Vorhangs waren die Probleme der polnischen Volkswirtschaft die aller postsozialistischen Länder. Jahrzehnte der **Planwirtschaft** und die Konzentration auf die **Schwerindustrie** hatten einen flexiblen Konsumgüter- und Dienstleistungssektor nicht aufkommen lassen. Mangelwirtschaft mit niedrigem Lebensstandard war der Normalzustand, man improvisierte. Darüber hinaus gingen die Exporte fast ausnahmslos in die sozialistischen Bruderländer, und mit dem Zusammenbruch des COMECON (Rat für gegenseitige Wirtschaftshilfe, unter Führung der Sowjetunion) waren dort die Absatzmärkte auf einmal verloren.

Schon 1989 schnürte die Regierung deshalb ein Maßnahmenpaket für den Übergang in die **Marktwirtschaft.** Nach dem damaligen Finanzminister *Leszek Balcerowicz* **„Balcerowicz-Plan"** genannt, war es an Radikalität kaum zu überbieten. Schocktherapieartig leitete es den Systemwandel ein. Durch nichts wurde er abgefedert und brachte neben sozial kaum flankierten Privatisierungen, Betriebsschließungen und Massenentlassungen zunächst eine galoppierende **Inflation.** In der zweiten Jahreshälfte 1989 belief sich der Preisauftrieb auf 1500 (!) Prozent, 1990 betrug er noch 600 Prozent, schrumpfte 1991 auf 70 Prozent, lag 2001 bei 7,5 Prozent und unterschritt 2003 die Einprozentmarke.

Trotz anhaltendem Wirtschaftswachstum entwickelte sich die **Arbeitslosigkeit** zum zentralen Problem. Freier Wettbewerb wuchs sich zu einem rüden **Manchesterkapitalismus** aus. Oder gehört etwa nicht alles, was die Firma umsetzt, dem Chef? Mit dem verblassenden Stern der Solidarność-Bewegung verschwand zusehends auch die Idee der sozialen Verantwortung und Solidarität. Wohl hatte vor allem die großindustrielle Arbeiterschaft den Kommunismus hinweggefegt, aber nun fielen als Erstes ihre eigenen eingerosteten Betriebe den marktwirtschaftlichen Reformen zum Opfer.

Des ungeachtet erwies sich Polen bereits kurz nach der Wende als Musterschüler unter den ostmitteleuropäischen Ländern, die sich um eine **EU-Mitgliedschaft** bewarben. Mit jährlichen Wachstumsraten von sechs bis sieben Prozent Mitte der 1990er Jahre zog es den anderen Beitrittskandidaten davon. Aber um welchen Preis?

Die **Kluft zwischen Stadt und Land** vergrößerte sich. Während Warschau boomte und Finanzinvestoren aus aller Herren Länder anlockte, versanken ganze Landstriche in Armut. Und war ausnahmslos allen polnischen Regierungen an der Privatisierung von Banken und Unternehmen gelegen, hat bislang noch keine einzige einen tragfähigen Entwurf für den ländlichen Strukturwandel aus der Schublade gezogen.

Insbesondere die Situation der **Bauern** verschlechterte sich dramatisch. Hunderttausende Kleinbauern, die sich einst siegreich gegen die Kollektivierung stemmten, können sich mit ihren schmalen Parzellen dem internationalen Wettbewerb nicht mehr stellen. Die Mitgliedschaft in der Europäischen Union fordert vor allem im Agrarsektor ihren Tribut. Und das in einem Land, in dem die Bauern einen so hohen Anteil an der Bevölkerung stellen wie nirgends sonst in Europa.

Mehr als ein Viertel sämtlicher Berufstätigen in Polen ist in der Landwirtschaft beschäftigt, **zwei Drittel der Höfe** gelten als **unrentabel.** Sie sind zu klein und dienen überwiegend der Eigenversorgung. Insgesamt erwirtschaftet der Agrarsektor keine fünf Prozent des Bruttoinlandsprodukts. Ergo: Im Rahmen der EU-Mitgliedschaft muss der Beschäftigtenanteil in der Landwirtschaft bis 2010 um etwa 900.000 Personen abgebaut werden.

Doch wohin mit einer weiteren knappen Million Arbeitsloser?

Im Januar 1999 kam es unter Anführung des Chefs der radikalen Bauernpartei Samoobrona („Selbstverteidigung"), *Andrzej Lepper,* zu **bürgerkriegsähnlichen Tumulten.** Tausende Landwirte folgten seinem Ruf und blockierten landesweit die Straßen, um für eine **höhere Subventionierung ihrer Produkte** sowie die stärkere Abschottung Polens vor lächerlich billigen Lebensmitteleinfuhren aus der EU zu demonstrieren.

Nicht dass man als Bauer deshalb nun gleich Kommunist wäre ... Aber man verdiente im Sozialismus schließlich das Anderthalbfache des Städters, heute dagegen nur noch 40 Prozent. Und überhaupt war die Welt zur Zeit der Volksrepublik eindeutiger, selbst am schlechten Wetter hatten die Kommunisten Schuld.

Dass sich 2002, zwei Jahre vor dem Beitritt zur Europäischen Union, nur noch knapp die Hälfte der Polen für die Gemeinschaft aussprach – 1998 waren es immerhin 80 Prozent –, war gewiss auch der für den Beitritt erforderlichen rücksichtslosen Haushaltskonsolidierung und den damit zusammenhängenden ständig wachsenden **gesellschaftlichen Spannungen** zu verdanken. Die sozialen Härten, die der ökonomische Transformationsprozess mit sich brachte, schwächten die Europa-Begeisterung zunehmend.

Die andere, **positive Seite des EU-Beitritts** 2004 zeigte sich spätestens 2007. Zig-Milliarden-Beträge flossen und fließen seither ins Land und tragen zum **Wirtschaftsboom** bei, in Form von EU-Fördermitteln ebenso wie durch kapitalgewaltige Auslandsinvestoren. Auf 7,1 Prozent belief sich im ersten Halbjahr 2007 die Wachstumsrate, fast drei Mal so hoch wie in Deutschland. Die Arbeitslosigkeit ist auf durchschnittlich zwölf Prozent zusammengeschmolzen, in den Großstädten herrscht Mangel an qualifizierten Arbeitskräften. Die Exportwirtschaft brummt, die Binnenwirtschaft wächst, Shoppingzentren sprießen wie Pilze aus dem Boden – und sie sind voll mit kaufkräftigen Kunden. Besonders den **Großstädten geht es sehr gut:** Warschau, Krakau, Lodz, Breslau, Posen, Danzig. Das gut ausgebildete, liberale Stadtbürgertum lebt und verdient mit der Globalisierung.

Doch ob Stadt oder Land, arm oder reich, nationalkonservativ oder weltbürgerlich, auf den meisten Autos zwischen Oder und Bug prangt nach wie vor stolz der blaue EU-Aufkleber. Ein Zeichen der europäischen Zugehörigkeit, wie sie ein alter kaschubischer Herr einmal ausdrückte: „Schauen Sie doch mal auf die Landkarte", sagte er, „durch unser Land führt der 15. Meridian östlicher Länge, nach dem die Mitteleuropäische Zeit eingestellt wird. Soll Polen also etwa im Osten liegen? Nein, Polen ist im Herzen Europas."

Tourismus

Dass Polen im Herzen Europas liegt, über zahllose herausragende Sehenswürdigkeiten und außerdem eine zauberhaft schöne Natur verfügt, hat sich mittlerweile unter mehr und mehr Touristen herumgesprochen. Längst ist das Land zwischen Ostsee und Hoher Tatra kein exotisches Reiseziel mehr. Im Gegenteil verzeichnet es kontinuierlich gut drei Prozent jährliche **Zuwachsraten** an ausländischen Besuchern. Nicht zuletzt auch dank der berühmten polnischen Gastfreundschaft.

2006 stieg Polen erstmals in die **Top Ten** der beliebtesten europäischen Reiseländer auf. Nach Spanien, Italien, der Türkei, Österreich, Griechenland, Frankreich, Kroatien und den Niederlanden nimmt es seitdem Platz 9 auf der Beliebtheitsskala ein. Unter den ehemaligen Ostblockländern rangiert es hinter Kroatien sogar auf Platz 2.

So hat sich der Tourismus in Polen zu einem gewichtigen **Wirtschaftsfaktor** entwickelt. Die Zahlen des Warschauer Instituts für Tourismus belegen dies: 15,7 Millionen touristische Ankünfte ermittelte es für 2006. Mit 5,6 Millionen Besuchern bildeten darunter die **Deutschen** die stärkste Gruppe, gefolgt von Russen, Weißrussen und Ukrainern.

Dabei reisten 89 Prozent der deutschen Gäste mit dem eigenen Auto ins Nachbarland, 70 Prozent von ihnen besonders gerne für einen **Kurzurlaub** zwischen zwei und vier Tagen, überwiegend zur Städtebesichtigung. 20 Prozent Deutsche blieben bis zu einer Woche in Polen, zehn Prozent noch einmal länger, um das Land von der Küste bis zum Gebirge zu erleben.

Am spendierfreudigsten haben sich im Nationalitätenvergleich dagegen die Belgier erwiesen. Durchschnittlich knapp 40 € pro Kopf und Tag ließen sie 2006 auf ihrem Urlaub in Polen. Geizhälse sind die Deutschen deshalb aber noch lange nicht. Nach Briten, Niederländern und Skandinaviern saß ihnen mit 32 € im Tagesschnitt das Geld immer noch relativ locker im Portemonnaie.

Insgesamt ist die Tourismusbranche schon zur **drittstärksten Wirtschaftskraft** in Polen herangewachsen. Fast jeder zehnte von 100 Złoty Steueraufkommen stammt direkt oder indirekt aus der Tourismuswirtschaft, jeder zwölfte Arbeitplatz ist vom Tourismus abhängig.

Und die Erfolgsgeschichte ist ausbaufähig. Folgt man den Verlautbarungen der chinesischen Regierung, wünschen sich rund 100 Millionen **Chinesen,** in den kommenden Jahren durch Europa zu reisen. So wird nach dem Tower von London, nach Eiffelturm, Vatikan und Neuschwanstein die eine oder andere Million sicherlich auch nach Polen gelangen. Und wer weiß? Vielleicht wird man am schönen Ostseestrand dann nicht mehr nur Polnisch, Deutsch, Englisch und zahlreiche weitere europäische Sprachen hören, sondern schon bald sogar Kantonesisch lauschen.

108po Foto: kj

Menschen und Kultur

138po Foto: kj

140po Foto: kj

Blaskapelle mit Funkenmariechen in Stegna

Verkäuferinnen auf dem Markt

Mehr als ein Viertel aller Berufstätigen in Polen ist in der Landwirtschaft beschäftigt

Menschen und Mentalitäten

38,7 Millionen Einwohner zählt das Land. Statistisch betrachtet leben 124 Menschen auf einem Quadratkilometer, was etwa der **Bevölkerungsdichte** Dänemarks entspricht. Auch das Zahlenverhältnis von Frauen zu Männern bewegt sich im europäischen Durchschnitt. 51,7 Prozent Frauen und 48,3 Prozent Männer machen Polens Bevölkerung aus, nicht zuletzt, da Evas statistische **Lebenserwartung** (78 Jahre) die Adams um acht Jahre übertrifft.

Mehrheiten, Minderheiten

Über den längsten Zeitraum seiner Geschichte hinweg war Polen stets ein **Vielvölkerstaat.** Noch in der Zeit zwischen den Kriegen 1918 bis 1939 zählte mehr als ein Drittel der Menschen, die auf dem Territorium der Zweiten Republik lebten, zu nationalen, ethnischen oder religiösen Minderheiten. Durch die Schrecken des Zweiten Weltkriegs, durch die Judenvernichtung und schließlich Polens Westverschiebung mit Massenvertreibungen und Neuansiedlungen änderte sich dieses Bild.

Infolge der **Grenzverschiebung** nach Ende des Zweiten Weltkriegs fanden sich 6,5 Millionen Menschen im alten polnischen Osten zwangsweise als Neubürger der **Sowjetunion** wieder. Viele von ihnen flohen oder wurden vertrieben und von der polnischen Führung, zusammen mit den zahlreichen aus dem Exil Heimgekehrten, im südlichen Ostpreußen, in Westpreußen, Hinterpommern und Schlesien angesiedelt; Gebiete, aus denen zuvor viele Millionen **Deutsche** vertrieben worden waren.

Ukrainer, Weißrussen, Litauer und zahlreiche weitere Bevölkerungsgruppen wurden ebenfalls dazu gezwungen, das neue Polen zu verlassen. Wer dennoch blieb, sah seine **Sprache und Kultur unterdrückt.** Zuwiderhandlungen hatten Verbote und Repressionen bis hin zu langen Gefängnisstrafen zufolge. Polen wurde homogen polnisch – zumindest der offiziellen Propaganda gemäß.

Nach dem Fall des Eisernen Vorhangs rückten die Minderheiten dann wieder ins Licht. Bereits seit 1991 ist etwa die Stellung der deutschen Minorität im Deutsch-Polnischen Nachbarschaftsvertrag völkerrechtsverbindlich geregelt, mit dem Recht auf eine eigene Vertretung im polnischen Parlament, der Möglichkeit, Vereine und Verbände zu gründen sowie eigene Publikationen herauszugeben. Anfang 2005 verabschiedete der Sejm, die gesetzgebende Kammer des polnischen Parlaments, nach jahrelangen Diskussionen schließlich ein **Minderheitengesetz.** Seither sind in Städten und Gemeinden mit einem nichtpolnischen Bevölkerungsanteil von mindestens 20 Prozent mehrsprachige Ortsschilder und Amtsbezeichnungen erlaubt, außerdem darf die Minderheitensprache bei Amtshandlungen als Hilfssprache benutzt werden.

Offiziell zählt man heute anderthalb Millionen polnische Staatsbürger, die insgesamt **acht nationalen Minderheiten** angehören: der deutschen, weißrussischen, ukrainischen, tschechischen, litauischen, armenischen, russischen und slowakischen. Dazu kommen **vier ethnische Minoritäten:** Karaimer, Lemken, Roma und Tataren.

Einen Sonderfall stellen die **Kaschuben** dar, die in Ostpommern leben und eine dem Polnischen sehr nahe verwandte Sprache sprechen. Von polnischer Seite her wurde das Kaschubische deshalb lange Zeit als polnischer Dialekt aufgefasst und die Kaschuben als eine polnische Volksgruppe. So war ihr rechtlicher Status über viele Jahre hinweg nicht eindeutig geregelt. Mit dem Minderheitengesetz 2005 fand das Kaschubische nun aus der rechtlichen Grauzone heraus und wurde in den Rang einer gesetzlich anerkannten Sprache gehoben.

Stereotypen und Klischees

Ob aber Kaschube, Pommer oder Podlasier, Großpole, Kleinpole oder Kujawier, man kultiviert, wie überall in der zivilisierten Welt, liebevoll seine **Stereotypen.** Besonders gepflegt werden sie in Bezug auf die polnischen Hauptstädter, die wie alle Hauptstädter auf der Welt als hochnäsig, laut und ruppig gescholten werden. Dagegen sagt man den Krakauern eine distinguierte Lebensart nach, während die Leute in der Woiwodschaft Großpolen als die Schotten von Polen gelten, die Masuren als rückständig und die Goralen in der südlichen Bergwelt als Hinterwäldler.

Nun sind das natürlich alles **Klischees.** Aber bleiben wir noch ein bisschen dabei. Denn auch dem „Fremdling", wie man in Polen bisweilen noch altmodisch zu Ausländern sagt, bleibt nicht verborgen, dass sich in manchem Klischee sogar ein winziges Körnchen Wahrheit verbirgt.

Zum Beispiel wäre da das, was man neupolnisch **„Networking"** nennt, was aber gleichwohl auf eine lange Tradition zurückblicken kann: der Umstand, dass es garantiert niemals schaden kann, einen Bekannten oder Verwandten zu haben, der jemanden kennt, der einen Bruder oder Cousin hat, der eine Position innehat, über die man mit jemand in Kontakt treten kann, der an der Stelle arbeitet, bei der man eigentlich vorsprechen möchte. Zu Zeiten der Volksrepublik waren solche Bekanntschaften absolut unverzichtbar, heute sind sie noch viel mehr als das – nämlich eine Frage der Höflichkeit. Undenkbar, mit einem Anliegen direkt mit der Tür ins Haus zu fallen. Ohne eine Reihe kommunikativer Zwischenstationen unverblümt seine Sache voranzutreiben, das wäre einfach respektlos. „Bekanntschaft haben" ist dagegen die hohe Schule der zwischenmenschlichen Umgangsformen. Auf den persönlichen Kontakt und darauf, sich glänzend miteinander unterhalten zu können, wird sehr viel Wert gelegt.

Aufgrund dieser Kontaktfreudigkeit gelten die Polen vielen als die **„Italiener des Nordens".** Fröhlich, großzügig, herzlich, ein Völkchen eigensinniger **Individualisten,** das nichtsdesto-

• **Buchtipp:** „KulturSchock Polen", erschienen im Reise Know-How Verlag. Fundierte Informationen zur polnischen Kultur, zu Politik, Religion, Sitten, Traditionen und Tabus.

weniger über alles die Geselligkeit liebt, das gerne und viel miteinander redet und debattiert und am liebsten mit der Familie und den Freunden zusammen ist.

Nur eines, das mag man nicht, auch wenn man dabei gewiss auf eine Reihe geschätzter Gesprächspartner träfe: diszipliniert in der **Schlange stehen.** Denn das hat man in den Jahren der sozialistischen Mangelwirtschaft schon zur Genüge getan, und nun heißt es, vor Einlasskontrollen, Ticketschaltern und Marktständen kommunikative Knäulchen zu bilden.

Verhaltenstipps

Der polnischen **Sprache** unkundige Fremdlinge dürfen in der Unterhaltung gerne Hände und Füße zu Hilfe nehmen. Schon das Beherrschen der einfachsten **Vokabeln** – *dziękuję* (danke), *proszę* (bitte), *dzień dobry* (guten Tag), *do widzenia* (auf Wiedersehen) – löst beim Gegenüber **freudige Anerkennung** aus. Denn den Polen ist durchaus bewusst, dass sie die mit Abstand schwierigste slawische Sprache sprechen. Auf den Versuch kommt es an! Selbst wenn sich gleich beim dritten Wort die Zunge verknotet.

Die am weitesten verbreitete Fremdsprache ist **Englisch,** insbesondere unter den jüngeren Leuten, in den touristischen Regionen außerdem häufig **Deutsch. Russisch** wird nicht so gerne gehört und sollte darum besser vermieden werden.

In ein weiteres **Fettnäpfchen** könnte man bei der Wahl der korrekten höflichen **Anrede** tappen. Im Unterschied zu den meisten europäischen Ländern spricht man sich in Polen nicht mit „Frau" *(Pani)* oder „Herr" *(Pan)* plus Nachname an – das wäre ausgesucht unhöflich –, sondern ganz altmodisch mit „Pani/Pan" und der **Berufsbezeichnung.** Sofern Unsicherheit darüber besteht, welche Position das Gegenüber in der Firmenhierarchie einnimmt, ob Bürobote oder Geschäftsführer, ist es in jedem Fall richtig, sie/ihn frohgemut mit „Frau/Herr Direktor" anzureden. Diese Titulierung drückt grundsätzlich Hochachtung aus und ist deshalb niemals verkehrt.

Kommt man sich näher, aber noch nicht so nah, dass man vom Sie zum Du übergeht, spricht man sich mit **„Frau/Herr und Vorname"** an. Jemanden nur beim Vornamen zu nennen, ist auch in Polen Ausdruck von Vertrautheit und naher Bekanntschaft. Zur Begrüßung gibt man sich die Hand, Freundinnen hauchen sich einen Kuss auf die Wange, und selbst der gute alte **Handkuss,** mit dem Er Ihr Ehrerbietung erweist, ist noch nicht gänzlich aus der Mode geraten.

Dass man **Kirchen** nicht in **freizügiger Kleidung** betritt, versteht sich sicher von selbst.

Links die Kirche von Bielkowo,
rechts ein Werbeplakat für Radio Maryja

Religion

Nach wie vor ist Polen ein Land im Umbruch, bewegt sich im Spannungsfeld zwischen einer fest verankerten, traditionellen Normen- und Werteorientierung hier und einem radikalen Modernisierungsbestreben dort. Ein tiefer Riss durchzieht die Gesellschaft. Anders als in den Jahren nach dem Fall des Eisernen Vorhangs verläuft die Trennlinie heute aber nicht mehr zwischen Kommunisten und Solidarność-Anhängern, sondern geht als Auseinandersetzung – manche nennen es einen **Kulturkampf** – quer durch alle Gesellschaftsschichten.

Da sind die **Vertreter der traditionellen „drei Ks“** (Kirche, Küche, Kinder), die sich, konservativ-patriotisch, im örtlichen Taubenzüchterverein ebenso wie in den Vorstandsetagen international tätiger Unternehmen finden. Auf der anderen Seite stehen die Verfechter einer **offenen, pluralen Bürgergesellschaft,** in der eine Vielzahl an individuellen Lebensentwürfen gleichberechtigt nebeneinander existiert. Sie sind eher in den Großstädten als auf dem Land anzutreffen und umfassen ein politisches Spektrum, das von der Vorstellung einer solidarischen Umverteilungsgesellschaft bis hin zur radikalen Marktfreiheit reicht. Dann sind da noch die sogenannten **„Modernisierungsverlierer“,** zu denen der jugendliche Warschauer Punk ohne Ausbildungsplatz ebenso zählt

141po Foto: kj

110po Foto: kj

wie der Kleinbauer an der weißrussischen Grenze, der dort im Nirgendwo keine Frau mehr zum Heiraten findet, und außerdem eine anwachsende Zahl **katholisch-fundamentalistischer Glaubenseiferer,** die sich auf der Suche nach der verlorenen Eindeutigkeit die Wiederkehr einer „starken Hand" für die Zukunft wünscht.

Denn nichts ist mehr einfach, alles ist vieldeutig und verändert sich dauernd. Die Umwälzungen in Polen seit 1989 waren gewaltig, und auch in den Köpfen mussten seither enorme Kraftakte gemeistert werden. Selbst das altehrwürdige Sprichwort, das auf den berühmten polnischen Individualismus anspielt und besagt: „Wenn zwei Polen diskutieren, entstehen daraus drei Parteien", bekommt im Zeichen der Globalisierung auf einmal einen anderen Sinn.

In zwei Dingen ist sich aber der Großteil der Menschen immer noch einig. Es ist die Angst vor der Arbeitslosigkeit. Und es ist der **katholische Glauben. 96 Prozent** der Menschen in Polen gehören der römisch-katholischen Kirche an, und viele von ihnen praktizieren ihren Glauben. Vor allem die ältere Generation besucht oft noch täglich die Kirche, doch auch unter den Jüngeren gilt zumindest der sonntägliche Besuch eines Gotteshauses als eine elementare Glaubenspflicht. Die Sonntagsmessen sind voll, so voll, dass man zum Kirchportal hinaus ansteht und der Gottesdienst über Lautsprecher ins Freie übertragen wird. Nachdem der kirchliche Segen erteilt worden ist, hält am heiligen Ruhetag der Supermarkt gleich gegenüber in einem Eckchen Kondome parat. Das ist die Freiheit, sagen die einen. Schande!, rufen die anderen. Und man bekämpft sich erbittert.

Die Stellung der Kirche

Der Richtungsstreit der jungen polnischen Republik resultiert nicht zuletzt aus der außergewöhnlich starken Stellung der katholischen Kirche; wobei die Wurzeln für ihren heute noch nahezu ungebrochenen Einfluss tief in der polnischen **Nationalgeschichte** liegen.

Bereits im 17. Jahrhundert entstand während der „Sintflut" die Gleichung „Pole = Katholik". Zur Zeit der Schwedeneinfälle hatte 1655 die wundertätige **Schwarze Muttergottes von Częstochowa** (Tschenstochau) ihr Kloster auf dem Jasna Góra (Leuchtenden Berg) vor den protestantischen skandinavischen Feinden gerettet und stieg zum Nationalheiligtum auf. 1683 bezwang **König Jan Sobieski** die Türken vor Wien und ging als Retter des christlichen Abendlands in die Annalen ein. Zwei unumstößliche Beweise für die richtige, die katholische Weltenlehre und für Polen als östliches Bollwerk der katholischen Christenheit.

Von dieser heute **„Messianismus"** genannten polnischen Geistesströmung wurden im 17. Jahrhundert große Teile der Gesellschaft ergriffen. Umso traumatischer waren im darauf folgenden Jahrhundert dann die drei Teilungen der Heimat. Zumal von den drei Großmächten, die Polen von der

Landkarte fegten, zwei zu den Anhängern irriger Glaubenslehren zählten: das protestantische Preußen und das russisch-orthodoxe Zarenreich.

Während der Teilungszeit wurde der Mythos von Częstochowa, die wundersame Errettung durch die heilige Muttergottes, zum nationalen Erlösungsversprechen. Im westeuropäischen Exil vollendete *Adam Mickiewicz* 1834 sein Versdrama **„Pan Tadeusz“** („Herr Thaddäus“), das polnische Nationalepos und nach der Bibel meistgelesene Buch Polens. Wie in Deutschland am „Faust“ oder in Italien an den „Promessi Sposi“, kommt in Polen kein Oberschüler am „Pan Tadeusz“ vorbei. *Mickiewicz* erblickte in seinem Heimatland Gottes auserwählte Nation, die den Kampf zur Erlösung der Welt führen sollte. Irgendwann, prophezeite er, würde aus seinem Volk ein von Gott gesandter Held hervorgehen und den europäischen Befreiungskampf anführen. In ihrem christlichen Sendungsbewusstsein blieben die Polen im Katholizismus **auch ohne ihr Land geeint.** Der Glaube versetzte hier nicht Berge, sondern ersetzte die Erde, die ihnen geraubt worden war. Beten bedeutete Kämpfen, der Heimatverlust war ein Martyrium. Spätestens mit *Mickiewicz* wurden im 19. Jahrhundert polnischer **Katholizismus, Patriotismus und Nationalismus** eins.

Während der deutschen Okkupation kamen im **Zweiten Weltkrieg** im Widerstand **2500 Geistliche ums Leben,** das war ein Fünftel des gesamten polnischen Klerus. Sie wurden verfolgt, auf offener Straße erschossen oder starben in Konzentrationslagern.

In der Nachkriegszeit wurde Parteichef *Władysław Gomułka,* wohl wissend, dass niemand gegen die polnische Kirche Staat machen konnte, infolge seines Versuchs, ein nationalkatholisch-kommunistisches Regime einzurichten, von Moskau abgesetzt und in Haft genommen. Auch *Stefan Wyszyński* (1901–81), damals Primas von Polen, wurde 1953 verhaftet und ohne Gerichtsurteil hinter Klostermauern verbannt. Abermals entwickelte sich der katholische **Glaube** zum **Zeichen des Widerstands.** Gegen die Staatsdoktrin feierte man Messen, ließ sich kirchlich trauen, die Kinder taufen, lebte nach dem katholischen Moralkodex und demonstrierte nationalreligiöses Brauchtum, wo es nur möglich war.

Die Wahl von **Karol Wojtyła,** Erzbischof von Krakau, 1978 zum **Papst,** verlieh der bis dahin innerbefindlichen Glaubensopposition eine ungemeine Dynamik und Leidenschaft. Der, der den heiligen Namen *Johannes Paul II.* annahm, war einer der wenigen in der Papstgeschichte, der kein Italiener war. Und dann gleich ein Pole! Der Heilige Vater und Stellvertreter Gottes auf Erden – ein Pole. Die Wahl *Wojtyłas* zum römischen Pontifex läutete den **Untergang des Kommunismus** nicht nur in Polen, sondern im gesamten Ostblock ein. Die Werftarbeiter, die sich 1980 hinter den Toren der Danziger Lenin-Werft verschanzten, stimmten neben politischen Parolen vor allem religiöse und patriotische Lieder an. In einer ihrer veröffentlichten Schriften aus dieser Zeit heißt es: „Die Streikenden haben jemanden zum Garanten, der sich nicht mit historischen (...) oder militärischen Argumenten zur Ordnung rufen lässt. Dieser Jemand ist Gott."

Weihnachten 1989, kurz vor der Verfassungsreform, beging man im Sejm mit Primas *Józef Glemp* das christliche Abendmahl. Das stelle man sich einmal im Bundestag vor ... Ohne öffentliche Debatte und trotz der verfassungsmäßigen Trennung von Kirche und Staat wurde gleich 1990 vom Kindergarten bis zum Gymnasium der verbindliche katholische Religionsunterricht eingeführt.

Nun kann man aber nicht sagen, dass von der katholischen Kirche besonders innovative Impulse für die Herausforderungen der Zukunft ausgingen. Das Gegenteil ist häufig der Fall, auch in Polen. 1991 hielten über 60 Prozent der Bevölkerung den Einfluss der Kirche für zu groß. Seitdem sind die christlichen Fundamentalisten nicht untätig geblieben. Ebenfalls seit 1991 funkt aus der Glaubenshochburg Toruń (Thorn) an der Weichsel der radikalkatholische, antisemitische Privatsender **Radio Maryja.** Bis zu fünf Millionen Hörer lauschen täglich der „katholischen Stimme in ihren Häusern", die mit eindeutigen Feindbildern ein Ventil schafft für alle, die mit der neuen Gesellschaft nicht klarkommen. Die Zensur der katholischen Presse, die einen nicht unbedeutenden Teil des polnischen Blätterwalds beherrscht, ist rigide, und es passiert leider auch, dass man in einem Gotteshaus unverhofft einer antisemitischen Predigt lauscht.

1997 feierte die katholische Gewerkschaftsbewegung in Gestalt der erzkonservativen **Wahlaktion Solidarność** ihre Rückkehr an die Macht. „Immer Polen, Freiheit, Familie", lautete ihre Devise. Des ungeachtet wurde drei Jahre später der „Pornopräsident", wie christliche Politiker *Aleksander Kwaśniewski* titulierten, ins höchste Staatsamt wiedergewählt. Denn *Kwaśniewski* war es, der mit seinem Veto im Frühjahr 2000 ein Gesetz verhinderte, das Pornografie mit bis zu fünf Jahren Gefängnis bestrafen wollte. Einige tüchtige Abgeordnete hätten es seinerzeit sogar gern gesehen, wäre gleich noch das Küssen in der Öffentlichkeit mit unter Strafe gestellt worden.

Und sie haben ihre Versuche bis heute nicht aufgegeben. Im Frühjahr 2007 löste der Vorschlag eines nationalkatholischen Abgeordneten, das Tragen von Miniröcken als „Verlockung zum Sex" zu verbieten, eine heiße Debatte aus. Anfang Juni 2007 musste die Kinderbeauftragte der polnischen Regierung von ihrer Behauptung abrücken, dass von der Kindersendung „Teletubbies" eine „homosexuelle Propaganda" ausginge.

So herrscht zwischen den Befürwortern und Gegnern der Modernisierung nach wie vor ein Glaubenskrieg. Viele, die einst als Oppositionelle Schutz unter dem Dach der Kirche fanden, haben sich mittlerweile zu ihren entschiedenen Gegenspielern entwickelt. Das Land ist tief gespalten, die Lager stehen sich unversöhnlich gegenüber.

Sitten und Bräuche

Ob streng gläubig, volksfrömmig oder ganz und gar ungläubig, unbestritten ist: **In Polen feiert man gerne,** und neben Namenstagen, Jubiläen und gesetzlichen Feiertagen bietet dazu die schönsten Gelegenheiten der traditionelle Kirchenkalender.

Wie fast überall im christlichen Abendland, wird auch in Polen mit Eintritt ins **neue Kirchenjahr am ersten Adventsonntag** die erste Kerze angezündet. Bunte, laute Weihnachtsmärkte mit viel Glitter, Kitsch und Kommerz wird man zwischen Oder und Bug dagegen vergeblich suchen. Es ist eine stille Zeit der Besinnlichkeit und der Buße, um dann mit reinem Herzen dem Weihnachtsfest entgegenzusehen. Für viele ist der Advent außerdem **Fastenzeit,** wenngleich am 6. Dezember der **Nikolaus** (Św. Mikołaj) selbstverständlich auch den artigen polnischen Kindern die Schuhe mit Süßigkeiten füllt.

Weihnachten

An Heiligabend *(Wigilia),* dem wichtigsten polnischen Familienfest, stehen die Kleinen am Fenster und warten darauf, dass der erste Stern am Himmel aufleuchtet. Denn dann versammelt sich – längst ist der Baum geschmückt und das Festessen vorbereitet – die Familie um den Tisch, weshalb man Heiligabend in Polen auch das **„Sternfest"** *(Gwiazdka)* nennt. Es wird gesungen, gebetet und das Weihnachtsevangelium vorgelesen. Schließlich kommt der große Moment: das Teilen der geweihten Oblate. Von dieser bricht sich jeder ein Stückchen ab und wünscht dabei den anderen alles Gute. Den alten Brauch des **Oblatenbrechens** pflegt beinahe noch jede Familie, unabhängig von Glauben und Weltanschauung, als Zeichen der Liebe und der Versöhnung. Spätestens jetzt werden alte Streitereien begraben, erst danach werden die Geschenke ausgepackt, und man setzt sich zum **Festessen.**

Dieses besteht, den zwölf Aposteln gemäß, aus **zwölf Gängen.** Allerdings ohne die berühmten polnischen Weihnachtsgänse, die werden für die ausländischen Märkte gestopft. Heiligabend in Polen ist **fleischlos,** als einzige nicht vegetarische Speise kommt, gebraten, paniert oder auch auf jüdische Art mit Rosinen gespickt, meist ein Karpfen als Hauptgericht auf den Tisch. Dabei wird immer **ein Gedeck zusätzlich** aufgelegt, für einen Gast, der unvermutet noch vorbeischauen könnte. Denn niemand soll in Polen Heiligabend alleine sein! Unter dem Tischtuch liegt etwas Stroh, Symbol für das Stroh in der Krippe und gleichzeitig für das Glück, das man sich wünscht.

Die feierliche **Christmesse** kurz vor Mitternacht *(Pasterka)* beschließt für die meisten Menschen den Heiligen Abend.

Den ersten Weihnachtstag verbringt man im Kreis der **Familie,** den zweiten nutzt man in der Regel, um sich mit Freunden zu treffen.

Karneval und Fastenzeit

Silvester und Neujahr läuten mit lautem Knall gleich den Karneval ein, eine fröhliche, vergnügliche Zeit mit vielen Festen und Tanzveranstaltungen. **Faschingsdonnerstag** wird in Polen „Fetter Donnerstag" *(Tłusty Czwartek)* genannt, Auftakt zur letzten Woche vor Anbruch der **40-tägigen Fastenzeit,** zu dem das ganze Land mit Marmelade oder Eierlikör gefüllte Berliner Pfannkuchen *(pączki)* verspeist. Oder auch Liebesschleifen *(faworki),* in Fett ausgelassene, puderzuckerbestreute Teigstreifen, die den Pfannkuchen als Kalorienbomben keinesfalls nachstehen. In der Nacht von Faschingsdienstag zu Aschermittwoch wird auf der **„Heringsfeier"** noch einmal ausgelassen getanzt, dazu isst man Hering in allen nur denkbaren Variationen – Fanal der heraufziehenden Fastenzeit. Denn am Aschermittwoch ist ja bekanntlich alles vorbei.

Mit einer Ausnahme: Am vierten Sonntag der Fastenzeit, also am Frühlingsanfang, ertränkt man vergnügt die **„Marzanna".** Die arme Strohpuppe, die den Winter symbolisiert, wird dazu durch die Orte geschleift, mit Schimpf und Schande bedacht, ihrer Kleider beraubt und schließlich im Fluss, See, Teich oder Tümpel ertränkt. Falls nicht vorhanden, tut es sogar eine Pfütze. Das „Ertränken der Marzanna" ist bei Kindern und Jugendlichen ganz besonders beliebt, da mit dem Absaufen der Strohdame nicht nur der Frühlingsanfang, sondern auch der „Tag des Schuleschwänzens" gefeiert wird.

Ostern

Palmsonntag, der an den Einzug Jesu Christi in Jerusalem erinnert, leitet die Feierlichkeiten der vorösterlichen Karwoche *(Wielki Tydzień)* ein. Hauptgegenstand dieses farbenfrohen Kirchenfests wären eigentlich Palmzweige, doch ist Polen nicht Palästina, und so greift man in Ermangelung einer subtropischen Vegetation auf Weiden- und Buchsbaumzweige zurück. Bis zu acht Meter hoch werden sie kunstvoll mit bunten Blumen, Bändern und Schleifen geschmückt, vom Priester geweiht und anschließend in einer **Prozession** feierlich durch die Orte getragen.

Unter der Karwoche finden zahlreiche **Mysterienspiele** statt, die das Leiden des Heilands auf dem Kreuzweg nachstellen. Berühmt sind die Mysterienspiele von Kalwaria Zebrzydowska südwestlich von Krakau oder auch im kaschubischen Wejherowo nahe der Danziger Bucht.

Karfreitag ist in Polen, anders als in Deutschland, **kein Feiertag.** Der Todestag Jesu wird nicht gefeiert, sondern mit großer Trauer und fastend begangen. Streng Gläubige nehmen außer Wasser und Brot nichts zu sich, nirgendwo erklingt Glockengeläut, und in den Kirchen wachen die Menschen am symbolischen Christusgrab.

Karsamstag ist die lange Fastenzeit bald endlich vorbei. Die traditionellen **Fastengerichte** Hering und Żur (Sauermehlsuppe) haben ausgedient; Fisch und Suppentopf finden sich in manchen Regionen als Dankeschön an ei-

113po Foto: kj

nem Baum aufgehängt wieder. Daheim in den Küchen werden derweil die **Osterkörbchen** gerichtet, von den Kindern anschließend zur Kirche getragen und dort vom Priester gesegnet. Mindestens **sieben verschiedene Speisen** müssen die Körbchen beinhalten: Brot für den Leib Christi, bunte Ostereier als Zeichen der Auferstehung, Salz für das Leben, Wurst und Käse für Gesundheit und Wohlstand, Meerrettich, Rote Bete und außerdem Kuchen, am liebsten einen Napfkuchen, und nicht zu vergessen Mazurek, den köstlichen Osterblechkuchen.

Ostersonntag, der höchste christliche Feiertag, beginnt in Polen sehr früh. Bereits zu den Auferstehungsandachten in der Nacht von Samstag auf Sonntag sind die Gotteshäuser zum Bersten gefüllt, morgens um 5 Uhr begeht man dann die große Messe der Auferstehung. Das Osterfeuer bricht durch die Dunkelheit, immer mehr Lichter werden an der Osterkerze entzündet, Gesang und brausender Orgelklang erfüllen den Raum, während draußen von allen Kirchtürmen die Glocken läuten und fröhliches Böllerkrachen die Auferstehung des Gekreuzigten verkündet.

Die Kirche von Sianowo
ist eine bekannte Wallfahrtsstätte

Nun ist sie endlich vorbei, die Fastenzeit, und die Familie eilt heim zum traditionellen **Osterfrühstück.** Die geweihten Speisen werden verputzt, aber auch eine Fülle anderer Köstlichkeiten. Die Tafeln biegen sich unter den Leckerbissen, weshalb von „Frühstück" eigentlich keine Rede sein kann, sondern eher von Schlemmerei, zumal sie oft bis in die Nachmittagsstunden andauert. Eine besondere Rolle nehmen dabei die bunt bemalten, gesegneten Ostereier *(pisanki)* ein. Sie werden geteilt und gemeinsam gegessen, wobei man sich gegenseitig Glück und Segen ausspricht. Eine weitere besondere Rolle spielt natürlich auch in Polen der **Osterhase,** der für die Kinder viele leckere Süßigkeiten versteckt.

Ostermontag ist es vorbei mit der Festlichkeit, und es heißt aufgepasst! Denn es ist **Ostertaufe** *(Smigus Dyngus)*, der Tag des Wassergießens, an dem selbst bei strahlendem Sonnenschein Gummijacke und Regenschirm angesagt sind. Aus Wasserpistolen, Beuteln, Kanistern und randvoll gefüllten Eimern prasselt das kühle Nass auf nichtsahnende arme Osterspaziergänger nieder. Ein Heidenspaß vor allem für die Jugendlichen. Woher dieser Brauch ursprünglich stammt, weiß man nicht. Möglicherweise geht er auf den ersten polnischen Herrscher, *Mieszko I.*, zurück, der sich im Jahre 966 taufen ließ. Vielleicht handelt es sich aber auch um einen noch viel älteren, heidnischen Fruchtbarkeitsritus, der sich in Form einer Wasserschlacht in die heutige Zeit hinübergerettet hat? Nur eines ist sicher: Smigus Dyngus ist der Tag mit dem jährlich höchsten Wasserverbrauch in ganz Polen.

Weitere Feiertage

Wie in allen katholischen Ländern, ist **Mariä Himmelfahrt am 15. August** auch in Polen ein hoher Feiertag. Allüberall werden Gottesdienste abgehalten, finden Prozessionen und **Wallfahrten** statt, darunter die berühmte zum polnischen Nationalheiligtum, dem Bildnis der **Schwarzen Madonna** im Paulinenkloster zu Częstochowa (Tschenstochau), das Millionen von Pilgern nach tagelanger Wanderung pünktlich am 15. August erreichen.

Erntedank *(Dożynki)* wird vor allem in den ländlichen Regionen oft noch mit bunten Trachtenumzügen und fröhlichen Volksfesten gefeiert, während am 1. November zu **Allerheiligen** *(Wszystkich Świętich)* dann wieder Stille und Besinnlichkeit einkehren. Man schmückt die Ruhestätten der verstorbenen Lieben mit Kerzen und Blumen, ebenso wie die Gräber der längst Vergessenen, um die sich sonst niemand mehr kümmert. Darüber hinaus hat Allerheiligen eine **große nationale Bedeutung.** Die Grabstätten der zahllosen Aufständischen, Hingerichteten und in den Kriegen Gefallenen werden geehrt, und an den wichtigsten nationalen Gedenkstätten finden Staatsakte statt. Der Besuch auf dem Friedhof ist erste Bürgerpflicht, ganz Polen ist unterwegs, weshalb es alljährlich zu Allerheiligen auch zum großen Verkehrschaos kommt.

Ein letztes Mal ausgelassen geht es am 30. November am **Andreastag** *(Andrzejki)* zu. In den Studentenclubs werden Partys gefeiert, und mithilfe von Sternzeichen, Orakelkärtchen und Wachsgießen sagt man sich gegenseitig die Zukunft voraus. Bevor man am ersten Advent wieder die erste Kerze anzündet und das neue Kirchenjahr seinen Anfang nimmt.

Die Frau in der Gesellschaft

Zwischen Marienkult und Avantgardekultur – viele Gegensätze bestimmen heute das gesellschaftliche Leben in Polen. Doch ob modern oder konservativ, fortschrittlich oder vergangenheitsverliebt, das **traditionelle polnische Frauenbild** bleibt davon merkwürdig **unberührt** – bei den Männern wie bei den Frauen. Zwar waren in den 1990er Jahren 80 Prozent der Frauen berufstätig, heute sind es immer noch gut die Hälfte, und auch etwa die Hälfte der Studenten ist weiblich. Doch selbst mit akademischen Weihen und beiden Beinen voll im Berufsleben bleibt das schönste Ziel die Hochzeit in Weiß. Die **Familie geht über alles,** und ein harmonisches Familienleben ist mehr wert als Geld und berufliche Stellung. Für die Frau zumindest. Das zeigen seit Jahren Meinungsumfragen mit stets gleichen Ergebnissen.

„Eine Frau ist in Polen Frau, wenn sie weiblich gekleidet ist, geschminkt und auf Absätzen herumläuft", so die führende polnische Feministin *Kazimiera Szczuka* in einem Zeitungsinterview 2007. „Frau wird in Polen mit Sexualität in Verbindung gebracht. Frau ist Frau, wenn sie **erotisch** ist, für Männer nett anzuschauen ist und damit zum Flirt einlädt. Meiner Ansicht nach geschieht das nicht freiwillig."

Die Einschätzung von *Kazimiera Szczuka* mag in manchen Augen recht rigoros erscheinen. Tatsache ist: Verglichen mit der Lage von Männern empfinden die meisten Frauen ihre Situation als relativ schwierig. Weiblichkeit, Berufstätigkeit, Haushalt und Kindererziehung müssen in der Regel unter einen Hut gebracht werden. Darüber hinaus sind die Frauen stärker von **Arbeitslosigkeit** betroffen, und auch in Polen verdienen sie, wie beinahe überall auf der Welt, für die gleiche Arbeit weniger Geld als ihre männlichen Kollegen. Und selbstverständlich bestehen die sogenannten Repräsentanten auch in der polnischen Gesellschaft überwiegend aus Männern – wenngleich die Frauen langsam und stetig immer mehr Ämter und Positionen erklimmen.

Ein **Feminismus** nach westeuropäischem Muster ist in Polen dennoch nicht sehr verbreitet. Man **heiratet** relativ jung (Mitte zwanzig) und gründet eine Familie mit statistisch 1,2 Kindern. Wobei die Faustregel gilt: Je höher ihre Ausbildung, desto später die Hochzeit. Ihre **Kinder** bringen die Polinnen mittlerweile ebenfalls später zur Welt. Wurden sie Anfang der 1990er Jahre durchschnittlich noch zwischen dem

20. und 24. Lebensjahr Mutter, ist es heute zwischen dem 25. und 29. Lebensjahr. Eine unverheiratete kinderlose Frau um die 30 gilt nach wie vor als eher ungewöhnlich.

Schwangerschaftsabbrüche sind in Polen seit 1993 nur noch nach Vergewaltigung und Inzest nicht unter Strafe gestellt, außerdem, wenn die Leibesfrucht schwer geschädigt ist oder, in extremen Ausnahmefällen, die Gesundheit der Mutter auf dem Spiel steht. Etwa 100 legale Abtreibungen werden jährlich in Polen gezählt, das damit zu den restriktivsten Ländern Europas gehört. Erklärtes Ziel der klerikal-konservativen politischen Kräfte ist es, die polnische Verfassung so zu ändern, dass Abtreibung grundsätzlich verboten wird.

Dazu steht nicht im Widerspruch, dass die polnische Frau in der Gesellschaft traditionell **hoch geachtet** wird. Im Umgang der Geschlechter miteinander herrschen Respekt und Höflichkeit. Mann ist ein Gentleman alter Schule, öffnet Ihr gerne die Tür, räumt für Sie den Platz in der Straßenbahn, und sogar der altehrwürdige Handkuss ist noch nicht gänzlich aus der Mode geraten. Dass der **Familienvorstand** natürlicherweise der **Mann** ist, wird dabei nicht in Frage gestellt, und auch die Familienkutsche lenkt in der Regel der Papa. Versuchen Sie einmal, als Beifahrerin auf einem Parkplatz dem Wächter die Gebühr in die Hand zu drücken. Er wird sie nicht annehmen und warten, bis Adam mit dem Abstellen des Gefährts fertig ist. Denn auch die Brieftasche zückt in der Regel der Mann, selbst wenn er arbeitslos ist und die Frau das Familieneinkommen nach Hause bringt.

Alltagskultur

Familienbande werden in Polen ganz groß geschrieben. Nichtsdestotrotz sinkt die **Geburtenrate** stetig, wie überall in den Industrieländern. Der Babyboomer-Jahrgang 1955, als man 532.000 kleine polnische Neubürger zählte, wird wohl nicht wieder erreicht. 1996 erblickten noch 428.200, im Jahr 2000 nur noch 378.000 Kinder die Welt. Das beliebteste Familienmodell, auch dies in Europa nichts weiter Ungewöhnliches, ist „Eltern plus zwei Kinder", obwohl sich neuerdings immer mehr Paare in Polen für ein einziges Kind entscheiden.

Dem **Geburtstag** wird, anders als etwa in Deutschland, keine allzu große Bedeutung beigemessen. Das Wiegenfest eines Freundes zu verschwitzen, wird maximal als kleiner Fauxpas angesehen. Seinen **Namenstag** darf man dagegen auf keinen Fall vergessen! Dieser ist das wichtigste persönliche Fest. Man feiert es im Kreis der Familie und Freunde, schenkt Blumen, Bücher, CDs und andere schöne kleine Dinge. Und damit man Maryja und Jan und alle anderen Heiligennamen, die mehrmals im katholischen Kalenderjahr vorkommen, nicht gleich zweibis dreimal jährlich beschenken muss, wird der Namenstag an dem Tag begangen, der dem Geburtstag als nächster im Kirchenkalender folgt.

In letzter Zeit setzt sich aber mehr und mehr auch das Geburtstagfeiern durch. Vielleicht, weil man so oft wie möglich viele liebe Menschen um sich versammeln möchte? Ein offenes Haus gilt in Polen außerordentlich viel. „Gość w domu – Bóg w domu" („Gast im Haus – Gott im Haus") ist viel mehr als nur ein Sprichwort, es ist praktizierte Realität. Nicht umsonst rühmt man die Menschen zwischen Oder und Bug als außergewöhnlich herzlich und **gastfreundlich.**

Zu wichtigen Feiertagen
wird die polnische Flagge gehisst

Nun eilt den Polen aber gleichzeitig der Ruf voraus, sie würden bei Festen und Feiern unglaubliche Mengen **Wodka** hinunterspülen. Um sofort mit diesem Klischee aufzuräumen: Die polnischen Nationalgetränke sind Kaffee und Tee. Ein kühles Blondes genehmigt man sich gelegentlich zum Feierabend, auf Partys werden Weine und Cocktails serviert, und ein Gläschen Wodka wird eisgekühlt zur Verdauung am Ende von üppigen Festessen gereicht.

Kaffee und Tee trinkt man dagegen rund um die Uhr; den Tee gerne mit Zitrone und viel Zucker, den Kaffee traditionell als grob gemahlene Bohne, einfach mit heißem Wasser aufgebrüht, oder, wenn es schnell gehen muss, was oft der Fall ist, als Nescafé.

Denn der **Arbeitstag** in Polen beginnt vergleichsweise früh, in der Regel um 7 Uhr morgens, egal ob in der Fabrik oder in der Bürostube. Mittagspausen sind eher unüblich, dafür kann man aber meist schon gegen 15 Uhr wieder nach Hause gehen. Dann ist spätestens auch die Schule aus, und man versammelt sich daheim zum warmen Essen rund um den Tisch. Abends wird kalt gegessen, am liebsten am Couchtisch zum Fernsehprogramm, und dazu gibt es Tee.

Durchschnittlich vier Stunden am Tag verbringt man in Polen vor der Flimmerkiste, damit ist **Fernsehen** mit Abstand die liebste **Freizeitbeschäftigung**. Es folgen Shopping und mit dem Hund Gassi gehen, Fitnesstraining, Kino, Theater und Konzerte. Und sogar Radfahren, das lange als kuriose

Tätigkeit von Polen-Urlaubern galt, kommt allmählich in Mode.

König **Fußball** nicht zu vergessen! Egal ob aktiv gekickt oder passiv geguckt, das runde Leder spielt polenweit eine eminent wichtige Rolle. Nicht nur, dass die rotweiße Nationalelf seit je weltweit in der Liga der Besten mitmischt. 2012 richtet Polen, zusammen mit dem Nachbarland Ukraine, die **Fußball-Europameisterschaft** aus. Damit findet erstmals seit 1960 im ehemals sogenannten „Osten" Europas wieder eine Fußball-EM statt.

Architektur

So vielfältig die schöne Natur, so reich ist auch das kulturelle Erbe zwischen Oder, Weichsel und Ostseestrand. Zwar gingen im Feuersturm des **Zweiten Weltkriegs** ungezählte Kunst- und Architekturschätze **verloren,** aber eine Fülle an Kostbarkeiten überdauerte oder wurde liebevoll wieder aufgebaut.

An der Küste im westlichen Westpommern, insbesondere in Świnoujście (Swinemünde) und Międzyzdroje (Misdroy), finden sich viele schöne Beispiele der historischen **Bäderarchitektur:** schmucke Villen im klassizistischen Geschmack oder im Gründerzeitstil mit Giebeln, Spitztürmchen und den charakteristischen weißen Holzbalkonen und -veranden. In den **Dörfern** im Hinterland ist oft noch die ursprüngliche Anlage als Straßendorf oder Angerdorf erkennbar, mit einem Weiher und einer kleinen Feldsteinkirche geschmückt.

Weithin sichtbar im flachen Land ragen dagegen die mächtigen roten **Backsteinkirchen** empor, die selbst noch die kleinsten Landstädtchen zieren. Zu vielen dieser eindrucksvollen Sakralbauten wurde der Grundstein bereits im 13. Jahrhundert gelegt. Wehrhaft, im Stil der **norddeutschen Backsteingotik** sind sie errichtet, wie man ihn von Lübeck bis ins Baltikum findet, und im Inneren mit wundervollen Sternengewölben verziert. So die Kathedrale im alten Bischofssitz Kamień Pomorski (Cammin), die zu den wertvollsten Architekturdenkmälern Pommerns zählt, oder die Backsteinbasilika von Stargard Szczeciński (Stargard) und, alles überragend, die **Marienkirche** in Danzig, die **fünftgrößte Kirche der Welt.**

Die **Ortskerne** der pommerschen Landstädtchen erinnern in ihrer Anlage oft noch an die deutsche Ostkolonisation im Spätmittelalter und später die preußische Zeit. Typisch für die überkommenen Stadtanlagen, dehnt sich im Zentrum ein weitläufiger **Marktplatz** aus, mitten darauf erhebt sich ein kleines, im Kern meistens gotisches Rathaus, umringt von hübschen zwei- bis dreigeschossigen Bürgerhäusern im schlichten barocken oder klassizistischen Gewand, während das backsteinrote große Gotteshaus sich vornehm im Hintergrund hält. Oft sind auch noch die gotischen Stadttore und gelegentlich sogar Reste der mittelalterlichen Stadtmauern erhalten.

Von der Zeit Pommerns als Junkerland künden die schlossähnlichen **Gutshäuser** der alten Adelsfamilien

112po Foto: kj

von Wedell, Bismarck, Maltzahn, Kleist, Zitzewitz, Krockow und anderen, die bis 1945 im Pommernland über ausgedehnten Landbesitz verfügten. Vom 16. bis Anfang des 19. Jahrhunderts eignete sich der Adel durch „Bauernlegen", das Einziehen von kleinen Bauernstellen, riesige Güter an, auf denen die ehemals freien Landleute fortan leibeigenenähnliche Frondienste verrichten mussten. Bis zum Ende des Zweiten Weltkriegs befanden sich weite Ländereien östlich von Elbe und Oder im Besitz weniger preußischer Adelsfamilien. In der Volksrepublik wurden ihre prächtigen Herrenhäuser in Schulen und Feierabendheime umfunktioniert, nicht wenige auch in Viehställe für die staatlichen Landwirtschaftsbetriebe PGR (Państwowe Gospodarstwo Rolne), die dann entsprechend saumäßig herunterkamen. Heute sind die meisten dieser altehrwürdigen Landsitze sorgfältig **restauriert,** beherbergen vornehme Hotels oder Institutionen und Stiftungen; beispielsweise die Stiftung Europäische Begegnung in Krokowa, die sich am alten Familiensitz der *Krockows* im kaschubischen Küstenland der polnisch-deutschen Wissenschaftskooperation und dem Jugendaustausch widmet.

Das Gutshaus von Zaleskie

Eindrucksvolle Hinterlassenschaften der pommerschen **Greifenzeit** sind die **Renaissance-Schlösser** in Stettin, Darłowo (Rügenwalde) oder Słupsk (Stolp), Gründungen des späten 15. und des frühen 16. Jahrhunderts. Von der mittelalterlichen **pomoranischen Siedlungszeit** hat sich dagegen nicht viel erhalten. Die hölzernen Burgen, Tempel, Dorfstellen und Befestigungswälle der Pomoranen liegen noch unter der wechselhaften polnisch-deutschen Geschichte im Erdreich verborgen und warten darauf, von den Archäologen ausgegraben zu werden.

Umso imposanter ragen die alten **Deutschordensburgen** empor, die backsteingemauerten, trutzigen Klosterhochhäuser der Deutschordensritter. 1230 zogen sie an die untere Weichsel, gründeten Thorn (Toruń) und warfen von dort aus die Weichselniederung, Ostpreußen und das Baltikum nieder. So finden sich eine Reihe mächtiger Ordensburgen im Weichselland, darunter das Epizentrum des historischen Ordensstaats: die **Marienburg** (Malbork) an der Nogat, die größte Backsteinburg in Europa und UNESCO-deklariertes Weltkulturerbe der Menschheit.

Eng verknüpft mit der Backsteingotik sind auch die **Hansestädte,** allen voran das 1000-jährige **Danzig.** Das im niederländischen Manierismus errichtete Rechtstädtische Rathaus oder auch die gotische Marienkirche zählen zu den bedeutendsten Bauwerken dieser Art in der Welt. Einzigartige Renaissance- und Barockbauten, mit denen die reichen Patrizier ihre Hansestadt schmückten, Königsweg, Langgasse und Langer Markt mit Artushof und Neptunbrunnen, nicht zu vergessen das wuchtige Krantor am Ufer der Motława (Mottlau) - das alles und noch viel mehr gehört zu den Wahrzeichen, die Danzig zur Perle der Architektur und zur Königin an der südlichen Ostsee machen.

Und noch eine weitere, seetypische Attraktion erstrahlt backsteinrot zwischen Pommerscher und Danziger Bucht: **Leuchttürme.** Die meisten von ihnen können erstiegen werden, und oben angelangt hat man eine herrliche Sicht über Wasser und Land.

Literatur

Vier polnische Schriftsteller wurden bislang mit dem höchsten Preis geehrt, den ein Schriftsteller empfangen kann, dem **Nobelpreis** für Literatur. 1996 war es die Krakauer Lyrikerin *Wisława Szymborska,* 1980 der Dichter und Exil-Autor *Czesław Miłosz,* 1924 der Romancier *Władisław Reymont* und 1905, als Erster in der Geschichte der polnischen Literatur, **Henryk Sienkiewicz** - bis heute der am meisten übersetzte Schriftsteller Polens. *Sienkiewicz'* Roman **„Quo Vadis",** der zur Zeit der Christenverfolgung im antiken Rom angesiedelt ist, erschien sogar auf Arabisch und Japanisch, und spätestens durch seine Verfilmung 1951 mit *Peter Ustinov* in der Rolle des verrückten römischen Kaisers *Nero* erlangte er auch unter Nichtbücherwürmern weltweit Bekanntheit.

Von den Anfängen bis zu den polnischen Teilungen

Zeugnisse der polnischen Schriftsprache finden sich bereits im **12. Jahrhundert.** Erste Werke, die nicht mehr in Latein, sondern in Polnisch niedergelegt wurden, verfasst im 15. Jahrhundert *Biernat von Lublin* (um 1465–1529). Im 16. Jahrhundert schließlich wird **Jan Kochanowski** (1530–84) zum Wegbereiter der Literatursprache. Mit seinen Klageliedern „Treny" übt der Humanist und bedeutende Dichter der polnischen Renaissance einen weitreichenden Einfluss auf die gesamte spätere polnische Lyrik aus.

Das **17. Jahrhundert,** so reich an Kriegen und religiösen Auseinandersetzungen, bringt in der Adelsrepublik besonders viele Tagebücher und politische Traktate hervor. Sie sind vom Geist des **Sarmatismus** geprägt, jener kuriosen Weltanschauung des polnischen Adels, der sich als Abkömmling der antiken Sarmaten wähnte. Herkunft, Tradition und seine umfassenden Privilegien führte der Adel auf dieses Volk zurück, das dem polnischen Mythos zufolge über außergewöhnlichen Mut, Ehre, Tugendhaftigkeit und Patriotismus verfügte – und damit die wahre, einzige, unumstößliche polnische Denk- und Lebensart repräsentierte. Die Aufklärer im 18. Jahrhundert schreiben dem Sarmatismus zumindest eine Mitverantwortung für den Niedergang Polens und die sich anschließenden Teilungen zu.

Gegen Mitte des **18. Jahrhunderts** erreicht die **Aufklärung** das Land. Unter dem umstrittenen russischen König *Stanislaus II. Poniatowksi* (1764–95), Gönner und fürsorglicher Schutzpatron der schönen Künste, erlebt die Literatur eine bis dahin ungekannte Blüte. Als bedeutendster Literat jener Epoche geht **Ignacy Krasicki** (1735–1801), Bischof im ermländischen Lidzbark Warmiński (Heilsberg), in die Geschichte ein. Aus seiner Feder stammen Komödien, Gedichten, Märchen, Fabeln und Satiren voll mit subtilem Humor, und mit „Die Fälle des Mikołaj Doświadczyński" (1776) wird er zum Begründer des polnischen Romans.

Romantik und Messianismus

Nach der dritten Teilung 1795 ist Polen von der europäischen Landkarte verschwunden, und zusammen mit dem Katholizismus wird die **Literatur zur Bewahrerin der Sprache und der Nation.** Patriotische, religiöse und romantische Empfindungen verschmelzen miteinander und bringen „das lange 19. Jahrhundert" hervor, die literarische Epoche zwischen 1795 und der Neukonstituierung Polens am Ende des Ersten Weltkriegs.

Die Zeit der Heimat- und Staatenlosigkeit prägt bis in die Mitte des 19. Jahrhunderts hinein das „Dreigestirn der polnischen Romantik": *Adam Mickiewicz, Juliusz Słowacki* und *Zygmunt Krasiński.* Die drei Verkünder des polnischen „Messianismus" erkennen im **Leidensweg Jesu Christi** den **Leidensweg Polens** wieder und schreiben ihrem Land also die herausragende Rolle im Kampf gegen Tyrannei und

Unterdrückung zu. Vor allem **Adam Mickiewicz** (1798–1855) kleidet das Schicksal und die Gefühle eines ganzen Volks meisterhaft in Literatur. Er wird zum wichtigsten Vertreter der polnischen Romantik, zum Dichterfürsten der nichtexistierenden Nation und sein 1834 erscheinendes Werk **„Pan Tadeusz"** zum **Nationalepos Polens.**

Geschichte als ein langsamer, zäher Prozess, der sich nichtsdestotrotz auf die Verwirklichung des Königreichs Gottes auf Erden zubewegt: Davon erzählen auch die messianischen Heldengeschichten von *Juliusz Słowacki* (1809–49) und die vielrezitierten Werke von *Zygmunt Krasiński* (1812–59). „Z szlachta polska polski lud" (das polnische Volk mit dem polnischen Adel), wie es der konservative *Krasiński* vertritt, und „Duch – wieczny rewolucjonista" (der Geist – ewiger Revolutionär) stehen sich aber selbst im Messianismus als hier restaurative und da demokratisch gesinnte Kraft gegenüber.

Eintritt in die Moderne

Nach dem gescheiterten Aufstand 1863 kommt es zur Abkehr von den romantischen Heilsvorstellungen. Der **Positivismus,** die Hinwendung zur beobachteten Wirklichkeit, entsteht als neue Strömung in der Literatur. Der Roman strebt neuen Glanzzeiten entgegen. *Henryk Sienkiewicz'* (1846–1916) Historienromane „Feuer und Schwert" (1884), „Die Sintflut" (1886) und „Oberst Wołodyjowski" (1888), „Quo Vadis" (1896) und auch „Die Kreuzritter" (1900) begeistern die ganze Welt. „Aufgrund seiner großartigen Verdienste als epischer Schriftsteller", so das Preis-Komitee, wird *Sienkiewicz* als erstem Polen 1905 der Nobelpreis für Literatur verliehen.

In der Tradition des Positivismus entstehen auch die Gesellschaftsromane von *Bolesław Prus* (1847–1912) und *Władisław Reymont* (1867–1925). Für sein umfangreiches vierbändiges Epos „Die Bauern" nimmt *Reymont* als zweiter Pole in der Literaturgeschichte 1924 den Nobelpreis in Empfang. Er gehört dem **Dichterkreis Młoda Polska** (Junges Polen) an, mit dem um 1890 die polnische literarische Moderne anbricht.

Genialer Vertreter des Jungen Polen ist der Dichter, Dramatiker, Maler und Zeichner, Grafiker, Designer, Regisseur und Nestor des modernen polnischen Theaters: **Stanisław Wyspiański** (1869–1907). Sein Drama „Die Hochzeit" (1901), eine humorvolle Parabel über die nationalen Befindlichkeiten im geteilten Polen, avanciert zu einem der meistgespielten Bühnenwerke seiner Zeit.

Asche und Diamant

Mit Gründung der Zweiten Republik 1918 entfaltet sich eine Vielzahl literarischer Stile. Die Kunst, von der Verpflichtung zur Errettung der Nation befreit, wird zum Experimentierfeld. Die Warschauer Gruppe **Skamander** um *Julian Tuwim* (1894–1953) und *Stefan Żeromski* (1864–1925) propagiert eine Literatur um der Literatur Willen.

1925 gründet *Żeromski* den polnischen PEN-Club.

Der Name der Krakauer Gruppe **Awandgarda** um *Witold Gombrowicz* (1904–69), *Bruno Schulz* (1892–1942) und *Stanisław Ignacy Witkiewicz* (1885–1939) ist ihr Programm. Die drei zählen heute zu den wichtigsten Schriftstellern der polnischen Moderne. Wie vor ihm *Wyspiański,* ist auch *Witkiewicz,* der unter dem Künstlernamen **Witkacy** Berühmtheit erlangt, ein begnadetes Multitalent: Maler, Zeichner und Fotograf, Philosoph, Kunsttheoretiker, Dramatiker und Romancier, dessen umfangreiches Werk sich mit den Gefahren des Totalitarismus und der Freiheit der Menschen beschäftigt. Am Tag nach dem Einmarsch der Roten Armee in Ostpolen nimmt sich *Witkacy* 1939 aus Verzweiflung das Leben. *Bruno Schulz,* der in seinen Erzählungen „Die Zimtläden" die Welt der jüdischen Schtetl unvergessen macht, wird 1942 im Getto von einem Nazi-Schergen erschossen.

Asche oder Diamant, in welcher Gestalt würde Polens Zukunft erscheinen? Kaum ein Land hatte im Zweiten Weltkrieg so entsetzlich gelitten wie Polen. **„Asche und Diamant"** heißt denn auch der **Klassiker** schlechthin der polnischen Nachkriegsliteratur. 1948 erscheint der Roman aus der Feder von *Jerzy Andrzejewski* (1909–83). Ein Jahr später erhebt der polnische Schriftstellerverband den **Sozialistischen Realismus** zur künstlerischen Doktrin. *Andrzejewski* steigt zu einem seiner führenden Protagonisten auf. Doch des Dichters Begeisterung hält nicht allzu lange an. 1957 erscheint sein Roman „Finsternis bedeckt die Erde" über die Schrecken der spanischen Inquisition – eine Abrechnung mit der Stalin-Ära und zugleich der Beginn der polnischen „Tauwetterliteratur".

„Tauwetterliteratur"

Das Tauwetter nach dem Tod *Stalins* bringt eine neue Autoren-Generation hervor, beispielsweise so unkonventionelle Querdenker wie *Stanisław Jerzy Lec* (1909–66), dessen „Unfrisierte Gedanken" (1959) auch auf dem deutschen Buchmarkt Erfolge feiern. *Stanisław Lem* (1921–2006) ist zweifellos einer der ganz Großen in der Geschichte der Science-Fiction-Literatur. Den Dramatiker und Prosaschriftsteller *Tadeusz Różewicz* (*1921) halten nicht nur in Polen eine Vielzahl von Kritikern für einen der heißesten Kandidaten für den Literatur-Nobelpreis. Der Dramatiker und Satiriker *Sławomir Mrożek* (*1930) ist der beliebteste Prosaiker und meistgespielter zeitgenössischer Dramatiker Polens. *Zbigniew Herbert* (1924–98), Lyriker, Dramatiker und Essayist, wird mit zahllosen nationalen und internationalen Literaturpreisen überschüttet und posthum als bester Nachkriegslyriker mit der höchsten polnischen Auszeichnung, dem Orden des Weißen Adlers, geehrt.

Noch unter der stalinistischen Knute verlässt 1951 **Czesław Miłosz** (1911–2004) das Land, lebt erst in Frankreich und lässt sich 1960 in den Vereinigten Staaten nieder. Im Anschluss an den das ganze Land in seinen Grundfesten erschütternden Streik-Sommer der Solidarność 1980 überreicht das Osloer Komitee *Miłosz*, „der mit kompromissloser Klarsicht der Stellung des Menschen in einer Welt von schweren Konflikten Ausdruck verleiht", den **Nobelpreis** für Literatur. Noch bis zur Wende 1989 können seine Gedichte, Romane und Erzählungen nur illegal unter dem Ladentisch weitergereicht werden, ebenso wie die Romane von *Andrzej Szczypiorski* (1928–2000) oder die Gedichte *Wislawa Szymborskas* (*1923). *Drugi brieg* („zweiten Umlauf") nannte man diesen heimlichen Weg der Bücherverbreitung.

1996 nimmt die Lyrikerin **Wisława Szymborska** als jüngstes Mitglied im polnischen Dichter-Olymp den Literatur-Nobelpreis entgegen. In den 1980er Jahren im Solidarność-Untergrund aktiv, ehrt sie das Nobelpreis-Komitee „für ihr Werk, das ironisch-präzise den historischen und biologischen Zusammenhang in Fragmenten menschlicher Wirklichkeit hervortreten lässt."

Polnische Gegenwartsliteratur

Heute wird kein Schriftsteller mehr von der politischen Zensur bedroht und muss eine Sprache zwischen den Zeilen finden. Das bedeutet aber auch, eine neue Sprache zu finden. So hat sich die jüngste Autoren-Generation auf den Weg gemacht, z.B. **Olga Tokarczuk** (*1962). Gleich ihr Debütroman „Reise der Buchmenschen" (1993) bringt ihr große Aufmerksamkeit ein, und mit „Ur und andere Zeiten" (1996) gelingt ihr auch in der internationalen Lesegemeinde der Durchbruch. **Andrzej Stasiuk** (*1960) ist Pazifist und Armee-Deserteur, was ihm sechs Monate Gefängnisaufenthalt einhandelt. Seine Knast-Erlebnisse schildert er drastisch im Erzählband „Die Mauern von Hebron" (1992) und wird damit zum Star der jungen polnischen Literaturszene. **Pawel Huelle** (*1957) macht sich mit seinem Erstlingswerk „Weiser Dawidek" (1987) sofort einen Namen und wird in viele Sprachen übersetzt. Es folgen 1991 „Schnecken, Pfützen, Regen und andere Geschichten aus Danzig", die völlig jenseits von deutsch-polnischen Heimatduseleien die Beziehung der deutschen zur polnischen Geschichte der alten Hansestadt in ihrer Kontinuität wieder herstellen. **Stefan Chwin** (*1949) wird, wie *Pawel Huelle*, als poetischer Chronist der deutsch-polnischen Geschichte Danzigs bekannt. Sein Roman „Hanemann" (1995), auf Deutsch unter dem Titel „Tod in Danzig" erschienen, gilt als die schönste Liebeserklärung eines in Danzig aufgewachsenen Polen an die ehemals deutsche Hansestadt.

Die Geschichte Danzigs wird in zahllosen Romanen thematisiert

Malerei, Musik und Film

Malerei, Fotografie und Plakatkunst

Noch viel mehr als die polnische Literatur war im „langen 19. Jahrhundert" die Malerei in den Dienst der von der Landkarte gefegten Nation gestellt. Die Palette umfasste nationalromantisch historische und heroische Themen, man malte im Auftrag der **patriotischen Mission.** Die Darstellung des Kościusczko-Aufstands 1794 von *Piotr Michałowski* (1800–55) und das Monumentalgemälde „Schlacht bei Grunwald" des herausragenden polnischen Malers jener Epoche, *Jan Matejko* (1838–93), erlangten weltweite Bekanntheit, ebenso wie der Ausspruch *Matejkos,* dass die Kunst „gewissermaßen eine Waffe" sei und „die Trennung der Kunst von der Heimatliebe unzulässig!"

114po Foto: ki

Der Matejko-Schüler, Schriftsteller, Dramatiker, Maler, Zeichner und Regisseur **Stanisław Wyspiański** (1869–1907) begründet die **Moderne** in der polnischen Kunst. Er revolutioniert das Theater, modernisiert die Gebrauchskunst und verknüpft in seinem bildnerischen Werk Ausdrucksformen des Jugendstils und des Symbolismus mit Elementen der polnischen Volkskunst. Seine Ausstattung der Krakauer Franziskanerkirche zählt zu den schönsten Beispielen der modernen Dekorationskunst.

Stanisław Ignacy Witkiewicz (1885–1939), **Witkacy** genannt, ist das zweite Multitalent dieser Zeit, Dramatiker, Kunsttheoretiker, Maler und Fotograf. Im Sinne seiner Theorie der „reinen Form" entstehen surreal-expressive Kompositionen und apokalyptische Visionen, nicht selten unter Rauschgifteinfluss. 1939 wählt er den Freitod und hinterlässt neben seinem künstlerischen und dramatischen Werk außerdem ein bedeutendes Œuvre experimenteller Fotografie.

Experimentelle Offenheit kennzeichnet dann wieder die Tauwetter-Periode ab Mitte der 1950er Jahre. In Polen bringt sie eine ganz eigene Symbiose von Gebrauchs- und bildender Kunst hervor, die **Plakatkunst,** mit **Henryk Tomaszewski** (1914–2005) als Nestor und führendem Exponenten der polnischen Plakat-Schule. Dem internationalen Siegeszug der Plakatkunst tragen das 1968 in Warschau eröffnete Plakatmuseum und die bereits seit 1966 veranstaltete Plakat-Biennale Rechnung. Und auch manche Vertreter der jungen Künstler-Generation knüpfen daran an. So etwa *Piotr Młodożeniec* (*1956) und *Marek Sobczyk* (*1955), die unter dem Logo „Za Fryki" zusammen Plakate kreieren.

Weltruhm erlangte der Fotograf **Ryszard Horowitz** (*1939), Auschwitz-Überlebender und in den USA lebender polnischer Künstler, einer der wichtigsten Fotokünstler des 20. Jahrhunderts überhaupt und mehrmals zum besten Fotografen der Vereinigten Staaten gekürt. Internationale Erfolge feiert auch die Bildhauerin **Magdalena Abakanowicz** (*1930). Ihre Wandtextilien, Skulpturen und Installationen werden weltweit mit Auszeichnungen bedacht.

Musik – Patriotisches, Avantgardistisches, Jazz

Fryderyk Franciszek Szopen (1810–49) ist es, der die Klänge seiner Heimat, die Volkstänze, Polonaisen und Mazurkas, in den europäischen Konzertsälen salonfähig macht. Besser bekannt als **Frédéric Chopin,** wird der große Komponist und Klaviervirtuose im Pariser Exil zum musikalischen Botschafter Polens.

Viele Elemente der polnischen Volksmusik verarbeitet auch der neun Jahre

115po Foto: kj

jüngere **Stanisław Moniuszko** (1819–72) in seinem Werk. Es findet im Ausland kaum größere Beachtung, doch *Moniuszkos* Vertonungen von Gedichten *Adam Mickiewicz'* macht ihn in den Teilungsgebieten zum beliebtesten Komponisten. 1854 wird seine tragische Oper „Halka" uraufgeführt und avanciert sofort zur polnischen Nationaloper. Sein Begräbnis 1872 in Warschau gerät zur politischen Demonstration, und bis heute zählen die Arien aus „Halka" zum Repertoire jedes polnischen Opernsängers.

Die Verschmelzung von Tonkunst und Politik verkörpert **Ignacy Jan Paderewski** (1860–1941). Dem Einfluss des Komponisten und begnadeten Pianisten ist es mit zu verdanken, dass die Polen-Frage am Ende des Ersten Weltkriegs Eingang in US-Präsident *Wilsons* 14-Punkte-Plan fand. 1919 wird *Paderewski* polnischer Ministerpräsident, 1940 steht er als Präsident dem Exilparlament vor. Zu seinen bekanntesten Werken gehört die Oper „Manru" (1901), mehr noch wird er aber als Klavierkünstler berühmt. Nach *Franz Liszt* gilt er als der beste Pianist seiner Zeit.

Von polnischen Volksweisen inspiriert sind auch die Opern und Sinfonien von **Karol Szymanowski** (1882–1937), der, zugleich von der Kunst *Ravels* und *Strawinskis* beeinflusst, zum Vater der musikalischen Moderne in Polen wird.

Die polnische Volksmusik fand ihren Weg in viele klassische Kompositionen

Die Schrecken des Zweiten Weltkriegs, die Besatzung und der Holocaust prägen die polnische Musik in der Nachkriegszeit. Das Oratorium „Dies Irae" zum Gedenken an die Opfer von Auschwitz, das „Polnische Requiem" und „Threnos – für die Opfer von Hiroshima" finden weltweit Gehör. Sie stammen aus der Feder von **Krzysztof Penderecki** (*1933), der mit Clustern und Viertelton-Frequenzdifferenzen – klangliche Provokationen im Spannungsfeld zwischen Musik und Geräusch – bereits in den 1950er Jahren zum Shootingstar der internationalen musikalischen Avantgarde aufsteigt. Als einer der wenigen Avantgardisten findet *Pendereckis* unglaublich umfangreiches, vielfältiges Werk sogar bei einem breiten Publikum Gehör. Seine Kompositionen werden ebenso an der Met in New York wie an der Mailänder Scala und im Salzburger Festspielhaus aufgeführt.

Wenn man von Musik in Polen spricht, darf natürlich der **Jazz** nicht fehlen. Was in der Nachkriegszeit in Kellern und Hinterhofschuppen als musikalischer Aufstand gegen den von oben verordneten sozialistischen Gleichklang begann, entwickelte sich schnell zur musikalischen Volksbewegung. Bereits 1956 fand in Sopot an der Danziger Bucht ein erstes großes Jazz-Festival statt, Vorläufer des Warschauer „Jazz Jamboree", das heute zu den ältesten und renommiertesten Veranstaltungen dieser Art in Europa zählt.

Berühmte polnische **Jazz-Musiker** sind u.a. der Trompeter, Komponist

Fast filmreif: Nonnen im Kornfeld

116po Foto: kj

und Dixielander *Henryk Majewski* (1936–2005) sowie der Free-Jazzer *Tomasz Stańko* (*1942). Leider sehr früh gestorben ist *Krzysztof Komeda Trzciński* (1931–69), der dem polnischen Jazz zahlreiche neue Impulse verlieh und in seinen Bands das Who is Who der polnischen Jazz-Szene versammelte: von *Zbigniew Namysłowski* und *Tomasz Stańko* über *Michał Urbaniak* bis *Jan Ptaszyn Wróblewski*. *Trzciński* komponierte außerdem eine Reihe von Filmmusiken, darunter die zu *Roman Polanskis* Welterfolg „Rosemaries Baby".

Das jüngste Kapitel in der polnischen Jazzmusik hat die 1988 gegründete Gruppe **Miłość** um den Gitarristen *Ryszard Tymon Tymański* (*1968) aufgeschlagen. Sie machen „Yass", ein Crossover aus Rock, Neuer Welle und Free-Jazz, gemischt mit surrealistisch instrumentalem Theater und – das darf in Polen nicht fehlen – Poesie.

Polnischer Film – zwischen Łódź und Hollywood

Polnische Filmemacher arbeiten in der Liga der Weltbesten. *Roman Polanski, Andrzej Wajda, Krzysztof Zanussi* oder *Krzysztof Kieślowski,* um nur die bekanntesten zu nennen, begeistern Millionen von Kinofans auf der ganzen Welt. Sie alle absolvierten die berühmte Filmhochschule in Łódź (Lodz), wo 1899 im Kino „Iluzjon" auch die Bilder in Polen laufen lernten.

Roman Polanskis (*1933) erster Erfolg stellt sich 1958 mit „Zwei Männer im Schrank" in den nationalen Filmtheatern ein. Da ist er gerade mal 25 Jahre alt. Fünf Jahre später verlässt der Überlebende des Krakauer Gettos das Land wegen antisemitischen Schmähungen und der rigiden Zensur. Mit „Tanz der Vampire" und „Rosemaries Baby" gelingt ihm Ende der 1960er Jahre in Hollywood der Durchbruch. Er dreht zahlreiche Welterfolge, darunter „Chinatown", den die Film Academy gleich elf Mal für den Oscar nominiert. Angebote, die den Holocaust thematisieren, lehnt er dagegen ab, so etwa für die Regie zum Film „Schindlers Liste", den dann *Steven Spielberg* realisiert. Erst Anfang des neuen Jahrtausends kehrt *Polanski* nach Polen zurück, um das Leben des Pianisten *Władisław Szpilmann* im Warschauer Getto auf die Leinwand zu bannen. 2003 wird er für „Der Pianist" mit dem Regie-Oscar ausgezeichnet.

Für sein umfangreiches Lebenswerk erhält im Jahr 2000 **Andrzej Wajda** (*1926) den Oscar. Sein erstes international gefeiertes Meisterwerk ist 1958 „Asche und Diamant" nach dem Roman von *Jerzy Andrzejewski.* Und so viele internationale Produktion *Wajda* fortan dreht – darunter „Danton" mit *Gérard Depardieu* in der Hauptrolle, „Die Dämonen" nach Dostojewski mit *Isabelle Huppert* und *Omar Sharif,* „Eine Liebe in Deutschland" mit *Hanna Schygulla* –, widmet er sich immer wieder auch der Verfilmung polnischer Literatur: 1973 „Die Hochzeit" nach dem gleichnamigen Theaterstück *Stanisław Wyspiańskis,* 1995 „Das gelobte Land" nach dem Roman von *Władisław Reymont,* die ihm zwei Oscar-Nominierungen einträgt, und 1998 schließlich die Monumentalverfilmung von *Adam Mickiewicz'* Nationalepos „Pan Tadeusz" – weltweit kein Kassenschlager, aber in Polen schlägt der Film mehr als fünf Millionen Zuschauer in seinen Bann.

Zahlreiche Auszeichnungen werden auch **Krzysztof Zanussi** (*1939) für seine Filme zuteil. So die Goldenen Löwen der Filmfestspiele in Venedig 1984 für „Das Jahr der ruhigen Sonne" und 2000 für „Das Leben als eine geschlechtlich übertragene tödliche Krankheit".

Krzysztof Kieślowski (1941–96) wird durch seinen „Dekalog" weltbekannt, einen Zyklus von zehn Filmen, die thematisch um die zehn Gebote und ihre Bedeutung zur Zeit des Kriegsrechts und des Solidarność-Verbots in den 1980er Jahren kreisen. Der fünfte Teil dieser Reihe, „Ein kurzer Film über das Töten", erschüttert 1988 in Cannes selbst die hartgesottene Filmkritik und führt zu *Kieślowskis* kometenhaftem Aufstieg nicht nur beim Publikum, sondern sogar in der Filmfachwelt. Seine Trilogie „Drei Farben" zählt heute zu den wichtigsten Produktionen der europäischen Filmgeschichte. Ein Goldener Löwe 1993 für „Drei Farben: Blau", ein Silberner Bär 1994 für „Drei Farben: Weiß", eine Oscar-Nominierung 1994 für „Drei Farben: Rot" gehören zu den unzähligen Ehrungen des Regisseurs, der 1996 leider viel zu früh starb.

117po Foto: ki

Westpommern (Zachodnio-pomorskie)

So menschenleer ist Polens Ostseeküste nur in der Nebensaison

Überblick

Knapp **23.000 Quadratkilometer** zählt Westpommern (Zachodniopomorskie), die nordwestlichste polnische Woiwodschaft. Weniger als **1,7 Millionen Menschen** leben im Land, davon fast ein Viertel in der Landeshauptstadt **Stettin (Szczecin),** historische Hauptstadt der Herzöge von Pommern und zugleich wirtschaftlicher und kultureller Mittelpunkt der Westpommern-Region. Zusammen mit dem Ostseebad Świnoujście (Swinemünde) auf Usedom (Uznam) bildet Stettin darüber hinaus den größten Hafenkomplex an der polnischen Ostseeküste.

Nahezu ohne Unterbrechung zieht sich von Usedom und der Nachbarinsel Wollin bis zu den großen Strandseen im Osten der Woiwodschaft ein herrliches Sandband an der Ostsee entlang. Eine lange **Kette von Badeorten** säumt die Gestade, die nach 185 Kilometern östlich von Darłowo in den Verwaltungsbezirk Pommern (Pomorze) übergehen.

Neben Stettin wartet Darłowo mit einem schönen **Schloss** der pommerschen Herzöge auf, und zahlreiche gotische **Backsteinkirchen** – so die Kathedralen in Kamień Pomorski, Kołobrzeg oder in der einzigen weiteren Großstadt Westpommerns, Koszalin – lohnen einen Besuch. Doch vor-

040po Foto: kj

nehmlich ist an der Ostseeküste natürlich alles auf sonnige **Badefreuden** eingestellt. Und mancherorts, wie in den **Sommerpartyhochburgen** Pobierowo und Niechorze oder östlich in Mielno/Unieście, geht es auch in den Nächten hoch her. Dank der frischen jodhaltigen Luft und heilender Moor- und Solevorkommen stehen außerdem **Wellness** und, wie in Kołobrzeg, dem größten Kurbad an der polnischen Ostseeküste, medizinische **Kuren** auf dem Programm.

Das zentrale Binnenland von Westpommern prägen die rund 1000 großen und kleinen Gewässer der **Pommerschen Seenplatte,** die östlich von Stettin bei Stargard Szczeciński mit dem Miedwie-See beginnt und sich über die Dramburger Seenplatte (Pojezierze Drawskie) bis zur östlichen Süßwassersportmetropole Szczecinek zieht. An den Seeufern der Orte Złocieniec und Czaplinek im Herzen der Drawskie-Seenplatte starten zwei der westpommernweit schönsten **Paddeltouren** (⇗„Reisetipps A–Z, Sport und andere Aktivitäten"). Nicht weit davon entfernt erreicht beim Kurort Połczyn-Zdrój der höchste Berg Westpommerns stattliche 223 Meter über dem Meeresspiegel, weshalb das grüne Hügelland nördlich der Seen den Namen **„Polziner Schweiz"** erhielt.

An der Ostseeküste Westpommerns kann es in den Sommermonaten recht voll werden

Über weite Strecken sind die Seen, Wiesen und Wälder im **Ińsko-** und im **Drawsko-Landschaftspark** naturgeschützt. Darüber hinaus verfügt die Woiwodschaft mit dem **Woliński-Nationalpark** auf der Insel Wollin, seinen Küstenkliffs und Buchenurwäldern, und ganz im Süden dem **Drawieński-Nationalpark** rund um den malerischen Flusslauf der Drawa gleich über zwei ganz herausragende Naturattraktionen.

Im Südwesten begleiten die Oder sogar grenzüberschreitende Naturschutzgebiete. Südlich von Stettin stehen die Überschwemmungsgebiete der Oderarme im **Landschaftspark Unteres Odertal** (Park Krajobrazowy Doliny Dolnej Odry) unter Schutz. An diese schließt sich auf deutscher Seite der **Nationalpark Unteres Odertal** an, der abermals südlich in den **Cedyński-Landschaftspark** (Cedyński Park Krajobrazowy) rund um die Oder-Flussauen übergeht.

Den Auftakt zur Pommerschen Seenplatte bildet im Südwesten von Westpommern die **Myśliborz-Seenplatte** (Pojezierze Myśliborskie) mit dem Landstädtchen Myśliborz im Zentrum. Weiter östlich folgt das Örtchen Barlinek als Tor zu den Wäldern im **Landschaftspark Barlinek-Gorzów** (Barlinecko-Gorzowski Park Krajobrazowy), und noch einmal weiter Richtung Osten beschließt die **Wałcz-Seenplatte** mit der gleichnamigen Kleinstadt als pulsierendem Mittelpunkt die ansonsten absolut einsame, stille Natur im Südosten von Westpommern.

Stettin und Umgebung

Stettin (Szczecin) ⇗ VIII/B2

Stettin an den Ufern der Oder: historische Hauptstadt der pommerschen Herzöge, **Hauptstadt** der Woiwodschaft Zachodniopomorskie, mit mehr als 410.000 Einwohnern siebtgrößte Stadt Polens, mit Świnoujście (Swinemünde) größter Hafenkomplex an der polnischen Ostseeküste, wichtigstes Wirtschafts- und Handelszentrum Nordwestpolens, Universitätsstadt mit zahlreichen Hochschulen und kultureller Mittelpunkt der Region. Noch viele weitere Superlative könnten die Stettiner aufzählen, und sie betonen mit Stolz, dass über ihrer Stadt „bis heute der Geist des Barons Haussmann schwebt". Inspiriert von den Plänen des Seine-Präfekten *Georges-Eugène Haussmann,* welcher Mitte des 19. Jahrhunderts für die Stadtplanung des modernen Paris verantwortlich zeichnete, entstand in der Stadt an der Oder, als 1875 der letzte Stein der alten Festungsanlagen geschleift worden war, ein Zentrum mit breiten Boulevards, weiten Plätzen und großzügigen Parks, weshalb Stettin schon bald „die Großstadt im Grünen" genannt wurde.

Noch im Stadtgebiet liegen die Ausflugsorte rund um den weitflächigen **Dąbie-See** (Dammscher See), den die Oder durchfließt, bevor sie sich kurz darauf in das **Stettiner Haff** (Zalew Szczeciński) ergießt und so Stettin mit den Weltmeeren verbindet. Und auch, um von ihrer grünen Stadt ins Blaue auszufliegen, müssen die Stettiner nicht weit fahren. Im Nordwesten der Oder-Metropole breitet sich diesseits wie jenseits der deutsch-polnischen Grenze die **Ueckermünder Heide** (Puszcza Wkrańska) aus, und südwestlich dehnen sich an den zwei Flussarmen der Oder bis vor die Tore Stettins die Torfmoore und unberührten Auenlandschaften des **Landschaftsparks Unteres Odertal** (Park Krajobrazowy Dolina Dolnej Odry) aus. Im Süden der Stadt erstreckt sich in Nachbarschaft zu den Oderauen mit herrlichem Buchenwald der **Stettiner Landschaftspark Buchheide** (Szczeciński Park Krajobrazowy Puszcza Bukowa), der weiter nordöstlich in die Wälder der **Gollnower Heide** (Puszcza Goleniowska) übergeht.

Und vielleicht war es ja das Rauschen der dunklen Wälder ringsum, das dem Stettiner Theaterkapellmeister *Leon Jessel* die Musik zur **Operette „Schwarzwaldmädel"** einflüsterte? Man will es kaum glauben, aber das populäre Schwarzwaldmädel ist in Wahrheit ein pommersches Kind! *Jessel,* der mit vielen Operetten einen Reigen bis heute beliebter Unterhaltungsmusik schuf, verstarb 1942 an den Folgen seiner Inhaftierung durch die Gestapo. **Heinrich George,** der seine großartige Schauspielkunst in den Dienst der Nationalsozialisten stellte und sich in deren wütendsten Propaganda-Filmen verdingte, ist ebenfalls ein Stettiner Kind. Auch der Schriftsteller **Alfred Döblin** erblickte hier 1878 das Licht der Welt, ebenso wie die berühmteste Tochter der Stadt, *Sophie Auguste von Anhalt-Zerbst,* die als **Zarin Katharina die Große** (reg. 1762–96) in die Geschichte einging.

Geschichte

Bereits für das **8. Jahrhundert** ist auf einer Anhöhe über der Oder eine **slawische Siedlung** nachgewiesen, im 9. Jahrhundert wurde sie mit Pfahlreihen und Erdwällen befestigt. So oder ähnlich beginnen fast alle Geschichten der pommerschen Küstenstädte, und die Geschichte Stettins steht exemplarisch dafür.

Bis 980 nimmt der große Polanen-Fürst **Mieszko I.** (reg. um 960–992) das Siedlungsgebiet der Pomoranen zwischen Oder- und Weichselmündung ein. 1042 werden sie gegenüber der polnischen Krone tributpflichtig, und in diese Zeit Mitte des 11. Jahrhunderts fällt auch die Erwähnung eines ersten pomoranischen Herrschers aus dem Greifengeschlecht namens *Siemomysl* als „Dux Bomeranorum" (Führer der Pommern). Nach drei Feldzügen des polnischen Königs *Bolesław III. Krzywousty* („Schiefmund") 1116, 1119 und 1121 unterwirft sich nach der Eroberung Stettins der erste historisch verbürgte Greifenherzog *Wartislaw I.* und nimmt das Christentum an. Drei Jahre später beginnt Bischof *Otto von Bamberg* im Auftrag *Bolesław Schiefmunds* seine erste Missionsreise in das heidnische Pommernland.

1173 erobern **dänische Wikinger** erstmals die Burg Stettin. 1181 begibt sich der Greife *Bogislav I. von Stettin* (reg. 1155–87) unter den Schutz des

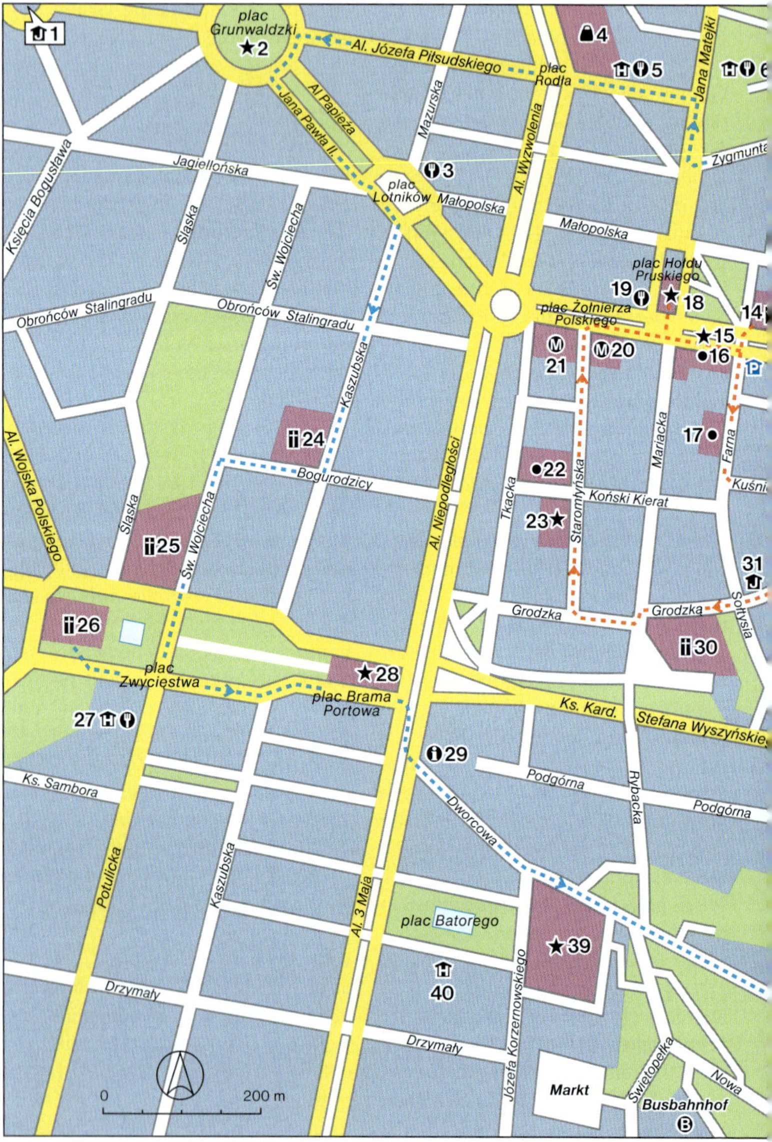

plac Grunwaldzki
Al. Józefa Piłsudskiego
plac Rodła
Jana Matejki
Al. Papieża Jana Pawła II.
Mazurska
Al. Wyzwolenia
Zygmunta
Jagiellońska
Księcia Bogusława
Śląska
Św. Wojciecha
plac Lotników
Małopolska
plac Hołdu Pruskiego
Obrońców Stalingradu
plac Żołnierza Polskiego
Kaszubska
Farna
Mariacka
Staromłyńska
Tkacka
Koński Kierat
Kuśni
Bogurodzicy
Al. Niepodległości
Al. Wojska Polskiego
Grodzka
Sołtysia
plac Zwycięstwa
plac Brama Portowa
Ks. Kard. Stefana Wyszyńskiego
Ks. Sambora
Podgórna
Rybacka
Dworcowa
Potulicka
Al. 3 Maja
plac Batorego
Józefa Korzeniowskiego
Drzymały
Markt
Świętopełka
Nowa
Busbahnhof
0
200 m

●● Startpunkt der Rundgänge
Rundgang 1
Rundgang 2

- 1 Jugendherberge Cuma
- 2 plac Grunwaldzki
- 3 Restaurant Pod Kogutem
- 4 Pazim-Komplex Einkaufszentrum
- 5 Radisson Hotel Szczecin und Restaurant
- 6 Park Hotel und Restaurant
- 7 Żeromski-Park
- 8 Chrobry-Wälle mit Meeresmuseum
- 9 Restaurant Chrobry
- 10 Hotel Focus
- 11 Trasa Zamkowa (Schlosstrasse)
- 12 Jungfernbastei
- 13 Schloss der Herzöge von Pommern mit Touristeninformation, Schlossmuseum, Kulturzentrum und Restaurant Zamkowa
- 14 Kirche St. Peter und Paul
- 15 Dampfermast-Denkmal
- 16 Professorenhäuser
- 17 PZU Zycie
- 18 Königstor
- 19 Restaurant Chata
- 20 Nationalmuseum
- 21 Nationalmuseum, Galerie poln. Gegenwartskunst und Künstlervereinigung 13 Mus
- 22 Feliks-Nowowiejski-Musikschule
- 23 Palais unter dem Globus
- 24 Kirche Johannes der Täufer
- 25 Kirche des Allerheiligsten Herzen Jesu
- 26 Kirche St. Adalbert
- 27 Hotel Rycerski und Restaurant
- 28 Hafentor
- 29 Touristeninformation
- 30 Dom St. Jakob
- 31 Jugendherberge
- 32 Loitzenhof
- 33 Altes Rathaus mit Stadtgeschichtlichem Museum
- 34 Hotel Arkona
- 35 Camping Marina
- 36 Lange Brücke
- 37 Kirche St. Johannes
- 38 Postgebäude
- 39 Neues „Rotes" Rathaus
- 40 Hotel Victoria

P bewachter Parkplatz

römischen Kaisers *Friedrich I. Barbarossa* (reg. 1155–90), der ihn als „Herzog von Slavien" in den Reichsherzogstand erhebt und ihn mit dem Land Pommern-Stettin belehnt. 1185 kapituliert *Bogislav* nach Jahren des Kampfes gegen die **Dänen.** Bis 1227 bleibt das Land dänisches Lehen, um 1231 schließlich unter die Hoheit der **brandenburgischen Markgrafen** zu gelangen. Mehr und mehr **deutsche Siedler** strömen ins Land.

Unter der Herrschaft *Barnims I.* (reg. 1226–78) werden Stettin 1243 die **Stadtrechte** verliehen. 1278 wird es Mitglied der **Hanse,** Handel, Zünfte und Schifffahrt gedeihen. Unter *Barnim IX.* (reg. 1531–73), Student *Martin Luthers* in Wittenberg, wird die **Reformation** eingeführt. 1534 beschließen die pommerschen Herzöge auf dem Landtag zu Treptow an der Rega verbindlich die neue christliche, protestantische Glaubenslehre.

Bis zum Aussterben des Greifengeschlechts 1637 bleibt Stettin eine Hauptstadt der pommerschen Herzöge. Auch bleibt es lange Zeit vom **Dreißigjährigen Krieg** verschont, der seit 1618 in Europa wütet. Erst 1630 besetzen schwedische Truppen die Stadt, und nach Abschluss des Westfälischen Friedens 1648 verbleibt Stettin weiterhin in schwedischer Hand.

Infolge eines umstrittenen Erbvertrags melden indes die brandenburgischen Kurfürsten ihre Ansprüche an. Es folgen der **Schwedisch-Brandenburgische Krieg** 1676 und 1700–21 der große **Nordische Krieg** zwischen Polen, Dänemark, Russland und Schweden, den sich Brandenburg, seit 1701 Königreich Preußen, zunutze macht, Stettin 1720 für zwei Millionen Taler von der schwedischen Krone einkauft und zur Hauptstadt der preußischen Provinz Pommern macht. Anschließend wird die Stadt mit zahlreichen Forts und Kasernen zum Bollwerk gegen Schweden und Polen aufgebaut.

1740 beginnt mit dem Ausbau der Swine der Aufstieg zum wichtigsten **Hafen** im preußischen Königreich. Nach einem französischen Zwischenspiel – 1807–13 ist Stettin von napoleonischen Truppen besetzt – entwickelt sich die Hauptstadt der Provinz Pommern zum bedeutenden Verwaltungs- und Wirtschaftszentrum. Der Abbruch der alten Festungswerke 1875 schafft Raum für die Stadterweiterung sowie ihre Neugestaltung mit breiten Boulevards, inspiriert von Plänen des Pariser Stadtpräfekten Baron *Haussmann.*

Im August 1944 wird Stettin Ziel schwerer **Bombenangriffe,** 90 Prozent der Altstadt und über 70 Prozent des übrigen Stadtgebiets liegen in Trümmern. Im April 1945 von der Roten Armee eingenommen, erfolgt im Juli die Übergabe der Verwaltung an polnische Stellen. Die noch verbliebene deutsche Bevölkerung wird in der Folgezeit ausgewiesen. Aus den an die Sowjetunion gefallenen polnischen Ostgebieten werden polnische Neubürger angesiedelt. „Heimkehrer aus der UdSSR" nannte man die aus ihrer alten Heimat jenseits des Bugs vertriebenen Menschen im offiziellen kommunistischen Sprachgebrauch. Im Dezember 1946 leben bereits annähernd 110.000 Neubürger in den Ruinen und bauen die zerstörte Stadt wieder auf.

Szczecin wird **Hauptstadt** der gleichnamigen Woiwodschaft. Bis Mitte der 1950er Jahre sind Hochschulen und Akademien eröffnet, 1955 erfolgt die vollständige Übergabe des Hafens aus sowjetischer Hand an die Volksrepublik. In den 1960er Jahren beginnt der industrielle Ausbau der Stadt. 1970 kommt es zu Protesten der Werftarbeiter gegen die staatliche Wirtschaftspolitik, 1980 wird Stettin nach Danzig zur **Keimzelle der Solidarność-Bewegung.** Nach dem Zusammenbruch des Kommunismus finden hier im Mai 1990 die polenweit ersten demokratischen Kommunalwahlen statt. Seit 1999 ist Stettin die Hauptstadt der neu gebildeten **Großwoiwodschaft Zachodniopomorskie** (Westpommern).

Sehenswertes

Rundgang 1: Im Zentrum rund um das Schloss

Nähert man sich dem historischen Zentrum über die Oderbrücken, empfängt einen Stettin am westlichen Flussufer sogleich mit seinen buchstäblich herausragenden Sehenswürdigkeiten. Linker Hand sticht aus der Stadtsilhouette der mächtige Turm des **Doms St. Jakob** hervor, rechter Hand glitzert der gläserne Wolkenkratzer des **Pazim-Komplexes** im Sonnenlicht, und inmitten erheben sich, grünbehelmt, die Türme des **Schlosses der Herzöge von Pommern** (Zamek Książąt Pomorskich).

Es empfiehlt sich, den Rundgang hier am Herzogsschloss im Herzen der Altstadt zu beginnen. Bewachte **Parkplätze** befinden sich wenige Schritte entfernt unterhalb der Brücke über Oder und Uferstraße sowie unmittelbar an der Nordflanke des Schlosses. Die **Straßenbahn** hält an der Uferstraße, falls man nicht die ganze Stadtbesichtigung zu Fuß absolvieren möchte, und im Schloss selbst hält im Kleinen Hof das **Zentrum für Touristen- und Kulturinformation** Stadtpläne, Prospekte und eine Fülle von Auskünften parat.

Mit dem Bau einer Stettiner Residenz auf der Anhöhe über der Oder begannen die Pommernherzöge bereits Anfang des 13. Jahrhunderts, als der Greife *Wartislaw I.* neben einem dem slawischen Gott Triglaw gewidmeten Tempel eine Holzburg errichten ließ. Fast anderthalb Jahrhunderte später sollte sie unter Herzog *Barnim III.* endlich einem Steinhaus weichen, doch löste der Plan bei den Stettiner Patriziern große Empörung aus, denn der Burgplatz war den Stadtbürgern vorbehalten. Im Vertrag von 1346 gelangte man schließlich zur Einigung, und es entstand das Steinhaus als Grundstock des heutigen Herzogsschlosses. In den folgenden 200 Jahren wurde es permanent umgebaut und erweitert, bis es 1573–82, während der Regentschaft von Herzog *Johann Friedrich,* noch einmal eine komplette Umgestaltung im Renaissance-Stil erfuhr. Zugleich wurden das Stein-

041po Foto: kj

Der Große Hof am Schloss der Herzöge von Pommern wird auch als Veranstaltungsort genutzt

Detail am Uhrenturm des herzöglichen Schlosses

haus abgerissen, der Ostflügel erhöht sowie Nord- und Westflügel mit Schlosskapelle gebaut. Doch waren die Arbeiten damit längst nicht abgeschlossen, man werkelte auch danach fleißig weiter. 1616–19 zog man hinter dem Ostflügel den Münzflügel hoch, wodurch der zweite, Kleine Schlosshof entstand. Nach 1840 wurden auf Anordnung von König *Friedrich Wilhelm IV.* wiederum Teile des Ostflügels und 1872 der Südflügel abgerissen sowie der Rest neugotisch bis zur Unkenntlichkeit „modernisiert". In den 1920er Jahren besann man sich dann auf die einstige Pracht; vorsichtige Restaurierungsarbeiten begannen, die aber nicht mehr zum Ende gelangten. 1944 wurde das Schloss während der alliierten **Luftangriffe** völlig zerstört. Von 1958 bis 1980 dauerte der **Wiederaufbau** in seiner historischen Renaissance-Gestalt.

Heute beherbergt das Schloss der Herzöge von Pommern neben dem Marschallamt der Woiwodschaft und einem Schlossrestaurant zahlreiche bedeutende **Kultureinrichtungen,** darunter die Schlossoper (Opera na Zamku), ein kleines Kino, Theater und Kabarettbühnen, im Nord- und Südflügel Galerien für Wechselausstellungen und im Bogusław-I.-Saal (ehemals die Schlosskapelle) einen Konzertsaal, wo klassische und alte Musik, Chor- und Kammerkonzerte erklingen. Im Großen Schlosshof finden im Sommer Open-Air-Konzerte statt. Aufmerksamkeit verdient dort der Uhrenturm mit einer Uhr von 1693, während im Kleinen Hof der 59 Meter hohe Glockenturm mit der Alten Mariaglocke (14. Jh.) eine schöne Aussicht auf die Dächer Stettins verspricht und ein Foucaultsches Pendel außerdem die Erdrotation veranschaulicht.

Bereits 1946 entdeckte man während der Sicherung der kriegszerstörten Ruine eine **Krypta** mit 14 **herzoglichen Sarkophagen.** Sechs dieser reich geschmückten, hochherrschaftlichen Särge, und zwar die von *Bogis-*

law XIV., Bogislaw XIII., Anna Maria, Philipp II., Franz I. und *Ulrich,* konnten wiederhergestellt werden. Sie stammen aus dem 17. Jahrhundert und sind heute im Kellergeschoss im **Schlossmuseum** ausgestellt. Darüber hinaus informiert das Museum anhand von Fotos und archäologischen Artefakten über die Entstehungs- und Rekonstruktionsgeschichte der Stettiner Herzogsresidenz. Die benachbarte Gotische Galerie widmet sich zeitgenössischen Kunstausstellungen.

Unterhalb des Schlosses wird seit 1995 vom Oderufer bis zur ul. Mściwoja II. Panieńska das historische Altstadtbild rekonstruiert – die „jüngste Altstadt Polens", wie sie der Stettiner Kunsthistoriker *Rafał Makała* einmal nannte. Zahlreiche „Altbauten" sind neu entstanden, so auch das Geburtshaus von *Alfred Döblin* (1878–1957), worauf eine Gedenktafel an dem türkisrosafarbenen Gebäude hinweist (ul. Mściwoja II. Panieńska 16). Über die Straße gelangt man zum **Stary Rynek,** dem **Alten Markt** mit wiedererrichteten oder historisierenden, poppig bunt gestrichenen Bürgerhäusern, in denen sich Cafés und Pubs befinden und wo sich inmitten das backsteinerne **Alte Rathaus** (Ratusz Staromiejski) erhebt. Ab Mitte des 15. Jahrhunderts gotisch erbaut, wurde es 1677 barock umgestaltet und fiel 1944 den alliierten Bombenangriffen zum Opfer. Im ursprünglichen gotischen Stil wiedererbaut, ist die Südseite mit einem Barockgiebel verziert. Teile des Kellergewölbes, in denen sich heute ein Restaurant befindet, sind sogar noch ori-

042po Foto: kj

ginal erhalten. Seit 1975 ist im Alten Rathaus die Stadtgeschichtliche Abteilung des Stettiner Nationalmuseums untergebracht.

Gegenüber leuchtet der 1547 für die Bankierfamilie *Loitz* erbaute **Loitzenhof** (Kamienica Loitzów), heute Gymnasium, in sattem Orange und bietet ein schönes Beispiel für die alte Stettiner Patrizierarchitektur.

Nahebei thront der gewaltige **Dom St. Jakob** (Bazylika archikatedralna św. Jakuba Apostoła). Schon 1187 wurde zur Zeit Herzog *Bogusławs I.* am hiesigen Ort eine Kirche gestiftet, doch ist von ihr nichts mehr erhalten. Mit dem Bau der heutigen Hauptkathedrale des Erzbistums Stettin/Kamień Pomorski begann man ab Mitte des 13. Jahrhunderts. Eine dreischiffige Basilika entstand, die bis Ende des 14. Jahrhunderts um einen Chor, einen Kapellenkranz sowie zwei Türme erweitert wurde. Nach dem Einsturz des Südturms 1456, wobei auch das Haupt- und die Seitenschiffe zerstört wurden, baute man bis 1503 das Gotteshaus mit einem einzigen Turm, wie er heute noch steht, als Hallenkirche wieder auf. An der Nordflanke des Doms hängt in einer Holzkonstruktion unter freiem Himmel die 1681 gegossene, 5,7 Tonnen schwere, riesige **Jakobsglocke.** Das Innere des Gotteshauses birgt an wertvoller Ausstattung ein **Altartriptychon** (Ende 14. Jh.) und in der Sakramentskapelle einen **Flügelaltar** von 1370. Die weitere Einrichtung der im Zweiten Weltkrieg zerstörten Kirche stammt aus der Zeit des Wiederaufbaus nach 1945. So auch die **Orgel** (1981), neben der in einem Stützpfeiler das Herz des 1820–66 hier tätigen Komponisten und Organisten *Karl Loewe* beigesetzt sein soll.

Nordwestlich des Doms lohnt sich hinter dem Platz mit dem barocken Adlerbrunnen (1732) ein Blick auf das 1889–91 entstandene neubarocke **Palais unter dem Globus** (Pałac pod Globusem) und in der Nachbarschaft auf den 1787–89 für den Kaufmann *Georg Velthusen* errichteten Gebäudekomplex, der heute die **Feliks-Nowowiejski-Musikschule** beherbergt, bevor am Platz Żołnierza Polskiego links und rechts der hier einmündenden ul.

043po Foto: kj

Staromłyńska die Hauptabteilungen des **Nationalmuseums** (Muzeum Narodowe) aufwarten. Im Gebäude von Anfang des 18. Jahrhunderts, zugleich Sitz der traditionsreichen Stettiner Künstlervereinigung 13 Mus (13 Musen), ist die **Galerie polnischer Gegenwartskunst** untergebracht, die neben Werken polnischer Maler seit 1980 außerdem das zeitgenössische künstlerische Schaffen Stettins dokumentiert.

Im gegenüberliegenden, 1726/27 nach Plänen *Gerhard Cornelius von Wallrawes* als Sitz des preußischen Ständetags errichteten **Barockpalais** werden pommersche sakrale und weltliche Kunst vom 13. bis zum 17. Jahrhundert sowie polnische Kunst überwiegend des 19. Jahrhunderts gezeigt.

Vom Nationalmuseum nach rechts in Richtung Oder eingeschwenkt, hat man mit wenigen Schritten den **plac Hołdu Pruskiego (Platz der Preußischen Huldigung)** erreicht. Dort fällt der Blick auf das freistehende, barocke **Königstor** (Brama Królewska), ein Relikt aus der Zeit Stettins als Festungsstadt. 1725–27 nach einem Entwurf *G.C. von Wallrawes* errichtet, huldigt es mit seiner lateinischen Inschrift Preußenkönig *Friedrich Wilhelm I.* Es konnte, als 1875 der Stettiner Stadtrat die alten Festungsmauern schleifen ließ, soeben vor dem Abriss bewahrt werden. 1999 wurde an seiner Ostwand eine Tafel enthüllt, die an den polnischen General *Chłapowski* erinnert, den man 1833 in der Stadt gefangen hielt. Innen bietet das altehrwürdige Königstor Raum für eine der angesagtesten Jazz-Kneipen des jungen Stettin.

Die Kirche St. Jakob birgt unter anderem ein wertvolles Altartriptychon

Der große **Mast** im Zentrum des weitläufigen Platzes stammt vom Dampfer „Kapitan Konstantyn Mciejewicz" von 1929 und wurde 1948 an der Stelle des kriegszerstörten alten Stadttheaters aufgerichtet. An der Nordostflanke des Platzes steht die **Kirche St. Peter und Paul** (Kościół św. Piotra i Pawła). Das aus dem frühen 15. Jahrhundert stammende, kleine gotische Gotteshaus schmückt sich innen mit einem hübschen hölzernen Scheingewölbe von 1702. Den Süden des Platzes flankieren die **Professorenhäuser** (Domki Profesorskie), die im 15. Jahrhundert für die Lehrer des Mariengymnasiums erbaut und 1739–42 klassizistisch umgestaltet wurden.

Das Schloss der Herzöge von Pommern bereits wieder vor Augen, soll kurz vor Ende des Rundgangs noch auf das **Gebäude der Versicherungsgesellschaft PZU Zycie** in der ul. Farna 1 aufmerksam gemacht werden. An der Stelle, wo heute das moderne Bürohaus steht, wurde 1729 *Sophie Auguste von Anhalt-Zerbst,* die spätere Zarin **Katharina die Große,** geboren.

Rundgang 2: Von den Chrobry-Wällen zum Roten Rathaus

Abermals vom Schloss aus startet ein zweiter Spaziergang, der nun einen weiteren Bogen durch das Stadtzentrum schlägt und auf dessen Weg überwiegend gründerzeitliche wilhelminische bis zeitgenössische Sehenswürdigkeiten liegen. Dafür heißt es, zunächst den riesigen Asphalt-Kraken der **Trasa Zamkowa (Schlosstrasse)** zu unterqueren. 1987 wurde das damals noch für Polski-Fiats gedachte Brücken-Monstrum über Oder und Uferstraße eingeweiht und 1996 dann EU-mittel-gerecht um zahlreiche weitere über- und unterführende Tentakeln erweitert. Im Schatten dieser vielspurigen Verkehrsführung duckt sich, lärmumtost, die **Jungfernbastei** (Baszta Panieńska), ein letzter verbliebener Turm der mittelalterlichen Stadtmauern aus dem 14. Jahrhundert, der heute als Firmensitz dient.

Nördlich der historischen pommerschen Herzogsresidenz erheben sich über dem Ufer der Oder die imposanten **Chrobry-Wälle** (Wały Chrobrego), zusammen mit dem Schloss Stettins Visitenkarte schlechthin. Nach dem Zweiten Weltkrieg wurde der 500 Meter langen Anlage der Name des ersten polnischen Königs, *Bolesław Chrobry* („der Tapfere"), verliehen. Ihr ehemaliger deutscher Name „Hakenterrasse" geht auf den Stettiner Oberbürgermeister *Haken* zurück, der 1878–1907 der Stadtverwaltung vorstand und ihren Bau initiierte. Nach Plänen des Stadtbaurats *Meyer* entstand die Terrasse 1902–07 mit repräsentativen Aussichtspavillons und im Mittelpunkt einer breiten, barockisierenden Prunktreppe, die vom Oderniveau 19 Meter hinauf zur Promenade führt, die wiederum ein 54 Meter hoher, 1913 fertiggestellter Kuppelbau krönt. Einst befand sich unter seinem Dach das Stadtmuseum, heute birgt es die Abteilung **Meeresmuseum** des Stettiner Nationalmuseums. Flankiert wird der Museumsbau von zwei 1902–13 im Neorenaissance-Stil errichteten Gebäudekomplexen, in denen sich gegenwärtig nördlich das Woiwodschaftsamt sowie südlich die Hochschule für Seewirtschaft befinden. Von den Wały Chrobrego herab hat man einen schönen Blick auf die Oder und im Hintergrund die zahlreichen Kräne der Werften im Hafen. Am Flussufer laden von April bis Oktober Ausflugsdampfer der Weißen Flotte zu Fluss- und Hafenrundfahrten ein.

Die Chrobry-Wälle im Rücken und den Schritt westwärts gewandt, durchquert man kurz darauf den **Żeromski-Park,** unschwer am Denkmal des polnischen Nationaldichters *Adam Mickiewicz* auszumachen, und kurz danach hat man auch schon Stettins „Thermosflasche" erreicht, wie die Einwohner den gläsernen Büroturm des 1990–92 hochgezogenen **Pazim-Komplexes** mit Einkaufszentrum und Radisson-Hotel scherzhaft nennen. 84 Meter hoch ist der Wolkenkratzer, rechnet man den Sendemast noch dazu, sind es sogar 118 Meter, und in 80 Metern Höhe eröffnet sich vom Café 22 in der 22. Etage aus bei klarer Sicht ein bis zu 40 Kilometer weit reichender Panoramablick.

So lässt sich am besten auch von der Höhe aus die von Ideen des Seine-Präfekten *Haussmann* inspirierte **Stadtanlage** in Augenschein nehmen. Tatsächlich ähnelt das geräumige Rondell des **plac Grunwaldzki,** von dem sternförmig der grüne Boulevard Papieża Jana Pawła II. und zahlreiche weitere Straßen abgehen, dem Place de l'Étoile in Paris. Doch stammt die Planung nicht von *Baron Haussmann* persönlich, wie manchmal geschrieben steht. Spiritus Rector war der Berliner Stadtbaurat *James Hobrecht* (1825–1902), den Studienreisen unter anderem nach Paris führten und der auch in Stettin wirkte, wo er insbesondere ein modernes Trinkwassernetz und Kanalisationssystem projektierte, die ab 1870 verwirklicht wurden. Und so nimmt es nicht Wunder, dass manches in Stettin – vom Straßenraster bis zur gründerzeitlicher Mietskasernenbebauung – nicht nur an Paris, sondern mehr noch an das wilhelminische Berlin erinnert. Beispiele dafür sind die neugotische **Kirche Johannes der Täufer** (Kościół św. Jana Chrzciciela), 1888–90 erbaut, und in der Nachbarschaft das 1893/94 errichtete **Kinderkrankenhaus** südlich vom plac Grunwaldzki an der ul. Bogurodzicy.

Nahebei beschließt den Süden des General-Anders-Parks die **Kirche des Allerheiligsten Herzen Jesu** (Kościół Najświętszego Serca Pana Jezusa), die nach sechsjähriger Bautätigkeit 1919 fertiggestellt wurde. Sie bildet bereits die Nordwestflanke des weiträumigen Zwycięstwa-Platzes, an dessen Westende sich die 1906–09 erbaute **Kirche St. Adalbert** (Kościół św. Wojciecha) erhebt und an dessen Ostende das barocke, reich verzierte **Hafentor** (Brama Portowa) steht. Früher „Berliner Tor" genannt, wurde es nach dem Verkauf Stettins durch Schweden an Preußen im Auftrag von *Friedrich Wilhelm I.* 1725–29 nach Plänen des Baumeisters *G.C. von Wallrawe* errichtet. Wie sein Brudertor, das Königstor am plac Hołdu Pruskiego, hatte es niemals eine praktische Aufgabe, sondern diente ausschließlich dekorativen Zwecken und der Huldigung des preußischen Staatswesens, das Stettin mit Vorpommern so günstig eingekauft hatte.

Südöstlich thronen unübersehbar über dem pl. Ratuszowy der 1875–79 errichtete Backsteinbau des **Neuen „Roten" Rathauses** (Ratusz Nowy Czerwony) und, fast am Ufer der Oder zurück, das ebenfalls rot geklinkerte **Neorenaissance-Postgebäude** von 1872. Auf dem Rückweg zum Schloss lohnt noch ein Blick auf die 1959 über die Oder gebaute **Most Długi (Lange Brücke)** und kurz davor an der Uferstraße auf die **Kirche St. Johannes** (Kościół św. Jana Ewangelisty). Das dreischiffige Gotteshaus mit schönem Sternengewölbe und einer Barockorgel aus der zweiten Hälfte des 18. Jahrhundert wurde von Bettelmönchen des Franziskanerordens ab 1420 errichtet. Es ist eines der wenigen alten Bauwerke der Stadt, die die Luftangriffe 1944 relativ unbeschadet überstanden. Die Inneneinrichtung stammt aus den 1970er und -80er Jahren.

Von dort heißt es nur noch die vierspurige Autopiste der ul. Wyszyńskiego zu überqueren (Vorsicht vor allem vor der rasenden Straßenbahn!), und kurz darauf ist man schon wieder beim Schloss angelangt.

Praktische Informationen

Info

- **Touristeninformation,** ul. Korsarzy 34 (Kleiner Hof im Schloss), 70-540 Szczecin, Tel. (091) 4891630, Fax 4340286, www.zamek.szczecin.pl, tgl. 10–18 Uhr.
- **Touristeninformation,** al. Niepodległości 1, 70-206 Szczecin, Tel. (091) 4340440, Fax 4338420, www.mosrir.szczecin.pl, 1.6.–31.8. Mo–Fr 9–17 Uhr, Sa 10–14 Uhr, außerhalb der Saison Mo–Fr 9.30–17 Uhr.
- **Homepage** der Stadt: www.szczecin.pl (auch auf Deutsch).

Unterkunft

- **Zimmervermittlung** in den Touristinformationen.
- **Radisson Hotel Szczecin**€€€€€€, pl. Rodła 10, 70-419 Szczecin, Tel. (091) 3595595, Fax 3594594, www.radisson.com. *Das* Stettiner Luxushotel mit 369 Zimmern und Apartments, Restaurant, Bar, Spielbank, Fitness- und Wellnesseinrichtungen, Schwimmbad, Autovermietung u.v.m. Die oberen Stockwerke eröffnen einen herrlichen Panoramablick auf die Stadt. Etwa 430 Zł.
- **Park Hotel**€€€€€€, ul. Plantowa 1, 70-527 Szczecin, Tel. (091) 4340050, Fax 4344503, www.parkhotel.szczecin.pl. Feine, kleine Edeladresse unterm Walmdach im Żeromski-Park, nur wenige Minuten nördlich vom Zentrum, mit Sauna, Pool, Jacuzzi und erlesenem Restaurant. Etwa 380 Zł.
- **Hotel Rycerski**€€€€, ul. Potulicka 1a, 70-230 Szczecin, Tel. (091) 8146601, Fax 488 8164, www.hotelrycerski.pl. Das Ritterhotel im alten Klinkersteinbau bietet gepflegte Mittelklasse und guten Service in zentraler Lage.

044po Foto: ki

Das angeschlossene Restaurant serviert traditionelle polnische Küche. Etwa 240 Zł.

- **Hotel Focus**€€€€, ul. Małopolska 23, 70-515 Szczecin, Tel. (091) 4330500, Fax 4849743, www.hotelfocus.com.pl. Jüngst in einem restaurierten Gebäude von 1909 eröffnetes Businesshotel, klassisch-modern ausgestattet, zwischen Schloss und Chrobry-Wällen. Etwa 230 Zł.
- **Hotel Arkona**€€€€, ul. Panieńska 10, 70-535 Szczecin, Tel. (091) 4880261, Fax 4880260, www.orbis.pl. Komforthotel mit außen verblichenem Ostcharme, innen jüngst modernisierte Standardmittelklasse. Unmittelbar am Schloss der Herzöge von Pommern gelegen, daher ein ganz hervorragender Ausgangspunkt für Spaziergänge durch das Zentrum. Etwa 220 Zł.
- **Hotel Victoria**€€€€, pl. Stefana Batorego 2, 70-207 Szczecin, Tel. (091) 4343855, Fax 4337368. Gründerzeitbau am Platz beim Roten Rathaus, 300 Meter vom Bahnhof entfernt, innen komfortabel und gepflegt. Im Keller befinden sich ein Nachtklub und eine Disco. Etwa 190 Zł.

Camping

- **PTTK-Camping Marina,** ul. Przestrzenna 23, 70-800 Szczecin-Dąbie, Tel. (091) 460 1165, www.investa.dk/Szczecin/Camping_Marina.htm. Schöne, gepflegte, großzügige, gartenähnliche Anlage am Ufer des Dąbie-Sees südöstlich vom Zentrum, mit Jachthafen, Campinghäuschen und Restaurant, ganzjährig geöffnet. Anfahrt: von der vielspurigen Straße 10 Richtung Ortsteil Dąbie abfahren (relativ kurzfristig ausgeschildert!), kurz nach der Abfahrt ist der Campingplatz ausgeschildert.

Das Königstor am Zwycięstwa-Platz, im Hintergrund der Dom St. Jakob

Jugendherbergen

- **Jugendherberge Cuma,** ul. Monte Cassino 19a, 70-467 Szczecin, Tel. (091) 4224761, Fax 4235696, www.ptsm.home.pl, ganzjährig.
- **Jugendherberge,** ul. Grodzka, 70-535 Szczecin, Tel. (091) 4332924, Juli/Aug. Zentral gelegen.

Gastronomie

- **Gasthaus Pod Kogutem,** pl. Lotników 3, Tel. (091) 4346873, www.karczmapodkogutem.pl. Wild, Lamm, Geflügel, traditionell nach alten polnischen Rezepten zubereitet; urige Atmosphäre.
- **Restaurant Chata,** pl. Hołdu Pruskiego 8, Tel. (091) 4887370, www.chata.szczecin.pl. Leckere polnische Küche, freitags Live-Musik.
- **Restaurant Chrobry,** ul. Wały Chrobrego 1b (im nördlichen Pavillon der Haken-Terrassen), Tel. (091) 4880163. Köstlichkeiten nach polnischer Art, z.B. gebackene Wachteln an Rotkraut oder Lendenschinkenzopf auf Moosbeerensauce.
- **Restaurant Zamkowa,** ul. Rycerska 3, Eingang A, Tel. (091) 4340448. Exzellente polnische Küche in stilvollem Ambiente im Schloss der Herzöge von Pommern.
- Auch zahlreiche **Hotels** verfügen über teils hervorragende Restaurants, ↗„Unterkunft“.

Museen und andere Sehenswürdigkeiten

- **Nationalmuseum,** Hauptabteilungen ul. Staromłyńska 1 u. 27, Abteilung Meeresmuseum: Wały Chrobrego 3, Abteilung Stadtgeschichte: ul. Mściwoja 8, alle Abteilungen Di–Sa 10–18, So 10–16 Uhr.
- **Museum im Schloss der Herzöge von Pommern,** Di–So 10–18 Uhr.

Kulturelle Veranstaltungen

- **Internationales Chorfestival:** Auftritte der besten Chöre aus aller Welt, im Juni.
- **Ostseetage:** buntes Treiben mit Flottenparade und Feuerwerk, Konzerten und Segelparade an einem Wochenende im Juli.
- **Szczeciner Schlosskunstsommer:** Konzerte, Aufführungen, Veranstaltungen von Ende Juni bis Ende August.

- **Internationales Festival der Straßenkünstler:** großes Open-Air-Fest mit Ausstellungen, Veranstaltungen, Theater und Musik, im Juli.
- **Szczeciner Jazz-Sommer:** Stelldichein der polnischen Jazz-Szene im September.

Aktivitäten

- **Fluss- und Hafenrundfahrten** vom Kai an der ul. Jana z Kolna (gegenüber von den Wały Chrobrego an der Oder neben dem Restaurantschiff „Łagoda"), April bis Okt. acht Mal tgl. ab 10 Uhr.

Südlich von Stettin

⇗ VI/A-B1, VIII-IX/B-C3

Unmittelbar südlich der Stadt beginnt der **Landschaftspark Unteres Odertal** (Park Krajobrazowy Dolina Dolnej Odry). Auf 6000 Hektar umfasst er das Gebiet zwischen der Westoder (Odra Zachodnia) und der Ostoder/ Reglitz (Odra Wschodnia) mit den **größten Torfmooren** in Mitteleuropa. Ein über 200 Kilometer langes Geflecht von Altwasserarmen, Gräben und Kanälen, dazwischen Sümpfe, Überschwemmungsgebiete und Torfinseln, das im Süden bis zur Ortschaft Widuchowa reicht, bietet Lebensraum für zahlreiche seltene und vom Aussterben bedrohte **Pflanzen** und **Tiere.** See-, Fisch- und Steinadler, Mäusebussard und Wasserralle, Rohr-, Steppen- und Wiesenweihe gehen auf Beutefang, Fischotter tummeln sich in den Sümpfen, und Biber legen ihre Staudämme an. Nicht zu vergessen das Wappentier des Landschaftsparks: der bunte Eisvogel.

Bis 1945 wurden die keinen halben Meter über dem Meeresspiegel liegenden Oder-Auen als Weiden und Futterwiesen genutzt, wobei wassertechnische Anlagen das Wasserniveau regulierten und bestenfalls Überschwemmungen verhinderten. Nach 1945, die Oder war nun Grenzfluss, war der Aufenthalt im Grenzbereich DDR/Polen nur mit Einschränkung möglich. Die Natur blieb sich selbst überlassen, und ein **einzigartiges Biotop** entstand – das darüber hinaus, wie sich zeigte, die beste Art von **Hochwasserschutz** darstellt. 1997 blieb Stettin vom Jahrhunderthochwasser verschont, denn die Auenlandschaft vor den Toren der Stadt nahm viele Millionen Kubikmeter Oderwasser auf.

Bereits im Jahr 1992 unterzeichneten die Umweltminister der Bundesländer Mecklenburg-Vorpommern, Brandenburg und der Woiwode von Stettin eine „Gemeinsame Erklärung über die Schaffung eines Schutzgebietes im Unteren Odertal". 1993 folgten die Gründung des Landschaftsparks Unteres Odertal und 1995 auf deutscher Seite des Nationalparks Unteres Odertal. Zusammen mit dem sich südlich anschließenden **Landschaftspark Zehden** (Cedyński Park Krajobrazowy) wurde so ein insgesamt 117.000 Hektar großes, grenzüberschreitendes Schutzgebiet am unteren Oderlauf geschaffen.

Gryfino

↗ VIII/B3

Sitz des Verbunds der Landschaftsparks Unteres Odertal ist die 20.000-Einwohner-Stadt Gryfino **(Greifenhagen)** am östlichen Oderufer. Wie bei den meisten Städten am Oderstrom, wurde auch Gryfinos alte Bausubstanz in den letzten Kriegsmonaten 1945 fast völlig zerstört. Erhalten blieben nur das **Bahner Tor** (Brama Bańska) mit Resten der Stadtmauer von Anfang des 14. Jahrhunderts sowie die **Kirche der heiligen Jungfrau Maria** (Kościół p.w. Narodzenia NMP), früher Kirche St. Nikolaus, deren Ursprünge auf das Jahr 1250 zurückgehen.

Drei Kilometer entfernt liegt auf deutscher Seite der Ort **Mescherin,** den ein Brückenschlag über die Oder als **Grenzübergang** für Fußgänger, Radfahrer und Pkw mit Gryfino verbindet.

Gryfino ist außerdem Sitz der Oberforstverwaltung des **Stettiner Landschaftsparks** (Szczeciński Park Krajobrazowy), der im Süden der Oder-Metropole Stettin die **Buchheide** (Puszcza Bukowa) umfasst; eine sanft gewellte Waldlandschaft überwiegend mit Buchenbestand, wie der Name schon sagt, und ein beliebtes Naherholungsgebiet für die Stettiner Großstädter, die Picknicken und Spazieren oder auch Golfen dem Wassersport vorziehen. Im Herzen des Parks liegt der vornehme Binowo-Golfklub, den man über einen malerischen schmalen Pflastersteinweg erreicht.

Info

- **Touristeninformation Gryfino,** ul. Bol. Chrobrego 48, 74-100 Gryfino, Tel. (091) 8523183, Fax 4162950, turystyka@gryfino.pl, Mo–Fr 10–17 Uhr.
- **Landschaftsparkdirektion Unteres Odertal** (Dyrekcja Parków Krajobrazowych Dolina Dolnej Odry), ul. Armii Krajowej 78, 74-100 Gryfino, Tel./Fax (091) 4150139, www.pkd do.hg.pl, Mo–Fr 7.30–15.30 Uhr.
- **Homepage** der Stadt: www.gryfino.pl.

Aktivitäten

- **Golfen und Reiten:** Golfklub Binowo, Binowo 62, 74-106 Stare Czarnowo, Tel. (091) 4041533, Fax 4041538, www.binowopark.pl. 18-Loch-Golfplatz, 9-Loch-Trainingsplatz, Driving Range, Minigolf, Pferdegestüt, Bar und Restaurant, im Zentrum des Szczeciński-Landschaftsparks (ausgeschildert).

Glinna

Wenige Kilometer südöstlich wartet beim Weiler Glinna der **Dendrologische Garten** (Ogród Dendrologiczny) auf einen Besuch. Aus einer 1823 gegründeten Baumschule hervorgegangen, werden in der sechs Hektar großen, labyrinthischen Anlage über **600 Arten von Bäumen und Sträuchern** aus aller Welt (mit Schwerpunkt Asien) gezählt. Gegenüber vom Kassenhäuschen lädt ein hübsch gestalteter Picknickplatz zum Rasten ein, und eine Tafel mit großer Landkarte gibt Auskunft über den Szczeciński-Landschaftspark.

- **Dendrologischer Garten in Glinna** (südöstlich im Landschaftspark), ausgeschildert als „Ogród Dendrologiczny w Glinnej", Mitte März bis Ende Okt. tgl. 9–18 Uhr.

Kołbacz

↗ IX/C3

Östlich der Parkgrenze liegt kurz vor dem **Miedwie-See (Madü-See)** das Dorf Kołbacz **(Kolbatz),** an dessen westlichem Ortseingang sich das Gotteshaus des ehemaligen Klosters Kolbatz erhebt. 1173 gründeten mecklenburgische Zisterziensermönche die Abtei, 1201 begann der Bau der **Marienkirche,** einer kreuzförmigen, dreischiffigen Backsteinbasilika, die 1300 vollendet war. Mit der Reformation wurde das Kloster aufgehoben, 1534 legte der letzte Abt seine Amtswürde nieder, die Mönche verließen das Land und die Gebäude verfielen. Nach einem verheerenden Brand 1682 mussten die Kapellen im Querhaus und beide Langhausseitenschiffe abgerissen werden, und so steht der mächtige gotische Sakralbau heute noch da. Querschiff und Chorraum dienen der Gemeinde Kołbacz als Pfarrkirche, im Langhaus erinnern über drei Etagen aufgebaute hölzerne Tennen daran, dass es über viele Jahrhunderte als Kornspeicher fungierte. Es ist nicht zugänglich, der Kirchraum ist zu den Gottesdiensten geöffnet.

Der Innenraum
der Marienkirche in Kołbacz
ist nur zu den Gottesdiensten geöffnet

Stargard Szczeciński

IX/D3

Zahlreiche prächtige gotische Backsteinbauten machen einen Ausflug 20 Kilometer östlich von Stettin nach Stargard Szczeciński (**Stargard in Pommern**) lohnenswert. Die 75.000 Einwohner zählende Stadt am Ufer der Ina (Ihna) ist eine der ältesten Siedlungen in Pommern. Bereits 1124 fand sie im Zusammenhang mit der Missionsreise Bischof *Ottos von Bamberg* erstmals Erwähnung. 1243 wurden ihr die Stadtrechte verliehen, 1363 trat sie der Hanse bei, und in das 14. Jahrhundert fällt auch ihre erste große Blütezeit. Nachdem Stettin 1648 an Schweden gefallen war, stieg Stargard sogar zur Hauptstadt des verbliebenen Pommernlands auf.

Ein großer Ring der mittelalterlichen Stadtmauern mit Türmen, Toren und Bastionen umzieht den kreisrunden historischen Ortskern, in dem die **Pfarrkirche St. Marien** (Kościół N.P. Marii) zwar nicht den Mittelpunkt, aber unzweifelhaft den Höhepunkt bildet. 1292 war Grundsteinlegung für die imposante Basilika, deren heutige Gestalt aus dem 14./15. Jahrhundert stammt – eine der kostbarsten Kirchen der norddeutschen Backsteingotik in Westpommern. 84 Meter hoch erhebt sich der Hauptturm über den Dächern von Stargard, mit der sogenannten „Stargarder Blende" verziert. Zu den schönsten Stücken der Innenausstattung zählen der Altar von 1663, Reste von Wandmalereien aus dem 15. bis 18. Jahrhundert sowie reich ausgestattete Familienkapellen und Epitaphe.

Gleich nebenan hält am Altstadtmarkt in einem barocken Bürgerhaus aus dem 17. Jahrhundert die **Touristeninformation** Stadtpläne und Auskünfte parat.

In der barocken Hauptwache nebenan, um 1720 für die Wachmannschaft der Stargarder Garnison erbaut, ist das **Stadtmuseum** untergebracht.

Das Ensemble beschließt das spätgotische **Rathaus,** gekrönt von einem Stufengiebel, den ein wunderschönes Netzmaßwerk ziert. Zwei Mal wurde das Rathaus, zu dem man 1250 den erste Spatenstich unternahm, wiedererrichtet: nach einem Stadtbrand 1635 und abermals nach dem Zweiten Weltkrieg 1957–61.

Östlich vom Markt ist das spätgotische **Protzenhaus** (Kamienica Mieszczańska) in der ul. Kazimierza Wielkiego ein schönes Beispiel für die Stargarder Blende, mit der sich der Giebel schmückt. In der ersten Hälfte des 15. Jahrhundert erbaut, ab 1957 wiederaufgebaut, ist gegenwärtig die Musikschule im Haus untergebracht.

Die übrige Fläche innerhalb der historischen Stadtmauern wurde nicht rekonstruiert, sie ist von Mietshäusern in sozialistischer Plattenbauweise geprägt.

So empfiehlt sich ein Spaziergang an der ab 1295 errichteten, bis zu acht Meter hohen mittelalterlichen **Stadtbefestigung** entlang. 1040 von ehemals knapp 2300 Metern sind noch ausgezeichnet erhalten und mit zahlreichen Wehrtürmen, Toren und Bas-

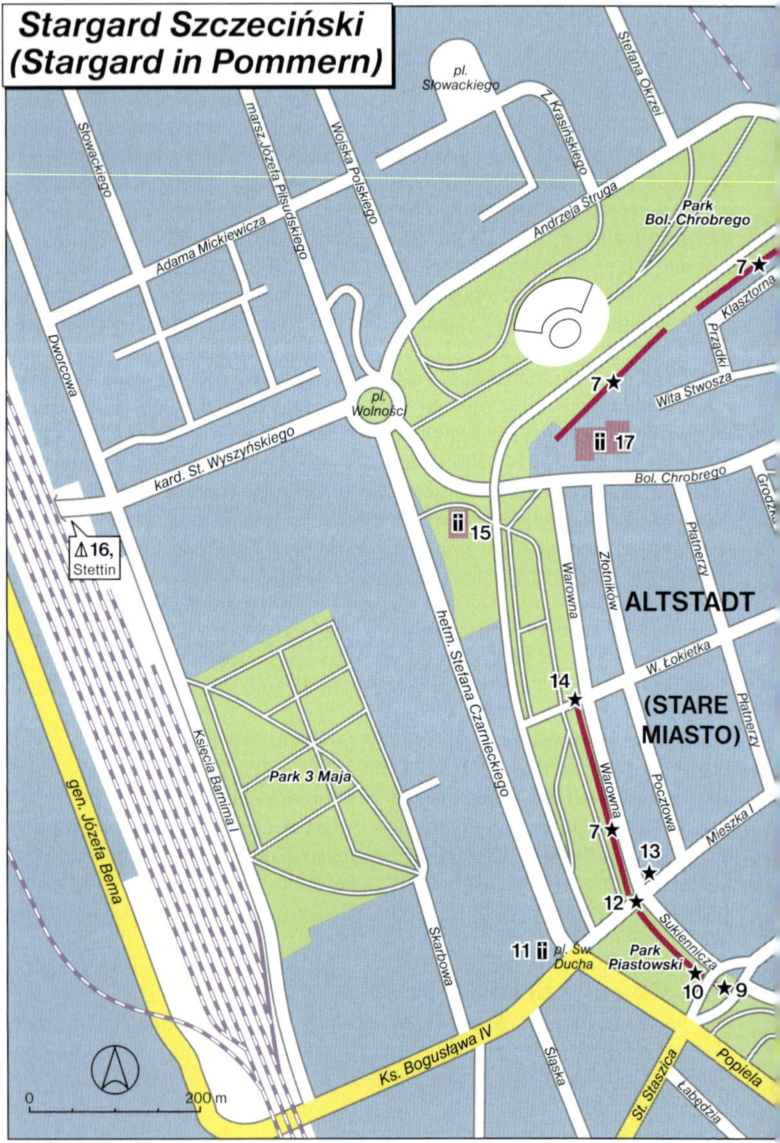
Stargard Szczeciński
(Stargard in Pommern)
pl. Słowackiego
Stefana Okrzei
Z. Krasińskiego
Słowackiego
marsz. Józefa Piłsudskiego
Wojska Polskiego
Andrzeja Struga
Adama Mickiewicza
Park Bol. Chrobrego
7
Klasztorna
Prządki
Wita Stwosza
Dworcowa
pl. Wolności
kard. St. Wyszyńskiego
17
Bol. Chrobrego
15
16, Stettin
Warowna
Złotników
Płatnerzy
ALTSTADT
(STARE MIASTO)
W. Łokietka
14
hetm. Stefana Czarnieckiego
Księcia Barnima I
Park 3 Maja
gen. Józefa Bema
Pocztowa
Mieszka I
13
12
Sukiennicza
11
pl. Św. Ducha
Park Piastowski
10
9
Skarbowa
Ks. Bogusława IV
Śląska
St. Staszica
Łabędzia
Popiela
0
200 m

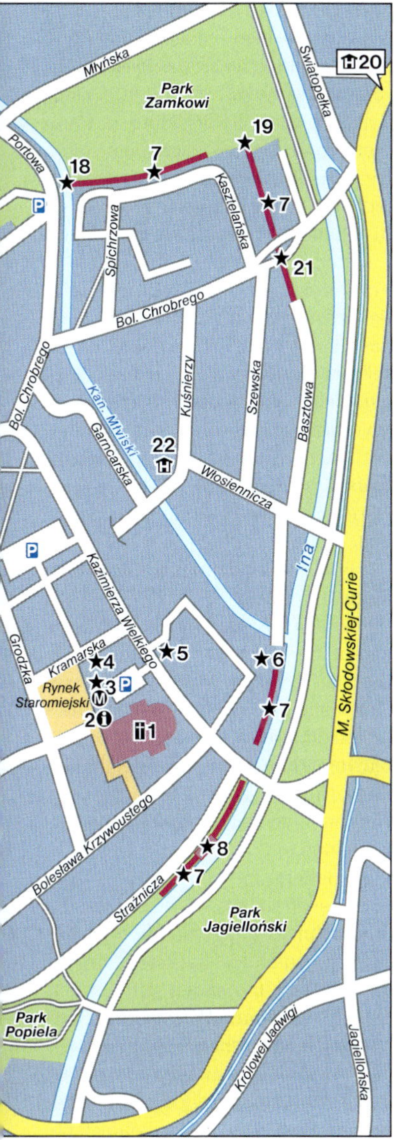

- 1 Kirche St. Marien
- 2 Touristeninformation
- 3 Hauptwache mit Stadtmuseum
- 4 Rathaus
- 5 Protzenhaus
- 6 Zeughaus
- 7 Stadtmauer
- 8 Gefangenenturm
- 9 Weberturm
- 10 Bastei
- 11 Heiliggeist-Kirche
- 12 Pyritzer Tor
- 13 Kletzinhaus
- 14 Wehrturm Rotes Meer
- 15 Kirche Peter und Paul
- 16 Campingplatz
- 17 Kirche St. Johannes
- 18 Mühlentor
- 19 Weißkopfturm
- 20 Hotel Mały Młyn
- 21 Walltor
- 22 PTTK-Hotel

046po Foto: kj

teien bestückt. Nach einem Blick auf das **Zeughaus** (15. Jh.) nordöstlich der Marienkirche am Ufer der Ina - 1974–77 rekonstruiert und heute **Stadtarchiv** - geht der Weg am **Gefangenenturm** (Baszta Jeńców, 15. Jh.) vorbei südlich zum spitzhaubengekrönten, acht Stockwerke hohen **Weberturm** (Baszta Tkaczy, 15. Jh.) und der benachbarten runden **Bastei** (Basteja). Im 16. Jahrhundert wurde sie gemäß den neuesten Anforderungen des Kriegswesens konzipiert, nämlich für den Schusswaffengebrauch, wofür man Schlitze im Mauerwerk einließ und eine Plattform zum Aufstellen von Kanonen konstruierte.

Wunderschönes Netzmaßwerk am Rathaus von Stargard Szczeciński

Weiter an den Mauern entlang, folgt mit schmuckem Stufengiebel und Spitzbogendurchfahrt das **Pyritzer Tor** (Brama Pyrzycka, 13.–15. Jh.), eines der schönsten Einfahrtstore in Pommern und damals sicherlich nicht leicht zu überwinden. Um ins mittelalterliche Stargard zu gelangen, musste man, unter den Argusaugen der Stadtwächter, zunächst das basteiverstärkte Vordertor, dann die Zugbrücke über den Festungsgraben und schließlich das Innentor passieren, das über ein Fallgitter verfügte. Der Verlauf der Fallgitterlinie ist heute noch zu erkennen.

Vor dem Pyritzer Tor steht, ebenfalls mit einem Stufengiebel, das **Kletzinhaus** (Dom Klecanów, 16. Jh.), gegenwärtig Sitz der Kreisbibliothek, und hinter dem Tor erhebt sich außerhalb der Befestigung die neugotische **Heiliggeistkirche** (1874–77). Westlich schließt sich an das Pyritzer Tor kurz darauf der **Wehrturm Rotes Meer** (Baszta Czerwone Morze, 15. Jh.) an. Der Name der 34 Meter hohen, größten Stadtbastei Polens erinnert an das Blutvergießen im Dreißigjährigen Krieg 1618–48. In der Nähe des Turms wurden seinerzeit blutige Kämpfe ausgefochten.

Im Hintergrund in der Grünanlage, kurz bevor sie die ul. B. Chrobrego durchschneidet, ragt ein ebenfalls gotisch anmutender Backsteinturm in den Himmel. Es handelt sich um den 1896/97 gebauten **Wasserturm,** den man im neugotischen Geschmack der alten Wehranlage angepasst hat. Nahebei steht dort im Park die **Kirche Peter und Paul** (Kościół św. Piotra i Pawła, 1890/91), seit 1953 griechisch-orthodoxes Gotteshaus, und abermals nur wenige Schritte entfernt türmt sich die **Kirche St. Johannes** (Kościół św. Jana) auf. Die spätgotische, im 15. Jahrhundert erbaute und im 19. Jahrhundert umgestaltete Hallenkirche besitzt den mit 99 Meter höchsten Turm Westpommerns. In seinem Inneren schwingt eine gut 3500 Kilogramm schwere Glocke aus dem Jahr 1464.

Von dort zieht die Stadtmauer nordwärts bis zum zweitürmigen **Mühlentor** (Brama Młyńska), das sich über dem Kanal Młyński erhebt und einst den Stargarder Hafen beschützte. Das aus dem 15. Jahrhundert stammende Tor ist das einzige in Pommern erhaltene Tor mit zwei Türmen. Sein Gemäuer schmückt das Wappen von Stargard Szczeciński.

Im Nordosten hat sich der an der Wende vom 13. zum 14. Jahrhundert errichtete **Weißkopfturm** (Baszta Białogłowka) erhalten, der zu den ältesten Bauwerken Stargards zählt. Seinen Namen verdankt er dem weiß verputzten Kegel, der seine Haube krönt. Die Sage erzählt, er stamme von den mutigen Frauen her, die den Turm einst verteidigten. Białogłowa, auf Deutsch „Weißkopf", ist zugleich eine alte, heute nicht mehr gebräuchliche Bezeichnung für „Frau". Der Name des benachbarten **Walltores** (Brama Wałowa) knüpft an die Verteidigungswälle an, die im Mittelalter im weiten Bogen die Stadtmauer umzogen. Seine Entstehung vollzog sich in mehreren Phasen. In der ersten Hälfte des 15. Jahrhunderts wurde der untere Teil mit einer Spitzbogendurchfahrt erbaut, die erste Etage im 16. Jahrhundert, Renaissancegiebel und Dachreiter schließlich im 17. Jahrhundert. 1960 begann der Wiederaufbau der kriegszerstörten Ruine.

Sieben Kilometer westlich von Stargard Szczeciński dehnt sich am Nordufer des **Miedwie-Sees (Madü-See)** mit einem gut 300 Meter langen, breiten feinen Sandstrand die Stargarder Sommerfrische aus. 35 Quadratkilometer groß ist der Miedwie-See und damit das fünftgrößte polnische Binnengewässer.

Praktische Informationen

Info

- **Touristeninformation Stargard,** Rynek Staromiejski 4, 73-110 Stargard Szczeciński, Tel./Fax (091) 5785466, www.cit.stargard.com.pl, Mo–Fr 10–17 Uhr, Sa 10–14 Uhr.
- **Homepage** der Stadt: www.stargard.pl.

Unterkunft und Gastronomie

- **Hotel Mały Młyn**€€€€, ul. Gdańska 5, 73-110 Stargard Szczeciński, Tel. (091) 5786555, Fax 5782199, www.malymlyn.com.pl. Geschmackvolle Unterkunft in einer liebevoll restaurierten alten Getreidemühle am Stadtausgang an der Straße 20. Das Restaurant serviert altpolnische Gerichte. Etwa 200 Zł.
- **PTTK-Hotel**€€, ul. Kuśnierzy 5, 73-110 Stargard Szczeciński, Tel./Fax (091) 5783191. Schmucklose, aber mit allem notwendigen Komfort ausgestattete Logis im Gründerzeitbau im Herzen des historischen Ortszentrums. Etwa 110 Zł.

Camping

- **Camping Nr. 104 Zieleniewo,** ul. Szczecińska 32, 73-108 Kobylanka, Tel. (091) 561 0023, Fax 5732334, www.osir.stargard.pl.

Sieben Kilometer westlich von Stargard Szczeciński unmittelbar an der Straße 10, keine 100 Meter zum Strandbad am Miedwie-See; laut durch die Fernstraße, der Platz wird gerne als Nachtquartier auf der Durchreise genutzt, April–Okt.

Museen und andere Sehenswürdigkeiten

- **Stadtmuseum,** Rynek Staromiejski 2–4, Di–Fr und So 10–16 Uhr, Sa 10–14 Uhr.

Goleniów

↗ IX/C1

Inmitten der weiten Kiefernwälder der **Gollnower Heide** (Puzcza Goleniowska) liegt die 23.000 Einwohner zählende Stadt Goleniów **(Gollnow)** am Flusslauf der Ina (Ihna). Der Ausbau der Fernstraße 3 zur Autobahn ist fertiggestellt, sodass die Hauptstädter aus der Westpommern-Metropole Stettin zügig ihren Flieger am Flughafen Szczecin-Goleniów erreichen, und auch die Urlauber ziehen meist an Goleniów vorbei. Dennoch soll es hier nicht unerwähnt bleiben.

Als „Golinog" wurde der Ort zum ersten Mal im 12. Jahrhundert in einem Schriftstück genannt, 1268 erhielt er das Stadtrecht und trat 1310 der Hanse bei, die ihm 1339 Zollfreiheit für die Flüsse Ihna und Peene gewährte. Eine erkleckliche Form der mittelalterlichen Wirtschaftsförderung, denn am Unterlauf der Ihna gelegen, mussten die Städte weiter flussaufwärts für die freie Durchfahrt viele Taler in Goleniów lassen, das dadurch schnell zu beachtlichem **Wohlstand** gelangte. Manifestationen dieser Finanzkraft wurden das 1383 verliehene Münzrecht, der Bau der mächtigen Stadtmauern mit vier Toren und zwei Wasserpforten sowie innerhalb der Befestigung die Errichtung prächtiger Kaufmannshäuser und der Kirche St. Katharina.

Eine zweite große Blüte erlebte die Stadt nach dem Anschluss an die Bahnlinien 1882 nach Kolberg und 1892 nach Cammin, der den Betrieben der Holzverarbeitung, Textil- und Papierproduktion einen stattlichen Aufschwung bescherte.

Im **März 1945** wurde das alte Gollnow dann quasi **ausgelöscht.** 95 Prozent der historischen Bausubstanz fielen den Kämpfen kurz vor Ende des Zweiten Weltkriegs zum Opfer, weshalb Goleniów heute kaum noch über klassische Sehenswürdigkeiten verfügt. Anders als in anderen Städten, entschied man sich anschließend gegen eine Rekonstruktion, denn zuvorderst war dringend notwendig, ausreichend Wohnraum für die aus dem ehemaligen polnischen, nun sowjetischen Osten vertriebenen Neubürger zu schaffen.

Verblieben ist der mittelalterliche nördliche Stadteingang, das **Wolliner Tor** (Brama Wolińska), mit dessen Errichtung man Ende des 12. Jahrhunderts begann. 26 Meter hoch ist das gotische Backsteintor, umrahmt von Resten der alten Stadtmauer. Es dient gegenwärtig als städtisches Kulturhaus und Sitz der **Touristeninformation.**

Die Stadtmauer zieht sich südwärts zur Ina-Schleife, wo aus einem Mauerwinkel der **Pulver- bzw. Gefängnis-**

turm (Baszta Więzienna) und der **Münzturm** (Wieża Mennica) hervorspringen, beide im Verlauf des 14. Jahrhunderts erbaut. Gegenüber am anderen Flussufer strahlt, frisch restauriert, das weiße Gefache des **Fachwerkspeichers** (16. Jh.), und nur wenige Schritte entfernt thront auf dem höchsten Punkt der Stadt, 15 Meter über dem Meeresspiegel, die **Kirche St. Katharina** (Kościół św. Katarzyny). Ihre älteste Erwähnung ist in einem Dokument von 1271 zu finden, in der zweiten Hälfte des 15. Jahrhundert wurde sie aufwendig ausgebaut, im 17. und im 19. Jahrhundert umgebaut und nach ihrer Zerstörung im Zweiten Weltkrieg ab 1957 wieder aufgebaut. Den schönen Altar, der das Gotteshaus ziert, hat der ortsansässige Künstler *Stanisław Szulc* geschaffen.

Praktische Informationen

Info

- **Touristeninformation Goleniów,** pl. Bramy Wolińskiego 1, 72-100 Goleniów, Tel./Fax (091) 4189590, http://turystyka.goleniow.org, Mai–Sept. Mo–Fr 10–18 Uhr, Sa 10–15 Uhr, sonst Mo–Fr 10–17 Uhr.
- **Homepage** der Stadt: www.goleniow.pl.

Unterkunft und Gastronomie

- **Hotel Graf**€€€, ul. Kościuszki 10/7, 72-100 Goleniów, Tel. (091) 4071289, Fax 4072222, www.graf.goleniow.net. Modernisierter alter Hof südlich im Ortszentrum an der Ina in der Nähe des Fachwerkspeichers. Etwa 150 Zł.
- **Hotel Pałac Maciejewo**€€€€€€, Maciejewo, 72-130 Maszewo-Maciejewo, Tel. (091) 418 1285, Fax 4181130, www.palacmaciejewo.pl. Im 1899 erbauten Schloss der Familie *Flemming* hochherrschaftlich in ausgesuchtem Ambiente logieren, mitten im Wald am See, etwa 15 Kilometer östlich von Goleniów (Anfahrt: von Goleniów über die Straße 113 bis zum Dorf Most, dort nördlich Richtung Burowo einbiegen, in Burowo westlich via Maciejewo, ausgeschildert). Etwa 310 Zł.

Aktivitäten

- **Reiten** im privaten Pferdegestüt Modrzewie ca. 5 Kilometer westlich von Goleniów im Örtchen Modrzewie (Grünhorst). Die Inhaber des Gestüts (Familie *Barbarscy*) laden außerdem in ihr dem Reiterhof angeschlossenes Hotel und Restaurant ein. Stadnina Koni (Gestüt) Modrzewie, 72-100 Goleniów, Tel./Fax (091) 4071650. Anfahrt: Straße 113.

125po Foto: kj

Entspanntes Angeln mit Federvieh als Gesellschaft

Stettin und Umgebung

Die Insel Wolin

Überblick

Wie zwei Nasen, deren Spitzen sich beinahe berühren, liegen die Ostseeinseln **Usedom** und Wolin **(Wollin)** einander zugewandt. Im Norden drückt die Pommersche Bucht auf ihre Nasenrücken, und die Nasenunterseiten im Süden werden sanft vom Stettiner Haff umspült. Gleichwohl können die beiden Königskinder der traditionsreichen Ostseebäderkette nicht zueinander kommen. Zwar sind die Wasser nicht besonders tief – seit der letzten Eiszeit haben die Oder und das von Norden her einströmende Meer aus eingeschwemmtem Sand ein Haff-Innendelta aufgebaut –, doch der Hauptmündungsarm der Oder, die Świna (Swine), schlängelt sich durch größere und kleinere schilfbestandene Eilande zwischen den beiden Nasenspitzen hindurch und trennt Usedom und Wolin voneinander.

Auf über 900 Quadratkilometern dehnt sich das **Stettiner Haff** (Zalew Szczeciński) aus, es misst in die Tiefe oft nicht mehr als vier Meter. Für den Schiffsverkehr ist es daher nur bedingt geeignet, und stets müssen die Fahrrinnen freigehalten werden. **Drei Mündungsarme der Oder** (Odra) verbinden das Haff mit der Pommerschen Bucht (Zatoka Pomorska): die Peene, die Świna (Swine) und die Dziwna (Dievenow). Letztere schneidet 35 Kilometer nordöstlich der Świna die Insel Wolin vom pommerschen Festland ab. Bei dem kleinen Städtchen Wolin, vor dessen Toren einst das sagenhafte Vineta im Wasser versunken sein soll, verlässt dieser östliche Odermündungsarm das Stettiner Haff und erweitert sich im **Camminer Bodden** zu einer schilfwogenden **Süßwasserfläche** – einem Paradies für Binnensegler und Hobbyfischer. Ebenso flach wie an der westlichen Inselspitze, überwiegen anstelle von Schwemmland nun moorige Senken, Wiesen und saftige Weiden.

Irgendwo hier, zwischen Bodden und Ostsee, soll sich die Geschichte **„Von dem Fischer un syner Fru“** zugetragen haben; die dramatischen Erlebnisse eines gebeutelten Ehemanns, der immer wieder verzweifelt „Manntje, Manntje, Timpe Te, Buttje, Buttje in der See!“ über die tosenden Wasser rief, weil sein habgieriges Weib den Hals nicht voll bekam – bis es schließlich ein böses Ende mit ihr nahm.

Vielleicht hatte der arme Fischer ja vom **Gosań-Berg** (Góra Gosań) herunter seine Seufzer über die See geschickt? Als höchste Erhebung einer kühnen Steilküste, die bei Międzyzdroje beginnt, stürzt das Kliff aus 95 Metern über dem Meeresspiegel unmittelbar zum Ostseestrand ab. Doch nagt die See an den mit 74 bis 95 Metern höchsten Ostseekliffs Polens. Im Winter von peitschenden Wellen unterspült, **verliert Wolin alljährlich bis zu einem Meter Land** an das Meer.

Sollte da nicht der Mensch eingreifen und dem landverschlingenden Walten ein Ende bereiten? Das Gegenteil geschieht: Die Steilküste, die das abrupte Ende einer von Süden nach Norden ansteigenden, kuppigen Endmoräne markiert, ist seit 1960 Teil des **Woliński-Nationalparks** (Woliński Park Narodowy), und Eingriffe von Menschenhand finden in Nationalparks nur in sehr begrenztem Ausmaß statt, in besonders ausgewiesenen Schutzzonen gar nicht. Beinahe 5000 Hektar Wolins sind als Nationalpark eingerichtet, also etwa ein Fünftel der Landfläche.

Und noch ein bisschen **Statistik** zur Insel Wolin: Ihre schmalste Stelle misst acht, die breiteste 20 Kilometer, und an Quadratkilometern bringt es Wolin auf 248. Aber was zählt das gegen einen 35 Kilometer langen, weiten, weißen Ostseestrand?

Die Namen **Świnoujście** (Swinemünde) und **Międzyzdroje** (Misdroy) mit ihren herrlichen weißen Sandstränden stehen für etwas, das man seit der Erfindung des Fremdenverkehrs in dieser Gegend schon immer tat: urlauben, bummeln und baden. Waren es vormals besonders Berliner, die aus ihrer lärmenden Großstadt den mondänen Seebädern entgegenströmten, sind es heute die Warschauer und Krakauer, die den Sommer in den Orten genießen.

Stadt Wolin

V/C2

Einst soll vor den Toren Wolins (**Wollins**) die sagenhaft reiche Stadt **Vineta** im Meer versunken sein. Größer und schöner sei sie gewesen als Konstantinopel, erzählt man sich, und ihre hochmütigen Bewohner seien durch den Handel mit allen Völkern der Erde so unverschämt reich geworden, dass sie die Löcher in ihren Hauswänden mit Semmeln zustopften und sogar ihre Schweine aus goldenen Trögen fraßen. Zu guter Letzt erschien ihnen darum eine Wasserfrau, die mit böser Stimme rief: „Vineta, Vineta, du rieke Stadt, Vineta soll unnergahn, wieldeß se het väl Böses dahn!“, woraufhin das Wasser stieg und eine riesige Welle die Stadt verschlang. Seitdem soll Vineta einmal in 100 Jahren am Ostermorgen aus dem Meer wieder auftauchen. Prunkvoll gekleidete Kaufleute breiten dann stumm ihre Tücher und herrlichen Stoffe aus, hoffend, dass ein mildtätiger Mensch sie mit einem einzigen Groschen von ihrem ungnädigen Schicksal erlöse.

Tatsächlich befand sich zwischen dem **9. und 12. Jahrhundert** an der Stelle Wolins eine erstaunliche Hafenstadt. Man nannte sie „Jumne am skythischen Sumpfmeer“ oder, nach der Festung, welche die Wikinger 960 hier angelegt hatten, „Jomsburg“ oder auch „Jumneta“, was sich durch einen Schreibfehler allmählich zu „Vimneta“ und „Vineta“ verschliff. „Jumne ist die größte aller europäischen Städte“, berichtete 1074 der Chronist *Adam von Bremen*. „Sie ist von Slawen, Griechen und Barbaren bewohnt; auch sächsische Einwanderer dürfen sich niederlassen, solange sie nicht dem christlichen Glauben nachgehen.“

Zur **Missionierung** dieser Heiden rief der polnische König *Bolesław Krzywousty* 1124 den Bamberger Bischof *Otto* ins Land, und 16 Jahre später wurde bereits das **Bistum Wolin** gegründet. Doch immer noch fielen Wikingerhorden ein, brandschatzten und plünderten die Stadt, weshalb der Bischofssitz schließlich nach **Cammin** verlegt werden musste. Fortan blieb Wolin ein verschlafenes Landstädtchen, das im Zweiten Weltkrieg ein letztes Mal schwer verwüstet wurde.

047po Foto: kj

Die Kirche St. Nikolai in Wolin

Sehenswertes

Ein kleines **Heimatmuseum** am Rande des Marktplatzes berichtet heute von diesen vergangenen Zeiten. Rund um den Markt sind allerlei hübsche Holzfiguren ausgestellt, die von regionalen Künstlern geschnitzt wurden.

Nahebei rekonstruierte man die **Kirche St. Nikolai** (Kościół św. Mikołaja, 15.–19. Jh.), die nun wieder im alten Glanz erstrahlt.

Eine halbstündige Wanderung vom Marktplatz in südlicher Richtung (über ul. Mostowa/ul. Niedamira) führt durch den Stadtpark zum **Galgenberg** (Wzgórze Wisielców) mit den **Hügelgräbern** der ältesten Wolinianer (9.–11. Jh.). Doch die uralten Knochen dürfen auch heutzutage nicht ruhen, denn sie werden immer noch einmal im Jahr von den Wikingern heimgesucht. Und zwar im August, wenn die Nordmänner, inzwischen als Touristen verkleidet, zum **Wikinger-Festival** nach Wolin einfallen und dort, zu Schiff und zu Pferde, in Zelten hausend und mit Helm, Schwert und Schilden bewaffnet, ein spektakuläres Fest abhalten.

Auf der **Insel in der Dziwna** nahe der Autobrücke hat man dafür das alte **Jumne/Vineta** nach archäologischer Kenntnis wiedererstehen lassen, eine palisadenbewehrte Stadt mit reetgedeckten Holzhütten, Tempel und Hafen, die man vom Festland aus über das Dorf Reclaw östlich der Dziwna erreichen kann.

Praktische Informationen

Info

- Im Juli/August befindet sich neben dem Rathaus eine kleine **Informationsstelle,** ul. Zamkowa 24, 72-500 Wolin, Tel. (091) 326 1322, Fax 3261333.
- **Homepage** der Stadt: www.wolin.pl.

Museen und andere Sehenswürdigkeiten

- **Heimatmuseum,** ul. Zamkowa 24, Di–Fr 9–16, Sa 9–14 Uhr.

Świnoujście

IV/A2

„**Swinemünde** war, als wir im Sommer 1827 dort einzogen, ein unschönes Nest, aber zugleich auch wieder ein Ort von ganz besonderem Reiz, dabei aller Unbelebtheit der Mehrzahl seiner Straßen zum Trotz von jener eigentümlichen Lebendigkeit, die Handel und Schifffahrt geben. Es kam (...) ganz darauf an, an welche Stelle der Stadt man sich stellte." So urteilte der alte **Theodor Fontane** über die Stätte seiner Kindheit. Achtjährig war er mit seiner Familie nach Swinemünde in den östlichsten Zipfel der Insel Usedom (Uznam) übergesiedelt, da der Vater die Adler-Apotheke am Platz übernommen hatte.

Bereits drei Jahre zuvor, im Jahr 1824, hatte man in dem Vorhafen Stettins an der Ostsee den **Badebetrieb** eröffnet. Es entstanden gerade die Strandpromenade, ein Badehaus, und nach Plänen des großen Gartenbaumeisters *Peter Joseph Lenné* wurde ein Park eingerichtet, der den ersten be-

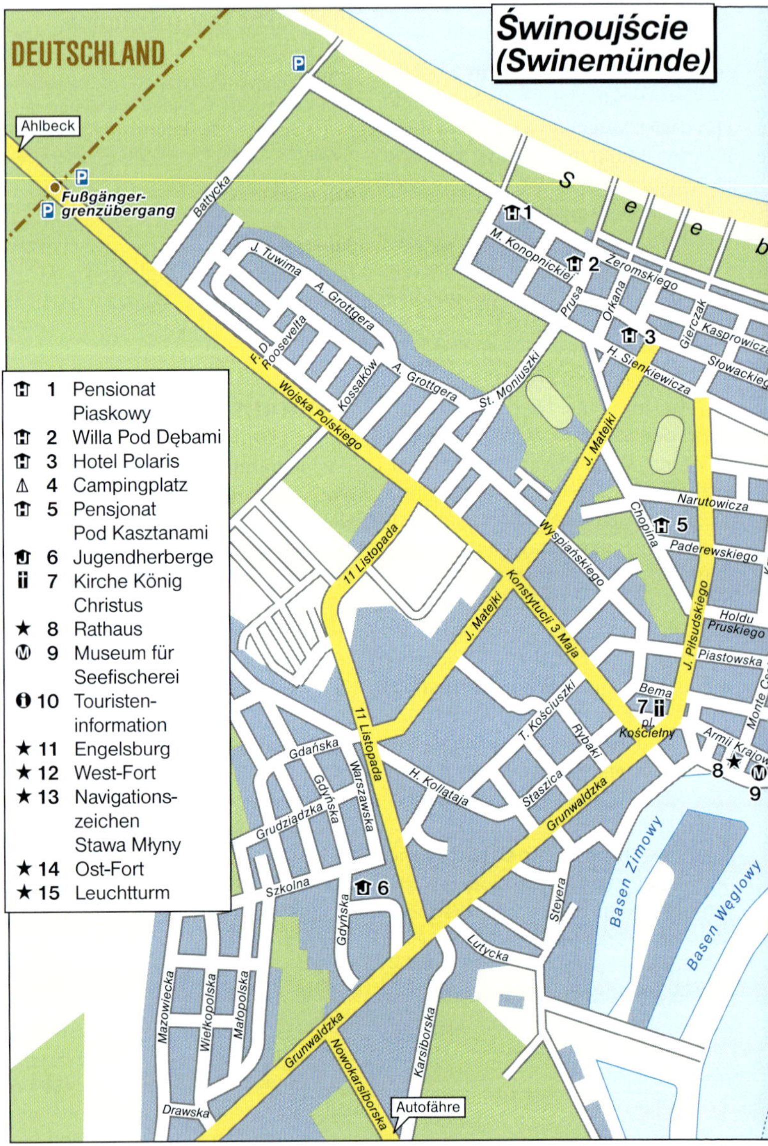
Świnoujście
(Swinemünde)
1 Pensionat Piaskowy
2 Willa Pod Dębami
3 Hotel Polaris
4 Campingplatz
5 Pensjonat Pod Kasztanami
6 Jugendherberge
7 Kirche König Christus
8 Rathaus
9 Museum für Seefischerei
10 Touristen-information
11 Engelsburg
12 West-Fort
13 Navigations-zeichen Stawa Młyny
14 Ost-Fort
15 Leuchtturm
DEUTSCHLAND
Ahlbeck
Fußgänger-grenzübergang
S e e b
Battycka
J. Tuwima
A. Grottgera
F. D. Roosevelta
Kossaków
Wojska Polskiego
St. Moniuszki
M. Konopnickiej
Prusa
Orkana
Żeromskiego
Gierczak
Kasprowicza
Słowackiego
H. Sienkiewicza
J. Matejki
Narutowicza
Chopina
Paderewskiego
Wyspiańskiego
Konstytucji 3 Maja
11 Listopada
J. Piłsudskiego
Holdu Pruskiego
Piastowska
Bema
pl. Kościelny
Armii Krajowej
Monte Cassino
T. Kościuszki
Rybaki
Gdańska
Gdyńska
Warszawska
H. Kołłątaja
Staszica
Grunwaldzka
Grudziądzka
Szkolna
Steyera
Basen Zimowy
Basen Węglowy
Lutycka
Mazowiecka
Wielkopolska
Małopolska
Drawska
Nowokarsiborska
Karsiborska
Autofähre

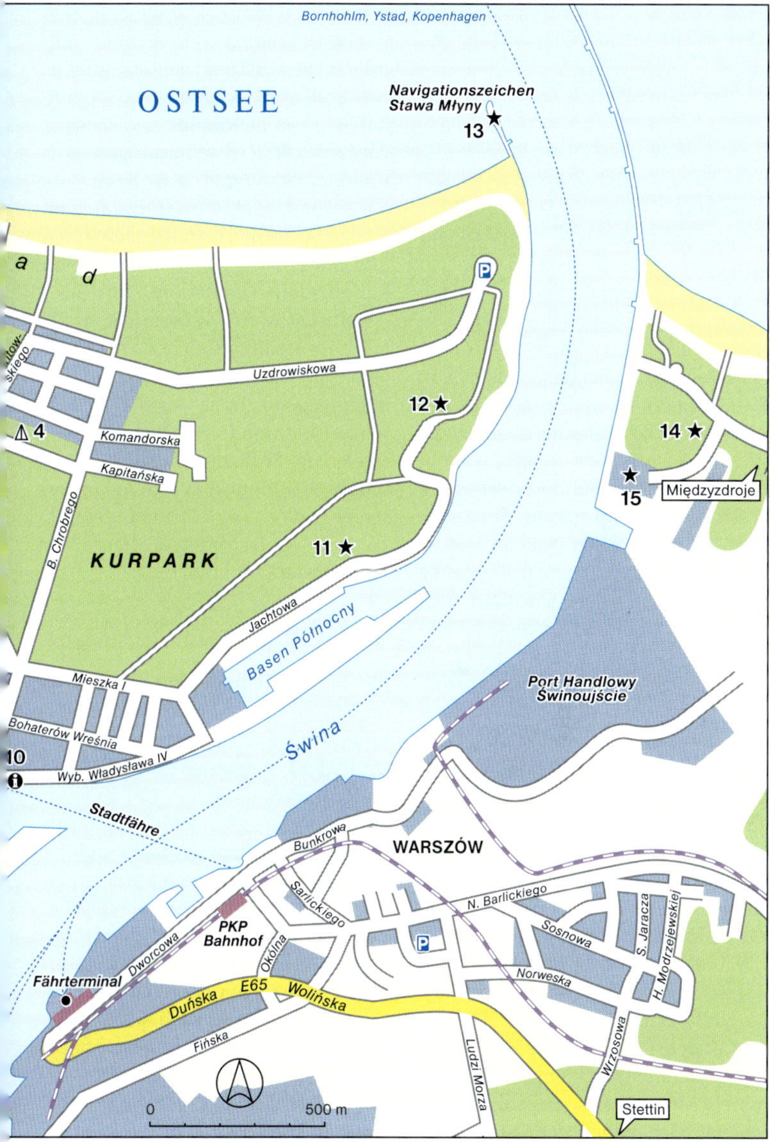
Bornhohlm, Ystad, Kopenhagen
OSTSEE
Navigationszeichen
Stawa Młyny
13
12
11
14
15
Międzyzdroje
Uzdrowiskowa
Komandorska
Kapitańska
4
B. Chrobrego
KURPARK
Jachtowa
Basen Północny
Mieszka I
Bohaterów Wreśnia
10
Wyb. Władysława IV
Świna
Stadtfähre
Port Handlowy
Świnoujście
WARSZÓW
Bunkrowa
Sarlickiego
N. Barlickiego
Sosnowa
S. Jaracza
H. Modrzejewskiej
PKP
Bahnhof
Okólna
Dworcowa
Norweska
Fährterminal
Dunska
E65
Wolińska
Fińska
Ludzi Morza
Wrzosowa
0
500 m
Stettin
Insel Wolin

● **Buchtipps:** „Clever kuren im nahen Ausland", erschienen in der Praxis-Reihe des Reise Know-How Verlags.

tuchten Badegästen eine vorzügliche Gelegenheit zum Hutlüpfen und Kopfnicken bot.

Nebenan dröhnte zur Frühjahrs- und Sommerzeit inmitten der Swine ein englischer Dampfbagger, der den **Schiffen,** die in Stettin ihre Anker lichteten, die Fahrrinne freihielt. Größere Seeschiffe stachen dagegen direkt von Swinemünde aus in See, denn es war unmöglich, die Ozeanriesen durch die verästelten Arme der Alten Swine in das Haff hineinzumanövrieren. Dies änderte sich 1880 mit der Fertigstellung der **Kaiserfahrt** (Kanal Piastowski), und dieser Durchstich machte Swinemünde zu einer **Stadt auf zwei Inseln:** Zentrum und Kurviertel liegen auf dem östlichen Ende der Insel Usedom (Uznam), Fähr- und Fischereihafen, Industriegebiete und der Bahnhof befinden sich auf dem Westrand der Insel Wolin. Der eingemeindete kleine Ort **Karsibór (Caseburg)** fristet seit 1880 ein Insulaner-Dasein zwischen Kanal, Alter Swine und Haff, und zählt man alle Inseln zusammen, über die sich die Gemeinde Świnoujście ausdehnt, kommt man auf 44.

Mit rund 42.000 Einwohnern ist Świnoujście heute zwar immer noch keine große Stadt, doch verfügt der **Kur- und Badeort** neben zahlreichen Sanatorien und Kureinrichtungen, in denen mittels Moorpackungen, Solequellen und natürlich mithilfe des Ostsee-Reizklimas Schilddrüsenkrankheiten, Bluthochdruck und Erkrankungen der Atemwege auskuriert werden, über einen bedeutenden **Hochseefischereihafen**, einen **Jachthafen** und wichtige **Fähranleger.** Autofähren legen nach Kopenhagen, Ystad und Malmö ab, außerdem Schiffe nach Rønne auf Bornholm sowie zu Hafenrundfahrten und Butterfahrten zu den deutschen Kaiserbädern auf Usedom.

Kulturell wartet Świnoujście im Juli mit dem traditionsreichen, seit 1966 veranstalteten Künstlerfestival der Studentenjugend „Fama" auf und im September mit den Internationalen Festspielen der Seelieder „Wiatrak". Landschaftlich schmückt es sich mit einem schier endlos erscheinenden, teils bis zu 100 Meter breiten, herrlichen **Sandstrand.**

Geschichte

Bis ins 18. Jahrhundert ist Swinemünde ein kleines, unbedeutendes Fischernest. Vormals unter der Herrschaft der Herzöge von Pommern, fällt es 1630 an Schweden, 1720 an Preußen. Unter *Friedrich dem Großen* wird die **Swine schiffbar gemacht** und der Hafen erbaut. 1765 erhält Swinemünde die **Stadtrechte,** 1824 wird der Badebetrieb eröffnet. Nach der Entdeckung von Heilmooren und Solquellen nimmt man gegen Ende des 19. Jahrhunderts den **Kurbetrieb** auf. Ein vornehmes Kurviertel am Ostseestrand entsteht, und Swinemünde wird eines der beliebtesten Ostseebäder. Im **Zweiten Weltkrieg** geht die Stadt im

049po Foto: kj

Insel Wolin

Feuersturm der erbitterten Schlachten um die Odermündung unter, bei denen 23.000 Menschen ihr Leben verlieren. Zu mehr als der Hälfte zerstört, kommt Świnoujście danach als Kriegshafen unter sowjetische Militärverwaltung und wird 1955 von den Sowjets an Polen übergeben.

Am Strand von Świnoujście

Anfahrt

Viele Wege führen nach Świnoujście. In westöstlicher Richtung geht die Bundesstraße 111 vom deutschen Teil Usedoms über Ahlbeck zum deutsch-polnischen **Grenzübergang für Fußgänger und Radfahrer.** Der alberne Grenzzaun, der dort am Strand zwischen den beiden Ostseebädern stand und einen fürs Ausweisvorzeigen zu ärgerlichen Umwegen zurück auf die Straße zwang, ist seit 2008 zum Glück Geschichte.

Autofahrer müssen für die vier Kilometer von Ahlbeck nach Świnoujście etwa **200 Kilometer Fahrt** einkalkulieren, und zwar von Usedom runter zum Grenzübergang **Pomellen-Szcze-**

cin und von dort wieder hinauf auf die Insel Wolin. Über Wolin führt die **E 65/Fernstraße 3** nach Świnoujście, und hier heißt es aufgepasst, je nachdem, ob man auf den Woliner oder den Usedomer Teil des Ostseebads möchte. Wo die Fernstraße in einen großen Kreisel einmündet, geht es rechts zu den Ostseefähren, zum Leuchtturm und Ostfort Gerharda sowie zu Bahnhof und Stadtfähre auf der Insel Wolin. Die kostenlose **Stadtfähre** schifft die Einwohner von Świnoujście samt ihren Motorkutschen rund um die Uhr hinüber zum Zentrum und Kurviertel auf Usedom. Touristen können sie per pedes oder mit dem Fahrrad benutzen, **ab Freitag 22 Uhr bis Sonntag 22 Uhr** auch mit dem Wagen. Um unter der Woche mit dem Auto ins Zentrum von Świnoujście zu gelangen, muss man am Kreisel die Straße via **Karsibór** nehmen. An ihrem Ende wartet eine Autofähre, die die Vehikel kostenlos rund um die Uhr über die Świna auf die Insel Usedom trägt (Abfahrt, sobald sie voll ist, und das ist sie eigentlich immer).

Sehenswertes

Rundum schwebt eine für Überseehäfen typische Atmosphäre von Fernweh und Weite über den **Hafenanlagen.** Am Kai geht es geschäftig zu, und auf dem stark befahrenen Hauptmündungsarm der Oder herrscht ein reges Kommen und Gehen der Schiffe. Vom kleinen Fischkutter über schicke Jachten bis zum dicken Ozeandampfer weist ihnen allen der 1858 fast auf dem äußersten Woliner Landzipfel erbaute, 68 Meter hohe **Leuchtturm** den Weg. 25 Meilen weit strahlt sein Leuchtfeuer, und über 300 Stufen führen in seine Spitze hinauf, von wo aus man eine herrliche Aussicht weit über die Pommersche Bucht, das Haff und die Inseln genießt. Gleich nördlich geht der Blick zu den beiden Anfang des 19. Jahrhunderts aufgeschichteten Wellenbrechern, die seither die Świna-Mündung in die Ostsee beschützen. Die westliche, kürzere Mole, die gewissermaßen die letzte Landmarke der Insel Usedom bildet, schmückt seit 1874 die schlanke weiße **Stawa Młyny.** Das in Form einer Windmühle errichtete **Navigationszeichen** ist das **Wahrzeichen** von Świnoujście und in lauschigen Sommernächten zugleich einer der schönsten Plätze zur Bewunderung romantischer Sonnenuntergänge über der Ostsee.

Dem militärischen Schutz der Hafeneinfahrt dienten seit Mitte des 19. Jahrhunderts Festungsanlagen zu beiden Ufern der Świna. Zu Füßen des großen Leuchtturms auf der Woliner Seite duckt sich das 1848–59 erbaute **Ost-Fort** (Fort Wschodni), auch „Fort Gerharda" genannt. Lange Zeit verfiel die Ostbatterie, wurde von Sträuchern und Bäumen überwuchert, bis der neue Pächter und „Festungskommandant" *Piotr Piwowarczyk* 2001 mit ihrer Restaurierung begann. Heute erstrahlt sie in neuem Glanz, die Gebäude und Außenanlagen sind wieder begehbar, Informationstafeln berichten über Funktion und Geschichte des Forts, und als besondere Attraktion werden die Besucher nach dem Erwerb eines Passierscheins im Spaß-Fort von Männern mit Pickelhauben und preußischen Uniformen mit touristischem Kanonendonner durch das Gelände geführt. Wirkliche Schüsse wurden vom Fort Wschodni aus niemals abgefeuert.

Gegenüber liegt am Westufer der Świna auf Usedom das **West-Fort** (Fort Zachodni). 1856–61 errichtet, wurde es Ende des Zweiten Weltkriegs von der Roten Armee übernommen, die sich dort bis 1962 einquartierte. Inzwischen dient die Westbatterie als Freilichtmuseum, auf dem man die noch vorhandenen Munitionsräume, Kasematten, Kommandobunker und Schützenstellungen besichtigen kann. In geschlossenen Räumen werden die Geschichte des Forts sowie in der Gegend aufgefundene Militaria präsentiert.

Südlich vom Fort Zachodni thront die wuchtige **Engelsburg** (Fort Anioła). 1854–58 wurde das Fort nach dem Vorbild des römischen Hadrian-Mausoleums erbaut. Auf drei Etagen mit 24 Kanonenschießscharten versehen, fungierte es bis Ende des Zweiten Weltkriegs als Kommando der Luftabwehr. Heute ist es ebenfalls zu besichtigen.

Von dort führt ein knapp 20-minütiger Spaziergang über die ul. Jachtowa, an den Ausläufern des Kurparks und Hafenanlagen vorbei, südwärts ins Stadtzentrum. Unmittelbar am Stadtfähranleger befindet sich die **Touristeninformation.** Direkt nebenan liegt der kleine **plac Rybacka (Fischerplatz)** mit einem Denkmal, das an die Menschen erinnert, „die vom Meer nicht zurückgekehrt sind".

Einen Katzensprung entfernt, wartet in der ul. Armii Krajowej im alten Rathaus das **Museum für Seefischerei** mit Wissenswertem zu Fischfang und Meeresfauna sowie einer Ausstellung zur Regionalgeschichte auf. Ebenfalls nahebei, schmückt die 1788–92 erbaute **Kirche König Christus** (Kościół Chrystusa Króla) in ihrem Inneren ein hübsches hölzernes Schiffsmodell.

Hinter der Kirche hoffen in der ul. Konstytucji 3 Maya eine Reihe von Taxifahrern auf Kunden, welche die ca. drei Kilometer lange Straße zum **Fußgänger-Grenzübergang** nach Ahlbeck hinaufkutschiert werden möchten. Entlang dieser Strecke prägt ein bunt durcheinanderwuselnder Kleiner Grenzverkehr das Bild. Polnische Staatsbürger sind unterwegs zu einem Ausflug nach Deutschland oder bieten in zahllosen Straßenständen ihre Waren feil. Deutsche Urlauber wiederum decken sich mit Zigaretten, Weidenkörben, Alkoholika oder auch Kunsthandwerklichem ein.

Die eigentliche Sehenswürdigkeit von Świnoujście aber ist das **Seebad.** Vom alten Ort durch den Kurpark getrennt, beherrschen in dem Viertel am Usedomer Ostseestrand gediegene **Villen und Pensionen** aus der Wende vom 19. zum 20. Jahrhundert das Bild. Eine breite, schön angelegte **Strandpromenade** mit Budenzauber und zahlreichen gastronomischen Einrichtungen und natürlich der herrliche weiße Sandstrand, der sich von der

048po Foto: kj

050po Foto: kj

Mole im Osten bis zur deutsch-polnischen Grenze erstreckt, laden zum Bummeln und Baden ein.

Alljährlich im Juli verwandeln sich Strand und Konzertmuschel darüber hinaus in eine riesige **Freilichtbühne.** Seit über 40 Jahren bereits erobern im Rahmen des **Kunstfestivals der akademischen Jugend FAMA** (Festiwal Artystyczny Młodziezy Akademickiej) Studenten und Künstler mit zahlreichen Konzerten, Kunst-Events, Film-, Theater-, Kabarett- und Tanzaufführungen über zwei Wochen die Stadt.

Der Strand von Świnoujście mit dem Wahrzeichen der Stadt, der Stawa Młyni

Autofähre von Wolin nach Świnoujście

Praktische Informationen

Info

- **Touristeninformation,** Wybrzeże Władysława IV (beim Fährübergang „Centrum"), 72-600 Świnoujście, Tel. (091) 3224999, Fax 3271629, www.swinoujscie.pl, Mo–Fr 9–17 Uhr, im Sommer zusätzlich Sa/So 10–14 Uhr.

Unterkunft und Gastronomie

- **Zimmervermittlung** in der Touristeninformation.
- **Hotel Polaris**€€€€€, ul. Słowackiego 33, 72-600 Świnoujście, Tel. (091) 3215412, Fax 321 2437, www.hotelpolaris.pl. Großes, gepflegtes Haus, gediegene Atmosphäre, 200 Meter vom Strand entfernt. Etwa 250 Zł.
- **Pensjonat Piaskowy**€€€€€, ul. Żeromskiego 24, 72-600 Świnoujście, Tel. (091) 3214518, Fax 3224518, www.piaskowy.swinoujscie.com.pl. Elegante Komfortvilla direkt am Meer mit Blick auf den Strand. Etwa 250 Zł.

- **Pensjonat Pod Kasztanami**€€€€€, ul. Paderewskiego 14/1, 72-600 Świnoujście, Tel. (091) 3213947, www.pod-kasztanami.pl. Sorgfältig restauriertes Jugendstilhaus im Kurviertel am Park, die Zimmer stilvoll eingerichtet; mit Restaurant und Wellness-Bereich. Etwa 250 Zł.
- **Willa Pod Dębami**€€€€, ul. B. Prusa 9, 72-600 Świnoujście, Tel. (091) 3219368, Fax 3220686, www.pod-debami.pl. Ruhig gelegene, schmucke Villa mit allem Komfort, ebenfalls unmittelbar hinter dem Strand, mit Apartments, Sauna und Fahrradverleih. Etwa 220 Zł.

Camping

- **Camping Nr. 44 Relax,** ul. Słowackiego 1, 72-600 Świnoujście, Tel./Fax (091) 3213912, www.camping-relax.com.pl. Schlichter Wiesenplatz im Kurviertel, fünf Minuten zum Strand, einfache Sanitärausstattung, mit Campinghäuschen, ganzjährig geöffnet.

Jugendherberge

- **Jugendherberge,** ul. Gdyńska 26, 72-600 Świnoujście, Tel. (091) 3270613, www.schronisko.e-swinoujscie.pl, ganzjährig.

Museen und andere Sehenswürdigkeiten

- **Museum für Seefischerei,** plac Rybacka 1, Di–Fr 9–16 Uhr, Sa/So 11–16 Uhr, Juli/Aug. tgl. 9–17 Uhr.
- **Leuchtturm,** ul. Bunkrowa 1, auf der Insel Wolin, Juni bis Mitte Sept. tägl. 10–18 Uhr.
- **Ost-Fort,** auf der Insel Wolin, Anfang April bis Ende Okt. tgl. 9–20 Uhr, Nov.–März tgl. 10–17 Uhr.
- **West-Fort,** Juni–Sept. tgl. ab 9 Uhr, Okt. und Mai 10–18 Uhr.
- **Engelsburg,** Mai bis Sept. tgl. ab 10 Uhr, Okt. bis April tgl. 10–15 Uhr.

Kulturelle Veranstaltungen

- **Künstlerfestival der Studentenjugend „Fama“,** Kabarett, Konzerte und Happenings in der zweiten Julihälfte im Amphitheater, in der Konzertmuschel, auf der Promenade oder am Strand.
- **Internationale Festspiele der Seemannslieder „Wiatrak“,** in der zweiten Septemberhälfte.

Schiffsausflüge

- **Butterfahrten** nach Ahlbeck, Heringsdorf, und Bansin auf Usedom, April–Okt. drei Mal am Tag.
- **Dampferfahrten nach Mięzyzdroje,** April–Okt. Di–Fr drei Mal am Tag.
- Zweistündige **Hafenrundfahrten** mit deutschsprachiger Erläuterung, im Frühjahr Do, Sa, So ein Mal, im Sommer zwei Mal tgl.

Międzyzdroje

↗ IV/B2

Unbestrittene Königin bei den Sommerurlaubern auf Wolin ist die kleine Stadt Międzyzdroje **(Misdroy).** Wo 1579, als „Mysdroye“ das erste Mal erwähnt wurde, gerade einmal 30 Ackerbauern und Fischer ihr karges Dasein fristeten, tummeln sich heute allein in den Monaten **Juli/August über 60.000 Gäste** am breiten, feinsandigen Ostseestrand. Rundum auf der Strandpromenade, zwischen Kiosken und Souvenirständen, Eis-, Fisch- und Pommesbuden schlendern vielköpfige Familien zu Akkordeonklängen und tänzeln leichtgeschürzte Bikini-Schönheiten zur Popmusik. Am frühen Abend verlagert sich der Rummel dann rund um den kleinen Kurpark und seine angrenzenden Straßen, spät in der Nacht in die Discos.

1830 entdeckte der Berliner Sanitätsrat *Heinrich Oswald* die wohltuende Wirkung des Ostsee-Reizklimas bei Misdroy, 1835 wurden die ersten Badeeinrichtungen am Strand aufgestellt, und schon gegen Ende des 19. Jahr-

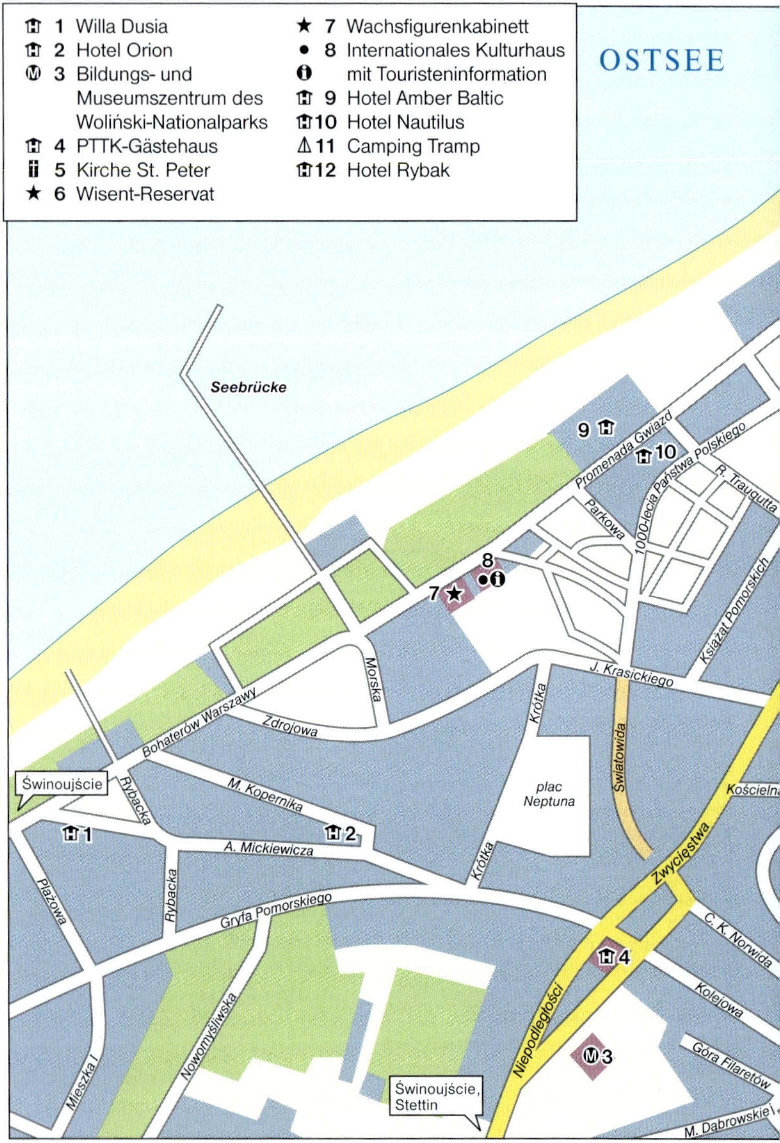
1 Willa Dusia
2 Hotel Orion
3 Bildungs- und Museumszentrum des Woliński-Nationalparks
4 PTTK-Gästehaus
5 Kirche St. Peter
6 Wisent-Reservat
7 Wachsfigurenkabinett
8 Internationales Kulturhaus mit Touristeninformation
9 Hotel Amber Baltic
10 Hotel Nautilus
11 Camping Tramp
12 Hotel Rybak
OSTSEE
Seebrücke
Promenada Gwiazd
1000-lecia Państwa Polskiego
R. Traugutta
Parkowa
Książąt Pomorskich
J. Krasickiego
Morska
Bohaterów Warszawy
Zdrojowa
Krótka
Światowida
plac Neptuna
Kościelna
Zwycięstwa
Świnoujście
Rybacka
M. Kopernika
A. Mickiewicza
Plażowa
Gryfa Pomorskiego
C. K. Norwida
Kolejowa
Niepodległości
Góra Filaretów
Nowomyśliwska
Mieszka I
Świnoujście, Stettin
M. Dąbrowskie

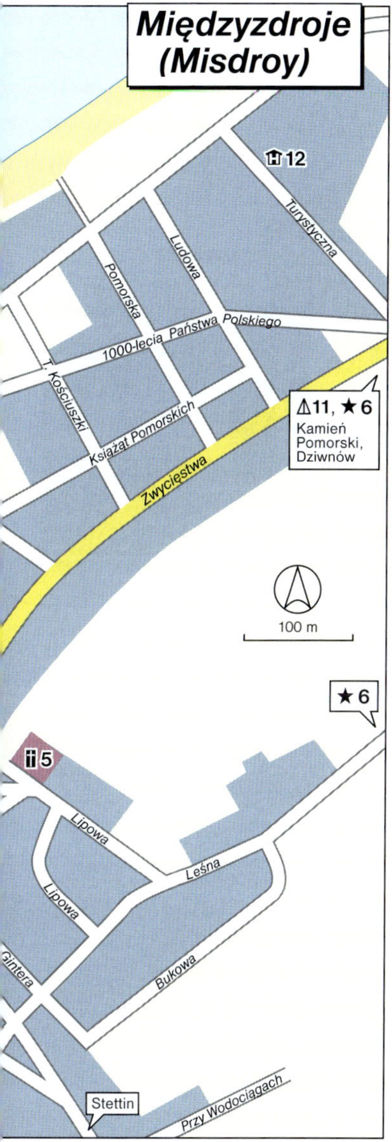

hunderts war Misdroy ein weithin bekannter Badekurort. Nach dem Anschluss ans Eisenbahnnetz 1902 stieg es vollends zur „Badewanne der Berliner" auf, über 20.000 Feriengäste wurden im Rekordjahr 1913 gezählt.

Neben Baden zählte Lustwandeln zum Urlaubsprogramm, im Park und auf der **Seebrücke.** Bereits 1884 hatte man eine erste bescheidene Konstruktion errichtet, 1906 wurde sie durch einen repräsentativen Neubau mit elegantem Jugendstil-Pavillon ersetzt. Nach Ende des Zweiten Weltkriegs, als Europa in zwei Blöcke zerfiel und ein Fahrgastverkehr auf der Ostsee hinter dem Eisernen Vorhang kaum noch stattfand, verfiel die Seebrücke von Międzyzdroje, wie fast alle Seebrücken auf polnischem und auf DDR-Gebiet. 1954 nahm sie bei stürmischer See schweren Schaden, 1961 brannte der Pavillon ab, und 1985 musste die Brücke wegen Baufälligkeit schließlich gesperrt werden.

Elf Jahre später war die Seebrücke abermals neu aufgebaut, allerdings mit 120 Metern Länge zu kurz für den Schiffsverkehr, weshalb man sie 2003/04 auf 395 Meter verlängerte. Im Frühjahr 2005 wurde sie feierlich eingeweiht. Seither können dort Ausflugsdampfer bis zu 75 Meter Länge anlegen und Międzyzdroje mit Świnoujście und den deutschen Kaiserbädern auf Usedom verbinden.

Wenige Schritte östlich der Mole wartet, gegenüber der Konzertmuschel, in einem schönen Bäderarchitekturpavillon das **Wachsfigurenkabinett** auf einen Besuch. Nebenan be-

051po Foto: kj

Die Seebrücke von Międzyzdroje

findet sich im Internationalen Kulturhaus die **Touristeninformation,** und folgt man von dort aus der „Hotelmeile“ Promenada Gwiazd (Promenade der Stars), lassen sich hier und da in den Asphalt eingelassene **bronzene Handabdrücke** polnischer Prominenter aus Film, Funk und Fernsehen entdecken.

Popgruppen, Schlagersänger und Tanzcombos lassen im Sommer musikalisch keine Langeweile aufkommen. Doch hat das Ostseebad auch Ernstes zu bieten. Alljährlich im Juni wird in Międzyzdroje das **Internationale Chorfestival** begangen, an dem bedeutende Vokalensembles aus aller Welt teilnehmen.

Bauhistorisch lohnt neben mancher schönen Villa in klassischer Bäderarchitektur auch ein Blick in die kleine **Kirche St. Peter** (Kościól św. Piotra) östlich der Durchgangsstraße Niepodległości/Zwystięstwa direkt an der Nationalparkgrenze. Zwar durch Betonbauten „verschönt“, lässt sich in dem 1860–62 errichteten Gotteshaus dennoch die Handschrift des berühmten

Berliner Hofarchitekten *Friedrich August Stüler* erkennen, welcher seinerzeit für den Entwurf verantwortlich zeichnete.

Was die Naturwissenschaften angeht, wartet die 7000-Einwohner-Stadt mit dem bereits 1960 gegründeten **Bildungs- und Museumszentrum des Woliński-Nationalparks** auf, das über Fauna, Flora und Geologie des Parks informiert. Seit 1997 präsentiert es sich in einem betonschweren Neubau auf dem Gelände der Parkdirektion. Das Gebäude hat einen vom polnischen Verwaltungsministerium ausgelobten Preis für „originelle Architektur" gewonnen, und man darf rätseln, was das Ministerium wohl darunter verstehen mag.

Nahebei führt von der ul. Leśna aus ein ausgeschilderter Waldspazierweg in den Woliński-Nationalpark (Woliński Park Narodowy) hinein. Er geleitet in etwa 20 Minuten zum **Wisent-Reservat** (Rezerwat Żubrów), wo man in einer Umzäumung gute zwei Dutzend seltsame Rindviecher mit Buckeln, langen Mähnen und Bärten beobachten kann - eine Gruppe der letzten europäischen **Bisons** (Wisente).

Nur zwei Kilometer nach Międzyzdrojes östlichem Ortsausgang befindet sich am gebührenpflichtigen Parkplatz an der Straße 102 Richtung Kamień Pomorski ein **weiterer Eingang** in das streng geschützte Naturreservat. Von dort sind es ebenfalls rund 20 Minuten Fußweg zum Wisent-Gehege. Für mehr Informationen zu den europäischen Bisons ⇗ auch Exkurs „Wisente".

Praktische Informationen

Info

- **Touristeninformation,** ul. Boh. Warszawy 20 (im Internationalen Kulturhaus), 72-500 Międzyzdroje, Tel. (091) 3282778, www.mdkmiedzyzdroje.com, Juni–Aug. tgl. 9–17 Uhr (bei Konzerten und Veranstaltungen auch bis weit in den Abend), Sept.–Mai Mo–Sa 10–16 Uhr.
- **PTTK-Touristinformation,** ul. Kolejowa 2, 72-500 Międzyzdroje, Tel. (091) 3280462, Fax 3280086, www.miedzyzdroje.net.pl, im Sommer tägl. 8–20 Uhr, sonst 7–16 Uhr.
- **Homepage d. Stadt:** www.miedzyzdroje.pl.

Unterkunft und Gastronomie

- **Hotel Amber Baltic**€€€€€€, Promenada Gwiazd 1, 72-500 Międzyzdroje, Tel. (091) 3228500, Fax 3281022, www.hotel-amberbaltic.pl. Eines der besten Hotels im Ort, riesig und wahrhaftig luxuriös, mit Hallen- und Freibad, Sauna, Solarium, Restaurant, Bar und direktem Zugang zum Strand. Etwa 490 Zł.
- **Hotel Nautilus**€€€€€, Promenada Gwiazd 8, 72-500 Międzyzdroje, Tel. (091) 3280999, Fax 3282327, www.hotel-nautilus.pl. Schöne, gepflegte Zimmer und Apartments in einer sorgfältig renovierten Villa aus dem Jahr 1913 gegenüber vom Amber Baltic. Etwa 300 Zł.
- **Hotel Rybak**€€€€€, Promenada Gwiazd 36, 72-500 Międzyzdroje, Tel. (091) 3281121, Fax 3280972, www.hotelrybak.pl. Großes, neungeschossiges Komforthotel im vornehmsten Geschmack vergangener sozialistischer Zeiten, 50 Meter vom Strand entfernt. Etwa 280 Zł.
- **Hotel Orion**€€€€€, ul. Kopernika 5, 72-500 Międzyzdroje, Tel. (091) 3280636, Fax 328 2330, www.hotelorion.pl. Schmucke Villa im Bäderstil in der Nähe von Strand und Seebrücke. Etwa 270 Zł.
- **Willa Dusia**€€€, ul. Mickiewicza 17, 72-500 Międzyzdroje, Tel. (091) 3280020, Fax 328 0191, www.dusia.pl. In Bäderarchitektur erbaute Villa wenige Meter vom Strand. In dem im Garten gelegenen Bungalow werden zwei weitere Doppelzimmer mit Bad vermietet. Etwa 150 Zł., Apartment 250 Zł.

● **PTTK-Gästehaus**€€€, ul. Kolejowa 2, 72-500 Międzyzdroje, Tel. (091) 3280462, Fax 3280086. Im PTTK-Haus, zentral in der Ortsmitte, einfach, aber sehr gemütlich, Dusche und WC auf dem Gang. Etwa 140 Zł.

Camping

● Międzyzdroje verfügt nur über einen kleinen **Zeltplatz am westlichen Ortseingang.**
● Der nächstgelegene große Camping befindet sich, mitten im Wald kurz vor dem Strand, 14 Kilometer östlich bei Kołczewo (Str. 102 Richtung Kołobrzeg) bzw. 2,5 Kilometer westlich von Międzywodzie: **Camping Tramp,** Świętouść 1, 72-514 Kolczewo, Tel. (091) 3265383, www.campingtramp.pti.pl; mit Restaurant, Imbiss, Kiosk und Lebensmittelladen, 1.5.–30.9.

Museen und andere Sehenswürdigkeiten

● **Wachsfigurenkabinett** (Gabinet Figur Woskowych), ul. Boh. Warszawy, Juli/Aug. tgl. 10–21 Uhr, sonst tgl. 10–16 Uhr.
● **Naturkundemuseum** des Woliński-Nationalparks, ul. Niepodległości 3, Mai–Sept. Di–So 9–17 Uhr, Okt.–April Di–Sa 9–15 Uhr.
● **Wisent-Reservat** im Woliński-Nationalpark, Mai–Sept. Di–So 10–18 Uhr, Okt.–April Di–Sa 8–16 Uhr.

Kulturelle Veranstaltungen

● **Internationales Chorfestival,** im Juni.

Aktivitäten

● **Tennis:** am Hotel Amber Baltic und am Sportstadion in der al. Róż.
● **Golf:** 9-Loch- und 18-Loch-Platz, Driving Range, Chipping, Pitching Area Greens bei Kołczewo (12 Kilometer östlich Str. 102 Richtung Kołobrzeg): Amber Baltic Golf Club, ul. Bałtycka 13, 72-514 Kołczewo, Tel. (091) 326 5110, Fax 3265333, www.abgc.pl.

Schiffsausflüge

● Von Anfang April bis Ende Oktober von der **Seebrücke mit der Adler-Linie** mehrmals täglich nach Świnoujście und zu den deutschen Kaiserbädern auf Usedom.

Im Woliński-Nationalpark

↗ IV-V/B-C1-2

Eine weitere schöne Möglichkeit, dem Trubel in Międzyzdroje zu entfliehen, ist eine Wanderung zu den Ostsee-Steilufern, die mit dem 61 Meter hohen **Góra Kawcza (Kaffeeberg)** am nordöstlichen Stadtrand beginnen und bereits Teil des Woliński Park Narodowy sind. Am Ende der Promenada Gwiazd geht der Weg den nun plötzlich menschenleeren Strand entlang, mit Blick auf die Ostseewellen und nach oben auf die steilen Klippen von Geschiebemergel und Kreide. Der zweite Weg führt oberhalb durch herrlichen Buchenwald zum Aussichtspunkt **Góra Gosań (Gosań-Berg).** Nur durch eine hölzerne Lattung vor dem Absturz geschützt, aus 95 Meter Höhe direkt über dem Meer, kann man weit über die Ostsee blicken. Für Eilige gibt es die Möglichkeit, sich diese wundervolle Aussicht mit dem Wagen und einem sich anschließenden fünfminütigen Ausflug durch den Wald zu erschließen. Dazu stelle man sein Auto auf dem gebührenpflichtigen Parkplatz an der Straße 102 auf halber Höhe zwischen Międzyzdroje und dem Dorf Wisełka ab und folge einfach dem Schild mit der Aufschrift „Punkt Widokowy (400 m)".

Mit seinem Gründungsdatum 1960 ist der Woliński-Nationalpark der **älteste Nationalpark** der Woiwodschaft. Auf 5000 Hektar steigt er von den weiten Schilfgürteln am Stettiner Haff über sanfte Hügel zum Grzywacz-Berg (115 m) im Zentrum der Insel und zur Steilküste an, vor der ein eine Seemeile breiter Küstenstreifen ebenfalls noch zum Schutzgebiet gehört. In seinen Buchen- und Eichenmischwäldern gedeihen Zahnwurz, Geißblatt und seltene Orchideenarten; das Wappentier des Nationalparks, der Seeadler, und auch die Wisent-Rotte im Rezerwat Żubrów haben hier eine Heimstatt gefunden.

Eine **Tageswanderung** führt von Międzyzdroje aus auf markiertem Weg südwärts durch den Nationalpark zur schilfwogenden Haffküste mit dem Örtchen **Zalesie (Laatziger Ablage).** Dort, gegenüber vom Hotelschiff „Hansa" und der benachbarten Segel-Marina, liegt in den Steilhang regelrecht eingegraben das **Bunkermuseum** (Bunkier-Muzeum). Es zeichnet die Geschichte der V3-Waffe (Vergeltungswaffe 3) nach, die Nazi-Deutschland ab dem Jahr 1942 entwickelte und die noch bis Februar 1945 auf dem Gelände südlich von Zalesie getestet wurde.

Weiter geht der Weg über die Ortschaft **Wicko** nach **Wapnica (Kalkofen)** zum **Turkusowe-See (Türkissee).** Das Relikt eines ehemaligen Kreidetagebaus füllte sich allmählich mit Wasser, das dank des Kreidegrunds türkisfarben schimmert, daher der Name. Viele Jahrhunderte lang wurden hier reiche Kreidevorkommen abgebaut, ab Anfang des 19. Jahrhunderts im industriellen Großmaßstab. Die Arbeitersiedlung Kalkofen und eine Zementfabrik entstanden. Heute zählt der Turkusowe-See zu den beliebtesten Ausflugszielen auf der Insel Wolin. Ein großer Parkplatz nimmt Autos und Reisebusse auf, denn natürlich kann man den See, ebenso wie das Bunkermuseum, auch mit der Motorkutsche ansteuern. Freiluft-Selfservice-Gastronomie sorgt für Speis und Trank, und so gestärkt begibt man sich auf die Wanderung zum 40 Meter entfernten Turkusowe-See. Von der Holzbalustrade mit einer kleinen hölzernen Neugierde aus kann man einen Blick auf das Wasser werfen.

Vom See aus führt der markierte Wanderweg südwärts weiter Richtung **Lublin (Lebbin)** auf den Südwestzipfel der Insel Wolin. Als Sand- oder Kreidepfad schlängelt er sich durch grüne Urwaldtunnel und mündet oberhalb des kleinen Ortes auf einem Naturparkplatz. Von dort nur wenige Meter steil den **Wzgórze Zielonka (Grünen Hügel)** bergan, liegt einem wenige Minuten später das gesamte nördliche Stettiner Haff mit seinen vielen Inseln zu Füßen. Eine atemberaubende Aussicht eröffnet sich auf den grünen und blauen Flickenteppich aus Wasser und Land, am schönsten am späten Nachmittag, wenn die Sonne nach Westen zieht und ihre schräg einfallenden Strahlen die stillen Wasserflächen zum Glitzern und Funkeln bringen. Möchte man über die Straße den Wzgórze Zielonka anfahren, folge man ab Ortsmitte Lublin der Beschilderung.

Museen und andere Sehenswürdigkeiten

- **Bunkermuseum,** in Zalesie, Mai–Sept tgl. 10–20 Uhr.

Der Wisent – Wiedergeburt des europäischen Wildrinds

Einst war der Wisent von Spanien über Mitteleuropa bis Sibirien und in die gemäßigten Zonen Asiens hinein verbreitet. Sein Rumpf bis zu zwei Meter hoch über den Hufen, der breite Kopf mit Zottelbart und zwei kleinen Hörnern geschmückt, kann der Bulle bis **zu eine Tonne Gewicht** auf die Waage bringen, die leichtfüßigere Wisent-Dame immer noch weit über 500 Kilo. So war der dem Amerikanischen Bison *(Bison bison bison)* sehr nah verwandte Wisent oder Europäische Bison *(Bison bison bonasus)* als **Fleisch- und Felllieferant** stets beliebt und wurde seit Menschengedenken gejagt.

Schon Höhlenzeichnungen stellen die Jagd auf den größten und schwersten europäischen Landsäuger dar. *Plinius der Ältere* beschreibt ihn im ersten Jahrhundert nach Christus in seiner „Naturalis Historia" als Rind mit Pferdemähne und viel zu kurzen, daher zum Kampf unnützen Hörnern, das vor jeder Gefahr unverzüglich das Weite suche.

Tatsächlich sind die Giganten aus der Familie der Paarhufer recht **scheu** und fliehen sofort, sobald sie die Witterung von Menschen aufnehmen. In solchen Fällen können sie einen erstaunlich schnellen Galopp einlegen, am liebsten aber durchstreifen sie ihr Futterrevier, grüne Laubwälder, im gemütlichen Trott. Auf der **Speisekarte** der Wiederkäuer stehen Blätter, Triebe, Zweige und Jungbäume, die sie mit ihrer Körperkraft einfach umlegen. Auf Lichtungen weiden sie Gräser und Kräuter und im Herbst, um sich ausreichend Winterspeck anzufuttern, ausgiebig Pilze, Beeren und Waldfrüchte.

Erst im Winter schließen sich Wisente zu größeren **Herden** zusammen, in denen sich dann auch einige Bullen aufhalten. Ansonsten leben sie in kleineren Rotten von etwa 20 Kühen und Kälbern zusammen. Im Mai/Juni, wenn die Natur eine reiche Tafel bestellt, kommen die gut 30 Kilogramm schweren **Jungen** nach knapp neun Monaten als Einzelkinder zur Welt. Etwa ein Jahr lang werden sie gesäugt, und in dieser Zeit sollte man Wisent-Mamas unbedingt aus dem Weg gehen. Im August/September geraten die Bullen in Wallung. Schnaufen, Brüllen und Hufstampfen zählen während der Brunft zum Imponier-Repertoire, und der Nahkampf entscheidet, welcher der konkurrierenden Nebenbuhler am Ende der ranghöchste ist und sich mit einem Harem von bis zu acht Kühen paaren darf.

So haben die Wildrinder Generationen um Generationen in den Wäldern gelebt. 20 bis 25 Jahre alt wird ein Tier, und nur Wölfe und Bären waren einst seine natürlichen Feinde. Doch der **Mensch** nahm ihm durch die Rodung der Wälder den Lebensraum und bediente sich seiner als Fleischlieferant. Anders als Pfau und Fasan taugte der Wisent auch nie zum Schönheitsideal, man befand vielmehr, „daß er häßlich seye, scheutzlich, vil haare, mit einem dicken langen halshaar als die Pfärdt, item gebartet, summa gantz wild und ungestalt", wie ihn der Gelehrte *Conrad Gesner* im 16. Jahrhundert beschreibt.

So war sein Schicksal besiegelt. Anfang des 20. Jahrhunderts existierte im Kaukasus noch ein minimaler Bestand des kleineren Bergwisents sowie im Białowieża-Urwald an der heutigen polnisch-weißrussischen Grenze einige Rotten des Flachlandwisents. Ihre letzten Vertreter wurden trotz stren-

Scheuer Riese: Wisentbulle

gem Verbot 1921 in Polen und sechs Jahre später im Kaukasus gewildert. Die Art war damit **praktisch ausgestorben.**

1923 gründete sich in Frankfurt am Main die **„Internationale Gesellschaft zur Erhaltung des Wisents“.** Man begab sich europaweit auf die Suche nach Exemplaren, die möglicherweise irgendwo in Gefangenschaft überlebt hatten. Insgesamt 57 wurden in Zoos und auf einem Privatgelände entdeckt, von denen etwa ein Dutzend für die Vermehrung geeignet erschien. In einem Gehege im Białowieża-Urwald begann anschließend ein beispielloses **Wiederaufzuchtprogramm,** heikel und anfangs von zahlreichen Misserfolgen begleitet. Denn neben Todesfällen durch Unfälle oder Auseinandersetzungen zwischen den Bullen war die Population durch den genetischen Flaschenhals darüber hinaus extrem anfällig für Krankheiten und Parasiten. 1947 umfasste der Bestand schließlich 44 gesunde, zuchtfähige Tiere. 1952 fing die **Auswilderung** an, zunächst der überzähligen Bullen und wenige Jahre später dann auch von Kühen. 1966 zählte man im Białowieża-Wald bereits 157 freilebende Wildrinder.

Mittlerweile sind es stattliche **450,** die die Wälder im grenzübergreifenden polnisch-weißrussischen Białowieża-Nationalpark durchstreifen. Und auch andernorts ist ihre Aufzucht erfolgreich. Insgesamt 1600 Tiere zählen die Herden außerhalb des Białowieża-Walds, überwiegend in Polen, Weißrussland und der Ukraine, aber auch in Litauen oder im Müritz-Nationalpark in Deutschland. Dass es sie gibt, ist ganz besonders dem jahrzehntelangen, unermüdlichen Einsatz der Wissenschaftler und Tierpfleger von Białowieża zu verdanken. Denn letztlich stammen alle heute lebenden Wisente von der Białowieża-Zucht ab.

052po Foto: kj

Am rechten Oder-Arm

↗ V/C1

Inmitten von Dünen und Kiefernwäldern liegen auf einer Nehrung zwischen Ostsee und Camminer Bodden (Zalew Kamieński) die kleinen Seebäder **Międzywodzie (Heidebrink)** und **Dziwnów (Berg Dievenow),** die Heilung mit Moor- und Solebädern anbieten. Westlich von Dziwnów mündet der rechte Oderarm, die Dziwna, ins Meer und trennt, von 350 Wellenbrechern geschützt, die Insel Wolin vom pommerschen Festland.

Zur Sommerzeit geht es diesseits und jenseits der Dziwna zu wie allerorts in den polnischen Ostseebädern: Zwischen Strand, Fischereihafen, Kurpromenade, Rummelplätzen und einer schier endlosen Reihe von Verkaufs- und Imbissbuden, Urlaubs- und Erholungsheimen herrscht großer Trubel. Am Flussufer warten am Wybrzeże Kościuszki die **Piratenschiffe** „Korsarz" und „Victoria" auf Passagiere, um mehrmals täglich entweder Kurs über das Haff nach Kamień Pomorski zu nehmen oder zu Kreuzfahrt-Ausflügen in See zu stechen. Doch spätestens ab Mitte September klappern die Fensterläden der Kioske wieder verlassen im Wind. Um diese Zeit bietet sich dann vielleicht ein einsamer Strandspaziergang an, oder eine herrliche Wanderung über die Nehrung zum Camminer Bodden.

Etwas ruhiger geht es selbst im Juli und August östlich im winzigen Ort **Dziwnówek** zu, der, wie Dziwnów, zwischen Kiefern und Sandstrand bereits wieder auf dem Festland liegt.

Praktische Information

Info

- Eine kleine **Touristeninformation** ist im Sommer zu den üblichen Bürozeiten in der Gemeindeverwaltung von Dziwnów untergebracht, ul. Szosowa 5, 72-420 Dziwnów, Tel. (091) 3275192, www.dziwnow.pl.

Unterkunft

- **Hotel Admiral**€€€, ul. Mała 4, 72-420 Dziwnów (nach der Brücke hinter dem westlichen Ortseingang), Tel. (091) 3814108, www.admiral.pl. Freundliches Mittelklassehotel, Zimmer mit Blick auf die Dziwna. Etwa 160 Zł.
- **Hotel Biały Dom**€€€€, ul. Kamieńska 11/12, 72-420 Dziwnówek, Tel. (091) 3811171, Fax 3811446, www.campingbialydom.com Ausgesucht ausgestattetes, schönes Haus unter freundlicher Leitung, im Ortszentrum im Kiefernhain, nur einen Steinwurf vom Strand entfernt. Dem Hotel angeschlossen ist der Campingplatz Biały Dom. Etwa 200 Zł.

Camping

- **Camping Biały Dom,** Anschrift ↗ Hotel Biały Dom. Apart gestalteter, großzügiger Platz, von Kiefern beschattet, mit Café und Campinghäuschen, nur wenige Schritte zum Strand. Die Sanitäreinrichtungen sind tipptopp gepflegt. Die Polnische Föderation für Camping und Caravaning zeichnete den Platz von 2001 bis 2006 in Folge mit dem höchsten Prädikat „Mister Camping" aus.

Jugendherberge

- **Jugendherberge,** ul. Mickiewicza 27, 72-420 Dziwnów, Tel. (091) 3813146, Juli/Aug.

Aktivitäten

- **Golfen:** in Łukęcin (an der Landstraße 103, Abschnitt Dziwnówek-Łukęcin); 9-Loch-Platz, 20 Driving-Range und Putting Green: Golf and Relax Club, Tel. (091) 3812621, Fax 381 2622 www.golfandrelax.com.pl.

Von Kamień Pomorski nach Kołobrzeg

Überblick

„Wardst Du im Vordern freundlich aufgenommen, dröhnt aus dem Hintern Dir ein donnerndes Willkommen." So, erzählen böse Zungen, hätten anno dazumal die Hinterpommern Ihro Majestät, den preußischen König, beim Grenzübertritt von Vorpommern nach Hinterpommern begrüßt. Von den Oderbrücken südlich von Stettin nach Nordosten über Kamień Pomorski zur Ostsee hinauf verläuft die historische vor- und hinterpommersche **Landesgrenze,** die heute, etwas nach Westen gerückt, die deutsch-polnische Nationalgrenze oder auch die Ländergrenze zwischen dem deutschen Vorpommern und dem polnischen Westpommern (Zachodniopomorskie) beschreibt.

Kiefernbewachsene Dünenwälle, die streckenweise in steile Kliffs übergehen, sind charakteristisch für den Küstenabschnitt zwischen dem **Camminer Bodden** (Zalew Kamieński) und dem größten und traditionsreichsten Kurbad in der Regionen, **Kołobrzeg.**

Moore, Heilschlamm und Solequellen haben im Verbund mit der jodhaltigen Ostseeluft bereits im 19. Jahrhundert einen **Kurbetrieb** aufkommen lassen. So wechseln in kurzen Abständen Badeorte und Kurbäder einander ab. In zahlreichen Sanatorien werden Krankheiten auskuriert, Wellnesszentren sorgen für Entspannung und körperliche Regeneration, und eine breite Palette von Hotels und Pensionen, Ferienhäusern und Campingplätzen bietet Unterkunft für einen sonnigen Ba-

126po Foto: kj

deurlaub. Dazu kommen ein schier endlos wirkender **Sandstrand,** der sich ohne Unterbrechung vor dem Kliffufer entlangzieht, sowie die **erstklassige Wasserqualität** der Ostsee in diesem Abschnitt – weshalb es nicht Wunder nimmt, dass die Badeorte zu den beliebtesten an der gesamten polnischen Ostseeküste gehören und besonders im Juli und August Zehntausende von Urlaubern anziehen.

Eigentlich verboten: Camping am Strand

Die Orgel im Dom St. Johannes

Kamień Pomorski

↗ V/C1

Auch, wenn die Luft an der Ostsee generell schon jodhaltig ist: wissenschaftlich wurde bewiesen, dass der Jodgehalt über Kamień Pomorski **(Cammin)** dank seiner **Solequelle** noch einmal wesentlich höher ist. Erstmals 1882 und nach dem Zweiten Weltkrieg wieder seit 1966 ist die knapp 10.000 Einwohner zählende Stadt am Camminer Bodden (Zalew Kamieński) darum ein **Kurort,** wo man in Sole- und Moorbädern seine Wehwehchen lindern sowie mit Wasseraerobic seinen überflüssigen Pfunden zu Leibe rücken kann.

1274 wurden dem ehedem slawischen Burgflecken die **Stadtrechte** verliehen. Bereits ein Jahrhundert zuvor, 1175, hatte der **Bischof** seinen Sitz vom ständig von dänischen Wikingern bedrohten Wolin nach Cammin verlegt und noch im selben Jahr auch den Grundstein zum gotischen **Dom St. Johannes** (Katedra św. Jana) gelegt – heute eines der bedeutendsten Architekturdenkmäler Nordpolens. Auf einer kleinen Anhöhe über dem Bodden entstand der Sakralbau in über 200-jähriger Bautätigkeit auf dem Grundriss eines lateinischen Kreuzes. 1385 war er vollendet und präsentiert sich seitdem in dieser altehrwürdigen Gestalt. Nur der monolithische Backsteinturm mit seinem ausladenden grünen Kupferdach ist jüngeren Datums. Nach zwei Vorgängern, von denen der erste wohl bereits im Dreißigjährigen Krieg zusammenstürzte, wurde dieser Turm in den 1930er Jahren errichtet.

Innen wurde die Kirche von Generationen fürstlicher Gönner beschenkt. Ein wertvolles Triptychon aus dem späten 15. Jahrhundert und ein gotisches Taufbecken zeugen noch von den Jahren vor der Reformation, die spätere Einrichtung geht überwiegend auf Stiftungen des Fürsten *Ernst Bogislav von Croy* im 17. Jahrhundert zurück. So auch die reich mit Schnitzwerk und Malerei verzierte **Barockorgel,** die der Fürst 1669 bei *Michael Birgel,* Schwiegersohn des berühmten Orgelbaumeisters *Friedrich Stellwagen,* in Auftrag gab. 1672 war das Instrument mit 47 Registern und 3300 Stimmen fertiggestellt. Seit 1965 kommt es nicht mehr nur zum Gottesdienst, sondern

054po Foto: kj

auch alljährlich im Sommer im Rahmen des Internationalen Festivals der Orgel- und Kammermusik zum Klingen. Seit nunmehr über 40 Jahren sind dann die weltbesten Organisten in der Katedra św. Jana zu Gast.

An die Nordflanke des Gotteshauses schließt sich ein idyllischer **Klostergarten** rund um den **gotischen Kreuzgang** mit Epitaphen verschiedener Bischöfe an. Es ist der einzige aus historischen Zeiten, der in Pommern vollständig erhalten blieb. Das **Kirchenmuseum** im Obergeschoss zeigt Schemen uralter Fresken und außerdem Reste des einst gewaltigen Domschatzes, der während der Gefechte im Frühjahr 1945, als die Front an der Dievenow stand, verloren ging.

Mehr als zwei Drittel Kamień Pomorskis wurden im Zweiten Weltkrieg zerstört, nur wenige Bauwerke haben die Schrecken überdauert. So das **ehemalige Bischofspalais** gegenüber vom Dom, vom 14. bis zum 17. Jahrhundert Sitz der Bischofskurie. Heute befindet sich hier u.a. ein katholisches Kulturzentrum.

Vom Dom wenige Schritte nordostwärts die Straße hinauf, hält sich die sonnengelb leuchtende **Kirche der allerheiligsten Jungfrau Maria** (Kościół Najświętszej Marii Panny), die ihre gegenwärtige Gestalt Mitte des 17. Jahrhunderts erhielt, ein wenig im Hintergrund.

Kurz darauf ist auch schon der **Alte Markt** mit dem gotischen **Rathaus** im Zentrum erreicht. Das stufengiebelgeschmückte Backsteinbauwerk entstand ursprünglich an der Wende vom 13. zum 14. Jahrhundert und wurde nach seiner Zerstörung im Zweiten Weltkrieg 1969 originalgetreu wieder aufgebaut.

Unterhalb geht der Blick auf die kleine **Seebrücke** am Boddenufer, wo sich bei ruhigem Wetter die **Angler** aufreihen und auf das Beißen von Plötzen und Brassen warten. Bei kräftiger Brise kann man das Kreuzen der **Windsurfer und Segler** beobachten. In der Sommersaison trägt das **Piratenschiff „Victoria"** seine Gäste mehrmals am Tag von Kamień über den Bodden nach Dziwnów am Ostseestrand.

Reste der mittelalterlichen **Stadtbefestigung** ziehen sich am Ufer ent-

053po Foto: ki

lang, durch die einmal fünf basteibewehrte Tore Einlass nach Cammin gewährten. Eines von ihnen, das **Wolliner Tor** (Baszta Wolińska) westlich vom Alten Markt, ist noch erhalten. Seine 700-jährigen Backsteinmauern beherbergen das **Museum der Steine** (Muzeum Kamieni), das mit Mineralien, regionalen archäologischen Funden und außerdem einer Dinosaurierausstellung aufwartet. Vom zinnengekrönten Turm genießt man einen schönen Blick über den Bodden.

Praktische Tipps

Info

- **Homepage der Stadt:** www.kamienpomorski.pl.

Unterkunft und Gastronomie

- **Hotel Staromiejski („Nad Zalewem")**€€€, ul. Rybacka 3, 72-400 Kamien Pomorski, Tel. (091) 3822644, Fax 3822643, www.hotelstaromiejski.pl. Schönes Hotel am Alten Markt mit allem Komfort und angeschlossenem Restaurant, Zimmer mit Boddenblick. Etwa 170 Zł.
- **Hotel Pod Muzami**€€€, ul. Gryfitów 1, 72-400 Kamien Pomorski, Tel./Fax (091) 382 2241, www.podmuzami.pl. Reizvolles, kleines Fachwerkhotel, ebenfalls am Alten Markt. Mit Restaurant. Etwa160 Zł.

Das Rathaus von Kamień Pomorski

Museen und andere Sehenswürdigkeiten

- **Kathedralmuseum,** im Dom St. Johannes, Mo–Sa 9–18 Uhr, So 13–18 Uhr, nur im Rahmen einer Führung ab zehn Personen, die sich vorher zusammenfinden müssen.
- **Museum der Steine,** im Wolliner Tor, Juli/Aug. tgl. 11–17 Uhr, sonst Di–So 11–17 Uhr.

Kulturelle Veranstaltungen

- **Internationales Festival der Orgel- und Kammermusik,** Ende Juli bis Anfang Sept. jeden Fr 19 Uhr in der Kathedrale. Auskunft und Kartenbestellung Tel. (091) 3820541.

Aktivitäten

- **Segeln und Surfen:** im Wassersportzentrum, ul. Wilków Morskich 4, Tel. (091) 382 0882. Kajak- und Segelbootverleih.

Von Kamień Pomorski nach Trzebiatów ⇗ II-III/B-C2

Hinter Kamień Pomorski scheiden sich die Wege, die zur Kleinstadt Trzebiatów führen. Wählt man die **Straße 103** quer über das Land, lohnt ein kurzer Zwischenstopp in **Świerzno (Schwirsen),** um einen Blick auf das dreiflügelige Fachwerkschloss zu werfen, in dem einst die Gutsherren *von Fleming* residierten. 1718–30 wurde es erbaut, stand nach dem Zweiten Weltkrieg jahrzehntelang leer und befindet sich nun seit 1999 in Rekonstruktion. Die hübsche kleine **Fachwerkkirche** gleich am Ortseingang links stammt aus dem Jahr 1681.

Die zumindest zur Sommerzeit beliebtere Strecke ist natürlich die **Straße**

102 an der **Küste** entlang. Nahezu lückenlos reihen sich in den Kiefern- und Laubmischwäldern von Łukęcin bis Pogorzelica Hotels, Pensionen, Ferienheime, Campingplätze, Biwaks, Schnellrestaurants, Marktbuden und Lunaparks aneinander. Die ehemaligen Fischerdörfer Pobierowo, Trzęsacz, Niechorze und Pogorzelica und in ihrer Mitte die Gemeindestadt Rewal zählen zu den **meistbesuchten Badeorten der Region.** Willkommen also im polnischen Rimini!

Pobierowo

↗ V/D1

Wenn die fünf Grazien auch gewöhnlich in einem Atemzug genannt werden, präsentieren sie sich doch mit einem jeweils recht unterschiedlichen Charakter. Das westliche Pobierowo **(Poberow)** ist die unangefochtene Party-Königin. Über vier Kilometer verläuft die Amüsiermeile ul. Grunwaldzka parallel zum Meer, beidseitig nahezu nahtlos mit Biergärten, Bars, Buden und Diskotheken bestückt, in denen die Nacht zum Tag gemacht wird; dahinter liegen, wie auf der Schnur aufgereiht, Pensionen und zahlreiche Ferienheime. Kurz, in Pobierowo steppt der Bär.

Unterkunft und Gastronomie

- **Pension Meereslicht**€€€€, ul. Grunwałdzka 18, 72-346 Pobierowo, Tel. (D) 0049 (0)160-96430336, www.meereslicht.com. 2006 frisch renoviertes, freundliches Haus unter hohen Kiefern, an der Partymeile Grunwaldzka, aber im ruhigeren westlichen Abschnitt, wenige Schritte zum Strand. Etwa 210 Zł.

Camping

- **Camping 7 Żab,** ul. Moniuski 10, 72-346 Pobierowo, Tel. (0503) 962137, Fax (091) 3864373. Etwas abseits von Pobierowos Partytrubel im Kiefernwald gelegen; die Zufahrt ist von der Landstraße aus ausgeschildert.

Jugendherberge

- **Jugendherberge,** ul. Mickiewicza 19, 72-346 Pobierowo, Tel./Fax (091) 3684243, ganzjährig.

Aktivitäten

- **Reiten:** Gestüt Red Lion Farm im Dorf Redliny (sieben Kilometer südlich von Pobierowo, Straße Richtung Świerzno). Wohnen kann man dort auch. Die Zimmer sind mit TV und Duschbad ausgestattet (um 120 Zł.); Reiterpension Red Lion Farm, Redliny 7, 72-405 Świerzno, Tel./Fax (091) 3832731, www.redlionfarm.com.

Trzęsacz

↗ V/D1

Fünf Kilometer östlich schließt sich Trzęsacz **(Hoff)** an, die kleinste und älteste Ortschaft der Gemeinde Rewal. Hoch auf dem Steilufer über dem Strand veranschaulicht die **Ruine einer gotischen Kirche,** um wie viel die Ostsee im Lauf der Jahrhunderte näherrückte. Als der Backsteinbau im 14. Jahrhundert eingeweiht wurde, befand er sich mitten im Dorf, 1800 Meter vom Strand entfernt. 1820 waren es nur noch 13 Meter, 1874 wurde in der Kirche die letzte Messe gelesen, 1901 brach das ausgespülte Kliff mitsamt einem großen Teil des Gotteshauses weg und stürzte in die Tiefe. Ende des 20. Jahrhunderts standen schließlich nur noch die drei ziegelgemauerten Bögen der Rückfront. So gründete sich 1999 der Verein Ratujmy Trzęsacz (Retten wir Tręsacz), und es gelang ihm tatsächlich, bis 2005 das Steilufer so zu befestigen, dass Wind und Wellen den letzten Mauerresten so schnell nichts mehr anhaben können. Ein **Museum** am Strandzugang vor der Kirchenruine zeichnet ihre Geschichte in einer Multimediashow nach.

Oben auf dem Küstenkliff kann man, mit schöner Sicht über die Ostsee, auf einem Spazierweg ostwärts ins nahe Rewal wandern. An Trzęsacz führt auch der **Fernwanderweg Ostsee – Atlantik** vorbei (für die, die noch weiter wollen), und ein Reiterhof bietet Ausflüge zu Pferde und in der Kutsche an. Nicht zu vergessen: Der Ort liegt exakt auf dem 15. Meridian östlicher Länge, nach dem die **mitteleuropäische Zeit** eingestellt wird.

Museen und andere Sehenswürdigkeiten

- **Multimediamuseum auf dem 15. Meridian,** ul. Klifowa 3b in Trzęsacz am zentralen Strandzugang, Juli/Aug. tgl. 8–19 Uhr, Mitte März bis Juni und Sept. bis Mitte Okt. tgl. 8–16 Uhr, im Winterhalbjahr Di–So 8–13 Uhr. Zum Museum gehören außerdem ein Café und eine kleine Touristeninformation.

Aktivitäten

- **Schmalspureisenbahn:** Anfang Juni bis Mitte Sept. tgl. mehrmals ab den Bahnhöfen Trzęsacz, Rewal, Niechorze und Pogorzelica.

Rewal

↗ V/D1

Vergleichsweise ruhig und familiär geht es in der Gemeindestadt Rewal **(Rewahl)** zu. 690 ständige Einwohner klein, verfügt es nichtsdestoweniger über eine breite Übernachtungsbasis sowie ein vielfältiges touristisches Angebot. Neben Baden und Sonnenbaden lockt in der Sommerzeit ein bunter Strauß von **Konzerten und Veranstaltungen** die Urlauber an. Im Amphitheater steht Musikalisches für Jung und Alt auf dem Programm, und die Strandnixenparade zum polnischen Finale der „Miss Baltic"-Wahl alljährlich in der zweiten Julihälfte darf man gewiss als formvollendet bezeichnen.

Der **Name Rewal** leitet sich von dem alten Wort „Rev" ab, das „Sandbank" bedeutet. Und tatsächlich ist der **Strand,** der sich ohne Unterbrechung über den gesamten 20 Kilometer langen Küstenabschnitt der Gemeinde erstreckt, fein wie Puderzucker. Darüber hinaus zählt das **Wasser** zur ersten Gütekategorie, was insgesamt die Beliebtheit der Badeorte erklärt. Eine Strandwanderung von Rewal östlich in Richtung Niechorze wird allerdings schon bald von einem wild gewürfelten Meer aus Betonblöcken unterbrochen, die den im Winter peitschend am Steilufer nagenden Ostseewellen Einhalt gebieten sollen.

Info

- **Touristeninformation,** ul. Szkolna1, 72-344 Rewal (östlicher Ortseingang im Sportzentrum an der Schule), Tel. (091) 3862629 und 3862994, cipr@rewal.pl, Mo–Fr 8–21 Uhr, Sa/So 9–16 Uhr.
- **Homepage der Gemeinde Rewal:** www.rewal.pl.

Unterkunft

- **Zimmervermittlung** in der Touristeninformation.

• **Pensjonat Sedina**€€€€, ul. Mickiewicza 15, 72-344 Rewal, (wenige Meter vom Rathaus entfernt), Tel./Fax (091) 3862572, www.sedina.ta.pl. Reizende Pension, ausgesprochen geschmackvoll und elegant eingerichtet, mit kleinem Garten, Pool und Sauna, 150 Meter vom Strand. Man spricht Deutsch und Englisch. Etwa 200 Zł.

• **Hotel Rancho**€€€, ul. Szkolna 16, 72-344 Rewal, Tel./Fax (091) 3862613, www.rancho.maxmedia.pl. Rustikales Haus mit schönem Garten und Bar, in der ab und zu Schlagersänger den Abend bestreiten. Etwa 150 Zł.

Camping

• **Camping Nr. 192 Klif,** ul. Kamieńska 2, 72-344 Rewal, Tel./Fax (091) 3862618, www.klif.pti.pl. Baumgerahmter Wiesenplatz an der Straße 102 direkt am westlichen Ortseingang, mit Gastronomie, Einkaufsladen und Campinghäuschen, 1.4.–30.9.

Aktivitäten

• **Schmalspureisenbahn:** Anfang Juni bis Mitte Sept. tgl. mehrmals ab den Bahnhöfen Trzęsacz, Rewal, Niechorze und Pogorzelica.

Niechorze

↗ V/D1

Eine andere Möglichkeit, das Kliffküstenland zu erkunden, ist die 45 Meter hohe Plattform des **Leuchtturms** bei Niechorze **(Horst)** zu erklimmen. 1866 erstrahlte erstmals sein Leuchtfeuer, damals im wörtlichen Sinne, denn es handelte sich um eine Öllampe mit vier Dochten. Heute ist das Licht im Umkreis von 36 Kilometern zu sehen. 210 Stufen genau muss man erklettern, um auf die Aussichtsgalerie zu gelangen und sich mit einem herrlichen Rundumblick über das Land und die Ostsee belohnen zu lassen.

Der Ort selbst, schaut man einmal zehn Jahre zurück, ist kaum mehr wiederzuerkennen. Unter Kiefern ist rund um eine Handvoll historischer Fischerkaten ein komplett neuer Ort entstanden, der sich, was **Partyspaß** und fröhliches Remmidemmi betrifft, hinter Pobierowo nicht verstecken muss. Kulturell wartet er mit einem kleinen **Fischereimuseum** auf, das Meeresfauna und mit allerlei Handwerkszeug den Alltag der Ostseefischer dokumentiert. Auf dem Freilichtgelände sind Fischkutter ausgestellt.

Info

• **Touristeninformation,** al. Bursztynowa 28 (im Fischereimuseum), 72-350 Niechorze, Tel. (091) 3863250, Juli/Aug. tgl. 10–20 Uhr.

Unterkunft

• **Pensjonat Dworek Prawdzic**€€€€, ul. Szczecińska, 72-350 Niechorze, Tel. (091) 386 3563, www.prawdzic.ta.pl. Großes, vornehmes, mit Stilmöbeln und eigenem Pool ausgestattetes Haus vor den Dünen fast am Strand. Etwa 220 Zł.

• **Ferienhaus Wiatrak Holenderski**€€, Lędzin, 72-343 Karnice, Tel. (091) 4220895, www.rotal.pl (englische Version anklicken). Ausgesucht apart eingerichtete Gästezimmer in einer liebevoll restaurierten Holländerwindmühle, umgeben von einem schönen Garten. Unbedingt rechtzeitig beim Eigentümer *Józef Jaszczerski* reservieren! Anfahrt: ca. vier Kilometer südlich von Niechorze im Weiler Lędzin an der Landstraße 110 via Gryfice. Etwa 90 Zł. ohne Frühstück.

Camping

• **Camping Nr. 208 Pomona,** ul. Polna 25, 72-350 Niechorze, Tel. (091) 3863445, www.pomona.tp1.pl. Sehr gepflegter, attraktiver Gartenplatz zu Füßen des Leuchtturms (nicht zu verwechseln mit dem Rumpelcamping in der Nachbarschaft!), im Haus ein Restaurant und Gästezimmer, Anfang Mai bis Mitte Okt.

Museen und andere Sehenswürdigkeiten

- **Fischereimuseum,** al. Bursztynowa 28 im Ortszentrum, Juni bis Mitte Sept. tgl. 10–20 Uhr, sonst Di–So 10–14 Uhr.
- **Leuchtturm,** Juni bis Mitte Sept. tgl. 10–18 Uhr.

Aktivitäten

- **Schmalspureisenbahn:** Anfang Juni bis Mitte Sept. tgl. mehrmals ab den Bahnhöfen Trzęsacz, Rewal, Niechorze und Pogorzelica.

Pogorzelica

V/D1

Kurz darauf geht es in Pogorzelica **(Fischerkaten),** der östlichsten der fünf Grazien, wieder beschaulicher zu. Ferien- und Erholungsheime prägen das Bild in dem besonders bei **Familien** geschätzten Ort. Hier hat man Zeit, zieht morgens zum Strand und abends durch die etwa zehn Straßen, die Pogorzelica ausmachen. Oder man fährt mit der lustigen **Schmalspurdampfeisenbahn,** dem 100-jährigen **Ciuchcia-Ekspres.** Von Anfang Juni bis Mitte September schuckelt die 1896 eröffnete Bahn mit 25 Stundenkilometern durch die schöne Umgebung. Dabei verbindet sie die Badeorte Tręsacz, Rewal, Niechorze und Pogorzelica mit der Kreisstadt Gryfice knapp 30 Kilometer südlich im Hinterland.

Eine Weiterfahrt von Pogorzelica aus direkt an der Küste entlang Richtung Kołobrzeg verhindert ein **militärisches Sperrgebiet.**

Aktivitäten

- **Schmalspureisenbahn:** Anfang Juni bis Mitte Sept. tgl. mehrmals ab den Bahnhöfen Trzęsacz, Rewal, Niechorze und Pogorzelica.

055po Foto: kj

In Lędzin kann man in einer liebevoll restaurierten Windmühle übernachten

Trzebiatów

III/C2

Wie die meisten Orte in der Region, war auch Trzebiatów **(Treptow an der Rega)** im 12. Jahrhundert ein kleiner Burgflecken, wie die anderen Städtchen trat es im 14. Jahrhundert der Hanse bei und blühte auf. Doch im Gegensatz zu den anderen blieb es von den Verheerungen des Zweiten Weltkriegs zwar nicht verschont, erlitt aber weniger Schaden.

Zentrum der verschlafenen Kleinstadt an der Rega ist ein quadratischer **Marktplatz,** um den herum sich restaurierte oder noch in Wiederherstel-

056po Foto: ki

lung begriffene **Bürgerhäuser** in schlichtem Barock und klassizistischem Gewand gruppieren. Die Mitte des Platzes nimmt das 1700 erbaute **Rathaus** ein. In der spätgotischen **Heilig-Geist-Kapelle** um die Ecke ul. Wojska Polskiego/ul. Daszyńskiego wurde 1534 die Einführung der Reformation in Pommern beschlossen. Der im Städtchen Wolin geborene Reformator *Johannes Bugenhagen* (1485–1558) arbeitete als Religionslehrer an der Ratsschule in Treptow, bevor er – nach anfänglich erbittertem Widerstand gegen die radikale lutherische Lehre und später ihr flammender Anhänger – 1523 nach Wittenberg zog. Nur wenig östlich von der Heilig-Geist-Kapelle, am Ufer der Rega, ziehen sich die Ruinen der mittelalterlichen Stadtbefestigung mit dem **Grützturm** (Baszta Kaszana) entlang.

Den 90 Meter hohen Turm der Marienkirche kann man erklimmen

Nördlich des Marktes ist die **Marienkirche** (Kościól Mariacki) zu sehen, eine 1303–70 erbaute Hallenkirche mit einem hübschen Sternengewölbe aus dem 15. Jahrhundert in ihrem Inneren. Ihren 90 Meter hohen Kirchturm kann man im Sommer besteigen. Über streckenweise verwegen steile Steinstufen geht es zunächst auf den knarrenden Dachstuhl zur Glockenbesichtigung hinauf (die 1515 gegossene Maria-Glocke ist mit 7,2 Tonnen Gewicht eine der schwersten in Polen, die Gabriel-Glocke aus dem 14. Jahrhundert ist eine der ältesten Glocken des Landes). Ganz oben angelangt, hat man einen hübschen Blick auf die Dächer Trzebiatóws, der die Mühen des Aufstiegs vergessen macht.

Praktische Informationen

Info

- **Touristeninformation,** Rynek 1 (im Rathaus), 72-320 Trzebiatów, Tel. (091) 387 2984, Mo–Fr 10–18 Uhr, Sa 10–14 Uhr.
- **Touristeninformation,** ul. Witosa 9 (um die Ecke vom Markt), 72-320 Trzebiatów, Tel. (091) 3872445, Mo–Fr 10–15 Uhr.
- **Homepage der Stadt:** www.trzebiatow.pl.

Unterkunft und Gastronomie

- **Zimmervermittlung** in den Touristeninformationen.
- **Hotel Dworek nad Rega**€€€€€, Nowielice, 72-320 Trzebiatów, Tel. (091) 3870687, www.dworek-rega.pl. Im Jahr 2005 eröffnetes schmuckes Anwesen im Landhausstil, in einem sechs Hektar großen Park an der Rega gelegen, mit Schwimmbad und Wellnessbereich, knapp zwei Kilometer nördlich von Trzebiatów am Ortseingang von Nowielice. Angeschlossen ist ein empfehlenswertes Restaurant. Etwa 250 Zł.

Jugendherberge

- **Jugendherberge,** ul. Długa 11, 72-320 Trzebiatów Tel. (091) 3872771, Fax 3870065, Juli/Aug.

Aktivitäten

- **Reiten:** Das Gestüt in Nowielice mit rund 300 Pferden (zwei Kilometer nördlich von Trzebiatów Richtung Mrzeżyno) gibt es bereits seit 1629. Zum Gut gehört ein einfaches Gästehaus. Stadnina Koni Nowielice, 72-320 Trzebiatów, Tel. (091) 3872371, Fax 3872553.

Ausflug nach Gryfice ↗ II/B2

20 Kilometer südlich von Trzebiatów bzw. 30 Kilometer südlich vom Meeresstrand liegt die 16.000 Einwohner große Kreisstadt Gryfice (**Greifenberg in Pommern**) am Mittellauf der Rega. 1262 wurde ihr von Pommernherzog *Wartislaw III.* das Stadtrecht verliehen, 1365 trat sie der Hanse bei, und der wirtschaftliche Aufschwung begann. So waren bald ausreichend finanzielle Mittel vorhanden, den Ort rund um einen großen Markt mit einer stattlichen Wehrmauer zu umziehen.

Zwei der drei alten **Stadttore** aus dem 15. Jahrhundert, nicht weit vom Marktplatz entfernt, sind noch erhalten: östlich das Steintor (Brama Kamiena) sowie westlich das Hohe Tor (Brama Wysoka), in dem sich heute das **Stadtmuseum** befindet.

Am Markt selbst erfolgte bereits Ende des 13. Jahrhunderts die Grundsteinlegung zur backsteinernen **Marienkirche** (Kościół Mariacki). 1658 fiel der dreischiffige Hallenbau einer verheerenden Feuersbrunst zum Opfer, zehn Jahre später war er wieder hergestellt. Die Barockhaube erhielt der Kirchturm im 18. Jahrhundert. Aus den Jahren um 1700 stammen die Barockkanzel und der ebenfalls barocke Hochaltar.

Am 1. Juli 1896 wurde in Gryfice mit großem Bahnhof die **Pommersche Schmalspurbahn** in Betrieb genommen. Anno dazumal ein wichtiges Fernverkehrsmittel, dient die Miniatur-Eisenbahn heute vor allem den Badegästen. Von Anfang Juni bis Mitte

September verbindet der Ciuchcia-Ekspres auf schmalem Gleis Gryfice mit den Ostseebädern Trzęsacz, Rewal, Niechorze und Pogorzelica. Ein kleines **Museum** im Bahnhofsgebäude erinnert an seine über 100-jährige Geschichte.

Auf dem Weg von Trzebiatów nach Gryfice lohnt im Dorf **Kłodkowo** ein kurzer Blick in die gotische **Backsteinkirche** aus dem 15. Jahrhundert. Auf Findlingsfundamenten aufgebaut und mit einem hölzernen Kirchturm versehen, ist sie gewiss keine kunsthistorisch bedeutende Sehenswürdigkeit. Doch mit ihrer einfachen und zugleich fantasievollen ländlichen Ausstattung erzählt sie vom gläubigen Leben auf dem katholischen Land.

Museen und andere Sehenswürdigkeiten

- **Stadtmuseum** im Hohen Tor am Marktplatz, Di–So 10–18 Uhr.

Mrzeżyno und Dźwirzyno

III/C2

Nördlich von Trzebiatów führt die Straße 109 zum kleinen Fischereihafen und Urlaubsort **Mrzeżyno (Treptower Deep).** Zwischen dem Mündungsarm und dem Altarm der Rega nahe dem Resko-Przymorskie-See liegt Mrzeżyno inmitten von Wiesen, Mooren und Heideland an einem dünengeschützten **Ostseestrand,** von dem nicht wenige meinen, er sei der **allerschönste in der ganzen Region.** Einst zog es darum viele Maler in diese herrliche Natur. *Lyonel Feininger* (1871–1956) zum Beispiel weilte immer wieder gerne hier, bevor er dem nationalsozialistischen Deutschland 1937 den Rücken kehrte.

So attraktiv, wie die weißen Sandstrände von Mrzeżyno und auch auf der kiefernbestandenen Nehrung zwischen Ostseewellen und Resko-Przymorskie-See sind, blieben sie vom modernen **Tourismus** natürlich nicht unentdeckt. Zahlreiche Ferien- und Erholungsheime laden heute zum ausgedehnten Sommerurlauben ein und sorgen für die aktive Freizeitgestaltung ebenso wie für ein erholsames Kur- und Wellnessprogramm.

Achtung: Folgt man bei Mrzeżyno der Straße über die Rega-Brücke, die dann als hübsche Pflastersteinchaussee durch den Wald westwärts in Richtung Niechorze/Rewal verläuft, landet man gut drei Kilometer später vor der Kaserne am **militärischen Sperrgebiet.** Von dort ist kein Weiterkommen. Offiziell dürfen nicht einmal die Waldwege, die vom Straßenpflaster abgehen, betreten werden.

Folgt man von Mrzeżyno aus der Straße ostwärts über die Nehrung Richtung Dźwirzyno, erinnert noch manches Bauwerk daran, dass das Militärgebiet früher sogar um einiges größer war. Auf dem ehemaligen Fluglandeplatz, zu dem sich das Asphaltband an einer Stelle erweitert, kampieren am Waldrand mittlerweile **Wohnmobilisten** (unerlaubterweise, denn wildes Campen ist in Polen verboten), und der Wald vor dem Dünenstrand hat sich, jahrzehntelang unberührt, zu einem prächtigen **Urwald** entwickelt. Gleich am Anfang der Nehrung, malerisch am Seeufer gelegen, bieten Hotel und Campingplatz Wiktoria (unten) Unterkunft in einer ehemaligen Kaserne.

Am östlichen Ende des schmalen Landstrichs, der Salz- und Süßwasser voneinander trennt, liegt **Dźwirzyno (Kolberger Deep).** Das erste Mal im 12. Jahrhundert in Dokumenten erwähnt, war es stets ein winziges Fischernest, bis man es Ende des 19. Jahrhunderts als Sommerfrische ausmachte. Heute besteht an Ferienheimen, Hotels und Pensionen kein Mangel, und auch für Leib und Magen wird gut gesorgt. Hinter Strand, Segel-, Windsurf- und Fischereihafen reihen sich Buden und Restaurants aneinander. In der Hochsaison geht es hoch her, und sollte es einmal regnen, wartet das nahe Kołobrzeg mit einem abwechslungsreichen Kulturprogramm.

Unterkunft/Camping

- **Erholungsheim Venus**€€, ul. Bursztynowa 6, 72-330 Mrzeżyno, Tel. (091) 3866230, Fax 3866171, www.venus.ta.pl. Großzügige Anlage mitten im Kiefernwald, fünf Spazierminuten zum Dorf, 100 Meter zum Strand; mit Tennisplatz, Schwimmbad, Sauna und vielen weiteren Annehmlichkeiten. Am östlichen Ortseingang nach der Ortstafel und Bushalte in die ul. Nadmorska einbiegen, ab dort ausgeschildert. Etwa 120 Zł.
- **Hotel und Camping Wiktoria**€€, Rogowo 90, 72-330 Mrzeżyno, Tel. (0601) 331040, www.wiktoria-rogowo.pl. Am westlichen Eingang zur Nehrung in einem ehemaligen Kasernengebäude, die Ausstattung schlicht, die Lage am Seeufer malerisch. Etwa 80 Zł. ohne Frühstück.
- **Camping Nr. 193 Rega,** ul. Letniskowa 34, 72-330 Mrzeżyno, Tel. (091) 3866239. Kleiner Wiesenplatz, lauschig an der Rega kurz vor ihrer Mündung gelegen (südlicher Ortseingang), mit Wassersportgeräteverleih, Anfang Mai bis Ende Sept.
- **Camping Nr. 88 Biała Mewa,** ul. Wyzwolenia 48h, 78-131 Dźwirzyno, Tel. (094) 358 5402, Fax 3526008, www.camping88.dzwirzyno.pl. Weitläufiger Platz, 300 Meter vom Strand entfernt, mit Laden, Bar und Campinghäuschen, Mitte Mai bis Mitte Sept.

Kołobrzeg

III/C2

Die Geschichte von Kołobrzeg **(Kolberg)** lässt sich auf drei Arten erzählen: als die des Salzes, des Krieges und der Kuren. Die Sage berichtet, dass vor langer Zeit ein Herzog von Pommern in den hiesigen Wäldern jagte, wobei ein Hirsch seinen Hund schwer verletzte. Als der Herzog dem Tier daraufhin an einer Quelle die Wunden auswusch, bildete sich auf dessen Fell ein kristallener Belag, wodurch der Herzog entdeckte, dass das Quellwasser salzhaltig war.

Salzsieden und Salzhandel begründeten den Reichtum der heute knapp 50.000 Einwohner großen Stadt, die im Jahr 2000 mit zahlreichen Veranstaltungen die Millenniumsfeier der Bistumsgründung durch Herzog *Bolesław Chrobry* und Kaiser *Otto III.* beging. Seit dem Jahr 1000 ist Kołobrzeg Bischofssitz, 1255 erhielt es die Stadtrechte und war bald darauf auch Mitglied der Hanse. Bis zum Ende des 18. Jahrhunderts florierte die Solewirtschaft. Dann aber wurden die mitteldeutschen und schließlich die engli-

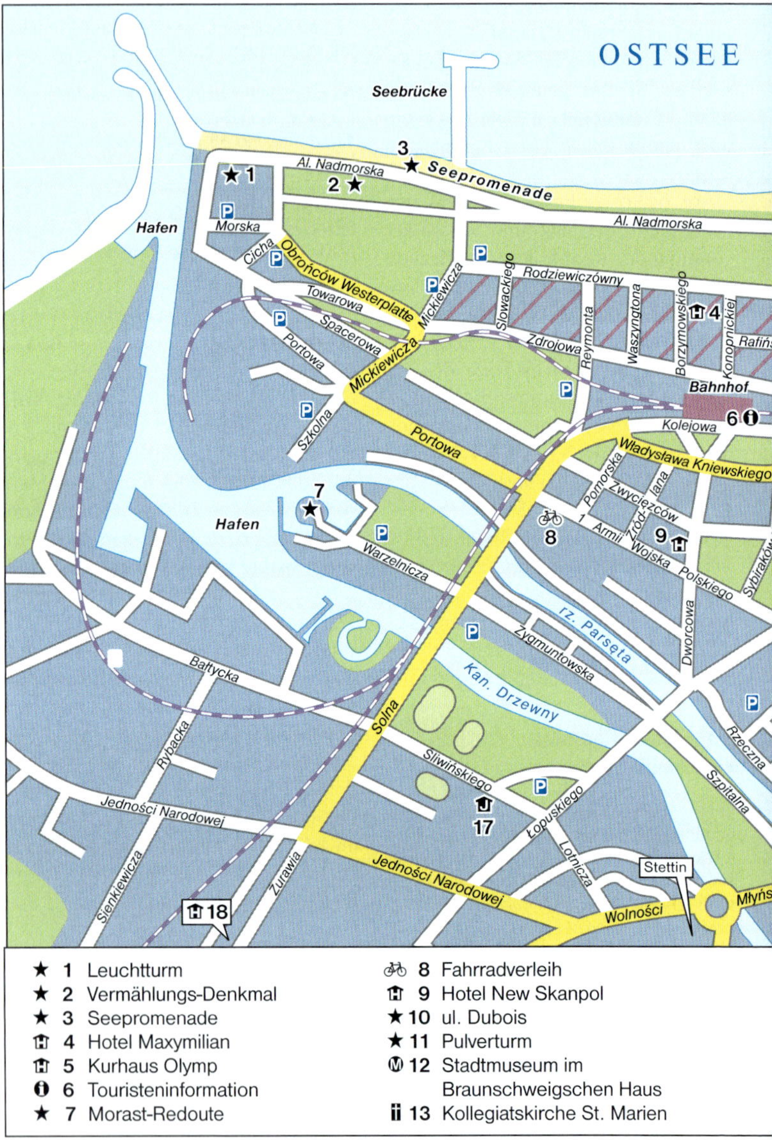

★ 1 Leuchtturm
★ 2 Vermählungs-Denkmal
★ 3 Seepromenade
4 Hotel Maxymilian
5 Kurhaus Olymp
6 Touristeninformation
★ 7 Morast-Redoute
8 Fahrradverleih
9 Hotel New Skanpol
★ 10 ul. Dubois
★ 11 Pulverturm
12 Stadtmuseum im Braunschweigschen Haus
13 Kollegiatskirche St. Marien

14 Zentrum für Promotion und Touristeninformation
★ 15 Rathaus und Kunstgalerie
16 Museum der Polnischen Waffe
17 Jugendherberge
18 Pensjonat Amigo
19 Hotel Pałac Budzistowo
20 Camping

Kurviertel

060po Foto: kj

Der Leuchtturm von Kołobrzeg

schen Konkurrenten so stark (d.h. sie produzierten, die Importkosten mit eingerechnet, um beinahe die Hälfte billiger), dass die preußische Regierung 1858 die weitere Ausbeutung der unrentablen Kolberger Salzgärten nicht länger genehmigte und die traditionelle Salzsiederei eingestellt werden musste.

Zu dieser Zeit war der erste als geheilt bekannte Kolberger **Kurgast** bereits ein uralter Mann. Es war ein Herr namens *Held*, der in Kolberg 1802/03 eine Haftstrafe verbüßte und den die Stadt auch danach noch derart gefangen nahm, dass er den ersten „Stadtführer über die Seebadeanstalt Kolberg" schrieb. Darin ist es nachzulesen: 300 regelmäßige Bäder im Meer haben Herrn *Helds* Lebenskraft wiederhergestellt. Ein weiterer berühmter Gefangener ist **Turnvater Jahn,** der in Kolberg eine fünfjährige Festungshaft absaß, und die berühmtesten Söhne der Stadt sind **Magnus Hirschfeld** (1868–1935), Nestor der Sexualforschung, sowie **Egon Krenz** (€1937), letzter Staatsratsvorsitzender der DDR.

Schon vor dem Ersten Weltkrieg war Kolberg mit seinen Mineralwassern ein Kurort von europaweitem Ruf. In der Zeit zwischen den Kriegen zählte man fast eine halbe Million Übernachtungen pro Jahr, und heute ist Kołobrzeg mit jährlich gut 100.000 Heilung suchenden Gästen der **größte Kurort der Region.** Im Zuge des Wiederaufbaus der 1945 völlig zerstörten Stadt errichtete man viele neue Sanatorien und zusätzlich zahlreiche Betriebssanatorien. Kołobrzeg verfügt über mehr als 50 Genesungsstätten und außerdem über zwei Naturheilanstalten. Seit den 1970er Jahren wird auch die Heilkraft der umliegenden Moorvorkommen genutzt. Im Verbund mit der jodhaltigen Seeluft und den solehaltigen Quellwassern lindern und heilen sie Kreislauf- und Atemwegserkrankungen, rheumatische Beschwerden, Stoffwechselprobleme und vieles andere mehr.

Eine ganz andere, furchtbare Geschichte ist die von **Kolbergs Zerstörungen:** Im Dreißigjährigen Krieg (1618–48) zum ersten Mal niedergebrannt, begannen die Schweden mit dem Aufbau zur Festungsstadt, unter preußischer Herrschaft wurde er fortgesetzt. Während des Siebenjährigen Krieges (1756–63) eroberten russische Truppen das nun stark befestigte Kolberg. Wiederum wurde es fast vollständig zerstört. 1807 stand dann das napoleonische Heer vor den Stadttoren. Während der Verteidigungskämpfe, die General *Gneisenau* und *Joachim Nettelbeck* anführten, verbrannten die Vorstädte, und auch das Zentrum ging abermals in Feuer und Asche auf. Die verheerendsten Verwüstungen aber erlitt Kolberg im März 1945. Die seit den Freiheitskriegen in Deutschland legendäre, weil angeblich niemals eroberte „Festung Kolberg" wurde Schauplatz des bis zum „Endsieg" verführten, wahnwitzigen deutschen Durchhaltewillens. Nach entsetzlichen Schlachten wurde Kolberg am 18. März 1945 von polnischen und russischen Truppen eingenommen. Die nationalsozialistische Epoche hatte damit hier ihr Ende gefunden. Doch die Stadt war restlos zerstört.

Sehenswertes

Im Kurpark erinnert zwischen Hafenmole und Seebrücke ein nicht sehr hübsches, aber recht hohes **Denkmal** an den siegreichen 18. März 1945, den **„Tag der symbolischen Vermählung Polens mit der Ostsee".** Rechter Hand ziehen sich, wie allerorts in den polnischen Kurbädern, hinter dem Sandstrand eine Reihe von Hotels und Pensionen und in Kołobrzeg zusätzlich Sanatorien entlang.

Was den **Sandstrand** betrifft, wurde er in Reiseführern stets mit dem Attribut „breit" bedacht. Doch der Sturmwinter 2004 spülte ihn einfach davon, nicht nur in Kołobrzeg, sondern auf weiten Abschnitten der westpommerschen Ostseeküste. Mit Hilfe von Hopperbaggern, die Sand vom Meeresboden aufnehmen und am Gestade ablegen, wird er seitdem wiederhergestellt. Die Unternehmung ist mühselig,

Der „Totale Film“

„Der bedeutendste Ort an der Küste ist Kolberg, eine Stadt von 23.000 Einwohnern, einst eine **berühmte Festung,** die in den Kriegen des 18. Jahrhunderts und außerdem in der Napoleonzeit eine große Rolle spielte, berühmt vor allem durch die heldenmütige Verteidigung durch Nettelbeck und Gneisenau.“ So berichtet 1912 Professor *Dr. Deecke* in seiner „Landeskunde von Pommern“ von der alten Stadt Kolberg. Die Wehrvorrichtungen der „berühmten Festung“ wurden zwar 1872 schon abgebaut, doch sollten sie im „Totalen Krieg“, den Nazi-Deutschland 1939 entfesselte, noch einmal eine bedeutende symbolische Rolle spielen.

Am 1. Juni 1943 erteilte NS-Propagandaminister *Joseph Goebbels* dem **UFA-Regisseur Veit Harlan** (1899–1964) den **Auftrag, „einen Großfilm ‚Kolberg' herzustellen.“** Sinn und Zweck sollte sein, „am Beispiel der Stadt, die dem Film den Namen gibt, zu zeigen, dass eine in Heimat und Front gemeinsame Politik jeden Gegner überwindet.“ Dazu bediente man sich der historischen Ereignisse rund um die erfolgreiche **Verteidigung Kolbergs 1806** unter General *August von Gneisenau* (1760–1831) und Bürgeradjutant *Joachim Nettelbeck* (1730–1824) gegen die napoleonischen Truppen.

Die Hauptrolle im heute verbotenen **letzten Propaganda- und Durchhaltefilm der NS-Zeit** übernahm **Heinrich George** (1893–1946), der als junger Schauspieler im Sommertheater zu Kolberg daselbst seine ersten Sporen verdient hatte. *George* mimt einen heroischen *Nettelbeck,* der, während man im französisch belagerten Kolberg noch auf Verstärkung durch preußische Truppen wartet, eine Bürgerwehr organisiert, welche, zu allem bereit, unter der Führung *Gneisenaus* todesmutig den Erbfeind verjagt.

Von der Drehbuchherstellung bis zum Endschnitt überwachte *Goebbels* sein Lieblingsprojekt. Nichts sollte dem Zufall oder gar künstlerischem Eigensinn überlassen sein. Er befugte den Regisseur *Harlan,* „alle Dienststellen von Wehrmacht, Staat und Partei um ihre Hilfe und Unterstützung zu bitten und sich dabei darauf zu berufen, dass der hiermit von mir angeordnete Film im Dienst unserer geistigen Kriegsführung steht.“

Und während schon Bomben auf das „Tausendjährige Reich“ niedergingen, Lebensmittelmarken an die Bevölkerung ausgegeben wurden und die Wehrmacht sich überall auf dem Rückzug befand, verschlang „Kolberg“, für den man 18.500 Statisten (nein, Sie haben sich nicht verlesen) abkommandierte, die gewaltige Summe von **achteinhalb Millionen Reichsmark.**

Am **30. Januar 1945** wurde das neben „Jud Süß“ berüchtigtste filmische Machwerk der Nationalsozialisten in La Rochelle **uraufgeführt,** der letzten deutsch besetzten Festung in Frankreich. Zur Premiere kabelte *Goebbels* an den dortigen Festungskommandanten: „Möge der Film Ihnen und Ihren Soldaten als ein Dokument der unerschütterlichen Standhaftigkeit eines Volkes erscheinen, das in diesen Tagen eines weltumspannenden Ringens, eins geworden mit der kämpfenden Front, gewillt ist, es den großen Vorbildern seiner ruhmvollen Geschichte gleichzutun.“

Sieben Wochen später nahmen die polnische und die sowjetische Armee in einer der furchtbarsten **Schlachten** auf pommerschem Boden das wirkliche Kolberg ein. Unbeschreiblich waren die **Zerstörungen und die Verluste,** da die Wehrmacht in ihrem Wahn jede Straße und jede Gasse bis zum Untergang verteidigte. Kolberg war in ein Meer von Blut und Feuer getaucht. Unzählige Menschen verloren ihr Leben.

Am **18. März 1945,** Kołobrzegs „Tag der symbolischen Vermählung mit der Ostsee“, war die Stadt nach erbitterten Kämpfen vom Nationalsozialismus befreit. Doch es gab sie nicht mehr.

allein 2005 wurden 100.000 Kubikmeter Sand an den Kołobrzeger Strand gepumpt. Ein Wettrennen gegen die Folgen der Erderwärmung, und es ist noch lange nicht ausgemacht, wer der Gewinner sein wird.

Auf der langen Promenade hinter dem Strand und der Seebrücke herrscht in der Saison ein buntes, lautes und lustiges Treiben. Linker Hand des Vermählungs-Denkmals, nur wenige Schritte entfernt, weist an der Mündung der Parsęta (Persante) ein **Leuchtturm** den Schiffen den Weg in den Hafen. 1948 wurde er auf den Überresten der alten Festung aus dem 18. Jahrhundert aufgebaut, als Nachfolger der letzten zwei Türme von 1899 und 1909. Ein Zwischengeschoss zu seiner Spitze hinauf dient als Raum für **Wechselausstellungen,** und oben angelangt genießt man einen schönen Blick über die Stadt, das Meer und den Hafen.

Ab Mitte des 19. Jahrhunderts wurde der kleine Umladehafen zu einem **Handelshafen** ausgebaut. An seinen Kais liegen heute die Katamarane der Weißen Flotte, die im Sommer auf die dänische Insel Bornholm übersetzen, Ausflugs-Piratenschiffe, zahlreiche Fischkutter und auch Marineschiffe vor Anker. Davor ist in den vergangenen Jahren ein neues, auf alt getrimmtes Viertel entstanden, an dessen Südseite man sich in Straßencafés, begleitet von köstlichem Fisch- und Meerwasserduft, die Sonne auf den Pelz brennen lassen kann.

Nicht weit davon entfernt dümpeln bei der **Morast-Redoute** (Reduta Morast) auf der Wyspa Solna (Salzinsel) zwischen Kanal und Parsęta die Segelschiffe im Jachthafen. 1770–74 wurde die Redoute als Teil der Kolberger Befestigungsanlage errichtet. Heute kann man dort gemütlich im Hof an Biertischen sitzen und dabei zusehen, wie sich die fangfrischen Fische im offenen Rauch allmählich in Räucherfische verwandeln.

Vom Hafen führt ein bei gemütlichem Schritt 20-minütiger Spaziergang südostwärts, an der Grünanlage des plac 18 Marca vorbei, ins Kołobrzeger **Stadtzentrum.**

Schon von Weitem kündigt es der massige breite Turm der **Kollegiatskirche St. Marien** (Kolegiata NP Marii) an, mit deren Errichtung man um das Jahr 1300 begann. Im 15. Jahrhundert hatte das fünfschiffige, riesige Gotteshaus seine gegenwärtige Gestalt angenommen, im März 1945 brannte es während der Kämpfe um Kolberg bis auf die Grundmauern nieder. Zehn Jahre lang (1972–82) baute man es in seiner ursprünglichen Form wieder auf. Selbst die Stützpfeiler, die das Kreuzgewölbe des hohen Mittelschiffs tragen, stehen wieder originalgetreu aus dem Lot. Vereinzelt sind Fragmente gotischer Malereien an den Wänden erhalten. Ein bronzenes Taufbecken von 1355 und die berühmte Schlieffenkrone, ein 1523 von *Michael von Augsburg* geschaffener Leuchter, zählen zu den wertvollen Schätzen. Der Pastor *Paul Hinz,* 1930–45 Domprediger in Kolberg, rettete sie, indem er sie vor dem nahenden Kriegsinferno in die Umgebung verbrachte.

An die Kirche schließt sich die **Fußgängerzone** der ehemaligen **Altstadt** an. Auf historischem Grundriss erheben sich entlang der gepflasterten Gassen drei- bis viergeschossige Wohnhäuser im historisierenden Stil, die mit Boutiquen, Restaurants und Straßencafés zum überschaubaren Bummel einladen.

Das Herzstück des modernen Altstadtquartiers bildet das 1829–32 nach Plänen *Karl Friedrich Schinkels* erbaute und nach dem Krieg rekonstruierte neugotische **Backsteinrathaus,** das neben der Stadtverwaltung eine Kunstgalerie mit wechselnden Ausstellungen birgt. Ein 2005 in der Nachbarschaft eröffnetes Shopping-Center komplettiert den wiedererstandenen Stadtkern.

So präsentieren sich auf engstem Raum sechs Jahrzehnte divergierender städtebaulicher Weltanschauungen: Rekonstruiertes Historisches paart sich mit historisierenden Konstruktionen, jüngst bereichert um einen zeitgenössischen Konsumtempel, umkränzt von einem Riegel realsozialistischer Plattenwohnbauten.

Nicht weit entfernt, steht an der ul. Ratuszowa/Ecke ul. Dubois der **Pulverturm** (Baszta Prochowa). Im 15. Jahrhundert errichtet, ist das backsteinrote Bauwerk der einzige noch erhaltene Turm der Kolberger Stadtbefestigung aus dem 14./15. Jahrhundert. Heute dient es als Sitz der Kołobrzeger PTTK-Abteilung. Von dort in leichtem Bogen nach Westen gewandt, vermittelt die **ul. Dubois** mit ihrem original wiedererrichteten Straßenzug historischer Handwerkerhäuser einen Eindruck vom verflossenen Stadtbild.

Nahebei zeigt im **Braunschweigschen Haus** (Dom Braunschweigów), erbaut Anfang des 19. Jahrhunderts, das **Stadtmuseum** die Geschichte Kołobrzegs auf und präsentiert außerdem eine reiche Sammlung von alten Maßen und Gewichten.

Südwestlich vom Rathausmarkt ragen in der ul. Gierczak Hubschrauber, Panzerrohre und Raketen in den Kołobrzeger Himmel hinauf. Das kleine Freilichtterrain ist Teil des **Museums der polnischen Waffe** (Muzeum Oręża Polskiego). Neben einer Uniformsammlung und Militaria aus verschiedenen Epochen ist der letzte Teil der Ausstellung der erbitterten Schlacht um die Stadt im März 1945 gewidmet.

Praktische Informationen

Info

- **Touristeninformation,** ul. Dworcowa 1 (vor dem Bahnhof im Kiosk), 78-100 Kołobrzeg, Tel./Fax (094) 3527939, turystyka@home.pl, Mo–Fr 8–16 Uhr, im Juli/Aug. tgl. 9–17 Uhr.
- **Zentrum für Promotion und Touristeninformation,** pl. Ratuszowy 2/1, 78-100 Kołobrzeg, Tel./Fax (094) 3551320, www.kolobrzeg.turystyka.pl, Mo–Fr 8–16 Uhr.
- **Homepage der Stadt:** www.kolobrzeg.pl.

Unterkunft und Gastronomie

- **Zimmervermittlung** in der Touristeninformation am Bahnhof.
- **Kurhaus Olymp**€€€€€€, ul. Kościuszki 4, 78-100 Kołobrzeg, Tel. (094) 3540910, Fax 354 5473, www.matmad.pl/olymp. 2004 im Kur-

viertel eröffnetes schickes Kurhotel mit Sauna und eigenem Schwimmbad. Etwa 350 Zł.

- **Hotel Maxymilian**€€€€€, ul. Borzymowskiego 3/4, 78-100 Kołobrzeg, Tel./Fax (094) 3540012, www.maxymilian-hotel.pl. Prachtvolle Villa im Bäderstil, im Kurviertel, 100 Meter zum Strand, 800 Meter ins Ortszentrum; hervorragender Service, distinguierte Ausstattung, mit kleinem Schwimmbad, Sauna und Spa, Kaminbar und Restaurant. Unbedingt rechtzeitig reservieren! Etwa 300 Zł.
- **Hotel New Skanpol**€€€€€, ul. Dworcowa 10, 78-100 Kołobrzeg, Tel. (094) 3528211, Fax 3524478, www.newskanpol.pl. Großes, elegantes Hotel mit 170 Zimmern und Apartments im Stadtzentrum, ca. 800 Meter zum Strand. Mit Wellness, Sauna, Solarium und Kurabteilung. Etwa 260 Zł.
- **Hotel Pałac Budzistowo**€€€€€, ul. Pałacowa 19, 78-100 Kołobrzeg, Tel. (094) 354 7212, Fax 3546645, www.palacbudzistowo.pti.pl. In den 1870er Jahren erbautes, restauriertes Anwesen, freundliche Mittelklasse in gepflegter Atmosphäre. Das Restaurant serviert Spezialitäten der polnischen Küche. Drei Kilometer südlich von Kołobrzeg in Richtung Karlino. Etwa 250 Zł.
- **Pensjonat Amigo**€€€, ul. Brylantowa 7, 78-100 Kołobrzeg, Tel./Fax (094) 3528482, www.amigo.kolobrzeg.prv.pl. Etwas außerhalb im ruhigen, grünen Ortsteil Radzikowo gelegen (Straße Richtung Dźwirzyno, ca. vier Kilometer vom Stadtzentrum), dafür vergleichsweise preisgünstig, gemütlich und freundlich, ca. 15 Minuten Fußweg zum Strand. Etwa 140 Zł.
- **Fischräucherei** an der Morast-Redoute, geöffnet Juni–Sept., ab morgens wird geräuchert, um 15 Uhr öffnet der Grill.

Camping

- **Camping Nr. 78 Baltic,** ul. IV Dzywizji Wojska Polskiego 1, 78-100 Kołobrzeg, Tel./Fax (094) 3624569, www.campingkolobrzeg.pl. Weitläufiger Wiesenplatz vor dem Küstenpark, 400 Meter zum Strand, etwa 15 Minuten Fußweg ins Zentrum, 30 Minuten zum Hafen, mit Campinghäuschen, Mitte April bis Mitte Okt.

Jugendherberge

- **Jugendherberge,** ul. Śliwińskiego 1, 78-100 Kołobrzeg, Tel. (094) 3522769, Juli/Aug.

Museen und andere Sehenswürdigkeiten

- **Museum der Polnischen Waffe,** ul. E. Gierczak 5, Juni–Aug. Do–Di 9.30–17 Uhr, Mi 9.30–12 Uhr (12–18 Uhr nur im Freilichtbereich), Sept.–Mai Di 10–16 Uhr (nur Freilichtbereich), Do 11–17 Uhr, Mi und Fr–So 10–17 Uhr.
- **Stadtmuseum,** ul. Armii Krajowej 13, im Sommer Di/Mi und Fr–So 10–16 Uhr, Do 12–18 Uhr, Sept.–Mai Do 11–17 Uhr.
- **Galerie für zeitgenössische Kunst,** im Rathaus, ul. Armii Krajowej 12, Di–So 10–18 Uhr, im Winter 10–17 Uhr.
- **Leuchtturm,** Juli und Aug. tgl. 10 Uhr bis Sonnenuntergang, Juni und Sept. tägl. 10–18 Uhr.

Kulturelle Veranstaltungen

- **Festival klassischer Musik,** in der Marienkirche, Ende Juli bis Ende August jeden Do 20 Uhr.
- **Festival „Interfolk“,** Präsentationen der Volkskunst aus aller Welt, Mitte August.

Aktivitäten

- **Schiffsausflüge nach Bornholm:** mit dem Katamaran, Mai–Sept. tgl. 7 Uhr, Okt.–April Mi/Sa/So 7 Uhr; Info und Kartenverkauf im Büro der Kolberger Passagierflotte (Kołobrzeska Żegluga Pasażerska), ul. Morska 2, Tel. (094) 3524301, Tel./Fax 3528920, www.kzp.man.pl.
- **Fahrradverleih:** im Fahrradladen „K2“, ul. Wojska Polskiego 28h, Tel. (094) 3547847, geöffnet zu den üblichen Geschäftszeiten.
- **Reiten und Kutschfahrten:** im Reiterhof Michalski (Ośrodek Jazdy Konnej Michalski) in Budzistowo, drei Kilometer südlich von Kołobrzeg; ul. Kołobrzeska, 78-100 Kołobrzeg-Budzistowo, Tel./Fax (094) 3543754, www.stadninamichalski.pl.

Von Kołobrzeg nach Darłowo

Überblick

Die hohen **Abbruchkliffs,** die weiter westlich so typisch sind, erheben sich in ungleich sanfterer Ausführung noch einmal auf einem Abschnitt zwischen Kołobrzeg und dem Seebad Mielno/Unieście, um danach in weiche **Dünenwälle** überzugehen.

Stürmische Wetterlagen spülen **Bernstein** an die Ostseestrände, die aus feinstem hellen Quarzsand bestehen. Bei unruhiger See stehen professionelle Bernsteinfischer in hüfthohen Gummistiefeln mit ihren Netzen in der schäumenden Brandung und fischen das gelbe und braune „Ostseegold" ab. Sobald die Sonne wieder scheint, versuchen auch die Urlauber ihr Glück und halten auf ihrem Lieblingsstrand Ausschau nach Bernstein.

Von Juni bis September dauert die sonnige Badesaison. Die Region verzeichnet die **meisten Sonnenstunden** pro Jahr in Polen und darf sich auch rühmen, mit über die landesweit sauberste Luft zu verfügen. Mit Ausnahme der Großstadt Koszalin leben die Menschen hauptsächlich von der Fischerei, der Land- und Forstwirtschaft sowie natürlich vom Kurbetrieb und dem Fremdenverkehr.

Wegen der vielen einmündenden Flüsse ist die **Ostsee** zwischen Kołobrzeg und Darłowo mit weniger als sieben Prozent nur **geringfügig salzhaltig,** weshalb in den seichten Gewässern unweit der Meeresufer auch **Süßwasserfische** vorkommen. In der Ostsee und den flachen, aber weitflächigen Strandseen Jamno, Bukowo und Kopań hinter der Küste angelt man Dorsche und Flundern, Plötzen, Barsche, Aale und Zander.

Durch massive Sandanschwemmungen zwischen kleineren und größeren Kliffs sind die **Seen** gegen Ende der letzten Eiszeit entstanden. Mit üppigem Schilfrohr umwachsen, schließen sie sich hinter Sandstrand und kiefernbestandenem Dünenland an die schmalen Nehrungen an und sind beliebt bei **Seglern** und **Paddlern.**

Kulturelle Höhepunkte im flunderflachen Land sind die Metropole **Koszalin,** die nach Stettin zweitgrößte Stadt der Woiwodschaft Zachodniopomorskie, und weiter nördlich **Darłowo,** das mit einem Schloss der pommerschen Herzöge über eine ganz besondere historische Sehenswürdigkeit verfügt.

Doch **Baden,** ob in der Sonne oder der Ostsee, ist selbstverständlich auch hier die beliebteste Sommerbeschäftigung. Eine Kette von Seebädern zieht an der Küste entlang. Von Ustronie Morskie über Mielno/Unieście und Darłowo bis Jarosławiec kurz vor der Grenze zur Woiwodschaft Pomorskie wird man an den Stränden und in den Ortschaften allerlei schöne Möglichkeiten zum Entspannen und Relaxen ebenso wie ein vielfältiges Angebot für Spiel, Spaß und Freizeitvergnügen vorfinden.

Von Ustronie Morskie nach Mielno/Unieście ↗ III/C2-D1

Was den Küstenabschnitt östlich von Kołobrzeg bis Mielno/Unieście neben Moränenkliffs, sanften Dünenwällen, Kiefernwäldern und Sandstränden auszeichnet, sind die hölzernen Pfahlreihen, die **Buhnen,** die man überall senkrecht zum Meeressaum in die seichten Ostseeufer gerammt hat. Es ist die längste Strecke von Rammpfählen an der polnischen Ostseeküste, und manche von ihnen sind schon bald 100 Jahre alt. Ihre Aufgabe ist es, die festen Stoffe aufzuhalten, die ohne die Holzpflöcke mit der Strömung und der Wellenbewegung in die tiefe See fortgeschwemmt würden. Noch bis in die 1920er Jahre hinein verlor die Küste hier jedes Jahr meterweise Land an das Meer, und auch heute noch ist sie, insbesondere in der stürmischen Winterzeit, von der Wucht der anbrandenden Wellen bedroht.

Ustronie Morskie ↗ III/C1-2

Den Reigen von Seebädern eröffnet das kleine, knapp 2000 ständige Einwohner zählende Ustronie Morskie **(Henkenhagen),** dessen größte Attraktion ein zehn Kilometer langer, buhnengeschützter weißer Sandstrand darstellt. In der Gemeindestadt, zu der sechs weitere winzige Flecken gehören, lebt man vom **Fischfang** und der Fischverarbeitung. Genau 120 verschiedene Fischprodukte stellt die Fir-

Bernstein – das Ostseegold

Seit alters her versuchten die Menschen, das Geheimnis um die **Herkunft des Bernsteins** zu lüften. Der antike römische Dichter *Ovid* berichtete, dass nach dem Tod des Sonnengottes Phaeton die Tränen, die seine Mutter und Schwester darüber vergossen, vom Fluss zum Meer getragen wurden und sich dort in Bernstein verwandelten. Weniger poetisch und den heutigen Erkenntnissen näher war *Plinius* mit seiner Vermutung, Bernstein sei aus dem Harz der nordischen Nadelbäume geronnen, während *Servius* annahm, dass er vom Walfischambra herrühre (woher das englische Wort *amber* für Bernstein stammt).

Die **deutsche Bezeichnung** entwickelte sich aus dem mittelniederdeutschen Wort „börnen" (brennen), in dem die Brennbarkeit des Bernsteins mitschwingt. Die alten Lateiner gaben ihm den Namen „electrum", das sie dem griechischen *élektron* entlehnten, was einerseits „hellgold" und andererseits „Bernstein" bedeutet und worin die statische Elektrizität beim Reiben von Bernstein anklingt. Diese war bereits den vorklassischen griechischen Naturphilosophen ein Begriff.

Die **Alchemisten** des Mittelalters bestimmten den gelb bis braun, manchmal auch grünlich schimmernden Stein als eine Mischung von Steinkohle, Bitumen, Ölen und Meeresschaum. In der Moderne wurde der Bernstein zum Namensgeber sowohl des Elektrons als auch der Elektrizität. Und die **zeitgenössische Wissenschaft** definiert das Naturprodukt als **fossiles Harz,** das unter dem Einfluss von Mikroorganismen und durch Oxydation, Polymerisation und Hydration/Dehydration seine Gestalt annahm. Angenäherte Summenformel: $C_{10}H_{16}O+(H_2S)$.

Etwa 40 bis 50 Millionen Jahre ist der **baltische Bernstein** alt. Seine Ursprünge liegen im **Alt-Tertiär,** als die Ostseeregion subtropische Wälder schmückten und die Bernstein-Kiefer als Harzlieferant massenweise gedieh. Infolge von Klimaveränderungen versanken die Wälder später in den ansteigenden Meeresfluten, das Harz wurde herausgespült und lagerte sich insbesondere an der südlichen und südöstlichen Ostseeküste ab. Von Sand und tonnenschweren Gesteinsschichten bedeckt, entwässerte es unter dem Wasserdruck und dem Luftabschluss und oxidierte zu Kohlenstoffmolekülen, aus denen schließlich der Bernstein entstand.

Ihm verdankten in der Antike die „Barbarenvölker" des Nordens ihre **Handelsbeziehungen** mit den fortgeschrittenen Zivilisationen rund um das Mittelmeer. Über die Bernsteinstraße an Weichsel und Donau gelangte das vielbegehrte Ostseegold über das Schwarze Meer bis nach Kleinasien und sogar Ägypten. Umschlagplätze stiegen zu reichen Städten auf, so etwa das sagenhafte „Jumne am skythischen Sumpfmeer" (Wolin) oder die legendäre prußische Handelssiedlung Truso südöstlich von Elbląg am Frischen Haff.

Seit Menschengedenken wird das Ostseegold an den Stränden gefischt, zunächst mit viel Glück, später dann systematisch. Schließlich wurde es auch in Tagebauten erschlossen; die größte Grube befand sich bis 2002 bei **Jantarny (Palmnicken)** an der Bernsteinküste in der russischen Enklave Kaliningrad (Königsberg). Seit ihrer Schließung steigen die Preise, auch wenn Polen als wichtiger Bernsteinlieferant noch über Vorräte von geschätzten 12.000 Tonnen verfügt und insofern kein Mangel besteht.

Äußerst rar geworden sind jedoch die **Inklusien,** im Harz eingeschlossene und so

Bernsteinschmuck wird überall an der polnischen Ostseeküste angeboten

konservierte tierische oder pflanzliche Relikte aus den vorsintflutlichen Zeiten. Dagegen lassen sich mit etwas Geduld immer noch kleine Stückchen mit „Bernsteindreck" am Ostseestrand finden, ein unter die je nach Lichtdurchlässigkeit klaren, trüben oder auch milchigen Steine gemischtes Gewirr von Muschelschalen, Pflanzenresten und Holzstückchen.

Aber wie unterscheidet man echten Bernstein von **Fälschungen?** Da er leicht brennbar ist, wäre das Einfachste, ein **Feuerzeug** unter den Stein zu halten. Aber auch der Test mit einer **Glas- oder Steinplatte** eignet sich gut. Lässt man echtes Ostseegold darauf fallen, klingt der Aufschlag dumpfer als beispielsweise bei einer ähnlich gefärbten und von den Meereswellen rundgeschliffenen Glasscherbe. Auch kann man Bernstein mühelos auf **Salzwasser** schwimmen lassen oder mit der Nadel einritzen – weshalb er von alters her ein so dankbarer Stein für die Schmuckherstellung ist. Damals wie heute ist er eines der schönsten Mitbringsel für die Lieben daheim aus dem polnischen Norden.

058po Foto: kj

059po Foto: kj

ma „Superfish“ im Weiler **Kukinia** her. Und man lebt natürlich vom Fremdenverkehr, der in Henkenhagen bereits Mitte des 19. Jahrhunderts begann. Schnell stieg das Fischernest zum viel besuchten **Badeort** auf, nicht zuletzt dank eines **Wunderdoktors,** dessen Ruf so weit über die pommerschen Grenzen drang, dass Henkenhagen in manchen Jahren mehr Sommerfrischler beherbergte als das große Kurbad Kolberg. Schicke Hotels und Pensionen entstanden; wer auf sich hielt, fuhr zum Sol- und Warmseebaden ins mondäne Henkenhagen.

Heute knüpft man an diese Tradition wieder an. Weniger Budenzauber und mehr **gepflegte Hotels und Pensionen** prägen das Bild in Ustronie Morskie, das sich im vergangenen Jahrzehnt hübsch herausgeputzt hat. Zwei Seebrücken und eine Strandpromenade sowie der Ortskern mit Restaurants, Cafés und kleinen Läden laden zum gemütlichen Bummel ein.

Alljährlich an einem Tag im August verwandelt sich der Himmel über dem Ostseebad in alle Farben des Regenbogens. Vom Flugplatz Bagicz steigen dann zu den polnische **Meisterschaf-**

Fischerboot am Strand
von Ustronie Morskie

ten im Drachenfliegen die Wettbewerber um den Ostseepokal in ihren Leichtfluggeräten auf.

Auf dem Gemeindegebiet kann man im Kolberger Wald auf einem blau markierten **Wanderweg** einige uralte Eichen entdecken, darunter die beiden knorrigen Stammesbrüder „Bolesław" und „Warcisław", die die **ältesten Eichen Polens** sein sollen.

Info

- **Touristeninformation,** ul. Osiedlowa 2b (westlich im Ortszentrum), 78-111 Ustronie Morskie, Tel. (094) 3514189, Fax 3514175, Juni–Sept. tgl. 10–13.30 Uhr und 15–20 Uhr; Okt.–Mai befindet sich die Touristeninformation im Gemeindeamt in der ul. B. Chrobrego 68 (östlich im Ortszentrum), Mo–Fr 8–16 Uhr.
- **Homepage der Gemeinde Ustronie Morskie:** www.ustronie-morskie.pl.

Unterkunft und Gastronomie

- **Zimmervermittlung** in den Touristeninformationen.
- **Hotel Lambert**€€€, ul. B. Chrobrega 53a, 78-111 Ustronie Morskie, Tel./Fax (094) 351 5431, www.lambert-hotel.pl. Gepflegtes Haus unter freundlicher Leitung an der Hauptbummelmeile B. Chrobrego östlich der Seebrücke, 50 Meter zum Strand; die Zimmer in behaglichem Mittelklassekomfort, einige davon mit Meeresblick; mit Restaurant und neu eröffneten Räumlichkeiten für Spa- und Kuranwendungen. Etwa 130 Zł.
- **Alte Farm**€€€, Rusowo 57, 78-111 Ustronie Morskie, Tel./Fax (094) 3515792, www.alte-farm.pl. Malerisch gelegenes kleines Anwesen ca. acht Kilometer südlich von Ustronie, mit viel Liebe zum schönen Detail angelegt, das sich viel zu bescheiden hinter dem Label „Agrotourismus" verbirgt. Neben restaurierter Scheune, Wintergarten, kleinem Pool und sieben geräumigen Apartments für zwei bis fünf Personen bezaubert vor allem der weite Blick über das stille Land. Der Alten Farm ist eine weitläufige Driving Range angeschlossen. Die Inhaber, ein deutsch-polnisches Ehepaar, sind selbst Golfsportler und unterrichten auch. Anfahrt (Rusowo ist so klein, dass es in vielen Karten nicht eingezeichnet ist): Von der Landstraße 11 auf Höhe Ustronie Morskie bei Sianożęty nach Süden einbiegen (ausgeschildert via Dygowo), im Dorf Kukania östlich weiter zum Nachbardorf Rusowo, dort kurz nach dem westlichen Ortseingang an der Bushaltestelle einbiegen (ab dort mit „Alte Farm" ausgeschildert), etwa noch ein Kilometer. Apartment für zwei Personen etwa 140 Zł. plus Strom- und Wasserpauschale.

Camping

- **Camping Nr. 206 Ognik,** ul. Polna 4, 78-111 Ustronie Morskie, Tel./Fax (094) 351 5068, www.maxmedia.pl/ognik. Großer Wiesenplatz südlich im Ort, 300 Meter vom Strand, die Ausstattung erinnert noch an sozialistische Zeiten, mit Campinghäuschen, Anfang Mai bis Ende Sept.

Aktivitäten

- **Golf:** Driving Range Alte Farm, Rusowo 57, Tel./Fax (094) 3515792, www.alte-farm.pl, Anfahrt ↗„Unterkunft".
- **Reiten** und **Tennis:** im Gut Malechowo/Hotel Erania, Malechowo 4, 78-111 Ustronie Morskie, Tel. (094) 3519977, Fax 3519983, www.erania.pl. Funkelnagelneue Nobelanlage mit Vier-Sterne-Hotel Erania€€€€€€ (etwa 420 Zł.) und angeschlossenem Gestüt, das auch für Nichthotelgäste Möglichkeiten zum Tennisspielen, Reitunterricht und Geländeritte anbietet. Anfahrt: Von der Landstraße 11 auf Höhe Ustronie Morskie bei Sianożęty nach Süden via Dygowo einbiegen, dann noch etwa drei Kilometer.

Gąski

Folgt man dem rot gekennzeichneten Internationalen Fernwanderweg E9 in östliche Richtung, ist acht Kilometer darauf der Flecken Gąski **(Funkenha-**

gen) erreicht. Schon aus der Ferne lässt sich der **Leuchtturm** ausmachen, mit dessen Bau man im Jahr 1876 begann. Zwei Jahre später erstrahlte aus 51 Metern Höhe zum ersten Mal sein 36 Kilometer weit reichendes Leuchtfeuer über die Ostsee. Den Leuchtturm kann man besichtigen, und wer die 234 Wendeltreppenstufen zur Aussichtsplattform nicht scheut, wird oben mit einer steifen Brise und einer herrlichen Aussicht belohnt.

Rundum hat sich der winzige Ort zur **Camping-Hochburg** entwickelt. Vom Osten der Siedlung bis zum Leuchtturm im Westen liegt ein Saisonwiesenplatz neben dem anderen, und selbst mancher Kleingarten bietet im Hochsommer noch ein Plätzchen zum Zelten an.

Museen und andere Sehenswürdigkeiten

- **Leuchtturm,** Juni–Sept. tgl. 10–13.30 und 15–20 Uhr.

Sarbinowo

↗ III/D1

Vor dem Nachbardorf Sarbinowo **(Sorenbohm),** das einst anderthalb Kilometer vom Wasser entfernt lag, errichtete man 1910 eine breite, hohe, 1200 Meter lange **Mauer** aus Stein und Beton, die seine drohende Vernichtung durch das Meer abwenden sollte. Heutzutage dient dieser Wellenbrecher als Sarbinowos kleine Strandpromenade, so nah ist die Ostsee mittlerweile herangerückt. Doch nicht nur die See, auch der wandernde Sand machte den Menschen zu schaffen. Immer wieder wurden die **Felder von Wanderdünen verschüttet,** weshalb man sich mehr auf die Fischerei konzentrierte. Noch bis vor kurzem existierte am Strand eine für die polnische Ostseeküste so typische **Fischerstelle:** Die großen bunten Holzboote, die als romantisches Motiv viele Postkarten zieren, dümpeln nicht an der Reede, sondern werden mithilfe einer Drahtseilwinde aus dem Wasser gezogen und „ankern" dann einfach im Sand. Seit Polens EU-Beitritt 2004 werden es jedoch zusehends weniger. Zwei Fischer gehen in Sarbinowo noch ihrer Arbeit nach, im etwa drei Kilometer entfernten 200-Seelen-Dorf **Chłopy (Bauerhufen)** sind es sogar noch zwölf Boote, die zum Fischfang ausfahren.

Dobrzyca

↗ III/D2

Wer möglicherweise von Meeresluft, Fischduft und Strandspaziergängen einmal die Nase voll haben sollte, den laden in Dobrzyca **(Kordeshagen)** die **Hortulus-Themengärten** mit Rosen- und Kräutergarten, Englischem, Französischem und Japanischem Garten, Felsen- und Wassergarten und anderen Gärten mehr zum Blütenschnuppern und Lustwandeln ein.

Museen und andere Sehenswürdigkeiten

- **Hortulus-Themengärten,** südlich der Straße 11 (ausgeschildert), ca. 13 Kilometer südöstlich von Ustronie Morskie bzw. ca. 20 Kilometer südwestlich von Mielno, April–Okt. Mo–Sa 9–19 Uhr, So 10–18 Uhr, Nov.–März Mo–Sa 9–16 Uhr, So 10–16 Uhr.

Mielno/Unieście

III/D1

Gąski, Sarbinowo und Chłopy gehören bereits zur Gemeinde Mielno/Unieście **(Großmöllen/Nest).** Mielno und Unieście, einst zwei vereinzelte Fischerdörfer, sind längst zusammengewachsen und werden deshalb meistens in einem Atemzug genannt. Der 2000-Einwohner-Ort dehnt sich in traumhaft schöner Lage am Rande der schmalen Nehrung zwischen Ostsee und dem **Jamno-See (Jamund-See)** aus. Nur ein fünfminütiger Spaziergang liegt zwischen dem salzigen und dem süßen Seewasser, zwischen trockenem Strandhafer und wogendem Röhricht.

Und so zieht die schöne Umgebung alljährlich in der Sommerzeit um die **50.000 Feriengäste** an. Das heißt, wer Stille und Einsamkeit sucht, ist in Mielno/Unieście nicht richtig. Neben Pobierowo und Niechorze weiter westlich wetteifert es darum, in der Hochsaison *die* **Partymeile** am westpommerschen Ostseestrand zu sein.

Auf der **Hauptverkehrsader ul. Chrobrego/ul. 6-go Maja** herrscht im Juli und August nicht nur Autostau, sondern im Menschengedrängel sogar für Fußgänger Stop and Go. Mehrere Rummelplätze und eine schier endlos erscheinende Budenparade lassen keine Langeweile aufkommen, und zahlreiche Schnellrestaurants sorgen für das leibliche Wohl.

Zurzeit strebt das Seebad, das reich an Heilmoorgebieten ist, den Status eines **Kurortes** an. Wie das inmitten von bis ins Morgengrauen wummernden Bassdrums Wirklichkeit werden könnte, entzieht sich bei allem Urlaubsvergnügen aber der Vorstellung.

Keine vier Kilometer weiter östlich wechselt auf der Nehrung plötzlich das Bild: Kein Mensch weit und breit auf Höhe des **Jamno-Kanals,** dem seicht durch den Sand mäandernden Durchstich zwischen Ostsee und Jamno-See. Zauberhaft schön, mit Puderzuckerstrand links und rechts, nahezu unberührten Sanddünenwällen und davor lichtem Kiefernwald. Mit EU-Mitteln soll hier ein **Jachthafen** entstehen, und man kann nur hoffen, dass dieses Projekt noch viele, viele Jahre lang die Planungsphase nicht überschreiten wird.

Info

- **Touristeninformation,** ul. Lechitów 23, 76-032 Mielno (am Ortseingang Richtung Koszalin), Tel. (094) 3189955, Fax 3166152, Juli/Aug. tgl. 8–20 Uhr, außerhalb der Saison Mo–Fr 8–16 Uhr.
- **Homepage der Gemeinde Mielno:** www.mielno.pl.

Unterkunft

- **Zimmervermittlung** in den Touristeninformationen.
- **Pensjonat Czarny Staw**€€€€, ul. B. Chrobrego 11, 76-032 Mielno, Tel. (094) 3189835, Fax 3189468, www.czarnystaw.mielno.pl. Eine blumengeschmückte Fachwerkvilla mit geschmackvoll eingerichteten Zimmern und großzügigem Garten mit kleinem Kinderspielplatz, auf einer Düne hinter der Straße gelegen, 150 Meter zum Strand. Etwa 190 Zł.
- **Ferienheim Kubów**€€€€, ul. B. Chrobrego 39, 76-032 Mielno, Tel. (094) 3189570, www.kubow.ta.pl. Die Bezeichnung „Ferienheim" täuscht. Hinter dem Begriff verbirgt sich eine stilvoll ausgestattete, kleine Villa mit schönem Garten, 150 Meter zum Strand und zum Jamno-See. Etwa 180 Zł.

061po Foto: kj

Camping

- **Camping Nr. 107 Mielenko,** ul. Plażowa 9, 76-032 Mielno-Mielenko, Tel. (094) 3189157, www.campingmielenko.pl. Zwei Kilometer westlich von Mielno, abseits vom Trubel, am östlichen Ortseingang vom Flecken Mielenko. Schöner großer Wiesengrund, durch Busch- und Baumreihen voneinander getrennte Stellreihen, 200 Meter zum Strand, mit Drinkbar, Schnellrestaurant und Campinghäuschen, Anfang Juni bis Mitte Sept.
- **Camping Nr. 105 Rodzinny,** ul. B. Chrobrego 51, 76-032 Mielno (kurz vor dem Ortsübergang nach Unieście auf die Werbung an der Straße achten!), Tel. (094) 3189385, Fax 3475008, www.campingrodzinny.prv.pl. Sehr gepflegter, aufgeräumter kleiner Platz mitten im Trubel, Anfang Mai bis Mitte Sept.
- **Camping Nr. 144 Sard,** ul. Orła Białego 1–15, 76-032 Mielno, Tel. (094) 3189240, www.camping144.com. Großer Familienplatz unter Kiefern, noch mit Ostcharme, Campinghäuschen, Mitte Juni bis Ende Aug.

Jamno und Łabusz

Landeinwärts, am Südufer des Jamno-Sees, finden sich in den kleinen Dörfern Jamno und Łabusz noch einige Beispiele für die volkstümliche Bauweise der heute sogenannten **Jamno-Kultur.** Bis ins 20. Jahrhundert hinein hatten sich die Bewohner des abgeschiedenen Gebiets rund um den See ihre alten Sitten und Bräuche bewahrt. Die „rike Bure"(reichen Bauern) lebten zumeist in fachwerkgeschmückten geschlossenen Vierseithöfen, der Innenhof von allen Seiten mit Wohn- und Wirtschaftsgebäuden umgeben, mit großer Torfahrt und Fußgängerpforte. Sie trugen eine prächtige altertümliche Tracht, und ihre mit farbenfroher Malerei und Kerbschnitzerei verzierten Möbel zählten zu den schönsten in Pommern. Das Haus Nr. 6 in Łabusz ist ein Beispiel für den einstigen Jamno-Baustil. Ein Weiteres befindet sich auf dem Freilichtgelände des Regionalmuseums im nahen Koszalin.

Im kleinen Badeort Łazy **(Laase)** am Ostrand der Jamno-Nehrung zwischen Jamno- und Bukowo-See geht es am Strand und in den Ferienheimen vergleichsweise ruhig und **beschaulich** zu. Östlich gedeihen auf der schmalen Nehrung, die Ostsee und Bukowo-See voneinander trennt, die seltenen **Stranddisteln.** Es ist der größte Standort der unter Naturschutz stehenden Doldenblütler in Polen, weshalb das Betreten der Dünen verboten ist und Spaziergänge über die Nehrung nur unmittelbar am Strand entlang möglich sind.

Der Durchstich zur Ostsee am Jamno-See

Koszalin

↗ III/D2

Keine zehn Kilometer Luftlinie von der Küste entfernt, erhebt sich plötzlich mitten im flachen Land ein bewaldeter Moränenwall, der mit dem **Góra Chełmska (Gollenberg)** bis auf 136 Meter ansteigt. Von der Anhöhe, wo sich einst eine slawische Kultstätte und später eine Kapelle von Zisterziensermönchen befand, geht die Sicht über den Jamno-See auf die Ostsee und, einem direkt zu Füßen, auf die Dächer der Metropole in der Region. Mit 105.000 Einwohnern ist Koszalin **(Köslin)** nach Stettin die **zweitgrößte Stadt** in Westpommern und die einzige weitere Großstadt überhaupt in der gesamten Woiwodschaft. Seit 1972 ist sie Sitz der Diözese Kołobrzeg/Koszalin, war von 1950 bis zur Verwaltungsreform 1998 Hauptstadt der ehemaligen Woiwodschaft Koszalin und ist bis heute das katholische Herzstück, ein wichtiger Verkehrsknotenpunkt, Universitätsstadt und pulsierendes Wirtschaftszentrum der ansonsten ländlichen Koszalin-Region.

Geschichte

In einer Urkunde wird Koszalin als Koszalice bzw. Cossalitz **1214** das erste Mal schriftlich erwähnt. 1248 kommt das Dorf an das Bistum Cammin und erhält bereits 1266 die **Stadtrechte,** wenig später wird es Mitglied der Hanse. Nach der Einführung der Reformation 1534 in Pommern steigt Köslin 1556 zur **fürstbischöflichen Residenzstadt** auf.

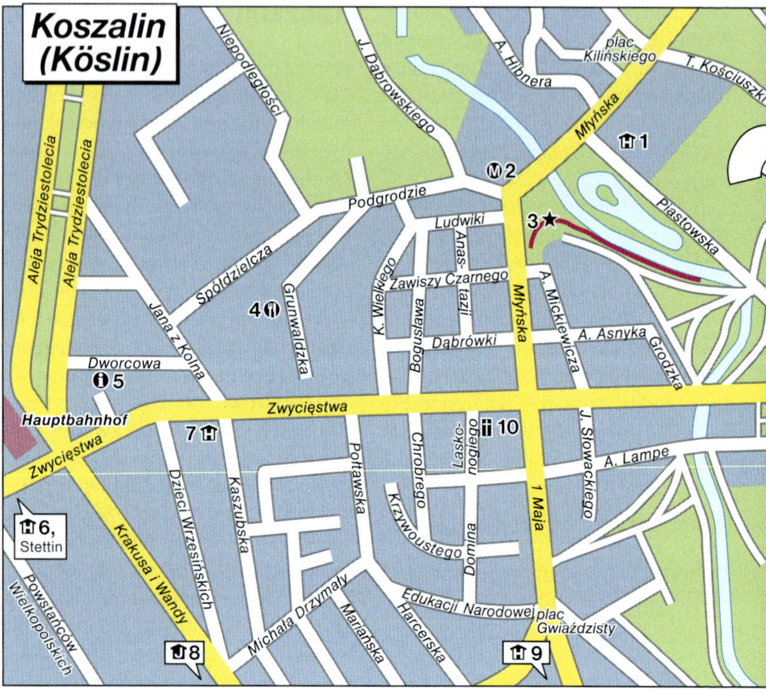

1 Hotel Club 2CV
2 Stadtmuseum
3 Reste der alten Stadtbefestigung
4 Restaurant Karczma Rycerska
5 Touristeninformation
6 Hotel Pałac w Nosowie
7 Hotel Gromada
8 Jugendherberge
9 Hotel Bursztynowy Pałac
10 Kirche St. Marien
11 Góra Chełmska mit Marienheiligtum

Mit dem Westfälischen Frieden, der 1648 den Dreißigjährigen Krieg beendet, fällt sie zusammen mit Hinterpommern an das Kurfürstentum **Brandenburg** (Schweden erhält Vorpommern mit Stettin). Eine **Feuersbrunst** 1718 vernichtet die mittelalterliche Stadtanlage. Nach Plänen von König *Friedrich Wilhelm I.* ersteht Köslin neu als **Beamten- und Verwaltungsstadt** – und das bleibt sie auch bis zum Ende des Zweiten Weltkriegs.

In einem zwar kurzen, aber heftigen Kampf wird sie im **März 1945** von der **Roten Armee** eingenommen. 40 Pro-

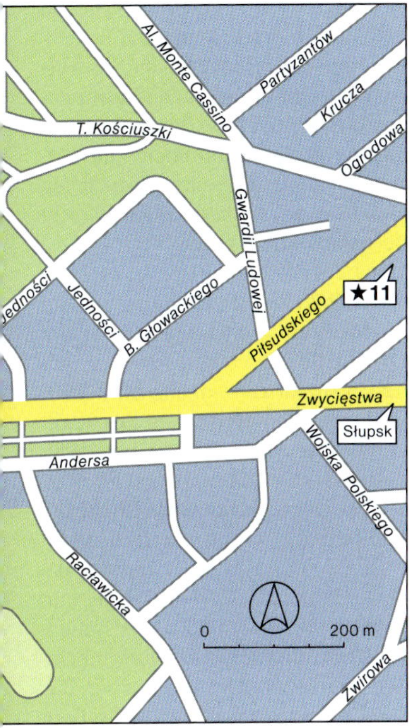

zent des alten Köslin sind zerstört, vor allem das historische Stadtzentrum.

Abermals wird Koszalin **neu aufgebaut,** nun im modernen Geschmack der Nachkriegszeit. Baumaschinenwerke und Elektroindustrie werden angesiedelt, neue Siedlungen wachsen in den Außenbezirken. 1966 eröffnet die Technische Universität, 1994 folgt die Ostsee-Universität für Geisteswissenschaften. 1950 wird Koszalin **Hauptstadt** der gleichnamigen Woiwodschaft, die im Zuge der Verwaltungsreform 1999 in der Großwoiwodschaft Zachodniepomorskie aufgeht.

Sehenswertes

Nein, schön ist Koszalin wirklich nicht. Aus allen vier Himmelsrichtungen fallen vier- bis sechsspurige Straßen ins Zentrum ein. Gesäumt sind sie von wenig anmutigen Plattenbauten und etwas netteren Wohnsiedlungen jüngeren Datums. Hauptverkehrsadern sind die ul. Zwycięstwa (E 28/Straße 6), welche die ehemalige Altstadt von Westen nach Osten durchschneidet, und die ul. Młyńska (Straße 11), die von Norden nach Süden verläuft. Wo die beiden Straßen sich kreuzen, befindet sich am Marktplatz mit dem 1960–62 erbauten Rathaus das Zentrum der Stadt.

Doch die **Kirche St. Marien** (Kościół NP Marii) macht einen Ausflug nach Koszalin lohnenswert. Seit 1972 fungiert die 1300–33 errichtete, fast noch im Originalzustand erhaltene dreischiffige Basilika als **Kathedrale des Bistums Kołobrzeg/Koszalin.** Mit einem gewaltigen Satteldach überspannt, entfaltet sich in ihrem Inneren ein hübsches Sternengewölbe. Das Kalkstein-Taufbecken in der Vorhalle stammt aus dem 13. Jahrhundert, das Kruzifix, das man aus der früheren Kapelle vom Chełmska-Berg hierher brachte, ist auf das 14. Jahrhundert datiert. Außerdem blieben 16 in Eichenholz geschnitzte Heiligenfiguren des ehemaligen Hochaltars von 1512 bewahrt. Sie sind gegenwärtig an einem den Chor umziehenden, modernen Kunstschmiedegestell angebracht, was den altehrwürdigen Mauern eine recht beschwingte Note verleiht. Kon-

062po Foto: kj

Die Kirche St. Marien fungiert als Kathedrale des Bistums Kołobrzeg/Koszalin

zerte finden in der Marienkirche alljährlich von Ende Juni bis Mitte August im Rahmen des **Festivals der Orgel- und Vokalmusik** statt.

Im neubarocken **Müllerpalast,** erbaut 1890–97, ist seit 1991 das Koszaliner **Stadtmuseum** untergebracht. Auf dem angeschlossenen kleinen Freilichtgelände sind die reetgedeckten alten Fachwerkkaten der sogenannten **Jamno-Kultur** sehenswert (⇗ auch „Von Ustronie Morskie nach Mielno/Unieście“ und Exkurs „Slowinzen und Kaschuben“). Die Ausstellung „Die Volkstumsinsel. Das Dorf Jamno bei Koszalin“ in einer Fischerkate von 1869 berichtet von Kultur und Brauchtum, den Lebens-, Wohn- und Arbeitsverhältnissen der einstigen Bewohner des Gebiets rund um den Jamno-See. Neben allerlei historischem landwirtschaftlichen und handwerklichen Gerät werden Mobiliar und die Tracht der Jamno-Kultur gezeigt.

Nahebei ziehen sich Überreste der mittelalterlichen **Stadtmauer** an der Grenze zum weitläufigen Stadtpark entlang. Koszalin rühmt sich, eine grüne Großstadt zu sein, und tatsächlich bestehen rund 40 Prozent des Stadtgebiets aus **Grünanlagen** und **Wäldern.** Einen Teil davon nimmt nordöstlich am Stadtrand der **Góra Chełmska (Gollenberg)** mit schönem Buchenwald ein. Abrupt steigt er aus dem flachen Land auf 136 Meter Höhe auf, gekrönt von einem 33 Meter hohen, 1888 errichteten Aussichtsturm, der einen herrlichen Blick weit über das Land bis zur Ostsee bietet. Der Berg ist ein Pilgerziel nicht nur für Ferngucker, sondern auch für zahllose Gläubige, die das **Marienheiligtum** in der Kapelle nahe des Turmes aufsuchen.

Als **Papst Johannes Paul II.** im Juni 1991 von Koszalin aus seine Pilgerfahrt durch Polen begann, so berichten die Stadtväter mit Stolz, habe er mit seiner Anwesenheit auch die überkommene Bedeutung des christlichen Gottesdienstes auf dem Chełmska-Berg mit neuem Leben erfüllt. Die kleine Kapelle, die im Mittelalter dort stand, existierte da schon lange nicht mehr, ebensowenig ihr ab 1431 errichteter Nachfolger, dessen gotisches

Kreuz man heute in der Kathedrale von Koszalin aufbewahrt. Der Grundstein zum gegenwärtigen kleinen Gotteshaus, welches das heilige Bildnis der dreimal wunderbaren Muttergottes birgt, wurde im Januar 1991 gelegt und konnte sechs Monate später zum Papstbesuch vom Heiligen Vater daselbst eingeweiht werden. Vom Parkplatz an der ul. Słupska führen drei Prozessionswege bergan durch den Wald, nach einem maximal zehnminütigen Spaziergang sind die Kapelle und der Aussichtsturm in der Nachbarschaft erreicht.

Praktische Informationen

Info

- **Touristeninformation,** ul. Dworcowa 11–15, 75-201 Koszalin, Tel. (094) 3462440, Fax 3435167, www.it-pomorze.pl, Juli/Aug. Mo–Fr 8–18 Uhr, Sa 8–16 Uhr, sonst Mo–Fr 8–17 Uhr.
- **Homepage der Stadt:** www.koszalin.pl.

Unterkunft

- **Zimmervermittlung** in der Touristeninformation.
- **Hotel Club 2 CV**€€€€, ul. Piastowska 1, 75-400 Koszalin, Tel. (094) 3480981, Fax 348 0980, www.klub2cv.koszalin.pl. Kurios – die perfekte Bleibe für „Entenfans". Unverkennbar im Haus eines Citroën-Vertragshändlers, dabei mit Geschmack und allem Komfort. Etwa 210 Zł.
- **Hotel Gromada**€€€€, ul. Zwycięstwa 20–24, 75-035 Koszalin, Tel./Fax (094) 3427911, www.gromada.pl. Großes, elegantes Komforthotel in Bahnhofsnähe, mit Bankett- und Konferenzsälen, Bar und Restaurant. Etwa 180 Zł.

In der Umgebung:

- **Hotel Bursztynowy Pałac**€€€€€€, Strzekęcino 12, 76-024 Świeszyno, Tel. (094) 316 1227, Fax 3161442, www.hotel-bursztynowy-palac.pl. Gute zehn Kilometer südlich von Koszalin kann man inmitten eines weitläufigen Parks im Hotel Bursztynowy Pałac fürstlich wie die alten pommerschen Landjunker übernachten. 73 piekfeine Zimmer und vier Suiten stehen im Ende des 19. Jahrhunderts erbauten, kostbar im Jugendstil ausgestatteten „Bernsteinpalast" (wie der Hotelname übersetzt lautet) zur Verfügung. Außerdem bietet die exklusive Hotelanlage weitere ebenso stilvolle wie behagliche Zimmer im benachbarten Weißen Palast und im Jägerhäuschen an; mit vorzüglichem Restaurant, Hallenbad, Freibad, Sauna, Solarium und Wellnessbereich. Etwa 320 Zł. Anfahrt: Straße 167 südlich Richtung Świeszyno/Tychowo, Świeszyno noch passieren, dann kurz vor dem nächsten Dorf Strzekęcino (ausgeschildert).
- **Hotel Pałac w Nosowie**€€€, Nosowo 1, 76-093 Biesiekierz, Tel. (094) 3180380, www.ckiw-nosowo.ohp.pl. Im Mitte des 19. Jahrhunderts für die Barone *von Sprenger* errichteten Herrenhaus bietet das Palasthotel, frisch gestrichen und renoviert, gediegenen Mittelklassekomfort. Etwa 160 Zł. Anfahrt: ca. 16 Kilometer südwestlich von Koszalin an der Straße 6/E 28 im Weiler Nosowo (etwa auf halber Strecke zwischen Karlino und Koszalin), relativ kurzfristig von der Fernstraße ausgeschildert, anschließend noch ungefähr 200 Meter.

Jugendherberge

- **Jugendherberge,** ul. Gnieźnieńska 8, 75-735 Koszalin, Tel. (094) 3426068, ganzjährig.

Gastronomie

- **Restaurant Karczma Rycerska,** ul. Grunwaldzka 1, Tel. (094) 34891 24, www.karczmarycerska.pl. Uriges Lokal in den Gemäuern einer alten Brauerei aus dem Jahr 1872, wie der Name „Rycerska" schon sagt, nach alter Ritterart aufgemacht; serviert werden deftige Köstlichkeiten, z.B. Steinpilzsuppe und „Bärentatze", dazu gibt es Starkbier.
- Auch ein Teil der oben aufgeführten **Unterkünfte** bietet in den angeschlossenen Restaurants hervorragende Küche, ↗ dort.

Museen und andere Sehenswürdigkeiten

- **Stadtmuseum,** ul. Młyńska 37, Di–So 10–16 Uhr, im Juli/Aug. tgl. 10–17 Uhr.

Kulturelle Veranstaltungen

- **Festival der Orgel- und Vokalmusik,** Kirche St. Marien, Ende Juni bis Mitte August. Den jeweiligen genauen Veranstaltungskalender erfragen Sie bitte bei der Touristeninformation.

Darłowo

↗ III/D1

Die 16.000 Einwohner kleine Stadt Darłowo **(Rügenwalde)** am Flüsschen Wieprza blickt auf eine große Vergangenheit zurück, sowohl in historischer als auch in kulinarischer Hinsicht. Berühmt ist die Rügenwalder Teewurst, und gar internationalen Küchenruhm erlangte die „Pommersche Spickbrust", die – gepfeffert, gepökelt und anschließend sieben Tage in kaltem Buchen-, Eichen- und Wacholderrauch geräuchert – mit einem knusprigen Brotknust zum trockenen Weißwein auf den Tisch gebracht wurde.

Ungewöhnlich ist das rundum erhaltene **historische Stadtbild.** Mit seinen schmalen Straßen, dem großem Tor und dem weiten quadratischen Rathausplatz ist Darłowo typisch für die pommerschen Kleinstädte; es blieb im Unterschied zu vielen anderen Orten an der polnischen Ostseeküste jedoch von den Zerstörungen des Zweiten Weltkriegs weitgehend verschont.

Die **Altstadt** am rechten Ufer der Wieprza (Wipper) wird nördlich vom **Hohen Tor** (Brama Wysoka), auch **Steintor** (Brama Kamienna) genannt, aus dem 14. Jahrhundert sowie von Resten der alten Stadtmauer begrenzt. Kleine barocke **Bürgerhäuser** säumen die Fußgängerzone und auch den weiträumigen plac Kościuszki, wo sich hinter dem **Fischerbrunnen** (Fontana Rybacka) das **Barockrathaus** von 1725 erhebt. Der gotische Vorgänger brannte im Jahr 1722 ab, das erhaltene Portal fügte man in den barocken Neubau ein.

Das Rathaus wird von dem 60 Meter hohen Turm der **Pfarrkirche St. Marien** (Kościół Farni NP Marii) überragt. Das dreischiffige Gotteshaus aus der zweiten Hälfte des 14. Jahrhunderts gilt als schönes Beispiel für die pommersche Backsteingotik. Ihr Inneres ist mit einem Sternengewölbe und einer barocken Kanzel geschmückt. In der Fürstengruft befinden sich der Zinnsarkophag von *Elisabeth von Schleswig-Holstein* (1580–1653), der Gemahlin des letzten Greifenherzogs *Bogislav XIV.* (1580–1637), sowie der Sandsteinsarkophag von **Erik VII.** (1382–1459), welcher als der „letzte Wikinger der Ostsee" in die Geschichte einging.

Mit dem abenteuerlichen Schicksal dieses „letzten Wikingers" ist die Geschichte des **Schlosses der Herzöge von Pommern** auf das Engste verknüpft. Zwar wurde der Grundstein zur Residenz, die heute zu den wertvollsten Baudenkmälern im westpommerschen Küstenland zählt, schon unter der Herrschaft von Herzog *Bogislav V.* (1318–74) gelegt. Doch ist es den Raubzügen des Piratenkönigs *Erik*

063po Foto: kj

064po Foto: kj

VII. zu verdanken, dass seinerzeit mit dem prächtigen Ausbau des Schlosses begonnen werden konnte.

1382 erblickte *Erik* wahrscheinlich auf dem Rügenwalder Schloss das Licht der Welt; im Alter von sechs Jahren wurde er an den dänischen Hof zu seiner königlichen Großtante *Margarethe* verschickt. Soeben im Stimmbruch angelangt, setzte man ihm dort 1397 die Krone von Dänemark aufs Haupt und – dank der Kalmarischen Union – gleich auch noch die von Schweden und Norwegen. So wurde der Greife *Erik* also ein **König,** was vor und nach ihm keinem seiner pommerisch-herzöglichen Verwandten jemals gelang. Gemeinsam mit der Tante regierte er das skandinavische Tripelreich, bis *Margarethe* 1412 verstarb und *Erik* Alleinherrscher wurde. Doch die nordischen Untertanen mochten ihren slawischen König nicht. 1437 jagten sie ihn davon, woraufhin der nun arbeitslose Regent nach Wisborg auf Gotland floh und ein gefürchteter **Seeräuber** wurde. Für die nächsten zwölf Jahre enterte er reich beladene Hansekoggen und besonders gerne natürlich die Schiffe seiner ehemaligen Untergebenen. Die zusammengeplünderten **Schätze** des „Piratenkönigs“, wie der Volksmund *Erik VII.* bald nann-

Im Herzogsschloss wohnte einst Erik VII., der als „letzter Wikinger der Ostsee“ in die Geschichtsbücher einging

Der Fischerbrunnen am plac Kościuszki, dahinter das Rathaus

te, sollen unermesslich gewesen sein. Neben lebensgroßen, diamantbesetzten goldenen und silbernen Heiligenfiguren, Monstranzen, Kleinodien und Bergen von Barem ist in einer Chronik sogar von einem Horn des sagenhaften Einhorns die Rede. Und ob das nun alles so stimmt oder auch nicht – zweifelsfrei waren die Raubzüge des „letzten Wikingers der Ostsee" mehr als bedarfsdeckend, sodass er sich die letzten zehn Jahre seines Lebens nach Darłowo auf sein Altenteil zurückziehen und mit dem **Ausbau des Schlosses** beginnen konnte.

Die Tradition der Um-, Aus- und Erweiterungsbauten wurde bis ins Jahr 1637 fortgesetzt, als mit *Bogislav XIV.* der letzte männliche Greife verstarb und das pommersche Herrschergeschlecht nach über 500 Jahren erlosch.

Im 19. Jahrhundert diente das befestigte Schloss am Ufer der Wieprza als Gefängnis, heute birgt es das sehenswerte **Schlossmuseum.** Die Innenräume, wie sie zur Zeit des letzten Greifen bestanden, Ballsaal und Rittersaal, die Schlosskapelle mit einer wertvollen Kanzel, der Kleine Esssaal, der Grüne Saal und vieles mehr verdienen wahrhaftig Beachtung. Im Schlosskeller ist in Form von Foltergeräten, Strafklötzen und einer finsteren Gefängniszelle auch die dunkle Seite dieser Geschichte ausgestellt.

Natürlich hat Darłowo nicht nur Kulturhistorisches zu bieten, sondern wie allerorts an der polnischen Ostseeküste auch **Badevergnügen.** Im drei Kilometer entfernten Vorort **Darłówko (Rügenwaldermünde)** tummeln sich links und rechts der Wieprza-Mündung hinter dem feinsandigen Strand Ferienheime, Hotels, Pensionen und Campingplätze.

So man das Seebad mit dem **Auto** anfahren möchte, muss man sich bereits in Darłowo entweder für Darłówko Wschodnie (Ost-Darłówko) oder Darłówko Zachodnie (West-Darłówko) entscheiden. Die **Brücke,** die die beiden Ortsteile von Darłówko miteinander verbindet, ist **nur für Fußgänger** bestimmt.

Ein kleiner Fischereihafen und Anlegestellen für **Tagesausflüge** auf die dänische Insel Bornholm (West-Darłówko) sowie für 40-minütige Meereskreuzfahrten mit Wikingerdrachenbooten (Ost-Darłówko) prägen die Atmosphäre hinter dem von Buhnen und Wellenbrechern geschützten Strand. 30 Kilometer weit auf die See hinaus reicht das Licht des Ende des 19. Jahrhunderts erbauten **Leuchtturms** (Ost-Darłówko), auf den man hinaufsteigen und von oben die Aussicht genießen kann. Davor schützt eine lang in die Ostsee auslaufende Mole den Hafen, an der sich bei starkem Wind aufsehenerregend die schäumenden Wellen brechen.

Der Rathausplatz mit der Kirche St. Marien

Praktische Informationen

Info

● **Touristeninformation,** pl. Kościuszki 1 (im Rathaus), 76-150 Darłowo, Tel. (094) 314 2223, im Sommerhalbjahr Mo–Fr 8–16 Uhr, im Winterhalbjahr Di–Fr 7–15 Uhr.

● **Homepage der Gemeinde Darłowo:** www.darlowo.pl.

Unterkunft und Gastronomie

● **Hotel Schlossgasthof Zamkowy**€€€€€, ul. Marii Skłodowskiej-Curie 23, 76-150 Darłowo, Tel./Fax (094) 3143153, www.zamkowy.pl. Denkmalgeschützes, fachwerkgeschmücktes Gutshaus aus dem 18. Jahrhundert, 2003–05 aufwendig restauriert, in Nachbarschaft zum Herzogsschloss im schönen Park direkt an der Wieprza; die Zimmer gediegen elegant, das Restaurant vorzüglich. Nach vorne zur Straße hat sich das Verkehrsaufkommen in den letzten Jahren leider vervielfacht, weshalb es sich empfiehlt, ein Zimmer zum Park hin zu nehmen. Etwa 280 Zł.

● **Pensjonat Wiktoria**€€, ul. Kaszubska 14, 76-153 West-Darłówko, Tel. (094) 3142088, www.wiktoria.afr.pl. Einfache Pension mit freundlichen Gastgebern, auf der Westseite der Wieprza ruhig in einer Seitenstraße gelegen, keine 100 Meter zur Brücke über den Fluss, keine 200 Meter zum Strand, geöffnet von Juni bis Sept. Etwa 120 Zł.

● **Hotel Król Eryk**€€, ul. Rynkowa 2d, 76-150 Darłowo, Tel. (094) 3143686, Fax 3142999, www.eryk.com.pl. Drei bis vier Spazierminuten südöstlich vom Marktplatz, schlicht und preisgünstig, mit Speisegaststätte und Internetcafé. Etwa 110 Zł.

Camping

● **Camping Nad Rzeką,** ul. Morska 61, 76-150 Darłowo, Tel. (094) 3142345. Kiefernumrahmter Wiesenplatz am Wieprza-Ufer, noch im Ortsbereich auf der ul. Morska Richtung Darłówko Wschodnie (Ost-Darłówko) gegenüber vom Kino einbiegen (relativ kurzfris-

065po Foto: kj

Tolle Knolle – die Kartoffel

Vor über 250 Jahren wurde auf Befehl des preußischen Königs *Friedrich II.* (1712–86) in Pommern die **Kartoffel eingeführt.** Auf den unfruchtbaren pommerschen Sandmergelböden wollten weder Weizen noch Zuckerrüben gedeihen. Ausnahmen bildeten nur der Pyritzer Weizacker und das Rügenwalder Amt, wo auf ertragreicher Krume gutes Korn angebaut werden konnte. Ansonsten gerieten allerhöchstens noch Roggen und Hafer – und eben die anspruchslose braune Knolle aus der Familie der Nachtschattengewächse. Dank ihres hohen Kohlehydrat- und Vitamin-C-Gehaltes sollte sie unzählige Menschen vor dem Hungertod retten und stieg darüber hinaus rasch zum wichtigsten **Grundnahrungsmittel** auf.

Mitte des 18. Jahrhunderts rollte in Kolberg (Kołobrzeg) das erste Fuhrwerk voller Kartoffeln an, und nach einer Reihe missglückter Anbauversuche klaubte man etwa 40 Jahre darauf die ersten Knollen vom Acker. Noch einmal gut 100 Jahre später begann Rittmeister **Kartz von Kameke** (1866–1942) in Streckenthin (Strzekęcin), etwa zehn Kilometer südlich von Köslin (Koszalin), mit der **systematischen Kartoffelsaatzucht.** Viele seiner Sorten sollten Weltruf erlangen, darunter die robuste Parnassia, die selbst den kälteklirrenden „Steckrübenwinter" 1916/17 heil überstand und in viele Länder **ausgeführt** wurde.

Viele weitere Zuchtbetriebe siedelten sich an. So die Saatzucht von **Carl Raddatz,** der Mitte der 1920er Jahre mit den Sorten Sandkrone, Altgold und anderen mehr auf den Markt kam und dessen Voran 1933 den **ersten Preis der Kartoffelbaugesellschaft** als „Massenkartoffel mit höchsten Stärke- und Knollenerträgen" gewann. Da war Streckenthin schon längst zum Mekka der Kartoffelwelt avanciert. Vor dem Zweiten Weltkrieg wurde fast das gesamte Deutsche Reich mit Pflanzkartoffeln aus Hinterpommern beliefert.

An diese Tradition knüpfte die Volksrepublik Polen nach Ende des Zweiten Weltkriegs erfolgreich an, und bis heute verlassen alljährlich zehntausende Zentner **Setzlinge** der unterschiedlichsten Sorten die Saatzuchtbetriebe in der Koszalin-Region. Zahlreiche Kartoffellagerhäuser, zwei Beurteilungsstellen und auch ein **Forschungsinstitut für Kartoffelanbau** sind entstanden.

Was also könnte das richtige Denkmal in dieser Landschaft sein? Ein **Kartoffeldenkmal,** natürlich. Ein guter Einfall, der im Ort Biesiekierz südwestlich von Koszalin, bronziert auf drei Stahlträgern, seine Erfüllung fand. Hübsch ist es nicht, dieses Denkmal. Aber ist die Kartoffel vielleicht eine Schönheit? „Sei es für das einstige Pommern, sei's für Pomorze", schreibt **Christian Graf von Krockow** dazu in seinem wundervollen Buch über Pommern, „etwas Sinnvolleres lässt sich schwerlich erdenken in dem Land, dem diese Frucht die Fruchtbarkeit brachte. Möge darum dem Kartoffeldenkmal Dauer beschieden sein, möge es uns erinnern, mahnen an das Unscheinbare, das wir zum Leben und Überleben brauchen."

tig ausgeschildert); mit Kanu- und Fahrradverleih, Mitte Juni bis Mitte Sept.

- **Camping Róża Wiatrów,** ul. J. Muchy 2 (Rezeption), 76-153 Darłówko Zachodnie (West-Darłówko), Tel. (094) 3142127, Fax 314 3103, www.rozawiatrow.pl. Großer Wiesenplatz am südlichen Ortseingang von West-Darłówko, dem gegenüberliegenden Ferienheim Róża Wiatrów („Windrose") angegliedert, 150 Meter zum Strand.

Museen und andere Sehenswürdigkeiten

- **Museum im Schloss der Herzöge von Pommern,** ul. Zamkowa (südlich im Ortszentrum); neben den Räumlichkeiten mit herzoglicher Ausstattung werden die Schlossgeschichte sowie Exponate der pommerschen Kirchen- und Volkskunst gezeigt. Mitte Juni bis Ende Aug. Mo–Fr 10–18 Uhr, Sa/So 10–16 Uhr, außerhalb der Saison Di–So 10–16 Uhr.
- **Leuchtturm,** hinter der Mole in Darłówko Wschodnie (Ost-Darłówko), Juni–Sept. tgl. 10–14 Uhr, 15–18 Uhr und 19–21 Uhr.

Aktivitäten

- **Schiffstagesausflüge nach Bornholm:** Juli/Aug. tgl. 6.45 Uhr ab Passagieranleger in Darłówko Zachodnie (West-Darłówko).
- **Ostseekreuzfahrten:** 40-minütige Schiffspartien in modernen Drachenbooten ab Anleger in Darłówko Wschodnie (Ost-Darłówko), Juli/Aug. stdl. 10–20 Uhr.

Umgebung von Darłowo

III/D1

Zu Darłowo gehört auch der leider recht unansehnliche Kurort **Dąbki (Neuwasser)** am Rande der Nehrung zwischen dem Meer und dem Bukowo-See (Buckow-See). Dank seiner dennoch wundervollen Lage und der außerordentlich sauberen Luft werden in Dąbkis zahlreichen Ferienanlagen, Sanatorien und Erholungsheimen Krankheiten des Kreislaufs und der Atemwege behandelt. Ungewöhnlich ist der gröbere Steinstrand, der sich zwischen Darłowo und dem Bukowo-See erstreckt. Am südlichen Ufer des Nehrungssees lohnt das denkmalgeschützte Kirchlein von **Bukowo Morskie (See Buckow)** einen Abstecher.

Schöne Natur inmitten ländlicher Stille findet man an den **Nehrungsseen Kopań (Vitter See)** und **Wicko (Vietzer See),** zwischen denen hoch auf der Steilküste der 300 Einwohner kleine, im Sommer gut 7000 Feriengäste zählende Badeort **Jarosławiec (Jershöft)** liegt. Weithin sichtbar weist sein 1838 erbauter Leuchtturm den Schiffen ihren Weg in die nahen Häfen von Darłowo und weiter im Osten von Ustka. Wer allerdings mit dem Wagen auf dem in manchen Straßenkarten eingezeichneten Küstensträßchen von Jarosławiec nach Ustka gelangen möchte, wird schon bald seines Weges gehindert. Hinter Jarosławiec haben sich auf der Nehrung einmal mehr die **Militärs** eingenistet, und die Durchfahrt ist leider verboten.

An der Drawsko-Seenplatte

Überblick

Im Herzen von Westpommern (Zachodniopomorskie) schwingt sich der **Baltische Höhenrücken** auf stattliche Erhebungen bis über 200 Meter auf – Kind der letzten Eiszeit, die auf ihrem Rückzug vor etwa 10.000 Jahren ein sanftes Hügelland hinterließ und deren Schmelzwasser auch die Rinnen für die unzähligen Gewässer der **Pommerschen Seenplatte** (Pojezierze Pomorskie) schürfte. Um die 1000 Seen sollen es allein in Westpommern sein, doch hat sie bisher niemand wirklich gezählt.

Über 250 von ihnen formen zusammen die **Dramburger Seenplatte** (Pojezierze Drawskie), und die schönsten von diesen sind wiederum westlich im **Ińsko-Landschaftspark** (Iński Park Krajobrazowy) und im Herzen der Seenplatte im **Drawsko-Landschaftspark** (Drawski Park Krajobrazowy) unter Schutz gestellt.

Der höchste Berg an der Drawsko-Seenplatte erreicht südlich des schmucken Kurorts **Połczyn-Zdroj (Bad Polzin)** erstaunliche 223 Meter über dem Meeresspiegel, weshalb rundum das Hügelland auch **„Polziner Schweiz"** genannt wird.

Den kulturhistorischen Höhepunkt bildet nicht weit entfernt **Świdwin (Schivelbein)** mit einem Schloss, dessen Ursprünge ins Mittelalter zurückgehen. In den übrigen „städtischen Zentren" (wenn man das einmal so ausdrücken darf, denn nur wenige überklettern überhaupt die 10.000-Einwohner-Marke) gehören von **Drawsko**

Pomorskie über **Złocieniec** und **Czaplinek** bis östlich zur Wassersportmetropole **Szczecinek** Segel- und Paddelboot, Drahtesel oder auch die Angelrute zur beliebten Freizeitausrüstung.

Ińsko-Landschaftspark ⇗ III/C3, VII/C1

Fast ein Zehntel des 1981 gegründeten **Iński Park Krajobrazowy** durchziehen Seen, Teiche und kleine Flüsse, über die Hälfte des **17.800 Hektar** umspannenden Parks schmücken Wälder, und das verbliebene Land teilen sich bunte Wiesen, Weiden und Felder. Kaum ein Ort weit und breit, wären da nicht die Dörfer Chociwel, Węgorzyno und Ińsko, die von West nach Ost an den Parkgrenzen liegen, zudem noch außerhalb der Grenzen im Süden Recz.

Noch bis ins 19. Jahrhundert hinein wuchs die Einwohnerzahl von **Chociwel (Freienwalde in Pommern)** nie über 1000 hinaus; erst der Bau der Chaussee nach Stargard (Stargard Szczeciński) 1843 sowie der Anschluss an die hinterpommersche Eisenbahn 1859 weckte es aus seinem Dornröschenschlaf. Heute zählt Chociwel rund 3000 Seelen. Aus vergangener Zeit hat sich die backsteinerne **Pfarrkirche** aus dem 15. Jahrhundert mit einem schönen, reichen Sternengewölbe erhalten.

Ebenfalls 3000 Menschen klein ist weiter nördlich **Węgorzyno (Wangerin),** und noch einmal ein Drittel kleiner das östliche Ińsko (Nörenberg): mit Strandbad, Camping und „Zimmer frei"-Schildern die Tourismus-Hochburg am klaren und fischreichen **Ińsko-See (Enzig-See),** der Ort und Park seinen Namen gab.

Ińsko ⇗ VII/C1

Das erste Mal tritt **Nörenberg** in einem Schriftstück in Erscheinung, als es 1299 die Stadtrechte erhält. Mitte des 14. Jahrhunderts erwirbt die vornehme Familie *von Wedell* den Flecken und erbaut dort 1372 sogar ein Schloss. Von diesem ist heute nichts mehr erhalten, ebensowenig vom alten Nörenberg, das 1945 nach der Einnahme durch die Rote Armee einem Großbrand zum Opfer fiel. Was das Feuer noch übrig ließ, wurde später abgetragen, weshalb Ińsko seither über **keinen historischen Ortskern** mehr verfügt.

Dafür ist vor Kurzem hinter der zentralen Bushaltestelle (dort findet sich auch eine touristische Informationstafel) am Seeufer eine neue kleine **Promenade** entstanden, mit einem großen **Krebs-Denkmal** als Schmuckstück im Mittelpunkt, das an die vielen Jahrhunderte der Einwohner als Krebsfischer erinnert und auf einer Tafel nebenan auch die **Sage vom großen Krebs erzählt:** Die 1870 in Europa ausgebrochene Krebspest erreichte 1888 den Enzigsee. Nicht der erste Schicksalsschlag für die Gemeinde, aber der schwerste, denn die Menschen lebten vom See. Ein einziger rie-

066po Foto: kj

siger Krebs überdauerte und wurde von den Fischern nicht nur für die Pest, sondern gleich für sämtliche Tragödien in der Ortsgeschichte verantwortlich gemacht und deshalb für lange Zeit in Ketten gelegt. Von da an machte die Sage vom „Großen Krebs“ die Runde, weit über die Landesgrenzen hinaus. So populär wurde das Krustentier, dass der Magistrat sein Konterfei 1920 sogar auf einem Inflationsgeldschein abdrucken ließ. Und im Jahr 2000 wurde ihm von den Einwohnern Ińskos schließlich ein eigenes Denkmal gestiftet.

Das Krustentier war einst ein Sündenbock: Denkmal für den Großen Krebs in Ińsko

Gegenüber am Seeufer liegen Ińskos **touristische Einrichtungen,** die aus einer Handvoll Pensionen, einem Parkplatz, einem Strandbad mit Anlegestelle für Paddler und Segler, einem Campingplatz und zwei Ferienheimen bestehen und darüber hinaus – ungewöhnlich mitten im Pommernland – einer **Tauchstation.** Der mit tiefen Buchten und Halbinseln geschmückte Ińsko-See, für viele einer der schönsten Seen weit und breit, bietet dank seines sehr sauberen Wassers Sichtweiten zwischen acht und zehn Metern und ist, reichlich bepflanzt und von Hechten, Aalen und zahlreichen anderen Fischarten bevölkert, ein Paradies für Taucher, Unterwasserfotografen und natürlich auch für Angler.

Unterkunft und Gastronomie

- **Pensjonat Morena**€€€, al. Słoneczna 8, 73-140 Ińsko, Tel. (091) 5623079, Fax 5623187, www.pensjonatmorena.republika.pl. Freundliches, familiäres Haus mit großem Garten, drei Minuten vom Strandbad entfernt. Die Küche kann mitbenutzt werden, es steht ein Boot zur Verfügung, man spricht Deutsch, und die beiden Schäferhunde sind lieb. Anfahrt: gleich am nördlichen Ortseingang zum Ińsko-See einbiegen (die Pension ist ausgeschildert), dort vor dem bewachten Wiesenparkplatz. Etwa 130 Zł.
- **Letnisko Wisola**€€€€, k. Ińska, 73-140 Ińsko, Tel. (091) 5623108, www.wisola.pl. Sehr gepflegte Anlage mit kleinen Bungalows, Restaurant und Bootsanleger in idyllischer Lage auf einer weit in den Wisola-See hineingreifenden Halbinsel. Fahrrad- und Kajakverleih, kein Camping und Caravan! Anfahrt: Knapp sechs Kilometer südlich von Ińsko unmittelbar vor dem Weiler Ciemnik nach Westen einbiegen, kurz danach noch einmal nördlich (dort ausgeschildert). 180–230 Zł.

Camping

- **Zeltplatz Relax,** ul. Spacerowa 1, 73-140 Ińsko, Tel. (091) 5623710. Von Kiefern und Eichen beschatteter Wiesenplatz direkt am Ińsko-See, einfache Sanitärausstattung. Anfahrt: gleich am nördlichen Ortseingang zum See einbiegen (der Ausschilderung zum Pensjonat Morena folgen), am Wiesenparkplatz und Strandbad vorbei führt die Straße zum Campingplatz; Juni bis Mitte Sept.

Aktivitäten

- **Tauchen:** Baza Nurkowa Dive Devil, am Stadtstrand von Ińsko, Geräteverleih und PADI-Tauchschule.

Drawsko Pomorskie

III/C3

Geschichte

Die **Drawa (Drage),** die 65 gemächlich mäandernde Flusskilometer entfernt im Drawsko-Landschaftspark entspringt, hat Drawsko Pomorskie **(Dramburg)** ihren Namen geschenkt. Vom 7. bis ins 13. Jahrhundert hinein befand sich hier an ihrem Oberlauf eine **slawische Wallburg,** und seit den Eroberungen König *Bolesławs III. Krzywousty* 1121/22 verlief mitten durch die heute 12.000 Einwohner große Gemeinde die **Grenze** zwischen Pommern und Großpolen.

Nachdem Mitte des 13. Jahrhunderts die brandenburgischen Markgrafen das Land von der polnischen Krone erworben hatten, sollte, so wie weiter südlich in Recz, auch an der Drawa eine **Klostergründung** erfolgen. Daraus wurde jedoch nichts, da den Mönchen des Klosters Belbuck, die sich hier niederlassen sollten, die von zahllosen Seen und Sümpfen durchzogene Wildnis als zu abgelegen erschien. Also verliehen die Markgrafen das „dessertum Sarthicze", das „wüste Land", 1297 an die Prenzlauer Ritter *von Goltz* und dem „dessertum" gleich noch die **Stadtrechte** dazu.

1350 der Adelsfamilie *von Wedell* als Lehen überlassen, verkaufte Markgraf *Sigismund* die Siedlung 1400 an den **Deutschen Orden,** unter dessen Herrschaft sie bis 1455 blieb. Nach der Reformation folgte von 1540 bis 1808 der **Johanniterorden** als Eigen-

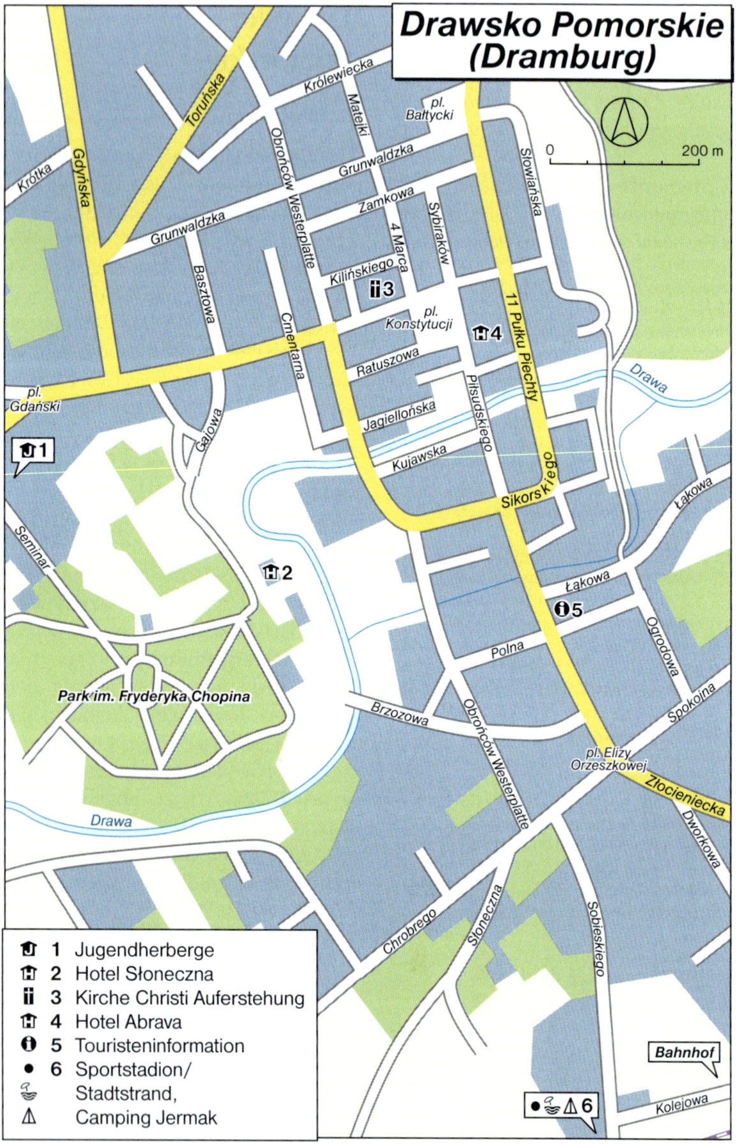
Drawsko Pomorskie (Dramburg)
0
200 m
Toruńska
Królewiecka
pl. Bałtycki
Matejki
Gdyńska
Krótka
Obrońców Westerplatte
Grunwaldzka
Słowiańska
Zamkowa
Sybiraków
4 Marca
Grunwaldzka
Basztowa
Kilińskiego
3
pl. Konstytucji
4
11 Pułku Piechty
Cmentarna
Ratuszowa
pl. Gdański
Jagiellońska
Piłsudskiego
Drawa
Gajowa
1
Kujawska
Sikorskiego
Seminar
2
Łąkowa
Łąkowa
5
Ogrodowa
Polna
Park im. Fryderyka Chopina
Brzozowa
Obrońców Westerplatte
Spokojna
pl. Elizy Orzeszkowej
Złocieniecka
Drawa
Dworkowa
Chrobrego
Słoneczna
Sobieskiego
Bahnhof
6
Kolejowa
1 Jugendherberge
2 Hotel Słoneczna
3 Kirche Christi Auferstehung
4 Hotel Abrava
5 Touristeninformation
6 Sportstadion/
Stadtstrand,
Camping Jermak

tümer. 1818 wurde Dramburg Kreisstadt im Königreich **Preußen,** 1877 hielt die **Eisenbahn** Einzug.

Sehenswertes

Während der Kämpfe Anfang März 1945 wurde die Stadt großteils **zerstört,** weshalb Drawsko Pomorskie, so wie die meisten Orte in der Region, **kaum über althergebrachte Sehenswürdigkeiten** verfügt.

Das bedeutendste Bauwerk ist die gotische **Kirche Christi Auferstehung** (Kościół pw. Zmartwychwstania Pańskiego) aus dem frühen 15. Jahrhundert. Dass die dreischiffige Hallenkirche in ihrer Erscheinung eher neugotisch als gotisch anmutet, verdankt sie dem 1914 neu erbauten Turm und den im selben Jahr gefertigten Glasmalereien im Chorraum. Von der Innenausstattung verdienen der Hauptaltar und die Kanzel von 1705 einen Blick.

In der Nachbarschaft haben sich ein kleiner **Fachwerkspeicher** aus der Zeit um 1700 und Überbleibsel der **Stadtmauer** aus dem 14. Jahrhundert sowie einige gründerzeitliche **Bürgerhäuser** am **plac Konstytucji** erhalten. Rund um den Platz finden sich im Ortszentrum Geschäfte, Bank und Post, die unter Beweis stellen, dass Drawsko Pomorskie zwischen Stargard Szczeciński im Westen und Szczecinek im Osten *die* Metropole in der Region ist.

Den städtischen **Badestrand** am **Okra-See** erreicht man südwärts über die Bahngleise (hinter den Gleisen an der Straßengabelung links, rechts geht es zum Sportstadion). Drawkos **Sommerfrische** liegt wenige Kilometer weiter südlich im Flecken **Gudowo (Baumgarten)** am Lubie-See.

Praktische Informationen

Info

- **Touristeninformation,** ul. Piłsudskiego 29, 78-500 Drawsko Pomorskie, Tel. (094) 363 2503, Mo–Fr 10–16 Uhr, Sa 10–14 Uhr.
- **Homepage der Stadt:** www.drawsko.pl.

Unterkunft

- **Hotel Abrava**€€€€, ul. Piłsudskiego 15–19, 78-500 Drawsko Pomorskie, Tel. (094) 363 5760, Fax 3632014, www.abrava.pl. 2005 eröffneter, gepflegter Neubau nahe der Kirche; gehobener Mittelklassekomfort, rückwärtig Parkplatz und Supermarkt. Etwa 180 Zł.
- **Hotel Słoneczna**€€, Park Chopina 3, 78-500 Drawsko Pomorskie, Tel. (094) 363 2562. Lauschige Herberge am Stadtpark, mit Café im zugewachsenen Garten am Fluss, die Zimmer einfach. Anfahrt mit dem Auto über die ul. Gajowa, dann am Sportplatz vorbei; zu Fuß über die Drawa-Brücke im Stadtpark. Mit Bad 110 Zł., ohne 70 Zł.

Camping

- **Camping Jermak,** Gudowo 5/3, 78-500 Drawsko-Pomorskie, Tel. (094) 3632259, www.jermak.com. Sechs Kilometer südlich von Drawsko Pomorskie am südöstlichen Ortseingang von Gudowo, malerisch am Ufer des Lubie-Sees, mit Strandbad und Bootsanleger, Kanu-, Segel- und Ruderbootverleih, neuer Sanitäreinrichtung und drei neuen kleinen Ferienhäuschen. Gastronomie soll folgen. Ende Juni bis Anfang Sept.

Jugendherberge

- **Jugendherberge,** ul. Warmińska 2, 78-500 Drawsko Pomorskie, Tel. (094) 3632215, Fax 3632225, ganzjährig.

Aktivitäten

- **Wassersportgeräteverleih:** am Camping Jermak in Gudowo (↗„Camping“).

Świdwin

↗ III/C3

Geschichte

Auch die Geschichte der 17.000-Einwohner-Stadt Świdwin (**Schivelbein**) an der Rega, keine 40 Kilometer nördlich von Drawsko Pomorskie, beginnt mit einem frühmittelalterlichen slawischen Burgwall. Es folgen die Eroberung unter dem großen Polanenfürsten *Mieszko I.* Ende des 10. Jahrhunderts, die zweite Landnahme unter König *Bolesław III. Krzywousty* 1121/22 und schließlich die Pommernherzöge. 1268 verkauft Herzog *Barnim I.* das Land an die brandenburgischen Markgrafen, die es 1319 an die blaublütigen *Wedells* weiterverkaufen, die es 1384 an den Deutschen Orden versilbern, der es 1455 wieder an die Brandenburger veräußert. Bereits in der ersten Hälfte des 14. Jahrhunderts werden eine massive Stadtbefestigung und auch die Marienkirche aufgebaut.

067po Foto: kj

Sehenswertes

Von der **Stadtumwallung** hat ein trutziges **Tor** bis heute die Zeiten überdauert, ebenso wie die dreischiffige, mit einem Sternengewölbe verzierte **Marienkirche** (Kościół NP Marii), die zudem zu den wenigen pommerschen Sakralbauten zählt, die im Zweiten Weltkrieg unversehrt blieben. Die zweite Sehenswürdigkeit ist Świdwins **Schloss** nahebei, das auf einem frühmittelalterlichen Vorgänger ruht, auf dem die Ordensritter im 14. Jahrhundert eine Burg errichteten. Im 18. und noch einmal im 19. Jahrhundert stark umgebaut, beherbergt das Schloss heute Kino, Kulturzentrum, Pub, Restaurant, Stadtbücherei und in dieser Bücherei auch eine kleine touristische Informationsstelle.

Praktische Informationen

Info

- **Touristeninformation,** ul. Niedziałkowskiego 17, 78-300 Świdwin, Tel. (094) 3654718, Mo–Fr 8–16 Uhr.
- **Homepage der Stadt:** www.swidwin.pl.

Das trutzige Tor ist der einzige Überrest der alten Stadtumwallung

Rund um den Drawsko-Landschaftspark ⇗ XVIII

1979 gegründet, umfasst der **Drawski Park Krajobrazowy** auf 41.400 Hektar den zentralen und vielleicht auch den schönsten Teil der gleichnamigen Seenplatte. Ein Zehntel der Fläche ist mit Gewässern bedeckt, von denen der knapp 1900 Hektar große **Drawsko-See** mit all seinen Ausbuchtungen und Nebenseen fast die Hälfte einnimmt. Mit 83 Metern Tiefe ist er der **zweittiefste See in ganz Polen.**

Im Nordosten des Parks türmte die letzte Eiszeit das Hügelland auf über 200 Meter auf. Südlich vom Kurort **Połczyn-Zdrój (Bad Polzin)** erreicht es beim Flecken **Czarnkowie** sogar alpine 223 Meter über dem Meeresspiegel und ist damit die höchste Erhebung in Westpommern.

Nahebei liegt inmitten der Polziner Schweiz im streng naturgeschützten „Tal der fünf Seen" das **Quellgebiet der Drawa.** Als kleiner Wasserlauf tritt sie am Südufer der insgesamt sieben Kilometer langen Rinne aus, durchfließt auf ihrem Weg nach Süden den Drawsko- und den Krosino-See, grüßt dabei Czaplinek (Tempelburg), Złocieniec (Falkenburg) und schließlich Drawsko Pomorskie, zieht weiter durch den Lubie-See, nimmt anschließend ihren Weg durch die Kiefernheide nach Drawno, um nach gut 190 Flusskilometern schließlich in die **Noteć (Netze)** zu münden. So bildet die Drawa, begleitet von Sumpflandschaften, Seerosenfeldern und Schilfgürteln, die **schönste Paddelroute** in Westpommern. Bereits in den 1950er Jahren hat sie der verstorbene **Papst Johannes Paul II.** absolviert, weshalb man sie ihm zu Ehren heute die „Jan-Pawła-II.-Paddeltour" nennt.

Złocieniec ⇗ XVIII/A3

Die schönsten Sehenswürdigkeiten der 13.600 Einwohner zählenden Kleinstadt Złocieniec **(Falkenburg)** an der Drawa sind die vielen **Seen** in der Umgebung. Zwischen den beiden Weltkriegen erlangte Falkenburg als Sommerfrische Bekanntheit, vorher hatte es sich schon längst einen Namen als **Tuchmacherhauptstadt** Pommerns gemacht. 1792 zählte man bereits 72 Tuchmacher am Ort, 1838 eröffnete die erste Tuchfabrik, sieben weitere folgten bis Anfang des 20. Jahrhunderts. Sie produzierten hauptsächlich **Uniformen,** und die Stadt wurde mit dem Stoff „Falkenburger Feldgrau" berühmt. Gegen Ende des **Zweiten Weltkrieg** teilte sie das Schicksal der meisten Ortschaften in der Region. In den Kämpfen Anfang März 1945 wurde sie zu großen Teilen **zerstört.**

Unter schwierigsten Bedingungen lief die Textilproduktion 1947 wieder an, 1973 eröffnete eine Textilberufsschule, und nach der Wende wurde 1991 der mittlerweile unrentabel gewordene **Betrieb eingestellt.**

Der zweite traditionsreiche Industriezweig in Złocieniec konnte sich dagegen auch im Kapitalismus behaupten. Bereits 1860 wurde hier das erste **Ziegelwerk** gegründet, nach dem

Der Storch

Wahrhaftig ließe sich Meister Adebar bald als hiesiges Haustier bezeichnen, flöge er nicht Mitte August schon wieder davon. Wenn **Wojtek** (Adalbert), wie man den Storch in Polen nennt, sein stattliches Nest auf Masten und Dachfirsten baut, freut sich der Bauer, denn es bedeutet, dass sein Haus nicht vom Blitz getroffen wird und das Glück Einzug hält. Niemals baut der große weiße Schreitvogel mit den am Ende schwarz eingefärbten Schwingen seinen Horst an Orten, wo sich unterirdische Wasserläufe kreuzen und deshalb dort der Blitz einschlagen könnte.

Auch ist der Storch ein treuer Gevatter. Nach seinem Winterausflug nach Afrika kehrt er in das **angestammte Nest** in seinem Heimatort zurück. Dort legt die Storchendame **bis zu vier Eier** ab, die von ihr und ihrem Gefährten arbeitsteilig während den folgenden 30 bis 35 Tagen ausgebrütet werden. Besonders zur Paarungs- und Nistzeit ist die Luft von ihrem **Schnabelgeklapper** erfüllt, weshalb man sie ja auch „Klapperstörche" nennt. Andere Laute gibt der Weißstorch nicht von sich, er hat keine Stimme.

068po Foto: kj

Dafür verfügt sein schwarzer, sehr seltener Verwandter gleich über ein sehr umfangreiches Klapperklangrepertoire. In Polen existieren noch etwa 1000 **Schwarzstorch-Paare,** und während der Weißstorch die weiten Felder und ausgedehnten offenen Feuchtgebiete liebt, scheut der Schwarzstorch die Menschen. Er fühlt sich in urwüchsigen, undurchdringlichen Waldlandschaften wohl.

Rund **200 Hektar Jagdrevier** benötigt ein Storchenpaar, um seine hungrige Brut großzuziehen. 360 Gramm **Futter** pro Kopf und Tag – das sind 15 kleine Mäuse oder 60 Regenwürmer – müssen für die jungen Schnabulierer, die immerfort aufgeregt ihre langen schmalen Hälse aus dem Horst herausstrecken, herbeigeschafft werden. Die Ende Mai geschlüpften Jungvögel fressen Würmer, Schnecken und Insekten, wohingegen die bis zu 110 Zentimeter großen Altvögel Mäuse, Fische und natürlich Frösche bevorzugen und mühelos auch einen ganzen Aal verschlingen können.

Mitte August beginnen die Störche, sich auf den just abgeernteten Feldern zu **sammeln.** Hunderte der weißschwarzen Gesellen staksen dann über die Stoppeln, um hier oder da noch einen Happen als Wegzehrung für ihre lange Reise zu schnappen. Und so zutraulich, wie sie sich seit dem Frühjahr den Menschen gegenüber verhalten haben, so scheu sind sie nun mit einem Mal und fliehen wie Rehe, sobald man sich ihnen auch nur auf 50 Meter annähert.

Anders als ihre westeuropäischen Kollegen, die im Frühherbst ihre Flugroute über Gibraltar nehmen, **ziehen** die polnischen Störche, wie alle anderen mittel- und osteuropäischen Storchenverbände, über den **Bosporus, Kleinasien** und das **Rote Meer** nach **Südafrika,** von wo aus sie, sobald der Winter vorbei ist, im darauf folgenden Jahr in ihre Sommerheimat zurückkehren.

In Polen heißt der Storch nicht Adebar, sondern Adalbert

Zweiten Weltkrieg entstand in dieser Tradition eine Fabrik für Keramikerzeugnisse, und deren Nachfolge-GmbHs produzieren bis heute.

Vom Drawsko-See über den Krosino-See kommend, erreichen die **Paddler** über die Drawa den Ort, der mit einer **PTTK-Wasserstation** am Flussufer einen wichtigen Versorgungspunkt auf der Drawa-Paddelroute darstellt.

Złocieniec' **weitere Sommerfrische-Einrichtungen** liegen mit Ferienheimen, Campingplatz und Strandbad acht Kilometer nördlich beim Weiler **Cieszyno** am Südufer des Siecino-Sees. Und sollte einem der Sinn nicht nach Baden und Paddeln stehen, kann man dort im Hotel Legnica-Pałac, einem schmucken Herrenhaus aus der Mitte des 19. Jahrhunderts, zum gediegenen Kaffeetrinken einkehren.

Info

- **Touristeninformation,** ul. Czaplinecka 3, Sport-/Erholungszentrum OSiR, 78-520 Złocieniec, Tel. (094) 3670348, Mo–Fr 7–15 Uhr.
- **Homepage der Stadt:** www.zlocieniec.pl.

Unterkunft und Gastronomie

- **Hotel Legnica-Pałac**€€€, Cieszyno 34, 78-520 Złocieniec, Tel. (094) 3671170, Fax 367 2982, www.okwlegnica.afr.pl. Mitte des 19. Jahrhunderts erbautes, schön restauriertes Herrenhaus, innen mit Holztäfelung, die Komfortzimmer modern eingerichtet, der Anbau atmet noch sozialistischen Charme. Mit Café und Terrasse im Park zum See, Badestelle und Bootsverleih. Acht Kilometer nördlich von Złocieniec im Weiler Cieszyno. Etwa 160 Zł., im Anbau o. Bad etwa 130 Zł.
- **Hotel Pałac Wąsosz**€€€, Wąsosz k/Złocieńca, 78-520 Złocieniec, Tel./Fax (094) 367 1505, www.palac-wasosz.pl. Wohnen in leicht verblichener Noblesse im Mitte des 19. Jahrhunderts erbauten Herrschaftsgebäude am Wąsosz-See, mit Tennis und Badestelle am 800 Meter entfernten See; ca. zehn Kilometer südöstlich von Złocieniec am nördlichen Ortseingang von Wąsocz. Etwa 150 Zł.
- **PTTK-Wasserstation**€€, ul. 11-go Listopada, 78-520 Złocieniec, Tel. (094) 3671840. Urige, schlichte Unterkunft nordwestlich im Ort an der Drawa, ohne Frühstück, Dusche/WC auf dem Gang; mit kleinen Biwakplatz; Mitte Juni bis Mitte Sept. Etwa 100 Zł.

Camping

- **Camping Wajk,** Piaseczno 23, 78-441 Piaseczno, Tel./Fax (094) 3758624, www.wajk.pl. Einsam im Wald traumhaft schön an einem Seitenarm des Drawsko-Sees gelegen; große Anlage mit Ferienzimmern, Campinghäuschen, Restaurant, Laden, Tennisplatz, Badestelle, Bootsanleger, Fahrrad- und Bootsverleih, Anfang Juni bis Ende Sept. Anfahrt: Von der Straße 20 auf halber Höhe zwischen Złocieniec und Czaplinek beim Dorf Siemczyno nördlich Richtung Piaseczno (ausgeschildert via Rzepowo) einbiegen. Am Dorfplatz von Piaseczno (Bushaltestelle und Kruzifix) rechts (östlich) dem Kopfsteinpflasterweg folgen, an der nächsten Abbiegung (ab hier ist der Campingplatz ausgeschildert) rechts, dann ca. 800 Meter Sand-Schotter-Piste, die letzten 100 Meter Betonplatten.
- **Camping Island-Camp,** nad Jez. Siecino/Cieszyno 40 (acht Kilometer nördlich von Złocieniec), 78-520 Złocieniec, Tel./Fax (094) 3671795. Von drei Seiten vom Wasser umspült in idyllischer Lage auf der Ostrów-Halbinsel im Siecino-See; Hanglage im Wald, für Caravans nicht geeignet, schlichte Sanitärausstattung, mit Campinghäuschen, Badestelle, Bootsanleger, Bootsverleih und Tauchbasis; nur Juli/Aug. Anfahrt: von Złocieniec aus Straße via Cieszyno, kurz vor dem Ort westlich einbiegen (ausgeschildert), ca. einen Kilometer durch den Wald, das letzte Stück ist Schotterpiste mit Schlaglöchern.

Aktivitäten

- **Wassersportgeräteverleih:** auf allen Campingplätzen und an der PTTK-Wasserstation Złocieniec (↗„Unterkunft").

Die Fußgängerzone von Czaplinek

Czaplinek

↗ XVIII/B2

Mit Złocieniec ist das auf einer Landenge zwischen Drawsko- und Czaplino-See liegende Czaplinek (**Tempelburg**) nicht nur über die Straße 20 verbunden, sondern auch über die Drawa-Paddelroute, die in Czaplinek beginnt. Und obwohl der Ort nur 7000 Einwohner zählt, ist er, von zahlreichen Gewässern umgeben, der **touristische Mittelpunkt** der Region.

Seine Geschichte beginnt mit einer slawischen Fischersiedlung, die bis zum 13. Jahrhundert zur großpolnischen Herrschaft gehört. 1286 schenkt *Przemisław II.*, Herzog von Krakau und Großpolen und später König von Polen, das Land um den Drawsko-See dem **Templerorden,** der hier eine hölzerne Wehrburg errichtet. Nachdem der Orden 1312 durch den Papst aufgelöst wurde, gehen Land und „Tempelborch" an den **Johanniterorden** über. Auf einem schmalen Damm zwischen Drawsko- und Żerdno-See erbauen die Johanniter die steinerne **Burg Drahim** und verkaufen sie, klamm im Geldsäckel, 1366 an König *Każimierz III. Wielki* („Der Große"). Im Kaufvertrag taucht nun nach „Tempelborch" erstmals auch der Name „Czaplyn" auf.

Grenzstreitigkeiten und Waffengänge zwischen brandenburgischen Markgrafen, pommerschen Herzögen, polnischem König und Deutschem Ritterorden kennzeichnen die nächsten Jahrzehnte. Schließlich schickt 1407 König *Władisław Jagiełło* seine Truppen, die die Burg nach drei Tagen Belagerung stürmen. Fortan dient sie bis Mitte des 17. Jahrhundert als Sitz der **Starostei Drahim** und zugleich äußerste polnische Wacht an der Grenze zu Pommern und Brandenburg. Im **Polnisch-Schwedischen Krieg** plündern und brandschatzen 1655 schwedische Soldaten den Ort, und die **Pest** rafft die Bevölkerung dahin. 1657 erhält Kurfürst *Friedrich Wilhelm von Brandenburg* im Vertrag von Bromberg die Lande Bütow und Lauenburg von der polnischen Krone als Lehen und erwirbt dabei auch die Starostei Drahim. Mit der Ersten Teilung Polens 1772 kommt sie zum **Königreich Preußen.**

Vom Feuersturm Ende des Zweiten Weltkriegs blieb das alte Tempelburg nicht verschont, und dennoch konnte sich manches schöne Schmuckstück bewahren. So östlich vom Marktplatz die **Dreifaltigkeitskirche** (Kościół św. Trójcy), die auf einer kleinen Anhöhe dort steht, wo sich vermutlich einst die hölzerne Templerburg befand. Anfang des 15. Jahrhunderts errichtete man das kleine Gotteshaus noch nach romanischer Art, doch weist es bereits zahlreiche Elemente der neuen gotischen Mode auf, die das Grenzland in der Wildnis an den Seen halt etwas später als üblich erreichte. Den Flammen mehrerer Stadtbrände zum Opfer gefallen, wurde die Dreifaltigkeitskirche immer wieder neu aufgebaut. Zuletzt nach dem Brand 1725, diesmal mit einem frei stehenden Glockenturm. Die schönste Zierde des Kirchenraums ist ein reich verbrämter hölzerner **Baldachinaltar** aus dem frühen 19. Jahrhundert.

Nahebei nimmt die **Kirche der Hervorhebung des Heiligen Kreuzes** (Kościół pod wezwaniem św. Kryża) eine ganze Seite des Marktplatzes ein. 1829/30 wurde sie auf dem Grundriss eines griechischen Kreuzes nach Plänen *Karl Friedrich Schinkels* erbaut.

Ebenfalls am Markt wartet die **Heimatstube** (Izba Muzealna) mit liebevoll arrangierten Memorabilien aus der Geschichte Czaplineks auf, und gleich nebenan befindet sich die **Touristeninformation.**

Wenige Schritte entfernt liegt unten am Seeufer das örtliche **Wassersportzentrum.** Eine Promenade führt von dort über zwei Kilometer am Ufer entlang und verbindet es mit Czaplineks **Badestrand, Campingplatz** und **Sportstadion.**

In der Bucht, die mit schmalem Sandband zum Baden einlädt, stach 1955 der junge Priester *Karol Wojtyła,* der spätere Papst **Johannes Paul II.** (1920–2005), zum Paddeln in See und läutete damit Czaplineks touristisches Zeitalter ein. Noch zwei weitere Male, 1961 und 1967, begab sich der Heilige Vater auf große Paddeltour über die Drawa. Zum 50-jährigen Jubiläum wurde ihm zu Ehren 2005 sein Standbild enthüllt, jedoch nicht am Strand,

0701po Foto: kj

sondern an der Promenade unweit des Wassersportzentrums, dem heutigen Einstieg in die Drawa-Paddeltour.

Jüngste Attraktion in Czaplinek ist die nach archäologischen Kenntnissen neu errichtete frühmittelalterliche slawische **Burg Sławogród** am nördlichen Ortsausgang. Reetgedeckt und von hölzernen Palisaden umzogen, kann man sich in den Sommermonaten in dem lebendigen **Museum** im Bogenschießen, Speerwerfen und in mittelalterlichen Handwerkskünsten versuchen oder auch einem Ritterturnier zusehen.

Sieben Kilometer nördlich thront auf der Landenge zwischen Drawsko- und Żerdno-See in **Stare Drawsko (Drahim)** auf einem Hügel gleich neben der Straße die Ruine der authentischen **Burg Drahim.** Die Johanniter errichteten sie um 1360 an der exponierten Stelle mit weitem Blick über die Seen. Ab 1407 dienten ihre bis zu zwei Meter dicken Mauern als Sitz der Starostei Drahim, heute befinden sich die immer noch stattliche zwölf Meter hohen Überreste in Privatbesitz. In den Sommermonaten steht die Burg Besuchern offen, die im Innenhof von einem fantasievoll rekonstruierten **Mittelalterdorf** überrascht werden.

Im Innenhof der Burgruine Drahim

Ritterrüstung

071po Foto: kj

Lehmverschmierte Fachwerkhütten, strohgedeckte hölzerne Unterstände, Ritterrüstungen, -kostüme, -feldzeichen und eine Schwertersammlung, dazu ein Pranger, restaurierte Zweite-Weltkriegs-Jeeps und in der Wirtsstube eine Bierzapfanlage machen die Burg zum vergnüglichen Abenteuerspielplatz. Und dazwischen hoppeln Hasen und Ziegen. Unterhalb der Ruine am See lädt das **Restaurant Pod Zamcze** mit polnischer Küche und frischem Fisch zum Schmausen ein.

Info

- **Touristeninformation,** Rynek 1 (am Marktplatz), 78-500 Czaplinek, Tel./Fax (094) 375 4790, Mo–Mi 7–15 Uhr, Do 7.30–16 Uhr, Fr 7.30–15 Uhr.
- **Homepage der Stadt:** www.czaplinek.pl.

Unterkunft

- **Zimmervermittlung** in der Touristeninformation.
- **Hotel Pomorska**€€, ul. Jagiełłonska, 78-500 Czaplinek, Tel./Fax (094) 3755444, www.pomorska.czaplinek.pl. Flachbau noch aus sozialistischen Zeiten einmal um die Ecke vom Markt, ausnehmend freundlicher Service, man spricht Deutsch, mit Restaurant und kleiner Bierterrasse. Etwa 90 Zł.

Camping

- **Camping Czaplinek,** ul. Drahimska 79, 78-500 Czaplinek, Tel. (094) 3755168, www.campingczaplinek.pl. Wiesengrundstück hinter dem Strandbad, mit Ferienzimmern, kleiner Gastwirtschaft und Bootsverleih, Juni–Sept. Anfahrt: am nördlichen Ortsausgang an der Straßengabelung via Połczyn-Zdrój einbiegen, dort direkt in der Kurve.

Gastronomie

- **Restaurant Pod Zamcze,** Stare Drawsko 4, (sieben Kilometer nördlich von Czaplinek in Stare Drawsko gegenüber der Burg am See). Köstliche polnische Küche, deftige Fleischgerichte und fangfrischer Fisch im kleinen Biergarten oder im Gastraum des charmanten Häuschens am See.

Museen und andere Sehenswürdigkeiten

- **Heimatstube Czaplinek,** am Marktplatz neben der Touristeninformation, Di 12–16 Uhr, Mi 8–16 Uhr, Do/Fr 10–18 Uhr, Sa 10–14 Uhr.
- **Siedlung Sławogród,** am örtlichen Ortsausgang von Czaplinek, geöffnet im Juli/August, zahlreiche Veranstaltungen, den genauen Veranstaltungskalender bitte in Czaplineks Touristeninformation erfragen.
- **Burg Drahim,** sieben Kilometer nördlich von Czaplinek in Stare Drawsko, Mitte Juni bis Mitte Sept. tgl. 8–20 Uhr.

Aktivitäten

- **Wassersportgeräteverleih:** auf allen Campingplätzen und im OSW Czaplinek (im Ortszentrum am See).

Połczyn-Zdrój

↗ XVIII/A1

Nähert man sich Połczyn-Zdrój **(Bad Polzin)** von Westen her, vermittelt es zunächst nicht den Eindruck, als handele es sich bei der 10.000-Einwohner-Stadt am Nordrand des Drawsko-Landschaftsparks um einen der hübschesten Kurorte in Westpommern. Nähert man sich dagegen aus südlicher Richtung, bietet sich ein Bild, als würde das traditionsreiche Moor- und Sole-Bad fast nur aus Wald bestehen. Tatsächlich sind beinahe 40 Prozent der Gemeinde mit **Wäldern** bedeckt. Hügel um Hügel steigen sie im Süden der Stadt bis über 200 Meter auf, weshalb man der anmutigen Landschaft auch den Namen „Polziner Schweiz" verlieh.

Ende des 13. Jahrhunderts errichtete vermutlich der **Templerorden** im Tal der **Wogra (Wugger)** eine **Burg,** die 1320 an die Ritter *von Wedell* und dann 1374 an die Ritter *von Manteuffel* überging. In einer Urkunde taucht Polzin das erste Mal bereits **1337** auf, und dieses Datum wird heute als das der Stadtgründung angesehen. Ein für die Entwicklung der Stadt nicht weniger bedeutendes Ereignis fällt ins Jahr 1688, als man die Heilkraft des hiesigen **eisenhaltigen Quellwassers** entdeckte. Mehr und mehr Leidende fanden Genesung, sodass in Bad Polzin schon im 18. Jahrhundert der Fremdenverkehr aufblühte und es bis Mitte des 19. Jahrhunderts zum mondänen **Kurbad** aufstieg.

Heute werden in vier großen Kurhäusern mit **Moor- und Soleanwendungen** entzündliche Krankheiten des Bewegungsapparats sowie neurologische, gynäkologische und rheumatischen Beschwerden behandelt. Im 1836–39 im Geschmack französischer Gartenbaukunst angelegten Teil des **Kurparks** befinden sich eine Mineralwassertrinkhalle und Tennisplätze, im 1903 im Stil englischer Landschaftsgärten hinzugekommenen Parkteil runden Minigolf und ein Freibad das Kur- und Freizeitangebot ab.

Aber nicht nur der Kurpark, der sich südlich an das Stadtzentrum anschließt, ist einen Bummel wert. Auch der reizende **Altstadtkern** mit schmucken Bürgerhäusern, Marktplatz und größtenteils autofreien Kopfsteinpflastergassen, Cafés und kleinen Läden lohnt einen Besuch.

Vom alten **Schloss,** das wohl die Templer 1290 errichteten, sind nur noch die Fundamente original erhalten. Allzu oft wurde es im Lauf der Jahrhunderte umgestaltet und umgebaut, sodass es heute als Schloss nicht mehr zu erkennen ist. Seine Mauern beherbergen eine **Kunstgalerie** und die öffentliche Bibliothek.

Die Ursprünge der **Kirche der Unbefleckten Empfängnis der Jungfrau Maria** (Kościół pw. Niepokalanego Poczęcia Najświętszej Marii Panny) nahebei, die über den Dächern von Połczyn-Zdrój in den Himmel ragt, datieren auf die Mitte des 14. Jahrhunderts. Ihre aktuelle Gestalt erhielt sie Mitte des 19. Jahrhunderts.

Die schöne Natur um Połczyn-Zdrój bietet sich zum **Wandern** und Radfahren an. Eine Reihe von markierten

Wanderwegen führt zu den attraktivsten Zielen, so etwa durch den Kurpark im Süden zur Stadt hinaus zum Weiler **Kłokowo** und am gleichnamigen See vorbei zum **Aussichtsturm** auf dem **Wola Góra.** 219 Meter ist der Wola-Berg hoch, einer der höchsten in der Region. Und rechnet man noch die 48 Turmmeter dazu, kann man sich bereits ausmalen, welch atemberaubende Sicht auf die Polziner Schweiz und den Drawsko-Landschaftspark einen 216 Stufen später erwartet. Der schlanke weiße Turm ist die Feuerwache der Försterei, steht Besuchern aber nach vorheriger Anmeldung offen. Wer die Tageswanderung hin und zurück zur schönen Aussicht mit vier Rädern abkürzen möchte, für den stehen **Parkplätze** wenig südlich von Kłokowo am Kłokowskie-See und östlich vom Turm im „Tal der fünf Seen" an der Straße 163 bereit.

Eine zweite Wanderung führt zehn Kilometer südlich von Połczyn-Zdrój durch das **Naturschutzgebiet Dolina Pięciu Jezior** (Tal der fünf Seen). Inmitten von herrlichem Buchenwald funkeln die fünf hintereinanderliegenden Rinnengewässer wie auf einer Kette aufgereihte Juwelen. Sie sind die Wiege der Drawa, die hier ausfließt und ihre bald 200 Kilometer lange Wanderung zur Noteć (Netze) beginnt. Teichrosen und Wasserlilien schmücken die Seen, und auch einige seltene Orchideenarten blühen. Für Wanderer hat man hier den **Naturlehrpfad** „Tal der fünf Seen" eingerichtet, der am Parkplatz an der Straße 163 zwischen Krąg-See und Długlie-See beginnt.

Die ausgewiesenen **Radrouten** in der Region geleiten auf nicht wenigen Streckenabschnitten leider über das schmale, kurvige Asphaltband zwischen Połczyn-Zdrój und Czaplinek, auf dem sich nicht nur der Auto-, sondern auch der **Lastverkehr** zwischen den Landstraßen 20 im Süden und 6 im Norden hin- und herbewegt. Völlig blechkarossenfrei können Pedalritter dagegen auf dem stillgelegten **Eisenbahndamm** zwischen Połczyn-Zdrój und Złocieniec radeln. Wo einst 30 Kilometer Gleise verliefen, führt heute ein asphaltierter Fahrradweg entlang. Hier und da zum Rasten in der schönen Natur mit Tischen und Bänken bestückt, verläuft er ohne besondere Anforderungen, sodass es auch Ungeübte einmal mit dem Radeln probieren können.

Info

- **Touristeninformation,** plac Wolności 5 (am Marktplatz hinter der Kirche), 78-320 Połczyn-Zdrój, Tel. (094) 3662404, www.polczyn.centrumgci.pl, Mo–Sa 8–18 Uhr.
- **Homepage der Stadt:** www.polczyn-zdroj.pl.

Unterkunft und Gastronomie

- **Kurhaus Leo Karli**€€€€€, ul. Parkowa 1, 78-320 Połczyn-Zdrój, Tel. (094) 3665115, Fax 3665116. Großes, im 19. Jahrhundert erbautes Haus direkt am Kurpark, 2003/04 grundlegend renoviert und um einen 2007 eröffneten Neubau erweitert, mit Restaurant, Hallenbad, Sauna und Salzgrotte, wie alle Kurhotels in Połczyn-Zdrój innen und außen Rauchverbot. Etwa 250 Zł., Halbpension.
- **Willa Hopferówka**€€€, ul. Slolanowa 8b, 78-320 Połczyn-Zdrój, Tel. (094) 3666188, Fax 3664269, www.hopferowka.webpark.pl. Schöne wilhelminische Villa am Kurpark un-

Drawa- und Piława-Paddeltour

Drawa-Paddeltour

Gut **190 Wasserkilometer** legt die Drawa (Drage) auf ihrer Wanderung vom Quellgebiet im **Tal der fünf Seen** im nordöstlichen Teil des Drawsko-Landschaftsparks bis zur Mündung bei **Krzyż** in die Noteć (Netze) zurück. Dabei durchzieht der oft nur knietiefe Wasserlauf zahlreiche Seen und bietet unterwegs, sofern man die gesamte Strecke paddelt, ein sehr **abwechslungsreiches Programm.** Mal mäandert die Drawa träge und gemütlich durch Wiesen, Wälder und weites Sumpfland, und dann wieder ähnelt sie einem Gebirgsfluss mit schneller Strömung und Kaskaden durch schluchtartige Engen. Mal seicht, mal tief, mal breit, mal schmal fließt sie weitgehend so, wie sie die Natur geschaffen hat. Besonders ihr Unterlauf, der im Süden der Woiwodschaft durch den Drawieński-Nationalpark führt, bezaubert in seiner **Ursprünglichkeit.** Da und dort versperren umgestürzte Baumriesen den Weg, die trotz flotter Strömung überwiegend umkurvt werden können, und wenn nicht, heißt es das Boot zu wuchten. Eine Tour nicht unbedingt ohne Hindernisse.

Der Einstieg ist in **Czaplinek,** von wo aus 1955 **Papst Johannes Paul II.,** damals noch junger Priester, zu seinem ersten von insgesamt drei Drawa-Paddelabenteuern aufbrach. Über den Drawsko-See, dann den Rzepowskie- und Krozino-See wird zunächst **Złocieniec** erreicht, von wo aus die Drawa Kurs auf **Drawsko Pomorskie** nimmt, um dort eine Volte südwärts zum **Lubie-See** zu schlagen. Dort am südlichen Seeufer erwartet einen das erste von Menschenhand geschaffene Hindernis: einer der größten **Truppenübungsplätze** Europas, der nur durchpaddelt werden darf, wenn keine Manöver stattfinden. Ob und wann, wissen meist die Bootsverleiher.

Der Nationalpark wiederum ist zum **Schutz der Brutvögel** von Mitte März bis Ende Juni für Paddler **gesperrt,** für die anderen Monate erwirbt man gegen eine kleine Gebühr bei der Parkverwaltung in Drawno eine **Genehmigung.**

Biwaks sind in ausreichender Zahl über die gesamte Strecke verteilt. Wer allerdings mehr Komfort als nur einen Platz fürs Zelt mit sehr, sehr schlichter Sanitärangelegenheit möchte, sollte lieber nicht auf eigene Faust lospaddeln, sondern eine **organisierte Tour** im Reisebüro buchen. Oder man beschränkt seine Wasserwanderung auf einen **Abschnitt,** beispielsweise durch die schöne Natur im Drawsko-Landschaftspark zwischen Czaplinek und Złocieniec. Die meisten Kajak- und Kanuverleiher an der Drawa-Paddelroute bieten einen **Rücktransport** vom persönlich gewählten Ziel-

punkt. Dazu muss man nur Ort und Zeit mit dem Verleiher ausmachen. Und das alles zu sehr vernünftigen Preisen.

Vom Drawsko-See bis zur Mündung der Drawa bei Krzyż in die Noteć (Netze) werden für die seit 2005 nach dem verstorbenen polnischen Papst **„Jan-Pawla-II.-Tour"** genannte Paddelpartie insgesamt **neun bis zehn Tage** gerechnet.

Piława-Paddeltour

Ebenfalls in **Czaplinek** ist der Einstieg in die Piława-Paddeltour. Östlich vom Drawsko-See fließt die seichte Piława aus dem **Komorze-See** aus, durchzieht anschließend den **Pile-See** und mündet 82 Kilometer weiter südlich in der Nähe von **Piła** in den Fluss **Gwda.** Die Piława ist **auf ihre gesamte Länge befahrbar,** wenn vereinzelt auch Reste von alten Wassermühlen und ein paar Staustufen das Boot zu schleppen verlangen. Für die gesamte Strecke durch eine nahezu unberührte Natur und an den gespenstischen Bunkerruinen des Pommernwalls vorbei muss man **fünf bis sechs Tage** kalkulieren.

Und wer dann noch weiter will, folge einfach der Gwda, die in die Noteć mündet, die in die Warta (Warthe) fließt, die in die Oder fließt, und schon bald darauf ist die Ostsee erreicht.

Information und Bootsverleih

- **Camping Czaplinek,** ul. Drahimska 79, 78-500 Czaplinek, Tel. (094) 3755168, www.campingczaplinek.pl., Juni–Sept.
- **PTTK-Wasserstation Złocieniec,** ul. 11-go Listopada, 78-520 Złocieniec, Tel. (094) 3671840, Mitte Juni bis Mitte Sept.
- **Drawa-Nationalparkverwaltung,** ul. Leśników 2, 73-220 Drawno, Tel. (095) 768 2051, www.dpn.pl, Mo–Fr 7–15 Uhr (⇗ Ortskapitel im Abschnitt „Im Drawieński-Nationalpark").

Paddeln auf den Spuren des Heiligen Vaters in himmlischer Ruhe

mittelbar neben dem Sanatorium „Gryf", innen gutbürgerlich, mit angeschlossenem Restaurant, Tennis und Fahrradverleih. Etwa 160 Zł.

- **Landhauspension Żurawiec**€€, Brusno 2, 78-320 Połczyn-Zdrój, Tel. (0694) 60450 1570, www.zurawiec.pl. Kleine, reizende Landpension, hübsch eingerichtet und malerisch zwischen Feldern und Wäldchen und Teich gelegen. Gegen Naturkoller sind alle Zimmer mit Sat-TV ausgestattet. Die Küche bietet köstliche Haumannskost. Ca. 15 km südöstlich von Połczyn-Zdrój. Anfahrt: Straße 172 Richtung Szczecinek, nach vier Kilometern südlich via Brusno (Nebenstrecke Richtung Czaplinek) einbiegen. Etwa 115 Zł.
- **Hotel Sportowy**€, ul. 15-go Grudnia, 78-320 Połczyn-Zdrój, Tel. (094) 3662676. Ein Dach über dem Kopf für den schmalen Geldbeutel, ohne Frühstück, WC/Dusche auf dem Gang, Biwak auf dem Rasen vom Sportstadion; auf dem Gelände des Sportstadions am östlichen Ortsausgang Richtung Szczecinek. Etwa 40 Zł.

Aktivitäten

- **Aussichtsturm der Försterei Połczyn-Zdrój,** nach vorheriger Anmeldung unter Tel. (094) 3662230 tgl. 7–15 Uhr.

Borne Sulinowo ⇗ III/D3

Auf halbem Weg zwischen Czaplinek und Szczecinek liegt am Südufer des langgestreckten **Pile-Sees** das 4000 Einwohner kleine Borne Sulinowo **(Groß Born).** Mit dem Gründungsdatum 1993 ist es die **jüngste Stadt Polens,** und diese war noch wenige Jahre davor – als **Hauptbasis der sowjetischen Streitkräfte in Polen** und militärisches Sperrgebiet – nicht einmal als Punkt auf der Landkarte zu sehen. Borne Sulinowo existierte gewissermaßen nicht.

Bereits 1919 legten die Deutschen in der Heide bei Groß Born, nah an der Grenze zur jungen Republik Polen, einen riesigen Truppenübungsplatz an. Kasernen und Militärsiedlungen entstanden, später bauten die **Nazis** den Standort weiter aus, nicht nur oberirdisch, wie man munkelte, sondern zusätzlich mit einem unterirdischen Tunnel- und Bunkernetz. Und tatsächlich haben Untersuchungen inzwischen ergeben, dass sich **unter der Stadt** Lager, eine Produktionsstätte, Schmalspurgleise und weitere Anlagen befinden. Außerdem wurde 1939 bei Groß Born ein **Kriegsgefangenenlager** eingerichtet.

1945 übernahm eine Garnison der Roten Armee den Standort, und das für die Allgemeinheit gesperrte Borne Sulinowo war fortan die geheimnisumwitterte, am strengsten bewachten **Basis der Nördlichen Militärgruppe.** Die offiziellen politischen Stellen erklärten zwar, dass die Sowjetarmee in Polen nicht über strategische Raketen mit Nuklearsprengköpfen verfüge. Doch blieben enorme Raketensilos auf dem Gelände erhalten, von denen man mit großer Wahrscheinlichkeit annehmen darf, dass sie das angeblich gar nicht existierende Waffenarsenal bargen.

1992 zogen die Streitkräfte ab und hinterließen eine verfallende **Geisterstadt.** Zwar haben sich Wohnungen und Häuser mittlerweile wieder mit Leben gefüllt, aber die maroden **Kasernen und Militäranlagen,** deutschen wie sowjetischen Ursprungs, die sich südlich an den Ortskern anschließen, sind wahrhaftig keine romantischen Ruinen. Wer kein Fan von Kriegsgewese und Militaria ist, wird beim Anblick dieser traurigen Stätten nur Beklemmung und Bedrückung empfinden. So nah und gegenwärtig ist immer noch die bestürzende Vergangenheit, die Polen und Deutsche folgenschwer miteinander verbindet.

Weit, weit hinunter nach Süden verbergen sich in dem absolut menschenleeren Heideland über und unter der Erde Überreste von Bunkern, Betonwehren, Versorgungseinrichtungen, Schächten, Schützenstellungen und dergleichen mehr. Sie sind Teil des **Pommernwalls,** der militärischen Befestigungslinie, die ab 1932 von der Ostseeküste bei Darłowo (Rügenwalde) über Szczecinek (Neustettin) und Wałcz (Deutsch Krone) bis zu Netze und Warthe auf deutscher Seite gegen Polen entstand (⇗ auch Exkurs „Pommernwall“). Heute durchstreifen die gottverlassene Wildnis, die sich zwischen Borne Sulinowo und Wałcz im Süden erstreckt, Abenteurer und Schatzsucher auf der Suche nach Zweite-Weltkrieg-Memorabilien, ferner ist die Heide als Motocross- und Four-Wheel-Drive-Gelände beliebt.

Praktische Informationen

Info

- **Touristeninformation,** ul. Szpitalna 1 (im Fotoladen am Rathausplatz), 78-449 Borne Sulinowo, Tel. (094) 3733120, Mo–Fr 10–18 Uhr, Sa 10–14 Uhr.
- **Homepage der Stadt:** www.bornesulinowo.pl.

Szczecinek

↗ XIV/A1

Die freundliche Kleinstadt zwischen Trzesiecko- und Wielimie-See blickt auf eine nun bald **700-jährige Geschichte** zurück. 2010 feiert Szczecinek (**Neustettin**) das Jubiläum seiner Stadtgründung 1310 unter Pommernherzog *Wartislaw IV.*

40.000 Einwohner groß, ist die Kreisstadt **Mittelpunkt der gesamten Region.** Kreisverwaltung, Kreiskrankenhaus und Amtsgericht haben hier ihren Sitz, zwei lokale Kabel-TV-Sender machen Programm, und Studenten in Zweigstellen der Technischen Hochschule Koszalin, der kaufmännischen Hochschule Łódź und der landwirtschaftlichen Hochschule Stettin genießen ihren akademischen Aufenthalt in der seenreichen Umgebung.

Zahlreiche, meist über Flüsse miteinander verbundene **Gewässer** machen Szczecinek für Paddler und Segler zum **Wassersportdorado** der östlichen Drawsko-Seenplatte.

Bis 1618 unter der Herrschaft der Pommernherzöge, kam es nach Ende des Dreißigjährigen Kriegs 1648 an Brandenburg, in der Folge 1701 unter die Krone der preußischen Könige, anschließend unter die der deutschen Kaiser. Am Ende des „Tausendjährigen" Nazireichs im Februar 1945 wurde es von der Roten Armee eingenommen. Die Kämpfe dauerten nur einen einzigen Tag, und so blieb die Stadt von schweren Zerstörungen weitgehend verschont.

Als ältestes Relikt aus vergangener Zeit ragt in der Fußgängerstraße Boh. Warszawy der verbliebene **Gotische Turm** der Nikolaikirche auf. Vom ursprünglich Anfang des 14. Jahrhunderts errichteten Gotteshaus ist nichts mehr zu sehen, nach der Weihe der neu erbauten Marienkirche 1908 wurde es abgerissen. Seither steht der Backsteinturm frei und diente mit Unterbrechungen bis 2007 als Regionalmuseum.

Unmittelbar neben dem Gotischen Turm befindet sich die **Touristeninformation,** und nur wenige Schritte von dort ist auch schon der große plac Wolności erreicht. Unübersehbar dominiert den Markt das zinnengekrönte neugotische **Rathaus** von 1852 und weist so förmlich den Weg zum neuen Standort des **Regionalmuseums.** Ein paar Spazierminuten nördlich vom Platz hat es in der ehemaligen Schule Nr. 2 in der ul. Szkolna größere Räumlichkeiten gefunden. Beträchtliche Teile der wertvollen Sammlung ging nach der Eroberung der Stadt 1945 verloren, wurden zerstört oder gestohlen. Anderes konnte gerettet werden, darunter Silbergeschirr aus dem 17. bis 19. Jahrhundert, Goldschmiedearbeiten, Jagdwaffen, Porzellan und als kostbarstes Stück ein **slawischer Götze** aus der Umgebung von Szczecinek.

Südlich vom plac Wolności lohnen die schönen Glasmalereien im Presbyterium der 1905–08 erbauten **Kirche der Unbefleckten Empfängnis der Jungfrau Maria** (Kościół pw. Niepokalanego Poczęcia Najświętszej Marii Panny) einen Blick.

Gegenüber am Trzesiecko-See schimmert bereits die Fassade vom

Szczecinek (Neustettin)
Koszalin
Połczyn Zdrój
Myśliwska
Kilińskiego
Mierosławskiego
Koszalińska
Lelewela
Jasna
Jeziorna
Zielona
1. Maja
Kaszubska
Szafera
Wodociągowa
Rzeczna
5
Szkolna
Jana Pawła II
Parkowa
Księżewskiego
Podwale
Boh. Warszawy
plac Wolności
7
9 Maja
Podgórna
Szewska
Mariacka
Elżbiety
6
Skargi
Zamkowa
Sadowa
Strażacka
Młynarska
Powst. Wlkp.
Ordona
8
Plater
Wyszyńskiego
Rzemieślnicza
9
3 Maja
Boh. Stalingradu
Limanowskiego
plac Kamińskiego
Kamińskiego
10
Mickiewicza
Matejki
Mestwina
Klasztorna
Traugutta
Piłsudskiego
plac Wazów
Szczecińska
Gdańska
Miła
Stettin
Wyspa Łabędzia
Jezioro Trzesiecko
Wyspa Sitowia
Wyspa Ślusarska
Jezioro Wilczkowo
0
400 m
1 Jugendherberge
2 Hotel Residience
3 Restaurant Jolka
4 Pensjonat Żołty Dom
5 Regionalmuseum
6 Gotischer Turm,
Touristeninformation
7 Rathaus
8 Kirche der unbefleckten Empfängnis der Jungfrau Maria
9 Schloss der Pommerschen Herzöge und
Kreiswassersportzentrum
10 Strandbad
11 Jugendherberge Cegiełka

Schloss der Pommerschen Herzöge durch die Bäume. Auf den Ruinen einer slawischen Burg entstand in der ersten Hälfte des 14. Jahrhunderts als ältester Teil der südliche Schlossflügel. Erhebliche Umbau-, Ausbau-, Abriss- und Neubauarbeiten im Lauf der nächsten Jahrhunderte schlossen sich an. Unter Preußenkönig *Friedrich dem Großen* verlor es Ende des 18. Jahrhunderts seine Bestimmung als Herrschaftssitz und wurde in einen Manufaktur- und Gewerbebetrieb umfunktioniert. Später Krankenhaus, nach dem Zweiten Weltkrieg zunächst Kaserne und anschließend Ferienheim, befindet es sich seit 1996 in **Privatbesitz.** Die Regionaldirektion der Staatsforste sowie Firmen und Unternehmen sind nun die Mieter und neuen Schlossherren.

Unmittelbar beim Schloss befindet sich am Seeufer das **Kreiswassersportzentrum** (Powiatowy Ośrodek Sportów Wodnych i Turystyki/POSWiT), das Segel-, Motor-, Ruder- und Tretboote verleiht. Südlich schließt sich am See der kleine **Stadtpark** mit Promenade und bewachtem Strandbad an. Wer der passiven Freizeitgestaltung den Vorzug gibt, den lädt das 1923 vom Stapel gelaufene Fahrgastschiff „Bayern" in der schönen Jahreszeit zur **Kreuzfahrt** ein. Insgesamt zehn Anleger läuft es als **Wasserbahn** (Tramwaj Wodny) rund um den Trzesiecko-See im Anderthalb-Stunden-Takt an. Start- und Endstation ist der Steg am Parkufer südlich vom Schloss.

Fünfzehn Kreuzwegstationen zählt der **Kalvarienberg von Szczecinek**

073po Foto: kj

(Kalwaria Szczecinecka), die jüngste und viel frequentierte Sehenswürdigkeit am westlichen Ortsausgang. 1999 begann man mit ihrer Errichtung, und dass sie noch längst nicht fertiggestellt ist, sondern stets weiter vergrößert und verschönert wird, zeugt von der immer mehr um sich greifenden Religiosität hierzulande.

Am Rathausplatz von Szczecinek

Praktische Informationen

Info

- **Touristeninformation,** ul. Bohaterów Warszawy 6a, 78-400 Szczecinek, Tel./Fax (094) 3723700, Mo–Fr 8–19 Uhr, Sa 9–15 Uhr.
- **Homepage der Stadt:** www.szczecinek.pl.

Unterkunft

- **Pensjonat Żołty Dom**€€€€, ul. Ordona 11, 78-400 Szczecinek, Tel. (094) 3723482, Fax 3723481, www.zoltydom.com.pl. Gepflegtes Haus, nur durch die Straße vom See getrennt, wenige Minuten zum Ortszentrum, mit gutem Restaurant. Etwa 240 Zł.
- **Hotel Residience**€€€€, ul. Lelewela 12, 78-400 Szczecinek, Tel. (094) 3728850, Fax 372 8852, www.residience.szczecinek.pl. Feine Unterkunft unter dem Walmdach, ruhig am nördlichen Seeufer gelegen; dort auch ein Anleger der Tramwaj Wodny. Mit empfehlenswertem Restaurant. Etwa 230 Zł.

Camping

Achtung: der örtliche Campingplatz, den der Polnische Campingverband und das Polnische Fremdenverkehrsamt in ihren Broschüren noch listen, ist seit einigen Jahren **geschlossen.**

Jugendherberge

- **Jugendherberge,** ul. Kościuszki 47–49, 78-400 Szczecinek, Tel. (094) 3740113, www.schronisko.nocuj.com.pl, ganzjährig.
- **Jugendherberge Cegiełka,** ul. Artyleryjska 9, 78-400 Szczecinek, Tel./Fax (094) 374 2753, www.schroniskocegielka.republika.pl, ganzjährig.

Gastronomie

- **Restaurant Jolka,** ul. Ordona 29, Tel. (094) 3741818. Romantisch in einer kleinen Bucht an der nördlichen Seepromenade, mit schöner Terrasse über dem Wasser. Serviert werden zum Beispiel als Vorspeisen Wisent-Carpaccio oder Rindertartar mit Wachtelei, als Hauptgerichte wohlschmeckende Fisch-, Fleisch- und Geflügelzubereitungen.
- **Weitere Restaurants** ↗ „Unterkunft“.

Museen und andere Sehenswürdigkeiten

- **Regionalmuseum,** ul. Szkolna 1, Di–So 10–16 Uhr.

Aktivitäten

- **Kreuzfahrt mit der Wasserbahn** (Szczecinecki Tramwaj Wodny): April–Okt. sechs Mal tgl. zwischen 11.30 und 18.30 Uhr ab Schiffanleger am Trziecko-See.
- **Wassersportgeräteverleih:** im Kreiswassersportzentrum (Powiatowy Ośrodek Sportów Wodnych i Turystyki/POSWiT) am Schloss (Segel-, Motor-, Ruder- und Tretboote); Scooter und Kajaks verleiht das Restaurant Jolka (↗„Gastronomie“).
- **Fahrradverleih:** im Restaurant Jolka (↗ „Gastronomie“).

Ausflug nach Biały Bór

↗ X/A3

30 Kilometer nördlich von Szczecinek zieht das Ende der 1950er Jahre gegründete Staatliche **Hengstgestüt** im kleinen Dorf Biały Bór **(Baldenburg)** von überall her Freunde des Reitsports an. Hier trainieren die Reiter der polnischen Nationalmannschaft sowie deren Nachwuchs unter der Leitung des achtfachen polnischen Meisters *Bogusław Jarecki,* es werden renommierte internationale Pferderennen ausgetragen, und im Auftrag des Polnischen Pferdezüchterverbands testet man die edlen Tiere auf ihre Zuchtqualität.

Das Gestüt dehnt sich auf einem gut 130 Hektar großen Parkgelände am Bielsko-See aus, mit fünf großen Ställen, überdachter Reitbahn, Hindernis-Parcours auf dem Gelände und einem Kutschplatz mit Schlitten und Kutschen für Ausflugspartien. Denn selbstverständlich steht die Anlage nicht nur den Profis, sondern auch Hobby-Sportlern offen, die neben Kutschfahrten auch selbst Pferd und Sattel für einen Ausritt besteigen können. Dem Gestüt angeschlossen ist das **Pensjonat Hubertus,** das im Stammhaus und in Bungalows für eine reitergerechte solide Unterkunft sorgt.

Info/Unterkunft

- **Pensjonat Hubertus**€€€, ul. Dworcowa 22, 78-425 Biały Bór, Tel. (094) 3739066, Fax 3739069, www.hubertus.pensjon.pl, südlich vom Ortskern an der Straße 25 Richtung Bydgoszcz (ausgeschildert). Etwa 140 Zł.

Drawsko-Seenplatte

Im Südwesten von Westpommern (Zachodio-pomorskie)

Überblick

866 Kilometer legt die **Oder (Odra)** auf der langen Reise von ihrer Quelle im mährischen Odergebirge bis zur Mündung in die Ostsee zurück. Dabei bildet sie ab ihrem Zusammenfluss mit der **Neiße** nördlich vom brandenburgischen Guben/polnischen Gubin auf ihren letzten 162 Flusskilometern die **Grenze zwischen Deutschland und Polen;** an Wasserkraft wird sie noch einmal verstärkt durch die **Warthe (Warta),** die bei Küstrin/Kostrzyn in die Oder fließt.

Die Region östlich der Oder und nördlich der Warthe, heute der Südwesten der Woiwodschaft Westpommern (Zachodniopomorskie), gehörte bis ins **13. Jahrhundert** zum **Königreich Polen.** Nördlich grenzte Pommern an, westlich der Oder erstreckte sich das Herrschaftsgebiet der **askanisch-brandenburgischen Markgrafen,** und in der Grenzregion selbst hatte die polnische Krone die **Mönchsorden** der Zisterzienser, Templer und Johanniter mit reichen Ländereien bedacht. Im zweiten Drittel des 13. Jahrhunderts begann die **Einwanderung** überwiegend **niederdeutscher Kolonisten** in das dünn besiedelte Land, und auch die brandenburgischen Markgrafen strebten danach, ihren Herrschaftsbereich weiter auszudehnen. 1254 gelangte die zwischen Polen, Pommern und Brandenburg umstrittene **Kastellanei Zantoch (Zantok)** mit dem einzigen Wartheübergang in brandenburgische Hand, 1257 wurde von den Markgrafen **Lands-**

berg (Gorzów) gegründet, 1261 kauften sie von den Templermönchen die **Burg Soldin (Myślibórz),** die rasch zum Machtzentrum der **Neumark** aufstieg, wie man die Region ab dem 15. Jahrhundert nannte. 1402–54 unter der Herrschaft des Deutschen Ritterordens, anschließend unter den brandenburgischen Hohenzollern-Kurfürsten, ab 1701 Provinz im Königreich Preußen, umfasste die Neumark nach der Neugliederung Preußens 1815 im Norden die Kreise von **Arnswalde (Choszczno), Königsberg/Neumark (Chojna)** und **Soldin (Myśliborz)** – heute zwischen 7000 und 15.000 Einwohner groß und damit, zusammen mit **Pyrzyce (Pyritz)** und **Barlinek (Berlinchen),** gewissermaßen die städtischen „Epizentren" im südwestlichen Westpommern.

Chojna bildet das nördliche Tor zum **Cedyński-Landschaftspark** (Cedyński Park Krajobrazowy). Auf über 35.000 Hektar umfasst das Schutzgebiet ab Höhe Schwedt flussaufwärts den Oderlauf mit seinen östlichen Auen und Wäldern und geht südlich fast nahtlos in den **Landschaftspark Warthemündung** (Park Krajobrazowy Ujście Warty) über, dessen größter Teil bereits in der Woiwodschaft Lubuskie liegt. Ab Höhe Cedynia, das dem Cedyński-Landschaftspark seinen Namen gab, begleitet ihn flussabwärts auf deutscher Seite der **Nationalpark Unteres Odertal,** der vor den Toren Stettins wiederum in den **Landschaftspark Unteres Odertal** (Park Krajobrazowy Doliny Dolnej Odry) überleitet. So entstand nach dem Fall des Eisernen Vorhangs auf der gesamten Flusslänge zwischen Warthe-Mündung und Stettin zu beiden Seiten der Oder ein **einzigartiges grenzübergreifendes Schutzgebiet.** Im Mai 1992 unterzeichneten die Umweltminister der BRD, der Republik Polen, des Bundeslands Brandenburg sowie der Woiwode von Stettin eine gemeinsame Erklärung, in der sie ihre Absicht darlegten, für diese einmalige Flusslandschaft mit ihren im Schatten der Nachkriegsgeschichte unreguliert verbliebenen Wasserläufen, Altarmen, Mooren, unberührten Wäldern und Auen einen Schutzraum nach strengen IUCN-Kriterien (International Union for Conservation of Nature and Natural Resources) zu schaffen.

Mit Beschluss des deutsch-polnischen Umweltrats im Dezember 1992 wurde für das grenzüberschreitende Projekt der Name **Internationalpark Unteres Odertal** (Międzynarodowy Park Dolina Dolnej Odry) gewählt. Zwar ist er aufgrund der unterschiedlichen nationalen Gesetzgebung formell betrachtet noch keine staatsübergreifende polnisch-deutsche Gemeinschaftsangelegenheit, doch arbeitet man diesseits und jenseits der Oder sehr eng zusammen. Ein deutsch-polnischer Programmrat koordiniert die Entwicklung, Mitarbeiter der polnischen und der deutschen Parkverwaltungen lernen die jeweils andere Sprache und werden untereinander ausgetauscht. Man bemüht sich, gemeinsam weitere Grenzübergänge für Fußgänger und Radfahrer zu schaffen, sodass gleichermaßen hüben wie drüben die

074po Foto: kj

Schönheit der Landschaft entdeckt werden kann – als wunderbares Beispiel dafür, wie sich politische Grenzen natürlich überwinden lassen. Ein „grünes Band der Verständigung", wie es der brandenburgische Ministerpräsident *Manfred Stolpe* 1995 zur Einweihung des Nationalparks nannte.

Den Auftakt zur **Pommerschen Seenplatte** bildet im Südwesten der Woiwodschaft die **Myślibórz-Seenplatte** (Pojezierze Myśliborskie) mit dem Landstädtchen **Myślibórz** im Mittelpunkt; und Pforte zu den Wäldern im **Landschaftspark Barlinek-Gorzów** (Barlinecko-Gorzowski Park Krajobrazowy) ist die schmucke Kleinstadt Barlinek, früher die „Perle der Neumark" genannt.

Im Cedyński-Landschaftspark

Auf über 35.000 Hektar erstreckt sich der Cedyński-Landschaftspark **(Cedyński Park Krajobrazowy)** östlich der Oder. Von den Flussauen, keine zwei Meter über dem Meeresspiegel, steigt das Land in fünf Kilometern Vogelfluglinie bis auf 167 Meter zu seinem höchsten Punkt, dem Berg Zwierzyniec, an. Hügelig ist es, bergauf und bergab, und dann wieder flach; Laubmischwälder, Wiesen, Felder und Auen schmücken das Land. Von zahlreichen Aussichtspunkten am Oderufer geht der Blick weit über das grüne, im Sommer hitzeflirrende Land, das am Wasser so still ist, dass man sich selbst atmen hört, begleitet nur vom tausendfachen Summen der Insekten.

Mieszkowice

↗ VI/A2

Die Gemeindestadt Mieszkowice (**Bärwalde**) bildet das südliche Tor zum Cedyński-Landschaftspark. Ihren großen zentralen, kopfsteingepflasterten **Markt** flankieren teils fachwerkgeschmückte kleine Ackerbürgerhäuser, von denen manche zwar recht renovierungsbedürftig erscheinen, aber insgesamt kommt die 3700-Seelen-Ortschaft ohne die landläufigen sozialistischen und postmodernen Bausünden aus. Den Mittelpunkt des Markts ziert ein 1957 enthülltes **Standbild** des großen Polanen-Fürsten **Mieszko I.**, das der Stettiner Bildhauer *Sławomir Lewiński* schuf.

In der Nachbarschaft erhebt sich mit mächtigem viereckigen Backsteinturm die **Pfarrkirche,** mit deren Bau man Ende des 13. Jahrhunderts begann, als „Berenwalde", wie es erstmals schriftlich erwähnt wurde, das **Stadtrecht** bekam.

Im 14. Jahrhundert von einer Wehrmauer umzogen (Reste davon sind noch erhalten), schrieb Bärwalde im **Dreißigjährigen Krieg** internationale Geschichte. Der schwedische und der französische Gesandte handelten 1631 am Ort den **„Vertrag von Bärwalde"** aus, in dem Frankreich einen Großteil der schwedischen Kriegskosten übernahm. Ansonsten brachte der unheilvolle Religionskrieg nichts als Unglück über die Stadt. Sie wurde mehrfach gebrandschatzt und erlangte danach nie wieder ihre einstige Bedeutung zurück.

Nachdem nach Ende des Zweiten Weltkriegs die Deutschen vertrieben worden waren, siedelten sich in Mieszkowice nahezu vollständig die aus ihrem Dorf **Hnilczany** in der heutigen **Ukraine** vertriebenen Einwohner an. Im Verein Stowarzyszenie Kresowe Hnilczan pflegt man die Erinnerung an die historische polnische Heimat, fährt auf Besuch und engagiert sich unter anderem für den Wiederaufbau der dortigen Kirche.

Sechs Kilometer östlich von Mieszkowice wuchs im kleinen Ort **Zielin (Sellin)** der Dichter **Gottfried Benn** (1886–1956) als Sohn des Gemeindepastors auf.

Die Oder bildet auf ihren letzten 162 Flusskilometern die Grenze zwischen Polen und Deutschland

Info

- **Touristeninformation,** plac Wolności 7 (am Markt), 74-505 Mieszkowice, Tel. (091) 4145478, Mo–Fr 9–17 Uhr.
- **Homepage der Stadt:** www.mieszkowice.pl.

An der Oder entlang nach Cedynia ⇗ VI/A2

Czelin ⇗ VI/A2

Keine zehn Kilometer auf der schmalen Landstraße trennen Mieszkowice und den Flecken Czelin (**Zellin**) an der Oder, wo man beispielsweise in den **Radwanderweg „Grüne Oder"** einsteigen kann. Insgesamt 155 Kilometer lang, führt die grün markierte Strecke von Szumiłowo in der Woiwodschaft Lubuskie östlich und westlich des deutsch-polnischen Schicksalsstroms bis nach Stettin. Der Weg an der Oder entlang ist darüber hinaus ein Weg der **Gedenkstätten** in Erinnerung an die **Oderoffensive** im Spätwinter/Frühjahr 1945 der 1. Polnischen Armee - sowie der Roten Armee, wie man ergänzen müsste, die hier am östlichen Oderufer jedoch merkwürdig unerwähnt bleibt. In Czelin steht unweit des Flusses ein **Obelisk** als Symbol für den ersten polnischen Grenzpfahl, den dort am 27. Februar 1945 polnische Soldaten einrammten.

Gozdowice ⇗ VI/A2

Wenige Flusskilometer nördlich wurden bei Gozdowice (**Güstebiese**) vom 14. bis zum 20. April 1945 die Truppenverbände gesammelt, zur Vorbereitung für die Schlacht um Berlin. Das **Museum der Pioniere** (Muzeum Sapera) zeichnet im Haus, in dem sich 1945 der Stab der Pioniertruppen befand, mit zahlreichen Ausstellungsstücken die Gefechtstrecke der 1. Polnischen Armee nach. Im Hof stehen noch mehrere Original-Pontons aus dem Jahr 1945, mit denen die Pioniere eine Behelfsbrücke über die Oder errichteten. Gleich nebenan erhebt sich das 1952 enthüllte **Denkmal** „Ruhm der Pioniere".

- **Museum der Pioniere,** 15. April–15. Sept. Di–So 10–16 Uhr.

Von 1815 bis 1945 pendelte eine **Fähre** von Güstebiese nach Güstebieser Loose am westlichen Oderufer. Anfang des 20. Jahrhunderts, als das Dorf als Luftkurort anerkannt wurde und Baden vollends in Mode kam, avancierte sie zum wichtigsten Transportmittel der vielen Berliner Ausflügler zum Güstebieser Oderstrandbad. Mitte April 1945 errichteten die Pioniere der 1. Polnischen Armee hier eine Pontonbrücke als Übergang über den Fluss für den Vormarsch Richtung Berlin. Genau 60 Jahre nach Ende des Zweiten Weltkriegs nahm eine deutsch-polnische Expertenkommission die Beratungen zur Wiedereinsetzung einer Fährverbindung zwischen hüben dem 115 Einwohner kleinen Gozdowice und drüben dem noch kleineren Güstebieser Loose auf. 2006 war der diplomatische Notenwechsel erfolgreich beendet, der Bau der Grenzterminals und einer Fähre nahmen Gestalt an. Bereits im April 2007 sollte der **neue Fährgrenzübergang** eigentlich eingeweiht werden, Mitte Oktober 2007 fand dann etwas verspätet die Jungfernfahrt der neuen Schaufelradfähre mit dem schönen Namen „Bez Granic" („Ohne Grenzen") statt. Sie fasst sechs Pkw und

20 Personen und verkehrt, außer bei Niedrigwasser, von April bis Oktober täglich bis zu drei Mal die Stunde und verbindet das deutsche und das polnische Ufer miteinander (April/Sept. 8–19 Uhr, Mai/Aug. 8–20 Uhr, Juni/Juli 7–21 Uhr, Okt. 8–18 Uhr).

Stare Łysogórki

Flussabwärts informiert kurz vor dem nördlichen Ortseingang von Stare Łysogórki **(Alt Lietzegöricke)** eine Tafel am Straßenrand über die **Oderoffensive** im April 1945. Gegenüber weist ein Panzerdenkmal den Weg ins **Museum der 1. Polnischen Armee,** das in drei Räumen das Kriegsgeschehen in Erinnerung bringt.

An das Museum schließt sich ein **Soldatenfriedhof** an, eine Gedenkstätte mit beinahe 2000 Gräbern, darunter über 300 unbekannte Soldaten der 1. Polnischen Armee, die bei der Oderforcierung oder anschließend im Kampf um Berlin ihr Leben verloren. Im Mittelpunkt von 1200 symbolischen Kreuzen auf dem Gelände erhebt sich 18 Meter hoch eine **Stele,** von einer Skulptur der Muttergottes mit Kind flankiert und mit zwei Grunwalder Schwertern dekoriert – Sinnbild des polnischen Siegs 1410 im masurischen Grunwald/Tannenberg gegen den Deutschen Ritterorden. Der Entwurf für das bereits kurz nach Kriegsende geschaffene Monument stammt vom Stettiner Künstler *Sławomir Lewiński.*

• **Museum der 1. Polnischen Armee,** 15. April–15. Sept. Di–So 10–16 Uhr.

Siekierki

↗ VI/A2

Ein kleineres **Denkmal für den Unbekannten Soldaten** (Pomnik Nieznanego Dziecka), das ebenfalls Grunwalder Schwerter schmücken, befindet sich drei Kilometer nördlich auf einer Anhöhe über der Oder beim Dorf Siekierki **(Zäckerick).** Das Ehrenmal bildet den Auftakt zum **Heiligtum der heiligen Jungfrau Maria Friedenskönigin (Sanktuarium NMP Królowej Pokoju),** einem im Gedenken an die Opfer des Zweiten Weltkriegs 1984–90 erbauten, von einem 550 Meter langen Kreuzweg umzogenen Gotteshaus, das von Papst *Johannes Paul II.* gesegnet wurde.

Osinów Dolny

↗ VI/A2

Auf Höhe des Grenzübergangs **Hohenwutzen/Kostrzynek** ist schließlich der westlichste Punkt Polens erreicht. Im nahen Grenzdörfchen Osinów Dolny **(Niederwutzen),** das keine 200 Einwohner, aber über 100 Friseure und fünf Tankstellen zählt, können sich deutsche Schnäppchenjäger auf einem schier unüberschaubaren **Markt** dem Konsumrausch hingeben und neben Tabak und Alkohol von Damendessous über nachgeahmte Designerware bis hin zum Autozubehör alles „tanie" (billig) erstehen.

Allein im Eröffnungsjahr der Oderbrücke 1993 wurden 3,6 Millionen deutsche Grenzübertritte via Osinów Dolny gezählt. Nur 60 Kilometer trennen das Einkaufs-, Tank- und Dienstleistungsparadies von der Millionenmetropole Berlin.

An das Museum der 1. Polnischen Armee bei Stare Łysogórki schließt sich ein Soldatenfriedhof an

Cedynia

↗ VI/A2

Einen Steinwurf östlich vom Oderstrand liegt Cedynia **(Zehden),** die **westlichste Stadt Polens.** Wo im 9. Jahrhundert eine von Erdwällen und Wassergräben umzogene Pomoranenburg stand, gründeten in „Cidin" oder „Cidini", ab 1252 unter brandenburgischer Herrschaft, Zisterzienser-Nonnen 1266 eine Abtei.

300 Jahre lang prägte das **Kloster Zehden,** von den askanischen Markgrafen mit reichem Grundbesitz ausgestattet, die Entwicklung in der Region und spielte darüber hinaus eine wichtige Rolle bei der **Christianisierung** in Vorpommern. Nach der Reformation verlassen, wurden die Klostergebäude 1637 im Dreißigjährigen Krieg von schwedischen Truppen zerstört. Es folgte 1641 der Wiederaufbau des Westflügels, der 1699 bei einer Feuersbrunst niederbrannte, 1850 abermals aufgebaut wurde und fortan als Königliches Postamt fungierte. 1945 erneut zerstört, harrte die Ruine der Zeiten, bis 1997 ihre sorgfältige Rekonstruierung und Restaurierung begann. Heute beherbergen die Klos-

termauern auf einer Anhöhe über den Dächern Cedynias ein elegantes **Hotel und Restaurant,** von dessen Garten aus man eine schöne Sicht weit über das Oder-Niederungsland genießt.

Von der Geschichte der 1600 Einwohner kleinen Stadt und ihrer Umgebung berichtet am Marktplatz das **Regionalmuseum,** das eine Nachbildung der historischen Pomoranenburg und Funde aus einer frühmittelalterlichen Grabstätte zeigt; und auch die **Granitsteinkirche** aus dem 13. Jahrhundert mit neugotischem Turm lohnt einen Blick.

Ebenfalls schöne Aussicht verspricht das **Czcibor-Denkmal** (Pomnik Czcibora), ein imposantes Betonmonument, das man 1972 zum 1000-jährigen Gedenken an die **Schlacht von Zehden** auf einem Hügel vor Cedynia errichtete (Straße 124 Richtung Osinów Dolny/Hohenwutzen). Im Jahr 972 war dort **Czcibor,** der einzige namentlich bekannte Bruder des Polanenherrschers und Begründers des polnischen Königreichs, *Mieszko I.,* mit dem askanischen Markgrafen *Hodo I.* von Brandenburg zusammengestoßen. Aus dem Waffengang ging *Czcibor* als Sieger hervor und sicherte damit die Westgrenze des polnischen Piastenreichs für die nächsten zweieinhalb Jahrhunderte. Die kommunistische Propaganda machte 1000 Jahre später daraus einen fahnenumwehten Ort des Siegs im ewigen Kampf des Slawentums gegen den germanischen Drang nach Osten. Mittlerweile ist das Memorial krautüberwachsen, der Beton bröckelt, und hoffentlich werden einmal EU-Mittel dieses wichtige Denkmal der jüngeren deutsch-polnischen Geschichte vor dem fortschreitenden Verfall retten.

Info

- **Homepage der Stadt:** www.cedynia.pl.

Unterkunft und Gastronomie

- **Hotel Kloster Zehden**€€€€, ul. M. Konopnickiej 10, 74-520 Cedynia, Tel. (091) 414 4531, Fax 4144532, www.klosterzehden.de. Vornehm logieren im originalgetreu wiedererrichteten Westflügel des Zisterzienserinnenklosters aus dem 13. Jahrhundert, mit Sauna und Solarium. Etwa 240 Zł.

  Das empfehlenswerte **Restaurant** bereitet verfeinerte traditionelle polnische Küche zu, z.B. Kaninchenrouladen auf Rotkohl in Weißweinsauce, Zander mit Krebs in Sahnesauce mit Spinat und Zisterzenkartoffeln oder Hering mit gebratenem Apfel.

Museen und andere Sehenswürdigkeiten

- **Regionalmuseum,** pl. Wolności 4, Mo–Fr 9–16 Uhr, Sa/So 10–14 Uhr.

Moryń

↗ VI/A2

Außerhalb des Cedyński-Landschaftsparks, aber quasi von seinen beiden Flügeln umarmt, liegt östlich von Cedynia die ländliche Idylle Moryń **(Mohrin)** am **Morzycko-See.** Dieser ist mit gut 60 Metern vom Wasserspiegel bis auf den Grund eines der tiefsten Gewässer der westlichen Pommerschen Seenplatte und besonders bei Anglern, Seglern und mit einer Strandbadestelle auch bei Freunden des kühlen Nass sehr beliebt. Doch Achtung: Auf dem Seegrund liegt ein großer **Krebs** in Ketten geschmiedet. Dann und wann rüttelt er kräftig an ihnen, oben braust und tost derweil der See, und sollte sich der Krebs jemals befreien können, würden fortan die Welt und die Zeit rückwärts gehen, und alle Errungenschaften der Menschheit wären perdu. So erzählt es zumindest die **Sage,** und man muss doch sehr hoffen, dass kein Wort davon wahr ist.

Am westlichen Seeufer finden sich auf einer Halbinsel in Form von überwachsenen **Trümmern einer slawischen Burganlage** die Ursprünge der 1265 erstmals in einem Schriftstück genannten, heute 1500 Seelen zählenden Ortschaft. Zu Moryńs herausragenden Attraktionen gehören eine aus Granit und Feldsteinen erbaute, teils bis zu 5,50 Meter hohe, vollständig erhaltene **Stadtmauer** aus dem frühen 15. Jahrhundert sowie eine romanische **Feldsteinbasilika** aus dem 13. Jahrhundert. Ihr freistehender Turm mit einer Durchfahrt aus dem 15. Jahrhundert ist eine Seltenheit in der Region, ebenso wie der aus massiven Granitblöcken aufgebaute Altar aus dem 12. Jahrhundert. Die Wände zieren Fragmente gotischer Malerei aus dem 15. Jahrhundert, die holzgeschnitzte Barockkanzel stammt aus dem Jahr 1711.

Info

- **Touristeninformation,** ul. Szeroka 12 (im Kulturhaus), 74-503 Moryń, Tel. (091) 414 6123, Fax 4326587, turystyka_moryn@wp.pl, Mo/Mi/Do 8–12, Fr/Sa 14–18 Uhr.
- **Homepage der Stadt:** www.moryn.pl.

Unterkunft und Gastronomie

- **Hotel und Ferienheim Savana**€€€, ul. Jetiorna 8, 74-503 Moryń, Tel. (091) 4146612, Fax 4146611, www.savana.com.pl. Große Hotel- und Ferienhäuschenanlage, malerisch auf einer Halbinsel im Morzycko-See gelegen, ca. zwei Kilometer vom Ort entfernt (ausgeschildert); die Zimmer zweckmäßig ausgestattet. Mit Restaurant, Paddel- und Ruderbootverleih. Etwa 140 Zł.

Krajnik Dolny

VI/A2

Sanftes Hügelland, Felder, Wiesen und herrliche Laubmischwälder, durch die sich schmale Alleen ziehen, kennzeichnen den Cedyński-Landschaftspark, der in seinem nördlichen Abschnitt nahezu menschenleer ist. Plötzlich aber wechselt das Bild. Gegenüber vom deutschen Schwedt ist Krajnik Dolny **(Niederkränig)** der letzte polnische Ort vor der Grenze und zugleich das erste **Dienstleistungszentrum** der gesamten Region. Noch mehr Einkaufsläden und Marktstände als südlich in Osinów Dolny bieten von Schnaps und Zigaretten über Kleidung, Musikalien, Lebensmittel, Möbel, Benzin und Autobedarf bis hin zum Haarschneiden und Zahnersatz ihren Service zu günstigen Preisen an.

Chojna

VI/A2

Wenige Kilometer südöstlich ist in Chojna **(Königsberg in der Neumark)** von dem Grenzrummel bereits kaum noch etwas zu spüren. Weithin sichtbar erhebt sich über der 7000-Einwohner-Stadt der 102 Meter hohe Turm der **Marienkirche** (Kościół Mariacki).

Er ist der höchste Kirchturm Westpommerns, das Gotteshaus selbst einer der bedeutendsten gotischen Sakralbauten in der historischen Neumark, darüber hinaus ein herausragendes **Symbol für deutsch-polnische Zusammenarbeit.** Denn die 1945 zerstörte Marienkirche wird in einem nun bald drei Jahrzehnte andauernden, gemeinsamen ehrenamtlichen Engagement wieder aufgebaut (⇗ Exkurs „Deutsch-polnische Rekonstruktionen").

In ihrem Vorgängerbau soll 1187 Herzog *Bogislaw von Pommern* beigesetzt worden sein, eine solche Grabstätte wurde bisher jedoch nicht entdeckt. Verbürgt ist dagegen, dass „Konigesberge" **1244** erstmals Erwähnung fand, 1290 ein **Augustiner-Kloster** gestiftet wurde und der sehr verkehrsgünstig gelegene Marktflecken durch schwunghaften **Getreidehandel** ab Anfang des 14. Jahrhunderts zur ersten großen Blüte gelangte. Eine **Stadtmauer** mit drei ebenso wehrhaften wie repräsentativen Toren wurde errichtet, es folgten ein **Rathaus** und die Marienkirche, die in zwei Etappen 1389–1407 und 1451–59 nach Plänen des Baumeisters *Heinrich Brunsberg* als dreischiffige Hallenkirche entstand. Reste einer alten Feldsteinkirche wurden dabei in das neue Gotteshaus integriert, das – trotz Bauunterbrechung – als eines der reinsten gotischen Bauwerke Mitteleuropas zur Vollendung fand. Nur der Kirchturm wandelte seine Gestalt. 1843 stürzte der ursprüngliche Glockenturm ein, und das Gotteshaus erhielt einen vom Berliner Hofarchitekten *Friedrich August Stüler* entworfenen, 102 Meter hohen Ersatz im neugotischen Geschmack.

Nachdem die Rote Armee Königsberg in der Neumark Anfang Februar 1945 eingenommen hatte, wurde die Altstadt knapp zwei Wochen später bei einem Brand **beinahe vollständig zerstört.** Ende der 1970er Jahre begann man in Chojna dann mit dem Wiederaufbau der schönsten architektonischen Kleinode.

Von der Marienkirche führt eine Kopfsteinpflastergasse, links und rechts von niedrigen Ackerbürgerhäuschen gesäumt, zur **Dreifaltigkeitskirche** (Kościół św. Trójcy), der ehemaligen Klosterkirche der **Augustiner.** 1290 wurde ihre Abtei gestiftet, von 1300 bis 1342 dauerte die Errichtung von Kloster und Gotteshaus. Nach der Reformation verließen die Mönche 1536 die Stadt, fortan feierte man in der Dreifaltigkeitskirche evangelische Gottesdienste. 1698 wurde sie zur Schule umfunktioniert, 1813 zum Krankenhaus, 1816 zur Garnisonskirche, 1880 schließlich zum Spritzenhaus, und in den Klostermauern nahm eine Tuchfabrik die Produktion auf. Nach 1945 Ruine, begann 1985 der dreijährige Wiederaufbau der einschiffigen Kirche sowie des Klosterflügels mit einem gotischen Kreuzgang im Innenhof. 1989–2003 widmete man sich der Innenausschmückung, unter der besonders die **Fenster** beeindrucken. Sie stellen vorwiegend polnische Heilige dar und wurden von Papst *Johannes Paul II.* heilig gesprochen.

Ebenfalls nur wenige Schritte von der großen Marienkirche entfernt,

Deutsch-polnische Rekonstruktionen – der Wiederaufbau der Marienkirche in Chojna

Als der Stettiner Baumeister *Heinrich Brunsberg* mit der Planung der Marienkirche zu Königsberg in der Neumark begann, ahnte er sicher nicht, dass sie einmal zu den bedeutendsten backsteingotischen Bauwerken im Oderraum zählen würde, geschweige denn, dass sie – 600 Jahre nach ihrer Grundsteinlegung 1389 – zu einem herausragenden **Zeichen der deutsch-polnischen Versöhnung** emporwachsen würde.

Eine Feuersbrunst kurz nach Einmarsch der Roten Armee im Februar 1945 hatte das alte Königsberg in Schutt und Asche verwandelt, und auch die **Marienkirche** wurde ein **Raub der Flammen.** Nichts war mehr von ihr übrig geblieben, bis auf den gotischen Taufstein in der ausgebrannten Ruine. 1961 veranlasste die polnische Denkmalpflege erste Aufräum- und Aufmaßarbeiten. **Für den Wiederaufbau fehlte jedoch das Geld,** man bedenke nur, vor welchen Aufgaben die Volksrepublik allein mit dem Wiederaufbau Warschaus und Danzigs stand. Also blieb die Marienkirche zu Chojna in Trümmern. Was von ihr noch erhalten war, wurde in den nächsten beiden Jahrzehnten ein Opfer von Wind und Wetter.

In diesem Zustand sah der Hannoveraner Architekt **Günther Kumkar** 1986 das Gotteshaus wieder, in dem er 1942 konfirmiert worden war, und es entstand die Idee zu seiner Rekonstruktion. Ein aberwitziges, schier utopisches Projekt – man stelle sich vor: ein Kirchenaufbau in der sozialistischen Volksrepublik, unterstützt vom kapitalistischen Ausland –, für das er auf der Stelle den Prälaten von Chojna, **Antoni Chodakowski,** gewann.

1989 gründete sich in Hannover mit deutschen und polnischen Mitgliedern der **Förderverein für den Wiederaufbau der Marienkirche,** der die Fragen der Planung und Finanzierung in Angriff nahm. Als Träger und Bauherr in Erscheinung treten konnte er dagegen nicht. Für die umfangreichen Vereinbarungen und Verträge musste eine Körperschaft nach polnischem Recht geschaffen werden. So gründete sich die deutsch-polnische **Stiftung Marienkirche in Königsberg/Neumark-Chojna** (Fundacja Kościoł Mariacki w Chojnie-Königsberg/Neumark) mit dem Stiftungsziel, die Marienkirche als europäisches Bau- und Kulturdenkmal wiederzuerrichten und dort eine **ökumenische Kultur- und Begegnungsstätte** beiderseits der Oder zu schaffen. 1991 folgten eine genaue Bestandsauf-

076po Foto: kj

nahme und die ersten Rekonstruktionszeichnungen, mit denen dann das Klinkenputzen auf der Suche nach Fördermitteln begann.

Mit dem ersten bedeutenden Geldsegen vom Generalkonservator der damaligen Woiwodschaft Szczecin und der katholischen Kirche in Warschau konnten Teile der Umfassungsmauern gesichert werden. Den großen Batzen brachten anschließend Mittel der **Stiftung für deutsch-polnische Zusammenarbeit in Bonn und Warschau,** die 1994 bewilligt wurden: 13 Milliarden alte Złoty oder 1,2 Millionen Mark, was reichlich **500.000 Euro** entspricht. Damit wurden der Mauerkranz ausgebessert, die Betonpfeiler aufgestellt und darauf der 40 Meter hohe Dachstuhl aufgebaut. Im September 1995 feierte man mit einem ökumenischen Gottesdienst **Richtfest.**

Zwei Jahre später war das Kirchendach eingedeckt, und die Fertigstellung des ersten Bauabschnitts sollte abermals feierlich begangen werden. Doch dann barst ein stählerner Ringanker in der **Spitze des Kirchturms.** Das Gotteshaus nebst allen umliegenden Straßen musste wegen **Einsturzgefahr** unverzüglich gesperrt werden. Bis Anfang 1999 dauerten die Arbeiten, den Turmhelm mit einem Stahlbetonkorsett abzusichern. Im Sommer 2000 wurde dann mit dem Bau des obersten Turmabsatzes begonnen, vier Tage vor Heiligabend setzte der größte Kran Polens die neue Spitze auf, und seit 2003 ist sie mit Kupfer geschmückt. So erhebt sich seitdem der Turm, 102 Meter hoch, wieder weit über dem Oderland.

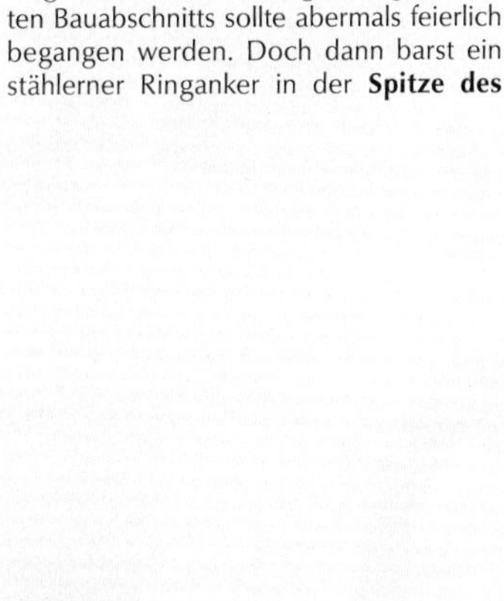

Der Wiederaufbau der Marienkirche ist noch längst nicht abgeschlossen

Doch ist der Wiederaufbau damit längst **noch nicht abgeschlossen.** Mithilfe zahlreicher privater Spenden werden zurzeit die Stahlbetonpfeiler im Kirchenraum mit Backstein ummantelt. Danach stehen die Wiederherstellung des historischen Sterngewölbes und die Restaurierung des Gewölbes über den Umgangskapellen an. Eine brandenburgische Gemeinde spendete die Bestuhlung; Messingleuchter, Altarschmuck und auch die neue Elektroorgel sind private Geschenke. Im Berliner Dom wird für den Wiederaufbau gesammelt, und insbesondere die älteren Frauen von Chojna pflegen in unermüdlicher Arbeit tagtäglich den Kirchenbau.

So wächst die gotische Backsteinkirche St. Marien dank des ehrenamtlichen Engagements so vieler Menschen allmählich wieder heran. Den Initiatoren und Kraftquellen für den Wiederaufbau, *Günther Kumak* und *Antoni Chodakowski,* wurde dafür das **Bundesverdienstkreuz** verliehen.

Günther Kumak durfte die Fertigstellung des Kirchturms nicht mehr miterleben, er verstarb im November 1997. Doch seine Idee lebt fort, und auch die Arbeit geht weiter – an diesem weit über Chojna hin sichtbaren Zeichen für die polnisch-deutsche Versöhnung.

077po Foto: kj

wurde das ursprünglich in der ersten Hälfte des 15. Jahrhunderts errichtete gotische **Rathaus** 1977–86 rekonstruiert. In seinen altehrwürdigen Mauern ist heute das städtische **Kulturhaus** untergebracht. Im Ratskeller mit mächtigem Kreuzrippengewölbe serviert das **Restaurant Rycerska** Deftiges von Schwein, Rind und Geflügel.

Zwei der drei alten **Stadttore** aus dem 15. Jahrhundert mit Relikten der mittelalterlichen Wehrmauern sind noch erhalten: südlich der Marienkirche das **Bernickower Tor** (Brama Barnkowska) sowie nordwestlich am Ortsausgang Richtung Schwedt sein Pendant, das prachtvolle **Schwedter Tor** (Brama Świecka).

Am Kreisel via Schwedt befindet sich ein kleiner sowjetischer **Soldatenfriedhof,** der die Ende des Zweiten Weltkriegs Gefallenen mit einem Denkmal des Stettiner Bildhauers *Czesław Wronka* ehrt. Dahinter erhebt sich die **Ruine** einer spätgotischen **Spitalkapelle** aus dem 15. Jahrhundert.

Info

- **Homepage der Stadt:** www.chojna.pl.

Gastronomie

- **Restaurant Rycerska,** pl. Konstytucji 3 Maja (im gotischen Rathaus), Tel. (091) 414 1400, www.rycerska.chojna.pl. Deftiges von Schwein, Rind und Geflügel. Unbedingt mal probieren: warmes Bier mit Honig oder Honigwein!

Das Schwedter Tor in Chojna

Trzcińsko Zdrój ↗ VI/A2

Östlich von Chojna, auf der Straße 26 Richtung Myślibórz, läuft das bis dato noch sanft gewellte Land in die flache Ebene aus. **Felder,** soweit das Auge nur reicht, prägen fortan das Bild, denen sich schon bald darauf die ersten Gewässer der Myślibórz-Seenplatte anschließen. Unterwegs lohnt noch ein Stopp in Trzcińsko Zdrój **(Bad Schönfließ),** das über eine fast vollständig erhaltene **Stadtmauer** mit zwei prachtvollen Stadttoren, eine **Kirche** aus dem 13. Jahrhundert mit schönem Sterngewölbe und ein **Rathaus** mit spätgotischer Giebelverzierung aus dem 16. Jahrhundert verfügt.

Im Dreieck Myślibórz, Barlinek, Pyrzyce ↗ VI/B1-2

Myślibórz ↗ VI/B2

Das Entrée zur Pommerschen Seenplatte bildet die **Myślibórz-Seenplatte** (Pojezierze Myślibórzkie), ein rund 50 Quadratkilometer großes Seengebiet mit der 12.000 Einwohner zählenden Kleinstadt Myślibórz **(Soldin)** am Südufer des gleichnamigen Sees.

Nachdem der Templerorden sie 1261 an die brandenburgischen Markgrafen verkauft hatte, wurde sie unter deren Herrschaft **1271** das erste Mal urkundlich erwähnt. 1275 ließen sich Dominikanermönche nieder und bauten ein Kloster, 1298 gründeten die Prämonstratenser ein Kollegiatsstift, und auch der Sitz der Probstei wurde von Santok (Zantoch) nach Soldin verlegt. Schnell avancierte es zum **kirchlichen Zentrum** und wurde schließlich **Hauptstadt der Neumark.**

Dem Aufstieg folgte jedoch ab dem 16. Jahrhundert der **Niedergang.** 1539 zerstörte ein Großbrand die Stadt, infolge der Reformation wurde das Kloster säkularisiert. Im 17. Jahrhundert richtete der Dreißigjährige Krieg Verwüstungen an, im 19. Jahrhundert zog der industrielle Aufschwung beinahe unmerklich an der Ortschaft vorbei. So zeigt sich Myślibórz noch heute als das **verschlafene Landstädtchen,** das es über Jahrhunderte war.

Am Marktplatz im Zentrum steht das **Rathaus** von 1772, wenige Schritte entfernt erhebt sich die gotische **Kirche St. Peter und Paul** (Kościół św. Jana Chrziciela) aus der zweiten Hälfte des 13. Jahrhunderts. Nicht weit von dort blieben am südlichen Ortsrand Kirche und Westflügel des **Dominikanerkonvents** aus dem 13. Jahrhundert erhalten. Sie beherbergen heute das Kulturhaus und eine Bibliothek.

Reste der alten **Stadtmauer** haben der Zeit getrotzt, ebenso am östlichen Ortseingang der wuchtige **Schießpulverturm** (Baszta Prochowa) aus der Wende vom 14. zum 15. Jahrhundert sowie in der Nachbarschaft das backsteinerne gotische **Neuenburger Tor** (Brama Nowogródzka) aus dem 14. Jahrhundert. Die kleine **Kapelle St. Gertrud** (Kaplica św. Gertrudy) vor dem Tor, gegenwärtig **Zentrum für bildende Kunst,** stammt aus der zweiten Hälfte des 15. Jahrhunderts. Im Norden wird Myślibórz vom gotischen **Pyrzitzer Tor** (Brama Pyrzycka) aus dem 14. Jahrhundert abgeschlossen.

Westlich im Ort liegt kurz vor dem Seeufer mit kleinem Ruder- und Segelboothafen die gotische **Heilig-Geist-Kapelle** (Kaplica św. Ducha). Ihre 600-jährigen Mauern beherbergen das **Seenplattenmuseum,** das über die Geschichte der Region informiert.

Info

- **Touristeninformation,** ul. Rynek im. Jana Pawła II. 15 (am Marktplatz), 74-300 Myślibórz, Tel. (095) 7479163, Fax 7479164, Mo–Fr 9–17 Uhr.
- **Homepage der Stadt:** www.mysliborz.pl.

Unterkunft

- **Hotel Adria**€€€, ul. Lipowa, 74-300 Myślibórz, Tel. (095) 7470271, Fax 7479400, www.adria-hotel.pl. Kleine Mittelklasse-Villa nahe Zentrum direkt am See. Etwa 140 Zł.
- **Hotel Piast**€€, ul. Łużycka 1, 74-300 Myślibórz, Tel. (095) 7472004, www.hotelpiast.renado.pl. Plattenbau am Nowogródzka-Tor, innen freundlich und gepflegt. Etwa 95 Zł.
- **Seglerheim Lato pod Żaglami**€€, ul. Marcinkowskiego 5a, 74-300 Myślibórz, Tel. (091) 4632283, deutschsprachiges Tel. (095) 7470857. Unterkunft im Haus der Segelschule wenige Schritte vom Zentrum am See, die Zimmer freundlich, funktional. Etwa 80 Zł.

Museen und andere Sehenswürdigkeiten

- **Museum der Myślibórz-Seenplatte,** in der Heilig-Geist-Kapelle, ul. Bohaterów Warszawy 74, Di–Fr 10–17 Uhr, Sa/So 10–14 Uhr.

Aktivitäten

- **Segeln, Surfen, Paddeln:** Segelschule und Wassersportgeräte-Verleih im Seglerheim Lato pod Żaglami, ↗„Unterkunft“.
- **Jacht-Charter und Bootsverleih:** Sportzentrum Skuner, ul. Marcinkowskiego 5, Tel. (095) 7472512, www.szkuner.nazwa.pl.

Barlinek

↗ VI/B2

30 Kilometer östlich liegt Barlinek (**Berlinchen**), früher „Perle der Neumark" genannt. Mit 15.000 Einwohnern ist es etwas größer als die Kreisstadt Myślibórz, und doch erscheint es, wie die Verkleinerungsform im ehemaligen deutschen Namen schon sagt – niedlich. Ein hübsch gepflasterter Markt mit Barlineks Wahrzeichen, dem **Gänseliesel-Brunnen** von 1912, rundum kleine Bürgerhäuser und eine gotische Backsteinkirche, wenige Schritte entfernt romantische Reste der alten Stadtmauer, gefolgt vom Barlineckie-See mit properer Promenade prägen die **idyllische Sommerfrische.**

Woher der alte Name „Berlinchen" stammt, ist nicht bekannt. 1278, als der Ritter *Heinrich Toyte* die Stadt im Plöne-Tal im Auftrag der **brandenburgischen Markgrafen** gründete, wurde sie als „Neu Berlyn" in die Urkunde eingetragen. Sie diente den Markgrafen zur Absicherung ihres neuen Besitzes, der Neumark, gegen die konkurrierenden nördlichen pommerschen Herzöge. Noch vor der Wende zum 14. Jahrhundert wurden die **Pfarrkirche** erbaut – heute innen mit einem reichlich vergoldeten Hochaltar geschmückt – und der ganze Ort mit einer hohen **Mauer** umschlossen.

Zahlreiche **Kriege und Feuersbrünste** zogen im Lauf der Jahrhunderte über Berlinchen hinweg, sodass die „Perle der Neumark" erst mit der Entdeckung der Sommerfrische Mitte des 19. Jahrhunderts richtig zu glänzen begann.

Ein letztes Mal nahm die Stadt im **Zweiten Weltkrieg** größeren Schaden. Ihr berühmtester Sohn, der Mathematiker, Philosoph und bedeutendste Schachspieler aller Zeiten, **Emanuel Lasker** (1868–1941), hatte Deutschland da schon lange verlassen. An den jüngsten Spross des jüdischen Kantors von Berlinchen und Schachweltmeister von 1894 bis 1921 – bis heute der längstamtierende Weltmeistertitelinhaber in der Geschichte des Schachspiels – erinnern eine Büste sowie eine Ausstellung in Barlineks kleinem **Regionalmuseum.** Außerdem werden dort historische Gerätschaften und archäologische Funde gezeigt. Gleich nebenan befindet sich die **Touristeninformation,** die Auskunft über den Ort und seine reizende Umgebung erteilt.

Vier Fünftel der Gemeindefläche Barlineks befinden sich bereits im **Berlinchen-Landsberger Landschaftspark** (Barlinecko-Gorzowski Park Krajobrazowy). 1991 gegründet, teilt sich die Woiwodschaft Westpommern das knapp 24.000 Hektar große Naturschutzareal mit der südlich benachbarten Woiwodschaft Lubuskie (Lebuser Land). Schöne Buchenwälder bedecken das sanft gewellte Land im Quellgebiet der Płonia (Plöne), die ihren Weg mit zahlreichen Windungen nordwärts in Richtung Pyrzyce nimmt. Weiter südlich im Park überwiegen Kiefern, zwischen denen Seen und Teiche aufblitzen. Auf sechs **Wanderwegen** und **Naturlehrpfaden** kann man Specht, Falke und zahlreiche Wasservogelarten und mit ein bisschen Glück

078po Foto: ki

sogar den seltenen Seeadler entdecken. Oder sich einfach durch Laufen trimmen. Barlinek hat sich selbst den Titel „Hauptstadt des Nordic Walking" verliehen. Außerdem stehen an **Freizeitaktivitäten** Angeln, Segeln und Paddeln und natürlich Schachspielen auf dem Programm.

Info

- **Touristeninformation,** ul. Paderewskiego 7 (wenige Schritte von der Kirche entfernt, ausgeschildert), 74-320 Barlinek, Tel. (095) 746 2874, www.it.barlinek.pl, Mo–Fr 9–17 Uhr, Sa 11–18 Uhr.
- **Homepage der Stadt:** www.barlinek.pl.

Die Silhouette von Barlinek

Unterkunft und Gastronomie

- **Pensjonat pod Łabędziem**€€€€, ul. Zaułek, 74-320 Barlinek, Tel. (0607) 200465. Im Sommer 2007 eröffnetes kleines Klinkersteinhaus neben der Schule direkt am See. Etwa 180 Zł.
- **Erholungszentrum Janowo**€€€, ul. Polana Lecha 1, 74-320 Barlinek, Tel. (095) 7462413, www.janowo.com.pl. Malerisch auf einer Halbinsel am südlichen Ufer des Barlineckie-Sees gelegene, sehr schöne Anlage mit Restaurant, Tennisplätzen, Badestelle und Wassersportgeräteverleih; mit Caravan-Stellplätzen. Hotelzimmer im Haupthaus werden voraussichtlich ab Sommer 2008 angeboten. Anfahrt: Straße 156 via Strzelce Krajeński, links in die ul. Sportowa einbiegen, am städtischen Segelclub Sztorm vorbei der Straße am See entlang folgen, dann anschließend etwa einen Kilometer auf einer befestigten Piste durch den Wald. Campinghäuschen etwa 130 Zł.

Museen und andere Sehenswürdigkeiten

• **Regionalmuseum Barlinek,** ul. Niepodległości 17 (in Nachbarschaft zur Touristeninformation), Di–Fr 9–15 Uhr, Sa/So 13–17 Uhr.

Aktivitäten

• **Segeln und Surfen:** im Segelklub Sztorm, ul. Sportowa 1; südlich davon das Sportstadion und im Anschluss der städtische Badestrand.

Przelewice und Pyrzyce ⇗ VI/B1

Nördlich der Linie Myślibórz – Barlinek läuft das leicht gewellte Land in die Ebene aus. **Kornfelder,** so weit das Auge nur reicht, durch die sich schmale Alleen ziehen, kennzeichnen das ertragreiche Landwirtschaftsgebiet rund um Pyrzyze. Dank seiner tiefgründigen, äußerst fruchtbaren Lößböden wurde es früher „Pyritzer Weizacker" genannt.

18 Kilometer nordwestlich von Barlinek bzw. 15 Kilometer südöstlich von Pyrzyce wechselt dann auf einmal die Vegetation, zumindest im **Dendrologischen Garten** (Ogród Dendrologiczny) in Przelewice. Nicht weit vom Südufer des Płoń-Sees halten im Weiler Przelewice **(Prillwitz)** Schloss und Schlossgarten mit Arboretum und Botanischem Forschungszentrum ihre Tore offen. Auf einer Fläche von 30 Hektar kann man in der liebevoll gestalteten Anlage **über 1200 Baumarten,** Gehölze, Sträucher und grüne Pflanzen noch aus den entferntesten Winkeln der Welt in Augenschein nehmen. Das **Schloss,** in dem sich heute das Botanische Forschungszentrum befindet, ließ der Geheime preußische Oberfinanzrat *August von Borgstede* 1814 erbauen. 1821 ging es in den Besitz eines Neffen von König *Friedrich II.* über, *August von Hohenzollern,* der es seiner großen, aber unmöglichen, da nicht standesgemäßen Liebe *Auguste Arndt,* Tochter eines Berliner Kaufmanns, vermachte. Letzter Privateigentümer von Schloss und Gut wurde der Berliner Industrielle *Conrad von Borsig.* 1924 erwarb er die Immobilie und begann mit der Gestaltung der Parkanlage. 1945 wurde er im Park von sowjetischen Soldaten erschossen. Ein Gedenkstein symbolisiert seine Ruhestätte.

2004–06 wurde das Schloss umfassend **restauriert,** und das Forschungszentrum mit Baumschule, Gewächshaus und Orangerie nahm dort seinen Sitz. Große Teile des Gartens gehen noch auf *Borsigs* Gestaltung zurück, so der Japanische Garten, die Heide mit Borsig- und Marie-Auguste-Pfad oder die Waldwiese mit Mausoleumsruine derer *von Prillwitz* und Zaubernuss-Anlage.

Kreisstadt und Mittelpunkt der ländlichen Region ist das 13.000 Einwohner große Pyrzyce **(Pyritz).** An der historischen Grenze von Pommern zur Neumark gelegen, wurde es erstmals **1125** erwähnt, als Bischof *Otto von Bamberg* auf seiner Missionsreise hier die ersten heidnischen Pommern taufte. Mitte des 13. Jahrhunderts war das älteste Pyritzer Gotteshaus fertiggebaut, 1256 siedelten sich Augustinerinnen an, gefolgt von Franziskaner-

079po Foto: ki

mönchen, die ihr Kloster bis um 1280 errichteten. Bereits 1263 verlieh der Pommernfürst *Barnim I.* der Ortschaft die Stadtrechte, und auch die gewaltigen **Verteidigungsmauern** wuchsen in jenen Jahren hinauf. Dank dieser – bis heute gut erhaltenen – Stadtumwallung bezeichnete man Pyritz in späteren, romantischen Zeiten als das „pommersche Rothenburg".

In den Kämpfen kurz vor Ende des Zweiten Weltkriegs wurde die Altstadt völlig zerstört, doch wie durch ein Wunder blieben die Stadtmauern mit einigen **Türmen** sowie südlich dem **Bahner Tor** (Brama Banska) und nördlich dem **Stettiner Tor** (Brama Szczecińska) nahezu unbeschadet erhalten. So hat man denn auch, mit einem Spaziergang am Mauerring entlang, Pyrzyces Sehenswürdigkeiten auch fast schon erwandert. Ein Blick lohnt außerdem in die **Pfarrkirche,** deren Fundamente ins frühe 14. Jahrhundert zurückreichen und die nach 1945 wieder aufgebaut wurde.

Das Land um Pyrzyce ist sehr fruchtbar

Info

- **Homepage von Pyrzyce:** www.pyrzyce.um.gov.pl.

Museen und andere Sehenswürdigkeiten

- **Dendrologischer Garten in Przelewice,** ab Ortsmitte Przelewice ausgeschildert mit „Ogród Dendrologiczny", Anfang April bis Ende Aug. Mo–Fr 9–18 Uhr, Sa/So 9–20 Uhr, Sept./Okt. tgl. 9–17 Uhr, im Winterhalbjahr tgl. 9–15 Uhr.

Im Südosten von Westpommern (Zachodniopomorskie)

Überblick

Es donnern die Laster über die **Fernstraße 10,** die Stettin über Wałcz im Südosten Westpommerns mit Bydgoszcz und Toruń an der Weichsel verbindet. Seit Polens EU-Beitritt 2004 hat sich der **Schwerlastverkehr** vervielfacht, und die Dörfer, die die Straße 10 mitten durchquert, kämpfen mit der Belastung durch Abgase, Feinstaub und Lärm. Trotzdem lohnt es sich, nicht gleich mit der PS-Karawane weiterzuziehen, sondern Zwischenstopps in **Recz** mit sehenswerter Kirche und Resten der alten Stadtbefestigung und in **Mirosławiec** mit dem **Pommernwall-Museum** einzulegen, bevor einen das hübsche Landstädtchen **Wałcz** im Herzen der Wałcz-Seenplatte begrüßt.

Unmittelbar südlich der Fernstraße 10 wechselt die Szenerie. Dichte **Wälder** und **Seen** bedecken das Land, kaum eine Ortschaft, kaum mehr eine Straße mehr weit und breit, und es umfängt einen eine unendlich stille Natur. Ihr landschaftlich schönster Teil, vom Wasserlauf der Drawa durchflossen, ist im **Drawieński-Nationalpark** unter strengsten Naturschutz gestellt. Der Verlauf der Nationalparkgrenzen gleicht gebührend der Form eines Hirschgeweihs, wobei das Dorf **Drawno** am westlichen Geweihende, um bei dem Bild zu bleiben, als Ausgangspunkt für die beliebten Drawa-Paddeltouren dient, und am östlichen Geweihende in ländlicher Idylle **Tuczno** mit einem Schlosshotel zum geruhsamen Aufenthalt einlädt.

Auf der Fernstraße 10 Richtung Wałcz ⇗ VII/C-D1

Recz ⇗ VII/C1

Im Süden des Ińsko-Landschaftsparks (⇗„An der Drawsko-Seenplatte") liegt an der Straße 10 die 3000 Einwohner kleine Ortschaft Recz **(Reetz).** Schon von Weitem grüßt der trutzige Westturm der **Christ-König-Kirche** (Kościół pw. Chrystusa Króla), die auch im wörtlichen Sinne Reczs größte Sehenswürdigkeit ist. 1350 begann man mit der Errichtung des dreischiffigen gotischen Hallenbaus, 1355 war er vollendet. Innen mit einem schönen Sternengewölbe versehen, zählen eine Kanzel und ein Altar aus der Spätrenaissance, ein romanischer Taufstein sowie ein Kruzifix aus dem 15. Jahrhundert zu den wertvollsten Schätzen.

Recz geht auf die Gründung eines **Zisterzienserinnenklosters 1296** unter Herzog *Barnim I.,* Markgraf von Brandenburg, zurück. Die Abtei wurde auf den Resten einer älteren slawischen Burg erbaut, mit der Reformation Mitte des 16. Jahrhunderts aufgelassen und als Klosterruine 1827 schließlich abgebrochen. Kurze Zeit später wurden auch die alten Stadtmauern geschleift, von denen heute noch das östliche **Dramburger Tor** (Baszta Drawieńska) aus dem 14. Jahrhundert und in seiner Nachbarschaft ein **Wachturm** aus dem 15. Jahrhundert erhalten sind.

Info

- **Homepage der Stadt:** www.recz.pl.

Kalisz Pomorski ⇗ VII/C1

Knapp 25 Kilometer östlich bildet das Dorf Kalisz Pomorski **(Kallies)** im Süden eines riesigen **Nato-Truppenübungsgeländes** quasi eine Kreuzung im Fernverkehr. Die teils sehr schmalen Nebenstrecken, die die Straße 10 durch die einsame Natur nördlich mit der Fernstraße 20 an der Drawsko-Seenplatte verknüpfen – so schmal, dass man bei Gegenverkehr in Feld oder Graben ausweichen muss –, sind abschnittsweise plötzlich auf Autobahnbreite erweitert und hierin unschwer als **militärische Fluglandebahnen** auszumachen. Bereits 1946 wurde der Truppenübungsplatz eingerichtet, heute dient er der Nato auf einer Fläche etwa so groß wie der gesamte Drawsko-Landschaftspark (⇗„An der Drawsko-Seenplatte").

Info

- **Homepage der Stadt:** www.kaliszpom.pl.

Mirosławiec ⇗ VII/D1

14 Kilometer östlich von Kalisz widmet sich im knapp 3000 Einwohner kleinen Ort Mirosławiec **(Märkisch Friedland)** das **Pommernwall-Museum** dem historischen Kriegsgeschehen. Im Januar/Februar 1945 durchbrach die Rote Armee hier in der Region den Pommernwall, die deutsche **Befestigungslinie,** die von der Ostsee bei Rügenwalde südwärts bis zu Netze und Warthe verlief. Mit Modellbauten, militärtopografischen Karten, Fotografien, Dokumenten und original erhal-

tenem Kriegsgerät zeichnet das Museum in zwei großen Räumen die Kampfhandlungen nach.

Wie die Nachbargemeinde Kallies, wurde auch Märkisch Friedland in den Kämpfen Anfang **1945 zerstört.** So erinnert in Mirosławiec nur noch wenig an die lange Geschichte des Orts. Die Aufzeichnung beginnt Anfang des 14. Jahrhunderts, als ihn die brandenburgischen Markgrafen gründeten. 1314 überließen sie ihn der Ritterfamilie *von Wedell,* die eine **Burg** baute, welche eine Urkunde von 1375 „zu den zwölf stärksten Wedellschen Burgen östlich der Oder" zählt. 1576 ging das Gemäuer in den Besitz der verschwägerten Familie derer *von Blankenburg* über, wurde bei Stadtbränden mehrmals ein Opfer der Flammen und zuletzt 1890 komplett durch ein **Feuer** zerstört. Die grasüberwachsenen Trümmer auf einer grabenumzogenen kleinen Anhöhe östlich am Ortsrand hinter der Kirche kann man jedoch noch besichtigen.

Unter den Grafen *von Blankenburg* begann Ende des 16. Jahrhunderts der Zuzug von vielen aus Brandenburg vertriebenen Menschen **jüdischen Glaubens.** Daran, dass bis zum Dritten Reich die Hälfte der Bevölkerung Märkisch Friedlands diesen Glaubens war, erinnert am nördlichen Ortsrand, in Nachbarschaft zum katholischen Gottesacker, ein verfallener, der Natur überlassener **jüdischer Friedhof.**

Wenig südöstlich von Mirosławiec grast inmitten von Wäldern im Sumpfmoor des Naturreservats Rosiczki Mirosławskie eine Herde frei lebender **Wisente,** die man allerdings nur mit viel, viel Glück und besser auch aus der Ferne erspähen kann.

Info

- **Homepage der Stadt:** www.miroslawiec.pl.

Unterkunft und Gastronomie

- **Hotel Park**€€€, Łowicz Wałecki 62, 78-650 Mirosławiec, Tel. (067) 2595495, www.hotel-park.pl. An der Straße 10 macht zunächst das attraktive Ziegelsteinhaus mit Fischrestaurant und Freiluftterrasse auf die ebenso reizvoll wie urig und originell gestaltete Anlage aufmerksam. Unterhalb liegen zum See hin Hotel und Wohnmobilgarten, am See eine kleine Badestelle, Bootssteg, Paddel- und Tretboote, Grillplatz, im Schilfsumpf ein Knüppeldamm zum Spazieren und an den Quellen, die mit konstant 8 °C in den See plätschern, eine Kneipp-Stelle. Park und Hotel vom Empfang über Speiseraum bis in die Gästezimmer haben die Eigentümer, die Familie *Protić,* liebevoll mit Antiquitäten und Sammlerstücken eingerichtet, von Biedermeier-Sitzmöbeln und Gründerzeit-Ölschinken über altertümliche Hausgerätschaften bis hin zur antiken Mercedes-Schreibmaschine; darüber hinaus besteht eine Sammlung von Funden aus den Pommernwall-Bunkern, alten Landmaschinen sowie sorgfältig restaurierten Motorrad-Oldtimern, die die Ferienanlage gleichzeitig zum spannenden Freilichtmuseum machen (ca. fünf Kilometer westlich von Mirosławiec an der Straße 10, ausgeschildert mit „Reisemobil-Stellplatz"). Etwa 140 Zł.

Museen und andere Sehenswürdigkeiten

- **Pommernwall-Museum,** im Ortszentrum etwas zurückgesetzt an der Straße 10 direkt am Abzweig in Richtung Orle, das Panzerdenkmal gegenüber in der Grünanlage weist den Weg, Di–Fr 10–18 Uhr.

Der Pommernwall

Von der Ostseeküste bei Darłowo (Rügenwalde) über Szczecinek (Neustettin) und Wałcz (Deutsch Krone) bis zu Noteć (Netze) und Warta (Warthe) verlief etwa an der heutigen Woiwodschaftsgrenze zwischen Westpommern (Zachodniopomorskie) und Pommern (Pomorskie) der Pommernwall, ein stahlbetonstarkes **Festungssystem** von Bunkern, Schächten, Schützenstellungen, Schartenpanzertürmen und Beobachtungsständen, unterirdischen Führungsständen, Versorgungseinrichtungen und Mannschaftsstuben, Maschinengewehr- und Infanteriewerken, Panzerabwehrsperren und, und, und ... Zusammen mit der Oder-Stellung und den Befestigungsanlagen des Oder-Warthe-Bogens bildete der Pommernwall den sogenannten **Ostwall,** ein Pendant zum westeuropäischen Atlantikwall, mit der Aufgabe, die deutsche Reichsgrenze nach Osten militärisch abzusichern.

080po Foto: kj

Noch vor *Hitlers* Machtergreifung 1933 begannen **1932** die **Planungs- und ersten Bauarbeiten,** der Beschluss zur Errichtung eines Pommernwalls stammte bereits von Dezember 1930. Ab 1934 wurden die Arbeiten dann intensiviert. Unter Einbeziehung der natürlichen Geländebeschaffenheiten – beispielsweise Schleusen und Stauwehre, die Flüsse so hoch stauten, dass sie gängige Wege abschnitten – entstand eine systematische Festungslinie. 1939 wurden im Kreis Neustettin (Szczecinek) Wehrmachtseinheiten der Armee-Gruppe „Nord" konzentriert, die am 1. September Polen überfielen.

Die letzten Arbeiten am Pommernwall erfolgten noch kurz vor der sowjetischen Offensive, die im Juli 1944 begann. Nach schweren, aber kurzen Gefechten im Januar und Februar 1945 wurde die deutsche Pommernstellung durchbrochen und der letzte Abschnitt am **3. März 1945** von der **Roten Armee** eingenommen.

Nach Ende des Zweiten Weltkriegs wurden die **Bunker gesprengt,** doch ihre Überreste finden sich, verfallen und überwuchert, noch zahlreich entlang der historischen Befestigungslinie. Traurige Mahnmale einer wahnhaften Zerstörungswut. Allein in Polen verloren im durch Nazi-Deutschland entfesselten Weltenbrand unvorstellbare sechs Millionen Menschen ihr Leben.

Heute durchforsten neben **Militärhistorikern** auch Abenteurer und **Schatzsucher** auf der Suche nach Zweite-Weltkrieg-Memorabilien die in Wald und Heideland verborgenen Ruinen. Ortsunkundige werden sie dagegen wohl nur in den seltensten Fällen aufspüren, Tarnung lag in der Natur der Sache. Auch sei **dringend davon abgeraten, auf eigene Faust in einen Bunker hineinzusteigen.** Moniereisen, Trümmer und verschüttete Schächte bilden gefährliche Stolperfallen. Besser ist es, sich einer **Führung** anzuschließen. Sie werden vom Stadtmuseum in Wałcz organisiert (⇗ dort).

Ruine am ehemaligen Pommernwall

Im Drawieński-Nationalpark

⇗ VII/C-D1-2

Wie im Nordwesten der Woiwodschaft im Woliński-Nationalpark, zeigt auch hier im Südosten der Wald, was er macht, wenn der Mensch ihn in Ruhe lässt. 1990 wurde der Drawieński-Nationalpark **(Drawieński Park Narodowy)** gegründet, grenzübergreifend gewissermaßen, denn sein größter Teil liegt bereits in der Woiwodschaft Lubuskie (Lebuser Land), und in den vergangenen knapp 20 Jahren hat er sich hüben wie drüben zum **Urwald** entwickelt.

In den Nationalparkgrenzen befinden sich neben dichten Buchen-, Erlen- und Kiefernwäldern, die etwa 80 Prozent der Fläche ausmachen, bunte Wiesen und Torfmoore sowie eine Kette von Rinnenseen und über 40 Kilometer der Flusslauf der **Drawa,** die hier über ihre ganze Länge hinweg dichte grüne Baumtunnel, beeindruckende Schluchten und Täler durchzieht und zu den **schönsten Paddelrouten** Nordpolens zählt. Zum Schutz der Brutvögel ist der Fluss von Mitte März bis Ende Juni für Paddler gesperrt, für die anderen Monate erwirbt man gegen eine kleine Gebühr bei der Nationalparkverwaltung in Drawno eine Genehmigung (⇗ auch Exkurs „Drawa- und Piława-Paddeltour").

Den östlichen Parkteil durchfließt durch eine **Rinnenseenkette** hindurch die **Płociczna,** die in ihrer Erscheinung der Drawa sehr ähnelt, allerdings gänzlich frei vom Wassersport ist.

In den Torfmooren fühlen sich **Pflanzen** wie Sumpf- und Moorveilchen wohl, außerdem Segge, Rundblättriger und Langblättriger Sonnentau, Kammfarn und zahlreiche Orchideenarten. Drawa und Płociczna und insgesamt 20 Seen bieten Lebensraum für Forelle und Äsche, Maräne, Barbe, Neunauge, Zährte, Meerforelle und die in Polen seltene Seeforelle – ein Paradies für **Angler** (ein Teil der Gewässer ist für den Angelsport freigegeben) ebenso wie für **Ornithologen,** denn Seeadler, Fischadler und Schreiadler, Eisvogel, Raufußkauz, Uhu, Bussard, Sperber, Falke und auch der seltene Schwarzstorch finden den Tisch reichlich gedeckt. Fast **130 nistende Vogelarten** werden im Nationalpark gezählt, außerdem **sieben Reptilienarten,** darunter die scheue Sumpfschildkröte, und über **40 Säugetierarten:** Hirsche, Rehe, Wildschweine, Dachse und Marder, Wölfe und sogar Wisente, Biber und Fischotter, wobei Letzterer das Wappentier des Nationalparks vorstellt.

Neben der Drawa-Paddelroute bieten knapp 80 Kilometer **Wanderwege** eine herrliche Möglichkeit, den Park zu entdecken. Von Tuczno aus führen sie in den östlichen Teil des Parks hinein, von Drawno aus, wo die Nationalparkverwaltung ihren Sitz hat, in den westlichen.

Biwakplätze im Nationalpark befinden sich von Nord nach Süd bei den Weilern Barnimie, Zatom und bereits in der Woiwodschaft Lubuskie bei Bogdanka, Sitnica, Pstrąg, Kamienna und Stary Osieczno.

Drawno ⇗ VII/C1

Über architektur- oder kulturhistorische Sehenswürdigkeiten verfügt das 2400-Einwohner-Dorf Drawno (**Neuwedell**) nicht. Das Schloss der Adelsfamilie *von Wedell,* die Anfang des 14. Jahrhunderts den Ort gründete, wurde bereits 1758 im Siebenjährigen Krieg von russischen Truppen in Schutt und Asche gelegt. Genau 100 Jahre später schleifte man die altmodischen Feldsteinstadtmauern mitsamt ihren drei Toren, und die Hälfte von dem, was an Altem verblieb, wurde beim Vorrücken der Roten Armee 1945 zerstört.

Dafür zieht Drawno, hübsch an zwei Seen gelegen, umso mehr **Paddler** und **Naturfreunde** an. Es verfügt über einen Badestrand am nördlichen Ufer des Dubie-Sees und ist darüber hinaus Ausgangspunkt für Wanderungen und Paddeltouren durch den Nationalpark. Boote verleiht die PTTK-Wasserstation am südlichen Ortseingang zwischen Rudno- und Dubie-See, die zugleich auch als Einstieg in die Drawa-Paddelroute fungiert.

Über 40 Kilometer schlängelt sich die Drawa im Nationalpark durch tiefen Wald, einfache Zeltplätze bieten da und dort Unterkunft für die Nacht; aber auch Eintagestouren mit Rücktransport sind möglich, man muss sie an der Wasserstation nur verabreden.

In Drawno befindet sich außerdem der Sitz der **Nationalparkverwaltung,** die an ihrer Wasseranlegestelle (Przys-

081po Foto: kj

tań Wodna DPN) ebenfalls Boote verleiht. Dort erhält man Wanderkarten und Auskünfte rund um den Park, kann gegebenenfalls die Gebühren für Biwak, Paddel- und Angelgenehmigungen im Nationalpark entrichten oder auch eine Parkführung mieten.

Info

- **Drawieńskie-Nationalparkverwaltung,** ul. Leśników 2 (ab westlichem Ortseingang ausgeschildert), 73-220 Drawno, Tel. (095) 768 2051, www.dpn.pl, Mo–Fr 7–15 Uhr.
- **Nationalpark-Information,** an der Wasseranlegestelle der Nationalpark-Verwaltung, ul. Kolejowa 18, 73-220 Drawno, Tel. (095) 768 2395, Mai/Juni tgl. 7–19 Uhr, Juli/Aug. tgl. 7–21 Uhr, Sept. tgl. 9–17 Uhr, Okt.–April Mi–Fr 7–15 Uhr.
- **Homepage des Ortes:** www.drawno.pl.

Unterkunft

- In Drawno gibt es zahlreiche **Privatquartiere** und einfache **Biwakplätze.**

Camping

- **Camping bei der PTTK-Wasserstation,** ul. Kolejowa 9, 73-220 Drawno, Tel. (095) 768 2155. Am Dubie-See, mit Badestelle, Bootsverleih, Campinghäuschen; sehr, sehr schlichte Sanitärausstattung; Anfang Mai bis Ende September.

Aktivitäten

- **Kajakverleih:** an der Wasseranlegestelle der Nationalparkverwaltung, ul. Kolejowa 18, Tel. (095) 7682395, Mai/Juni tgl. 7–19 Uhr, Juli/Aug. tgl. 7–21 Uhr, Sept. tgl. 9–17 Uhr; an der PTTK-Wasserstation, ul. Kolejowa 9, Tel. (095) 7682155, Anfang Mai bis Ende September.

Paddler an der PTTK-Wasserstation in Drawno

Tuczno ↗ VII/D1

Tuczno **(Tütz)** dient als Ausgangspunkt für Wanderungen in den östlichen Teil des Drawieński-Nationalparks. Von der Fernstraße 10 bei Mirosławiec südlich in die Straße 177 eingebogen, bewegt man sich weiter auf den Spuren der **Ritter von Wedell.** Durch Felder und Weideland führt die schmale Allee zu dem Flecken, wo die *Wedells* im sanft gewellten Land, romantisch zwischen zwei Seen, ab 1338 eine **Burg** errichteten. In den Folgejahren verwickelten sie den Burgflecken in die Grenzstreitigkeiten zwischen Brandenburg, Pommern und Polen. Und schlimmer noch, nach ihrem zweifachen Übertritt 1546 zunächst zum lutherischen und 1593 zurück zum katholischen Glauben entfachten sie eine zehnjährige Auseinandersetzung, die in der Enthauptung eines Bürgermeisters und eines Ratsherren gipfelte und als **Tützer Religionskrieg** in die Annalen einging. Zeitgleich bauten sie ihre Burg zum herrschaftlichen **Schloss** aus, das mit der Vollendung des linken Flügels 1631 fast schon seine heutige Gestalt annahm. Dort residierten sie bis 1718, als mit dem letzten Vertreter ihres Geschlechts die Tützer Linie der *Wedells* ausstarb.

Wahrscheinlich schon Anfang des 15. Jahrhunderts trug sich Folgendes zu: Der Schlossherr heiratete ein bildschönes Fräulein und machte sie unglücklich, weshalb sich die Schöne einen jungen Falkner zum Liebhaber nahm. Man traf sich in einem Gemach

082po Foto: kj

im östlichen Turm, wo die Herrin zum Schein ihren Webstuhl und ihr Spinnrad aufstellen ließ. Und so wäre wohl alles glücklich weitergegangen, hätte ihre Armbrust auf der Jagd nur wie beabsichtigt die Ente und nicht den Falkner getroffen. Der junge Mann starb noch am selben Tag. Die grenzenlos verzweifelte Schöne schloss sich im Turm ein, und kurze Zeit später fand man sie tot. Seither sollen im Schloss eine **Dame in Weiß** und ein Jüngling in grünem Jägerkleid umgehen.

Die Kirche von Tuczno

In den 1930er Jahren wurde das Schloss Befestigungsbestandteil des **Pommernwalls** und ebenso wie der Ort Tütz in den Kriegshandlungen Anfang **1945 zerstört.** Auf eine Initiative der Polnischen Architektenvereinigung begann man 1966 mit dem originalgetreuen **Wiederaufbau** der altehrwürdigen Gemäuer, in denen, umgeben von einem schönen Park, heute ein **Schlosshotel** untergebracht ist. Und wenn die Hotelgäste aufmerksam lauschen, vielleicht können sie manchmal sogar das Klappern des Spinnrads der Weißen Dame vernehmen?

Auch die backsteinerne **Kirche Maria Himmelfahrt** (Kościół Wniebowzięcia NMP) in der Nachbarschaft, die ursprünglich von 1522 stammt, wurde nach dem Krieg rekonstruiert. Innen schmückt sie sich mit einem schön ausgemalten Sternengewölbe, Barockaltar und einer Pietà aus dem frühen 16. Jahrhundert. Rundum ducken sich in der ländlichen Idylle zwischen Wicken und Rosenstöcken die Häuser des 2000-Seelen-Dorfs Tuczno. Kirche und Schloss befinden sich am südlichen Ortseingang hinter dem großen Pflastersteinmarktplatz.

Info

- **Nationalparkverwaltung** und **-information** ↗ Drawno.
- **Homepage des Ortes:** www.tuczno.pl.

Unterkunft

- **Hotel Zamek Tuczno**€€€, ul. Zamkowa 1 (am südlichen Ortseingang hinter dem großen gepflasterten Marktplatz), 78-640 Tuczno, Tel. (067) 2593117, Fax 2593112, www.zamek-tuczno.pl. Wohnen im Schloss der Ritter *von Wedell,* umgeben von einem schönen Park, zwischen zwei Seen, der Drawieński-Nationalpark ist nicht weit, die Zimmer in klassischer Hoteleleganz. Etwa 150 Zł.

Wałcz und Wałcz-Seenplatte ↗ VII/D1

Im April 2003 feierte die 28.000 Einwohner große Kreisstadt Wałcz **(Deutsch Krone)** ihr 700-jähriges Stadtjubiläum. Das Datum geht auf eine 1303 von den brandenburgischen Markgrafen ausgestellte Urkunde zurück, in der sie den Rittern *Ulrich von Schöningen* und *Rudolf von Liebenthal* das Vorrecht verbrieften, an der Stelle einer Fischersiedlung zwischen Raduń- und Zamkowe-See, dort, wo sich heute das Zentrum von Wałcz ausdehnt, eine Stadt zu gründen. 1368 übertrug sie Markgraf *Otto der Faule* dem polnischen König *Kazimierz III.,* der die **Stadtrechte** bestätigte. Nach der **Ersten Teilung Polens 1772,** mit der sich Preußen den nordwestlichen Landesteil Polens und damit auch Wałcz einverleibte, erhielt es den Namen „Deutsch Krone", den es bis 1945 trug. Nach dem Ersten Weltkrieg Grenzstadt zur Zweiten Republik Polen, wurde sie 1932 zur Festung erklärt. Die Arbeiten zum Bau des **Pommernwalls** begannen. 1935 wurde Artillerie stationiert, vier Jahre später brach mit dem Überfall Deutschlands auf Polen der Zweite Weltkrieg aus. 1944 wurde als letztes Aufgebot die Zivilbevölkerung, alte Männer, Frauen und Kinder, zur Verstärkung des Pommernwalls herangezogen. Im Februar 1945 zogen nach heftigen Kämpfen Truppen der Roten Armee und der Polnischen Armee in die in Trümmern liegende Stadt ein.

Doch ist das zum Glück alles Geschichte. Inmitten einer stillen Natur, umgeben von Buchenwald und zahlreichen Seen, versprüht Wałcz heute reizvollen kleinstädtischen Charme und ist zugleich das geschäftige, vitale städtische **Zentrum der Region.** Insbesondere in den letzten zehn Jahren erlebte es eine dynamische Entwicklung und hat sich sehr schön herausgeputzt.

Hübsch sanierte historische Bürgerhäuser säumen den gepflasterten, blumengeschmückten plac Wolności, an dem das gründerzeitliche **Rathaus**

Wałcz (Deutsch Krone)
A. Mickiewicza
Okrężna
F. Chopina
Dębo
Morzyce
Chłodna
Morzyce
Jezioro
Raduń
plac
Podgórna
3
Aleja Zdobywców wału Pomorskiego
Obrońców Westerplatte
Friedhof
2
1
Gorzów Wlkp.,
Kostrzyn
Trzcianka, Czarnków

Stettin, Stargard Szcz.
Czaplinek, Kołobrzeg
Δ 10, Jastrowie, Chojnice, Elbląg
J. Piłsudskiego
T. Kościuszki
Kaszubska
1 Maja
Al. Tysiąclecia
Mazowiecka
Topolowa
F. Chopina
Bukowa
Ogrodowa
Pomorska
Wileńska
Robotnicza
Sportowa
L. Okulickiego
J. Poniatowskiego
3 Maja
J. Dąbrowskiego
Królowej Jadwigi
Wojska Polskiego
Bahnhof
Dworcowa
Parkowa
Kolejowa
Chłodna
M. Konopnickiej
Szkolna
Bankowa
Kościuszkowców
Markt
Kilińszczakow
Pocztowa
Sadowa
Szczęśliwa
Rzeczna
S. Staszica
Kilińskiego
Pl. Wolności
Piastowska
Wąska
Kościelna
Orla
Południowa
Bydgoska
★11
Jasna
Miła
Cmentarna
wału Pomorskiego
Zamkowa
Kujawska
Friedhof
Al. Zdobywców
Friedhof
12 Lutego
Jezioro Zamkowe
Piła, Bydgoszcz
0
400 m
1 Hotel Korona
2 Zentrum der olympischen Vorbereitungen (COS Bukowina)
3 Jugendherberge
4 Jugendherberge des griechisch-orthodoxen Pfarramts
★ 5 Städtisches Sport- und Erholungszentrum mit Strandbad
● 6 Rathaus
7 Anglerheim
8 Kreismuseum
9 Touristeninformation
Δ 10 Camping Nr. 64 Zdbice
★ 11 Pommernwall-Bunkeranlagen am Cegielnia-See

steht und sich gegenüber die neugotische **Kirche St. Nikolaus** (Kościół św. Mikołaja) von 1865 erhebt.

Nahebei zeigt auf einer kleinen Halbinsel im Zamkowe-See das **Kreismuseum Wałcz** (Muzeum Ziemii Wałeckiej) Wissenswertes zu Stadt und Region. Der Museumsmitarbeiter Herr *Woiciech Olek* bietet darüber hinaus **Führungen** durch die **Bunkeranlagen des Pommernwalls** an. Ein Teil der ehemaligen Befestigung liegt südöstlich hinter dem Bahnhof am Cegielnia-See (Ziegelei-See) im Erdreich eingegraben. Mit bis zu anderthalb Meter dicken Stahlbetonwänden und Schartenpanzertürmen bildeten dort das B-Werk Cegielna-West als Maschinengewehr- und Infanteriewerk und das B-Werk Ciegielna-Ost die Grupa Cegielna (Festungsgruppe Ziegelei).

Markierte **Wanderwege** zwischen vier und 14 Kilometern führen in die schöne stille Natur rund um die Stadt, doch vor allem ist im seenumringten Wałcz **Wassersport** angesagt. Über 200 größere und kleinere Gewässer zählt die **Wałcz-Seenplatte,** viele von ihnen sind durch kleine Flüsse miteinander verbunden. Und wer es einmal mit dem **Paddeln** probieren möchte: Im Ort am Nordufer des Raduń-Sees verleiht das das Städtische Sport- und Erholungszentrum MOSiR (Miejski Ośrodek Sportu i Rekreacji) Kajaks mit Rücktransportservice. Am MOSiR befindet sich auch der städtische **Badestrand** mit großer Wasserrutsche und Bootsanleger. Es fungiert außerdem als Einstieg in die beliebte **Wałczer Kajakschleife.** 45 Kilometer lang ist die Paddelstrecke, die von Wałcz aus durch sieben Seen und über den malerischen Piławka-Fluss führt.

Die **Profi-Wassersportler** trainieren derweil im **Zentrum der Olympischen Vorbereitungen** (Ośrodek Przygotowań Olimpijskich) im Wałczer Buchenwald am Raduń-See. Aber auch Freizeitsportlern und Urlaubern steht das weitläufige Gelände mit großer Schwimmhalle, Tennisplätzen, Gastronomie, den verschiedensten Fitnesseinrichtungen und Unterkunftsmöglichkeiten vom Hotel über Bungalows bis zum Sportlerinternat und natürlich Paddel- und Rudermöglichkeit offen.

Praktische Informationen

Info

- **Touristeninformation,** plac ZWM 1 (im Wałczer Kulturzentrum), 78-600 Wałcz, Tel. (067) 3819555, Mo–Fr 9–17 Uhr, Sa 10–15 Uhr.
- **Homepages der Stadt:** www.walcz.ug.gov.pl und www.walcz.um.pl.

Unterkunft und Gastronomie

- **COS OPO Bukowina**€€€, al. Zdobywców Wału Pomorskiego 99, 78-600 Wałcz, Tel. (067) 2584461, Fax 2582760, www.walcz.cos.pl. Gepflegter Mittelklassekomfort im riesigen Olympischen Vorbereitungszentrum im Buchenwald am Raduń-See. Etwa 160 Zł.
- **Hotel Korona**€€€, al Zdobywców Wału Pomorskiego 103, 78-600 Wałcz, Tel. (067) 250 8835, www.korona.walcz.net. Schönes gemütliches Landgasthaus, die Zimmer funktional gehalten, mit großem Garten am See, Bootssteg und Badestelle. Etwa 140 Zł.
- **Dom Wędkarza**€, ul. Orla 3, 78-600 Wałcz, Tel. (067) 2584629, www.pzw-walcz.za.pl. Das Anglerheim liegt direkt am Zamkowe-

Der schöne plac Wolności in Wałcz

See und dient gleichzeitig als Sitz der Wałczer Abteilung des Polnischen Anglerverbandes, wo man eine Angelerlaubnis für die Wałcz-Seenplatte erwerben kann. Zweigeschossiger Flachbau, einfach ausgestattet, gepflegt und ruhig. Etwa 50 Zł.

Camping

- **Camping Nr. 64 Zdbice,** 78-600 Zdbice, Tel. (067) 2581675, mobil (061) 38838. Schöner, lauschiger Wiesenplatz 15 Kilometer nördlich von Wałcz, von Wald umrahmt direkt am See. Anfahrt: von Wałcz ca. acht Kilometer auf der Straße 22 via Chojnice, im Weiler Szwecja Richtung Golce einbiegen, dann noch etwa vier Kilometer durch Wald, der Campingplatz befindet sich kurz vor dem östlichen Ortseingang; Juli/Aug.

Jugendherberge

- **Jugendherberge,** al Zdobywców Wału Pomorskiego 76, 78-600 Wałcz, Tel. (067) 258 2749; Juli/Aug.
- **Jugendherberge** des griechisch-orthodoxen Pfarramts (przy parafii prawosławnej), ul. Kujawska 15a, 78-600 Wałcz, Tel. (067) 259 9523; Juli/Aug.

Museen und andere Sehenswürdigkeiten

- **Kreismuseum,** ul. Pocztowa 9, Di–Fr 10–16 Uhr, Sa 11–15 Uhr. Herr *Woiciech Olek* bietet Führungen durch Bunkeranlagen des Pommernwalls an.

Aktivitäten

- **Wassersportgeräteverleih:** Kajakverleih mit Rücktransport im Städtischen Sport- und Erholungszentrum MOSiR, ul. Chłodna 12; Kajak-, Kanu- und Wasserski-Verleih im COS OPO Bukowina (↗„Unterkunft“).

118po Foto: kj

Pommern (Pomorskie)

UNESCO-Weltkulturerbe:
die Marienburg in Malbork

Überblick

18.300 Quadratkilometer groß ist die nördlichste polnische Woiwodschaft. Sie ist aus den ehemaligen Woiwodschaften Słupsk (Stolp), Gdańsk (Danzig) und großen Teilen des östlichen Elbląg (Elbing) zusammengefügt, wie sie seit der Gründung der Volksrepublik bis zur Gebiets- und Verwaltungsreform 1999 bestanden. Noch einmal weiter in der **Geschichte** zurück, umfasste die Region den östlichen Teil des einstigen Hinterpommern, das alte Pommerellen sowie Landstriche des früheren West- und Ostpreußen.

Knapp **2,2 Millionen Einwohner** zählt die Woiwodschaft Pomorskie, von denen die meisten in den Städten leben. Allein 800.000 – das ist über ein Drittel der Gesamtbevölkerung – wohnen in der **Trójmiasto (Dreistadt) Gdynia/Zopot/Gdańsk** (Gdingen/Sopot/Danzig). Die einzige weitere 100.000er-Metropole ist das westliche Słupsk (Stolp), einst „Klein-Paris von Pommern" genannt, gefolgt vom rund 60.000 Köpfe zählenden Tczew (Dirschau) in der Weichselniederung und ein paar wenigen Städtchen, die kaum noch die 50.000er-Marke erreichen – und umso einsamer, unberührter zeigt sich über weite Strecken das Land.

Dieses teilen sich am Ostseestrand westlich das Slowinzische und östlich das Kaschubische Küstenland. Höhepunkt des **Slowinzischen Küstenlands** (Pobrzeże Słowińskie) sind die gewaltigen **Wanderdünen,** die sich über Ostseewellen und Strandseen zwischen den quirligen Badeorten Ustka (Stolpmünde) und Łeba (Leba) im Słowiński-Nationalpark auftürmen. Dort inmitten, beim Örtchen Kluki, hat das **Slowinzische Freilichtmuseum** die Kultur und Lebensart der Slowinzen bis heute bewahrt. Herausragende landschaftliche Attraktion im **Kaschubischen Küstenland** (Pobrzeże Kaszubskie) ist die schmale und tief in die Danziger Bucht greifende **Halbinsel Hel** (Hela), ein europaweites Dorado für Surfer und Strandläufer und deshalb im Juli und August manchmal fast überfüllt.

Den mittleren und südlichen Teil der Woiwodschaft nimmt bis östlich zur Weichselniederung die **Kaschubische Seenplatte** (Pojezierze Kaszubskie) ein, anmutig schönes, abgeschiedenes Land, das mehr aus Wäldern, Wiesen und zahllosen Seen als aus menschlichen Niederlassungen besteht.

Zwischen der **Straße 6,** die Słupsk über Lębork (Lauenburg) und Wejherowo (Neustadt) mit Gdynia an der Danziger Bucht verbindet, und weiter südlich der **Straße 20** von Bytów (Bütow) über Kościerzyna (Berent) Richtung Gdynia erstreckt sich, auf und ab, mit grünen Hügeln und Tälern und in den Senken zahlreich aufblitzenden Seen, die **Kaschubische Schweiz.** Wohl nirgends im nördlichen Polen lässt sich schöner bewundern, wie die letzte Eiszeit vor zehntausenden von Jahren ihren Schutt auf dem Rückzug in eine zauberhafte Hügellandschaft verwandelte und mit welcher Kraft sie die Rinnen für die Wasser ihrer auftauenden Gletscher ausgrub. Die landschaftlich atemberaubendsten Teile sind heute im **Kaschubischen Naturpark** (Kaszubski Park Krajobrazowy) geschützt, in dessen Süden der **Berg Wieżyza** mit 329 Metern über dem Meeresspiegel (und obendrauf einem Aussichtsturm) nicht nur die höchste kaschubische Erhebung, sondern die höchste überhaupt der mitteleuropäischen Tiefebene ist.

An der Straße 20 bilden westlich **Bytów** mit seiner alten Ordensritterburg und östlich **Kościerzyna** gewissermaßen die „städtischen" kaschubischen Zentren. Südlich davon dehnen sich mit unzähligen Seen und lichten weiten Kiefernwäldern die Sandergebiete der **Tucheler Heide** (Bory Tucholskie) aus. Dort in der Einsamkeit befindet sich im Örtchen Wdzydze im **Wdzydzki-Naturpark** (Wdzydzki Park Krajobrazowy) das sehenswerte **Kaschubische Freilichtmuseum.** Doch nicht nur museal, sondern auch sehr lebendig werden vom Kaschubischen Küstenland bis südlich nach Chojnice (Könitz) am südlichen Eingang zum **Nationalpark Tucheler Heide** (Park Narodowy Bory Tucholskie), fast am südlichen Ende der Woiwodschaft Pomorskie, die kaschubische Kultur, ihre Sprache, Traditionen, ihr Kunsthandwerk und ihre Lebensart gepflegt.

Ganz anders zeigen sich schließlich Landschaft und Kultur in der **Weichselniederung** (Żuławy Wiślane). Unzählige kleine **Kanäle** durchziehen das fruchtbare Niederungsland, in dem Getreide, Obst und Gemüse üppig gedeihen. Gelegentlich erblickt man noch ein altes, prachtvolles Vorlaubenhaus, das vom Reichtum der früheren Bauern kündet, und sehr selten sogar noch die Ruine einer historischen **Holländermühle,** wie sie die **Mennoniten** erbauten, die im 16. Jahrhundert als protestantische Glaubensflüchtlinge ins Land kamen, die Weichselsümpfe entwässerten und die Region urbar machten.

Ein noch älteres Zeugnis der – in diesem Fall kriegerischen – Besiedlung der Weichselniederung legen die mächtigen **Backsteinburgen** der Deutschordensritter ab, die von Kwidzyn (Marienwerder) über Gniew (Mewe) und Sztum (Stuhm) bis zur gewaltigen **Marienburg** in Malbork (Marienburg), drittgrößter Burgkomplex ganz Europas, die Weichselniederung säumen. Einst Ordenszentrale einer mittelalterlichen Weltmacht, heute UNESCO-Weltkulturerbe der Menschheit, bildet die Marienburg zusammen mit der Hansestadt Danzig, Woiwodschaftshauptstadt und Perle der Ostsee, sicherlich einen der kulturellen Höhepunkte jeder Reise durch den Norden von Polen.

Durch das Slowinzische Küstenland

Überblick

Roter Klatschmohn und Margeritenwiesen, Lupinen in vielerlei Farben am Rand goldgelber Felder, sanfte Hügel, über die sich Wälder ziehen, glasklare Seen, die in der Sonne aufblitzen, und kleine Flüsse, die sich durch grüne Auen der Ostsee entgegenwinden. An der Küste ein Dickicht von Mooren und Sümpfen, die stillen Strandseen von undurchdringlichem Schilfrohr umgeben, dahinter ein Gebirge aus weißem Sand, das der Wind Jahr um Jahr auftürmt und weiterbewegt. Und darüber ein endloser Himmel.

„Ach, was für ein Land!", so lässt *Christian Graf Krockow* ein Kapitel seiner „Reise nach Pommern" beginnen, und so endet es nachdrücklich auch. Denn für diese **bildschöne Landschaft** fehlen passende Worte. Man müsste ein *William Turner* sein, um sie malen zu können. *Max Pechstein* hat es getan, einst, in dem weltvergessenen Fischerkatendorf Rowy, wo heute der Słowiński-Nationalpark beginnt.

Im Jahr 1966 wurde der 18.247 Hektar große **Slowinzische Nationalpark** (Słowiński Park Narodowy) mit seinen riesigen Wanderdünen auf der Nehrung zwischen Rowy im Westen und Łeba im Osten eingerichtet. Die **Dünengebirge,** die hinter dem Strand unmittelbar auf 50 Meter über dem Meeresspiegel anwachsen, wandern pro Jahr zwischen fünf und zehn Meter, im Allgemeinen der Hauptwindrichtung entsprechend von Westen nach Osten. Früher bemühte man sich oftmals vergeblich, diese Wandergesellen mithilfe von **Strandhaferplantagen** sesshaft zu machen (immerhin schütteten sie wieder und wieder umliegende Ortschaften, Felder und Weiden zu), aber von dem dann lebhaft einsetzenden Ostsee-Badeverkehr wurden die Anstrengungen sogleich wieder niedergetrampelt. Wo es dennoch gelang, durch Pflanzungen den Dünensand zum Stillstand zu bringen, bildete sich unter dem Einfluss von Humussäuren mancherorts ein unbeweglicher, humoser, aber unfruchtbarer **Sandstein,** der aufgrund seiner Festigkeit von Baumwurzeln nicht durchdrungen werden kann und den Namen „Ortstein" oder auch „Fuchssand" trägt. Wenn Sie also im Słowiński-Nationalpark inmitten der wüsten Sandkegel auf einmal pechartige, feste Kleckse entdecken, handelt es sich nicht um Umweltverschmutzung, sondern um eine natürliche Verfestigung des wandernden Dünensands.

Im Frühjahr und Herbst rasten die **Zugvögel** auf ihren großen Reisen nach Norden und Süden an den **Seen Gardno** und **Łebsko** (Gardner- und Leba-See), deren nördliche Ufer das Sandgebirge des Nationalparks beschließen. Wildgänse, Wildenten, Schreischwäne und Säger lassen sich hier nieder. Haubentaucher und Seetaucher nisten im Schilf der beiden Nehrungsseen. Kraniche, Kiebitze und Rohrdommeln leben in den weiten Sumpfgebieten um sie herum, und auch Mäusebussarde, Habichte und die seltenen Seeadler haben hier ihre Nistplätze gefunden. Elf Jahre nach seiner Gründung wurde der Słowiński-Nationalpark, auch „Polnische Sahara" genannt, von der UNESCO zum **Welt-Biosphärenreservat** erklärt.

Zu den **kulturellen Sehenswürdigkeiten** der Region zählen das **Schloss der Herzöge von Pommern** mit dem Mittelpommerschen Museum in der 101.000-Einwohner-Stadt **Słupsk,** in die es, keine 17 Kilometer von der Ostseeküste entfernt, die Feriengäste vorzugsweise bei weniger strahlend blauem Himmel zieht. Denn natürlich stehen auch entlang des sich mit herrlichen weißen Sandstränden schmückenden Küstenabschnitts zwischen dem Kurort Ustka an der Mündung der Słupia ins Meer, den unberührten Stränden des Slowinzischen Nationalparks und dem quirligen Urlaubsort Łeba **Badefreuden** an erster Stelle.

Ustka

↗ X/A1

Nach ihrer 120 Kilometer langen Reise durch Pommern mündet die Słupia im Kurort und Seebad Ustka **(Stolpmünde)** in die Ostsee. Als letzter zur Ein- und Ausfuhr geeigneter Platz vor der Danziger Bucht existierte an dieser Stelle bereits seit Mitte des 14. Jahrhunderts ein kleiner **Hafen.** Ab dem 17. Jahrhundert entwickelte sich das Fischerdorf zum Hafen für die Stadt Stolp, der 1899–1903 schließlich mit mächtig ins Meer hinausgreifenden Molen ausgebaut wurde.

In jenen Jahren hatten die Badegäste das gesundheitsfördernde Stolpmünder **Reizklima** schon längst entdeckt. 1877 eröffnete eine erste

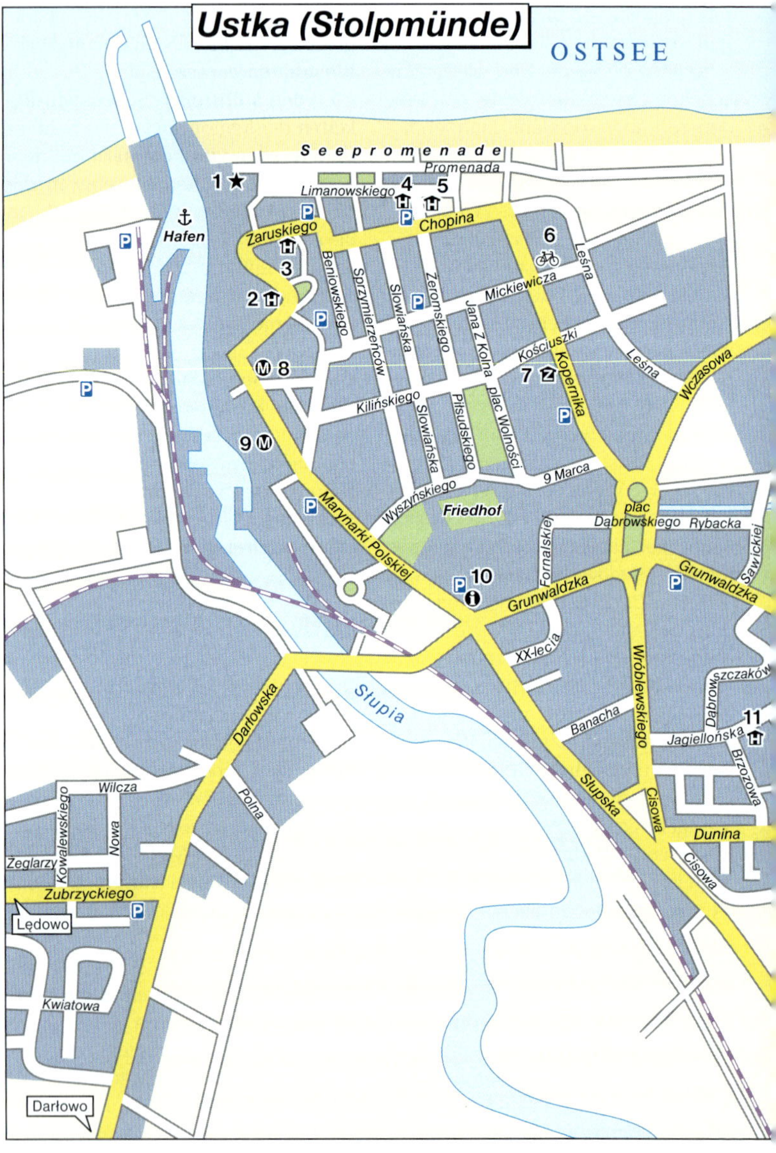
Ustka (Stolpmünde)
OSTSEE
Seepromenade
Promenada
Limanowskiego
Chopina
Zaruskiego
Hafen
Beniowskiego
Sprzymierzeńców
Słowiańska
Żeromskiego
Mickiewicza
Leśna
Jana Z Kolna
Kościuszki
Kopernika
Wczasowa
Kilińskiego
Piłsudskiego
plac Wolności
9 Marca
Wyszyńskiego
Friedhof
Marynarki Polskiej
plac Dąbrowskiego
Rybacka
Fornalskiej
Sawickiej
Grunwaldzka
XX-lecia
Słupia
Darłowska
Wróblewskiego
Banacha
Dąbrowszczaków
Jagiellońska
Brzozowa
Słupska
Cisowa
Dunina
Wilcza
Polna
Kowalewskiego
Nowa
Żeglarzy
Zubrzyckiego
Lędowo
Kwiatowa
Darłowo
1
2
3
4
5
6
7
8
9
10
11

Warmwasserbadeanstalt, und zur Erhöhung ihrer heilsamen Wirkung wurde empfohlen, außerdem zwei Mal am Tag ein Meerbad zu nehmen, sich anschließend mit Sand abzureiben und dazu jeweils drei bis vier Gläser Wein zu genießen. So mag sein, dass neben der guten Luft, einem herrlichen Sandstrand und dem Eisenbahnanschluss im Jahr 1878 auch die Indikation dieses besonderen alkoholischen Nasses zum raschen Aufschwung des kleinen Seebades beitrug. 1912 wurde die erste Badeanstalt durch einen größeren Komplex mit Moor-, Kohlensäure- und Sauerstoffbädern ersetzt, und 1987 wurde Ustka endlich auch der offizielle **Kurort-Status** verliehen.

Dank des milden Seeklimas und ihrer Heilmoore ist die rund 18.000 Einwohner zählende Gemeinde heute das größte polnische Ostseebad zwischen Kołobrzeg und Sopot, wo in Kurkliniken und Sanatorien vor allem Atemwegserkrankungen, Rheuma sowie Schilddrüsenerkrankungen, Störungen des Bewegungsapparats und Herz-Kreislauf-Beschwerden behandelt werden. Außerdem verfügt Ustka über einen wichtigen Fischereihafen und, natürlich, eine gut ausgebaute touristische Infrastruktur rund ums Badevergnügen.

Hinter der Mole und einem 1892 errichteten, 21,5 Meter hohen **Backsteinleuchtturm,** den man besteigen kann, dümpeln Fischkutter und eine dreimastige **Galeone** im Hafen, die im Sommer zu Ausflugskreuzfahrten auf der Ostsee einladen. Wer noch weiter

003po Foto: kj

Das geht ins Kreuz:
Bernsteinsucher am Strand von Ustka

möchte, beispielsweise nach **Dänemark,** hat immer an den Wochenenden im Juli und August die Möglichkeit, das Katamaran-Personenfährschiff nach Nexø auf Bornholm zu besteigen.

Auf der **Fußgängerpromenade** zwischen Sandstrand und Städtchen ist in der Sommerzeit mächtig was los. Cafés, Restaurants und Imbissbuden, Konzertbühnen, Straßenkünstler und Fliegende Händler lassen keine Langeweile aufkommen.

Außer Hafen, Mole, Leuchtturm und Strandpromenade wartet Ustka an Sehenswürdigkeiten im winzigen noch verbliebenen Fischerdorfkern mit einer Handvoll historischer **Fachwerkkaten** und ferner zwei kleinen Museen auf. Das **Heimat- und Regionalmuseum** (Muzeum Ziemi Usteckiej) erzählt in Bildern und anhand von historischen Gerätschaften die Geschichte der Stadt und Region und zeigt mit Schiffsmodellen und vielerlei mehr Interessantes rund um den örtlichen Schiffsbau. Im privat betriebenen kleinen **Brotmuseum** (Muzeum Chleba) kann man eine historische Bäckereieinrichtung bestaunen, zu deren beeindruckendsten Apparaturen ein Teigrührgerät aus dem 17. Jahrhundert,

Waffelbleche und ein Bonbon-Automat aus dem frühen 20. Jahrhundert gehören.

Ansonsten gibt es in Ustka keine weiteren kunst-, kultur- oder bauhistorischen Sehenswürdigkeiten, dafür umso mehr herrlichen **Strand** und eine **zauberhafte Umgebung,** durch die der Ferienort, der seit 1935 die Stadtrechte innehat, besticht.

In der zweiten Julihälfte wird Ustka zum Austragungsort der Offenen polnischen **Meisterschaften im Bernsteinsuchen,** an der jeder, der möchte, teilnehmen kann. Damit unerfahrene Schatzsucher gegenüber den Bernsteinprofis keinen Nachteil erleiden, sucht man das Ostseegold mit dem Sieb, nicht mit dem Köcher, wie ihn die Profis benutzen. Darüber hinaus findet die Weltmeisterschaft in verschiedenen Kategorien statt, und zwar in den Klassen VIPs, Reporter, Familien, Touristen und Einheimische.

Endlose Sandstrände, kleine Kiefern- und vereinzelt auch Mischwälder und zwischen Mooren, Koppeln und Weiden liegende winzige Dörfer mit selten mehr als 300 Einwohnern laden zu herrlichen **Wanderungen** durch die Gemeinde Ustka ein. Hier und dort lohnt ein ehemaliges Herrschaftshaus oder ein Kirchlein einen Blick. Westlich der Słupia zum Beispiel das kleine Gotteshaus des Örtchens **Duninowo,** wo in den nahe gelegenen, naturgeschützten Sümpfen rund um den **Modła-See** Kreuzottern, Fischotter und sogar Nerze hausen; oder das **Gutshaus von Zaleskie** – ein Bild wie aus der Unox-Reklame. Mancherorts wird man im einstigen Landkreis Stolp noch über solche Landsitze stolpern. Bis 1945 verwalteten hier zahlreiche adlige Großgrundbesitzer wie die *Puttkamers, Zitzewitz', Kleists* oder *Krockows* von ihren herrschaftlichen Häusern aus ihre weitläufigen Güter. Die meisten der einst prächtigen Gutshäuser existieren heute allerdings nur noch als Häuflein moosbewachsener Steine. Andere wiederum wurden in landwirtschaftliche Produktionsgenossenschaften einbezogen und befinden sich in einem entsprechenden Zustand. Doch hier und da hat man auch ein Exemplar schön wieder hergerichtet und in ihm ein vornehmes Hotel oder eine öffentliche Einrichtung untergebracht.

Östlich der Słupia bietet das **Reitersportzentrum Anka in Przewłoka** (drei Kilometer südöstlich von Ustka) Pferde zum Spazierenreiten an. Für die Freunde von Schusters Rappen wurde von Ustka bis Rowy am Rand des Slowinzischen Nationalparks ein rot markierter, 16 Kilometer langer **Wanderweg** durch wundervolles Dünenland angelegt. Er ist Teil des roten Küstenwanderwegs, der über insgesamt 86 Kilometer Länge von östlich Łeba durch den Slowinzischen Nationalpark über Rowy und Ustka bis westlich nach Jarosławiec führt.

Wer mit dem eigenen Fahrzeug seinen Ausflug nach **Rowy** (Rowe) unternimmt, sollte unterwegs ruhig einmal kurz anhalten, um einen Blick auf die fachwerkgeschmückte, im Jahre 1606 erbaute Kirche des Dörfchens **Objazda** (Wobesde) zu werfen.

Praktische Informationen

Info

- **Touristeninformation,** ul. Marynarki Polskiej 87, 76-270 Ustka, Tel. (059) 8147170, Fax 8149926, www.lot.ustka.pl, Juli/Aug. Mo–Sa 8–20 Uhr, So 10–18 Uhr, außerhalb der Saison Mo–Fr 10–16 Uhr.
- **Homepage der Stadt:** www.ustka.pl.

Unterkunft

- **Zimmervermittlung** in der Touristeninformation.
- **Villa Red**€€€€€€, ul. Żeromskiego 1, 76-270 Ustka, Tel. (059) 8148000, Fax 8148001, www.villa-red.pl. Keine 30 Meter vom Strand und nur wenige Schritte von der Promenade entfernt in der 1886 erbauten, denkmalgeschützten Sommerresidenz *Otto von Bismarcks* in eleganten Stilmöbeln logieren. Etwa 340 Zł.
- **Fisherman's House**€€€€€, ul. Marynarki Polskiej 10, 76-270 Ustka, Tel./Fax (059) 814 6262, www.fishermanshouse.pl. Wunderschönes kleines Fachwerkfischerhaus von 1780 fast am Hafen, originalgetreu restauriert und 2005 als schönstes Haus Ustkas prämiert, innen stilvoll und mit allem neuzeitlichen Komfort. Etwa 250 Zł.
- **Pensjonat Oleńka**€€€€€, ul. Zaruskiego 1, 76-270 Ustka, Tel./Fax (059) 8148522, www.pensjonatolenka.ustka.pl. Restaurierter alter Hafenspeicher und postmoderner Klinkeranbau, mit kleinem Garten, nur wenige Schritte entfernt von Mole und Strand. Ausstattung mit eleganten englischen Stilmöbeln. Etwa 250 Zł.
- **Pensjonat Przyneptunie**€€€, ul. Jagiellońska 4, 76-270 Ustka, Tel. (059) 8145772, www.przyneptunie.nadmorzem.com. Schöne Pension mit freundlicher, gastlicher Atmosphäre, zwölf Minuten Fußweg zum Strand. Man spricht Deutsch. Etwa 140 Zł.
- **Gästezimmer Barbara L.**€€€, ul. Kopernika 4, 76-270 Ustka, Tel. (059) 8144181, www.barbaral.maxmedia.pl. Hübscher kleiner Neubau mit acht Zimmern, 250 Meter zum Strand. Etwa 140 Zł.
- **Erholungsheim Radość Natura**€, ul. Limanowskiego 10, 76-270 Ustka, Tel./Fax (059) 8144075, www.ow-radosc.pogodzinach.net. Viergeschossiger Plattenbau, ziemlich rumpelig, aber in toller Lage direkt an der Strandpromenade und unschlagbar preisgünstig. Etwa 65 Zł. mit Bad, um 55 Zł. ohne Bad.

Camping

- **Camping Nr. 101 Morski,** ul. Armii Krajowej 4, 76-270 Ustka, Tel. (059) 8144789, Fax 8144426, www.camping-morski.afr.pl. Wiesengrundstück am südöstlichen Ortseingang mit angeschlossener Pension, kleinem Laden, Tennisplatz und Campinghäuschen, 20 Fußminuten ins Ortszentrum, 30 Minuten zum Strand, 1. Mai bis Mitte Okt.

Museen und andere Sehenswürdigkeiten

- **Leuchtturm,** Mai bis Ende Aug. tägl. 10–19 Uhr.
- **Heimat- und Regionalmuseum,** ul. Marynarki Polskiego 62a, Juni–Sept. Di–Sa 10–17.30 Uhr, Okt.–Mai Mi 11–16 Uhr.
- **Brotmuseum,** ul. Marynarki Polskiej 49, geöffnet zu den üblichen Ladenzeiten. Falls geschlossen, bitte vorne im zugehörigen Bäckerladen nachfragen.

Kulturelle Veranstaltungen

- **Offene polnische Meisterschaften im Bernsteinsuchen,** immer in der zweiten Julihälfte, den genauen Termin bitte in der Touristeninformation erfragen.

Aktivitäten

- **Fahrradverleih:** ul. Mickiewicza 21, Tel. (059) 8146236, Juni–Sept.
- **Reiten:** Pensjonat i Stajnia Anka (Pension und Reiterhof Anka), Przewłoka 3, Tel. (059) 8148110, im Ortsteil Przewłoka, drei Kilometer östlich von Ustka Richtung Rowy.
- **Kreuzfahrten:** Juli/Aug. ab Hafen: 40 Minuten mit der „Unicus", einer rekonstruierten Galeone aus dem 17. Jahrhundert; 45 Minuten mit dem Fahrgastschiff „Gucio".
- **Schiffs-Tagesausflüge nach Bornholm:** immer am Wochenende im Juli/August ab Hafen.

Słupsk

↗ X/B2

Wer noch bis Mitte der 1990er Jahre das Abenteuer eingehen musste, von Polen nach Deutschland zu **telefonieren** oder umgekehrt, oder auch nur von einem Stadtteil beispielsweise von Słupsk **(Stolp)** in den nächsten, der musste sich wie der alte Grieche Sisyphos fühlen. Zwar wurden im Słupsker Hauptpostamt keine schweren Steine in die Telefonzellen gerollt, aber in gewisser Weise erinnerte das stundenlange geduldige **Schlangestehen** vor den wenigen Wählscheiben daran. War man irgendwann an der Reihe und lauschte nach langwierigem Anwählen seiner beabsichtigten Verbindung auf einmal einem Ehestreit auf Kasachisch oder Usbekisch, hieß es auflegen und sich erneut hinten in der Schlange anstellen. Schließlich wollten es die anderen auch einmal mit dem Telefonieren probieren.

Nun, dass sich das polnische Fernmeldewesen in sozialistischen Zeiten in einem desolaten Zustand befand, ist bekannt, und auch, dass seit Mitte der 1990er Jahre enorme Anstrengungen für die weltweite Verbundenheit unternommen wurden. Aber wer weiß schon, dass in Stolp die **Wiege des modernen Postwesens** und der Telekommunikation stand? 1831 wurde hier *Heinrich von Stephan* geboren. Er gründete 1874 den **Weltpostverein,** der seit 1948 eine Sonderorganisation der Vereinten Nationen ist und unter dessen Dach nahezu alle Länder der Erde mit dem Ziel eines geregelten internationalen Postverkehrs zusammengeschlossen sind. Außerdem führte *von Stephan* 1877 den **Fernsprecher** ein, ist also sozusagen der geistige Urgroßpapa auch der Słupsker Telefonzellen. Und er ist zudem der **Erfinder der Postkarte,** was angesichts der traumhaft schönen Landschaften der hiesigen Küstenregion überhaupt nicht verwunderlich ist.

Um die Sehenswürdigkeiten der früher „Klein-Paris von Pommern" genannten, 101.000 Menschen zählenden Stadt zu besichtigen, zieht es die Urlauber darum meistens auch nur an Regentagen von der Ostsee nach Słupsk. Die **Einwohner** sind überwiegend im Kartoffelbau sowie der Möbel-, Schuh- und Landmaschinenherstellung beschäftigt; außerdem verweist Słupsk stolz auf seine zahlreichen Schulen und auch einige wissenschaftliche Einrichtungen.

Geschichte

Im **11. Jahrhundert** erstmals urkundlich erwähnt, werden der von Handwerkern und Händlern gegründeten Siedlung **1310** die **Stadtrechte** verliehen. 1317 kommt Stolp oder auch Słupsk (je nachdem, ob man nun deutscher Kolonist oder kaschubischer Ureinwohner war) mit den Landen Schlawe und Stolp zum **Herzogtum Pommern-Wolgast,** einer Nebenlinie des pommerschen Greifen-Hauses.

1381 tritt die Stadt mit ihrem späteren Ostseehafen Stolpmünde der **Hanse** bei, und zu ihrem schnellen Aufblühen trägt vor allem der Handel mit dem hier verarbeiteten **Bernstein** bei.

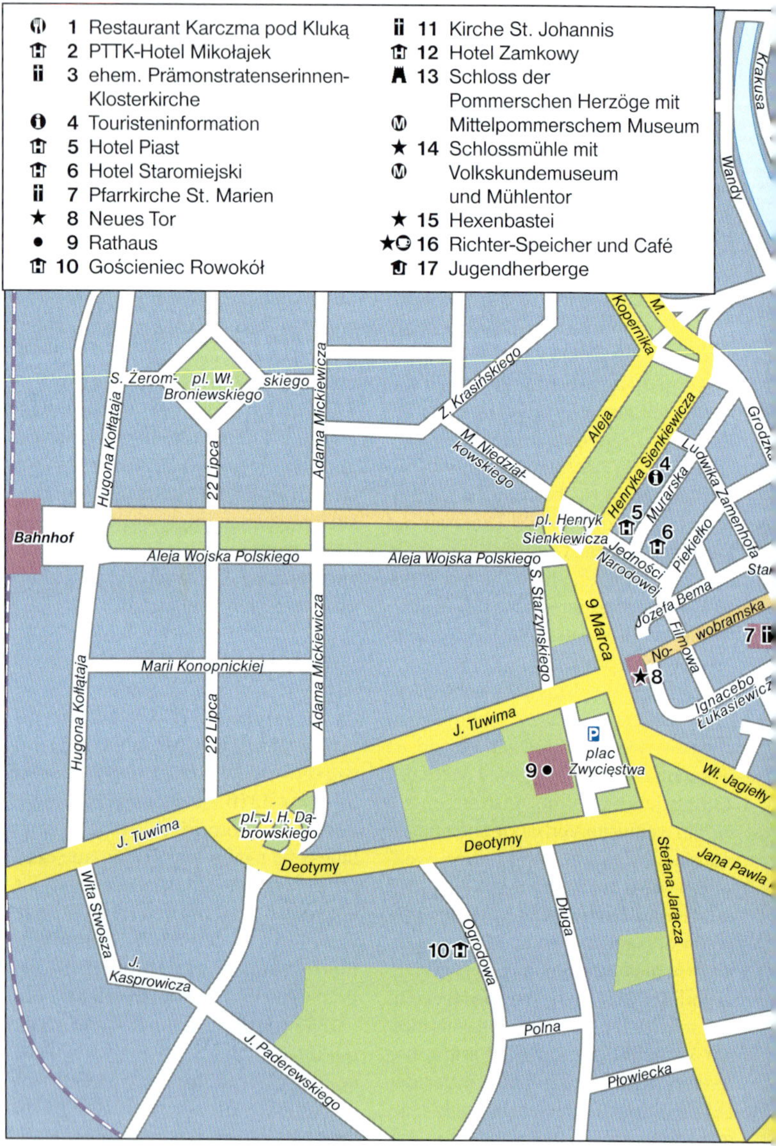
1 Restaurant Karczma pod Kluką
2 PTTK-Hotel Mikołajek
3 ehem. Prämonstratenserinnen-Klosterkirche
4 Touristeninformation
5 Hotel Piast
6 Hotel Staromiejski
7 Pfarrkirche St. Marien
8 Neues Tor
9 Rathaus
10 Gościeniec Rowokół
11 Kirche St. Johannis
12 Hotel Zamkowy
13 Schloss der Pommerschen Herzöge mit Mittelpommerschem Museum
14 Schlossmühle mit Volkskundemuseum und Mühlentor
15 Hexenbastei
16 Richter-Speicher und Café
17 Jugendherberge
Krakusa
Wandy
M. Kopernika
S. Żeromskiego
pl. Wł. Broniewskiego
Z. Krasińskiego
Aleja Henryka Sienkiewicza
Grodzka
Adama Mickiewicza
Hugona Kołłątaja
22 Lipca
M. Niedziałkowskiego
Ludwika Zamenhofa
Murarska
pl. Henryk Sienkiewicza
Bahnhof
Aleja Wojska Polskiego
Aleja Wojska Polskiego
Jedności Narodowej
Piekiełko
S. Starzyńskiego
9 Marca
Józefa Bema
Filmowa
Nowobramska
Marii Konopnickiej
Ignacego Łukasiewicza
J. Tuwima
plac Zwycięstwa
Wł. Jagiełły
J. Tuwima
pl. J. H. Dąbrowskiego
Deotymy
Deotymy
Stefana Jaracza
Jana Pawła
Wita Stwosza
Ogrodowa
Długa
J. Kasprowicza
Polna
J. Paderewskiego
Płowiecka

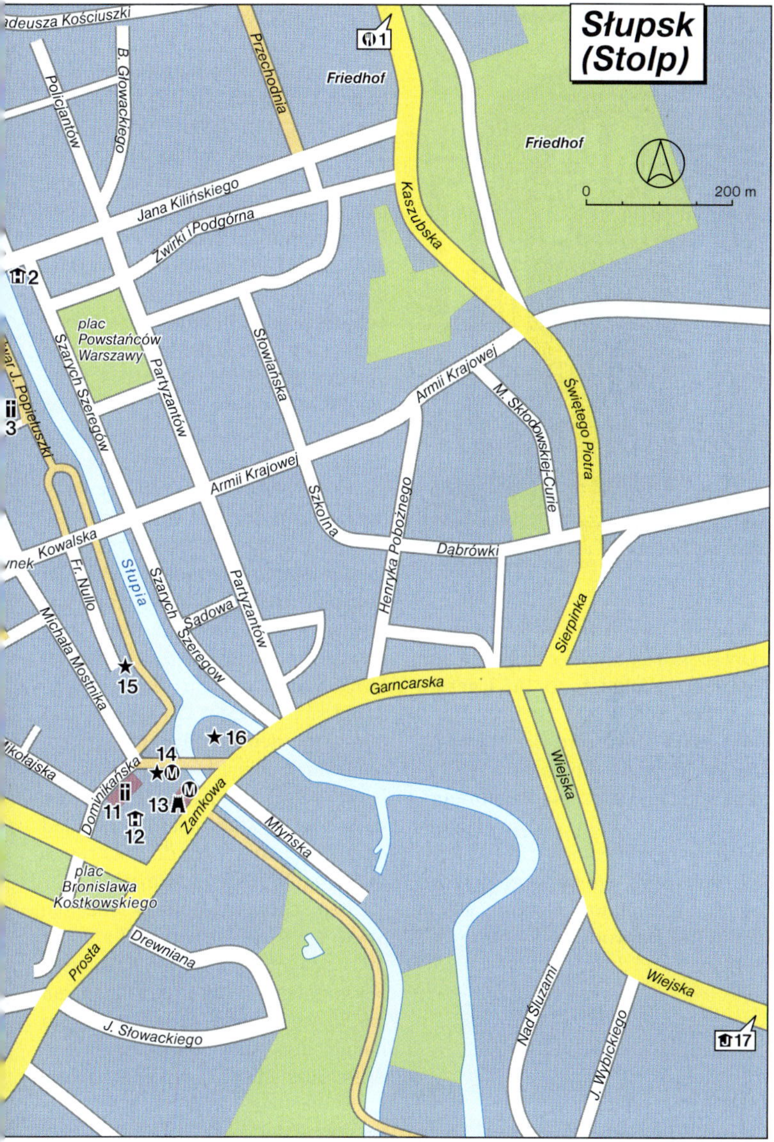
Słupsk
(Stolp)
Friedhof
Friedhof
0
200 m
1
2
3
11
12
13
14
15
16
17
Policjantów
B. Głowackiego
Przechodnia
Jana Kilińskiego
Żwirki i Podgórna
Kaszubska
plac
Powstańców
Warszawy
Szarych Szeregów
Partyzantów
Słowiańska
Armii Krajowej
M. Skłodowskiej-Curie
Świętego Piotra
Szkolna
Henryka Pobożnego
Dąbrówki
Kowalska
Fr. Nullo
Słupia
Sadowa
Michała Mostnika
Sierpinka
Garncarska
Wiejska
Dominikańska
Zamkowa
Młyńska
plac
Bronislawa
Kostkowskiego
Drewniana
Prosta
J. Słowackiego
Nad Śluzami
J. Wybickiego

004po Foto: kj

In Słupsk stand die Wiege des modernen Postwesens

Vom 15. bis Mitte des 17. Jahrhundert ist Słupsk **Sitz der Herzöge von Pommern-Wolgast,** ab 1653 gehört es zu **Preußen.**

Im **März 1945** wird die Stadt von der sowjetischen Armee kampflos besetzt und tags darauf **niedergebrannt.**

Von 1975 bis 1998 ist Słupsk **Hauptstadt** der gleichnamigen ehemaligen Woiwodschaft, die im Zuge der Verwaltungsreform am 1. Januar 1999 in der Großwoiwodschaft Pomorskie aufgeht.

Sehenswertes

Die bedeutendsten **historischen Gebäude** der Stadt wurden nach dem Krieg wieder aufgebaut und sorgfältigst **restauriert,** sodass auch heute noch das Flair von „Klein-Paris" in der Słupsker Luft spürbar ist. In der breiten **Fußgängerallee Wojska Polskiego,** die als Ost-West-Achse Richtung Bahnhof führt, geht es großstädtisch betriebsam zu. Links und rechts bieten in gut sortierten Schaufenstern Läden und Boutiquen ihre Waren feil. Über die Pflaster hasten unter schattigen Baumreihen Herren mit Aktenkoffern, stöckeln pumpsbeschuhte Damen und flanieren Touristen mit Digitalkameras, die hier und dort auf einen Kaffee in ein Lokal einkehren. In entgegengesetzter Richtung mündet die Allee in den **plac Henryk Sienkiewicza** ein, den anstelle des alten *Bismarck* nun das Denkmal für den Schriftsteller *Sienkiewicz* ziert. Zu seinen Füßen dehnt sich auf dem Grünstreifen ein bunter **Blumenkalender** aus, auf dem man vom Frühjahr bis zum Herbst anhand verschiedenfarbiger Pflanzen das aktuelle Datum ablesen kann; und dort gegenüber befindet sich auch gleich die **Touristeninformation.**

Einen schönen Überblick über die Stadt kann man sich vom Turm des 1901 neugotisch erbauten **Rathauses** aus verschaffen. 180 Stufen führen auf die 56 Meter hohe Aussichtsplattform hinauf, den Aufstieg begleiten eine Ausstellung mit historischer Stadtfotografie und eine Porträtgalerie Słupsker Bürgermeister.

Dem Rathaus gegenüber weist der Weg durch das **Neue Tor** (Nowa Brama) hindurch, 1385 als drittes Stadttor errichtet, in die kleine Altstadt hinein, wo wenige Schritte darauf schon der trutzige Turm der dreischiffigen **Pfarrkirche St. Marien** (Kościół N.P. Marii) aufragt. Ende des Zweiten Weltkriegs großteils zerstört und 1948 wieder aufgebaut, sind in ihr eine gotische Skulpturengruppe und der Altar von 1658 original erhalten geblieben.

Am großen Marktplatz mit einem Betonklotz von Kino vorbei, führt die ul. Mostnika zum bauhistorisch bedeutendsten Ensemble von Słupsk: dem **Herzogsschloss** mit der Kirche St. Johannis, der Schlossmühle und dem gotischen Mühlentor (Brama Młyńska). 1507 erfolgte der erste Spatenstich zum Bau des Schlosses der Pommerschen Herzöge, das unter Fürst *Boguslav X.* 1580–87 erweitert und mit einem eleganten Renaissance-Gewand versehen wurde. Die komplette Innenausstattung wurde allerdings 1731 auf Befehl *Friedrich Wilhelms I.* nach Berlin fortgeschafft, woraufhin das Schloss, ganz im Sinne der preußischen Lebensart, erst als Kaserne und später, nach einem Brand 1821, als Lagerhaus diente. Gegen Ende der 1960er Jahre begann man mit seiner Rekonstruktion, und seitdem birgt das Schloss das **Mittelpommersche Museum** (Muzeum Pomorza Środkowego). Neben zahlreichen Exponaten der pommerschen Geschichte, darunter die Sarkophage der letzten Vertreter des Greifen-Geschlechts, und pommerscher Kunst vom 14. bis zum 18. Jahrhundert zeigt das Museum die polenweit größte Sammlung von Gemälden des Künstlers *Stanisław Ignacy Witkiewicz,* **Witkacy** genannt (1885–1939).

Die benachbarte gotische **Kirche St. Johannis** (Kościół św. Jacka) diente vom 13. Jahrhundert bis zu ihrer Verwüstung im Zuge der Reformation als Gotteshaus des **Dominikanerordens.** Anfang des 17. Jahrhunderts wurde es von Grund auf neu aufgebaut und anschließend noch mehrmals umgebaut. Die Kanzel und der ebenfalls aus der Spätrenaissance stammende Hochaltar sowie die reich ornamentierten Grabmale der Herzogin *Anna von Croy* und des Herzogs *Ernst Boguslav* zählen zu den wertvollen Ausstattungsstücken.

Die kleine **Schlossmühle** (16. Jh.) gegenüber am Ufer der Słupia beherbergt als Dependance des Mittelpommerschen Museums drei sehenswerte kleine **Volkskundeausstellungen** zu Brauchtum und Kultur der ehemaligen pommerschen Bevölkerung vom 18. bis zum 20. Jahrhundert, zu den kulturellen Wurzeln der in der Nachkriegszeit hier angesiedelten heutigen Pommern sowie eine Ausstellung zu Stolper Keramik und Stickerei. In der Nachbarschaft hat im **Mühlentor** (Brama Młyńska) aus dem 14. Jahrhundert die Denkmalpflege des Mittelpommerschen Museums ihren Sitz, und nebenan lädt im fachwerkgeschmückten, schön restaurierten **Richter-Speicher** (Spichlerz Richtera) aus der zweiten Hälfte des 16. Jahrunderts eine gemütliche **Teestube** zum Aufenthalt ein. Davor findet sonntags im Juli und

August mit zahlreichen Folklore-Veranstaltungen der **Jahrmarkt der Greifen** statt.

Auf dem Rundgang durch das Zentrum von Słupsk lohnt zuletzt noch ein Blick auf die **Hexenbastei** (Baszta Czarownici) nahebei an der Słupia. 1414/15 errichtet, gehört sie zu den ältesten Baudenkmälern der Stadt. Im 17. Jahrhundert wurden in der Bastei mutmaßliche Hexen gefangengesetzt, daher der Name. 18 arme Frauen richtete man hin, das letzte Opfer im Jahr 1714. 1945 niedergebrannt und 1975 wiedererrichtet, ist in dem Rest der alten Stadtbefestigung heute eine **Kunstgalerie** untergebracht.

Der markante rote Backsteinbau der ehemaligen **Prämonstratenserinnen-Klosterkirche** (14. Jh.) in der ul. Grodzka fungiert seit seinem Wiederaufbau als öffentliche Stadtbibliothek.

Das Schloss der Herzöge von Pommern mit der Schlossmühle

Praktische Informationen

Info

- **Touristeninformation,** ul. Sienkiewicza 19, 76-200 Słupsk, Tel. (059) 8420791, Fax 842 4326, it@um.slupsk.pl, Anfang Juni bis Mitte Sept. Mo–Fr 8–18 Uhr, Sa 9–15 Uhr, außerhalb der Saison Mo–Fr 8–16 Uhr.
- **Homepage der Stadt:** www.slupsk.pl.

Unterkunft

- **Hotel Staromiejski**€€€€€, ul. Jedności Narodowej 4, 76-200 Słupsk, Tel. (059) 842 8464, Fax (059) 8425019, www.przymorze.com.pl. Erstes Hotel vor Ort. Im angeschlossenen Restaurant wird altpolnische und ungarische Küche serviert. Etwa 250 Zł.
- **Hotel Zamkowy**€€€€, ul. Dominikańska 9, 76-200 Słupsk, Tel./Fax (059) 8425294, www.przymorze.com.pl. Mit verblichenem Ostcharme unmittelbar beim Schloss, was möglicherweise die Höhe des Zimmerpreises erklärt. Etwa 220 Zł.
- **Hotel Piast**€€€€, ul. Jedności Narodowej 3, 76-200 Słupsk, Tel./Fax (059) 8425286/7, www.hotelpiast.slupsk.pl. In Nachbarschaft zum Hotel Staromiejski im 1897 errichteten Gebäude des traditionsreichen ehemaligen Hotels Zum Franziskaner; mit französischem Restaurant. Etwa 240 Zł., in der dritten Etage um 150 Zł.
- **PTTK-Hotel Mikołajek**€€€€, ul. Szarych Szeregów 1, 76-200 Słupsk, Tel. (059) 8425012 und 8422902, www.pttkslupsk.maxmedia.pl. Funktionell eingerichtet, etwas weniger preisgünstig als bei PTTK-Herbergen üblich, dafür aber mit Restaurant und Café. Pro Person 70–90 Zł./Nacht.
- **Gościeniec Rowokół**€€, ul. Ogrodowa 5, 76-200 Słupsk, Tel. (059) 8427211, www.rowokol.slupsk.pl. Die preiswerte Alternative, nur wenige Schritte von der Altstadt entfernt. Etwa 120 Zł.

Jugendherberge

- **Jugendherberge,** ul. Hubalczyków 7, 76-200 Słupsk, Tel. (059) 8404201, www.sp5.pl; ganzjährig. Nur für organisierte Gruppen, nicht für Einzelreisende!

Gastronomie

- **Restaurant Karczma pod Kluką,** ul. Kaszubska 22 (Straße Richtung Łeba), Tel. (059) 8423469, www.podkluka.pl. Im reetgedeckten, rustikalen Fachwerkhaus serviert man altpolnische und regionale Spezialitäten. Das bereits seit 1969 bestehende Traditionsrestaurant wurde mehrfach für seine Kochkunst ausgezeichnet.
- **Weitere Restaurants** ↗„Unterkunft".

Museen und andere Sehenswürdigkeiten

- **Herzogsschloss** mit **Mittelpommerschem Museum,** Mitte Mai bis Mitte Sept. Mo 10–15, Di–Sa 10–17 Uhr, So 10–18 Uhr; außerhalb der Saison Mo 10–15 und Di–So 10–16 Uhr.

Kulturelle Veranstaltungen

- **Jahrmarkt der Greifen,** sonntags im Juli/Aug. Das genaue Programm hält die Touristeninformation parat.

Rund um den Slowinzischen Nationalpark

↗ X/B1

Rowy

↗ X/B1

Zwischen Dünen und Schilfgürteln liegt das ehemalige Fischerdorf Rowy **(Rowe)** am Ausfluss der Łupawa aus dem Gardno-See (Garder See) in die Ostsee. Malerische Bilder zeichnen sich in diese Landschaft von scharfer Lichtfülle und Klarheit, und die Brücke-Maler **Max Pechstein** (1881–1955) und **Karl Schmidt-Rottluff** (1884–1976) schufen hier einige ihrer schönsten Gemälde. Von den reetgedeckten Fischerkaten, welche die exklusive Künstlerkolonie von Rowe vor dem Zweiten Weltkrieg bewohnte, sind allerdings keine mehr übrig geblieben. Dafür gibt es heute umso mehr Erholungsheime, einen Campinglatz, Zeltplätze, Pensionen und Sommerhäuschen, sodass nun auch Normalsterbliche ihr Plätzchen zum Urlauben vorfinden. Im kleinen Neubauortskern mit

Henryk Sienkiewicz – ein Dichter der Nation

Es wird gewiss wenige Menschen geben, die den beinahe drei Stunden langen Hollywood-Schinken von 1951, **„Quo Vadis“,** nicht kennen. Nur – wer weiß, dass die literarische Vorlage für den Film, der von der tragischen Liebe des römischen Offiziers Marcus Vicinius zur Christin Lygia zur Zeit der Christenverfolgungen unter dem wahnsinnigen Kaiser *Nero* handelt, dass dieser 1896 verfasste, spannende Historienroman aus der Feder des polnischen Schriftstellers *Henry Sienkiewicz* (1846–1917) stammt? 1905 wurde dem in Wola Okrzejska im damals russischen Teil Polens geborenen Schriftsteller für sein literarisches Werk der **Nobelpreis** verliehen. Damit war *Sienkiewicz* der erste Nobelpreisträger für Literatur in der Geschichte seines Landes.

Es gibt kaum eine Ortschaft in Polen, in der nicht mindestens eine Straße oder ein Platz den Namen des Nobelpreisträgers trägt, kaum eine größere Stadt, in der nicht irgendwo in einer Grünanlage, wie klein sie auch sein mag, wenigstens eine Büste des wortgewaltigen Schriftstellers steht. Denn wie nur wenige andere trugen *Sienkiewicz'* Romane in den letzten Jahrzehnten der Teilungszeit zur Entstehung einer **patriotischen polnischen Geschichtskultur** bei.

Nach seinem Studium in Warschau und ausgedehnten Reisen, die *Sienkiewicz* durch Europa, Amerika und den Orient führten, folgte ab 1872 die Veröffentlichung von satirischen Texten, Feuilletons und gesellschaftskritischen Erzählungen. Sie entstanden im Geist des **Polnischen Positivismus,** einer besonderen Spielart des literarischen Realismus, dessen Intention unter anderem darin bestand, das polnische Nationalbewusstsein in den Teilungsgebieten durch Bildung zu stärken. Bedenke man doch, unter der Fremdherrschaft bestand keine Möglichkeit, sich Kenntnisse über die eigene Vergangenheit aus Schulbüchern oder Werken einer nationalen Geschichtsschreibung anzueignen, sondern allein auf dem Weg über die Kunst und die Literatur.

Spätestens mit seiner Arbeit an der opulenten, 1883–88 erschienenen **Romantrilogie** „Mit Feuer und Schwert“, „Die Sturmflut“ (auch unter dem Titel „Die Sintflut“ erschienen) und „Herr Wołoyjowski“ löste sich *Sienkiewicz* jedoch vom strengen Positivismus. Unter einer sehr freimütigen Verwendung der historischen Fakten entstand, angesiedelt in der wechselvollen Geschichte Polens im 17. Jahrhundert, eine schillernde, mitreißende Saga über den Kampf der polnischen Fürsten gegen die aufständischen ukrainischen Kosaken („Mit Feuer und Schwert“), über den großen Krieg Polens gegen die schwedischen Eindringlinge („Die Sturmflut“), der in der wundersamen Errettung des Klosters Częstochowa (Tschenstochau) durch die heilige Muttergottes gipfelt, und über den heldenmütigen Grenzkampf der polnischen Nation gegen die anbrandenden heidnischen Türken („Herr Wołoyjowski“). Packende **Heldengeschichten** voller Liebe, Dramatik und Leidenschaft, die der „Kräftigung der Herzen“ im nicht existierenden Polen dienten. Von Seiten der **Literaturkritik** trugen sie *Sienkiewicz* den Vorwurf ein, er würde den Positivismus verraten, und gleichzeitig begründeten sie seinen **weltweiten Schriftsteller-Ruhm.** Seine Romane wurden von hunderttausenden Lesern verschlungen.

Sienkiewicz' letztes großes Werk **„Die Kreuzritter“,** im Jahr 1900 erschienen, löste dann nicht mehr nur beim Publikum, sondern auch bei der Kritik Begeisterungsstürme aus. Vor einer Kulisse mächtiger Burgen und erblühender Städte leben die Ereignisse rund um die geschichtsträchtige **Schlacht** des polnisch-litauischen Heeres gegen die Deutschordensritter 1410 **bei**

Grunwald/Tannenberg auf. Eine **Liebesgeschichte** zwischen dem jungen Helden Zbyszko und dem Mädchen Danusia zur Zeit der Herrschaft des boshaften Deutschordens, der seine Macht durch perfide Intrigen, Raub, Mord und Totschlag aufrechterhält und gegen den die Gerechtigkeit auf dem Schlachtfeld bei Grundwald schließlich und endlich den Sieg erringt. Und freilich sind auch die „Die Kreuzritter", so wie die meisten Romane des großen Schriftstellers, die insgesamt stattliche 60 Bände füllen, nicht als historiografisches Traktat und umso besser als fesselndes Abenteuer zu lesen. Ungemein spannende Schmöker eben, die den Leser in glorreiche Heldenzeiten entführen.

Ab 1914 arbeitete *Sienkiewicz* in der **Schweiz** als Organisator des **Hilfskomitees für polnische Flüchtlinge** und starb dort zwei Jahre später. Die Wiedergeburt seiner Nation 1918 erlebte er nicht mehr. Doch wurde die **Überführung seines Leichnams** 1924 in die Warschauer Johanniskathedrale zur bis dahin beispiellosen **nationalen Manifestation.**

Fußgängergasse und auch am Strand geht es zwischen Souvenirshops, Eisdielen, Imbissbuden und Grillbars in der sommerlichen Hochsaison hoch her. Rowy ist ganz besonders bei **Familien** beliebt, deren Nachwuchs seiner Zerstreuung neben Strand- und Badevergnügen mithilfe von Leih-Go-Carts, Karussells und zahlreichen, in allen Tonlagen klingelnden und tutenden elektronischen Spieleangeboten nachgeht.

Rowy liegt am westlichen Rand des Slowinzischen Nationalparks **(Słowiński Park Narodowy),** doch gibt es von hier aus **keine bequeme Beförderung** in den Park hinein, wie es etwa bei Łeba im Osten des Nationalparks der Fall ist, sondern nur die eigenen Füße. Vom bevölkerten örtlichen Strand aus lässt sich deshalb in einem nur zehn- bis fünfzehnminütigen Spaziergang, in östliche Richtung am Strand entlang in den Nationalpark hinein, sogleich Stille und Einsamkeit finden. Jenseits des Strandes bedeutet dies aber auch, dass man wegen des strengen Naturschutzes die **vorgezeichneten Wege** natürlich auf keinen Fall verlassen darf. Nur noch versprengte Grüppchen von Wanderern trifft man an und steht ansonsten mutterseelenallein inmitten von Sonnentau, Männertreu, krummen Kiefern und Haargras. Und dazwischen eine gewaltige Sanddünenwüste – eine herrliche Alternative zum Urlaubstrubel in Rowy.

Ein 18 Kilometer lange **Rundwanderweg** führt von Rowy aus durch den Nationalpark über die 31 Meter hohe

Düne Błotna Góra, von wo aus man einen weiten Blick von der Ostsee über das weiße Sandgebirge auf den Gardno-See hat, weiter am Ufer des Dołgie-Wielkie-Sees entlang und dann am Strand zurück in den Badeort.

Info

- **Touristeninformation,** ul. Nadmorska 17, 76-212 Rowy, Tel. (059) 8141818; Juli/Aug. tgl. 9–19.30 Uhr.

Unterkunft

- **Hotel Przymorze**€€, ul. Jaworowa 2, 76-212 Rowy, Tel. (059) 8141859, Fax 8425019, www.przymorze.com.pl. Große Anlage mit Zimmern und Apartments, Restaurant, Pool und Tennisplätzen, gut einen Kilometer vom Strand entfernt. Etwa 120 Zł.

Camping

- **Camping Nr. 156 Przymorze,** ul. Bałtycka 85, 76-212 Rowy, Tel. (059) 8141940, www.przymorze.pl. Großer Platz mit Laden, Café-Bar und Campinghäuschen, „Mister Camping" 2004, ca. ein Kilometer zum Ortszentrum und Strand, Juni bis Ende Aug.

Museen und andere Sehenswürdigkeiten

- **Slowinzischer Nationalpark,** Parkeingänge bei Rowy, Czołpino und Łeba (Rąbka), geöffnet Mai–Sept. 7–21 Uhr, Okt.–April 8–16 Uhr.

Smołdzino und Czołpino

X/B1

Eine weitere großartige Aussicht eröffnet sich vom sagenumwobenen **Berg Rowokół** zwischen Gardno- und Łebsko-See (Garder- und Leba-See). Seit vielen Jahrhunderten ist der 115 Meter hohe, plötzlich aus dem flachen Land emporragende Berg eine **Kultstätte;** einst war er ein Zeremonienort der slowinzischen Heiden, später dann ein Gebetsort gläubiger Christen, und heute ist er ein beliebter Ausflugsort für die Touristen. Oben auf dem Berg befindet sich ein **Aussichtsturm,** am westlichen Ortseingang von Smołdzino (Straße via Gardna Wielka) beginnt gegenüber von einem kleinen Parkplatz der Aufstieg.

Zu Füßen des Rowokół liegt **Smołdzino** mit dem Sitz der **Nationalpark-Verwaltung** und dem **Nationalpark-Museum,** das über Fauna und Flora des Parks informiert. Von dort aus führt ein letztes Stück Weg durch eine einsame Landschaft zum Slowinzischen Freilichtmuseum nach Kluki, wo sich infolge der abgeschiedenen Lage zwischen Ostsee, riesigen Sanddünen, Łebsko-See, Torfmooren und Sümpfen die slowinzische Kultur einst am längsten erhielt.

Unterwegs lohnt sich an der Weggabelung beim Weiler **Smołdziński Las** ein Abstecher über die schmale Straße nach Norden zum **Leuchtturm** von **Czołpino,** der bereits im Slowinizischen Nationalpark liegt. Zwischen den Seen Gardno und Łebsko wurde er 1872–75 auf einer 55 Meter hohen Düne erbaut. Von dem 25 Meter hohen Turm genießt man einen herrlichen Blick auf die Ostsee, die Nehrungsseen, die Sanddünengebirge und dahinter das stille Land. Ein großer Parkplatz befindet sich unmittelbar am Nationalpark-Eingang, von dort spaziert man zum Leuchtturm noch etwa 1000 Meter zu Fuß.

Info

- **Touristeninformation Smołdzino,** ul. Kościuszki 3, 76-214 Smołdzino (im Rathaus), Tel. (059) 8117215, Fax 8117460, Mo 9–17 Uhr, Di–Fr 7.30–15.30 Uhr. So winzig der Ort, so klein das Rathaus und dort noch einmal kleiner die unbeschilderte schmale Bürostube, in der die Touristeninformation untergebracht ist. Info-Material gibt es keines, Fremdsprachen werden ebenfalls nicht gesprochen, und doch gelingt es den beiden überaus herzlichen Damen, dass ein jeder sehr gut beraten die Stube wieder verlässt.

Unterkunft

- **Gościniec u Bernackich**€€€, ul. Boh. Warsawy 26, 76-214 Smołdzino, Tel. (059) 811 7364, Fax 8486040, www.ubernackich.pl. Lauschige, charmante Unterkunft im Fachwerkbauernhaus zu Füßen des Rowokół. Zum Hotel gehören außerdem ein ansprechender Neubau sowie das restaurierte alte Dorfschulgebäude. Etwa 130 Zł.

Museen und andere Sehenswürdigkeiten

- **Aussichtsturm auf dem Rowokół,** Mai bis Ende Sept. tägl. 9–21 Uhr.
- **Leuchtturm von Czołpino,** Mai bis Ende Aug. tägl. 10–13 und 15–19 Uhr.
- **Slowinzischer Nationalpark,** Parkeingänge bei Rowy, Czołpino und Łeba (Rąbka), geöffnet Mai–Sept. 7–21 Uhr, Okt.–April 8–16 Uhr.
- **Museum des Slowinzischen Nationalparks in Smołdzino,** ul. Mostnika 3 (ausgeschildert), Mai–Sept. tägl. 9–17 Uhr, Okt.–April Mo–Fr 7.30–15.30 Uhr; **Parkverwaltung:** ul. Bohaterów Warszawy 1, 76-214 Smołdzino, Tel. (059) 8117204, Fax 8117368.

Kluki

Weiter auf dem Weg Richtung Kluki (Klucken) liegt linker Hand kurz vor dem Weiler in einem kleinen Hain ein denkmalgeschützter **Friedhof,** den Grabsteine und schmiedeeiserne Kreuze mit slowinzischen Inschriften (18. Jh.) schmücken. Die Grabstätten der ausgestorbenen Familie *Klick* oder *Kirk, Kötsch* oder *Ruch* sind bereits Teil des **Slowinzischen Freilichtmuseums** in Kluki (Skansen Słowiński at Kluki). Eine Reihe historischer **Bauernhöfe** der Region, die von Abriss oder Verfall bedroht waren, wurden seit 1963 mitsamt ihren Ställen, Scheunen und Gehegen, Brunnen und Backöfen minutiös abgetragen und auf dem etwa zehn Hektar großen Gelände **original wieder aufgebaut.** Die reetgedeckten kleinen Fachwerkhäuschen um einige kärgliche **Fischerkaten** und **Bootslager** mit allerlei Fischfanggerätschaft ergänzt, fühlt man sich bei einem Spaziergang durch das sehenswerte Freilichtmuseum an die Ostsee des 18. und 19. Jahrhunderts zurückversetzt (↗ auch Exkurs „Slowinzen und Kaschuben").

Neben Fischfang und Ackerbau widmeten sich die Einwohner von Kluki in jener Zeit auch der **Torfgewinnung.** Die dicken Torflagen in der Umgebung waren ergiebig, und alljährlich Anfang Mai zog man für zwei Wochen zum Torfstechen aus, zur **„Schwarzen Hochzeit",** wie man die Arbeit im Torf nannte. Als bunte Folkloreveranstaltung ist die „Schwarze Hochzeit" seit einigen Jahren wiedererstanden, mit einem großen Fest und allerlei kulinarischen Köstlichkeiten zum Abschluss der Torfernte, immer am ersten Maiwochenende im Freilichtmuseum in Kluki.

006po Foto: kl

Museen und andere Sehenswüdigkeiten

- **Slowinzisches Freilichtmuseum,** Mitte Mai bis Mitte Sept. 9–18 Uhr, Mo 9–15 Uhr (montags sind nur das Freilichtgelände und eine Bauernkate zugänglich), im Winterhalbjahr Di–So 9–15 Uhr.

Kulturelle Veranstaltungen

- **Schwarze Hochzeit,** am ersten Wochenende im Mai im Slowinzischen Freilichtmuseum.

Im Slowinzischen Freilichtmuseum in Kluki

Łeba

⇗ X/B1

Zwischen Kiefernwald, Heide und Torfmooren am Ostrand des Slowinzischen Nationalparks gelegen, ist der Badeort und Fischereihafen Łeba **(Leba)** an der Mündung des gleichnamigen Flüsschens ins Meer gleich von drei Seiten vom Wasser umgeben. Im Norden brausen die Ostseewellen, im Westen und Osten wiegen sich die weiten Schilfgürtel des Łebsko- und Sarbsko-Sees (Leba- und Sarbsker-See) im Wind, und dahinter türmen sich die riesigen Dünen des Nationalparks auf. Wen wundert es da, dass Łeba, in so herrlicher Landschaft gelegen, der **beliebteste Urlaubsort** im östlichen Pommern ist?

Eine erste Erwähnung fand das kaschubische Fischerdorf **1282** zu Zeiten der Pommerellen-Herzöge. Im Jahr **1357** wurden ihm während der Herrschaft des Deutschen Ordens über das Land dann die **Stadtrechte** verliehen. Doch mit dem Aufblühen des Ortes wollte es bis zum Bahnanschluss Ende des 19. Jahrhunderts trotzdem nichts Rechtes werden. Allzu sehr setzten die **Naturgewalten** den Einwohnern zu. Mal war die Łeba-Mündung in die Ostsee versandet, dann wieder bedrängten Flutwellen und Sandstürme die Ansiedlung, und auch die gewaltigen Wanderdünen rückten in immer bedrohlichere Nähe. 1570 waren die kaschubischen **Fischer** schließlich gezwungen, an das **östliche Flussufer** umzuziehen. Von ihrer alten **Kirche** sind nur noch wenige Mauerreste im Dünenwald westlich des Flüsschens (oberhalb vom PTTK-Campingplatz Chaber) erhalten. Doch die Turmglocke, die während der Überführung ins neue Gotteshaus einst in die Łeba plumpste, kann man, wenn man aufmerksam lauscht, auch heute noch jeden Sonntagnachmittag läuten hören. So erzählt es jedenfalls die Sage.

Wahr ist dagegen, dass 1998 Łebas neuer **Jachthafen** eröffnet wurde und der Ort seit jenem Datum darüber hinaus sogar den Titel „Fürstentum Łeba" (Łeba Księstwo) trägt – sehr zur Freude der Urlauber, denn die alljährliche Wahl des fürstlichen Paares ist ein amüsantes Spektakel. Nicht weniger großer Beliebtheit erfreuen sich Western City und Lunapark, die Segelregatten und polnischen **Windsurf-Meisterschaften** sowie die mannigfaltigen **Film-, Musik-, Theater- und Partyveranstaltungen,** die über die gesamte Sommersaison hinweg stattfinden, nicht zu vergessen solche Höhepunkte wie die Wahl zur Miss Bikini Ende Juli und die Techno-Parade Anfang August.

Łebas **touristische Infrastruktur** ist ausgezeichnet entwickelt. Zahllose Hotels, Pensionen, Privatquartiere, Ferienheime und allein 14 Camping- und Zeltplätze bieten Unterkunft für rund 60.000 Menschen. Für ein großzügiges **Freizeitangebot** ist ebenfalls gesorgt. Angeln, Rudern, Segeln, Wasserski und Windsurfen sind angesagt. Fahrradverleihe und das Gestüt in **Nowęcin** (2,5 Kilometer südöstlich) ermöglichen Ausflüge mit dem Drahtesel oder zu Pferde, und eine putzige kleine **Elektrobahn** verbindet den Ortskern mit den ein wenig außerhalb liegenden Campingplätzen und dem Nationalparkeingang bei Rąbka am Łebsko-See. So verwandelt sich der Ort mit seinem romantischen Fischkutterhafen an der Mündung der Łeba in der schönen Jahreszeit in eine der angesagten Urlauberhochburgen an der gesamten polnischen Ostseeküste. Und erst, wenn der Sommer vorüber ist, kehrt wieder Ruhe in das gerade einmal 4000 Einwohner zählende Dorf ein.

Von Łeba aus in den Slowinzischen Nationalpark

Ein besonderes Erlebnis ist ein Ausflug von Łeba aus in den Slowinzischen Nationalpark (**Słowiński Park Narodowy**). 1967 gegründet und 1977 zum Weltbiosphärenreservat erklärt, umfasst er auf über 18.000 Hektar eines der größten europäischen **Sanddünengebiete.** Jährlich wandern die durchschnittlich 35 Meter hohen Sandberge zwischen fünf und zehn Meter, unter ihnen die mit 42 Metern höchste und imposanteste Kuppe **Łącka Góra (Lonske-Düne),** die Groß und Klein zum Gipfelsturm mit anschließendem atemberaubenden Rundblick über die „Polnische Sahara" einlädt.

Vom Ortszentrum aus führt die Straße zum nördlichen Ufer des Łebsko-Sees und dort zum obligatorischen Parkplatz von **Rąbka** am Nationalparkeingang. Dort befindet sich neben der Eintrittskasse und einem **Fahrradverleih** auch ein kleines **Naturkundemuseum,** das über Fauna und Flora des Parks informiert.

Rąbka ist außerdem **Endhaltestelle** der **Łebaer Elektrobahn,** und so heißt es umsteigen, wahlweise aufs Rad, in eine Pferdekutsche oder in eine weitere Elektrowägelchen-Linie, die einen die verbliebenen fünfeinhalb Kilometer fast bis zur Riesendüne Łącka Góra transportiert – am schönsten ist allerdings der Spaziergang zu Fuß. Zunächst durch Kiefern- und Mischwald hindurch, bietet sich allmählich ein seltsames Schauspiel: Näher und näher tritt der Sand an den Wald heran. Hier werden lebendige Bäume unter den Sandmassen begraben, dort treten trostlose Baumstümpfe wieder ans Tageslicht, und schließlich zeigt sich fast alles **vom Sand verschüttet.** Am Fuß der Łącka Góra angelangt, heißt es dann Schuhe und Strümpfe ausziehen und hinein in die Wüste! Wahrlich ein schweißtreibendes Vergnügen ist es, die gewaltige Lonske-Düne hinaufzustapfen, die in den 1930er Jahren eine beliebte Segelflugstätte war und einen, oben angelangt, mit einem herrlichen Panorama belohnt. „Über Wellen flüssigen Sandes schweift der Blick zum Meer hinab", beschreibt ein heute lange vergessener Schriftsteller die fantastische Aussicht von der Düne.

Militärhistorisch Interessierte werden möglicherweise den von Rąbka aus etwa drei Kilometer langen Weg zur **Nazi-Raketenversuchsstation** bei **Wyrzutnia** im Nationalpark einschlagen. Im Zweiten Weltkrieg war das Gelände zwischen Leba und Lonske-Düne militärisches Sperrgebiet, 1943 gingen die erste funkferngesteuerte Flugabwehrrakete, „Rheintochter" genannt, und Richtung Bornholm die erste Fernzielrakete „Rheinbote" im Dünensand an den Start. Im Dezember 1944 wurden die Versuche wegen „drohender Luftgefahr" in die südliche Tucheler Heide verlegt. Heute kann, wer mag, Folgendes besichtigen: die alte Abschussrampe, einen verbliebenen Bunker und in einem weiteren Gebäude eine Ausstellung „Leba und Umgebung auf alten Fotos" sowie, anderthalb Kilometer davon entfernt, die Reste einer Rakete.

084po Foto: kj

Gipfelsturm am Strand: Düne Łącka Góra

Vom Schiffsanleger am Parkplatz von Rąbka tragen einen in der Sommersaison **Ausflugsboote** über den Łebsko-See näher ans Museum Raketenstartrampe heran und außerdem zum schönen Slowinzischen Freilichtmuseum in Kluki am westlichen Seeufer (⇗ dort).

Östlich von Łeba

Sanfte Wellen, durch die sich schmale Alleen schlängeln und wenige kleine Dörfer miteinander verbinden, prägen das grüne stille Land hinter dem Ostseestrand östlich von Łeba. Dort in der Abgeschiedenheit lädt bei **Sasino** das 1862 erbaute kleine **Schloss** und heutige **Hotel-Restaurant Pałac w Sasinie (Sasino-Palast)** zum Aufenthalt oder wenigstens auf einen Kaffee in hochherrschaftlichem Ambiente ein.

Nördlich vom Ort wartet auf der höchsten Düne beim Weiler Osetnik der **Leuchtturm** von Stilo auf einen Besuch. **Osetnik (Stilo-Katen)** besteht aus wenigen Häusern, einem Zelt-, einem Campingplatz und ein paar Grillbars, von wo aus der Weg 800 Meter durch moos- und flechtenbewachsenen Kiefernwald aufwärts zum rot-weißen Leuchtturm führt. 122 Stufen muss man beim Aufstieg in den 1904 komplett aus Stahlplatten errichteten Turm bewältigen. 1906 ging er mit einer Gasbrenner-Lichtanlage in Betrieb, die 1930 durch eine 1000-Watt-Lampe und 1975 durch die heutigen Halogen-Reflektorlampen ersetzt wurde. Von einer Gesamthöhe von 75 Metern (33 Meter hoch der Turm, 42 Meter die Düne) strahlt das Leuchtfeuer auf 24 Seemeilen bzw. 44 Kilometer über die Ostseewellen hinweg.

Praktische Informationen

Info

- **Touristeninformation,** ul. 11-go Listopada 5a, 84-360 Łeba, Tel. (059) 8661623, Tel./Fax 8662565, lot.leba@neostrada.pl, Mo–Fr 8–20 Uhr, Sa 8–18 Uhr, So 10–16 Uhr.
- **Homepage der Stadt:** www.leba.pl.

Unterkunft und Gastronomie

- **Zimmervermittlung** in der Touristeninformation.
- **Hotel Neptun**€€€€€€, ul. Sosnowa 1, 84-360 Łeba, Tel. (059) 8661432, Fax 8622357, www.neptun.leba.pl. Schöne, alte Gründerzeitvilla mit Holzbalkonen und Türmchen zwischen hohen Bäumen unmittelbar hinter dem Strand. Vornehme, gediegene Atmosphäre, vorzügliches Restaurant. Etwa 650 Zł.
- **Hotel Soplica/Zamek w Nowęcinie** (Schloss von Nowęcin)€€€€, Nowęcin 23, 84-360 Łeba, Tel. (059) 8661615, Fax 8661947, www.soplica.com.pl. Wohnen im ehemaligen Herrenhaus der Familie *von Weiher*, restauriert und gemütlich eingerichtet, im Örtchen Nowęcin (Neuhof), 1,5 Kilometer südöstlich von Łeba. Etwa 240 Zł.
- **Hotel Pałac w Sasino**€€€€, u. Pałacowa 31, 84-211 Sasino, Tel. (058) 6763313, Fax 676 3340, www.palacsasino.com.pl. Feudales, distinguiertes Anwesen von 1862, in stiller Lage 22 Kilometer östlich von Łeba; den letzten Kilometer der Anfahrt (ausgeschildert) über eine ausgewaschene holprige Sandpiste bewältigen, wie sich immer wieder herausstellt, sogar große Reisebusse. Etwa 220 Zł.
- **Pensjonat Angela**€€€€, plac Dworcowy 2a, 84-360 Łeba, Tel. (059) 8662647, Fax 866 2216, www.angela.leba.pl. Schönes, großes Haus mit Garten, gut ausgestatteten Zimmern und ausgezeichnetem Restaurant mit kaschubischer Küche, jedoch nicht so schön am Bahnhof gelegen. Etwa 220 Zł.

Camping

Eine große Auswahl an Campingplätzen und Zeltplätze stehen den Urlaubern zur Verfügung, u.a.:

- **Camping Nr. 84 Intercamp,** ul. Turystyczna 10, 84-360 Łeba, Tel./Fax (059) 8661206, 1.5.–31.9. außerdem Tel. 8662230, www.intercamp.ta.pl. Der mit Abstand größte Platz am Ort mit Laden, Restaurant und angeschlossenem Ferien-Park, 500 Meter zum Strand und 300–400 Meter ins Ortszentrum, Anfang Mai bis Ende Sept.
- **Camping Nr. 48 Przymorze,** ul. Nadmorska 9, 84-360 Łeba, Tel. (059) 8661304, Fax 8665016, www.camping.leba.pl. Am Waldrand nordöstlich vom Ortszentrum, 150 Meter zum Ostseestrand, 300 Meter zum Sarbsko-See, mit Laden, Café und Campinghäuschen, Mitte Mai bis Mitte Sept.
- **Camping Nr. 51 Leśny,** ul. Brozowa 16a, 84-360 Łeba, Tel./Fax (059) 8662811, www.camping51.pti.pl. Genau in der Mitte, jeweils 300 Meter Entfernung zum Strand und zum Ortszentrum, mit kleinem Laden und angeschlossenem Gästehaus, Mitte April bis Ende Oktober.
- **Camping Stilo,** ul. Laterników 20, 84-210 Choczewo, Tel. (058) 5724186, http://nadmorze.pl/campingstilo. Schöner Wiesenplatz mit Kiefern und Weiden, am Waldrand nicht weit vom Leuchtturm Stilo entfernt; bis auf einen winzigen Laden keine Versorgungsmöglichkeit, 1,5 Kilometer durch den Wald zum Meer, Mitte Juni bis Mitte Sept.

Jugendherberge

- **Jugendherberge,** ul. Leśna 4, 84-360 Łeba, Tel. (059) 8661323, Juli/Aug.

Museen und andere Sehenswürdigkeiten

- **Slowinzischer Nationalpark,** Parkeingang bei Rąbka (drei Kilometer westlich), geöffnet Mai–Sept. 7–21 Uhr, Okt.–April 8–16 Uhr.
- **Nationalpark-Museum,** am Parkeingang bei Rąbka, Mai–Sept. tgl. 9–18 Uhr, Okt.–April Di–So 8–16 Uhr.
- **Museum Raketenstartrampe,** Wyrzutnia (drei Kilometer östlich von Rąbka im Nationalpark), Mai–Sept. tgl. 10–18 Uhr, Okt.–April Di–So 9–16 Uhr.
- **Leuchtturm Stilo,** Mai/Juni/Sept. tgl. 10–13 und 14–17 Uhr, Juli/Aug. 10–14 und 15–19 Uhr.

Aktivitäten

- **Fahrrad- und Wassersportgeräteverleih:** Es gibt zahlreiche Anbieter vor Ort, ein aktuelles Verzeichnis hält die Touristeninformation bereit.
- **Kutschfahrten/Reiten:** Gestüt in Nowęcin (1,5 Kilometer südöstlich von Łeba), Stadnina Koni Maciukiewicz, ul. św. Huberta 4, Nowęcin, Tel. (059) 8661874, Fax 8661075, www.nowecin.com.pl.

Lębork

↗ XI/C1

An der Landstraße 6, auf halber Strecke zwischen Słupsk und der Danziger Bucht, liegt am Flüsschen Łeba die 37.000 Einwohner kleine Stadt Lębork **(Lauenburg).** Als „Lewinburg" wurde sie Anfang des **14. Jahrhunderts** vom **Deutschen Orden** gegründet. 1440 trat sie dem **Preußischen Bund** unter der Führung von Danzig bei und beteiligte sich am Dreizehnjährigen Krieg des Bunds 1453–66 gegen die Ordensritter. Zwei Jahre, bevor diese mit dem Zweiten Thorner Frieden riesige Ländereien verloren, sicherte sich bereits 1464 **Herzog Erik II. von Pommern** gegen die Zahlung von 8000 Gulden die Lande Bütow (Bytow) und Lauenburg. 1490 von der polnischen Krone als pommerscher Pfandbesitz anerkannt und ab 1526 freies Lehen der Pommernherzöge, kam Lauenburg mit dem Erlöschen ihres Geschlechts 1637 an Polen zurück, um 1657 schließlich an Brandenburg zu gelangen und damit für die nächsten knapp 200 Jahre unter **deutsche Herrschaft.**

1830 feierte man in Lauenburg den Anschluss an die neue Straße Stettin – Danzig, 1870 die Eröffnung der **Eisenbahnlinie** Stolp – Lauenburg – Zoppot, und bereits 1860 erblickte am Markt in dem Haus, in dem sich heute das Regionalmuseum befindet, der Entdecker der mechanischen Bildabtastung und so gewissermaßen der Urgroßpapa des modernen Fernsehgeräts, *Paul Nipkow* (1860–1940), das Licht der Welt.

Nach der nahezu kampflosen Einnahme Lauenburgs durch die **Rote Armee** Anfang März 1945 wurde die Stadt **niedergebrannt.** Kaum ein Haus blieb von den Flammen verschont, weshalb Lębork nur noch über **wenige historische Sehenswürdigkeiten** verfügt. Im Zentrum erhebt sich vor Resten der mittelalterlichen **Stadtmauer** mit zwei erhaltenen Basteien die backsteinerne gotische **Wehrkirche St. Jakob** (św. Jakuba Apostoła) mit einem schönen Barockaltar; Baubeginn war 1343. Auch die alte **Deutschordens-**

Slowinzen und Kaschuben

Im frühen Mittelalter ließ sich im hinteren Pommern und in Pommerellen, zwischen den Flüssen Słupia (Stolpe) und Wisła (Weichsel), ein kleiner **Pomoranen-Stamm** nieder, dem man möglicherweise wegen der zipfeligen Pelzröcke, welche die Männer im Winter über ihre Beinkleider warfen, den Spitznamen *kaszuba* gab. Im Deutsch-Polnischen Wörterbuch des Gelehrten *Mrongovius* von 1835 ist zu lesen: „Sie nennen sich „Kaszeba" von *kożuch,* der Pelz, oder von dem Wort *koża,* das Fell, die Haut; denn an der kalten Ostsee wohnend, tragen sie lange Schafpelze"; während der kaschubische Volksdichter *Hieronim Derdowksi* (1852–1902) für die **Herkunft des Namens** Folgendes angibt: „Die Wiege der Kaschuben waren die Ufer der unteren Oder, wo es viele Sümpfe und Moorbrüche gibt. Ähnliche Sümpfe sind auch auf dem südlichen Ufer des Leba-Sees. Diese Sümpfe oder vielmehr eine Grasart „Wiklina", die darauf wächst, nennt das dort wohnhafte slawische Volk „Koszebe". Davon soll der Name Kaschube entstanden sein."

Die **Tracht** der kaschubischen Frauen bestand aus einem Samthäubchen mit Schleier und einem bunt bestickten langen Faltenrock, über den sie beim Verlust eines geliebten Menschen einen schneeweißen Trauermantel zogen. „In Kassuben", berichten 1820 die „Pommerschen Provinzialblätter" über eine weitere **Sitte,** „muss jeder Anverwandte dem Toten etwas von dem Seinigen mit in den Sarg geben, einige Haare vom Kopfe, ein Läppchen von seinem Rocke oder dergleichen. Den gewesenen Säufern wird auch ein Fläschchen mit Branntwein in den Sarg gelegt. Die Kassuben halten sehr geheim mit diesem Brauche, da er noch aus der Heidenzeit her bei ihnen stammt."

Selbstverständlich sind auch die Kaschuben seit der Ostmissionierung im 12. Jahrhundert Teil der gläubigen **Christenheit.** Doch anders als ihre pomoranischen Stammes-Verwandten, die Slowinzen, die einst im Küstenland zwischen den Seen Wicko im Westen und Łebsko im Osten siedelten, **gingen sie nicht in der** mit der Ostkolonisierung zugewanderten **Neubevölkerung auf.** Die slowinzische Mundart, ein Dialekt des Kaschubischen, ist heute nur noch im slowinzischen Vaterunser und einem 1630 vom Stolper Pastor *Martin Mostnik* übersetzten lutherischen Katechismus erhalten. Dagegen bewahrte sich das zähe und bodenständige kaschubische Torfbauern- und Fischervölkchen zwischen Słupsk im Westen, der Tucheler Heide im Süden und östlich der Danziger Bucht durch sämtliche politischen Wechselfälle vieler Jahrhunderte hindurch bis heute seine **eigene Sprache** und **kulturelle Besonderheiten.**

Im kaschubischen Kerngebiet, den Regionen **Kaschubisches Küstenland** und **Kaschubische Seenplatte** (Pobrzeże und Pojezierze Kaszubskie), beriefen sich 1910 etwa 100.000 Menschen auf ihre kaschubischen Wurzeln. Heute sind es immer noch über **50.000 polnische Staatsbürger,** die sich zur kaschubischen **Minderheit** rechnen, und noch bis vor einigen Jahren mussten sie um ihre politischen Rechte als Minderheit kämpfen. Egal ob sie im Verlauf ihrer wechselvollen Geschichte gerade den polnischen oder den deutschen Pass besaßen, stets waren sie Spielball der jeweiligen nationalen Interessen.

„Die Kaschuben. Stamm der Pomoranen in Westpreußen, werden zunehmend polonisiert", behauptet beispielsweise ein deutsches Lexikon von 1927.

„Kaschubisch. Dialekt des Polnischen, zunehmend zwangsgermanisiert, 1920 zurück an Polen", erläutert ein polnisches Lexikon aus der Zeit der Volksrepublik.

Die Großmutter des literarischen Helden Oskar Matzerath in **Günter Grass' „Blechtrommel"** hält dem entgegen: „So isses nun mal mit de Kaschuben, Oskarchen ... die missen immer dableiben und Koppchen hinhalten, damit de anderen drauftäppern können, weil unserains nich richtich polnisch is und nich richtich deitsch jenug, und wenn man Kaschub is, das raicht weder de Deitschen noch de Pollacken." Und aus der Feder von **Professor Józef Borzyszkowski,** Präsident des Kaschubischen Instituts Danzig, stammt schließlich folgendes Bonmot: „An dieser schönen Landschaft hat die anderen immer nur gestört, dass sie von uns Kaschuben bewohnt ist."

Nur wenige **Schriftsteller,** wie *Hieronim Derdowski* (1852–1902), *Aleksander Majkowski* (1876–1938) oder *Franciszek Sędzicki* (1882–1957), verfassten ihre Werke in **Kaschubisch,** weshalb es fast einem Wunder gleichkommt, dass diese dem Polnischen sehr nahe verwandte westslawische Sprache über Jahrhunderte der Unterdrückung und Verbote hinweg bis heute erhalten blieb.

In vielen neu gegründeten Vereinen und Verbänden nehmen die Kaschuben seit dem Untergang der Volksrepublik ihre Sache wieder verstärkt in die Hand. Einen ersten **politischen Erfolg** konnten sie gleich 1990 erringen, als nach massiven Protesten der Bau des ersten (und seitdem letzten) polnischen Atomkraftwerks, Typ Tschernobyl, bei Żarnowiec eingestellt werden musste. Ein weiteres Engagement gilt der kaschubischen **Sprache,** die seit 2004 in den Schulen **wieder unterrichtet** werden darf.

Am 18. Dezember 2004 ging **Radio Kaszëbë** mit einem 24-Stunden-Programm in Kaschubisch und Polnisch auf Sendung. Gottesdienste werden schon seit Längerem wieder auf Kaschubisch abgehalten, und auch die Bibel ist inzwischen ins Kaschubische übersetzt. Man widmet sich dem traditionellen Kunsthandwerk und pflegt das überlieferte Brauchtum. Kaschubische Broschüren und Zeitungen florieren, einige Bürgermeister schwärmen von zweisprachigen Ortsschildern, und mancherorts prangt neben dem weiß-roten polnischen Adler auch wieder der **schwarze Greif,** das **Wappentier** der Kaschuben. Getreu der kaschubischen Hymne: Nigdë do zgùbë nie przińda Kaszëbë – Kaschuben werden niemals untergehen.

burg, 1341–64 errichtet, ist noch erhalten. Mehrfach zerstört, wieder aufgebaut und bis zur Unkenntlichkeit umgebaut, ist sie heute Sitz des Amtsgerichts.

Auf dem kurzen Weg von der Jakobskirche zur Burg lohnt am Markt ein Besuch im **Regionalmuseum,** das pommersche Volkskunst, historisches Mobiliar, Militaria und eine Münzensammlung aus dem 15. Jahrhundert zeigt. An der Hausfassade ist eine Gedenktafel für *Paul Nipkow* angebracht.

Gegenüber zweigt vom Markt, links und recht von Giebelhäusern aus der Wende vom 19. zum 20. Jahrhundert gesäumt, die kleine **Fußgängerzone** der ul. Staromiejska ab, wo man in einem der Straßencafés eine Rast einlegen kann. Ein Blick auf das neugotische **Backsteinrathaus** von 1900 und die ebenfalls backsteingemauerte **Post** (1905) in der ul. Armii Krajowej runden den Spaziergang.

Praktische Informationen

Info

- **Touristeninformation,** ul. Kard. St. Wyszyńskiego 3, 84-300 Lębork, Tel. (059) 862 2922, Juli/Aug. tgl. 10–18 Uhr, Sept.–Juni Mo–Fr 10–16 Uhr.
- **Homepage der Stadt:** www.lebork.pl.

Unterkunft und Gastronomie

- **Hotel Vega**€€€, ul. 10 Marca 9, 84-300 Lębork, Tel. (059) 8634176, Fax 8621903, www.hotel-vega.pl. Viergeschossiger Flachbau in Bahnhofsnähe, sorgfältig renoviert und komfortabel ausgestattet. Etwa 170 Zł.
- **Hotel Karczma Rycerska**€€, al. Wolności 9, 84-300 Lębork, Tel. (059) 8628200, Fax 862

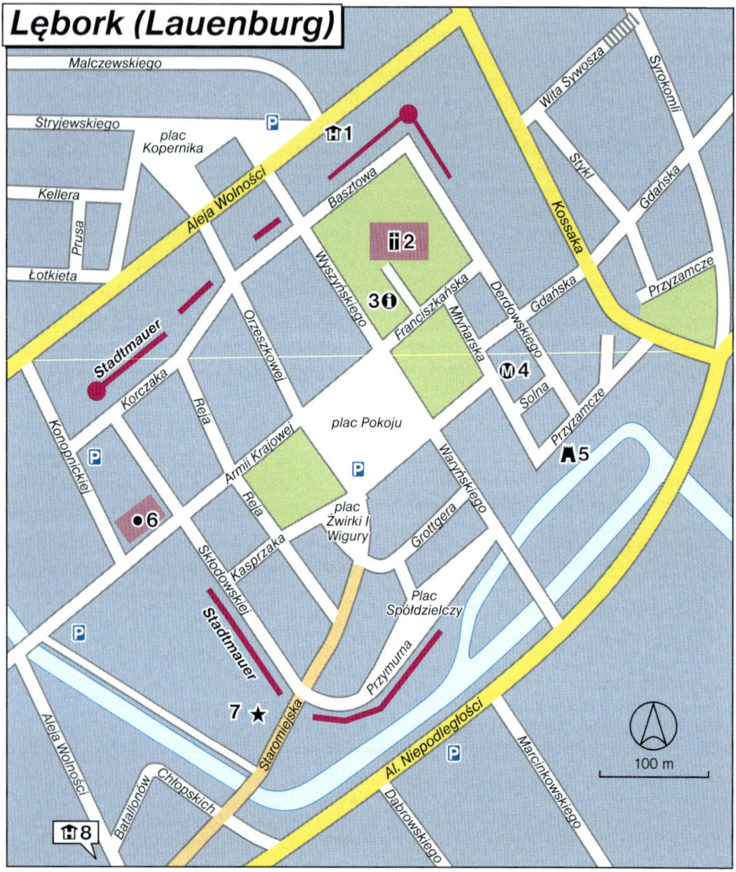

- 1 Hotel Karczma Rycerska
- 2 Wehrkirche St. Jakob
- 3 Touristeninformation
- 4 Regionalmuseum
- 5 Deutschordensburg
- 6 Rathaus
- 7 ul. Staromiejska
- 8 Hotel Vega

8211, www.karczma-rycerska.pl. Anders als der Name „Karczma Rycerska" (Ritter-Wirtshaus) vermuten lässt, befindet sich das Hotel in einem ziegelroten Gründerzeitbau. Im Keller-Restaurant wird eine große Auswahl an Fleischgerichten serviert. Etwa 80 Zł.

Museen und andere Sehenswürdigkeiten

•**Regionalmuseum,** ul. Młynarska 14/15, Di–Fr 10–16 Uhr, Sa 10–15, So 9–14 Uhr.

Durch das Kaschubische Küstenland

Überblick

Nirgends schiebt sich der Baltische Höhenrücken näher an die Ostsee heran als im Kaschubischen Küstenland (Pobrzeże Kaszubski). Hinter hier mal sanfteren und dort wieder schrofferen, kiefern- und buchenbestandenen Kliffs, die über einem herrlichen weißen Sandstrand aufragen, schließen sich Torfmoore und salzige Seewiesen an, und der größte Teil dieser schönen Natur ist im **Küstenlandschaftspark** (Nadmorski Park Krajobazowy) geschützt.

Bei **Jastrzębia Góra** kurz vor der Danziger Bucht ist der nördlichste Punkt der Region Pomorze Wschodnie (Ostpommern bzw. Pommerellen) und zugleich **nördlichste Punkt in ganz Polen** erreicht. Und finden sich bis dahin, im Bereich der Gemeinde Krokowa, nur wenige kleine **Badeorte** am Ostseestrand, reihen sie sich von Jastrzębia Góra bis nach Władisławowo vor der Halbinsel Hel dann nahezu übergangslos aneinander.

35 Kilometer lang und an ihrer schmalsten Stelle keine 200 Meter breit erstreckt sich die **Halbinsel Hel** (Mierzeja Helska) und unterteilt die Danziger Bucht in ein großes und ein „Kleines Meer", wie man die **Putziger Bucht** (Zatoka Pucka) zwischen Festland und Halbinsel auch nennt. Das Wasser ist zur Sommerzeit von zahllosen bunten Segeln bedeckt, denn die Halbinsel Hel zählt zu den besten **Surfspots** der südlichen Ostsee. An ihrer Außenküste haben die Wellen einen wunderbar feinsandigen **Strand**

angespült, der im Süden beim Ort Hel weit über 50 Meter Breite annimmt und die Halbinsel zur viel besuchten Sommerfrische im Kaschubischen Küstenland macht.

Namensgeber der Putziger Bucht ist das Landstädtchen **Puck,** das sich trotz Segelhafen und Surfschule selbst in der Hochsaison seinen stillen Charakter bewahrt. 12.000 Einwohner klein, wird es an Größe nur von **Wejherowo** übertroffen, gewissermaßen der „Metropole" der Region, die - außergewöhnlich in Nordpolen - über einem barocken Stadtkern verfügt.

Gemeinde Krokowa

↗ XI/C1

Auf knapp 19 Kilometer dehnt sich der Küstenabschnitt der Gemeinde Krokowa **(Krockow)** aus, den sich mit schönen Stränden die Badeorte **Białogóra** im Westen und Dębki im Osten teilen. Größte Attraktion des ehemaligen Fischerdorfs Białogóra ist die sich auf stattliche 32 Meter erhebende höchste **Sanddüne** in der Region.

Dębki

↗ XI/C1

Der ehemalige Fischerort Dębki ist wegen seines schneeweißen Strandes rund um die Mündung der Piaśnica und westlich davon dank einer in Polen seltenen **FKK-Badestelle** beliebt.

Bevor sich das Flüsschen Piaśnica in die Ostsee ergießt, passiert es zunächst den Żarnowiec-See südlich von Dębki - und genau hier, inmitten von Naturschutzgebieten, begann man 1982 mit der Errichtung eines **Atomkraftwerks** mit sowjetischer Reaktortechnik vom Typ Tschernobyl. Nach heftigen Protesten gegen das „Żarnobyl vor der Haustür" wurde der Bau 1990 wieder eingestellt.

Info

- **Homepage des Ortes:** www.debki.pl.

Unterkunft

- **Pensjonat Jonasz**€€, ul. Liliowa, 84-112 Dębki, Tel. (693) 519890, www.pensjonat-jonasz.prv.pl. Walmdach-Türmchen-Neubau am Waldrand, einfache Zimmerausstattung, 200 Meter zum Strand, Mai–Okt. geöffnet. Etwa 90 Zł.

Camping

- **Camping Kaszub,** ul. Lakowa, 84-112 Dębki, Tel. (0606) 746002. Großer Platz im Kiefernwald, Café-Bar, Laden, 300 Meter zum Strand, Mitte Juni bis Mitte Sept.

Żarnowiec

↗ XI/C1

Am Ostufer des Żarnowiec-Sees liegt das stille Dorf Żarnowiec **(Zarnowitz)** mit seinem **Benediktinerinnen-Kloster.** Im 12. Jahrhundert wurde es von Zisterzienserinnen gegründet und ist seit dem 16. Jahrhundert von Benediktiner-Nonnen bewohnt. Für den Besuch des gotischen Gotteshauses und des Klosterkomplexes aus dem 13./14. Jahrhundert ist gelegentlich nicht das Hauptportal, sondern nur das straßenabgewandte Kirchportal geöffnet, wofür zunächst der kleine Friedhof innerhalb der Klostermauern durchschritten werden muss. Ein mehrfarbiges Basrelief der Muttergottes mit Kind gehört zur wertvollen Innenausstattung des sonst eher karg eingerichteten Backsteingemäuers. Während des Besuchs bitten die Benediktiner-Schwestern um Schweigen oder wenigstens Flüsterton. Zur Besichtigung des **Museums** im Kreuzgang, das über eine Sammlung liturgischer Gewänder aus dem 17. bis 19. Jahrhundert verfügt, bitten die Schwestern ihre Gäste zu klingeln.

Krokowa

↗ XI/C1

Folgt man von Żarnowiec der Straße 213 weiter Richtung Puck an der Danziger Bucht, gelangt man schon kurze Zeit später nach Krokowa. Im dortigen, ursprünglich aus dem 14. Jahrhundert stammenden, mehrfach umgebauten und 1993 aufwendig restaurierten **Schloss Krockow** (Zamek Krokowa) der kaschubischen Adelsfamilie *Krockow* ist heute die Begegnungsstätte „Stiftung Europäische Begegnung – Kaschubisches Kulturzentrum Krokowa" untergebracht, die in Zusammenarbeit mit verschiedenen Universitäten **polnisch-deutschen Kulturaustausch** sowie Kooperationen auf Gebieten wie Forschung und Ökologie, Jugendaustausch u.v.a. betreibt. Solange im Schloss nicht gerade eine Tagung stattfindet, sind die Zimmer auch für Hotelgäste bereitgestellt. Im zweiten Raum rechts von der Rezeption ist eine Ausstellung zur Geschichte der Familie *Krockow* untergebracht, das „Archivum Crocovianum". Links von der Rezeption wird im Schlossrestaurant exzellente polnische und kaschubische Küche serviert.

007po Foto: ki

In unmittelbarer Nachbarschaft zur Schlossparkauffahrt eröffnete 1999 in einem der Häuschen hinter der Katharinenkirche (1847–50) als Außenstelle des Westpreußischen Landesmuseums in Münster das deutsch-polnische **Regionalmuseum** von Krokowa. In seinen Räumlichkeiten lässt es anhand zahlreicher Ausstellungsstücke das Leben der pommerellischen Bauern vom 19. bis Anfang des 20. Jahrhunderts noch einmal auferstehen. Außerdem ist dort die kleine **Gemeinde-Touristeninformation** untergebracht.

Der Hochaltar in der Klosterkirche Żarnowiec

Info

- **Touristeninformation,** ul. Zamkowa 1, 84-110 Krokowa, Juli/Aug. tägl. 10–18 Uhr, Sept.-Juni Di–So 10–16 Uhr.
- **Homepage der Gemeinde Krokowa:** www.krokowa.pl.

Unterkunft und Gastronomie

- **Hotel im Kaschubischen Kulturzentrum/ Schloss Krokowa**€€€€-€€€€€€, ul. Zamkowa 1, 84-110 Krokowa, Tel. (058) 7742111, Fax 7742110, www.zamekkrokowa.pl. Logieren in vornehmer Schloss-Atmosphäre inmitten von ausgesuchten Stilmöbeln. Die Zimmer im Vorwerk präsentieren sich modern und elegant. Etwa 320 Zł. (Schloss) bzw. 180 Zł. (Vorwerk).

Das angeschlossene **Restaurant** serviert kaschubische Spezialitäten.

Museen und andere Sehenswürdigkeiten

- **Regionalmuseum Krokowa** (mit kleiner Touristeninformation), ul. Zamkowa 1, Juli/ Aug. tägl. 10–18 Uhr, Sept.-Juni Di–So 10–16 Uhr.

Von Karwia zur Halbinsel Hel

↗ XI/C-D1

Nach einigen Strandabschnitten in idyllischer Abgeschiedenheit trifft man im Ostseebad **Karwia** (Karwen) wieder auf das typische Bild eines polnischen **Sommerferienorts** mit all seinen Camping- und Zeltplätzen, Rummelbuden, Urlaubs- und Erholungsheimen und der friedlichen Völkerwanderung, die es morgens zum Strand und abends über die Straßen der Ortschaft zieht. An der Wende vom August zum September wird mancher Naturfreund gewiss auch einen Ausflug in den Süden von Karwia unternehmen, wo im Naturschutzgebiet Moroszka Bielawskiego Bota die **Erikablüte** das Land mit einem weiten purpurnen Teppich bedeckt.

Über 30 Meter hoch bricht die Steilküste abrupt zur Ostsee hin ab, weshalb die Badeorte der Gemeinde Władysławowo im Durchschnitt auch 200 Treppenstufen oberhalb ihrer feinen Sandstrände liegen. In **Jastrzębia Góra (Habichtsberg),** das über eine Kapazität von 30.000 Urlauberbetten verfügt, ist am Obelisk „Stern des Nordens" bei 54°50'11 der **nördlichste Punkt Polens** erreicht. Von dort steigt das Kliffufer Richtung Südosten um noch einmal zwölf Meter zum **Kap Rozewie (Rixhöft)** an, das obenauf der 1821 erbaute **Leuchtturm** von Rozewie krönt. Mit 33 Meter vom Sockel zur Spitze ist er einer der höchsten in Polen. Bereits Ende des 17. Jahrhunderts zeichneten hier schwedische Karten erstmals ein Leuchtfeuer ein. Heute strahlt es dank einer Drehvorrichtung mit zwei Tafeln zu je 20 Halogenleuchten weit über das Meer. Treppauf zur schönen Aussicht ist im Turm eine **Ausstellung** zur Geschichte der Leuchttürme an der polnischen Ostseeküste untergebracht.

Info

- **Homepage von Jastrzębia Góra:** www.jastrzebia-gora.pl.

Unterkunft

- **Palacz na Wzgórzu**€€€€, ul. Kuracyjna 4, 84-104 Jastrzebia Góra, Tel. (058) 6743521, www.palacznawzgorzu.hg.pl. Gepflegte Villa im Bäderstil, mit großem Garten, zehn Minuten vom Ortszentrum, 450 Meter zum Meer. Etwa 200 Zł.

- **Pensjonat Zbyszko**€€, ul. Wesoła 9 (von der Straße 215 die vierte Straße rechts vom östlichen Ortseingang), 84-104 Jastrzębia Góra, Tel. (058) 6749139, www.zbyszko.wczasowicz.pl. Schönes, gepflegtes Haus, 300 Meter vom Strand entfernt (nur im Sommer). Etwa 80 Zł.

Camping

- **Camping Nr. 60 Na Skarpie,** ul. Rozewska 9, 84-104 Jastrzębia Góra, Tel. (058) 674 9095, www.naskarpie.wpt.pl. Überschaubarer Wiesenplatz am östlichen Ortseingang rechts der Straße 215 zum Meer hin, nicht ganz leise wegen der Straße, kleiner Laden und Campinghäuschen, 1. Mai–30. Sept.

Museen und andere Sehenswürdigkeiten

- **Leuchtturm Rozewie,** Mai–Juni und Sept. tägl. 10–14 Uhr und 15–18 Uhr, Juli/Aug. tgl. 9.30–14 und 15–19 Uhr.

Władysławowo XI/D1

Karwia, Jastrzębia Góra, Rozewie und anschließend **Chłapowo** gehören zur 10.000 Einwohner zählenden Gemeinde-Stadt Władysławowo **(Großendorf)** vor der Halbinsel Hel. 1284 erstmals als „Vela Ves“ erwähnt und später „Wielka Wieś“ (Großes Dorf) genannt, taufte man den Ort in den 1920er Jahren nach General *Józef Haller,* der hier eine erste Badestelle einrichtete, in „Wielka Wieś-Hallerowo“ um und 1954 schließlich in „Władysławowo“ – nach einem Fischereihafen auf Hel, den König *Władisław IV.* im 17. Jahrhundert zum Stützpunkt seiner Kriegsflotte ausbauen ließ.

Władisławowo verfügt über keine besonderen Attraktionen. Dass die kleine, nicht sonderlich schöne Stadt dennoch sehr viele Urlauber beherbergt (70.000 können gleichzeitig untergebracht werden), liegt an der **zauberhaften Lage** direkt vor der Halbinsel Hel, welcher die Kaschuben einst den poetisch klingenden Namen „Krowi Ogon“ gaben, was auf Deutsch allerdings nichts weiter bedeutet als „Kuhschwanz“.

Info

- **Touristeninformation,** ul. Gen. Hallera 4 (auf der Straße 215 bei den Bahngleisen einbiegen, auf Bahnhofshöhe rechts abbiegen, dort gleich rechts in einer der ersten Buden), 84-120 Władisławowo, Tel. (058) 6743472, Juni–Sept. tgl. 8–21 Uhr.
- **Homepage der Gemeinde Władysławowo:** www.wladyslawowo.com.pl.

Unterkunft, Camping und Gastronomie

- **Camping Nr. 263 Miraż,** ul. Żeromskiego 81 (auf der Südseite der Straße 215, ausgeschildert), 84-120 Chłapowo, Tel. (058) 674 3418, Fax 6743419, www.miraz.com.pl. Außerordentlich schöne Anlage, die eher einem Gartencamping als einem Campingplatz gleicht, mit angeschlossenem **Hotel**€€€€ (etwa 190 Zł.) und **Restaurant,** Anfang Mai bis Ende Sept.

Halbinsel Hel ⇗ XI/D1

Vor fast 10.000 Jahren tauchte während einer Landhebung am Rand der Danziger Bucht eine **Sandbank** aus der Ostsee auf. Schwedische Kartografen vermerkten sie auf ihren Landkarten Mitte des 18. Jahrhunderts als an sechs Stellen vom Meer zerteilt. Durch Sandanschwemmungen wurden diese Inseln allmählich zu einem labil zusammenhängenden Landstrich gefügt, welcher aber selbst heute noch droht, an seiner schmalsten Stelle, die zwischen den Dörfern Chałupy und Kuznica kaum 200 Meter misst, wieder **ins Meer fortgerissen** zu werden. Bei einem Sturm im Jahr 1992, als gewaltige Wellen die Eisenbahnschienen und die einzige Verbindungsstraße überschwemmten, ist das Unglück ein letztes Mal fast geschehen.

Die kaschubischen Fischer, die hier einst ein hartes und abgeschiedenes Dasein führten, widmen sich heute neben dem Fischfang dem florierenden **Fremdenverkehr.** Während der Sommersaison ist die schmale Halbinsel, die die **Pucker Bucht** (Zatoka Pucka) von der Ostsee trennt, manchmal so frequentiert, dass Überlegungen angestellt werden, sie zum Schutz ihrer schönen Dünen- und Kiefernheidenatur für den Autoverkehr zu sperren. Aber wen kann es wundern, dass sich angesichts dieses traumhaften Fleckchens Erde so viele Gäste einfinden?

Überdies zählt Hel dank seiner exzellenten Windverhältnisse zu den **beliebtesten Surfspots** an der südlichen Ostsee. Die sonnengewärmten Flachwasser der Pucker Bucht bieten die besten Voraussetzungen für Anfänger, und zahlreiche Surfschulen säumen die Ufer. Die offene Ostseeseite wiederum ist ein Dorado für Könner. Besonders **Kite-Surfer** kommen an den Stränden der Halbinsel voll auf ihre Kosten.

Kräftiger Wind bläst an der Außenküste den Sand zu einer atemberaubenden **Dünenlandschaft** auf. Krüppelkiefern, Heidekraut und Stranddisteln halten den flüchtigen Sand, der sich zwischen den Orten Jurata und Hel in stattlichen Höhen aufschichtet.

Die Urlaubsorte verteilen sich auf einer Länge von 35 Kilometer über die Halbinsel Hel.

Chałupy ⇗ XI/D1

Gleich am Fuß der Halbinsel ist der Außenküstenstrand von Chałupy **(Ceynowa)** eine beliebte Stätte bei den in Polen „Naturisten" genannten Anhängern der **Freikörperkultur.** An dem der Bucht zugewandten Ufer folgt ein Campingplatz auf den anderen, die besonders gerne Windsurfer bevölkern.

Camping

Vom Anfang der Halbinsel bis nach Chałupy reiht sich im Surfer-Dorado an der Buchtseite ein Campingplatz an den anderen. Sie bieten neben Imbiss-Bar und schmalem Sandstrand natürlich einen Surfbrett-Verleih und meistens auch eine Windsurf-Schule; darunter gleich am Halbinseleingang:

- **Camping Nr. 72 Małe Morze,** 84-131 Władysławowo-Chałupy, Tel. (058) 6740064, www.malemorze.pl, Anfang Mai bis Ende September.

008po Foto: kj

Puderzuckerstrand an der Außenküste der Halbinsel Hel

Kuźnica

Der folgende Ort, Kuźnica **(Kußfeld),** der zur Gemeinde Jastarnia gehört, wartet mit herrlichem Sandstrand sowie an der Bucht mit einer kleinen Marina und einem Fischereihafen auf. Jedes Jahr am 29. Juni zu St. Peter und Paul strömen dort, von Auftritten kaschubischer Folkloregruppen umrahmt, die Fischer der Region zur **Fischerwallfahrt** zusammen. Mit vielen geschmückten Kuttern und Booten geht es über die Bucht nach Puck, um dort den Schutzheiligen Peter und Paul für volle Netze und eine stets glückliche Heimkehr zu danken (⇗ auch Puck).

Info

- **Touristeninformation,** ul. Halera 1a (am Hafen am östlichen Ortseingang), 84-130 Kuźnica, Tel. (058) 6753698, Juni–Sept. tgl. 9–18 Uhr, sonst Mo–Fr 9–16 Uhr.
- **Homepage des Ortes:** www.kuznica.pl.

Kulturelle Veranstaltungen

- **Fischerwallfahrt nach Puck,** zu St. Peter und Paul am 29. Juni.

Jastarnia

↗ XI/D1

Das beschauliche Kuznica ist bereits ein Stadtteil von Jastarnia **(Putziger Heisternest),** dem **touristischen Zentrum** der Halbinsel Hel. Malerisch auf der schmalen Landzunge zwischen Ostsee und Danziger Bucht gelegen, wird Jastarnia von vielen als **schönster Ort der Region** angesehen.

Etwa zwei Kilometer vor dem westlichen Ortseingang liegen im Kiefernwald, in den Dünen und am Außenstrand vier **Betonbunker** verteilt, die 1939 als Verteidigungslinie für den Fall eines deutschen Angriffs gebaut wurden und die man heute als **Freilichtmuseum Befestigung von Jastarnia** (Skansen fortyfikacji w Jastarnia) in Augenschein nehmen kann.

In Jastarnia selbst zeigen gleich zwei kleine Fischermuseen Wissenswertes zu Vergangenheit und Gegenwart der kaschubischen Fischerkunst. Westlich im Ort sind in der **Fischerhütte** (Chata Rybacka), einer typischen Kate von 1881, Fischereigeräte der letzten fünf Jahrhunderte zu sehen. Wenige Schritte von Fischerhafen und Jachthafen entfernt, kann man im **Fischermuseum** (Muzeum Rybackie) am östlichen Ortseingang eine rekonstruierte Fischerstube besichtigen. Stein gewordener Höhepunkt ist Jastarnias Leuchtturm, der dem Publikum aber leider verschlossen bleibt.

Info

- **Touristeninformation,** ul. Ks. Stefańskiego 5 (unterhalb vom Bahnhof am zentralen Dorfplatz), 84-140 Jastarnia, Tel. (058) 675 2097, Fax 6752340, promocja@jastarnia.pl, Juni–Sept. Mo–Fr 7.30–18 Uhr, Sa/So 8.30–18 Uhr, außerhalb der Saison Mo–Fr 7.30–15.30 Uhr.
- **Homepage der Gemeinde Jastarnia:** www.jastarnia.pl.

Unterkunft

- **Zimmervermittlung** in der Touristeninformation.
- **Pensjonat Dworek Bursztyn**€€€, ul. Rybacka 19, 81-140 Jastarnia, Tel. (058) 6753052, www.dworekbursztyn.jastarnia.com. Freundliche Mittelklasseunterkunft im östlichen Ortszentrum, wenige Schritte vom Hafen entfernt. Etwa 90–150 Zł.
- **Pensjonat 6 x 9**€€, ul. Wydmowa 21, 81-140 Jastarnia, Tel. (058) 6752522, http://willa6x9.wpt.pl. Kleine und feine familiäre Pension im nordöstlichsten Winkel von Jastarnia, fast in den Dünen kurz vor dem Strand. Etwa 120 Zł.

Camping

- **Camping Nr. 188 Pod Cyprysami,** ul. Mieckiewicza 164, 84-140 Jastarnia, Tel. (058) 6752199, www.cyprysy.prv.pl. Wiesenplatz am westlichen Ortseingang, 300 Meter zum Strand, ein Kilometer ins Ortszentrum, mit Campinghäuschen, Anfang Mai bis Ende September.
- **Camping Draga,** ul. Polna 5, 84-140 Jastarnia, Tel. (058) 6753377, Fax 6752555, www.jastarnia.com.pl. Relativ neue Anlage an der Pucker Bucht südwestlich vom Ortszentrum, Mekka der Kite- und Windsurfer, mit angeschlossener Pension€€€ (etwa 120 Zł.), Campinghäuschen, Imbiss-Bar und Wassersportgeräteverleih, ganzjährig geöffnet.

Museen und andere Sehenswürdigkeiten

- **Museum Fischerhütte,** ul. Rynkowa 10, Sommerhalbjahr tägl. 14–18 Uhr.
- **Fischermuseum,** ul. Mickiewicza 115, im Sommerhalbjahr tägl. 10–18 Uhr.

Aktivitäten

- **Wassersportgeräteverleih:** auf nahezu allen buchtseitigen Campingplätzen.

Jurata

XI/D1

Wie westlich Kuźnica, gehört auch östlich Jurata **(Danziger Heisternest)** zur Gemeinde Jastarnia. An der Stelle eines winzigen Fischernests wurde das Seebad 1928 von der Aktiengesellschaft „Jurata" – nach der sagenhaften Ostseekönigin benannt – für die Schönen und Reichen aus Politik und Gesellschaft erbaut. Schon kurze Zeit später war es als das **„polnische Palm Beach"** bekannt. Die Fußgängerflaniermeile Międzymorze atmet noch das Flair jener Jahre. Sie verbindet Juratas Badestrand mit der Pucker Bucht, wo sie nahtlos in eine 320 Meter lange **Seebrücke** übergeht.

Info

- **Homepage des Ortes:** www.jurata.net.pl.

Unterkunft

- **Hotel Bryza**€€€€€€, ul. Międzymorze 2, 84-141 Jurata, Tel. (058) 6755110, Fax 6755480, www.bryza.maxmedia.pl. *Die* Luxushotelerie vor Ort; dreigeschossiger, nicht sonderlich hübscher Komplex mit zwei Dependancen, In- und Outdoorpools, Sauna, Wellness und Tennisplätzen in traumhafter Lage im Kiefernwald unmittelbar am Strand. Etwa 400 Zł.
- **Hotel Neptun**€€€€€€, ul. Mestwina 38, 84-141 Jurata, Tel. (058) 6756262, Fax 6756363, www.hotelneptun.pl. Noble Anlage mit allem, was man im Urlaub braucht, vom Fitnesszentrum über Pool und Tennisplatz bis zum Fahrradverleih. Im Kiefernwald direkt am Strand der Danziger Bucht. Etwa 500 Zł.

Camping

- **Camping Nr. 195 Jurata,** ul. Wojska Polskiego 67, 84-141 Jurata, Tel./Fax (058) 675 2067, www.juratacamp.pl. Wiesenplatz am Wald am östlichen Ortseingang, schlichte Sanitärausstattung, Mitte Mai bis Anfang Sept.

Hel

XI/D1

Östlich von Jurata erweitert sich die Halbinsel allmählich und erreicht bei dem Garnisonsstädtchen Hel **(Hela)** auf dem äußersten Landzipfel schließlich eine Breite von drei Kilometern. Noch Mitte der 1990er Jahre musste man, um nach Hel zu gelangen, zunächst ein militärisches Sperrgebiet passieren. Für den Transit erhielten Touristen am Kontrollpunkt gegen Vorlage des Reisepasses einen Passierschein, auf dem Datum und Uhrzeit der „Einreise" vermerkt waren. 15 Minuten Durchreisezeit wurde ausländischen Pkw zugestanden (anhalten verboten), 20 Minuten allen weniger PS-starken Vehikeln.

Dank ihrer exponierten Lage, wie ein Riegel vor der Danziger Bucht, wimmelt es auf der ganzen Halbinsel von im Sand eingegrabenen Bunkern, Batterien, Gefechtsstellungen und anderen **militärischen Anlagen** aus der Zeit von 1918 bis 1977. Einen Teil davon, nämlich die **deutsche Batterie „Schleswig-Holstein",** kann man heute mit großem Betonbunker (innen Foto- und Militaria-Ausstellung), Gebäuderuinen, Panzer und allem möglichen anderen Kriegsgerät auf dem Gelände des **Museums der Küstenverteidigung** (Muzeum Obrony Wybrzeża) besichtigen (Parkplatz ca. ein Kilometer vor dem Ort Hel, von dort etwa 400 Meter durch Kiefernwald).

Hinter Kiefernwäldchen und Dünengürteln erstreckt sich bei Hel an der Außenküste ein fantastischer, bis zu 100 Meter breiter **Puderzucker-**

Jurata, die Königin der Ostsee

Ein polnisches Märchen erzählt, dass einmal vor langer, langer Zeit tief auf dem Meeresgrund die Ostseekönigin Jurata friedlich in ihrem **Schloss** lebte, das vom Fundament bis zum Dach aus reinem **Bernstein** bestand. Eines Tages aber wurde ihr Frieden gestört, denn ein **Fischer namens Castitis fing ihre Untertanen** mit großen Netzen, worüber Jurata sehr zornig war. Und so sandte die Königin ihre Hecht-Botschafter aus, um die vornehmsten Nixen aus allen Wassern um sich zu sammeln. Sie sagte: „Ein gemeiner Sterblicher tritt das Recht mit Füßen, während ich mich nicht getraue, ein einziges Fischlein für meinen eigenen Tisch zu fangen. Nicht einmal eine kleine Flunder, meine Lieblingsspeise. Die Vermessenheit des Fischers darf nicht ungestraft bleiben."

Also schickte sie hundert Bernsteinboote zum Fischer Castitis. Jedes von ihnen trug eine bildschöne Nixe, und Jurata, die schönste von allen, fuhr an der Spitze. Als der gerade mit seinen Netzen Beschäftigte ins Blickfeld gelangte, stimmten die Meerjungfrauen glockenhell einen **Sirenen-Gesang** an, von dem seit *Homers* Zeiten bekannt ist, dass damit Männer geangelt werden. Sie sangen:

„Komm, du schöner junger Fischer,
lass die Arbeit, komm ins Boot!
Bei uns hast du Lust und Freude,
aber niemals Müh' und Not.
Komm und lass dich von uns lieben,
aller Erdensorgen fern,
und wir machen dich zum König,
zu des Meeres mächtigem Herrn."

Und was geschah? Castitis und Jurata **verliebten sich** ineinander. Ein Jahr lang trafen sie sich heimlich, bis die uralten Götter von der unmöglichen Liaison Wind bekamen. **Perkunos,** der oberste Donnergott, schleuderte daraufhin wutentbrannt seine **Blitze** mit solcher Kraft herab, dass sie **Juratas Palast** auf dem Meeresgrund trafen und dieser in **Abermilliarden kleine Stücke zerbarst.** Unter seinen Trümmern wurde Jurata begraben. Den Fischer Castitis schmiedeten die Götter an einen Felsen und legten ihm Juratas Leichnam zu Füßen, damit er ihn allezeit quälend vor Augen habe.

Noch heute soll man bei Sturm das Jammern des armen Castitis hören. Und die kleinen **Bernsteinstücke,** die überall von den Ostseewellen an den Strand gespült werden, sind Trümmer von Juratas Palast.

strand, und auch die kleine Hauptstraße und **Bummelmeile ul. Wiejska** in dem der Bucht zugewandten Ortszentrum zeigt sich mit vielen Lokalen, Kaffeestuben und Fischbratereien in einem schmucken Gewand. Eine **Sage** erzählt, dass in Vorzeiten der gesamte Ort Hel in der Ostsee versank, da seine unerhört reichen Bewohner Gott lästerten und frevelhaft geworden waren. Tatsächlich war es aber das **Meer,** das dem 1351 erstmals genannten Fischerort zusetzte. Seine denkmalgeschützte **gotische Kirche** lag zum Zeitpunkt ihrer ersten Erwähnung 1417 noch 200 Meter von der Pucker Bucht entfernt; knapp 250 Jahre später stürzte ihr vorderer Teil mitsamt dem Turm in die Fluten. Wiederaufgebaut, dient die Kirche heute als Dependance des Polnischen Schifffahrtsmuseums in Danzig. Ein sehenswertes **Fischermuseum** ist in ihr untergebracht, das Schiffsmodelle ausstellt und über Fischfangtechniken sowie die Entstehung der Halbinsel von der Eiszeit bis heute informiert.

Keine 200 Meter westlich der Kirche wartet das **Seehundbecken** des Ozeanografischen Instituts der Danziger Universität auf kleine und große Besucher. Im Wasser und auf den Steinbecken des Fokariums tummelt sich eine Reihe kleinerer und größerer Exemplare der an der Ostsee nahezu ausgestorbenen putzigen Flossenfüßer. Ziel der Robbenaufzuchtstation ist es, die Jungtiere **auszuwildern,** und mittlerweile werden jährlich ein bis zwei Handvoll in die Ostsee entlassen.

Möglicherweise kann man ihre Wege vom **Leuchtturm** aus mitverfolgen? 1942 erbaut, ist der 41,5 Meter hohe Klinkersteinbau im Sommerhalbjahr öffentlich zu begehen. Fahrgastschiffe der Weißen Flotte Danzig sowie der Danziger Wassertram (Tramwaj Wodny) legen an der Mole des **Passagierhafens** zu Überfahrten nach Gdynia, Sopot und Danzig ab.

Info

- **Homepage der Stadt:** www.hel-miasto.pl.

Unterkunft

- **Pensjonat Helios**€€€, ul. Lipowa 2, 84-150 Hel, Tel./Fax (058) 6750113, http://helios.freehost.pl. Reizende kleine Pension mit herzlichen Gastgebern, wenige Schritte zu Mole und Hafen. Etwa 160 Zł.

Museen und andere Sehenswürdigkeiten

- **Fischermuseum Hel,** Bulwar Nadmorska, Juli/Aug. tgl. 10–18 Uhr, außerhalb der Saison Di–So 10–16 Uhr, Nov.–März Di–Fr 10–15 Uhr.

009po Foto: kj

Das Fischereimuseum in Hel

- **Seehundstation der Universität Danzig,** ul. Morska 2, im Sommerhalbjahr tgl. 9.30–21 Uhr.
- **Leuchtturm Hel,** ul. Bałtycka 3, Juni–Sept. tgl. 10–14 Uhr und 15–19 Uhr.

Aktivitäten

- **Schifffahrten:** ab Hafen Hel über die Pucker Bucht nach Gdynia und nach Zopot mit der Weißen Flotte Danzig (Żegluga Gdańska), Mai/Juni/Sept. jeweils einmal tgl., Juli/Aug. jeweils vier Mal tgl.; ab Hafen Hel mit der Wassertram (Tramwaj Wodny), den Fahrgastschiffen der Danziger Verkehrsgesellschaft ZTM, nach Sopot und Danzig, Ende Juni bis Anfang Sept. jeweils drei Mal am Tag.

Puck

↗ XI/D1

Am seichten Wasser der von den Kaschuben auch „Kleines Meer“ genannten Pucker Bucht (Zatoka Pucka) liegt das verschlafene Landstädtchen Puck (**Putzig**). Mit seinen schmucken Bürgerhäuschen rund um den Markt, einem kleinen Strand und den zwei Häfen wirkt der 12.000 Einwohner zählende Ort wie ein Synonym für seinen ehemaligen deutschen Namen. Putzig ist wahrhaftig eine **niedliche Stadt.** Lässt man vom Werder aus seinen Blick über das stille Wasser schweifen, ist nur schwer vorstellbar, dass sie eine **bewegte Vergangenheit** hat: Auf Befehl König *Zygmunts II. August* (1548–72) wurde nämlich seinerzeit der Danziger Kaperhafen hierher verlegt, womit Puck zum einzigen **Kriegshafen** des Polnischen Reiches aufstieg. Zwar zählte die Pucker königliche Kaperflotte, deren Aufgabe es war, feindliche russische Transportschiffe aufzuhalten, nur zwischen 20 und 30 Seelenverkäufer, doch verstanden die Seeleute ihr Handwerk vorzüglich. Ihren größten Erfolg konnten sie verbuchen, als sie einen Gesandten von Zar *Iwan dem Schrecklichen* gefangensetzten.

Mit der Gründung der **Republik Polen** am Ende des Ersten Weltkriegs erhielt der Pucker Hafen zum zweiten Mal eine wichtige Bedeutung. Im Februar 1920 warf General *Józef Haller* vor Ort zur **symbolischen Vermählung Polens mit der Ostsee** einen funkelnden Platinring in die Bucht, und Puck wurde bis zur Fertigstellung der

010po Foto: kj

Anlagen von Gdynia der einzige Hafen, der von polnischer Seite her reibungslos betrieben werden konnte.

Seit 1988 besitzt das Städtchen neben dem Fischereihafen außerdem einen **Segel- und Jachthafen.** In- und ausländische Spitzenwassersportler nutzen die sicheren Gewässer für ihr Training, und im Sommerhalbjahr werden in der Bucht nationale Segelregatten in allen Klassen wie auch Europa- und **Weltmeisterschaften** ausgetragen. Eine **Windsurfschule** nahe der Seebrücke bietet Landratten die Möglichkeit, erste Stehversuche auf den wackligen Brettern zu wagen.

Ein besonderes Fest ist die **Fischerwallfahrt** am Tag der Apostel Peter und Paul, wenn die Bucht von fähnchen- und devotionaliengeschmückten Fischkuttern wimmelt. Noch auf dem Wasser werden die von der Halbinsel Hel übersetzenden Fischer-Pilger in ihren Booten vom Priester und ihren Pucker Kollegen begrüßt. Man betet zunächst und stimmt dann gemeinsam geistliche Lieder an, bevor die Prozession feierlich in den Pucker Hafen einfährt. Ein Gottesdienst in der Pfarrkirche St. Peter und Paul beschließt die festliche Zeremonie.

Die **Kirche St. Peter und Paul** (Kościół św. Piotra i Pawła), die wuchtig über dem Hafen thront, wurde gegen Ende des 14. Jahrhunderts als dreischiffiges Gotteshaus errichtet. Ihr Schmuckstück ist ein Barockaltar in der Weiher-Kapelle, der eine von *Hermann Hahn* gemalte Kreuzigungsszene zeigt. Dem gekreuzigten Heiland stehen neben der Muttergottes auch Angehörige der alten **Familie Weiher** zur Seite. Wie die *Krockows* spielten auch die *Weihers* ab dem 14. Jahrhundert eine bedeutende Rolle in der Geschichte der Region. Doch im Gegensatz zu den *Krockows,* die mit der Reformation das protestantische Glaubensbekenntnis annahmen, blieben die *Weihers* dem Katholizismus treu und stifteten den sehenswerten Kalvarienberg in der von ihnen gegründeten Stadt Wejherowo.

Heimatmuseum Puck

Praktische Informationen

Info

- **Touristeninformation,** pl. Wolności 2 (Marktplatz), 84-100 Puck, Tel. (058) 673 2403, www.moksir-puck.home.pl, Mitte Mai bis Mitte Sept. Mo–Fr 10–18 Uhr, Sa 10–13 und 15–18 Uhr, So 15–18 Uhr, außerhalb der Saison Mo–Fr 9–16 Uhr.
- **Homepage der Stadt:** www.miasto.puck.pl.

Unterkunft

- **Zimmervermittlung** in der Touristeninformation.
- **Hotel Admiral**€€€€, ul. Morska 5, 84-100 Puck, Tel. (058) 6731197, Fax 6764789, www.golfhotel.pl. Eins der schönsten Hotels vor Ort, klein, aber fein, mit Stilmöbeln ausgestattet, gepflegtes Restaurant, wenige Schritte vom Hauptplatz Wolności entfernt Richtung Fischerhafen. Etwa 180 Zł.
- **Hotel Delfin**€€, ul. Lipowa 3, 84-100 Puck, Tel. (058) 6732210, Fax 6731663, www.delfin.polwysep.pl. 2004 eröffnetes Hotel des Pucker Bildungs- und Sportzentrums, die Zimmer funktionell ausgestattet, aber mit allen Bequemlichkeiten, die man sich wünscht. Fünf Minuten Fußweg zum Ortszentrum, zwei Minuten zum Jachthafen. Etwa 120 Zł.

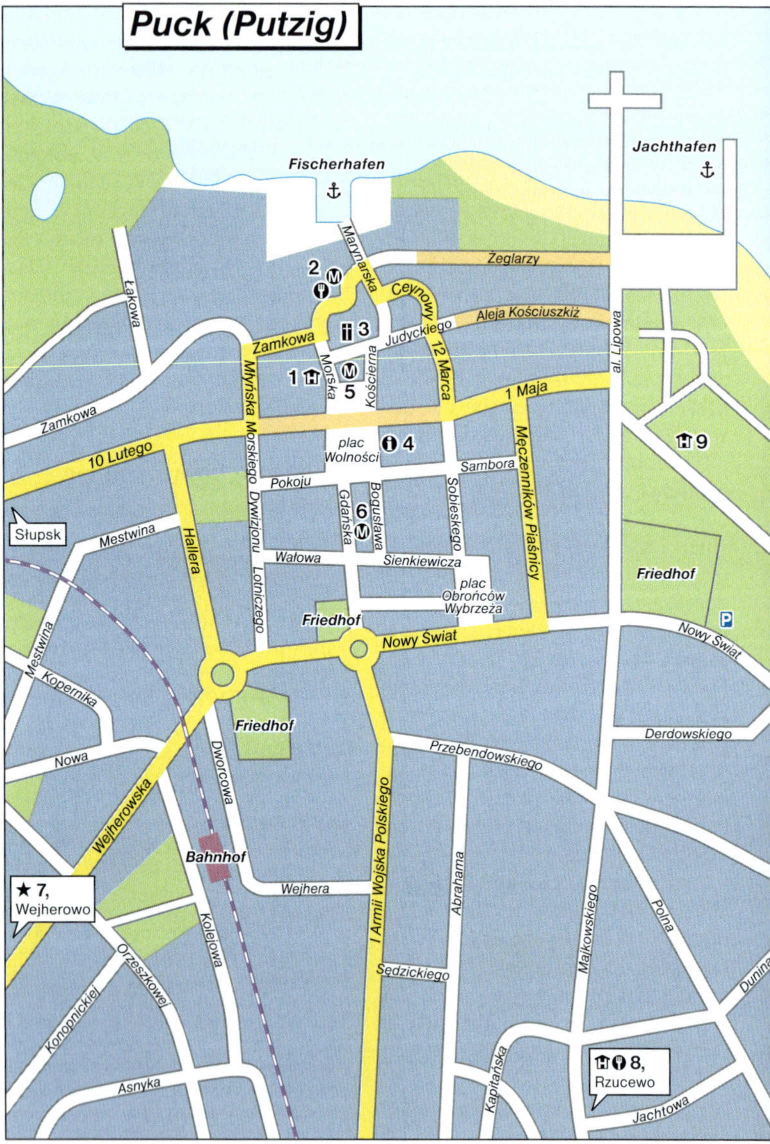
Puck (Putzig)
Fischerhafen
Jachthafen
Żeglarzy
Marynarska
Ceynowy
Aleja Kościuszkiż
Judyckiego
Zamkowa
Łąkowa
Morska
Kościerna
12 Marca
al. Lipowa
1 Maja
10 Lutego
Młyńska
Morskiego Dywizjonu
Lotniczego
plac Wolności
Sambora
Męczenników Piaśnicy
Pokoju
Gdańska
Bogusława
Sobieskiego
Wałowa
Sienkiewicza
plac Obrońców Wybrzeża
Friedhof
Nowy Świat
Hallera
Mestwina
Słupsk
Kopernika
Nowa
Dworcowa
Derdowskiego
Przebendowskiego
Wejherowska
Bahnhof
Wejhera
I Armii Wojska Polskiego
Abrahama
Majkowskiego
Polna
Dunina
★ 7, Wejherowo
Kolejowa
Orzeszkowej
Konopnickiej
Sędzickiego
Kapitańska
8, Rzucewo
Jachtowa
Asnyka
1
2
3
4
5
6
9

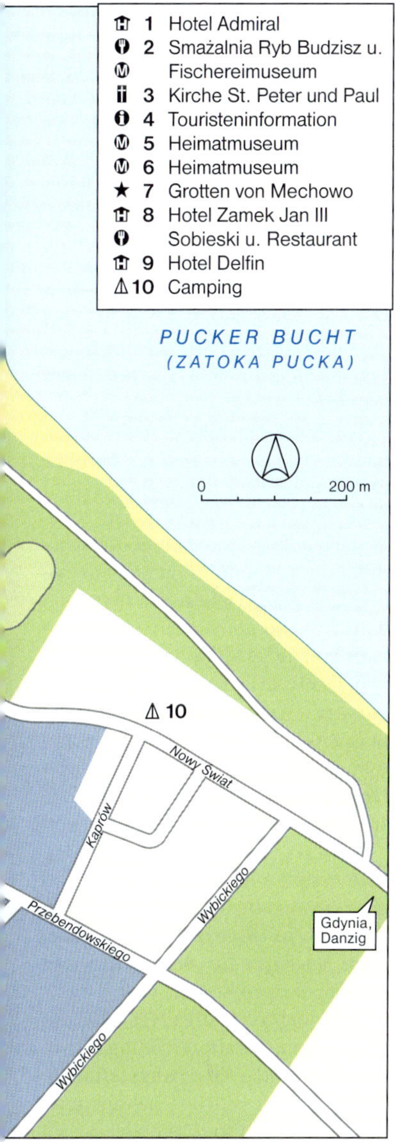

• **Hotel Zamek Jan III Sobieski**€€€€€€, Rzucewo 6, sechs Kilometer südwestlich von Puck im Weiler Rzucewo (ausgeschildert), 84-100 Puck, Tel. (058) 6738805, Fax 673 6040, www.zameksobieski.pl. Wie der alte kaschubische Landadel logieren im 1840 erbauten, zinnengekrönten neugotischen Backsteinschloss; in einem schönen Park direkt an der Bucht gelegen, die alte Lindenallee soll schon König *Jan Sobieski* angelegt haben; fürstlich ausgestattet, mit vorzüglichem Restaurant, Wellnessbereich, Tennisplätzen und eigenem Reitstall. Etwa 320 Zł.

Camping

• **Camping,** ul. Nowy Świat 23, 84-100 Puck, Tel. (058) 6732980. Mai bis Ende Sept., Bungalows.

Gastronomie

• **Restaurant im Hotel Zamek Jan III Sobieski,** ⇗„Unterkunft“. Vorzügliche kaschubische, altpolnische und internationale Küche.

• **Smażalnia Ryb Budzisz,** ul. Morska 13, Tel. (058) 6732972. Urige Freiluftfischbraterei mit angeschlossenem kleinem privatem Fischereimuseum (der Garteneingang befindet sich direkt am Fischereihafen).

Museen und andere Sehenswürdigkeiten

• **Heimatmuseum Puck,** zwei Adressen:
plac Wolności 28 (Marktplatz), Di–Fr 9–17 Uhr, Sa/So 10–14 Uhr, im Winter Di–Fr 9–15, Sa/So 10–14 Uhr. Sammlungen zur Geschichte der Stadt, historische Wohnungseinrichtungen.
ul. Wałowa 11, gleiche Öffnungszeiten. Sammlungen zu Ethnografie und altem Handwerk der Region.

Kulturelle Veranstaltungen

• **Fischerwallfahrt:** am Tag von Peter und Paul, 29. Juni.

• **Pokal des Polnischen Seglervereins,** Mai.

Aktivitäten

• **Wassersportgeräte- und Segelbootverleih, Surfschule:** im Jachthafen von Puck.

Ausflug zu den Grotten von Mechowo

Ein Ausflug führt 15 Kilometer westlich von Puck zu den Grotten von Mechowo. Da die Grotten am östlichen Ortseingang des winzigen Weilers Mechowo als „größte Besonderheit der unbelebten Natur im polnischen und sogar europäischen Tiefland" beworben werden, dürfen sie hier nicht unerwähnt bleiben. Eine kurios verwitterte Steinsäulenreihe gewährt Einlass in zwei keine 1,50 Meter hohe, jeweils etwa 15 Quadratmeter große **Felslöcher,** die durch einen sehr schmalen, gut drei Meter langen Robbenkriechgang miteinander verbunden sind. Menschen über 1,50 Meter, die Schwierigkeiten mit dem Bücken haben, und auch Korpulenteren ist der Ausflug nicht zu empfehlen. Sie kommen nicht zwischen den Steinsäulen hindurch in die kleinen Hohlräume hinein.

Wejherowo

↗ XI/C1

Anders als die meisten Städte in der Region, die mittelalterlichen Ursprungs sind, ist Wejherowo **(Neustadt)** eine Gründung von Mitte des 17. Jahrhunderts. Auf Veranlassung des Marienburger Woiwoden **Jakob Weiher** wurde sie **1643** angelegt mit dem Ansinnen, einen Ort zu schaffen, in dem sich „alle redlichen und frommen Leute" niederlassen und in Freiheit ihre Religion ausüben könnten, „seiend von Nationen, wie sie wollen." Noch im selben Jahr wurde der Grundstein für die Kirche zur Heiligen Dreifaltigkeit gelegt. Es folgte die Stiftung des berühmten **Kalvarienbergs** durch die Familie *Weiher,* die **Kalwaria Wejherowska** im Süden der Stadt, und schnell entwickelte sich Wejherowo zum geistigen Zentrum im katholischen Kaschubenland. Heute ist es mit knapp **50.000 Einwohnern** die größte Stadt im nördlichen Kaschubien, und über die Hälfte der Bevölkerung beruft sich mit Stolz auf seine kaschubischen Wurzeln.

Zwischen den zahlreichen Plattenbauten Wejherowos sind der **barocke Ortskern** und der Kalvarienberg nicht ganz einfach zu finden. Man sollte deshalb aufmerksam auf die Ausschilderung via „Centrum" achten, die einen zum **plac Wejhera** mit hübschen barocken Bürgerhäusern, dem Rathaus von 1650 (1908 umgebaut), einem Denkmal zu Ehren des Stadtgründers, der Touristeninformation in einem Kiosk und der ab 1643 errichtetem, bis 1927 mehrfach veränderten **Dreifaltigkeits-Kirche** (Kościoł św. Trójcy) führt (Fußgängerzone).

Nur etwa fünf Minuten Spaziergang vom Platz entfernt, wartet am Stadtpark im Przebendowski-/Keyserling-Schloss das **Kaschubisch-Pommersche Museum für Schrifttum und Musik** auf einen Besuch.

Und noch einmal wenige Minuten von dort in östliche Richtung beginnen im Park die **Kreuzwegstationen.** Anders als die üblichen Kalvarienberge stellt die Kalwaria Wejherowska auf einem ausgedehnten Gelände die Stationen des **Leidenswegs Jesu** nicht mit 14, sondern mit **25** in Stein gehauenen oder holzgeschnitzten **Bildnissen** dar. 19 von ihnen entstanden bereits zwischen 1649 und 1651, die restlichen folgten bis 1665. Manche der kleinen Kapellen, welche die Darstellungen der Passion Christi bergen, erstrahlen noch immer im barocken Gewand. Andere wurden im 19. Jahrhundert fachwerkartig umgebaut oder im Geschmack der Zeit neuromanisch oder neugotisch modernisiert, sodass von der ehemals einheitlichen Architektur, die ein unbekannter Baumeister schuf, keine Rede mehr sein kann – was andererseits aber auch, selbst für Ungläubige, den besonderen Reiz der Anlage ausmacht.

011po Foto: kj

Das Denkmal zu Ehren des Stadtgründers Weiher am plac Wejhera

Praktische Informationen

Info

- **Touristeninformation,** plac Jakuba Wejhera (im Modeschmuck-Kiosk), 84-200 Wejherowo, Tel. (058) 6777023, Mo–Fr 10–18 Uhr, Sa 10–14 Uhr.
- **Homepage der Stadt:** www.wejherowo.pl.

Unterkunft

- **Hotel Marmułowski**€€€€€, ul. 12 Marca 207, 84-200 Wejherowo, Tel. (058) 6721300, Fax 6721313, www.marmulowski.com. Gepflegtes, vornehmes Altstadthotel im Zentrum am Ende der Fußgängerzone. Etwa 250 Zł.

Museen und andere Sehenswürdigkeiten

- **Kalwaria Wejherowska,** im Stadtpark (Aleksander-Majkowski-Park), die erste Kreuzwegstation befindet sich mit Parkplatz und Imbiss nahe ul. Zamkowa nicht weit vom Kaschubisch-Pommerschen Museum entfernt.
- **Museum der kaschubisch-pommerschen Schrift und Musik,** ul. Zamkowa 2a, Di–Fr 10–17 Uhr, Sa/So 12–16 Uhr.

Trójmiasto (Dreistadt Gdynia, Sopot und Danzig)

Überblick

Auf 35 Kilometer Länge ballen sich zwischen den bewaldeten Anhöhen des **Dreistädter Landschaftsparks** (Trójmiejski Park Krajobrazowy) und der Westküste der **Danziger Bucht** (Zatoka Gdańska) die drei Städte **Gdynia (Gdingen), Sopot (Zoppot)** und **Gdańsk (Danzig).** Über eine sechsspurige Schnellstraße und auf dem Schienenweg durch die Stadtschnellbahn (Szybka Kolej Miejska) miteinander verbunden, kann man in dem ausgedehnten Häusermeer, hier und dort von kleinen Grünanlagen unterbrochen, oft nur schwer ausmachen, wo die eine Stadt endet und die nächste beginnt. Gdynia, Sopot und Danzig sind so gut wie zusammengewachsen. Darüber hinaus bilden sie das **bedeutendste Wirtschafts- und Handelszentrum** im südöstlichen Ostseeraum – weshalb das insgesamt gut 800.000 Einwohner zählende Konglomerat allgemein **„Trójmiasto"** (Dreistadt) genannt wird.

Dabei könnten die drei Schwestern nicht **unterschiedlicher** sein: Danzig, 1000-jährige Perle der Ostsee und altehrwürdige, traditionsreiche Hansestadt; Zopot, seit Ende des 19. Jahrhunderts mondänes Seebad und heute quirlige Partyhochburg; und Gdynia, moderne Hafenstadt und mit dem Geburtsjahr 1926 die Jüngste im Bunde.

Mit großem Ostseefährhafen und ihrer Fülle an herausragenden Sehenswürdigkeiten ist Trojmiasto die am **meisten besuchte Stadt** in Nordpolen. Und wie überall, wo viele Touristen sind, versucht leider auch mancher **Langfinger** auf seine Kosten zu kommen. Lassen Sie also keine Wertsachen im Wagen liegen, was sich von selbst versteht, führen Sie Ihre Brieftasche nicht offensichtlich spazieren, und stellen Sie das Auto auf einem bewachten Parkplatz ab.

Neben der Stadtschnellbahn, die Gdynia, Zopot und Danzig miteinander verbindet, verfügen alle drei Städte außerdem mit Straßenbahnen, Omnibussen und Trolleybussen über ein gut ausgebautes **öffentliches Nahverkehrssystem.** Nur einen Tarifverbund gibt es zwischen den Städten leider noch nicht. Denn sooo eng zusammengewachsen sind Gdynia, Zopot und Danzig dann doch wieder nicht.

Öffentlicher Personennahverkehr

Von Nord nach Süd verbindet die **S-Bahn SKM** (Szybka Kolej Miejska) die Städte der Trójmiasto miteinander, in den Hauptverkehrszeiten im Fünf-Minuten-Takt. Die **Tickets** der SKM werden am Schalter der S-Bahn-Stationen, in größeren Stationen auch am Automaten gelöst. Sie gelten nicht für die jeweiligen Städtischen Verkehrsgesellschaften.

Fahrscheine für die **Busse** des ÖPNV in **Gdynia** und **Sopot** kauft man entweder am Kiosk oder direkt beim Busfahrer. Der entwertete Schein gilt für die gewählte Strecke.

In **Danzig** kauft man für Bus und Tram **Streifenkarten,** die für 10-, 30- oder 60-minütige Fahrten gelten. Weniger kompliziert für Touristen ist die **24-Stunden-Fahrkarte** *(bilet 24-godzinnego),* mit der man für rund 10 Zł. einen Tag lang den Danziger ÖPNV nutzen kann. Sie wird nur in **Kiosken,** nicht von den Fahrern verkauft.

Gdynia

↗ XII/B1-2

Die jüngste Stadt der Trójmiasto ist Gdynia **(Gdingen).** Von 1253 an, als „Gdina" erstmals erwähnt wurde, bis ins 20. Jahrhundert hinein war der Ort nie mehr als ein kleines kaschubisches Fischernest. Gleichwohl entwickelte er sich innerhalb nur eines Jahrzehnts zu der seinerzeit neben Chicago am schnellsten wachsenden Stadt der Welt (1920 um die 1300 Einwohner, 1930 bereits über 100.000).

Diesen rasanten Aufstieg vom Flecken zur Großstadt verdankt Gdynia der **Errichtung des Hafens** oder, wenn man es einmal um ein paar Ecken sehen will, dem **Versailler Vertrag.** Der während der Friedenskonferenz 1919 in Versailles ausgehandelte alliierte Grenzentwurf garantierte der neu gegründeten Republik Polen einen **Zugang zur Ostsee** über den Hafen der Freien Stadt Danzig. Vorgesehen war, den Hafen einer gemeinsamen Verwaltung Polens und Danzigs unter Aufsicht des Völkerbunds zu unterstellen. Doch so passabel der Gedanke auf dem Papier auch ausgesehen haben mag, in der Realität entpuppte er sich als wenig praktikabel. Der neu etablierte Danziger Freistaat war zu 95 Prozent mit **Deutschen** bevölkert, die sich mit den neuen politischen Verhältnissen mehrheitlich nicht einverstanden erklärten. An den wichtigen Stellen und Schalthebeln **boykottierten** sie die Versailler Vereinbarungen, wo es ihnen nur eben möglich war. Infolgedessen fand ein reibungsloser Umschlag von polnischen Gü-

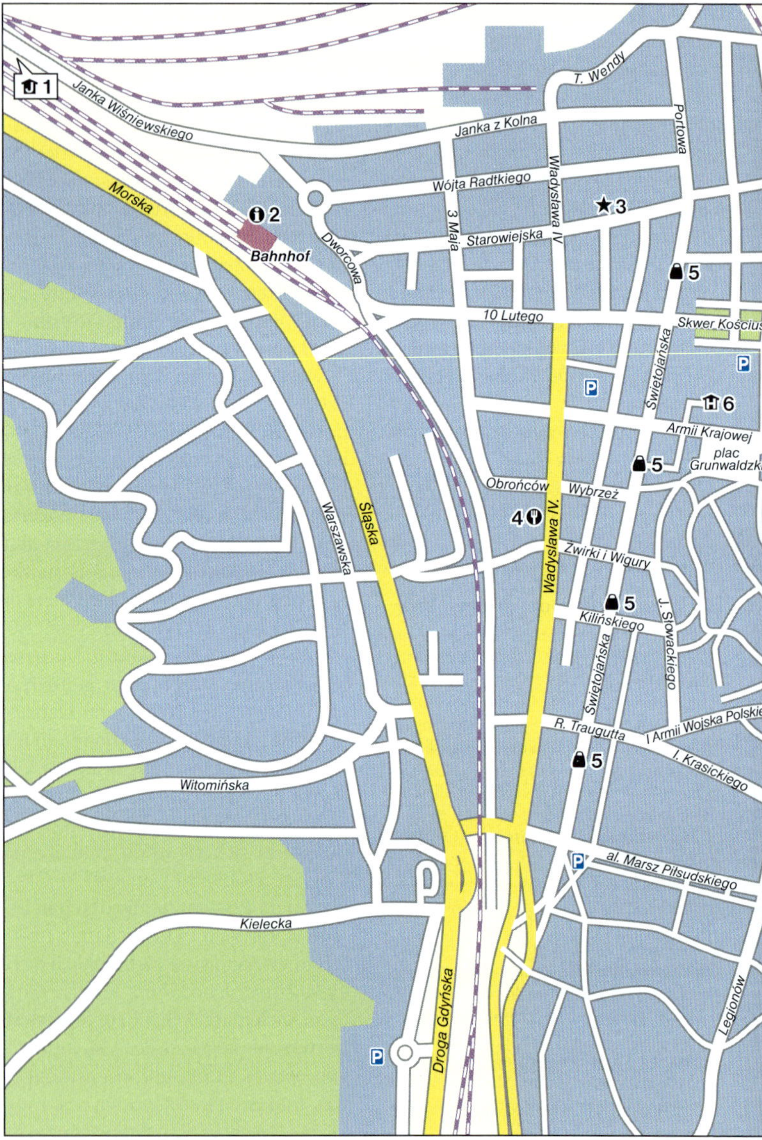
1
Janka Wiśniewskiego
Janka z Kolna
T. Wendy
Portowa
Wójta Radtkiego
Władysława IV
3
Morska
2
Bahnhof
Dworcowa
3 Maja
Starowiejska
5
10 Lutego
Skwer Kościus
Świętojańska
6
Armii Krajowej
plac
Grunwaldzki
5
Obrońców
Wybrzeż
4
Wadysława IV.
Warszawska
Śląska
Żwirki i Wigury
5
Kilińskiego
J. Słowackiego
Świętojańska
R. Traugutta
Armii Wojska Polskie
5
I. Krasickiego
Witomińska
al. Marsz Piłsudskiego
Kielecka
Droga Gdyńska
Legionów

Gdynia (Gdingen)
DANZIGER BUCHT
(ZATOKA GDAŃSKA)
Hel, Jastarnia, Baltijsk
Sopot, Westerplatte, Danzig
0
500 m
al. Jana Pawła
Bulwar-Nadmorski
al. Marsz. Piłsudskiego
Orlowo
7
8
9
10
11
12
13
14
15
P
1 Jugendherberge
2 Touristeninformation
3 Abrahamhaus mit Abteilung des Stadtmuseums
4 Restaurant Polonia
5 Shoppingmeile ul. Świętojańska
6 Hotel Gdynia
7 Unterhaltungszentrum Gemini mit historischer Abteilung des Stadtmuseums
8 Museums-Kriegsschiff „Błyskawica“
9 Restaurant Róża Wiatrów
10 Museums-Segelschiff „Dar Pomorza“
11 Infopunkt
12 Ozeanografisches Museum mit Meeresaquarium
13 Kriegsmarinemuseum
14 Hotel Antracyt
15 Hotel Dom Marynarza

tern über den Danziger Hafen natürlich nicht statt. Schon vier Jahre nach Kriegsende beschloss der Sejm im September 1922 deshalb, einen eigenen, unbehindert zur polnischen Verfügung stehenden **Hafen in Gdynia** zu errichten. 1924 wurde der Bau in Angriff genommen und 1926, als Gdynia die Stadtrechte erhielt, fertiggestellt. 1939 von den **Nazis** okkupiert und in den Namen „Gotenhafen" umgetauft, wurde die junge Stadt gegen Ende des Zweiten Weltkriegs vollkommen **zerstört.**

Das Skwer Kościuski
im Zentrum von Gdynia

Sehenswertes

Heute zählt das mittlerweile 255.000 Einwohner große Gdynia zu den **wohlhabendsten Städten Polens.** Im Fährhafen legen die Autofähren nach Helsinki, Karlskrona und Stockholm ab, allerorts in den von modernen Hochhäusern und Plattenbauten umrahmten Straßenschluchten geht es geschäftig und verkehrsreich zu.

Pulsierende Adern der Innenstadt sind die lebhafte **Shoppingmeile ul. Świętojańska** in Nord-Süd-Richtung sowie die sie kreuzende **ul. 10 Lutego,** die den Hauptbahnhof, den weitläufigen Skwer Kościuszki und dahinter die große Mole miteinander verbindet.

Direkt am **Skwer Kościuszki** befindet sich neben dem Hochhaus des Hotels Gdynia ein großer bewachter Parkplatz. Gegenüber am Skwer Kościuszki/Ecke ul. Waszyngtona informiert in einem Saal des Unterhaltungszentrums Gemini eine Abteilung des **Stadtmuseums** über die kurze **Geschichte** von Gdynia. Eine **weitere Abteilung des Stadtmuseums** ist zehn Spazierminuten von dort entfernt im **Abrahamhaus** (Domek Abrahama) untergebracht. Das im Jahre 1904 erbaute Häuschen ist eines der wenigen, das sich aus den Zeiten Gdynias als kleines Fischerdorf bis heute erhalten hat. Namensgeber war der Kaschube *Antoni Abraham* (1869–1923), der zeitlebens für die Zugehörigkeit Kaschubiens zu Polen stritt und hier seine letzten Jahre verbrachte.

Die **bedeutendsten Sehenswürdigkeiten** Gdynias aber haben allesamt mit dem **Meer,** mit der friedlichen wie auch der kriegerischen Seefahrt zu tun und gruppieren sich folglich rund um die weitläufige breite **Mole.**

Eine Schifflegende ist der **Dreimaster „Dar Pomorza",** der als Museumsschiff an der Mole vor Anker liegt. 1909 wurde das Segelschiff auf der Werft Blohm & Voss in Hamburg gebaut, geriet als deutsche Reparationszahlung nach dem Ersten Weltkrieg in französischen Besitz und wurde 1929 von Polen erworben. Finanzielle Mittel, ein Schiff zu bauen oder zu kaufen, hatte der junge polnische Staat damals nicht, die **Gelder** wurden von der **pommerellischen Bevölkerung** gespendet. Daher auch der Name „Dar Pomorza", auf Deutsch „Geschenk der Pommern". Als **Schulschiff der polnischen Marine** wurden auf der „Dar Pomorza" bis heute rund 14.000 Kadetten ausgebildet. Außerdem gewann sie zahlreiche internationale **Segel-Cups.**

Noch vor der „Dar Pomorza" liegt als zweites schwimmendes Museum das 1935/36 erbaute **Kriegsschiff „Błyskawica"** an der Mole vor Anker, das im Zweiten Weltkrieg an vielen Seeschlachten teilgenommen hat.

Schräg gegenüber kann man einen Blick in das **Ozeanografische Museum** mit Meeresaquarium werfen, das Fauna und Flora der Ostsee und auch der tropischen Meere präsentiert.

Am Ende der Mole, von wo aus man einen schönen Blick über das Meer bis zu den Kränen der Danziger Werften am Horizont genießt, befindet sich eine in der Sommerzeit geöffnete **Touristeninformation** (die ganzjährig geöffnete ist in einem Kiosk im Hauptbahnhof untergebracht).

Südlich schließen sich an die Mole der Jachthafen, das **Kriegsmarinemuseum** mit Wissenswertem zum Seewaffenkampf vom 18. Jahrhundert bis heute, der **Stadtstrand** mit Café-Pavillons und schließlich die **Fußgängerpromenade Bulwar Nadmorski** an. Über zwei Kilometer führt die Promenade am Meeressaum entlang bis zum **Naturschutzgebiet Kępa Redłwoska,** das Gdynias Zentrum vom südlichen grünen Stadtteil Orłowo trennt.

Von 90 Meter Höhe bricht vor **Orłowo (Adlerhorst)** das berühmte **Redłowo-Kliff** nahezu senkrecht zum

013po Foto: kj

Am Redłowo-Kliff

Strand hin ab. Unterhalb ducken sich in der lauschigen Bucht rund um die Seebrücke eine Reihe Ausflugslokale, die den Ort zum beliebten Wochenendziel für die Großstädter machen. Anziehungspunkt für Freunde der modernen polnischen Literatur ist das kleine **Żeromski-Haus** wenige Schritte oberhalb der Seebrücke. Im Sommer 1920 schrieb dort *Stefan Żeromski* (1864–1925) an seinem Werk, heute wird das Haus für literarische Veranstaltungen genutzt.

Praktische Informationen

Info

- **Touristeninformation,** plac Konstytucji 1 (Hauptbahnhof hinten rechts), 81-354 Gdynia, Tel./Fax 7212466, it@gdynia.pl, Mai–Sept. Mo–Fr 8–18 Uhr, Sa 9–16 Uhr, So 9–15 Uhr, sonst Mo–Fr 10–17 Uhr, Sa 10–15 Uhr.
- **Infopunkt,** al. Jana Pawła II. (am Ende der Mole), Mai–Sept. Mo–Fr 9–18 Uhr, Sa 10–17 Uhr, So 10–16 Uhr.
- **Homepage der Stadt:** www.gdynia.pl.

Unterkunft

- **Zimmervermittlung** in der Touristeninformation.
- **Hotel Gdynia**€€€€€€, ul. Armii Krajowej 22, 81-372 Gdynia, Tel. (058) 6663040, Fax 620 8651, www.orbis.pl. Hochhauskomplex mit knapp 300 Zimmern, im Zentrum nahe der Mole. Mit Pool, Sauna, Solarium und vielen Annehmlichkeiten mehr. Etwa 480 Zł.

- **Hotel Antracyt**€€€€, ul. Korzeniowskiego 19d, 81-376 Gdynia, Tel. (058) 6206811, Fax 6206571, www.hotel-antracyt.pl. Mehrgeschossiger Flachdachbau mit außen leicht verblichenem Ostcharme und innen allem Komfort. Etwa 210 Zł.
- **Hotel Dom Marynarza**€€€€, ul. Marszałka Piłsudskiego 1, 81-406 Gdynia, Tel. (058) 6220025, Fax 6220027, www.dommary narza.pl. Hotel der gehobenen Mittelklasse mit 66 Zimmern, wenige Schritte von Bulwar Nadmorski und Ostsee entfernt. Etwa 210 Zł.

Jugendherberge

- **Jugendherberge,** ul. Energetików 13a (nahe Container-Terminal), 81-184 Gdynia, Tel./Fax (058) 6271005, ganzjährig.

Gastronomie

- **Restaurant Polonia,** ul. Świętojańska 92/94, Tel. (058) 6205848. Das älteste und traditionsreichste Restaurant Gdynias serviert köstliche polnische Küche.
- **Róża Wiatrów,** al. Jana Pawła II 2, Tel. (058) 6200648, www.rozawiatrow.com.pl. Direkt auf der Mole, gegenüber vom Segelschiff „Dar Pomorza", schmaust man im Restaurant „Windrose" Fisch-, Wild- und Fleischspezialitäten, zubereitet nach traditioneller polnischer Art.

Museen und andere Sehenswürdigkeiten

- **Museums-Segelschiff „Dar Pomorza",** al. Jana Pawła II. (nördlich an der Mole), Juni–Sept. tgl. 10–18 Uhr, sonst Di–So 10–16 Uhr.
- **Museums-Kriegsschiff „Błyskawica",** al. Jana Pawła II. (nördlich an der Mole), Mai–Nov. Di–So 10–13 Uhr und 14–17 Uhr.
- **Ozeanografisches Museum und Meeresaquarium,** al. Jana Pawła II. (südlich an der Mole), April/Mai tgl. 9–19 Uhr, Juni–Aug. tgl. 9–20 Uhr, sonst Di–So 10–17 Uhr.
- **Kriegsmarinemuseum,** ul. Sędzickiego 3/Bulwar Nadmorski, Di–So 10–17 Uhr.
- **Stadtmuseum,** ul. Waszyngtona 21 (im Unterhaltungszentrum Gemini), Di–So 11–18 Uhr; und ul. Starowiejska 30 (im Abrahamhaus), Di–So 10–16 Uhr.

Aktivitäten

- **Hafenrundfahrten:** ab Passagieranlegestelle an der Mole, Anfang April bis Mitte Okt. sechs Mal tgl., Juli/Aug. sieben Mal tgl.
- **Tragflächenboote nach Hel:** ab Passagieranlegestelle an der Mole, Juli/Aug. vier Mal tgl., April–Juni und Sept. einmal am Tag.

Sopot

↗ XII/B2

Als der Danziger Herzog *Mściwój* im Jahr **1283** dem Zisterzienserkloster von Oliwa einige seiner Dörflein schenkte, wurde Sopot **(Zoppot)** zum ersten Mal urkundlich erwähnt. 300 Jahre später begannen sich die **Danziger Patrizier** für den kleinen Ort vor den Toren ihrer Stadt zu interessieren. Zwischen breitem Sandstrand und grünen Hügeln ließen die reichen Kaufleute in dieser schönen Gegend ab dem 16. Jahrhundert ihre **Sommerhäuser** errichten. Man könnte fast sagen, dass Zoppot bereits zu Renaissance-Zeiten ein Art „Sommerfrische" darstellte. Noch einmal 300 Jahre später wurde Zoppot offiziell **Seebad.** Ein ehemaliger Militärarzt in der napoleonischen Armee, Dr. *Johann Georg Haffner* (1777–1829), erbaute hier 1823 eine erste Badeanstalt. Und schnell stieg Zoppot, noch vor Heringsdorf, Ahlbeck und Misdroy, zum mondänsten aller Seebäder auf. 1902 wurden der feinen Adresse die **Stadtrechte** zuteil. Ab 1920 gehörte sie zum Territorium der Freien Stadt Danzig, doch anders als die große Hansestadt in der Nachbarschaft überstand Sopot den **Zweiten Weltkrieg** zum Glück relativ unbeschadet.

Sopot (Zoppot)
0
300 m
OSTSEE
Nordbad
Seebrücke
Südbad
Skwer Kuracyjny
Gdynia
Gdynia
Danzig
15, Danzig
Bahnhof
Okrężna
Armii Krajowej
23 Marca
A. Grottgera
1 Maja
Al. Niepodległości
Obrońców Westerplatte
J. Winieckiego
J. Goyki
Hełska
M. Mokwy
dr. A. Majkowskiego
Morska
Alfonsa Chmielewskiego
J. J. Haffnera
W. Budzysza
Powst. Warszway
Boh. Monte Cassino
Podjazd
K. Pułaskiego
J. Pułaskiego
F. Chopina
A. Kordeckiego
Grunwaldzka
Jana Sobieskiego
Tadeusza Kościuszki
Bolesława Chobrego
Parkowa
Drzymały
Kazimierza Wielkiego
Książąt Pomorskich
Traugutta
Poniatowskiego
Władysława IV
3 Maja
3 Maja
Kilińskiego
Karlikowska
Bitwy pod Płowcami
Na Wydmach
Emilii Plater
Jana z Kolna
Łokietka
Polna
Polna
1 Tennisplatz
2 Camping Nr. 19
3 Archäologisches Freilichtmuseum
4 Waldoper
5 Touristeninformation
6 Fußgängerzone ul. Bohaterów Monte Cassino
7 Restaurants Pod Strzechą und Złota Rybka
8 Krummes Haus
9 Grand Hotel
10 Stadtmuseum
11 Hotel Zatoka
12 Bar Przystań
13 Gästezimmer U Rybaka
14 Fahrradverleih
15 Segelklub
16 Camping Nr. 67

Die Bebauung der **Fußgängerzone ul. Bohaterów Monte Cassino,** wo Läden, Boutiquen und Straßencafés zum Bummeln einladen, stammt größtenteils noch aus der zweiten Hälfte des 19. Jahrhunderts – mit einer Ausnahme: dem **Krummen Haus** (Krzywy Domek). 2003 nach Plänen des Künstlers und Architekten *Paul Dahlberg* erbaut, sind Mauerwerk, Dach, Fenster und Türen des Krzywy Domek noch schiefer, als der Name schon sagt. Innen (nicht schief) beherbergt es auf zwei Etagen eine Reihe Cafés, Bars, Pubs und Restaurants.

Monciak wird die quirlige Flaniermeile Bohaterów Monte Cassino von den Sopotern genannt, über die man hinab zum Skwer Kuracyjny mit vielen Straßencafés und daran anschließend zur berühmten **Seebrücke** gelangt. Mit 511,50 Metern ist die hölzerne Sopoter Seebrücke eine der längsten Europas. Und wenn man nicht gerade ein Stückchen Kuchen in dem darauf eingerichteten Café genießt (geöffnet in der Sommersaison), lässt man sich den Wind um die Nase wehen oder besteigt vielleicht eines der **Ausflugsschiffe** nach Danzig oder Hel, die hier ablegen. Zumal sich auch das seit seinem Bau 1926 beliebteste Sopoter Fotomotiv, das **Grand Hotel** unmittelbar am Strand nebenan, in seinen stattlichen Ausmaßen am besten vom Wasser aus in die Linse bannen lässt.

Bis 2010 wird das Sopoter Innenstadtzentrum am Skwer Kuracyjny in Form des **Centrums Haffnera** komplett neu entstehen. Wie ein Riegel werden sich dann ein vielgeschossiges neues Luxushotel, ein Einkaufszentrum, ein Spa- und Gesundheitszentrum und weitere umfangreiche Gebäude in fantasieloser Einheitsarchitektur zwischen Seebrücke und den Bummelboulevard Monciak schieben. Letzterer wird sehr zur Freude der Autofahrer untertunnelt werden, sodass für PS-Ritter endlich eine direkte Verkehrsverbindung zwischen Nordbad und Südbad besteht.

Nördlich der aktuellen Großbaustelle schließen sich an das traditionsreiche Grand Hotel hinter dem Strand ein kleiner Küstenpark, Tennisplätze und auf einem Waldhügel an der ul. Haffnera das **Archäologische Freilichtmuseum Große Burg in Sopot (Grodzisko)** an. In der rekonstruierten hölzernen slawischen Burg aus dem frühen Mittelalter werden im Sommer historische Spiele veranstaltet.

Südlich der Seebrücke liegt zwischen Südbad und dem kultigen Fischer-Pub Przystań an der Strandpromenade das Sopoter **Stadtmuseum,** das eine typische Wohneinrichtung aus dem Zoppot des frühen 20. Jahrhunderts zeigt.

Über weitere Sehenswürdigkeiten im klassischen Sinne verfügt Sopot nicht, dafür aber über einen Segel-, Windsurf- und Jacht-Club, eine Pferderennbahn und vielerlei Möglichkeiten zur **aktiven Freizeitgestaltung** mehr. Ja, zur Winterszeit wird am Hügel Łysa Polana sogar Skisport getrieben.

Und auch das **kulturelle Angebot** kann sich sehen lassen. Während nebenan die große Schwester Danzig spätestens gegen 23 Uhr ihre Bürger-

steige hochklappt, wird im 40.000 Einwohner kleinen Sopot in Discos und Kneipen und mit zahlreichen Veranstaltungen die Nacht zum Tag gemacht. Von den vielen Events über das Jahr seien hier nur die bedeutendsten erwähnt: das legendäre Sopoter **Jazz-Fest** im Oktober sowie das Opernfestival in der **Waldoper** (Opera Leśna). Mit den Opernaufführungen *open air* mitten im Wald, hoch über der Stadt, knüpft Sopot mit großem Erfolg an die Vorkriegstradition des „kleinen Bayreuth an der Ostsee" an.

Das Grand Hotel von Sopot

Das „Krumme Haus"

Praktische Informationen

Info

- **Touristeninformation,** ul. Dworcowa 4, (wenige Schritte südöstlich vom Bahnhof), 81-704 Sopot, Tel. (058) 5503783, Fax 555 1227, it@sopot.pl, Anfang Juni bis Mitte Sept. tgl. 9–20 Uhr, ansonsten tgl. 10–18 Uhr.
- **Homepage der Stadt:** www.sopot.pl.

Unterkunft

- **Zimmervermittlung** in der Toursteninformation.
- **Grand Hotel**€€€€€€, ul. Powstańców Warszawy 12/14, 81-718 Sopot, Tel. (058) 520 6060, Fax 5206069, www.sofitel.com. Wohnen im Wahrzeichen von Sopot: geschichtsträchtig, mondän, luxuriös, 2006 komplett renoviert wiedereröffnet, neben der Seebrücke direkt am Strand. Ab 600 Zł., mit Meerblick ab 800 Zł., zzgl. Frühstück 75 Zł. pro Person.
- **Hotel Zatoka**€€€€, ul. E. Plater 7/9/11, 81-786 Sopot, Tel. (058) 5510950, Fax 5513016,

015po Foto: kj

www.zatokasopot.pl. Schöne alte Jugendstilvilla, innen holzgetäfelt gediegen, südlich der Seebrücke nahe Promenade und Strand. Etwa 200 Zł. mit Bad, etwa 170 Zł. ohne.

- **Gästezimmer U Rybaka**€€, Plac Rybaków 16, 81-731 Sopot, Tel./Fax (058) 5512302, www.urybaka.republika.pl. Reizende kleine Fachwerkunterkunft, sehr geschmackvoll, mit Gärtchen und Zimmern im Landhausstil, 15 Minuten Fußweg zur Seebrücke, keine zwei Minuten zum Strand. Etwa 120 Zł.

Camping

- **Camping Nr. 19 Kamienny Potok,** ul. Zamkowa Góra 25, 81-713 Sopot, Tel. (058) 550 0445, Fax 3480157, www.kemping19.cba.pl. Wiesenplatz gleich am nördlichen Ortseingang neben dem „Aquapark", mit Café-Bar und Campinghäuschen, fünf Minuten zum Strand, 30 Minuten ins Zentrum, Mitte Mai bis Ende Sept.
- **Camping Nr. 67 Przy Plaży,** ul. Bitwy pod Płowcami 73, 81-831 Sopot, Tel. (058) 551 6523, www.camping67.sopot.pl. An der südlichen Stadtgrenze nahe Windsurfcenter und Jachtclub, wenige Schritte zum Strand, 20 Minuten ins Zentrum, kleiner Laden und Imbiss-Bar, Mitte Juni bis Ende Aug.

Gastronomie

- **Restaurant Pod Strzechą,** ul. Bohaterów Monte Cassino 42, Tel. (058) 5512476, www.strzecha.strefa.pl. Traditionelle polnische Küche in gediegener Atmosphäre.
- **Restaurant Złota Rybka,** ul. Bohaterów Monte Cassino 36/2, Tel. (058) 5557676. Direkt neben dem Pod Strzechą gelegen, köstliche Fischspezialitäten in zeitgenössischem Interieur.
- **Bar Przystań,** al. Wojska Polskiego 11, Tel. (058) 5500241, www.barprzystan.pl. Die ehemalige Hafenbar und Fischbraterei hat längst Kultstatus. Heute beliebtes Schnell-Restaurant, gibt es immer noch täglich Fisch direkt vom Kutter am Strand vor der Tür frisch auf den Tisch.

Museen und andere Sehenswürdigkeiten

- **Stadtmuseum,** ul. Poniatowskiego 8, Di–Fr 10–16 Uhr, Sa/So 11–16 Uhr.
- **Freilichtmuseum Grodzisko,** ul. Haffnera 63, tgl. 10–18 Uhr.

Kulturelle Veranstaltungen

- **Opernfestival,** in der Waldoper, ul. Moniuszki, Juni–Sept.
- **Jazzfestival,** im Oktober.

Aktivitäten

- **Ausflugsschifffahrten:** ab Seebrücke mit der Tramwaj Wodny Juli/Aug. vier Mal tgl. nach Gdańsk und drei Mal tgl. nach Hel; ab Seebrücke Kreuzfahrten über die Danziger Bucht mit den Dampfern der Weißen Flotte Danzig, Juli/Aug. tgl. im Stundentakt.
- **Fahrradverleih:** ul. Bitwy pod Płowcami 39 (nahe Bar Przystań).
- **Wassersportgeräteverleih:** ul. Hestii 3 (beim Sopot Segelklub Hestia).
- **Tennis:** Städtische Tennisplätze ul. Haffnera 74.

Danzig (Gdańsk)

↗ XII/B2-3

Von der **Herkunft des Namens** „Danzig" oder „Gdańsk" gehen allerlei Sagen. Manche behaupten, er komme von dem Wort „Tanz", was in alter Schreibweise manchmal mit dem Buchstaben „D" angeführt wurde. Andere erzählen wiederum, er sei von einem dänischen Seeräuber hergeleitet, der in grauen Vorzeiten in dem Dorf Wiek nahe der Ostsee seine Schätze versteckte, weshalb man dem Ort den Namen „Danske-Wiek" verlieh.

Doch wie dem auch sei, **erstmals schriftlich erwähnt** wurde die „Königin der Ostsee" im Jahr **997** während der Missionsfahrt des Bischofs *Adalbert* zu den heidnischen Prußen, und zwar in der Schreibweise „Gyddanszyc". 1997 feierte die stolze Hansestadt ihr 1000-jähriges Jubiläum.

Und welche **Persönlichkeiten, Institutionen** und **Ereignisse** verbinden sich mit diesem 1000-jährigen Namen! Glorreich: Fürst *Mieszko I.* (reg. um 960–92). Unbeliebt: der Deutsche Orden. Erfolgreich: König *Kazimierz IV. Jagiellończyk* (reg. 1447–92). Stinkreich: die Hanse. Humanistisch: *Jan Dantyszek* (1485–1548). Barockschwer: *Martin Opitz* (1597–1639). Sterneschauend: *Johannes Hevelius* (1611–87). Verzweifelt: *Arthur Schopenhauer* (1788–1860). Vernichtend: *Adolf Hitler* (1889–1945). Erzählend: *Günter Grass* (*1927). Und die sozialistische Volksrepublik in den Grundfesten erschütternd: *Lech Wałęsa* (*1943) und die Gewerkschaft Solidarność.

Heute zählt die größte Stadt der Trójmiasto und **Hauptstadt der Woiwodschaft Pommern** (Pomorskie) ungefähr eine halbe Million Einwohner. Sie ist Zentrum der polnischen **Werftindustrie** und mit ihrem See-, Binnen-, Fährschiff- und Flughafen zugleich der wichtigste **Verkehrsknotenpunkt** an der südöstlichen Ostsee. In zahlreichen wissenschaftlichen Einrichtungen und nicht weniger als sechs **Hochschulen** wird der akademische Nachwuchs ausgebildet. Neben Theatern und Galerien der verschiedensten Art runden eine Philharmonie und viele bedeutende Museen das **Kulturangebot** ab.

In der nach 1945 wieder aufgebauten **historischen Innenstadt,** deren Viertel bis ins späte Mittelalter hinein eigenständige Städte waren, konzentrieren sich die berühmtesten Sehenswürdigkeiten Danzigs, besonders in der aus der ältesten Danziger Marktsiedlung hervorgegangen **Altstadt (Stare Miasto)** am Radaune-Kanal und herausragend in der **Rechtstadt (Główne Miasto)** am Mottlau-Ufer.

Geschichte

Schon im 11. Jahrhundert befinden sich an der Mottlau eine befestigte **Siedlung** und eine **Burg,** die wahrscheinlich auf den ersten verbürgten polnischen Herrscher **Mieszko I.** zurückgeht. Dank der vorteilhaften Lage am Knotenpunkt wichtiger Handelswege wächst der Ort rasch. Als unter dem Pommerellen-Herzog **Swantopolk** (1220–66) die **deutsche Einwan-**

derung beginnt, zählt er fast 10.000 Einwohner, und bis zum Tod *Swantopolks* 1266 erlebt Danzig eine erste Blütezeit. Nach dem Ableben des weisen Herrschers entbrennt ein folgenschwerer Familienstreit um die Nachfolge. In der kriegerischen Auseinandersetzung mit zwei Onkeln und seinem eigenen Bruder ruft *Swantopolks* Sohn **Mestwin II.** den Markgrafen von Brandenburg zu Hilfe und unterstellt diesem den von ihm regierten Landesteil als Lehen. Das Resultat: Die **Brandenburger** rücken **1271** nach Danzig ein, okkupieren das Land, bleiben als **Besatzer** und leiten seitdem Ansprüche auf Danzig und Pommerellen ab. Der übervorteilte *Mestwin* verbündet sich daraufhin mit Herzog **Przemysław II. von Großpolen,** welcher nur wenig später, im Jahr 1295, zum polnischen König gekrönt werden wird. Gemeinsam gelingt es ihnen, Danzig zurückzuerobern, und *Mestwin* überträgt das gesamte Herzogtum der **polnischen Krone.**

Nachdem die przemyslidische Dynastie im Jahr 1306 erloschen ist, erklärt sich Herzog **Władisław Łokietek** („Ellenlang") zum rechtmäßigen Erben Danzigs und Pommerellens. **1307** besetzen seine Truppen die Stadt, und abermals rufen die Danziger den **Markgrafen von Brandenburg** zu Hilfe. **1308** marschieren zum zweiten Mal brandenburgische Soldaten nach Danzig ein. Doch die polnisch gehaltene Burg leistet erbitterten Widerstand. Im Einvernehmen mit Herzog *Władisław Łokietek* beauftragt der Hauptmann der Danziger Burg den Deutschen Orden, gegen Bezahlung Danzig und Pommerellen für Polen zurückzuerobern. Ein verhängnisvoller Fehler, wie sich bald darauf herausstellen wird.

Im Jahr **1309** kommen die **Ordensritter** – und annektieren das Land. Die Geldsumme, die sie für ihre kriegerische Dienstleistung erheben, beläuft sich auf einen so unverschämt hohen Betrag, dass sie von Polen auf keinen Fall bezahlt werden kann. Vor einem päpstlichen Gericht klagt **Władisław Łokietek** (ab 1320 König von Polen) die Herausgabe Danzigs und Pommerellens zunächst zwar erfolgreich ein, doch wird der Schiedsspruch 1323 vom Papst wieder aufgehoben. Es bleibt dabei: Fortan unterstehen Danzig und Pommerellen der Herrschaft des Deutschen Ordens, und es kristallisiert sich die fatale Situation heraus, die im 20. Jahrhundert schließlich als **„Korridorproblem"** in die Geschichte eingehen wird: das Streben Polens nach einem **Zugang zur Ostsee** gegen das Streben der deutschen Mächte nach einer **Landverbindung mit Ostpreußen.**

Vom Deutschen Orden erhält die Danziger Rechtstadt (das historische Zentrum am Ufer der Mottlau) **1343** die **Stadtrechte** verliehen. Der Danziger Altstadt am Radaune-Kanal, mit überwiegend slawischer Bevölkerung, werden diese Rechte erst **1375** zuteil. Auch nur die Rechtstadt, wo die wohlhabenden deutschen Kaufleute sitzen, wird 1361 Mitglied der **Hanse.** Das Regiment der Ordensritter sichert ihnen äußeren Frieden und innere Stabilität, sodass sie sich ganz der Mehrung ihrer Vermögen widmen können. Gewerbe und Handel blühen auf und Zünfte entstehen.

Aufgrund des erstarkenden Selbstbewusstseins der Danziger Bürger kommt es nun allerdings zunehmend zu Spannungen mit dem streng absolutistisch organisierten Orden; und nach der verheerenden **Niederlage des Ordens** im Sommer **1410** bei Grunwald (Tannenberg) gegen das vereinte polnisch-litauische Heer ist es auch mit dem Ruf von seiner Unbesiegbarkeit vorbei. Die Danziger Patrizier schwören König **Kazimierz IV. von Polen** Gefolgschaft, denn er gewährt ihnen die eingeforderten Freiheiten und Privilegien.

1440 schließt sich Danzig mit 18 weiteren Städten und den preußischen Ständen zum **Preußischen Bund** zusammen mit dem Ziel, die Ordensherrschaft abzuschütteln. Bereits im zweiten Jahr des **Dreizehnjährigen Kriegs** 1453–66, den der Bund gegen den Deutschorden führt, zieht König *Kazimierz IV.* unter Jubel in der Hansestadt ein. Ab Mai 1457 ist Danzig eine unabhängige **Stadtrepublik im Polnischen Reich,** und sie wird es bis zur Zweiten Teilung Polens 1793 über 300 Jahre lang bleiben.

Im April **1793** rücken **preußische Truppen** nach Danzig ein. Prominente Bürger, unter ihnen die Familie *Schopenhauer,* verlassen die Stadt, da sie nicht unter preußischer Herrschaft le-

023po Foto: ki

ben wollen. Von **1815** an gehört Danzig zum **Königreich Preußen,** ab **1871** zum **Deutschen Reich.**

Mit Inkrafttreten des **Versailler Vertrags** nach Ende des Ersten Weltkriegs wird Danzig am **28. Juli 1919** zum unabhängigen Stadtstaat unter Aufsicht des Völkerbunds – zur **Freien Stadt Danzig.** Ihr Territorium umfasst ein Gebiet von Zoppot zum Frischen Haff über die Weichselniederung bis südlich von Dirschau (Tczew). Pommerellen wird der neu gegründeten Republik Polen zugesprochen, der Danziger Hafen untersteht der gemeinsamen Verwaltung durch Danzig und Polen. Dem polnischen Staat wird das Recht eingeräumt, eigene Post-, Telefon- und Telegrafenanlagen zum Hafen auf dem Danziger Gebiet zu betreiben. Weiterhin wird die Eisenbahnverwaltung der Republik Polen unterstellt. Spannungen und **Auseinandersetzungen zwischen Deutschen und Polen** nehmen zu. Wird hier der Umschlag polnischer Güter über den Danziger Hafen behindert, werden dort selbst die Personenzüge aus Deutschland für die Durchfahrt durch den „Korridor" Richtung Ostpreußen verplombt.

An der Mottlau steht das berühmte Krantor, ein Wahrzeichen Danzigs

Im **Mai 1920** gewinnt die Deutschnationale Volkspartei die Wahlen in Danzig, **1933** erhält die **NSDAP** in der „Freien Stadt" die absolute Mehrheit.

Mit den Schüssen des deutschen Schlachtkreuzers „Schleswig-Holstein" auf die Danziger Westerplatte beginnt am **1. September 1939 der Zweite Weltkrieg.** Noch sieben Tage lang verteidigen sich die auf der Westerplatte stationierten polnischen Soldaten verzweifelt, danach müssen sie, wie vorher schon die Angestellten der Polnischen Post am Heveliusplatz, kapitulieren. Die Gefangenen werden größtenteils hingerichtet. Danzig wird in das **Dritte Reich** eingegliedert. Nur wenige Tage später beginnt man mit dem Bau des **Konzentrationslagers Stutthof** 30 Kilometer östlich von Danzig, wo bis zur Befreiung 1945 Tausende Menschen ihr Leben verlieren.

Am **30. April 1945** marschieren Verbände der Polnischen und der Roten Armee in die Stadt ein. Bis zum letzten Moment, das heißt bis zur totalen **Zerstörung,** wird sie von den Deutschen verteidigt. Danzig, die einst so prachtvolle Stadt, die stolze Königin der Ostsee, liegt in Trümmern.

Nach Kriegsende wird Gdańsk, wie es nun wieder heißt, von der polnischen Bevölkerung Steinchen für Steinchen mühevoll **wieder aufgebaut,** bis die Stadt im historischen Gewand des 16./17. Jahrhunderts wiederauferstanden ist. Unzählige Handwerker und Restauratoren vollbringen über viele Jahre ein Wunder. Auch zahlreiche neue Wohnungen werden errichtet und Betriebe gegründet. Die

Trójmiasto Gdynia-Sopot-Gdańsk entwickelt sich zum bedeutenden Wirtschaftszentrum.

Dennoch bestimmen **Misswirtschaft** und Fehlplanungen das Bild der sozialistischen Republik. Als die Polnische Vereinigte Arbeiterpartei im Dezember 1970 eine Preiserhöhung verordnet, kommt es in Gdańsk zum offenen **Aufstand,** in dessen Folge zahlreiche Tote und Verletzte zu beklagen sind. **1976** erschüttern abermals Streiks und Demonstrationen die Stadt. Am **14. August 1980** treten die **Arbeiter der Lenin-Werft** in den Ausstand und besetzen ihren Betrieb. Und dies ist ein **Streik,** der die gesamte polnische Gesellschaft nachhaltig verändern wird: Nur wenig mehr als zwei Wochen später, am **31. August 1980,** unterzeichnen der Elektriker **Lech Wałęsa** und der damalige stellvertretende Ministerpräsident *Jagielski* die **„Danziger Vereinbarung"** über grundlegende ökonomische und gesellschaftliche Reformen. Es ist die Geburtsstunde der **Gewerkschaft Solidarność** - der ersten freien Gewerkschaft in den Staaten des Ostblocks.

1997 feierte Danzig sein **1000-jähriges Jubiläum.**

Sehenswertes zwischen Kohlenmarkt und Mottlau-Ufer (Tour 1)

Den Spaziergang durch die **Rechtstadt (Główne Miasto)** beginnt man am besten am **Targ Węglowy (Kohlenmarkt).** Der Hauptbahnhof ist nicht weit entfernt, viele Straßenbahnlinien halten in der Nähe, und auch bewachte Parkplätze befinden sich nahebei. Ein kurzer Bummel führt zunächst Richtung Norden. Hinter dem Theater, das den Kohlenmarkt im Norden begrenzt, gucken als Teile der alten Rechtstadt-Befestigung vier **Türme** hervor, von denen der letzte den lustigen Namen **„Kiek in de Kök"** (Baszta Jacek) trägt. Von seinen Schießscharten aus soll man den Rittern in die Küche gesehen haben können. Gegenüber dem alten Befestigungsturm kann man sich in der **Markthalle** mit Bekleidung und Lebensmitteln eindecken. Wo seit 1894 der überdachte Markt abgehalten wird, befand sich einst der Klosterkomplex des Dominikaner-Ordens. Während der Napoleonischen Kriege Anfang des 19. Jahrhunderts wurde er ein Opfer der Flammen. Die Ordenskirche **St. Nikolai** (Kościół św. Mikołaja), deren Bau von der zweiten Hälfte des 14. bis Ende des 15. Jahrhunderts dauerte, hat die Zeiten dagegen nahezu unversehrt überstanden. Sie ist zugleich das einzige Danziger Gotteshaus, das im Zweiten Weltkrieg nicht zerstört worden ist. Zu ihren schönsten Kostbarkeiten gehört eine Pietà von 1430 und ein Kruzifix, das um 1520 entstand.

Zurück am Kohlenmarkt, fällt gleich vor Kopf neben dem **Strohturm** (Brama Słoma) aus dem 15. Jahrhundert die Rückfront des **Großen Zeughauses** (Wielka Zbrojownia) ins Auge. Eine Fußgänger- und Einkaufspassage führt vom Kohlenmarkt durch das Zeughaus in die ul. Piwna (Jopen-Gasse) hindurch, von wo der Renaissance-

016po Foto: kj

Bau seine ganze Pracht offenbart. Mit seiner reich verzierten Fassade, den anmutig ausgestalteten Giebeln und den vielen Skulpturen ist das ehemalige Waffenarsenal **eines der schönsten Renaissance-Gebäude** in Danzig. 1601–09 wurde es, wie viele andere Danziger Bauwerke, von dem begnadeten Architekten *Anthony von Obbergen* geschaffen.

Den Hauptzugang an der einstigen Westumwallung der Rechtstadt bildet das **Hohe Tor** (Brama Wyżynna) südlich vom Kohlenmarkt. 1574–76 wurde es von *Wilhelm van den Blocke* errichtet und ist mit dem Wappen Danzigs, Polens und Königlich Preußens geschmückt. Es eröffnet den sogenannten „Königsweg", denn durch das Hohe Tor und danach das Goldene Tor zogen einst die polnischen Könige nach Danzig ein. Nebenan fristeten währenddessen im Vortor mit **Peinkammer** (Katownia) und **Stockturm** (Wieża Więzienna) die gefangengesetzten Danziger Bösewichte ihr Dasein. Die alten Zellen im Stockturm kann man besichtigen, außerdem ist in den alten Mauern das Danziger **Bernsteinmuseum** untergebracht.

Das Große Zeughaus ist eines der schönsten Renaissance-Gebäude Danzigs

Das **Goldene Tor** (Złota Brama), manchmal auch „Langgasser Tor" genannt, wurde 1612–14 von *Abraham van den Blocke* erbaut. Seine allegorischen Figuren, welche 1647/48 *Peter Ringering* schuf, stellen Frieden und Freiheit, Reichtum, Ruhm, Gerechtigkeit, Frömmigkeit, Weisheit und Eintracht dar. Die Inschrift über dem Torbogen lautet: „Es müsse wohlgehen denen, die Dich lieben. Es müsse Frieden sein inwendig in Deinen Mauern und Glück in Deinen Palästen."

Nach einem Blick auf die daneben befindliche spätgotische **St.-Georgshalle** (Dwór Bractwa św. Jezergo), 1494 für die Danziger St.-Georgs-Gilde errichtet, öffnet sich östlich des Goldenen Tors die Rechtstadt in all ihrer Pracht. Seit dem 14. Jahrhundert bilden die berühmte **ul. Długa (Langgasse)** und der **Długi Targ (Lange Markt)** das Herz Danzigs. In der Langgasse und rund um den Langen Markt ließen die wohlhabendsten und reputiertesten Danziger Bürger – Kaufleute, Reeder, Bankiers, Bürgermeister – ihre prunkvollen **Giebelhäuser** errichten, von deren stattlicher Anzahl hier nur die schönsten erwähnt werden können.

Das **Uphagen-Haus** (Kamienica Uphagena) in der ul. Długa 12, 1776–79 von *Johann Benjamin Dreyer* erbaut, ist ein spätbarockes, typisches Danziger Patrizierhaus jener Epoche. Dem letzten Willen seines Bauherren, Ratsherr *Johannes Uphagen,* entsprechend, beließen es seine Erben über alle Zeiten unverändert. Die Kontore im Erdgeschoss und die aristokratisch ausgestatteten Wohnräume vermitteln eine eindrucksvolle Vorstellung von großbürgerlicher Lebensart im Danzig des ausgehenden 18. Jahrhunderts.

Das **Ferbersche Haus** (Dom Ferberów), ul. Długa 28, diente ab 1560 als Wohnhaus der über Jahrhunderte reichsten und wichtigsten Danziger Familie. Durch Holzhandel zu Vermögen gelangt, stellten die *Ferbers* zahlreiche Bankiers und Bürgermeister.

Wenige Schritte weiter schmückt sich mit der Hausnummer 35 das **Löwenschloss** (Lwi Zamek) aus dem Jahr 1569. Lange Zeit war es Treffpunkt der Danziger Gelehrten und Künstler, und 1636 weilte daselbst König *Władisław IV. Wasa* in seinen Mauern. Im **Schumannhaus** (Dom Szumannów), ul. Duga 45, 1560 im Renaissancestil für die Bürgermeisterfamilie *Schumann* gebaut, ist in der Diele die **PTTK-Touristeninformation** untergebracht.

Wo die Langgasse in den Langen Markt übergeht, erhebt sich als Mittelpunkt auf dem „Königsweg" das **Rechtstädtische Rathaus** (Ratusz Głównego Miasta). Der imponierende Backsteinbau entstand im Verlauf von mehr als 100 Jahren (1378–1492) und wurde nach einem Brand und Umbau endgültig erst 1566 fertiggestellt, als man der Dachspitze die Statue König *Zygmunts II. August* (1548–72) aufsetzte. Das barocke Eingangsportal mit zwei Löwen und dem Danziger Stadtwappen wurde 1768 von *Daniel Eggert* angefügt.

Unter der durchgängig fürstlichen Innenausstattung, mit deren Einbau

017po Foto: ki

019po Foto: ki

man gegen 1600 begann, erscheint der **Rote Saal,** auch „Ratsherrensaal" genannt, da hier die Danziger Ratsherren tagten, als der prachtvollste. Und einmal mehr war der Flame *Anthony von Obbergen* der Meister, dem dieser Wurf gelang. In sein aufwendig geschnitztes, stuckiertes und vergoldetes Deckenrelief aus dem 17. Jahrhundert sind Gemälde der niederländischen Meister *Hans Vredemann de Vries* und *Isaac van den Blocke* eingelassen. Sie stellen eine Allegorie des Danziger Handels dar. Der Kachelofen stammt aus der Hand des Bildhauers *Willem van der Meer.* Als seltene Ausnahme hat der Rote Saal den **Zweiten Weltkrieg ohne allzu große Schäden überdauert.** Denn während Hitler-Deutschland noch den „Endsieg" beschwor, machte sich der Danziger Konservator *Erich Volmar* bereits 1943 daran, die ganze Pracht abzumontieren und in der Nähe von Danzig sicher einzulagern. Bilder von der Zerstörung der Stadt 1945 zeigt im Rathaus eine kleine **Foto-Ausstellung.** Vom Rathausturm erklingt immer zur vollen Stunde ein aus 37 Glocken bestehendes **Glockenspiel,** und von seiner Aussichtsplattform genießt man einen schönen Blick über die Dächer von Danzig.

Das Portal des Uphagenhauses

Blick auf das Goldene Tor

Hinter dem Rechtstädtischen Rathaus eröffnet sich der **Długi Targ (Langer Markt)**, von dem viele sagen, er sei einer der schönsten Plätze Europas. Weiß getüncht zeigt sich dort die Renaissance-Fassade des **Artushofs** (Dwór Artusa). Ursprünglich Mitte des 14. Jahrhunderts errichtet, brannte er nach einem Gelage der Ratsherren-Gilde, die im Artus-Hof ihre Versammlungen abhielt, zunächst einmal ab, wurde 1552 wieder aufgebaut und erhielt seine heutige Gestalt schließlich 1616/17 von *Abraham van den Blocke.* Nach dem sagenhaften König Artus und seiner Tafelrunde hatte man dem Gebäude seinen Namen gegeben. Und tatsächlich entwickelte sich in der großen Halle eine Art trinkfröhliche Bruderschaft, über die brave Bürger folgende und ähnliche Klagen führten: „Täglich sieht und hört man im Artushof das wilde, brutale und üble Benehmen mancher Personen. Einige Brüder verbringen dort nicht nur ihre Tage, sondern auch ihre Nächte auf Banketten. Dies erfüllt die anständigen, frommen Bürger und die Fremden, die sich in der Stadt aufhalten, in solchem Maße mit Ärger und Angst, dass sie lieber einen weiten Bogen um den Hof machen."

Dennoch: Im 16. und 17. Jahrhundert bildete der Artushof mit seinen Banketten und Feierlichkeiten den **Mittelpunkt des vornehmen gesellschaftlichen Lebens** in Danzig. Innen schmücken ihn Gemälde, Schiffsmodelle, Ritterrüstungen und ein ganze zehn Meter hoher Renaissance-Kachelofen.

Vor seiner schneeweißen Fassade plätschert seit 1633 der **Neptunbrunnen** (Fontanna Neptuna), ein weiteres der so zahlreichen Danziger Wahrzeichen. Er entstand auf Initiative des Bürgermeisters *Speymann,* mit Entwurf und Ausarbeitung wurde *Abraham van den Blocke* beauftragt. Der Künstler verstarb jedoch noch vor Vollendung des Brunnens, und sein Schüler *Wilhelm Richter* stellte ihn fertig. Eine **Sage** erzählt, der Meeresgott Neptun habe an dieser Stelle persönlich zur Erfindung des berühmten Danziger Kräuterlikörs „Goldwasser" beigetragen. Aufgebracht darüber, dass die Leute dauernd Münzen in seinen bildschönen Brunnen warfen, drosch er mit dem Dreizack so kräftig aufs Wasser ein, dass die Münzen in unzählige feine Goldplättchen zerbarsten. Der goldene Schimmer, den sie auf der Wasseroberfläche hinterließen, brachte die Danziger auf die Idee, damit ihr „Goldwasser" zu veredeln.

Ostwärts schließt sich an den Artushof das **Neue Schöffenhaus** (Dom Ławników) an. 1712–1806 diente es als Sitz des Stadtgerichts, weshalb den Giebel eine Allegorie der Gerechtigkeit ziert. Darunter öffnet sich täglich um 13 Uhr (im Sommer zusätzlich 15 und 17 Uhr) das goldblattverzierte runde Fenster, und **„Fräulein Hedwig"** schaut auf den Platz hinaus. Sie ist die Protagonistin des bekanntesten Romans von *Jadwiga Łuszczewska* (1843–1908), „Das Mädchen am Fenster", der von der armen Jungfrau Hedwig erzählt, die ihr Onkel im Haus am Langen Markt 43 eingesperrt hielt.

Zwei Gebäude weiter reiht sich, mit vielen allegorischen Figuren und Skulpturen historischer Persönlichkeiten geschmückt, das stuckverzierte **Goldene Haus** (Złota Kamienica) in das Defilee steinerner Danziger Schönheiten ein. Das 1609–17 von *Abraham van den Blocke* für den Patrizier *Speymann* errichtete, einst goldfarbene Gebäude wird auch „Steffensches Haus" genannt, da es später in preußischer Zeit die Familie *Steffens* bewohnte.

Zur Mottlau hin wird der Lange Markt vom **Grünen Tor** (Zielona Brama) begrenzt, 1564–68 nach Plänen der Baumeister *Regnier* aus Amsterdam und *Kramer* aus Dresden errichtet. Ursprünglich trug es einen grünen Anstrich, daher der Name, doch entschied man sich beim Wiederaufbau gegen diese Farbe. Das Grüne Tor durchschreitend, gelangt man zum Uferkai an der Mottlau (Motława). Die Speicherinsel vor Augen, eröffnet sich von hier aus die wohl berühmteste Danziger Vedute: das Panorama mit zunächst dem Brotbänketor, dann dem Frauentor, dem Heilig-Geist-Tor und schließlich dem Krantor.

018po Foto: ki

Das Rechtstädtische Rathaus und der Artushof am Długi Targ

Sehenswertes zwischen Brotbänkegasse und Altstädtischem Graben (Tour 2)

Um die Sehenswürdigkeiten der Rechtstadt auch nur annähernd zu entdecken, empfiehlt es sich, in Serpentinen zu wandern. Man sollte deshalb durch das auf 1454 datierende, älteste Wassertor Danzigs, das **Brotbänketor** (Brama Chlebnicka), gleich wieder in die Rechtstadt zurückgehen. In der ul. Chlebnicka (Brotbänkegasse), die in die ul. Piwna (Jopengasse) übergeht und westlich von dem bereits erwähnten Großen Zeughaus abgeschlossen wird, boten seit dem 14. Jahrhundert die Bäcker auf Bänken ihre Teigwaren feil. Wegen seines prächtigen Reliefschmucks verdient hier unter der Adresse ul. Chlebnicka 16 das

Englische Haus (Dom Angielski) Aufmerksamkeit. Mit acht Stockwerken war es zur Zeit seiner Errichtung, 1570, das höchste Haus Danzigs.

Zwischen Großem Zeughaus und Brotbänketor thront majestätisch im Zentrum der Rechtstadt die gotische **Kirche St. Marien** (Kościół św. Mariacki), die **fünftgrößte Kirche der Welt** (1343–1502). 105 Meter lang, 66 Meter breit und im Gewölbe 29 Meter hoch, fasst sie zum Gottesdienst Tausende Gläubige. Ihr Innenraum birgt unter einem schönen Sternengewölbe zahlreiche wertvolle Schätze. Eine Kreuzigungsgruppe, 1517 von Meister *Paul* geschaffen, wird von dem Querbalken hoch in der Öffnung des Presbyteriums getragen. Der fünfflügelige spätgotische Hochaltar (1511–16) stammt von Hand des Meisters *Michael von Augsburg,* und auch die barocke Kanzel von 1617 verdient einen Blick. Das bedeutendste Kunstwerk ist jedoch *Hans Memlings* Triptychon **„Das Jüngste Gericht".** Vom Papst in Auftrag gegeben, wurde es 1473 während seiner Verschiffung von Brügge nach Italien vom Piraten *Paul Benecke* für Danzig erbeutet. Bei dem Gemälde in der St.-Reinhold-Kapelle handelt es sich allerdings um eine **Reproduktion.** Das Original befindet sich im Danziger Nationalmuseum. In der St.-Annen-Kapelle fällt der Blick auf ein um 1420 in Danzig geschaffenes, lebensgroßes Bildnis einer „Schönen Madonna". In der Heilig-Kreuz-Kapelle besticht der Adrians-Altar mit seinem vergoldeten Schnitzaufsatz aus einer Antwerpener Werkstatt (um 1515).

Ein Unikum ist die **Astronomische Uhr** im Nordschiff der Marienkirche. 1464–70 wurde sie vom Thorner *Hans Düringer* gebaut. Sie zeigt neben Stunden, Tagen und Monaten auch Kalenderheilige, Mondphasen, Tierkreiszeichen und jeweils um 12 Uhr die Verkündigung Marias und die Anbetung der Heiligen Drei Könige an. Vom 80 Meter hohen **Kirchturm,** zu dem fast 400 Stufen hinaufführen, eröffnet sich eine herrliche Sicht über die Rechtstadt bis hin zum Danziger Hafen.

An der Nordflanke der riesigen Backsteinkirche duckt sich die von König *Jan III. Sobieski* für die seinerzeit kleine katholische Gemeinde gestiftete **Königskapelle.** Barock und kuppelgeschmückt, fällt ihr in der alten Hansestadt ungewöhnliches Erscheinungsbild sofort ins Auge.

Östlich des Gotteshauses schließt sich zur Mottlau die **ul. Mariacka (Frauengasse)** an, das schönste Beispiel einer ganz besonderen Danziger Eigenart: die sogenannten **„Beischläge".** Seit Ende des 16. Jahrhunderts baute man zum Schutz vor Überschwemmungen die Hauseingänge mindestens einen Meter über dem Straßenniveau, versah sie mit einer terrassenartigen Erhöhung und breiter Treppe. Auf diesen **Terrassen,** die „einem aufgeschlagenen Haus nebenbei geschlagen" wurden, verbrachte man während der Sommerzeit einen großen Teil seines bürgerlichen Privatlebens, plauderte, aß und trank und nickte den gesellschaftlich wichtigsten Vorbeigehenden zu. Denn, prunkvoll stuckiert und ausgeschmückt, dienten

020po Foto: kj

Die gotische Kirche St. Marien ist das fünftgrößte Gotteshaus der Welt

die Beischläge zugleich auch als erstes Aushängeschild des Hauseigentümers. Unterhalb der Beischläge befanden sich im Souterrain Werkstätten und kleine Läden. Sie sind heute einer Reihe Shops und Galerien gewichen, wo man Kunsthandwerkliches und vor allem **Bernstein** in Hülle und Fülle und in allen nur denkbaren Formen erstehen kann.

Zum Uferkai schließen das spätgotische **Frauentor** (Brama Mariacka) und das **Haus der Naturforschenden Gesellschaft** (Dom Przyrodników) die Frauengasse ab. In Letzterem, 1599 von *Anthony van Obbergen* erbaut, ist das **Archäologische Museum** untergebracht, das größte seiner Art in Nordpolen, das u.a. eine Fülle an Exponaten aus der Prähistorie Pommerellens präsentiert.

Nur einen Steinwurf entfernt, folgen an der Mottlau das **Heilig-Geist-Tor** (Brama św. Ducha), durch welches man in die gleichnamige Straße mit den Geburtshäusern von *Johanna* (1766–1838) und *Arthur Schopenhauer* (1788–1860) gelangt (Hausnummer 81 und 114), und schließlich das **berühmteste Wahrzeichen Danzigs** – das **Krantor (Żuraw).** Mitte des 15. Jahrhunderts erbaut, hob der seinerzeit größte Lastenzug der Welt schwere Schiffsladungen oder setzte Schiffsmasten ein. Hinter seinen bis zu vier Meter dicken Rundmauern ist heute eine Abteilung des **Zentralen Meeresmuseums** untergebracht, die sich der historischen Rolle des Krantors widmet. Im Nebengebäude werden traditionelle Ruder- und Segelboote aus aller Welt gezeigt, und draußen setzt eine Fußgänger-Pendelfähre über die Mottlau auf die Insel Ołowianka zu den **Drei Speichern** über. Diese beherbergen die **Hauptabteilungen des Zentralen Meeresmuseums,** das mit umfangreichen Sammlungen zu Schifffahrtstechnik und Meereskultur das größte seiner Art in Polen ist. Davor liegt das **Museumsschiff „Sołdek"** vor Anker, das erste Überseeschiff, das nach dem Zweiten Weltkrieg in Polen gebaut wurde.

Nördlich des Krantors beschließen das Johannes- und das Häkertor die historische Rechtstadt. Über den **Targ Rybny (Fischmarkt),** der sich während des traditionellen **„Dominikanermarkts"** in den ersten drei Augustwochen in einen kunterbunten Jahrmarkt verwandelt, gelangt man zum **Podwale Staromiejskie (Altstädtischer Graben).** Parallel zu Resten der gotischen Rechtstadt-Befestigung verläuft er als Grenze zur Altstadt.

Sehenswertes in der Altstadt (Tour 3)

Ein Muss für deutsche Besucher ist die **Polnische Post** am pl. Obrońców Poczty Polskiej (Heveliusplatz) in der Altstadt **(Stare Miasto).** Zu Beginn des Zweiten Weltkriegs kapitulierten hier nach 14 Stunden verzweifelter Gegenwehr die polnischen Angestellten vor der deutschen Wehrmacht. Alle, die nicht bereits während der Kämpfe umgekommen waren, wurden kurze Zeit später hingerichtet, und die Polnische Post wurde zu einem **Symbol des polnischen Widerstands gegen das Nazi-Regime.** Im Gebäude ist heute ein **Museum** untergebracht. Es erinnert an die Ereignisse Anfang September 1939, die auch *Günter Grass* in der „Blechtrommel" eindrücklich beschreibt. Das **Denkmal** am Platz für die Verteidiger der Polnischen Post wurde 1979 errichtet.

Am Radaune-Kanal erhebt sich der klotzige, barockhäubchengeschmückte Turm der **Kirche St. Katharina** (Kościół św. Katarzyny). Im frühen 13. Jahrhundert erbaut, ist die dreischiffige Hallenkirche das **älteste Gotteshaus** der Stadt. In dem von einem Netzgewölbe abgeschlossenen Innenraum waren Fragmente einer aus dem 15. Jahrhundert stammenden Ausmalung, ein spätgotischer Schnitzflügelaltar mit einer Darstellung der Marienkrönung (16. Jh.) sowie ein Kreuzigungsgemälde von *Anton Möller* (17. Jh.) zu sehen. **Am 22. Mai 2006** ging das Gotteshaus **in Flammen auf.** Die wertvollsten Werke konnten zum

Glück evakuiert werden, doch ein anderer Teil der alten Innenausstattung ist wohl für immer verloren. Auch die 37 **Glocken** im Kirchturm sind seitdem abermals verstummt. Im Zweiten Weltkrieg hatten sie die Deutschen für Rüstungszwecke größtenteils eingeschmolzen, und dass das Glockenspiel später wieder erklang, war zahlreichen Spenden, auch vieler Deutscher, zu verdanken – ein Zeichen der deutsch-polnischen Aussöhnung. Für die Restaurierung von St. Katharinen bittet man nun wieder um Spenden.

Zum Symbol des polnischen Widerstands gegen das kommunistische Regime wurde die benachbarte **Kirche St. Brigitte** (Kościół św. Brygidy). Eine erste Kapelle am Ort geht auf das Jahr 1374 zurück, Baubeginn für das heutige Gotteshaus war 1396, und in den folgenden drei Jahrhunderten wurde es mehrfach umgebaut und erweitert. Nachdem mit Eintritt des Kriegsrechts die Gewerkschaft **Solidarność** Ende 1981 zur illegalen Opposition geworden war, hielt man in św. Brygidy die größten und wichtigsten **„Messen für das Vaterland"** ab. Eine Kapelle hinten im rechten Schiff der Solidarność-Kirche ist dem 1984 vom polnischen Sicherheitsdienst ermordeten Pater *Jerzy Popiełuszko* gewidmet, außerdem allen Opfern des Massakers von Katyń 1940, bei dem mehrere tausend polnische Offiziere und Zivilisten vom sowjetischen NKWD getötet wurden. Das kleinste Denkmal von św. Brygidy, eine nur 30 Zentimeter große **Nachbildung** des **Danziger Werftarbeiter-Denkmals** am Pfeiler nebenan, erinnert an die Opfer des Arbeiteraufstands von 1970. Zurzeit erhält das Gotteshaus eine neue, kostbare Attraktion. Ausschließlich aus Spenden finanziert, entsteht ein elf Meter hoher und sechs Meter breiter **Bernsteinaltar** mit einem Bildnis der Muttergottes von Częstochowa im Mittelpunkt.

Nahebei liegt auf der Radaune-Insel die sechs Stockwerke hohe, von einem eindrucksvollen Satteldach überwölbte **Große Mühle** (Wielki Młyn). Von Mitte des 14. Jahrhunderts bis 1945 wurden in den 120 Zentimeter dicken Mauern mit 18 riesigen Mühlrädern täglich bis zu 200 Tonnen Mehl gemahlen.

Von der Großen Mühle geht der Blick auf das kleine **Altstädtische Rathaus** (Ratusz Staromiejski), eine besondere Sehenswürdigkeit, denn es ist eines der wenigen in der **Renaissance** in Polen errichteten Rathäuser. In den Jahren 1587–95 wurde es von *Anthony van Obbergen* geschaffen. Das **Denkmal** vor dem Altstädtischen Rathaus ist dem Danziger Astronomen *Johannes Hevelius* (1611–87) gewidmet.

Kapelle und Presbyterium der nur wenige Schritte entfernten **Kirche St. Joseph** (Kościół św. Józefa) stammen von 1467–94. Aus Finanznot konnten die Karmeliter-Mönche das Gotteshaus erst 1623 mit einem Anbau an das Presbyterium vollenden. Bis auf das Gestühl und einen Barockaltar ist die Einrichtung heute modern.

Der Spaziergang durch die Altstadt endet in der ul. Elżbietańska, wo sich die kleine, um 1400 einschiffig errichtete **Kirche St. Elisabeth** (Kościół św.

021po Foto: ki

Elżbiety) und das an sie angrenzende barocke **Hospital der heiligen Elisabeth** (Szpital św. Elżbiety) von 1753 befinden. Bevor man nun über die Radaune in die Rechtstadt zurückgelangt, lohnt am Ufer noch der Blick auf das **Haus der Pelpliner Äbte** (Dom Opatów Pelplińskich) von 1612. Ein Danziger Woiwode machte es 1648 den Pelpliner Zisterzienser-Mönchen zum Geschenk.

Über den **Targ Drzewny (Holzmarkt)** mit einem Reiterstandbild des Türkenbezwingers vor Wien, König *Jan III. Sobieski* (1674–96), führt der Weg zum Kohlenmarkt zurück.

Einst bezwang er die Türken, heute belagern ihn die Tauben: Jan III. Sobiecki

Sehenswertes außerhalb des historischen Zentrums

Wenig Minuten zu Fuß nördlich der Altstadt sind die Häuserzeilen auf einmal nicht mehr herausgeputzt, sondern braunkohlegrau. Dort ragen am pl. Solidarności Robotniczej (Platz der Arbeitersolidarität) vor dem Tor der Danziger Werft weithin sichtbar die drei Kreuze mit Ankern des **Werftarbeiter-Denkmals** 40 Meter hoch in den Himmel. Das am 16. Dezember 1980 eingeweihte Monument gedenkt der Opfer der Streiks und Demonstrationen von 1956, 1970 und 1976.

Ein zweiter Spaziergang führt vom Kohlenmarkt über den autolärmenden Podwale Przedmiejskie (Vorstädtischen Graben) südlich von der Rechtstadt in die **Alte Vorstadt (Stare Przedmieście)** zum ehemaligen **Franziskanerkloster** mit der **Kirche St. Trinitatis** (Klasztor Franciszkanów und Kościół św. Trójcy). Drei Jahre, nachdem die franziskanischen Bettelmönche nach Danzig gekommen waren, begannen sie 1422 mit dem Bau ihres kleinen, einschiffigen Gotteshauses. Ende des 15. Jahrhunderts wurde die heute glanzvoll ausgestattete Kirche St. Trinitatis zu einer dreischiffigen Halle erweitert und ein bildschönes Sternengewölbe eingezogen. Auch die Bauarbeiten am Kloster wurden fortgesetzt, das, 1555 säkularisiert und anschließend Gymnasium, seit 1972 das **Nationalmuseum** beherbergt. Zu seinen umfangreichen Sammlungen zählen Silber- und Goldschmiedearbeiten aus dem 15. bis 19. Jahrhundert, liturgische Gewänder, historisches Mobiliar, Werke der Danziger und der flämischen Malerei ab dem 16. Jahrhundert sowie eine Galerie polnischer Malerei aus dem 19. und dem frühen 20. Jahrhundert. Wertvollstes Gemälde ist das Triptychon „Das Jüngste Gericht" von *Hans Memling* (1433–94), das 1473 für Danzig gekapert wurde.

Sehenswertes in der Umgebung

Fünf Kilometer nordwestlich vom historischen Zentrum schmiegt sich der grüne Stadtteil **Oliwa (Oliva)** an die Hänge des Trójmiasto-Landschaftsparks. 1186 gründeten Zisterziensermönche hier eine Abtei, eine erste Kirche wurde errichtet und brannte 1350 vollständig nieder. Anschließend begann man mit dem Bau der **gotischen Kathedrale** von Oliwa, so wie sie mit nur geringfügigen Veränderungen bis heute noch steht. 1660 wurde in den Klostermauern der Schwedisch-Polnische Krieg mit dem Vertrag von Oliwa beendet. Seit 1926 ist die mit 107 Metern längste Kirche Polens **Sitz des Bischofs von Danzig.** Ihr Inneres birgt eine Fülle an wertvollen Kunstschätzen überwiegend aus dem Barock: darunter der ehemalige Hauptaltar (frühes 17. Jh.), das kunstvoll geschnitzte Chorgestühl (spätes 16. Jh.) und der neue Hauptaltar (17. Jh.), um nur einiges zu nennen. Die herausragende Sehenswürdigkeit ist die 1763–88 von *Friedrich Dalitz* und *Johann Wulf* geschaffene **Barockorgel,** auf der während des jährlich im Juli und August stattfindenden Internationalen Festivals der Orgelmusik Konzerte gegeben werden. Dem Zusammenspiel ihrer 7876 Pfeifen und 110 Register können die Besucher der Kathedrale außerdem mehrmals täglich zur vollen Stunde während der Orgelvorführungen lauschen. Die 20-minütigen Kurzkonzerte werden gegeben:

- **April** Mo–Sa 11 u. 12 Uhr, So 15 u. 16 Uhr; **Mai/Sept.** Mo–Sa stdl. 10–13 Uhr, So 15 u. 16 Uhr; **Juni** Mo–Fr stdl. 10–13 Uhr und 15 u. 16 Uhr, Sa stdl. 10–15 Uhr, So stdl. 15–17 Uhr; **Juli/Aug.** Mo–Fr stdl. 10–13 Uhr und 15–17 Uhr, Sa stdl. 10–15 Uhr, So stdl. 15–17 Uhr; **Okt.** Mo–Sa 11 u. 12 Uhr, So 15 Uhr; **Nov.–März** Mo–Sa 12 Uhr, So 15 Uhr.

142po Foto: kj

Der Dom von Oliwa

Das **Diözesanmuseum** zeigt unter anderem ein Reliquiarkreuz von 1405 und eine kostbare Handschriftensammlung.

Hinter dem Klosterkomplex, in dem heute ein Priesterseminar untergebracht ist, schließt sich im **Adam-Mickiewicz-Park,** im 18. Jahrhundert mit Palmgarten, Alpinarium und botanischem Garten angelegt, der **Palast der Äbte** (Pałacz Opatów) an. Das 1754–56 erbaute dreiflügelige Rokoko-Schloss beherbergt die **Abteilung Gegenwartskunst des Danziger Nationalmuseums** und bietet Raum für Wechselausstellungen. Im benachbarten bischöflichen **Kornspeicher** von 1743 befindet sich die **Volkskunst-Abteilung des Nationalmuseums,** die sich der historischen Volkskultur Pommerellens widmet.

Auf der **Halbinsel Westerplatte** an der Mündung der Toten Weichsel (Martwa Wisła) in die Danziger Bucht erinnern heute Betonbunker, Kasernenruinen und vor allem das die gesamte Anlage überragende, gewaltige **Mahnmal** an den Beschuss der Westerplatte 1939. Gemäß der Versailler Verträge wurde auf dem bis dahin als Badestrand genutzten Gelände 1920 ein Munitionsdepot eingerichtet und eine Einheit der polnischen Armee stationiert. Mit dem Beschuss der Westerplatte durch den deutschen Schlachtkreuzer „Schleswig-Holstein" begann hier am 1. September 1939 der **Zweite Weltkrieg.**

Eine **Ausstellung** zur Geschichte der Westerplatte ist im Wachhaus Nr. 1 - 1933/34 aus Stahlbeton erbaut und heute das einzige noch gänzlich erhaltene Objekt - gleich am Anfang des weitläufigen Geländes untergebracht.

Praktische Informationen

Info

- **Zentrale Touristeninformation,** ul. Heweliusza 27 (etwas versteckt fast am Ende der Straße), 80-861 Gdańsk, Tel. (058) 3014355, Fax 3016637, www.got.gdansk.pl, www.visit.gdansk.pl, Mo–Fr 8–16 Uhr.
- **Saisoninformation** am Targ Rybny 6, Mai Mo–Fr 8–16 Uhr, Juni–Sept. Mo–Sa 10–18 Uhr, So 10–14 Uhr.
- **PTTK-Touristeninformation,** ul. Długi 45 (gegenüber vom Rechtstädtischen Rathaus), 80-827 Gdańsk, Tel. (058) 3019151, Tel./Fax 3016096, www.pttk-gdansk.pl, Mo–Fr 9–18 Uhr, Sa 10–18 Uhr.
- **Homepage der Stadt:** www.gdansk.pl.
- **Homepage von Trojmiasto (Dreistadt):** www.trojmiasto.pl.

Öffentliche Verkehrsmittel

- Straßenbahnen, Buslinien und Pendelfähren werden in Danzig von der **Verkehrsgesellschaft ZTM Gdańsk** organisiert. **Tickets** für Busse und Bahnen kauft man im Kiosk oder direkt beim Fahrer. Es gilt ein Zeittarif, den man mit Streifenkarten einlöst, für Fahrten bis zehn, 30 oder 60 Minuten. Einfacher und unbürokratischer ist die **24-Stunden-Fahrkarte** *(bilet 24-godzinnego),* mit der man für rund 10 Zł. einen Tag lang den Danziger ÖPNV nutzen kann (Verkauf nur in Kiosken).

Unterkunft

- **Zimmervermittlung** in den Touristeninformationen.
- **Hotel Hanza**€€€€€€, ul. Tokarska 6, 80-888 Gdańsk, Tel. (058) 3053427, Fax 3053386, www.hanza-hotel.com.pl. Am Ufer der Mottlau in Toplage nahe dem Krantor neu erbautes Hotel der besten Kategorie. Todschickes Interieur, Spitzenservice, mit Kasino, Bar und empfehlenswertem Restaurant. Etwa 745 Zł.

• **Hotel Królewski**€€€€€€, ul. Ołowianka 1, 80-751 Gdańsk, Tel. (058) 3261111, Fax 326 1110, www.hotelkrolewski.pl. Gegenüber der Rechtstadt 2004 auf der Ołowianka-Insel in einem restaurierten historischen Speicher eröffnete, exklusive Unterkunftsmöglichkeit. Etwa 400 Zł.

• **Pensjonat Dom Aktora**€€€€€€, ul. Straganiarska 55/56, 80-837 Gdańsk, Tel. (058) 3015901, Fax 3016193, www.domaktora.pl. Ruhig und dennoch zentral in der Rechtstadt gelegene, gemütliche kleine Pension; man spricht Deutsch. Etwa 320 Zł.

• **Dom Muzyka**€€€€€, ul. Łąkowa 1/2, 80-743 Gdańsk, Tel. (058) 3260600, Fax 3260601, www.dom-muzyka.pl. In einem schön renovierten ehemaligen Gebäude der Danziger Musikakademie, wenige Schritte östlich der Speicherinsel, keine zehn Minuten Fußweg von der Rechtstadt entfernt, die Zimmer komfortabel und elegant. Etwa 280 Zł.

• **Hostel przy Targu Rybnym**€€€€, ul. Grodzka 21, 80-841 Gdańsk, Tel. (058) 3015627, www.gdanskhostel.com.pl. Das Hostel am Fischmarkt bietet einfache Zimmer für den schmaleren Geldbeutel, wenige Minuten von Rechtstadt und Altstadt entfernt, mit Paddelboot- und Fahrradverleih. Etwa 200 Zł., das Bett im Schlafsaal ist erheblich günstiger.

• **Baltic Hostel**€€€, ul. 3 Maja 25, 80-802 Gdańsk, Tel. (058) 7219657, www.baltichostel.com.pl. Keine fünf Minuten nördlich von Hauptbahnhof und zentraler Busstation; freundliche Atmosphäre, mit Fahrradverleih. Etwa 160 Zł., das Bett im Schlafsaal erheblich günstiger.

Camping

• **Camping Nr. 218 Stogi,** ul. Wydmy 9, 80-656 Gdańsk (im Ortsteil Stogi etwa sechs Kilometer östlich vom Stadtzentrum), Tel. (058) 3073915, Fax 3042259, www.camping-gdansk.pl. Großer Platz im Kiefernwald, ca. 200 Meter vom Strand, mit Café-Bar und Campinghäuschen, an der Strandpromenade Buden und Restaurants; Ende April bis Anfang Okt. Eine Buslinie in die Innenstadt stoppt direkt vor dem Campingplatz, der erste Bus fährt morgens kurz vor 5 Uhr, der letzte 0.45 Uhr, in den Hauptverkehrszeiten alle fünf Min.

Jugendherberge

• **Jugendherberge,** ul. Wałowa 21, 80-858 Gdańsk, Tel./Fax (058) 3012313, www.mokf.com.pl, ganzjährig.

• **Jugendherberge,** ul. Grundwaldzka 244, 80-314 Gdańsk, Tel./Fax (058) 3411660, www.mokf.com.pl, ganzjährig.

• **Jugendherberge,** ul. Kartuska 245, 80-125 Gdańsk, Tel./Fax (058) 3020581, www.mokf.com.pl, ganzjährig.

Gastronomie

• **Restaurant Pod Łososiem („Zum Lachs"),** ul. Szeroka 54, Tel. (058) 3017652, www.podlososiem.pl. 1598 gegründetes Restaurant, das wohl traditionsreichste Danzigs. In der Likör-Destillerie im Keller wurde das berühmte „Danziger Goldwasser" hergestellt. Spezialität: alte Danziger Küche. Tisch vorbestellen!

• **Restaurant Gdańska,** ul. Świętego Ducha 16, Tel. (058) 3057672, www.gdanska.pl. Köstliche traditionelle Danziger Küche in gediegenem Alt-Danziger Ambiente.

• **Weitere Restaurants** ⇗„Unterkunft".

Museen und andere Sehenswürdigkeiten

• Abteilungen des **Historischen Stadtmuseums:**

Rechtstädtisches Rathaus, ul. Długa 47, Mo 10–15 Uhr, Di–Sa 10–18 Uhr, So 11–18 Uhr, im Winterhalbjahr Di–So 10–16 Uhr.

Bernsteinmuseum, ul. Długa im Stockturm, Mo 10–15 Uhr, Di–Sa 10–18 Uhr, So 11–18 Uhr, im Winterhalbjahr Di–So 10–17 Uhr.

Uphagenhaus, ul. Długa 12, Mo 10–15 Uhr, Di–Sa 10–18 Uhr, So 11–18 Uhr, im Winterhalbjahr Di–So 10–16 Uhr.

Artushof, Długa Targ, Mo 10–15 Uhr, Di–Sa 10–18 Uhr, So 11–18 Uhr, im Winterhalbjahr Di–So 10–16 Uhr.

Museum Polnische Post, pl. Obrońców Poczty Polskiej 1/2, Di 10–15 Uhr, Mi–So 10–16 Uhr.

Museum Westerplatte, Haus 1 Westerplatte (am Parkplatz gegenüber der Kasse), Mai–Sept. tgl. 9–16 Uhr.

Solidarność – Chronik einer Revolution

Nach **Ende des Zweiten Weltkriegs** entwickelte sich Trójmiasto zum bedeutenden **Wirtschaftszentrum** der Volksrepublik Polen. Dem Sechsjahresplan von 1952 sei Dank konnten der Aufbau einer **Schwerindustrie** in Angriff genommen werden sowie 200.000 neue Wohnungen und 150.000 neue Arbeitsplätze geschaffen werden. So ist es in der 1966 veröffentlichten **Erfolgsstory** über die „Nord- und Westgebiete Polens" von *Tadeusz Derlatka* und *Józef Libojański* nachzulesen, in der die Autoren weiter schlussfolgern, dass die „vielen Industriezweige der Nord- und Westgebiete fast gänzlich den Bedarf der polnischen Volkswirtschaft decken."

Tatsächlich aber prägte eine chronische **Mangelwirtschaft** das Bild der Volksrepublik, und auch die Produktivität ging zurück. Bereits **1956** wurden die Werktätigen deshalb, durch Beschluss der Führung der Polnischen Vereinigten Arbeiterpartei, zum ersten Mal mit einer „Erhöhung der Arbeitsnorm" konfrontiert. Faktisch bedeutete das eine **Lohnsenkung.** In den Zispo-Werken in Poznań kam es zum **Streik,** dem sich kurz danach auch die Danziger Arbeiter anschlossen. Man legte die Arbeit nieder und **demonstrierte** öffentlich auf den Straßen, bis Soldaten der Volksarmee die Demonstrationen blutig niederschlugen.

An der **ökonomischen Dauerkrise** änderte sich nichts. 1956–60 musste die Volksrepublik bereits acht Millionen Tonnen Getreide einführen, während die Produktivität weiter zurückging und die Geburtenrate alle Rekorde brach.

1970 gab die Bevölkerung etwa die Hälfte ihre Monatseinkommens für Grundnahrungsmittel aus. Nach einer **Lebensmittelverknappung** und gleichzeitiger **Preiserhöhung** kam es am **14. Dezember 1970** in Danzig erneut zu **Streiks.** 1165 Menschen wurden während der Unruhen verletzt, 48 getötet. Doch dies ist nur die damals offizielle Version. Heute spricht man von **70 Ermordeten.** Parteichef *Gomułka* musste gehen und wurde von *Edward Gierek* abgelöst.

1976 kam es abermals zu Arbeiterausständen, in deren Folge zahllose bis zu zehnjährige **Haftstrafen** wegen „Rowdytum" verhängt wurden. Zur politischen, juristischen und finanziellen Unterstützung der Inhaftierten schloss sich eine Gruppe unter den Bürgerrechtlern *Adam Michnik* und *Jacek Kuroń* zum **Komitee für gesellschaftliche Selbstverteidigung (KOR)** zusammen. Unter seinem Dach sammelten sich die verschiedensten Untergrundaktivisten, und mit vielen streitbaren Veröffentlichungen wurde das KOR zum intellektuellen Wegbereiter der Solidarność-Bewegung.

1980 unternahm die Regierung erneut den Versuch, die Lebensmittel-Subventionen herunterzufahren. Und wieder kam es zu Streiks. Anlässlich der Entlassung der Arbeiterin *Anna Walentynowicz,* einem Mitglied des Gründungskomitees freier Gewerkschaften von 1976, traten am **14. August 1980** die Beschäftigten der **Danziger Lenin-Werft** in den Ausstand. Doch anders als in den Jahren davor gingen sie diesmal nicht auf die Straße, wo sie bewaffneter Polizei und Armee gegenüberstanden, sondern **verschanzten sich** in ihrem Betrieb. Patriotische und religiöse Lieder wurden gesungen, Messen gelesen und Streikkomitees gegründet. Vor dem Tor der besetzten Lenin-Werft strömten die Menschen zusammen, bald schon aus allen Teilen des Landes, schmückten es mit Blumen und zündeten Kerzen an. Bilder aus Danzig, die um die Welt gingen.

An die Spitze der Streikenden stellte sich der in einer Kleinbauernfamilie in Popowo geborene Elektriker **Lech Wałęsa.** Ebenfalls Mitglied des Gründungskomitees freier Gewerkschaften und bereits mehrfach verhaftet, gelang es dem begnadeten Redner, die allgemeine Empörung in zielgerichtete Bahnen zu lenken. In Windeseile **weiteten sich die Streiks auf ganz Polen** aus. Die Stimmung war explosiv, die Lage dramatisch. Das ganze Land wartete angespannt auf eine Entscheidung der politischen Führung.

Sie wurde zwei Wochen später gefällt. Am **31. August 1980** unterzeichneten *Lech Wałęsa* und der stellvertretende Ministerpräsident *Jagielski* die **„Danziger Vereinbarung“,** die u.a. die Zulassung unabhängiger Gewerkschaften gewährte – bis dahin ohne Beispiel in den Ländern des Ostblocks.

Am 24. Oktober 1980 wurde die **erste freie Gewerkschaft** hinter dem Eisernen Vorhang von den Behörden unter dem Namen **„Solidarność“** registriert. Wenige Wochen später zählte sie schon über zehn Millionen Mitglieder. Die besorgten Warschauer-Pakt-Staaten beraumten kurzfristig ein Sondertreffen ein, in dessen Anschluss die sowjetische Nachrichtenagentur TASS Anfang Dezember eine „sozialistische Lösung“ für Polen empfahl. Im Gegenzug warnte die NATO den sowjetischen Staatschef *Leonid Breschnew* vor einem Einmarsch der Warschauer-Pakt-Truppen in ihren Bruderstaat. Die Situation spitzte sich zu, nun auch international.

Davon unberührt, erfolgte in Danzig vor den Toren der Werft am **16. Dezember 1980** die Enthüllung des **Werftarbeiter-Denkmals.** Drei 40 Meter hohe, jeweils mit einem Anker bestückte Stahlkreuze erinnern an die Aufstände 1956, 1970 und 1976. Im unteren Drittel des Monuments sind Szenen aus dem Arbeiterleben eingelassen und ein Gedicht von *Czesław Miłosz* (1911–2004), der 1980 den Literatur-Nobelpreis erhielt:

„Der du dem einfachen Menschen Unrecht getan
Und schallend gelacht hast über sein Leiden.
Fühl dich nicht sicher! Der Dichter bewahrt's im Gedächtnis.
Du kannst ihn ermorden – es wird ein neuer geboren.
Aufgezeichnet werden Taten und Worte als Vermächtnis.“

Am **13. Dezember 1981,** fast auf den Tag genau ein Jahr nach der Enthüllung des Denkmal, verhängte General *Jaruzelski* das **Kriegsrecht.** Mit dem **Verbot der Solidarność** und Tausenden Verhaftungen dauerte es bis Juli 1983, die Solidarność selbst wurde nach knapp sechs Jahren Untergrundarbeit erst im April 1989 wieder zugelassen. Bei den sich im Juni 1989 anschließenden **Parlamentswahlen** gewann die Gewerkschaft, die längst eine Volksbewegung war, sämtliche Sitze, die die Regierung den Unabhängigen überhaupt einräumen musste. Im November wurde der Solidarność-Führer *Lech Wałęsa* zum Präsidenten der Republik Polen ernannt – dem **ersten frei gewählten Staatspräsidenten** in der Geschichte des Landes.

● **Abteilungen des Nationalmuseums Danzig:**

Nationalmuseum, ul. Toruńska 1 (ehem. Franziskanerkloster), Di–Fr 9–16 Uhr, Sa/So 10–17 Uhr.

Museum für Gegenwartskunst, ul. Cystersów 15a, Gdańsk-Oliwa (im Äbte-Palast), Di–Fr 10–17 Uhr, Sa/So 10–18 Uhr, im Winterhalbjahr Di–So 10–17 Uhr.

Volkskunstmuseum, ul. Cystersów 19, Gdańsk-Oliwa (im alten Kornspeicher), Di–Fr 10–17 Uhr, Sa/So 10–18 Uhr, im Winterhalbjahr Di–So 10–17 Uhr.

● **Abteilungen des Zentralen Meeresmuseums:**

Krantor, ul. Szeroka 67/68, tgl. 10–18 Uhr, im Winterhalbjahr Di–So 10–16 Uhr.

Meeres- und Schifffahrtsmuseum, ul. Ołowianka (in den Drei Speichern auf der Ołowianka-Insel), tgl. 10–18 Uhr, im Winterhalbjahr Di–So 10–16 Uhr.

Museumsschiff „Sołdek", am Kai vor den Drei Speichern, tgl. 10–18 Uhr, im Winterhalbjahr Di–So 10–16 Uhr.

024po Foto: kj

● **Archäologisches Museum,** ul. Mariacka 25/26 (im Haus der Naturforschenden Gesellschaft), Di–Fr 9–17 Uhr, Sa/So 10–17 Uhr, im Winterhalbjahr Di–Fr 9–16 Uhr, Sa/So 10–16 Uhr.

● **Kirche St. Marien,** Podkramarska 5, Kirche und Turm Mo–Sa 9–17, So 13–17 Uhr.

● **Diözesanmuseum** im Dom Oliwa, Di–Sa 9–17 Uhr, So 10–17 Uhr.

Kulturelle Veranstaltungen

● **Internationales Festival der Orgelmusik,** Juni–Sept. im Dom zu Oliwa.

● **Dominikanermarkt,** kunterbunter Jahrmarkt auf den Straßen und Plätzen der Danziger Altstadt, jedes Jahr in den ersten drei Augustwochen.

● **Internationales Straßentheaterfestival „FETA",** im Juli.

● **Baltic Sail,** internationale Segelregatta mit buntem Beiprogramm wie Drachenbootrennen, Seglerparade u.v.m., in der zweiten Juli-Hälfte.

Aktivitäten

● **Hafenrundfahrten** und **Fahrten zur Westerplatte:** mit den Schiffen der Weißen Flotte Danzig, ab Długie Pobrzeże (Lange Brücke, am Grünen Tor); Juli/Aug. 9–19 Uhr, April–Juni und Sept./Okt. 10–16 Uhr.

● **Ausflugsschifffahrten nach Sopot und Hel:** mit dem Tramwaj Wodny ab Mottlau-Kai vor dem Targ Rybny, nach Sopot Juli/Aug. vier Mal tgl., nach Hel Juli/Aug. drei Mal tgl. (Fahrscheine in der Saison-Touristeninformation Targ Rybny 6).

Touristeninformation

Frische Nehrung und Weichselniederung

Überblick

Östlich von Gdańsk mündet bei Mikoszewo der Hauptarm der **Weichsel (Wisła)** in die Ostsee. Nach einer 1047 Kilometer langen Reise ist der **längste Fluss Polens** an seinem Ziel angelangt. Saftige grüne Weiden und fette schwarze Böden, auf denen üppig Getreide und Gemüse gedeihen, prägen die Weichselniederung **(Żuławy Wiślane),** die zu den **fruchtbarsten Regionen** Nordpolens zählt. Ab dem 16. Jahrhundert entwässerten mennonitische Glaubensflüchtlinge aus Holland das sumpfige Weichseldelta, weshalb man heute gelegentlich noch auf eine – meist leider verfallene – **Windmühle** stößt. Ebenfalls charakteristisch für das von zahllosen kleinen Kanälen durchzogene Niederungsland sind die fachwerkgeschmückten **Vorlaubenhäuser,** die einst die reichen Weichselbauern errichteten.

Weiter unten im Süden ragen die monumentalen **Backsteinbauwerke** der **Deutschordensritter** auf, allen voran die imposante **Marienburg bei Malbork** an der Nogat, die größte Backsteinburg in Europa und Weltkulturerbe der Menschheit. Und auch die Ordensburgen in Gniew und Kwidzyn sowie das ehemalige **Zisterzienser-Kloster Pelplin** lohnen einen Besuch.

Im Osten der **Nogat,** dem östlichen Weichsel-Mündungsarm, der sich ins Frische Haff ergießt, verläuft die Grenze zur Woiwodschaft **Wamińsko-Mazurskie (Ermland-Masuren).** Von 1920 bis zum Ausbruch des Zweiten Weltkriegs verlief dort die Grenze zwi-

143po Foto: ki

schen Deutschland und der Freien Stadt Danzig und südlich der Nogat, am Weichselstrom, die Grenze zwischen Deutschland und Polen. Eine der traurigen Hinterlassenschaften aus deutscher Zeit ist das **Konzentrationslager Stutthof** am Anfang der Frischen Nehrung, heute eine Gedenkstätte.

Strandleben mit Wasserrutsche in Stegna

Geografisch wird das Tiefland von der Nogat in ein **Großes Werder** und ein **Kleines Werder** unterteilt. Und noch eine weitere Grenze soll nicht unerwähnt bleiben: Durch den östlichen Zipfel der **Frischen Nehrung** (Mierzeja Wiślana), die als schmaler Sandstreifen die Danziger Bucht vom **Frischen Haff** (Zalew Wiślany) trennt, verläuft die Grenze zum **russischen Bezirk Königsberg** (Oblast Kaliningrad). Im Badeörtchen Piaski endet die Straße, und kurz danach gibt es kein Weiterkommen mehr auf den russischen Teil der Nehrung. **Achtung:** Grenzübertritte zu Fuß durch den Wald oder über den Strand sind verboten!

Von der Weichselmündung zur Frischen Nehrung

↗ XIII/C-D3

Nur wenige Kilometer hinter Danzig endet beim Örtchen **Sobieszewo (Neufähr)** die Straße 501, die an der Küste entlang zur Frischen Nehrung (Mierzeja Wiślana) führt, auf einmal an einer wirklich bedenklich ausschauenden Ponton-Brücke über die Tote Weichsel (Martwa Wisła). Sollte dort noch immer das Verkehrsschild stehen, das darauf hinweist, dass der Fluss via dieser schwankenden Angelegenheit von Karossen mit mehr als 1,5 Tonnen nicht überfahren werden darf (ein Mercedes wiegt etwa 2 Tonnen) – nur keine Angst: Ein Witzbold hat lediglich ein Komma zwischen die 1 und die 5 gemalt.

Nach der Wackelpartie von Sobieszewo folgt hinter **Świbno (Schievenhorst)** die nächste Weichselüberquerung. In majestätischer Breite zieht der Strom hier seinem Ende entgegen. Doch was heute als Hauptarm der Weichsel gilt, ist tatsächlich eine künstlich geschaffene Einmündung. 1895 wurde der Durchstich fertiggestellt. Zum jenseitigen Ufer nach **Mikoszewo** pendelt eine **Auto- und Personenfähre** (tgl. 5.20–22 Uhr), die ablegt, sobald sie ausgelastet ist – und das ist sie eigentlich immer. Ein Spaziergang zur Abkürzung der Wartezeit, der Weichselmündung entgegen, verliert sich nach wenigen Schritten in einem undurchdringlichen Dickicht, denn die Schwemmkegel zu beiden Seiten der Mündung in die Danziger Bucht sind den **Nistplätzen** von Seeschwalben, Lachmöwen und Kormoranen vorbehalten. Auch **Zugvögel** pausieren auf ihren Kontinente überspannenden Flügen zweimal im Jahr im **Reservat Mewia Łacha.**

Der Küstenstreifen bis zur Frischen Nehrung trägt dank der vielen Anspülungen des dunkelgelb funkelnden Ostseegolds den Namen **„Bernsteinküste"** (Bursztynowe Wybrzeże). Zwischen kiefernbestandenen Dünenwällen liegen die **Badeorte** Jantar und Stegna gleich hinter dem Strand. **Jantar (Pasewark)** ist für die Vorwahlen zur „Miss Bernstein" (Finale in Ustka) bekannt, in **Stegna (Steegen)** finden alljährlich an einem August-Wochenende, begleitet von einem kunterbunten Rahmenprogramm, **Weltmeisterschaften im Bernsteinfischen** statt. Und im Fachwerkkirchlein von 1681 kommt im Rahmen des **Internationalen Festivals der Orgelmusik Elbląg/Frombork/Stegna** im Juli und August die reich verzierte Orgel zum Klingen. Nicht weit von der Touristeninformation an der Hauptstraße entfernt, wartet zudem das **Bernsteinmuseum** (Muzeum Bursztynu) auf einen Besuch.

Da und dort kann man noch schöne Beispiele der für die Weichselniederung typischen **Vorlaubenhäuser** entdecken. Die Eigenart dieser in Fachwerkbauweise errichteten historischen **Bauernhäuser** ist ein über dem Erdgeschoss von Stützpfeilern getragener, weit ausladender Vorbau. Hoch gefüllte Erntewagen fuhren unter ihm ein, sodass das **Korn direkt** durch eine Luke hindurch **in den Speichervorbau** geschaufelt werden konnten. Eine überaus praktische Einrichtung, die sich die Bauern im Weichsel-Land da zunutze machten.

Eine Attraktion auf schmalem Gleis ist der **Jantar-Ekspres.** Von Mikoszewo über Jantar und Stegna bis Sztutowo schuckelt die putzige **Schmalspurbahn** von Ende Juni bis Anfang September und verbindet die **Badeorte** am Scheitel der Danziger Bucht miteinander.

Konzentrationslager Stutthof

Am Eingang zur Frischen Nehrung liegt der Badeort **Sztutowo** (Stutthof), und er ist zu trauriger Berühmtheit gelangt. 30 Kilometer von Danzig entfernt, wurde hier 1939, unmittelbar nach dem Einmarsch der Deutschen in der Freien Stadt, das Konzentrationslager Stutthof errichtet. **110.000 Menschen** ist es während der Nazityrannei zum Verhängnis geworden. Zehntausende wurden hingerichtet oder starben infolge der menschenverachtenden Lebensbedingungen.

Auf dem Gelände der **Gedenkstätte Sztutowo,** das heute nur einen Teil der einstigen Todes-Anlage umfasst (und der ist erschreckend groß genug), sind die SS-Lagerbereiche, die Häftlingsbaracken, die Gaskammer und das Krematorium zu besichtigen. Es ist ein Ort voller furchtbarer Geister, die dunkle deutsche Vergangenheit wird in Stutthof auf einmal wieder lebendig. Umso mehr wundert die Freundlichkeit, mit der der Pförtner auf dem bewachten Parkplatz auch die deutschen Besucher begrüßt. Der Eintritt ist frei, doch bittet man um Spenden für den Erhalt der Gedenkstätte. Kindern unter 13 Jahren ist die Besichtigung aus Fürsorgepflicht nicht erlaubt.

Praktische Informationen

Info

- **Touristeninformation,** ul. Gdańska 36a, 82-103 Stegna, Tel. (055) 2478692, Juni–Sept. Mo–Sa 8–20 Uhr, So 10–20 Uhr, Okt.–Mai Mo–Fr 8–16 Uhr.
- **Homepage von Stegna:** www.stegna.ug.gov.pl.

Unterkunft

- **Salvinia Lodge**€€€€€€, Przemisław 4, 82-103 Stegna, Tel. (055) 2464857, www.salvinialodge.pl. Liebevoll restauriertes Vorlaubenhaus ca. vier Kilometer südlich von Mikoszewo im Weiler Przemisław, die Zimmer von ausgewählter Eleganz. Etwa 380 Zł.
- **Pensjonat Oleńka**€€, ul. Kościuszki 14, 82-103 Stegna, Tel. (055) 2478565, www.olenka-stegna.ovh.org. Großer, gepflegter Neubau, der an Komfort nichts missen lässt, im Ortszentrum, etwa 1000 Meter zum Strand, geöffnet Mai–Sept. Etwa 100 Zł.

Camping

- **Camping Nr. 180,** ul. Morska 15, 82-103 Stegna, Tel. (055) 2478294, www.camp180.mierzeja.pl. Schöner, großzügiger Platz unter Kiefern direkt hinter dem Strand, mit Café-Bar, kleinem Laden, Campinghäuschen und Kinderbad, Anfang Mai bis Ende Sept.

Museen und andere Sehenswürdigkeiten

- **Museum Konzentrationslager Stutthof,** Mai–Sept. tgl. 8–18 Uhr, Okt.–April tgl. 8–15 Uhr, Kinder unter 13 Jahren haben keinen Zutritt, montags finden keine Führungen statt.

025po Foto: ki

- **Bernsteinmuseum** in Stegna, ul. Gdańska 64, Mai–Sept. tgl. 10– 19 Uhr.

Kulturelle Veranstaltungen

- **Internationales Festival der Orgelmusik,** Juli/Aug. in Stegna.

Aktivitäten

- **Schmalspurbahn Jantar-Ekspres,** Ende Juni bis Anfang Sept. mehrmals tgl. ab den Bahnhöfen Mikoszewo, Jantar, Stegna und Sztutowo.

Der Jantar-Ekspres verbindet die Badeorte am Scheitel der Danziger Bucht miteinander

Frische Nehrung

↗ XVI/B2, XVII/C2

Der schmale Landstreifen der **Weichsel-Nehrung (Mierzeja Wiślana),** die wenig östlich hinter Sztutowo beginnt, wird wegen der gebogenen Form gelegentlich auch „Sichel" genannt. Der auf Deutsch gebräuchliche **Name** ist Frische Nehrung; und von diesem berichtet 1684 der preußische Gelehrte *Christoph Hartknoch* (1644–87), dass er von einem Ankerplatz namens „Frischingshafen" herstamme, der hier einmal gewesen sein soll, bis heute aber nie nachgewiesen worden ist.

Mit Inbesitznahme der Region **1309** durch den **Deutschen Orden** wurde auch die Frische Nehrung Ordensrittergebiet. Im Verlauf der nächsten beiden Jahrhunderte entwickelte sie sich zum wichtigen **Handelsweg,** über den man Waren bis ins Baltikum hinauf transportierte. Zahlreiche Wirtshäuser säumten die Straße. Der alte deutsche Name der Ortschaft Piaski, „Neukrug“, erinnert noch daran.

Bereits Mitte des 19. Jahrhunderts wurden die feinen Sandstrände, breiten Dünenwälle und würzig duftenden Kiefernwäldchen zwischen Ostseewellen und Frischem Haff als **Sommerfrische** entdeckt. Seit 1985 ist die zwischen 500 und 2000 Meter schmale, sich über insgesamt 70 Kilometer erstreckende Frische Nehrung auf ihrem 50 Kilometer langen polnischen Teil **Landschaftspark.**

Kąty Rybackie ↗ XIII/D3

Gleich am Anfang der Nehrung liegt Kąty Rybackie **(Bodenwinkel),** ein 1643 erstmals erwähntes Fischerdorf und dank seines herrlichen Sandstrandes heute beliebter Urlaubsort. Am kleinen Fischerhafen wartet das **Museum des Frischen Haffs** mit einer Schiffbauerwerkstatt und einer zehn Meter langen Barkasse, die noch Mitte des letzten Jahrhunderts zum Fischfang genutzt wurde, auf einen Besuch.

Info

- **Homepage des Verbands „Frisches Haff“:** www.mierzeja.pl.

Camping

- **Camping Nr. 17 Gniazdo Kormorana,** ul. Morska 7 (von der Hauptstraße aus dem Schild „plaża“ (Strand) folgen), 82-104 Kąty Rybackie, Tel. (055) 2478705. Gepflegte Anlage unter Kiefern, 100 Meter zum Strand, mit kleinem Café und Campinghäuschen, Anfang Juni–Ende Sept.

Museen und andere Sehenswürdigkeiten

- **Museum des Frischen Haffs,** ul. Rybacka 64, 82-104 Kąty Rybackie, Juni–Sept. tägl. 9–18 Uhr.

Krynica Morska ↗ XVII/C2

Östlich von Kąty Rybackie liegt mit 865 ständigen Einwohnern, zahlreichen Pensionen und noch mehr Ferienzimmern, Freiluftlokalen und Imbissbuden, Badespaß und Freizeitvergnügen Krynica Morska **(Kahlberg-Liep),** der Hauptbadestrand und Fähranleger der Nehrung. **Ausflugsdampfer** kreuzen vom Haffufer aus über das Frische Haff nach Elbląg (Elbing) und Frombork (Frauenburg). Vom ursprünglich 1894 erbauten, 1951 rekonstruierten, 26,5 Meter hohen **Leuchtturm** bietet sich eine fantastische Sicht von der Weichselniederung über die Danziger Bucht und das Frische Haff bis nach Russland.

Info

- **Touristeninformation der lokalen Tourismusorganisation,** ul. Żeromskiego 6 (im Souterrain des Hotels 4 Pory Roku), 82-120 Krynica Morska, Tel. (055) 2396057, Fax 239 6055, www.krynicamorska.com.pl, Mo–Sa 9–20 Uhr, So 10–20 Uhr.
- **Touristeninformation,** ul. Górników 15 (im Stadtamt), 82-120 Krynica Morska, Tel. (055) 2476444, www.krynicamorska.pl, Mo–Fr 10–15 Uhr.
- **Homepage des Verbands „Frisches Haff“:** www.mierzeja.pl.
- **Homepage der Gemeinde Krynica Morska:** www.krynicamorska.pl.

Unterkunft

- **Zimmervermittlung** in der lokalen Touristeninformation.
- **Hotel Kahlberg**€€€€€, ul. Bosmańska 1, 82-120 Krynica Morska, Tel. (055) 2476017, www.kahlberg.mierzeja.pl. Sorgfältigst restauriertes und um einen schmucken Neubau erweitertes Traditionshotel an der Haffseite am kleinen Fischerhafen. Moderner Mittelklassekomfort, mit Bar und Restaurant. Etwa 280 Zł.
- **Hotel 4 Pory Roku**€€€€, ul. Żeromskiego 6, 82-120 Krynica Morska, Tel. (055) 2396057, Fax 2396055, www.krynicamorska.com.pl. Viergeschossiger großer Neubau auf einem Waldgrundstück, 200 Meter von Ortszentrum und Strand entfernt, die geräumigen Zimmer mit allem Bequemlichkeiten und größtenteils mit Balkon. Etwa 200 Zł.

Camping

- **Camping Nr. 71 Gallus,** ul. Marynarzy 2, 82-120 Krynica Morska, Tel./Fax (055) 247 6126, www.gallus.mierzeja.pl. Weitläufiger, zum Strand abfallender Platz im Kiefernwald, mit Laden, Café, Campinghäuschen, Anfang Mai bis Ende Sept.

Museen und andere Sehenswürdigkeiten

- **Leuchtturm,** ul. Żołnierzy 1b, Juli/Aug. tgl. 9–14 Uhr und 15–19 Uhr, Juni/Sept. tgl. 10–14 Uhr und 15–18 Uhr.

Aktivitäten

- **Ausflugsschiffe** nach Frombork und Elbląg sowie Kreuzfahrten über das Frische Haff: ab Hafen Krynica Morska, Juli/Aug. je 4 Mal tgl., Mai/Juni und Sept. je 2 Mal tgl.

Piaski

Ein schmales, holpriges Asphaltband führt durch Kiefernwald zum Weiler Piaski (**Neukrug**) kurz vor der 1945 gezogenen Grenze zum russischen Teil der Nehrung. Seine Anfänge gehen auf ein **Wirtshaus** zurück, das, an dem stark frequentierten Handelsweg Richtung Livland gelegen, im Jahr 1429 das Schankrecht erhielt.

Der Strand ist heute in der Hochsaison ebenfalls gut besucht, doch viel weiter nach Nordosten verläuft sich kaum einer mehr. So befindet sich dort, sehr zur Freude der „Naturisten", einer der seltenen polnischen **FKK-Badestrände.**

Von Piaski aus in den **russischen Teil** der Mierzeja Wiślana weiterzureisen, ist nicht möglich. Kleinen Grenzverkehr von hüben nach drüben unternehmen nur **Wildschweinfamilien,** die in Piaski am Straßenrand Urlaubsgäste um Leckereien anbetteln.

Info

- **Homepage des Verbands „Frisches Haff":** www.mierzeja.pl.

Camping

- **Camping Nr. 182 Piaski,** ul. Słoneczna 4a, in Piaski unmittelbar am Haff, 82-120 Krynica Morska, Tel. (055) 2476113, www.campingpiaski.pl. Schöner, ebener Wiesenplatz mit Blick über das Haff bis nach Frombork, einfach ausgestattet, 800 Meter zum Ostseestrand, mit Campinghäuschen und Tretbootverleih, Anfang Juni bis Ende Aug.

026po Foto: kj

Tczew

↗ XVI/B3

20 Kilometer südlich von Gdańsk liegt Tczew (**Dirschau**) am Westufer der Weichsel. Berühmtes Wahrzeichen der knapp 62.000 Einwohner großen Stadt ist die 1888–90 errichtete **Eisenbahnbrücke,** die auf mehr als einem Kilometer Länge die Weichsel überspannt. Von der bereits 1851–57 gebauten Straßenbrücke sind nur noch vier Pfeiler erhalten. Die neue Autobrücke führt südlich von Tczew über die Weichsel.

Wie mit Zuckerguss verziert: Giebelhäuser am Marktplatz von Tczew

So braust man an der so verkehrsgünstig gelegenen Stadt denn auch in der Regel vorbei. Dabei lohnt der vollständig erhaltene **historische Innenstadtkern** einen Blick. **Giebelhäuschen** reihen sich um den kopfsteingepflasterten **Marktplatz** (plac Gen. Hallera), von dem schmale Gassen und die obligatorische kleine Fußgängermeile abgehen. Dass die Farbe von den Häusern abblättert und sie braunkohlerußfarben eingetrübt sind, weist darauf hin, dass Tczew auf Touristenströme nicht eingestellt ist.

Ältestes Baudenkmal und zugleich einer der schönsten Sakralbauten in der Region ist die 1275 errichtete und 1746 ein letztes Mal umgestaltete **Pfarrkirche der Erhebung des heili-**

gen Kreuzes (Kościół Farny pw. Podwyższenia Kryża Świętego). Den Innenraum des mit einem prunkvollen Barockaltar ausgestatteten Gotteshauses beschließt ein filigran gearbeitetes Sternengewölbe, an den Wänden wurden wertvolle Fresken aus dem 15. Jahrhundert wiederentdeckt.

Ein fünfminütiger **Spaziergang** führt von der Kirche zum **Weichselufer** hinab, von wo aus man einen schönen Blick auf die alte Eisenbahnbrücke hat.

Die Marienburg in Malbork

↗ XVI/B3

Wer den **drittgrößten Burgkomplex** (nach dem Prager Hradschin und Moskauer Kreml) bzw. das **größte backsteingotische Bauwerk Europas** besichtigen will, muss nach Malbork **(Marienburg)** in die Weichselniederung fahren. Dort steht am Nogat-Ufer die im 13./14. Jahrhundert vom Deutschen Orden (↗ Exkurs) erbaute Marienburg, die 1997 von der UNESCO zum **Weltkulturerbe** erklärt wurde.

Um die imposante Burganlage in ihrem gesamten Ausmaß ins Auge zu fassen, empfiehlt es sich, zunächst einen **Blick vom Westufer der Nogat** aus auf sie zu werfen. Über dem Fluss erheben sich die Türme, Tore und Ringmauern, und im Zentrum thronen das Hochschloss und das Mittelschloss mit dem Hochmeister-Palast.

Für die Besichtigung der Marienburg sollte man **mindestens einen Tag Zeit** mitbringen, und ratsam ist es auch, sich einer **Führung** anzuschließen. Einmal, um sich in der Burg nicht zu verlaufen, und zum anderen, weil die sehr sachkundigen Führer nicht nur alles architektonisch, kunst- und kulturhistorisch **Wissenswerte** anschaulich darlegen, sondern weil sie zudem ihre Erzählungen mit amüsanten **Histörchen** ausschmücken und die Ritterzeit so wieder aufleben lassen. Die Führungen werden in allen möglichen europäischen Sprachen abgehalten, darunter natürlich **auch auf Deutsch.** Man sollte sich darauf einstellen, nicht allein durch die altehrwürdigen Hallen zu wandeln: Die Marienburg ist eines der herausragenden historischen Bauwerke Polens und zugleich eine Art Nationalheiligtum.

Gegen **1274** war **Baubeginn.** In den folgenden drei Jahrzehnten entstand zunächst das **Hochschloss,** der Kern der Burganlage, in das der Orden um 1280 noch während der Bauarbeiten einzog. Auf quadratischem Grundriss wurde das **Konventhaus** wie ein Würfel mit mehreren Stockwerken hoch in den Himmel hinauf errichtet. Eine Art Klosterhochhaus, das man unter den Dachkronen mit einem Wehrgang versah und den für Ordensburgen typischen kleinen Ecktürmchen sowie einem mächtigen **Wachturm** befestigte.

Im Norden des Hochschlosses breitete sich allmählich eine **Vorburg** mit ersten **Ringmauern** und **Wirtschaftsgebäuden** aus. 1309, als der Hochmeistersitz von Venedig in die Marienburg verlegt wurde, musste sie dem Bau des majestätischen **Mittelschlosses** weichen.

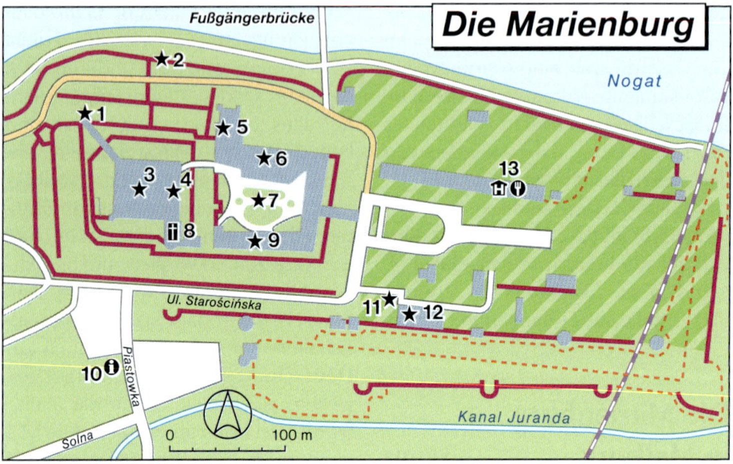

★ 1 Dansker (Abortturm)
★ 2 Brückentor
★ 3 Hochschloss
★ 4 Kapitelsaal
★ 5 Hochmeisterpalast
★ 6 Großer Remter
★ 7 Mittelschloss
8 Marienkirche
★ 9 Bernsteinausstellung
10 Touristeninformation
★ 11 Kasse
★ 12 Karwan (das damalige Waffenlager und Wagenremise)
13 Hotel und Restaurant Zamek

Vorschloss

Und da sich die Ordensritter mittlerweile wohl an das ständige Hämmern und Klopfen gewöhnt hatten, nahm man auch gleich noch den **Ausbau des Hochschlosses** in Angriff. Im Innenhof wurden seine vier Flügel über zwei Etagen hinweg mit einer eindrucksvollen Galerie umzogen – dem **Kreuzgang** des Ordenshochschlosses.

Der **Nordflügel** mit einer kleinen Kapelle wurde 1331–44 in östliche Richtung zur großen **Schlosskirche St. Marien** erweitert. Ein prächtig verziertes Spitzbogenportal, die „Goldene Pforte", führt in die Kirche hinein.

Im Erdgeschoss des Hauptschlosses sind die Wirtschaftsräume untergebracht. In der ersten Etage befinden sich im Nordflügel der **Kapitelsaal** sowie die über zwei Stockwerke reichende Kirche St. Marien. An den Westflügel mit Gemächern und Schatzkammer schließt sich ein 64 Meter langer

Gang zur Nogat hin an. Er führt zum **Dansker,** einem gewaltigen Wehr- und Wachturm, der den Ordensrittern zugleich als Austritt diente. Süd- und Ostflügel bergen die Dormitorien (Schlafsäle). Im zweiten Stockwerk befinden sich Lagerräume, die Konventsstube und der **Konventsremter,** der Versammlungs- und Speisesaal der Ordensritter, in dem heute eine **Ausstellung** über die Marienburg untergebracht ist.

Hochschloss und das gegen 1330 fertiggestellte **Mittelschloss** sind durch eine **Brücke** miteinander verbunden. Von Festungsgräben und trutzigen Wehrmauern umgeben, erhielten die Ritter Einlass ins Mittelschloss nach dem Passieren von Zugbrücke, Torturm und einem mit dicken Mauern und Fallgattern ausgestatteten Zwinger. Berühmtester Saal im Mittelschloss ist der **Große Remter.** Mit 30 Metern Länge und 15 Metern Breite ist er nicht nur der größte Repräsentationssaal der Marienburg, sondern war zu Ordensritterzeiten zugleich **einer der größten Festsäle Mitteleuropas.** Glanzvolle Bankette mit bis zu 400 Gästen, wie sie unter dem kunstvoll aufgefächerten Sternengewölbe veranstaltet wurden, ließen weltliche Herrscher vor Neid erblassen.

In den letzten beiden Jahrzehnten des 14. Jahrhunderts entstand dann das prunkvollste Bauwerk der Marienburg: der **Hochmeisterpalast,** der sich Achtung gebietend aus einer Flucht des Mittelschlosses der Nogat entgegenschiebt. Im Gebäude befinden sich die mit bildschönen floralen Ornamenten verzierten **Gemächer des Hochmeisters** sowie zwei weitere Kleinode der Marienburg: der Sommer- und der Winterremter. Im **Sommerremter** pflegte der Hochmeister zur warmen Jahreszeit mit seinen Herrschaften fürstlich zu speisen. Außerdem wurden in dem quadratischen Repräsentationsraum, dessen einziger, zierlicher Granitpfeiler ein kunstvolles Rippengewölbe stützt, die offiziellen Würdenträger empfangen. Zur kühleren Jahreszeit zog man in den kleineren **Winterremter** nach nebenan, der sich mit einem ausgeklügelten **Heizsystem** aufwärmen ließ.

An den Hochmeisterpalast und das Mittelschloss schließt sich mit der Kirche St. Lorenz, Wirtschaftsgebäuden, Schanzen, Basteien und Bollwerken im Norden das **Vorschloss** an. An seiner Flanke befinden sich auch die Parkplätze, der Eintrittskartenverkauf und die Sammelstelle für die Führungen durch die riesige Anlage.

Einmal jährlich an einem Wochenende im Juli wandelt sich plötzlich das Bild, und man fühlt sich ins **Mittelalter** zurückversetzt. Geharnischte Rittersleute zu Fuß und zu Pferde schärfen während der **Belagerung der Marienburg** ihre Klingen und warten auf die Erstürmung. Reiterturniere, Armbrust- und Bogenschießen sowie ein bunter mittelalterlicher Markt kürzen die Wartezeit ab, bis in der Abenddämmerung der Sturmruf ertönt und die Schlacht um die Burg beginnt. Den Abschluss der großartigen Show bildet um Mitternacht ein Feuerwerk, anschließend wird bis zur Morgenröte getanzt.

Praktische Informationen

Info

- **Touristeninformation,** ul. Piastowska 15 (kurz vor der Marienburg an der Zufahrtsstraße), 82-200 Malbork, Tel. (055) 2734990, Mo–Fr 10.30–18 Uhr, Sa 10.30–14 Uhr.
- **Homepage der Gemeinde Malbork:** www.malbork.pl.
- **Die Marienburg virtuell:** www.zamek.malbork.pl.

Giebel und Turm an der Marienburg

Das Mittelschloss der Marienburg

Unterkunft und Gastronomie

- **Hotel Zamek**€€€€€€, ul. Starościńska 14, 82-200 Malbork, Tel./Fax (055) 2723367 u. 2722738, www.zlotehotele.pl/zamek. Wohnen wie die alten Rittersleut' im Geschmack und Komfort des 21. Jahrhunderts, im Vorhof der Marienburg im ehemaligen Ordensritterhospital. Mit empfehlenswertem Restaurant. Etwa 320 Zł.
- **Grot Hotel**€€€€€, ul. Kościuski 22, 82-200 Malbork, Tel. (055) 6469660, Fax 6469670, www.grothotel.pl. Neu erbautes, innen sehr schickes Haus, im Ortszentrum zwischen der kleinen Einkaufsstraße Kościuski und der stark befahren Hauptverkehrsader Rodła, die Zimmer trotzdem sehr ruhig. Etwa 290 Zł.
- **Hotel Dedal**€€€€, ul. Gen. de Gaulle 5, 82-000 Malbork, Tel. (055) 2726850, Fax 272 6851, www.dedal.malbork.msi.pl. Dreigeschossiger Flachbau aus sozialistischer Zeit. Ostcharme-Interieur mit zeitgemäßen Annehmlichkeiten wie Radio, TV, Telefon etc.,

028po Foto: kj

im Südosten der Stadt an der Straße Richtung Iława. Etwa 180 Zł.

Camping

- **Camping Nr. 197 Hotel Parkowy,** ul. Portowa 3, 82-200 Malbork, Tel. (055) 272 2413, www.osirmalbork.pl. Großer, stark frequentierter Wiesenplatz etwa 1,5 Kilometer nördlich der Burg fast an der Nogat, mit Tennisplätzen, Imbissstube, Campinghäuschen und angeschlossenem schlichten Hotel€€€ (etwa 140 Zł.), ganzjährig geöffnet.

Jugendherberge

- **Jugendherberge,** ul. Żeromskiego 45, 82-200 Malbork, Tel. (055) 2722408, ganzjährig.

Museen und andere Sehenswürdigkeiten

- **Schloss und Museum Marienburg,** 15. April–15. Sept. Di–So 9–19 Uhr, Anfang bis Mitte April/Mitte bis Ende Sept. Di–So 10–17 Uhr, Okt.–März Di–So 10–15 Uhr. Montags besteht ebenfalls Zugang, aber es können dann nur die Außenanlagen und Höfe besichtigt werden.

Kulturelle Veranstaltungen

- **Belagerung der Marienburg,** an einem Wochenende im Juli.

Sztum

↗ XVI/B3

Nur 15 Kilometer südlich von Marienburg liegt an der Straße der gotischen Burgen der Ort Sztum **(Stuhm)** auf einer Landenge zwischen zwei Seen. Seine 1326–31 erbaute **Ordensburg** hinter dem plac Wolności nahe dem südlichen Ortseingang zählt zwar nicht unbedingt zum touristischen Pflichtprogramm, doch lohnt sich ein kurzer Stopp auf dem Weg Richtung Kwidzyn.

Die als Brückenkopf für die Marienburg geplante Burg diente bis zum Zweiten Thorner Frieden 1466 als **Sommerresidenz** für den **Ordenshochmeister.** Anschließend wurde sie Sitz des polnischen Starosten, in mehreren Kriegen und Stadtbränden beschädigt, diente ab 1772 unter preußischer Herrschaft zunächst als Finanzamt, später als Gericht und veränderte durch zahlreiche **Umbauten** zunehmend ihre Gestalt. Heute sind in ihren kaum noch als Burg erkennbaren Mauern der Heimatverein der deutschen Sztumer Minderheit, ein städtisches Kulturzentrum, mehrere Firmen sowie der Sztumer Ritterverein untergebracht.

Der Deutsche Orden

Auf eine mehr als **800-jährige Geschichte** blickt der Deutsche Orden mittlerweile zurück. Fernab vom kühlen Baltischen Meer beginnt sie im sonnigen Nahen Osten in der Stadt **Akko** im heutigen **Israel.** In den Jahren des **dritten Kreuzzugs** (1189–92) der Christenheit gegen die muslimische Welt, an dem so hohe mittelalterliche Persönlichkeiten wie Kaiser *Friedrich I. Barbarossa* und *Richard Löwenherz* teilnahmen, diente Akko bis zur Eroberung 1291 als letztes Bollwerk der abendländischen Kreuzfahrer. **Ordensbruderschaften** waren für die **Pflege verletzter und kranker Ritter** zuständig, zum Beispiel im Feldlazarett des „Ordens der Brüder vom Deutschen Haus St. Marien in Jerusalem", der während der Belagerung von Akko ab 1190 alle Hände voll zu tun bekam. 1198 wurde die Krankenpfleger-Bruderschaft, kurz **„Deutscher Orden"** genannt, in einen **geistlichen Ritterorden** umgewandelt. In den folgenden 200 Jahren entwickelte er sich zu einer der **bedeutendsten Militärmächte Mitteleuropas.**

In den Orden eintreten und nach sechsmonatiger Novizenschaft das Gelübde ablegen durften ausschließlich **Männer von blauem Geblüt.** Ritter-Brüder, also kämpfende Mönche, und Priester-Brüder standen im Rang zwar gleichberechtigt nebeneinander, doch faktisch bekleideten die **Kämpfer** schnell alle **wichtigen Positionen.** An der Spitze der Hierarchie stand der **Ordenshochmeister** und ihm zur Seite fünf Großgebieter, namentlich der **Komtur,** der den Hochmeister in Abwesenheit vertrat, der **Marschall,** dem das Heer unterstand, der **Spittler,** der für die Gesundheit zuständig war, der **Trappier** für die Kleiderkammer und der **Tressler** für die Finanzen. Die alltägliche Wirtschaft verrichteten Laien-Brüder, auch „Halbbrüder" genannt, aus niederen Ständen.

Die **Ordenstracht** – ein weißer Mantel mit schwarzem Kreuz und dem Reichsadler, den Kaiser *Friedrich II.* (reg. 1212–50) den Rittern verlieh – ging später in das Wappen von Preußen ein.

Doch zurück zu den Anfängen: Mit der **Eroberung Akkos 1291** war der Deutsche Orden seiner Aufgaben im Heiligen Land verlustig gegangen. Willkommen war da der Ruf des **Königs von Ungarn,** *Andreas II.,* der 1211 die Ritter zu sich ins Burzenland (Siebenbürgen) bestellte, um seine östliche Reichsgrenze zu sichern. Und schon hier zeigte sich, dass der Orden nicht nur eine Art **mittelalterliche Weltpolizei** war, sondern mehr noch eine aufstrebende **Landmacht,** deren einziger Nachteil darin bestand, dass sie noch keinen Flecken Erde besaß. Und den wollten die Deutschritter haben. Sie **gründeten Kronstadt** und etablierten dort eine Herrschaft, woraufhin sie der erboste König von Ungarn 1225 aus dem Land warf.

Viel weiter nördlich, in den polnischen Teilherzogtümern **Kujawien** und **Masowien,** litt die Bevölkerung währenddessen zunehmend unter den Einfällen der **heidnischen Prußen. Herzog Konrad von Masowien,** alleine zu schwach, um dem Rauben und Morden Einhalt zu gebieten, suchte beim Deutschen Orden um **militärischen Beistand** an. Hochmeister *Hermann von Salza* hatte allerdings aus dem ungarischen Debakel gelernt und ließ sich, bevor seine christlichen Ritter zum ersten Schwertstreich gegen die prußischen Heiden ausholten, diese **Kriegsdienstleistung** mit dem Kulmer Land **belohnen** und außerdem „allem Land, das er mit Gottes Zutun in Preußen erobern kann" – vertraglich abgesichert von höchster Stelle: 1226 in der **Goldenen Bulle von Rimini** durch Kaiser *Friedrich II.,* und 1234 in der **Goldenen Bulle von Rieti** durch Papst *Gregor IX.*

1230 zog ein erster Ordens-Konvent an die untere Weichsel. Unter dem Landesmeister von Preußen, *Hermann von Balk,* begann die **Eroberung der Region.** 1231 wurde Thorn gegründet, 1232 Kulm, 1237 Elbing und 1255 die Burg Königsberg. 1283 war die Eroberung des alten Prußenlands abgeschlossen. Der **Ordensstaat** dehnte sich von der Weichsel bis nördlich zur Memel und östlich bis zu den Großen Masurischen Seen aus. Man rief **deutsche Siedler** ins Land, die sich im Schutz der Ordensburgen niederließen, die Wälder rodeten, die Erde urbar machten und den Zehnten entrichteten. Der schlagkräftige Ordensstaat stieg zur **Finanzmacht** auf.

1309 **annektierte er Danzig und Pommerellen.** Die von brandenburgischen Truppen belagerte polnische Danziger Burg hatte zur Hilfe gerufen, und nach erfolgreichem Waffengang blieben die Deutschritter gleich selbst in der Stadt. Für ihren militärischen „Service" forderten sie von der polnischen Krone eine so hohe **Auslösesumme,** dass auf der Hand lag, dass sie nicht bezahlt werden konnte. Die diesbezügliche **Klage,** die *Władisław Łoktietek,* ab 1320 König von Polen, vor der römischen Kurie vortrug, verhallte ungehört. Danzig und Pommerellen blieben Ordensland. Fortan standen sich **Deutschritter** und **polnische Krone feindlich gegenüber.**

Noch im selben Jahr, 1309, wurde der **Hochmeistersitz** von Venedig in die **Marienburg** an der Nogat verlegt, deren großartiger Ausbau damit begann. Es folgte die Zeit der **größten Blüte** des Ordens. Etwa 3000 Ritter gehörten ihm an – die höchste Zahl, über die er jemals verfügte. Unter *Ulrich von Jungingen,* 1393 zum Hochmeister gewählt, wurden **Gotland** erobert, 1402 die **Neumark** und 1404 **Schamaiten** (das spätere nördliche Ostpreußen, heute die russische Enklave Kaliningrad) erworben. Das Ordensgebiet erstreckte sich schließlich von Thorn im Süden bis nördlich zum Rigaer Meerbusen und im Osten bis östlich der Großen Masurischen Seen.

Zwischenzeitlich war durch die Heirat *Jagiellos von Litauen* mit *Jadwiga von Polen* das riesige **polnisch-litauische Doppelreich** entstanden. Erstmals stand dem Deutschen Orden eine Großmacht gegenüber. 1409 kam es zum **Krieg,** der am **15. Juli 1410** in der legendären **Schlacht bei Tannenberg** gipfelte (in Polen nach dem Nachbarort „Schlacht bei Grunwald" genannt). Zwischen 12.000 und 15.000 Ordensritter und Söldner stießen auf ein 20.000 Mann starkes polnisch-litauisches Heer zur größten Schlacht des Mittelalters auf mitteleuropäischem Boden. Der Orden erlitt eine verheerende Niederlage. Großmeister *Jungingen,* sämtliche Großgebieter und zahlreiche Ritter fielen.

Der **Erste Thorner Frieden 1411** trug dem Orden neben kleineren Gebietsverlusten eine gewaltige Summe an **Reparationszahlungen** ein. Man stand vor dem finanziellen Ruin. 1440 schlossen sich darüber hinaus Danzig, 18 weitere Städte und die preußischen Stände gegen die Ordensherrschaft zum **Preußischen Bund** zusammen. 1453 unterstellte sich das Bündnis dem Schutz Polens, und noch im selben Jahr brach der **Dreizehnjährige Krieg** gegen den Orden aus. Er trieb ihn vollends in den Bankrott. Insgesamt 21 Burgen mussten die Deutschritter an ihre Söldner verpfänden, darunter auch die **Marienburg,** die die Söldner sogleich an die polnische Krone verkauften. Das Geld dafür stellte der Preußische Bund zur Verfügung.

Mit dem **Zweiten Thorner Frieden 1466** gingen Pommerellen, das Kulmer Land sowie die Regionen Elbing und Marienburg an Polen, und der Ordenshochmeister musste dem polnischen König den Treueid und Heeresgefolgschaft schwören. 1525 erfolgte die Umwandlung des verbliebenen Ordenslands in das protestantisches **Herzogtum Preußen.** Und seitdem hat man nichts Weltbewegendes mehr vom Deutschen Orden gehört.

Allerdings gibt es ihn noch. Mit der **Zentrale im bayerischen Weyarn** betreibt er in Deutschland und Ländern Ostmitteleuropas eine Reihe von **Senioren- und Pflegeheimen,** ist in der **Jugendhilfe** und im **Antidrogenkampf** tätig. Ende 2000 geriet er zuletzt in die Schlagzeilen, als er einmal mehr pleite war und seinen über 5000 Angestellten und etwa 1000 Ordensmitgliedern das Gehalt schuldig blieb. Der Sitz des Ordenshochmeisters ist Wien, wo gegenwärtig Abt Dr. *Bruno Plattner* als 65. Hochmeister in der Geschichte des Deutschen Ordens amtiert.

Kwidzyn ↗ XVI/B3

Rund 40 Kilometer südlich von Malbork liegt an der Straße der gotischen Burgen das Landstädtchen Kwidzyn (**Marienwerder**). 1234 vom Deutschen Orden gegründet, entstanden in den folgenden Jahrzehnten die ersten Bauten der backsteinernen **Ordensburg.** 1254 wurde sie Sitz des Bischofs von Pomesanien und ab 1322 mit Kapitelschloss und angeschlossener **Kathedrale** mit massigem Wehrkirchturm weitläufig ausgebaut. Zur wertvollen Kircheneinrichtung zählen Wandmalereien und Mosaiken in den Seitenschiffen, die sich aus dem 14. Jahrhundert erhalten haben.

Den Südflügel der ursprünglich vierflügeligen Burganlage ließ man in preußischer Zeit 1798 abbrechen, bis 1935 dienten die Gemäuer als **Gericht,** woran noch Schemen von Wandbeschriftungen wie „Schöffenzimmer" und „Das Rauchen im Gerichtsgebäude ist verboten" erinnern.

Im Schlosskeller zeigt eine **Ausstellung** die **Geschichte der alten Stadt Marienwerder,** die drei Monate nach Einmarsch der Sowjetarmee 1945 niedergebrannt wurde, sowie Fotos der Ausgrabung ihrer Fundamente 1994–2001. Außerdem sind in den Räumlichkeiten des Schlossmuseums **Gemälde,** historisches **Mobiliar** und Kachelöfen sowie im Dansker **Bauern-, Fischer- und Handwerkergeräte** aus vergangenen Zeiten zu sehen, ferner im oberen Stockwerk eine Ausstellung zu **Fauna und Flora** der Weichselnie-

029po Foto: kj

derung und zu prähistorischen Tieren (Burg/Ausstellungen Di–So 9–16 Uhr).

Achtung! Die **Weichselfähren** (max. fünf Tonnen Ladegewicht), die nördlich und südlich von Kwidzyn in den Landkarten eingezeichnet sind, sind meistens außer Betrieb. Die nächsten Möglichkeiten, ans westliche Ufer zu gelangen, sind in diesem Fall 35 Kilometer südlich die **Autobrücke bei Grudiądz** oder, nach Malbork zurück, die **Brücke in Richtung Tczew.**

Pelplin

↗ XVI/B3

1276 gründeten Zisterziensermönche 60 Kilometer südlich von Danzig das **Kloster** Pelplin. Vier Jahre später erfolgte der erste Spatenstich zu der dreischiffigen Basilika auf kreuzförmigem Grundriss, die mit beeindruckenden 80 Metern Länge und fast 30 Metern Höhe erst ein halbes Jahrhundert später, 1320, vollendet wurde. Sie zählt zu den bedeutendsten Bauten der **Backsteingotik** im ehemaligen Ordensland. Der goldblendende Innenraum der Kathedrale ist mit kostbaren Werken überwiegend des 17. Jahrhunderts ausgestattet. Unter den zahlreichen Schätzen – so die reich geschnitzte vergoldete Kanzel von 1682, die Orgel von 1677–80 und insgesamt 20 goldglänzende Altäre – sticht der 1623–25 geschaffene und mit einem Gemälde von *Hermann Hahn* versehene, überbordend vergoldete barocke **Hochaltar** hervor. Mit 26 Metern Höhe ist er nicht nur der **höchste in Polen,** sondern sogar einer der höchsten Europas. Der dort eingelassene **Reliquienschrein** birgt die Inschriften der Heiligen Paul, Mauritius, Barbara und Blasius sowie von Märtyrern und außerdem zahlreichen Gefährten der heiligen Ursula, was ihn einmal im Jahr zu Allerheiligen, wenn er geöffnet wird, zum Anziehungspunkt von zahllosen gläubigen Katholiken macht.

1824 verlegte man nach der Auflassung des Zisterzienserklosters den **Bischofssitz** nach Pelplin.

299 Priester der Diözese wurden in den Jahren 1939–45 für ihren **Widerstand** gegen das **Nazi-Regime** ermordet. Eine an der Klosterkirche angebrachte Tafel erinnert daran.

In den Gebäuden des Klosterkomplexes befindet sich ein Priesterseminar. Das **Diözesanmusem,** etwa zehn Minuten zu Fuß entfernt, zeigt liturgische Gewänder, Gefäße und Reliquien, eine umfangreiche Sammlung mittelalterlicher sakraler Skulpturen, wertvolle Handschriften, die ältesten aus dem 12. und 13. Jahrhundert, sowie eine Gutenbergbibel.

Die Ordensburg von Kwidzyn

Praktische Informationen

Info

- **Touristeninformation,** plac Tumski 1 (neben der Kathedrale im Hotel Nad Wierzyca), 83-130 Pelplin, Tel. (058) 5361949, www.informacja.pelplin.com, April–Okt. tgl. 9–17 Uhr, Nov.–März tgl. 10–16 Uhr.

030po Foto: kj

Unterkunft

• **Hotel Nad Wierzycą**€€€, plac Tumski 1, 83-130 Pelplin, Tel. (058) 5361949, www.hotel.pelplin.com. In der restaurierten Wassermühle der ehemaligen Zisterzienserabtei neben der Kathedrale. Etwa 160 Zł.

Museen und andere Sehenswürdigkeiten

• **Kathedrale,** plac Tumski 1, tgl. 9–12.30 Uhr und 13.30–17 Uhr.

• **Diözesanmuseum,** ul. Bpa Dominika 11, Mai–Sept. Mo–Fr 10–16 Uhr, Sa 10–17 Uhr, So 12–17 Uhr.

Das Kloster Pelplin gehört zu den bedeutendsten Bauten der Backsteingotik in der Region

Gniew

XVI/B3

Etwa 15 Kilometer südöstlich von Pelplin thront weithin sichtbar auf einer Anhöhe über der Weichsel die **Ordensburg** von Gniew **(Mewe).** Bereits im 11. Jahrhundert existierte hier eine kleine Ansiedlung, Ende des 13. Jahrhunderts begann die Errichtung der Backsteinfestung durch den Deutschritterorden. In einer ersten Etappe entstanden 1283–97 das quadratische Kastell mit zierlichen Ecktürmen und einem wuchtigem Hauptturm in typischer Ordensburgen-Architektur. In einer zweiten Phase ab Mitte des 14. Jahrhunderts wurden Speicher und Mühle erbaut, die Mauern der Vorburg mit Basteien befestigt und das kleine Städtchen in ihrem Schutz mit Wehrmauern umgeben.

Bis zum Zweiten Thorner Frieden 1466 diente die Burg als **Sitz des Ordenskomturs.** Unter polnischer Herrschaft von 1466 bis zur ersten Teilung Polens 1772 war sie **Residenz der königlichen Starosten** (Landesverwalter) und von 1667–99 in **Besitz der Familie Sobieski.** Im Auftrag von König *Jan III. Sobieski* (reg. 1674–96) wurde in jenen Jahren in der Vorburg das **Marienschlösschen** errichtet, welches heute als Hotel genutzt wird.

In preußischer Zeit zunächst zum Kornspeicher und dann zum Gefängnis umfunktioniert, **verfiel die Burg** zusehends, und der Hauptturm wurde abgerissen. Eine Feuersbrunst im Jahr 1921 und schließlich der Zweite Weltkrieg fügten ihr weitere schwere Schäden zu.

1969 begann man mit dem **Wiederaufbau** der Anlage, verzichtete dabei aber auf eine detailgenaue Rekonstruktion ihrer Innenräume. Diese dienen heute für Seminare, Konferenzen, Kongresse, und auch die **Stiftung Schloss in Gniew** (Fundacja Zamek w Gniewie) hat hier ihren Sitz. Mit zahlreichen Veranstaltungen, Ritterturnieren und anderen mittelalterlichen Spektakeln widmet sie sich der lebendigen Geschichtspflege. Jährliche Höhepunkte bilden das **Ritterturnier** um das Schwert *Jans III. Sobieski* am letzten Juliwochenende und der nachgespielte Angriff der schwedischen Armee *Gustav Adolfs* Mitte August. In der **Ritterstube** (Karczma Rycerska) im Burgkeller schmaust man deftig, im einstigen **Dormitorium** können Gruppen zwischen vier und acht Personen übernachten (33 Zł. pro Person, Rezeption im Souvenirshop).

Ebenfalls schon im 14. Jahrhundert entstand, wenige Schritte vom Burgtor entfernt, der quadratische kleine **Marktplatz** von Gniew. Im Ursprung gotische, später barock oder klassizistisch umgestaltete **Bürgerhäuser,** teils saniert und an der Westflanke mit Laubengängen versehen, umrahmen den kopfsteingepflasterten Markt, in dessen Zentrum ein **Backstein-Rathaus** aus dem 19. Jahrhundert steht.

Südwestlich grenzt an den Markt die **Kirche St. Nikolaus** (Kościół św. Mikołaja) an. Die Backsteinkirche aus der zweiten Hälfte des 14. Jahrhunderts birgt eine Kanzel von 1348, Renaissance-Gestühl und einen schönen Barockaltar.

Praktische Informationen

Info

- **Homepage der Stadt:** www.gniew.pl.

Unterkunft

- **Hotel Pałac Marysieńki**€€€, ul. Zamkowa 3, 83-140 Gniew, Tel. (058) 5352537, Fax 5352162, www.zamek-gniew.pl. Im Marienschlösschen in der Vorburg, mit angeschlossenem Restaurant. Etwa 150 Zł.

Museen und andere Sehenswürdigkeiten

- **Museum Burg Gniew,** ul. Zamkowa 3, 1. Mai–31. Okt. tgl. 9–17 Uhr.

Kulturelle Veranstaltungen

- **Ritterturnier um das Schwert Jans III. Sobieski,** am letzten Juliwochenende in der Arena vor der Burg.
- **Freilichtveranstaltung Angriff der schwedischen Armee Gustav Adolfs,** Mitte August rund um die Burg.

Infos zu diesen und zahlreichen weiteren Veranstaltungen bei: Stiftung Schloss in Gniew (Fundacja Zamek w Gniewie), ul. Zamkowa 3, 83-140 Gniew, Tel. (058) 535 2537, Fax 5352162, www.zamek-gniew.pl.

Kaschubische Schweiz

Überblick

Vom Ostseestrand bis zu den Sanderflächen der **Tucheler Heide** (Bory Tucholskie) erstreckt sich Kaschubien, und zwischen hier Dünen und Sandstrand und da sandigen Böden mit Kiefernheide hat die letzte Eiszeit ein großartiges Werk geschaffen. Um die **1000 Seen** zählt die **Kaschubische Seenplatte** (Pojezierze Kaszubski), der östliche Teil der Pommerschen Seenplatte. Längsgestreckt und oft sehr tief, winden sich die durch glaziales Schmelzwasser entstandenen Rinnenseen durchs Land. Sie gehen Hand in Hand mit einer bewegten **Grundmoränenlandschaft,** so wie sie die eiszeitlichen Gletscher auf ihrem Rückzug vor 12.000 Jahren hinterlassen haben: **Hügel** um Hügel um Hügel. Etwa 40 Kilometer südwestlich von Danzig erreichen sie im **Kaschubischen Landschaftspark** (Kaszubski Park Krajobrazowy) mit fast **330 Metern** über dem Meeresspiegel ihren höchsten Punkt, nicht nur Kaschubiens, sondern im gesamten mitteleuropäischen Tiefland. Weshalb man das kaschubische Herz zwischen Ostsee und Tucheler Heide **„Kaschubische Schweiz"** nennt.

In dem dünn besiedelten Landstrich wird man mancherorts noch auf ein **checz** treffen, ein typisches kaschubisches **Holzhäuschen** mit kunstvoll verziertem Dachgiebel. Überall werden **Brauchtum und Volkskunst** mit Liebe gepflegt, Stickerei, Bildhauerei und auch die Töpferkunst, dessen Zentrum das Dörfchen Chmielno im Kaschubischen Landschaftspark ist.

Kultureller Mittelpunkt der Region sind östlich **Kartuzy (Karthaus)** mit Kartäuserkirche und Kaschubischem Museum, im Westen **Bytow (Bütow)** mit einer Ordensritterburg und südlich **Kościerzyna (Berent),** dessen Marienheiligtümer bei Gläubigen große Bedeutung haben und dessen Eisenbahn-Freilichtmuseum außerdem viele Freunde von historischen Dampflokomotiven anlockt.

Żukowo

↗ XII/A3

Gut 20 Kilometer westlich von Danzig liegt im Tal der Radunia (Radaune) das Dorf Żukowo **(Zuckau).** Es geht auf eine Stiftung des pommerellischen Herzogs *Mestwin I.* im Jahr 1209 zurück, der Prämonstratenserinnen nach Żukowo rief und für sie 1212–14 Kloster und Kirche erbauen ließ. Die **Klosterkirche** besitzt eine wertvolle Einrichtung, darunter Altargemälde, Skulpturen und bestickte Paramente (in der Liturgie gebräuchliche Textilien) aus dem 15. und 16. Jahrhundert – die Nonnen waren berühmt für ihre feine **Stickerei** –, sowie einen prächtig verzierten Hochaltar mit einem spätgotischen Antwerpener Triptychon aus dem frühen 16. Jahrhundert. In der Klausur ist ein kleines **Pfarrmuseum** untergebracht, das liturgische Gewänder, religiöse Gerätschaften und kaschubische Stickereien zeigt (keine festen Öffnungszeiten).

031po Foto: kj

Marienskulptur über dem Eingang der Klosterkirche Żukowo

Kartuzy

↗ XII/A3

Seit Polens EU-Beitritt 2004 und damit einer Vervielfachung des Fern- und Transportverkehrs schiebt sich Stoßstange an Stoßstange mitten durch Żukowo am Kreuzweg der Straße 20 von Gdynia/Danzig Richtung Stettin und nach Kartuzy **(Karthaus),** dem Tor zur Kaschubischen Schweiz. Von der Gründung der 16.000 Einwohner kleinen Stadt erzählt die **Sage,** dass der liebe Herrgott bei der Erschaffung der Welt dem Engel der Barmherzigkeit ein wundervolles Fleckchen Erde geschenkt habe, mit grünen Bergen, lieblichen Tälern und sonnenfunkelnden Seen, der Engel diesen Flecken in seine Hände nahm, ihn ins Zentrum Kaschubiens warf und ihm den Namen „Marienparadies" gab.

032po Foto: kj

1380 ließen sich dort am Klasztorne-See (Kloster-See) Mönche des **Kartäuser-Ordens** nieder und gründeten die **Abtei Marienparadies.** 1383 wurde die Klosterkiche geweiht, die bis heute nahezu unverändert erhalten blieb. Mit zwei Ausnahmen: Im 16. Jahrhundert zog man das schöne Sternengewölbe ein, welches das einschiffige Gotteshaus innen abschließt. Und 1731–33 erhielt die Kirche ein neues markantes Dach, das – dem Wahlspruch der Kartäuser „Memento mori! Gedenke des Todes!" getreu – einem monumentalen Sargdeckel gleicht. Die außerordentlich **kostbare Innenausstattung** stammt überwiegend aus dem 17. Jahrhundert, so der Mariä Himmelfahrt darstellende Hochaltar, die flämischen Ledertapeten im Presbyterium und das aufwendig geschnitzte Gestühl nebst Chorbalustrade. Aufmerksamkeit verdienen darüber hinaus die **Gemälde** Danziger Meister und ein vergoldeter **Schreinaltar** aus der Mitte des 15. Jahrhunderts. Vom Kloster selbst haben ein **Eremitenhaus** (15. Jh.), einige Wirtschaftsgebäude und das **Refektorium** die Zeiten überdauert. Im Refektorium ist heute eine **Galerie** untergebracht.

Birgt eine besonders kostbare Innenausstattung: die Klosterkirche von Kartuzy

Die zweite Sehenswürdigkeit in Kartuzy ist das **Kaschubische Museum** (Muzeum Kaszubskie) in der ul. Kościerska 1. Es präsentiert Mobiliar und Gerätschaften aus dem früheren kaschubischen Alltagsleben, historische Arbeitsgeräte der Fischer, Handwerker und Ackerbauern, außerdem Spielzeug und Musikinstrumente sowie kaschubisches Kunsthandwerk, das man, wie auch CDs mit kaschubischer Volksmusik, käuflich erwerben kann.

Ansonsten erinnert in Kartuzy nicht mehr sehr viel an die alte Sage vom Marienparadies. Am zentralen **Marktplatz (Rynek),** von Gründerzeithäusern gesäumt, lohnen die schönen **Glasfenster** der ehemalige evangelische Kirche von 1887 einen Blick.

Praktische Information

Info

- **Touristeninformation,** ul. Rynek 2 (am Marktplatz), 83-300 Kartuzy, Tel./Fax (058) 6840201, Mo–Fr 10–16 Uhr, Sa 10–15 Uhr.
- **Homepage der Stadt:** www.kartuzy.pl.

Unterkunft und Gastronomie

- **Hotel Korman**€€€€, ul. 3 Maja 36, 83-300 Kartuzy, Tel./Fax (058) 6853400, www.korman.pcbird.pl. Erstes und einziges Hotel am Ort; gepflegter Mittelklassekomfort, mit Sauna und Restaurant; am Sportstadion, 20 Spazierminuten zum Marktplatz. Etwa 180 Zł.
- **Kania Lodge**€€€€, ul. Sytna Gora 10 (acht Kilometer nördlich von Kartuzy beim Weiler Prokowo direkt am Seeufer), 83-300 Kartuzy-Prokowo, Tel. (058) 6810677, Fax 6812875, www.kanialodge.com.pl. Ausgewählt elegante Unterkunft, bester Service, mit Tennisplatz, Bootsverleih und gutem Restaurant. Etwa 200 Zł., Suiten etwa 500 Zł.

Jugendherberge

- **Jugendherberge,** ul. Wzgórze Wolności 1 (Straße 211 Richtung Sieraskowice/Lębork nahe Stadtfriedhof), 83-300 Kartuzy, Tel. (058) 6811817, Juli/Aug.

Museen und andere Sehenswürdigkeiten

- **Klosterkirche von Kartuzy** und **Galerie,** westlich vom Ortszentrum an der Straße 211 Richtung Sieraskowice/Lębork am Stadtfriedhof, die Kirche ohne feste Öffnungszeiten, die Galerie im Refektorium Di–Fr 10–16 Uhr, Sa/So 10–15 Uhr.
- **Kaschubisches Museum,** ul. Kościerska 1, nahe dem östlichen Ortseingang, etwas zurückgesetzt an der T-Kreuzung der ul. Gdańska (Straße 211 Richtung Żukowo/Gdańsk) mit der ul. Kościerska (Straße 224 Richtung Kościerzyna), Mitte April bis Mitte Okt. Di–Fr 8–16 Uhr, Sa 8–15 Uhr, So 10–14 Uhr, im Winterhalbjahr Di–Sa 10–15 Uhr, So 10–14 Uhr.

Im Kaschubischen Landschaftspark

↗ XIX

Mit dem Gründungsjahr 1983 hat der Kaschubische Landschaftspark **(Kaszubski Park Krajobrazowy)** nun schon ein gutes Vierteljahrhundert auf seinen Buckeln. Hügel hinauf und Hügel hinab umfasst er auf über 33.000 Hektar die zauberhaftesten Gefilde der Kaschubischen Schweiz. Rund ein Drittel seiner Fläche ist von Wäldern bedeckt, in denen die für die Region charakteristische **Buche** dominiert. Zehn Prozent Gewässerfläche oder in natura **34 Seen,** von den kleinen **Flüssen Radunia, Słupia** und **Łeba** durchzogen, bereichern das grüne Land um viel schönes Blau, weshalb man die Kaschubische Schweiz auch „Blaues Ländchen" nennt. In zwölf streng geschützten **Naturreservaten** gedeihen zahlreiche vom Aussterben bedrohte Pflanzen. Die Luft ist erfüllt vom Flötenruf – „tluuii-titit" – der Waldwasserläufer und dem Schnalzruf – „zjuck" – der Raufußkäuze, und auch die Wasseramsel, die sonst Mittel- und Hochgebirge bevorzugt, sowie der sehr seltene, buntgefiederte Eisvogel haben hier eine Heimat gefunden. Die übrige Fläche des Landschaftsparks verteilt sich auf ein paar wenige kleine Dörfer und umso mehr saftige Weiden, Wiesen und Felder.

Zwei **schöne Straßen** führen von Kartuzy aus in den Park hinein. Die eine geht nordwestlich zum Weiler Mirachowo, die zweite, von Kartuzy in westliche Richtung, ist die **Kaschubi-**

sche Straße (Droga Kaszubska). Ab dem Dorf **Garcz** schlängelt sie sich über 20 Kilometer südwärts und verbindet dabei die Dörfer von Chmielno über Ostrzyce bis nach **Wieżyca,** wo man den höchsten „Gipfel" Kaschubiens erreicht. Bergauf und bergab, kurvig, malerisch, führt sie durchs Land. In den Dörfern laden Gästezimmer und dann und wann an den Seen (meist unbewirtschaftete) Zeltplätze zum Aufenthalt ein.

Mirachowo ↗ XIX/B1

Der kleine Ort Mirachowo **(Mirchau)** ist unter seinem alten deutschen Namen aus *Günter Grass'* „Blechtrommel" bekannt. Noch bis 1818 war das verschlafene Dorf Kreisstadt, danach wurde die Verwaltung ins größere Karthaus verlegt. Eine kleine **Kapelle** und ein **kaschubisches Bauernhaus** haben allen Zeiten getrotzt und sind die Attraktionen am Ort.

Sianowo ↗ XIX/B1

Auf halber Höhe zwischen Mirachowo und Kartuzy liegt an der schmalen, sehr kurvigen Straße mit schöner Aussicht der Flecken Sianowo **(Schwanau).** Seine hübsche **Fachwerkkirche** beherbergt drei Altäre aus dem 18. Jahrhundert und eine legendäre **Muttergottes** mit Kind. Der Legende nach wurde die Figur einst von Kindern im dichten Farn entdeckt. Dreimal brann-

033po Foto: kj

te die Kirche ab, und dreimal blieb die Madonna von den Flammen verschont. 1966 wurde sie zur **„Königin von Kaschubien"** gekrönt. Sie ist heute im Pfarrhaus unter Verschluss und wird nur bei besonderen Anlässen gezeigt, so zur Kirchweih und zu den Freiluftmessen im Sommer. Denn die Scharen von Gläubigen, die die **Wallfahrtsstätte** anzieht, könnte das kleine Gotteshaus gar nicht aufnehmen. Hinter der Kirche befindet sich ein neu angelegter **Kalvarienberg.**

Chmielno

↗ XIX/B2

Das „touristische Zentrum" an der Kaschubischen Straße bildet mit einer kleinen Informationsstelle die von drei Seen umgebene 1500-Seelen-Gemeinde Chmielno **(Ludwigsdorf)** im Herzen des Landschaftsparks. Die Kirche von 1845 lohnt einen Blick, aber mehr noch das **Keramikmuseum.** Seit zehn Generation stellt die Familie *Necel* die typisch kaschubische, mit Lilien- und Tulpenmotiven verzierte Töpferware her. 1993 gründete sie das kleine Museum in ihrer Werkstatt, sodass man dort nicht nur Töpferkunst sehen, sondern auch den Handwerkern bei ihrer Arbeit über die Schulter schauen kann.

Info

- **Touristeninformation,** ul. Gryfa Pomorskiego 20 (im Kulturhaus am Dorfplatz), 83-333 Chmielno, Tel. (058) 6842205, Mo–Fr 8.30–19 Uhr, Sa 9–15 Uhr.
- **Homepage der Gemeinde Chmielno:** www.chmielno.pl.

Unterkunft

- **Zimmervermittlung** in der Touristeninformation.

Camping

- **Camping Tamowa,** Zawory, 83-333 Chmielno, Tel./Fax (058) 6842535, www.tamowa.pl. Gepflegter Platz am Westufer des Kłodno-Sees, terrassiert am Hang mit schönem Blick über den See, Ferienzimmern und kleiner Speisegaststätte, Wassersportgeräte- und Fahrradverleih, zwei Kilometer von Chmielno; für Caravan ist die Anfahrt von Chmielno aus ratsam (ausgeschildert), von wo aus nur ein kurzes Stück Sandpiste absolviert werden muss (über Zawory vorwiegend Sandpiste). Man spricht Deutsch, ganzjährig geöffnet.

Jugendherberge

- **Jugendherberge,** ul. Gryfa Pomorskiego 33, 83-333 Chmielno, Tel. (058) 6842322, Fax 6842216. Backsteinhaus am Dorfplatz schräg gegenüber der Kirche, ganzjährig.

Museen und andere Sehenswürdigkeiten

- **Keramikmuseum,** ul. Akacjowa 18, Mo–Sa 9–18 Uhr.

An der Kaschubischen Straße

034po Foto: kj

Der Aussichtsturm auf dem Wieżyca Góra

Zwischen Chmielno und Ostrzyce

↗ XIX/B2-3

Über die Flecken **Zawory** und **Ręboszewo** führt die Kaschubische Straße weiter zur Kreuzung am 213 Meter hohen **Złota Góra** (Goldener Berg) mit Raststätte, einem Denkmal für die 1939 gegen Nazi-Deutschland gegründete kaschubische Partisanengruppe Gryf Pomorski und ferner herrlichem Blick zum Großen Brodno-See in der Talsenke. Links geht die Straße steil hinab nach **Brodnica Dolna** und anschließend Ostrzyce **(Ostritz)**, wo es eine Touristeninformation gibt.

Info

- **Touristeninformation,** ul. Droga Kaszubska 27 (in Ostrzyce kurz nach dem nördlichen Ortseingang), 83-314 Ostrzyce, Tel./Fax 684 1612, Juli/Aug. Di–Sa 10–18 Uhr, So 12–17 Uhr, außerhalb der Saison Mo–Fr 9–16 Uhr, Sa 10–13 Uhr.

Unterkunft

- **Pensjonat Ostrzycki**€€€, ul. Droga Kaszubska 56, 83-314 Ostrzyce, Tel (058) 684 1789, www.zajazd-ostrzycki.com. Freundliches Haus gegenüber der Touristeninformation; Parkplatz und unterhalb am See Badestelle und Bootsanleger. Etwa 130 Zł.
- **Pensjonat U Stołema**€€, ul. Droga Kaszubska 8a, 83-314 Ostrzyce, Tel. (058) 864 1877, Fax 6841668, www.ustolema.webpark.pl. Oben am Hang gelegene größere Herberge, vom angeschlossenen Camping mit Badestelle am See durch einen Minigolfplatz und die Straße getrennt. Etwa 100 Zł. Es werden auch Ferienhäuschen (140–160 Zł./Tag) vermietet; am südlichen Ortseingang.

Camping

- **Camping Stolëmek,** Anschrift ↗ Pensjonat U Stołema, in Ostrzyce am südlichen Ortseingang unmittelbar am See. Wiesenplatz mit Badestelle und Grillbar, schlichte Sanitärausstattung, Mitte Juni bis Mitte Sept.

Wieżyca

↗ XIX/B3

Bald darauf ist Wieżyca zu Füßen des gleichnamigen Bergs erreicht, eine kleine Ansammlung von Häusern am See mit Fischbratereien, Bootsanlegern mit Verleih und südlich, an der Straße 20 im Wald, dem Sitz der **Kaschubischen Volkshochschule** (Kaszubski Uniwersytet Ludowy). Neben ihrem Engagement in lokalen zivilgesellschaftlichen Projekten, in Ökologie und der Förderung der regionalen Kultur widmet sich die Einrichtung auch dem praktischen Unterricht in kaschubischer Volkskunst und präsentiert dazu eine **Ausstellung.**

Zwischen See und Landstraße ragt der mit genau 328,6 Metern **höchste Berg Kaschubiens** und zugleich höchste Punkt im mitteleuropäischen Tiefland auf. Gekrönt wird der **Wieżyca Góra,** der Turmberg – auch „Kaschubischer Olymp" genannt – von einem noch einmal weitere 35 Meter hoch reichenden **Aussichtsturm.** Nach etwa 500 Metern Waldspaziergang ist man dort angelangt; 190 Stufen führen zu seiner Aussichtsplattform hinauf, und oben genießt man einen herrlichen weiten Blick über das Land.

Museen und andere Sehenswürdigkeiten

- **Kaschubische Volkshochschule,** Ausstellung Kaschubischer Volkskunst, Wieżyca 1 (an der Straße 20 zwischen den Abzweigen nach Wieżyca und Szymbark), So–Fr 11–16 Uhr.
- **Aussichtsturm Wieżyca,** 500 Meter Wanderweg vom Parkplatz kurz hinter dem Abzweig von der Straße 20 Richtung Szymbark/Gołubie; 200 Meter Wanderweg vom Parkplatz an der Straße nach Wieżyca/Ostrzyce, 1,5 Kilometer Wanderweg vom Bahnhof Wieżyca aus, tgl. 9–19 Uhr.

Szymbark

↗ XIX/B3

Nahebei wartet das ansonsten schmucklose Örtchen Szymbark **(Schönberg)** mit einer kuriosen Sehenswürdigkeit auf. Auf Initiative des Eigentümers des Sägewerks Danmar wurde auf dessen Privatgelände 2003 das Zentrum für Bildung und Promotion der Region ins Leben gerufen, mit einem an die Produktionsstätte angeschlossenen **Freilichtmuseum Sägewerk** (Skansen budownictwa drewnianego). Das ins Guinnessbuch der Rekorde eingetragene **längste Brett der Welt** (36,83 Meter) kann dort bewundert werden. Begleitet wird es von einer Ausstellung zum Zimmerhandwerk, die in ein folkloristisches Volkshaus mit Schmiede übergeht, das an ein Blockhaus eines nach Sibirien Deportierten grenzt. Diesem folgen eine sowjetische Häftlingsbaracke, im Anschluss eine Freilichtgedenkstätte für die Opfer der sowjetischen Deportation und des Massakers von Katyń, ein Bunker der Partisanengruppe Gryf Pomorski, eine moderne Kapelle im Zentrum der Anlage, eine kaschubische Kate, ein „Danmar"-Haus auf dem Kopf, das auf die verkehrte Politik in der Welt hinweisen will, eine Verkaufsstelle für kaschubische Volkskunst und dazwischengestreut Musterhäuser aus der firmeneigenen Blockhüttenproduktion.

Kuratiert ist dieses **schräge Sammelsurium** sicherlich nicht. Aber es ist allemal einen Ausflug wert, und sei es auch nur, um sich ein Bild über das Weltbild des Sägewerkeigentümers zu machen.

Museen und andere Sehenswürdigkeiten

- **Freilichtmuseum Sägewerk**, ca. ein Kilometer südlich von Szymbark (ausgeschildert), April–Okt. Mo–Sa 9–19 Uhr, So 10–19 Uhr; Nov.–März Mo–Sa 9–17 Uhr, So 10–17 Uhr.

Kościerzyna

↗ XI/C2-3

Mit rund 23.000 Einwohnern ist Kościerzyna **(Berent)** die größte Stadt der Kaschubischen Schweiz. Ihre erste urkundliche Erwähnung geht auf das Jahr **1284** zurück, Anfang des 14. Jahrhunderts bringt der **Deutsche Orden** den Landstrich in seinen Besitz, um 1350 werden der kaschubischen Ansiedlung von den Deutschrittern die Stadtrechte verliehen. Kościerzynas historische Daten stehen **exemplarisch für die gesamte Region:** Vom Zweiten Thorner Frieden 1466 bis zur Ersten Teilung Polens 1772 polnisch, anschließend preußisch, dann Kleinstadt im Deutschen Reich, ab 1920 wieder polnisch, im Zweiten Weltkrieg von der deutschen Wehrmacht besetzt, seit 1945 Kleinstadt in der Volksrepublik bzw. Republik Polen. Hinzugefügt werden muss noch, dass Kościerzyna bis 1975 Kreisstadt war und es seit 1999 wieder ist.

Ältestes Bauwerk der Stadt ist das **Rathaus** von 1845 am Marktplatz (Rynek), wo sich auch die **Touristeninformation** befindet. Gründerzeitliche Bürgerhäuser umrahmen den Platz, eine kleine Fußgängermeile darf nicht fehlen, und im Rathaus selbst ist ein **Heimatmuseum** (Muzeum Ziemi Kościerskiej) untergebracht.

Wenige Schritte entfernt steht der 1914–17 errichtete neubarocke Klinkersteinbau der **Kirche St. Trinitatis** (Kościół św. Trójcy) mit einem pracht-

035po Foto: kj

voll verzierten, vergoldeten Barockaltar und schöner Barockkanzel. Und auch dies ist nicht außergewöhnlich für die Sakralbauten in der Region – wäre im Gotteshaus hinten rechts in einer Kapelle nicht Kościerzynas kostbarster Schatz zu sehen: das **Gnadenbildnis der heiligen Muttergottes mit Kind,** zu dem viele Gläubige pilgern. Seit 1660 wird es in der Stadt aufbewahrt, hat seither zahlreiche Wunder bewirkt und wurde 1999 von Papst *Johannes Paul II.* gekrönt.

Auf der gegenüberliegenden Straßenseite befindet sich in der 1892–94 im neuromanischen Geschmack erbauten Kirche das zweite bedeutende Heiligtum: die **heilige Mutter der Tränen,** eine spätgotische Pietà von 1430. Rückwärtig wurde auf dem Gelände der Pfarrei ein **Standbild** des verstorbenen Heiligen Vaters *Karol Wojtyła* (1920–2005) errichtet und ein **Kalvarienberg** angelegt.

Fans alter Dampfloks und Eisenbahnwagen kommen im **Eisenbahn-Freilichtmuseum** (Skansen PKP Parowozownia) auf ihre Kosten. Im ehemaligen Bahnbetriebswerk gegenüber von Bahnhof und Gleisanlagen ist auf dem Freilichtgelände und in den Hallen eine wahrlich enorme Parade an historischen Dampf- und Diesellokomotiven, Triebwagen, Draisinen und Eisenbahnwaggons ausgestellt. Ein Dampfross folgt auf das andere, zahlreiche von ihnen sorgfältig restauriert und andere wiederum honorige Rostlauben.

Die Nebenräume in der Werkshalle beherbergen von alten Trillerpfeifen über Schilder, Lampen und Signale bis hin zu Heizkesseln, Kolben und altertümlichen Generatoren zahllose Utensilien, die früher für den Bahnbetrieb notwendig waren.

Die neubarocke Kirche St. Trinitatis birgt ein angeblich wundertätiges Marienbild

Ausflug nach Będomin

Etwa 15 Kilometer östlich von Kościerzyna wurde im Gutshaus von Będomin **Józef Wybicki** (1747–1822) geboren, der **Dichter der polnischen Nationalhymne.** 1797 verfasste der Schriftsteller, Politiker, Dramatiker, Komponist und Freiheitskämpfer die Verse der Mazurek Dąbrowskiego, die, von einem unbekannten Komponisten vertont (möglicherweise aber auch von *Wybicki* selbst), seit 1926 offizielle Staatshymne ist.

1977 eröffnete in seinem Geburtshaus das **Nationalhymne-Museum** (Muzeum Hymnu Narodowego). Das schöne alte Gutshaus, 1739 von der vornehmen Familie *Wybicki* erworben, präsentiert Wohnräume mit Mobiliar des 18. und 19. Jahrhunderts sowie eine umfangreiche Ausstellung zur Geschichte der Nationalhymne und des polnischen Freiheitskampfs von den

Józef Wybicki – Dichter der polnischen Nationalhymne

Am 29. September 1747 erblickte **Józef Wybicki** als eines von neun Kinder der vornehmen Familie *Wybicki* im Gutshaus zu Będomin das Licht der Welt. Er studierte die Juristerei und schlug zunächst eine **politische Karriere** ein, wurde Sejm-Angeordneter und widmete sich als Anhänger des Reformlagers um König *Stanisław II. Poniatowski* in den 1770er Jahren der Erneuerung des Bildungs- und Rechtswesens.

Nach der Zweiten Teilung Polens beteiligte sich *Wybicki* 1794 am Kościuszko-Aufstand und **emigrierte** nach der Dritten Teilung, die Polen 1795 von der Landkarte fegte, wie viele andere polnische Künstler und Intellektuelle **nach Frankreich.** In den folgenden zwei Jahren arbeitete er zusammen mit General *Jan Dąbrowski* an der Aufstellung der **Polnischen Legion,** die, so war die polnische Hoffnung, mit Unterstützung des französischen Kaisers eine Legion zur Befreiung der Heimat sein würde. *Napoleon* setzte die polnischen Soldaten zunächst gegen die Teilungsmacht Österreich in Norditalien ein, und in diesem Zusammenhang floss 1797 aus der Feder *Wybickis* der Text der Mazurek Dąbrowskiego, der polnischen Nationalhymne.

„Noch ist Polen nicht verloren,
Solange wir leben.
Das, was fremde Übermacht uns raubte,
Werden wir mit dem Schwert wiedergewinnen.
Marsch, marsch, Dąbrowski,
Vom italienischen ins polnische Land!
Unter deiner Führung
Vereinigen wir uns mit der Nation."

Noch während des napoleonischen Siegeszuges wurde 1807 das **Herzogtum Warschau** geschaffen, auf dessen Konstituierung *Wybicki* als Mitglied der **Provisorischen Regierungskommission** entscheidenden Einfluss nahm. Die Hoffnung auf ein wiederauferstandenes Polen erfüllte sich dagegen nicht. Nach der Niederlage *Napoleons* steckten die Siegermächte Preußen, Österreich und Russland auf dem Wiener **Kongress 1815** die europäische Landkarte neu ab. Unter ihrer Kontrolle erstand das nach seiner Urheberschaft auch „Kongresspolen" genannte Restherzogtum Warschau neu als „Königreich Polen", mit dem russischen Zaren als Warschauer König. Von 1817 bis 1820 arbeitete *Wybicki* dort als Vorsitzender am Verfassungsgericht. Am 10. März 1822 verstarb er in Manieczki bei Srem.

Teilungen Polens über die Gründung der Zweiten Republik und den Widerstand gegen das Nazi-Regime bis hin zur Solidarność-Bewegung. Leider jedoch nur **auf Polnisch,** was für ausländische Besucher, die der Sprache nicht mächtig sind, besonders schade ist, da die zahlreichen Dokumente, Gemälde und Fotografien nicht nur schriftlich, sondern auch mündlich und musikalisch erläutert werden.

Von der Straße 221 aus führt ein etwa anderthalb Kilometer langes, schmales Asphaltband zum Gutshaus, das letzte Stück als hübsche Kastanienallee (ausgeschildert).

Praktische Informationen

Info

- **Touristeninformation,** Rynek 21 (am Marktplatz), 83-400 Kościerzyna, Tel. (058)

6862880, Fax 6800155, www.infokoscierzyna.pl, Mo/Di/Do/Fr 10–18 Uhr, Mi 8–15 Uhr.
• **Homepage der Stadt:** www.koscierzyna.gda.pl.

Unterkunft und Gastronomie

• **Zimmervermittlung** in der Touristeninformation.
• **Hotel Gryf**€€€, ul. Ogrodowa 2, 83-400 Kościerzyna, Tel./Fax (058) 6863155, www.hotel-gryf.pl. Leuchtend rot gestriches Gasthaus und erstes Hotel vor Ort, Mittelklassekomfort mit gutem Service und gerne besuchtem Restaurant, hinter dem zweiten Kreisel am südwestlichen Ortseingang, fünf Minuten vom Marktplatz. Etwa 140 Zł.
• **Hotel-ik**€€, ul Długa 26, 83-400 Kościerzyna, Tel. (058) 6866298, www.hotelik-koscierzyna.pl. Ebenfalls rot gestrichene Herberge in der Fußgängerzone wenige Schritte vom Marktplatz, im Erdgeschoss Pub, in der ersten Etage die Zimmer. Etwa 100 Zł.

Jugendherberge

• **Jugendherberge,** ul. Marii Curie-Słodowskiej 19 (in der Schule Nr. 1, 15 Minuten zu Fuß zum Marktplatz), 83-400 Kościerzyna, Tel. (058) 6863434, Juli/Aug.

Museen und andere Sehenswürdigkeiten

• **Heimatmuseum,** am Marktplatz im Rathaus, Juni–Sept. Di–Sa 10–18 Uhr, So 10–12 Uhr, Okt.–Mai Mo–Fr 8–16 Uhr.
• **Eisenbahn-Freilichtmuseum,** ul. Towarowa 7, im ehemaligen Bahnbetriebswerk gegenüber von Bahnhof und Gleisanlagen, von der Straße Richtung Będomin einbiegen (ausgeschildert), tgl. 10–18 Uhr.
• **Museum der polnischen Nationalhymne,** in Będomin, Straße 221 ca. 15 Kilometer östlich von Kościerzyna (ausgeschildert), Mai–Sept. Mo–Sa 9–17 Uhr, So 10–17 Uhr, Okt.–März Mo–Sa 9–15 Uhr, So 10–15 Uhr.

Bytów

↗ X/B2

In Westkaschubien liegt im Zentrum der **Bytower Seenplatte** (Pojezierze Bytowskie) die 18.000 Einwohner zählende Stadt Bytów **(Bütow).** Südlich von ihr baut sich das kaschubische Hügelland noch einmal auf bis zu 250 Meter Höhe auf, nordwestlich erstreckt sich bis fast vor die Tore von Słupsk der **Landschaftspark Stolpetal** (Park Krajobrazowy Dolina Słupi). Auf über 37.000 Hektar umfasst der 1981 gegründete Park die nahezu unbesiedelten Kiefernwälder und Moore und Seen rund um den mittleren Flusslauf der Słupia.

„Ewiges Grenzland" wurde das Bütower Land wegen seiner im Verlauf der Geschichte so **oft wechselnden Zugehörigkeiten** genannt, nicht nur zwischen Deutschland und Polen, sondern auch konfessionell, zwischen Katholiken und Protestanten, wobei die Glaubensgrenze oft sogar mitten durch die Dörfer verlief.

1329 kaufte der **Deutsche Orden** den Landstrich und ließ an der Wende vom 14. zum 15. Jahrhundert in Bütow die backsteinerne Burg errichten, fast genau so, wie sie heute noch steht. Kurz nach Beginn des Dreizehnjährigen Krieges (1454–66) gegen den Ordensstaat belehnte König *Kazimierz IV.* im Jahr 1455 den pommerschen Herzog *Erik II.* mit den Landen Bütow und Lauenburg (Lębork) in der nördlichen Nachbarschaft. Unter der Herrschaft der **pommerschen Herzöge** wurde im 16. Jahrhundert die **Reformation** durchgesetzt.

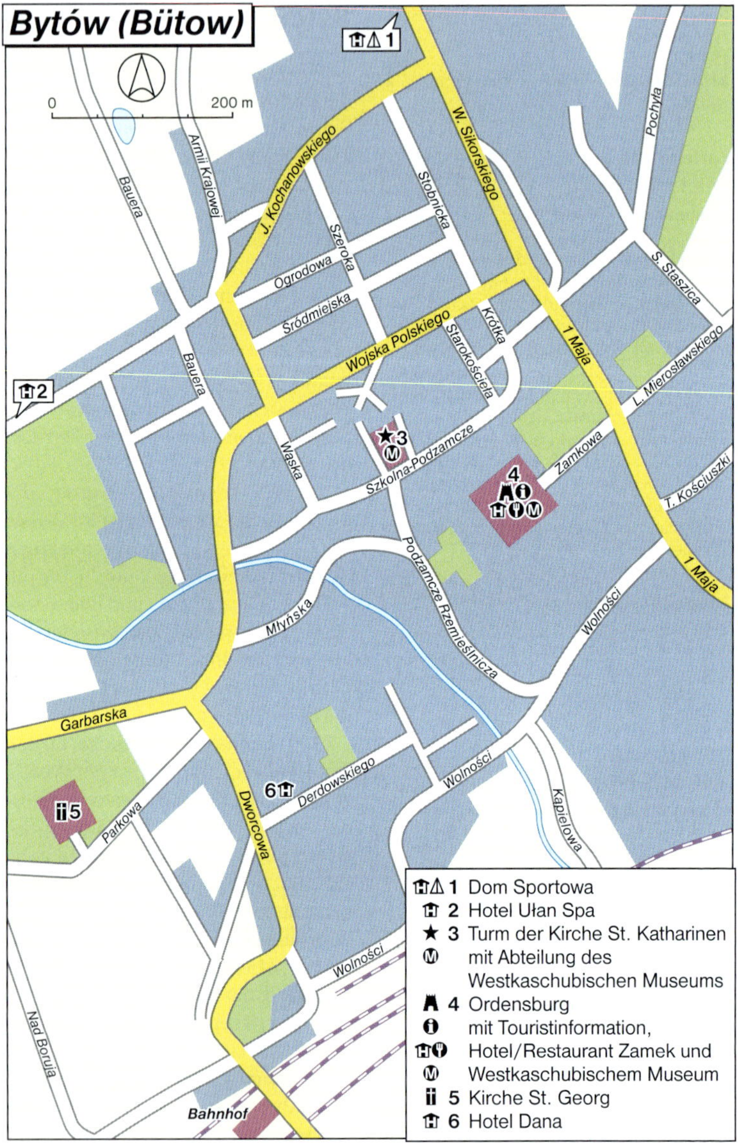
Bytów (Bütow)
0
200 m
1
2
Bauera
Armii Krajowej
J. Kochanowskiego
W. Sikorskiego
Stobnicka
Pochyła
Szeroka
Ogrodowa
Śródmiejska
Wojska Polskiego
Krótka
Starokościelna
S. Staszica
1 Maja
L. Mierosławskiego
Bauera
Wąska
Szkolna-Podzamcze
Zamkowa
T. Kościuszki
3
4
Podzamcze Rzemieślnicza
Młyńska
Wolności
Garbarska
Derdowskiego
6
Dworcowa
5
Parkowa
Wolności
Kąpielowa
Wolności
Nad Borują
Bahnhof
1 Dom Sportowa
2 Hotel Ułan Spa
3 Turm der Kirche St. Katharinen
mit Abteilung des
Westkaschubischen Museums
4 Ordensburg
mit Touristinformation,
Hotel/Restaurant Zamek und
Westkaschubischem Museum
5 Kirche St. Georg
6 Hotel Dana

Nach dem Tod des letzten Greifen-Herzogs *Bogusław XIV.* 1637 gelangte Bütow als erledigtes Lehen an die **polnische Krone** zurück, die katholische Kirche wurde wieder in Stand und Würden gesetzt, um 20 Jahre später, 1657, erneut an die Protestanten zu fallen, nun namentlich an die Kurfürsten von Brandenburg. Die nächsten knapp 300 Jahre war Bütow dann **deutsch** und wurde im **März 1945** bei der Eroberung durch die Rote Armee zu fast zwei Drittel **zerstört.**

Anders als die Stadt hat die **Ordensburg** den Zweiten Weltkrieg relativ unbeschadet überstanden. 1398–1405 auf rechteckigem Grundriss mit drei Rundtürmen und wuchtigem Bergfried erbaut und 1560–70 unter den Greifen-Herzögen im Geschmack der Renaissance grundlegend modernisiert, diente sie diesen bis ins 17. Jahrhundert als Sommerresidenz. In preußischer und reichsdeutscher Zeit Verwaltungssitz, war in den alten Mauern ab 1930 eine Jugendherberge untergebracht. Ende der 1960er Jahre begann man dann mit der umfassenden Restaurierung der prächtigen Burganlage. Heute bietet sie Raum u.a. für die Bytówer **Touristeninformation,** im ehemaligen Herzogshaus ein Hotel/Restaurant und im Nordflügel das **Westkaschubische Museum** (Muzeum Zachodnio Kaszubskie), das kaschubische Volkskunst und ethnografische Sammlungen ausstellt.

Unterhalb der Burg ragt im Ortszentrum der verbliebene **Turm** der **Kirche St. Katharinen** (Kościół św. Katarzyny) auf. Als Solitär steht er da, der restliche Baukörper des ursprünglich gotischen und später vielmals umgestalteten Gotteshauses wurde 1945 zerstört. Dem Turm zu Füßen legte man ab 2001 die mittelalterlichen Kirchfundamente frei und gestaltete die Ausgrabungsstätte als kleine Anlage. Im Turm selbst ist eine **Abteilung des Westkaschubischen Museums** untergebracht, die anhand von zahlreichen Funden und Exponaten die Geschichte der Region von der Bronzezeit bis ins 19. Jahrhundert zeigt sowie den sa-

036po Foto: kj

Im Turm der Kirche St. Katharinen hat eine Abteilung des Westkaschubischen Museums ihren Sitz

129po Foto: kj

Kaschubisches Kunsthandwerk

kralen Kostbarkeiten von St. Katharinen, die überdauert haben, ein neues Zuhause gibt.

Südwestlich vom Zentrum steht mit kleinem Dachreiter über dem Walmdach auf einer Anhöhe über dem plac Korfeya die **Kirche St. Georg** (Kościół św. Jerzego). Im 1675–85 erbauten, ehemals evangelischen Gotteshaus feiert seit den 1980er Jahren die ukrainisch-orthodoxe Gemeinde ihre Gottesdienste. Ein Tabernakel aus dem 17. Jahrhundert und die Ikonostase sind die wertvollsten Stücke der Inneneinrichtung. Die frühere, aus dem 17./18. Jahrhundert stammende Ausstattung ist heute im Westkaschubischen Museum zu sehen.

Praktische Information

Info

- **Touristeninformation,** ul. Zamkowa 2 (in der Burg), 77-100 Bytów, Tel. (059) 8225597, Mo–Sa 8–16 Uhr.
- **Homepage der Stadt:** www.bytow.com.pl.

Unterkunft

- **Zimmervermittlung** in der Touristeninformation.
- **Hotel Zamek**€€€€, ul. Zamkowa 2, 77-100 Bytów, Tel./Fax (059) 8222094, www.hotelzamek.com.pl. Im ehemaligen Herzogshaus in der Ordensburg, mit angeschlossenem Restaurant. Etwa 180 Zł.
- **Hotel Dana**€€€, ul. Derdowskiego 1, 77-100 Bytów, Tel./Fax (059) 8226047, www.dana-art.com.pl. Gründerzeitgebäude im südlichen Ortszentrum, behaglicher Mittelklassekomfort. Etwa 160 Zł.
- **Hotel Ułan Spa**€€€, ul. Tartaczna 10, 77-100 Bytów, Tel. (059) 8226647, www.dana-art.com.pl. Zum Hotel Dana gehörendes neues Haus am westlichen Ortsrand, geschmackvoll im Landhausstil eingerichtet, mit Spa-Einrichtungen, Pool und Reitmöglichkeit. Etwa 160 Zł.
- **Dom Sportowa**€, ul. Mieckiewicza 13, 77-100 Bytów, Tel. (059) 8222610. Dreigeschossiger grauer Flachbau am Sportstadion, schlicht und preisgünstig, mit Zeltplatz. Etwa 60 Zł.

Museen und andere Sehenswürdigkeiten

- **Westkaschubisches Museum,** in der Burg und im Katharinen-Kirchturm, Mitte Mai bis Ende Sept. Di–So 10–18 Uhr, Okt.–Mitte Mai Di–So 10–16 Uhr.

Südliches Kaschubien

Überblick

Südlich von Kościerzyna laufen die Hügel Kaschubiens in ein weites Sanderflachland aus. Würzig duftende Kiefernwälder schmücken die Sandböden, zwischen denen abermals hunderte Seen aufblitzen und die oft noch **nahezu unberührte Natur** zur größten aller Sehenswürdigkeiten machen. Die schönste von Menschenhand geschaffene Attraktion in diesem reizenden Mosaik aus Wasser und Land liegt im Herzen des **Wdzydzki-Landschaftsparks** (Wdzydzki Park Krajobrazowy). Dort dehnt sich am Ufer des **Gołun-Sees** mit original erhaltenen traditionellen Holzhäusern, Bauernhöfen und Fischerkaten das **Kaschubische Freilichtmuseum** aus.

Wenig südwestlich schließt sich an den Wdzydze-Park der annähernd unbesiedelte **Zaborski-Landschaftspark** (Zaborski Park Krajobrazowy) an, der wiederum nahtlos in den **Nationalpark Bory Tucholskie** (Park Narodowy Bory Tucholskie) übergeht. Flankiert von den langen Gewässerrinnen der **Seen Karsińskie** und **Charzykowskie,** lädt der Nationalpark zum Paddeln und zu herrlichen Wanderungen durch urwüchsige Kiefernheide ein und bildet so die schöne Umgebung für die Städter aus **Chojnice,** der quirligen Metropole im südlichen Kaschubenland.

Im Wdzydzki-Landschaftspark ⇗ XI/C3

Über gut 25.000 Hektar grüne Kiefernwälder, blaue Seen und ein paar wenige winzige Dörfer dehnt sich der Wdzydzki-Landschaftspark **(Wdzydzki Park Krajobrazowy)** aus. Sein funkelndes Juwel inmitten ist der **Wdzydzki-See,** der dem Park seinen Namen gab; er ist einer der größten kaschubischen Seen und wird deshalb auch **„Kaschubisches Meer"** genannt. Sein Wasserbecken, in dem neun Inseln schwimmen, wird aus den **Seen Jeleń, Gołun, Radolne** und **Wdzydze** gebildet, die ihm gemeinsam die Form eines Kruzifixes verleihen. Und genau am Kreuzpunkt der Gewässer liegt über dem Seeufer, kurz vor dem Weiler Wdzydze Kiszewskie, der **Ethnografische Park von Kaschubien** (Kaszubski Park Etnograficzny), das mit seinem Geburtsdatum 1906 älteste Freilichtmuseum in Polen. Es geht auf das Engagement von *Theodora* und *Isidor Gulgowski* zurück, die sich der Pflege des kaschubischen Brauchtums widmeten und in unermüdlicher Arbeit vergessen geglaubte Quellen der kaschubischen Volkskunst, des Handwerks und der traditionellen Lebensweise zusammentrugen. So entstand in Wdzydze Kiszewskie im Jahr 1906 in einer hölzernen Bauernhütte aus dem 18. Jahrhundert der Grundstock für das heutige, auf 22 Hektar mehr als 40 Objekte umfassende Museum. Bauernhöfe, Fischerkaten, Windmühlen, ein Sägewerk, eine Schmiede, eine Kirche, eine Schule und zahlreiche Originalbauten mehr aus der Zeit vom 18. bis Mitte des 20. Jahrhunderts, Ställe und Scheunen, Töpferwerkstatt, Brunnen und Brotofen versetzen die Besucher in vergangene Zeiten zurück und vermitteln dabei zugleich einen lebendigen Eindruck von der überkommenen Kultur im Kaschubenland.

Wdzydze Kiszewskie (Sanddorf) selbst besteht aus einer Ansammlung von einigen Häusern, Pensionen, Campings und Bootsanlegern, die sich malerisch auf die Ufer zwischen die vier Seen verteilen und den Ort zum beliebten Ausflugsziel machen.

Kultureller und religiöser Anziehungspunkt elf Kilometer südlich des Wdzydzki-Sees ist das 1100-Seelen-Dorf **Wiele (Wielle)** am Südrand des Landschaftsparks. Ein wundertätiges **Bildnis der Tröstenden Muttergottes** (18. Jh.) ist das kostbarste Kleinod der **Dorfkirche St. Nikolaus** (św. Mikołaja). 1904/05 wurde das Gotteshaus auf der Stelle von Vorgängerbauten errichtet, außen schmucklos und innen, prächtig ausgemalt und mit Barockaltären möbliert, umso reicher bedacht. Pfarrer *Josef Szydzik,* 1905–24 Seelsorger in der Gemeinde, zeichnete für die Ausgestaltung verantwortlich, ebenso wie für den Bau der **Kalwaria Wielewska,** des weitläufigen **Kalvarienbergs** im Süden der Ortschaft. Nach Entwürfen des Architekten *Theodor Mayer* entstanden dort 1915–27 zu Füßen des Baiła Góra 23 Kapellen und Skulpturengruppen, die den Leidensweg Jesu Christi darstellen. Der große Parkplatz am Wielewski-See, wo der

123po Foto: kj

Kreuzweg beginnt, deutet auf seine Beliebtheit hin, nicht nur zum großen Ablass im Mai zu Christi Himmelfahrt.

Praktische Informationen

Unterkunft

- **Hotel Niedzwiadek**€€€€, Wdzydze Kiszewkie 32, 83-406 Wąglikowice, Tel./Fax (058) 6861313, www.hotelniedzwiadek.pl. Schicke Anlage, die vom gediegenen Hotel und Dependance über Ferienbungalows, Restaurant, Tennis und Pool bis zum eigenen Bootsanleger keinen Komfort missen lässt. Am Ende der Dorfstraße am Jeleń-See. Ab 230 Zł.
- **Pensjonat Zacisze**€€, Wdzydze Kiszewkie 42, 83-406 Wąglikowice, Tel. (058) 6861228. Freundliche, familiäre Unterkunft am Waldrand auf einer Anhöhe zwischen den Seen (im Ort dem Wegweiser zu den Pensionen Gabriele/Danuta/Helena folgen). Etwa 80 Zł.

Im Kaschubischen Freilichtmuseum

Camping

- **Camping Nr. 158,** PTTK-Wasserstation, Wdzydze Kiszewkie, 83-406 Wąglikowice, Tel. (058) 6861215, www.wdzydze-stanica.pl. Grüne Wiese mit Badestelle direkt am See, mit Taverne und Grill-Bar, Finnhütten, Segelboot-, Kajak- und Radverleih (an der S-Kurve der Dorfstraße), Mitte Mai bis Mitte Sept.

Museen und andere Sehenswürdigkeiten

- **Kaschubisches Freilichtmuseum,** Wdzydze, Mai/Juni Di–Fr 9–16 Uhr, Sa/So 10–18 Uhr, Juli/Aug. Di–So 10–18 Uhr, April/Sept. Di–So 9–16 Uhr, Nov.–März Mo–Fr 10–15 Uhr.

Aktivitäten

- **Wassersportgeräte- und Fahrradverleih:** am PTTK-Campingplatz (↗„Camping“).

Südliches Kaschubien

Rund um den Nationalpark Bory Tucholskie

↗ X/B3, XIV/B1

Kiefernheide, so weit das Auge reicht, unterbrochen nur von Torfmooren, Feuchtwiesen, kleinen Flüssen und zahlreichen Seen. So schmückt sich der 1990 gegründete **Zaborski-Landschaftspark** (Zaborski Park Krajobrazowy). Oder in Zahlen ausgedrückt: 70 Prozent des über 34.000 Hektar großen Parks sind von Wald und 13 Prozent von Gewässern bedeckt. Dazu kommen knapp fünf Prozent landwirtschaftliche Nutzfläche und ein paar Dörfer, die man an zwei Händen abzählen kann.

In den Wäldern herrscht die **Kiefer** vor, denn auf den **Sanderflächen** – Kies, Sand, Geröll –, welche die letzte Eiszeit hier hinterließ, wollen anspruchsvollere Bäume nicht recht gedeihen. Der nach dem Fluss Brda benannte **Große Brda-Sander** entstand einst, als das Gletscherschmelzwasser weiter nördlich in der Kaschubischen Schweiz die Endmoräne durchbrach, sich von der Höhe hinab in die Ebene ergoss und dort seinen mitgeführten Schutt ablud. Gröberes Sediment lagerte sich dabei nahe der Endmoräne ab, während leichteres, wie Kies und Sand, noch viele Kilometer weiter flussabwärts getragen wurde, dort Schwemmkegel, Dünen, Sand- und Geröllflächen bildete und so der heutigen Landschaft ihre Gestalt verlieh.

Wo das Schmelzwasser tiefe Rinnen ins Land fräste, schuf es die Becken für die vielen kristallklaren **Seen,** die den Landschaftspark zieren. 17 Kilometer von Nord nach Süd zählt die längste Rinne. Sie wird von den Seen **Witoczno, Karsińskie, Długie** und **Charzykowskie** gefüllt, die im Westen den **Nationalpark Bory Tucholskie/Tucheler Heide** (Park Narodowy Bory Tucholskie) flankieren. 1996 wurde der knapp 4800 Hektar große Nationalpark im urwüchsigsten, ökologisch wertvollsten Teil des Zaborski-Landschaftsparks ausgewiesen. Vier Fünftel seiner Fläche überzieht Kiefernwald, unter den sich hier und da auch einmal eine Birke (1,1 %), Fichte (0,6 %) oder Erle (0,4 %) mischt, und im Unterholz machen sich Krähenbeere und Knabenkraut, Bärlapp und Sonnentau breit.

Das übrige Fünftel der Fläche im Nationalpark nehmen Sümpfe, Torfmoore und insgesamt 21 Seen ein; darunter die sogenannten **Lobelienseen,** zu denen als schöne Beispiele nördlich im Park die Seen **Krzywce Małe, Nierybno** und **Głuche** zählen sowie südlich die Seen **Wielkie Gacno** und **Małe Gacno.** In bis zu 30 Zentimetern Wassertiefe wurzelt an ihren Ufern die vom Aussterben bedrohte **Wasserlobelie.** Krautig, die traubenförmige, von einer weißen oder blassblauen Krone geschmückte Blüte in 40 bis 70 Zentimetern Höhe, liebt sie leicht saure, nährstoffarme, stehende, absolut saubere Gewässer und hat hier eine letzte Heimat gefunden.

Feuchtwiesen, Moore und Gewässer bestellen der **Vogelwelt** eine reiche Tafel. Haubentaucher, Gänsesäger und Eisvogel, Fischreiher, Kranich und Seeadler gehen auf Beutefang, und in der Nacht schwärmen die fliegenden Säuger aus: Rauhautfledermaus, Braunes Langohr, Mausohr-, Fransen- und Wasserfledermaus. An großen **Säugetieren** tummeln sich Hirsche, Rehe und Wildschweine, Füchse und Marder, Dachse und Fischotter im Revier.

Swornegacie

↗ X/B3

Größte Ansiedlung und geografischer wie **touristischer Mittelpunkt** im gesamten Landschafts- und Nationalpark ist Swornegacie **(Schwornigatz)** am Nordufer des Karsińskie-Sees. Vom 900 Einwohner kleinen Ort aus führen Wanderwege rundum in die Schutzgebiete hinein. Überdies bildet Swornegacie einen wichtigen Verkehrsknotenpunkt auf den **Paddelrouten** über die **Flüsse Brda** und **Zbrzyca,** die im Park zahlreiche Seen miteinander verbinden. Ein Einkaufsladen, eine kleine Touristeninformation - mit Verkaufsausstellung von kaschubischem **Kunsthandwerk** -, ein Hotel, Gästezimmer und eine PTTK-Wasserstation sowie Kanu-, Kajak- und Fahrradverleihe runden das touristische Angebot ab.

Info

- **Touristeninformation,** ul. Jeziorna 5, in dem im Stil kaschubischer *checzs* errichteten Haus der Kaschubischen Volkskunst (Kaszëbe Dodom Lëdowègò Kùnsztu w Swòrach) an der S-Kurve schräg gegenüber der Kirche, 89-680 Swornegacie, mit Verkaufsausstellung von kaschubischem Kunsthandwerk, Juni–Sept. Mo/Di/Fr 10–18 Uhr, Mi/Do 8–18 Uhr, Sa 10–16 Uhr.

Unterkunft/Camping

- **Zimmer und Zeltplatz Nad Brda**€, Zbrzyca 6, 89-608 Swornegacie, Tel. (052) 398 1138, www.pokojenadbrda.pl. Einfache Zimmer und grüne Wiese in lauschiger Waldlage am Durchstich der Zbrzyca vom Karsińskie- zum Witczno-See, mit Vogelpiepsen, Fröschequaken und Kajakverleih, ca. 1100 Meter vom Dorfzentrum entfernt; am Einkaufsladen nordwärts einbiegen, die schmale Holperstraße wird schließlich Sandpiste, nach insgesamt ca. einem Kilometer rechts einbiegen (geradeaus geht es weiter zur PTTK-Wasserstation). Etwa 30 Zł. pro Person.
- **PTTK-Wasserstation**€, Zbrzyca 7, 89-608 Swornegacie, Tel. (052) 3981226. Einfache Unterkunft in der Seglerherberge am Ufer des Witoczno-Sees im Hauptgebäude und in Campinghäuschen, mit angeschlossenem Zeltplatz und Paddelbootverleih. Anfahrt: ↗ Zimmer und Zeltplatz Nad Brda; geöffnet Mai–Sept. Im Gebäude etwa 100 Zł. (Zimmer/Bad mit bis zu vier Schlafmöglichkeiten), im Campinghäuschen etwa 55 Zł. (Doppelzimmer/Bad), Caravan um 30 Zł., Zelt 7 Zł.
- **Camping,** sieben Kilometer östlich von Swornegacie bei Drzewicz an der Brücke über die Brda. Gebührenfreier, kiefernbeschatteter Wiesenplatz in herrlicher Lage zwischen zwei Seen, Dusche/WC im neugebauten reetdachgeschmückten Holzhaus, ansonsten keine Versorgungseinrichtungen.

Aktivitäten

- **Wassersportgeräteverleih:** ↗ Unterkunft Nad Brda und PTTK-Wasserstation.

Małe Swornegacie

Südlich liegt auf einer schmalen Nehrung zwischen **Karsińskie-** und **Charzykowskie-See** traumhaft schön Małe Swornegacie **(Klein Schwornigatz),** das noch kleiner ist als sein Name schon sagt, nämlich aus genau einem Hotel-Restaurant mit Campingplatz besteht. Vorne Wasser, hinten Wasser,

037po Foto: kj

Bootssteg und Paddelbootverleih, erfreut einen mitten in der schönen Natur diese angenehme Infrastruktur.

Unterkunft/Camping

●**Hotel und Camping Małe Swory**€€, ul. Chojnica 20, 89-608 Małe Swornegacie, Tel. (052) 3981209, www.male.swory.pl. Schöne, gepflegte Anlage in idyllischer Lage auf dem schmalen Landstrich zwischen Karsińskie- und Charzykowskie-See, komfortable Gästezimmer im Haus und in den schilfrohrgedeckten neuen Holzhütten am Rande der Campingwiese, mit gutem Restaurant, Grill-Bar auf der Wiese, Bootssteg, Fahrrad- und Wassersportgeräteverleih (Segelboote, Tretboote, Kanus). Im Haus etwa 100 Zł.

Idyllisch gelegene Unterkunft:
Hotel und Camping Małe Swory

Aktivitäten

●**Wassersportgeräteverleih:** ↗ Unterkunft Małe Swory.

Charzykowy ↗ XIV/B1

In Charzykowy am Südufer des Charzykowskie-Sees ist man schließlich in die Zivilisation zurückgelangt. Freundlich und aufgeräumt, mit verbundsteingepflasterter Fußgängerzone, Touristeninformation und einer größeren Auswahl an Unterkünften und Gastronomie macht sich bemerkbar, dass Charzykowy Sommerfrische und **Ausflugsziel** für die Städter im nahen Chojnice ist. Landesweit ist der beliebte Einstieg in die **Brda-Paddeltour** als Wiege des polnischen **Segelsports** bekannt. 1922 entstand hier am Seeufer das älteste Segelklub Polens.

Info

- **Touristeninformation,** Rondo Róży Wiatrów (am Kreisel im Ortszentrum), 89-606 Charzykowy, Juni–Sept. Di–Fr 10–17 Uhr, Sa 11–17 Uhr, So 12–16 Uhr.

Unterkunft/Camping

- **Hotel Bellevue**€€€€, ul. Długa 23a, 89-606 Charzykowy, Tel. (052) 3988152, www.hotel.charzykowy.pl. Großes weißes Gebäude im Ortszentrum zwischen Kreisel, Fußgängerzone und Seeufer mit Strandbad und Marina. Vornehm und gediegen, die Zimmer nach hinten mit Seeblick. Etwa 230 Zł.
- **Agroturystyka Paradise**€€, ul. Długa 79, 89-606 Charzykowy, Tel. (052) 3988158, www.agroturystykaparadise.pl. Neubau mit funktional ausgestatteten Zimmern, Imbiss-Bar und Sanitäranlagen für den angeschlossenen Campingplatz auf der Wiese am Charzykowskie-See. Etwa 80 Zł.

Jugendherberge

- **Jugendherberge,** ul. Skolna (in der Schule), 89-606 Charzykowy, Tel. (052) 3988104, Juli/Aug.

Chojnice

↗ XIV/B1

Quirlig, lebhaft, geschäftig präsentiert sich die südkaschubische **Metropole** Chojnice **(Konitz),** das „südliche Tor von Kaschubien", wie man die 40.000 Einwohner zählende Kreisstadt seit vielen Jahrhunderten nennt. Außer ihrer zauberhaften Umgebung verfügt sie über zahlreiche **Bildungseinrichtungen,** Berufs- und weiterführende Schulen, zu den wichtigsten Wirtschaftszweigen gehören die Möbelproduktion, die Metall verarbeitende und die Lebensmittelindustrie, und seit 1992 ist die Stadt Sitz des Lehrerkollegs für Fremdsprachen der Universität Danzig. Chojnices Stolz ist darüber hinaus der zum großen Teil **restaurierte Altstadtkern** und dort im Mittelpunkt der weitläufige Marktplatz, den man wohl zu den schönsten in der Woiwodschaft rechnen darf.

Geschichte

Ausgrabungen belegen, dass sich auf Höhe der Altstadt bereits im 12. Jahrhundert eine Siedlung befand. **1275** erstmals erwähnt, übernahmen 1309 die Ritter des **Deutschen Ordens** die Herrschaft über Stadt und Region, und die Siedlung wurde mit Mauern und Bastionen umzogen. **1440** trat Konitz dem **Preußischen Bund** bei, zog zehn Jahre später aber Unterschrift und Siegel zurück und fügte 1454 den polnischen Truppen vor den Stadttoren eine schwere Niederlage zu. Kurz vor dem Zweiten Thorner Friedensschluss kapitulierte Konitz 1466 als letzte Deutschordensstadt im Dreizehnjährigen Krieg gegen Preußischen Bund und polnische Krone. **Ab 1466** unterstand Chojnice bis zur Ersten Teilung Polens 1772 dem **König von Polen.**

Bis Mitte des 16. Jahrhunderts hatte sich die **Reformation** durchgesetzt, die meisten Bürger waren zum Luthertum übergetreten. Dagegen kamen **1620** die **Jesuiten** in die Stadt, gründeten ein Kolleg und erbauten bis Mitte des 18. Jahrhunderts die Kirche Mariä Verkündigung. Trotz verheerender

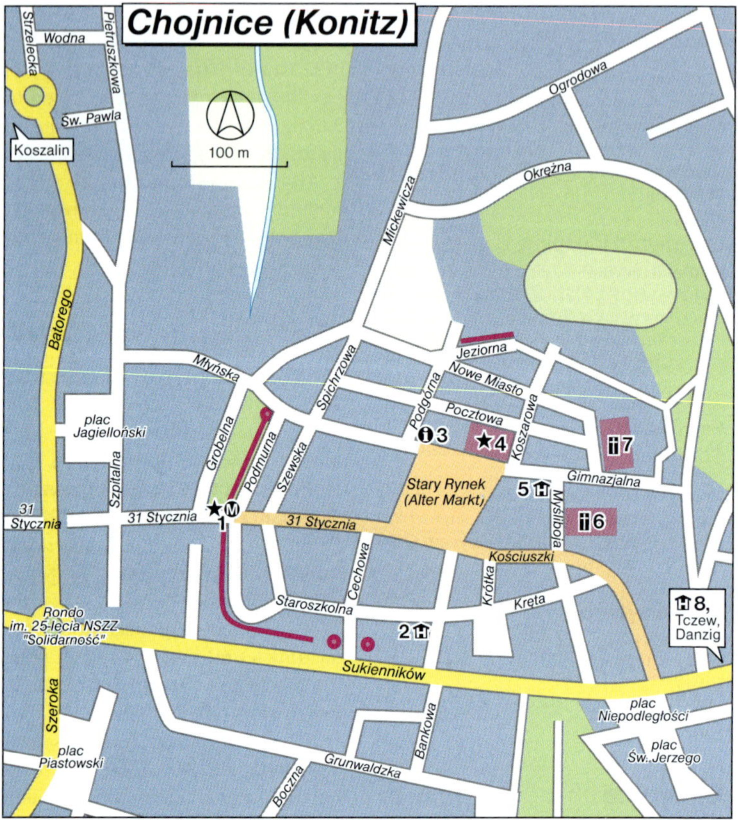

- ★ Ⓜ 1 Schlochauer Tor mit Historisch-Ethnografischem Museum
- 2 Hotel Sukiennice
- 3 Touristeninformation
- ★ 4 Rathaus
- 5 Hotel Turystyczny
- 6 Kirche der Enthauptung Johannes des Täufers
- 7 Kirche Mariä Verkündigung
- 8 Hotel Olimp

Stadtbrände und großer Zerstörungen im Schwedisch-Polnischen Krieg 1655–60 und Nordischen Krieg 1700–21 blühte Chojnice auf, entwickelte sich zum Zentrum der **Tuchmacherei** und des Handels.

1772 marschieren **preußische Truppen** ein. 1871 wird die Stadt ans Eisenbahnnetz im Deutschen Reich angeschlossen. Nach Ende des Ersten Weltkriegs und Gründung der Zweiten Republik Polen 1918 marschieren 1920 polnische Truppen ein. Chojnice wird **Grenzstadt im wiedererstandenen Polen.** 1922 eröffnet vor den Toren der Stadt am Charzykowskie-See der erste polnische Segelklub.

Am **1. September 1939** marschiert unmittelbar nach Kriegsbeginn die deutsche **Wehrmacht** ein. 500 Bürger werden auf einem heute „Tal des Todes" genannten Feld vor der Stadt exekutiert, Tausende als Zwangsarbeiter oder in Konzentrationslager verschleppt. Mitte **Februar 1945** marschieren **sowjetische Truppen** ein. Im Kampf um die Stadt kommen zahllose Menschen ums Leben, und das alte Zentrum wird zur Hälfte **zerstört.**

Nach Ende des Zweiten Weltkriegs beginnt der Wiederaufbau von Chojnice, das erstmals bis 1975 und seit der Verwaltungsreform 1999 nun zum zweiten Mal **Kreisstadt** ist.

Sehenswertes

Trotz seiner bewegten Geschichte hat sich in Chojnice manches erhalten. Aus der Ordenszeit stammen die quadratische **Altstadtanlage** mit großem **Markt** sowie Resten der Stadtmauern und Basteien, die das backsteinerne **Schlochauer Tor** (Brama Człuchowska) aus der Mitte des 14. Jahrhunderts flankieren. In dem ehemaligen Stadttor ist seit 1962 das **Historisch-Ethnografische Museum** (Muzeum Historyczno-Etnograficzne) untergebracht, welches Archäologie, Geschichte und Volkskunde der Stadt und Region präsentiert.

Das gotische Tor durchschritten, führt die Fußgängerzone ul. Stycznia auf den **Alten Markt (Stary Rynek),** Herz und Schmuckstück des historischen Zentrums und zugleich pulsierender Mittelpunkt der Stadt. Schön restaurierte spätklassizistische Bürgerhäuser mit kleinen Läden und Straßencafés umziehen den Platz, an dessen Nordseite sich mit prachtvollem Giebel das 1902 erbaute neugotische **Rathaus** erhebt. Gleich nebenan befindet sich die **Touristeninformation,** und den Blick ostwärts gewandt, ragen der wuchtige Backsteinturm der Johanneskirche auf sowie - ein ungewöhnliches Erscheinungsbild in der Region - die barocken Zwiebeltürme der Jesuitenkirche.

Von 1340 bis 1360 wurde die gotische **Kirche St. Johannes** (Kościół Święcia św. Jana) erbaut, im Zweiten Weltkrieg zerstört, anschließend rekonstruiert und zeitgenössisch möbliert. 2007 fanden an der Fassade des als päpstliche Basilica Minor geehrten Gotteshauses umfassende Restaurierungsarbeiten statt.

In seiner Nachbarschaft erscheint die 1733–44 errichtete, spätbarocke **Kirche Mariä Verkündigung** (Kościół Zwiastowania NMP) wie eine Miniaturausgabe der masurischen Wallfahrtskirche Heilige Linde, und in der Tat wurden beide Gotteshäuser von Jesuiten erbaut. Ihre kostbare Innenausstattung lohnt durchaus einen Blick. Das sich anschließende, aus dem 18. Jahrhundert stammende Jesuitenkollegium dient heute als Gymnasium.

Der Marktplatz von Chojnice mit dem Rathaus

Praktische Informationen

Info

• **Touristeninformation,** Stary Rynek 4, 89-600 Chojnice, Tel. (052) 3970597, Fax 397 3675, www.promocja.chojnice.pl, Mo–Fr 8–16 Uhr, Sa 9–13 Uhr.

• **Homepages der Stadt:** www.miasto.chojnice.pl, www.turystyka.chojnice.pl.

Unterkunft und Gastronomie

• **Hotel Sukiennice**€€€€, ul. Sukienników 14, 89-600 Chojnice, Tel./Fax (052) 3963900, www.hotelsukiennice.pl. Vornehmstes Haus am Platz, in einem Gründerzeitbau untergebracht; die Zimmer zur viel befahrenen ul. Sukienników hinaus nicht ganz leise, besser eins zur Altstadtseite hin wählen; im Kellergewölbe ein empfehlenswertes Restaurant. Etwa 190 Zł.

• **Hotel Olimp**€€€, ul. Kościerska 5, 89-600 Chojnice, Tel. (052) 3973629, Fax 3972727, www.hotelolimp.pl. Großes Mittelklassehotel, zehn Spazierminuten südöstlich der Altstadt in Nachbarschaft zum städtischen Friedhof. Etwa 140 Zł.

• **Hotel Turystyczny**€€, ul. Mińliboja 5, 89-600 Chojnice, Tel. (052) 3975185, Fax 397 2472, www.hotele.chojnice.pl (Button „turystyczny"). Von außen mit Ostcharme, innen angenehme, freundliche Herberge im Herzen der Stadt zwischen Altem Markt und Johanneskirche; das Hotel verfügt über keine Frühstücksmöglichkeit, die jedoch zwei Minuten entfernt in den Cafés am Marktplatz zahlreich gegeben ist. Etwa 90 Zł. ohne Frühstück.

Museen und andere Sehenswürdigkeiten

- **Historisch-Ethnografisches Museum,** im Schlochauer Tor, ul. Stycznia 31, Juli/Aug. Di–Fr 10–17 Uhr, Sa/So 10–15 Uhr, Sept.–Juni Di–Fr 10–15.30 Uhr Sa 10–15 Uhr.

Ausflug nach Człuchów

XIV/B1

14 Kilometer westlich von Chojnice liegt das verschlafene Landstädtchen Człuchów **(Schlochau),** das auf eine große Vergangenheit zurückblicken kann. 1312 erwarb der Deutsche Orden das Land für 250 Silbermark und errichtete auf einer Anhöhe über drei Seen seine nach der Marienburg größte **Festungsanlage** im gesamten Ordensgebiet. 1367 war sie mit mächtigen Ziegelmauern, Türmen, Bastionen, drei Vorburgen und Schlossgebäude fertiggestellt. Ab 1466 von polnischen Starosten verwaltet, wurde die als unbezwingbar geltende Feste im **Polnisch-Schwedischen Krieg** Mitte des 17. Jahrhunderts von schwedischen Soldaten gestürmt. Noch größeren Schaden aber richteten die beiden **Stadtbrände** 1786 und 1793 an. Für Schlochaus **Wiederaufbau** gestattete der preußische König die Verwendung von **Abbruchmaterial aus der Burg.** Und so blieben von der einst gewaltigen Ordensburg nur noch ein **Turm** und Reste der alten Schutzmauern erhalten, die man mit der in den Jahren 1826–28 daran angebauten, ehemals evangelischen Kirche heute besichtigen kann.

039po Foto: kj

Der Burgturm von Człuchów

Camping

- **OSiR-Camping Człuchów,** ul. Wojska Polskiego 64, 77-300 Człuchów, Tel. (059) 834 1264. Etwas in die Jahre gekommene, große Ferienanlage am östlichen Ortseingang direkt am See, mit Strandbad, Restaurant und Campinghäuschen, ganzjährig geöffnet.

Museen und andere Sehenswürdigkeiten

- **Burgturm Człuchów,** Di–So 10–17 Uhr.

117po Foto: kj

Anhang

144po Foto: kj

145po Foto: kj

Die Glocke der Jakobsbasilika in Stettin

Küste bei Międzyzdroje

Fahrt ins Grüne mit dem Pferdewagen

Kleine Sprachhilfe

Polnisch gehört zur Familie der **westslawischen Sprachen.** Es ist eine sehr alte Sprache, die sich über viele Jahrhunderte nahezu unverändert bewahrt hat und von allen slawischen Sprachen dem Altkirchenslawischen am nächsten steht.

Am schwierigsten erscheinen Nicht-Polen gewiss die immensen **Konsonantenanhäufungen.** Wie soll man bloß die Stadt Międzyrzecz aussprechen? Die Bemühungen enden meistens damit, dass man jede zweite Stadt irgendwann kurzerhand „Wrtschibitsch" nennt.

Doch selbst großen Geistern wollte die Sache mit der polnischen Aussprache nicht recht gelingen. Das berühmteste Beispiel ist in *Heinrich Heines* „Schnabelipowski-Memoiren" zu lesen: Den Diener der Familie taufte der Dichter schlicht „Prrschtzztwitsch".

Die **Polen wissen um ihre schwierige Sprache** und geraten vor Freude schier aus dem Häuschen, wenn es einem Ausländer gelingt, folgenden Satz wenigstens halbwegs flüssig zu formulieren: „W Szczebrzeszynie chrzaszcz brzmi w trzcinie." (In Szczebrzeszyn brummt ein Käfer im Schilf.) Die richtige Aussprache lautet: „F Schtscheb-scheschünnje chschonschtsch bschmi f tschtchinje."

Wer für unterwegs wenigstens ein bisschen **Polnisch lernen** möchte, dem sei das Buch **„Polnisch – Wort für Wort"** von *Bob Ordish* empfohlen, erschienen im selben Verlag wie dieses Buch. Es ist speziell für Reisende konzipiert und enthält neben einer grundlegenden Grammatik reisetypische Beispielsätze und Vokabeln. Die wichtigsten Sätze und Redewendungen aus dem Konversationsteil dieses Buches werden auf den ebenfalls bei Reise Know-How erschienenen CDs **Kauderwelsch digital** und **AusspracheTrainer** hörbar.

Aussprache

ą	wie französisch „on"
ę	wie französisch „**tei**nt"
y	ein Laut zwischen kurzem **„i"** (wie „B**i**tte") und kurzem **„e"** (wie Gab**e**"); gelingt am besten, wenn man die Zunge in den Gaumen zurückzieht
o	offen wie **„o"** in „**o**ffen"
ó	wie **„u"** in „Schn**u**rrbart"
ł	wie das englische **„w"** in „**w**ater"
ń	wie ein weiches **„nj"** in „A**nj**a"
c	wie **„ts"** in „**Z**eit"
ch	wie **„ch"** in „hu**ch**"
h	wie **„ch"** in „hu**ch**"
ć	wie **„tsch"** in „Ki**tsch**"
cz	auch ein **„tsch"**, wird aber etwas härter ausgesprochen, wie „**Tsch**üss"
s	scharf wie **„ss"** in „Ku**ss**"
ś	**„sch"** wie in „**Sch**ale"
sz	auch ein **„sch"**, nur ein bisschen härter, wie bei einem wütenden „**Schi**tt!"
szcz	**„schtsch";** dafür ist uns leider kein Beispiel eingefallen ...
z	ein weiches **„s"**, wie in „**s**au**s**en"
ź	wie französisch „**j**alousie"
ż	ähnlich wie **„ź"**, nur ein bisschen härter, wie französisch „**g**endarme"
rz	wie **„ż"**
dz	am Anfang des Wortes **„ds"** (mit weichem **„s"**), am Ende **„ts"** (wie „Wu**tz**")
dż	am Anfang des Wortes **„dsch"**, am Ende **„tsch"**
dź	wie **„dsch"** in „**Dsch**ungel"

Schilder und Hinweistafeln

Artykuły spożywcze	Lebensmittel
Basen	Schwimmbad
Benzyna bezołowiowa	bleifreies Benzin
Biuro zakwaterowania	Zimmervermittlung
dla Pań	Damen(toilette)
dla Panów	Herren(toilette)
Godziny przyjęć	Sprechstunden
Kantor	Wechselstube
Kasa biletowa	Kartenkasse
Koniec	Ende (Verkehrsbeschränkung)
Lekarz	Arzt
Objazd	Umleitung
Otwarty	geöffnet
Parking strzeżony	bewachter Parkplatz
Poczta	Post
Pogotowie Ratunkowe	Erste Hilfe
Pokój	Zimmer frei
Policja	Polizei
Przejście wzbronione	Durchgang verboten
Restauracja	Restaurant
Roboty drogowe	Straßenbauarbeiten
Skansen	Freilichtmuseum
Stacja benzynowa	Tankstelle
Stacja obsługi	Autowerkstatt
Uwaga!	Achtung!
Wejście	Eingang
Wyjazd	Ausfahrt
Wypożyczalnia	Verleih
Zamknięty	geschlossen
Znaczek pocztowy	Briefmarke

Die wichtigsten Fragen

Sprechen Sie Deutsch?	Czy pan (pani) mówi po niemiecku?
Englisch?	po angielsku?
Französisch?	po francusku?
Haben Sie Zimmer frei?	Czy są wolne pokoje?
Können Sie mir bitte helfen?	Proszę o pomoc?
Wann ist ... geöffnet	Kiedy ... jest otwarte?
Was kostet das?	Ile to kosztuje?
Wie komme ich nach ...?	Jak dojść do...?
Wie viel Uhr ist es?	Która godzina?
Wo befindet sich...?	Gdzie znajduje się...?

Höflichkeitsfloskeln

Guten Tag	Dzień dobry
Auf Wiedersehen	Do widzenia
bitte	proszę
danke	dziękuję
Frau	pani
Herr	pan
ja	tak
nein	nie
Entschuldigung!	przepraszam!
Ich verstehe Sie nicht	Nie rozumiem
Ich spreche leider kein Polnisch	Niestety, nie mówię po polsku

Zahlen

1	jeden
2	dwa
3	trzy
4	cztery
5	pięć
6	sześć
7	siedem
8	osiem
9	dziewięć
10	dziesięć

Die Wochentage

Montag	poniedziałek
Dienstag	wtotek
Mittwoch	środa
Donnerstag	czwartek
Freitag	piątek
Samstag	sobota
Sonntag	niedziela

Essen und Trinken

● Brot	Chleb
● Zucker	Cukier
● Geflügel	Drób
● Kartoffeln	Kartofle (ziemniaki)
● Kaffee	Kawa
● Wurst	Kiełbasa
● Limonade	Lemoniada
● Butter	Masło
● Fleisch	Mięso
● Milch	Mleko
● Obst	Owoce
● Pfeffer	Pieprz
● Bier	Piwo
● Fisch	Ryba
● Käse	Ser
● Salz	Sól
● Gemüse	Warzywa
● Mineralwasser	Woda mineralna

Speisekarte — jadłospis

● Przekąska	Vorspeise
● Zupa	Suppe
● Główne danie	Hauptgericht
● Dodatki	Beilagen
● Desery	Nachspeisen

Vorspeise — przekąska

● Galareta	Sülze
● Ozorek w galarecie	Zunge in Aspik
● Pasztet	Pastete
● Ryba w galarecie	Fisch in Aspik
● Sałatka śledziowa	Heringssalat
● Śledź w majonezie /oliwie	Hering in Mayonnaise /Öl

Suppe — zupa

● Barszcz czerwony	Rote Beete-Suppe
● Chłodnik	kalte saure Suppe mit Gemüse
● Flaki	Kaldaunensuppe
● Kapuśniak	Sauerkrautsuppe
● Rosół	Fleischbrühe
● Żur	saure Roggenmehlsuppe

Teigwaren und Gemüsegerichte — potrawy mączne i z jarzyn

● Bigos	Sauerkraut mit gedünstetem Fleisch
● Gołąbki	Kohlrouladen
● Kasza gryczana	Buchweizengrütze
● Kluski	Nudeln
● Knedle	Knödel
● Pierogi	gefüllte Teigtaschen

Fleischgerichte — potrawy mięsne

● Baranina	Hammel
● Befsztyk	Beefsteak
● Bryzol (kotlet) schabowy	Schweineschnitzel (-kotelett)
● Cielęcina	Kalbfleisch
● Gulasz	Gulasch
● Kiełbasa smażona	Bratwurst
● Móżdżek	Hirn
● Ozór	Zunge
● Stek wotowy	Rindersteak
● Rolada	Roulade
● Stek	Steak
● Szaszłyk	Schaschlik
● Sztuka mięsa	gekochtes Rindfleisch
● Wątróbka	Leber
● Wieprzowina	Schweinefleisch
● Wołowina	Rindfleisch

Wild, Geflügel — dziczyzna, drób

● Gęś pieczona	Gänsebraten
● Kaczka pieczona	Entenbraten
● Królik	Kaninchen
● Kurczę	Hähnchen
● Pieczeń z dzika	Wildschweinbraten
● Pieczeń z sarny	Rehbraten
● Pieczeń z zająca	Hasenbraten

Fische, Schalentiere — ryby, skorupiaki

● Dorsz	Dorsch
● Gładzica	Scholle
● Karp	Karpfen
● Krewetki	Krabben
● Łosoś	Lachs

• Okoń	Barsch
• Pstrąg	Forelle
• Sandacz	Zander
• Sielawa	Maräne
• Szczupak	Hecht
• Śledź	Hering
• Węgorz	Aal

Gemüse, Beilagen	**jarzyny dodatki**
• Borowiki	Steinpilze
• Buraczki	Rote Bete
• Cebulka smażona	Röstzwiebeln
• Fasola	Bohnen
• Frytki	Pommes
• Groch	Erbsen
• Kapusta	Kohl
• Kartofle (Ziemniaki)	Kartoffeln
• Kurki	Pfifferlinge
• Marchewka	Mohrrüben
• Ogórki	Gurken
• Pieczarki	Champignons
• Pomidory	Tomaten
• Pory	Porree
• Sałatka	Salat
• Selery	Sellerie
• Szparagi	Spargel
• Szpinak	Spinat
• Ziemniaki w (zwody, smażone)	Salz-, Bratkartoffeln

Nachspeisen	**desery**
• Budyń	Pudding
• Kompot	Kompott
• Krem	Creme
• Lody	Eis
• Owoce	Früchte

Smacznego! **Guten Appetit!**

Literaturtipps

Geschichte und Politik

- Bundeszentrale für politische Bildung (Hg.): **Polen,** Bonn 2001.

Ein Rückblick auf die Geschichte Polens sowie eine Bestandsaufnahme seiner aktuellen politischen, wirtschaftlichen und gesellschaftlichen Situation beim Aufbruch in das 21. Jahrhundert.

- *Fuhrmann, Rainer W.:* **Polen. Geschichte, Politik, Wirtschaft,** Fackelträger Verlag, Hannover 1990.

Spannende, solide und umfassende Darstellung der politischen und ökonomischen Geschichte sowie der Gesellschaftsgeschichte Polens.

- *Krzemiński, Adam:* **Polen im 20. Jahrhundert,** Beck'sche Reihe, München 1998.

Ein dramatischer historischer Essay über die wechselhafte Geschichte Polens im vergangenen Jahrhundert aus der Feder des bedeutenden polnischen Publizisten, politischen Kommentators und Intellektuellen *Krzemiński.*

- *Jäger-Dabek, Brigitte:* **Polen. Eine Nachbarschaftskunde,** Bundeszentrale für politische Bildung, Bonn 2003.

Ebenso profunde wie unterhaltsame Darstellung von Geschichte, Politik, Kultur und Alltagsleben unseres östlichen Nachbarn.

- *Skorupski, Jan Stanisław:* **...um die Polen zu verstehen,** Aufbau Taschenbuch Verlag, Berlin 1991.

Gespräche mit prominenten Politikern, Künstlern und Intellektuellen Polens.

- *Zimmerling, Dieter:* **Der deutsche Ritterorden,** Econ-Verlag, München 1998.

Ausführliche Darstellung des Deutschen Ordens im Mittelalter, informativ, spannend und amüsant.

Land und Leute

- *Gawin, Izabella:* **KulturSchock Polen,** REISE KNOW-HOW Verlag, Bielefeld.

Orientierungshilfe für Reisende, um die Erlebnisse in Polen leichter zu verstehen und in einen größeren Rahmen einzuordnen.

- *Knapp, Radek:* **Gebrauchsanweisung für Polen,** Piper Taschenbuch, München 2005.

Pfiffig, witzig, schelmisch. Mit Augenzwinkern beschreibt der polnische Autor und Romancier seine Landsleute, ihre Sitten und Unsitten, Herausragendes, Denkwürdiges, Kurioses.

- *Krockow, Christian Graf:* **Die Reise nach Pommern,** dtv, München 1994.

Erinnerungen, Eindrücke, Erzählungen über die historische Heimat seiner Familie, die Geschichte Pommerns, über Land und Leute, Vergangenheit und Gegenwart, aufgezeichnet vom Autor nach einer Reise 1984 durch Pommern.

Romane und Erzählungen

- *Andrzejewski, Jerzy:* **Asche und Diamant,** Heyne Verlag, München 1979.

Ergreifender Roman über die Abgründe der menschlichen Seele und das Entstehen der realsozialistischen Macht in Polen am Ausgang des Zweiten Weltkriegs, leider zurzeit nur antiquarisch erhältlich.

- *Chwin, Stefan:* **Tod in Danzig,** Rowohlt Taschenbuch Verlag, Berlin 1997.

Roman aus der Feder des 1949 in Danzig geborenen Literaturwissenschaftlers *Chwin* über die Jahre nach 1945 im kriegszerstörten Danzig, in dem sich die Geschichten der alten deutschen und neuen polnischen Bewohner verflechten.

- *Grass, Günter:* **Die Blechtrommel,** dtv, München 2006.

Grass' berühmter Danzig-Roman über den zwergwüchsigen Blechtrommler Oskar Matzerath, angesiedelt in der Zeit der Freien Stadt Danzig über Hitler-Deutschland und den Zweiten Weltkrieg bis in die westdeutsche Nachkriegszeit.

- *Sienkiewicz, Henryk:* **Die Kreuzritter,** Area-Verlag, Erfstadt 2004.

Packender Schmöker über den Konflikt der Deutschordensritter (die Bösen) gegen die polnische Krone und die polnischen Fürstentümer (die Guten) rund um die Schlacht bei Tannenberg/Grunwald im Jahr 1410, zugleich rührende Liebesgeschichte und fesselnder Abenteuerroman.

- *Staemmler, Klaus* (Hg.): **Die Federn des weißen Adlers,** suhrkamp taschenbuch, Frankfurt 1986.

Erzählungen von zeitgenössischen polnischen Dichtern aus 40 Jahren, leider nur noch antiquarisch zu bekommen.

Märchen und Sagen

- *Altwallstädt, Käthe:* **Die blaue Rose,** Altberliner Verlag Lucie Groszer, Berlin 1964.
  Märchen aus Polen, leider nur noch antiquarisch vorhanden.
- *Bechstein, Ludwig:* **Aus dem Sagenschatz der Pommern und Ostpreußen,** Husum Druck- und Verlagsanstalt, 1991.
- *Eckert, Gerhard:* **Anekdoten aus Pommern,** Husum Druck- und Verlagsgesellschaft, 1990.

Sprachführer

- *Ordish, Bob:* **Polnisch – Wort für Wort,** Reise Know-How Verlag, Bielefeld, aus der Reihe Kauderwelsch.
  Dies ist wirklich der beste Sprechführer, speziell für Reisende konzipiert; begleitendes Tonmaterial ist ebenfalls erhältlich.

Orts- und Landschaftsnamen

Polnisch – Deutsch

Barlinecko-Gorzowski Park Krajobrazowy	Berlinchen-Landsberger Landschaftspark
Barlinek	Berlinchen
Biały Bór	Baldenburg
Borne Sulinowo	Groß Born
Bory Tucholskie	Tucheler Heide
Bukowo Morskie	See Buckow
Bytów	Bütow
Cedynia	Zehden
Cedyński Park Krajobrazowy	Landschaftspark Zehden
Chałupy	Ceynowa
Chłopy	Bauerhufen
Chmielno	Ludwigsdorf
Chociwel	Freienwalde in Pommern
Chojna	Königsberg in der Neumark
Chojnice	Konitz
Czaplinek	Tempelburg
Czelin	Zellin
Człuchów	Schlochau
Dąbki	Neuwasser
Darłówko	Rügenwaldermünde
Darłowo	Rügenwalde
Dobrzyca	Kordeshagen
Drawa	Drage
Drawno	Neuwedell
Drawski Park Krajobrazowy	Drawsko-Landschaftspark
Drawsko Pomorskie	Dramburg
Duninowo	Dünnow
Dźwirzyno	Kolberger Deep
Dziwna	Dievenow
Dziwnów	Berg Dievenow
Gąski	Funkenhagen
Gdańsk	Danzig
Gdynia	Gdingen
Gniew	Mewe
Goleniów	Gollnow
Góra Chełmska	Gollenberg
Góra Gosań	Gosanberg
Góra Kawcza	Kaffeeberg
Gozdowice	Güstebiese
Gryfice	Greifenberg in Pommern
Gryfino	Greifenhagen
Gudowo	Baumgarten
Ińsko	Nörenberg
Jantar	Pasewark
Jarosławiec	Jershöft
Jastarnia	Putziger Heisternest
Jastrzębia Góra	Habichtsberg
Jez. Bukowo	Bukowo-See
Jez. Dąbie	Dammscher See
Jez. Drawsko	Drawsko-See
Jez. Gardno	Garder See
Jez. Gołun	Gołun-See
Jez. Ińsko	Enzig-See
Jez. Jamno	Jamund-See
Jez. Jeleń	Jeleń-See
Jez. Klasztorne	Kloster-See
Jez. Kłokowskie	Kłokowskie-See
Jez. Kopań	Vitter See
Jez. Łebsko	Leba-See
Jez. Lubie	Lubie-See
Jez. Miedwie	Madü-See

Jez. Modła	Modła-See
Jez. Morzycko	Morzycko-See
Jez. Radolne	Radolne-See
Jez. Sarbsko	Sarbsker See
Jez. Turkusowe	Türkissee
Jez. Wdzydze	Wdzydze-See
Jez. Wdzydzki	Wdzydzki-See
Jez. Wicko	Vietzer See
Jurata	Danziger Heisternest
Kalisz Pomorski	Kallies
Kamień Pomorski	Cammin
Kap Rozewie	Rixhöft
Karsibór	Caseburg
Kartuzy	Karthaus
Karwia	Karwen
Kąty Rybackie	Bodenwinkel
Kluki	Klucken
Kołbacz	Kolbatz
Kołobrzeg	Kolberg
Kościerzyna	Berent
Koszalin	Köslin
Krajnik Dolny	Niederkränig
Krokowa	Krockow
Krynica Morska	Kahlberg-Liep
Kuźnica	Kußfeld
Kwidzyn	Marienwerder
Łącka Góra	Lonske-Düne
Łazy	Laase
Łeba	Leba
Lublin	Lebbin
Małe Swornegacie	Klein Schwornigatz
Malbork	Marienburg
Martwa Wisła	Tote Weichsel
Międzyzdroje	Misdroy
Mielno	Großmöllen
Mierzeja Wiślana	Weichsel-Nehrung, Frische Nehrung
Międzywodzie	Heidebrink
Mieszkowice	Bärwalde
Mirachowo	Mirchau
Mirosławiec	Märkisch Friedland
Moryń	Mohrin
Mrzeżyno	Treptower Deep
Myślibórz	Soldin
Niechorze	Horst
Noteć	Netze
Nowęcin	Neuhof
Objazda	Wobesde
Oliwa	Oliva
Orłowo	Adlerhorst
Osetnik	Stilo-Katen
Osinów Dolny	Niederwutzen
Ostrzyce	Ostritz
Park Krajobrazowy Dolina Dolnej Odry	Landschaftspark Unteres Odertal
Piaski	Neukrug
Płonia	Plöne
Pobierowo	Poberow
Pobrzeże Kaszubski	Kaschubisches Küstenland
Pogorzelica	Fischerkaten
Pojezierze Bytowskie	Bytower Seenplatte
Pojezierze Kaszubski	Kaschubische Seenplatte
Pojezierze Myślibórzkie	Myślibórz-Seenplatte
Pojezierze Pomorskie	Pommersche Seenplatte
Połczyn-Zdrój	Bad Polzin
Przelewice	Prillwitz
Puck	Putzig
Puszcza Goleniowska	Gollnower Heide
Puszcza Wkrańska	Ueckermünder Heide
Pyrzyce	Pyritz
Recz	Reetz
Rewal	Rewahl
Rowy	Rowe
Sarbinowo	Sorenbohm
Sianowo	Schwanau
Siekierki	Zäckerick
Słupsk	Stolp
Smołdzino	Schmolsin
Sobieszewo	Neufähr
Sopot	Zoppot
Stare Drawsko	Drahim
Stare Łysogórki	Alt Lietzegöricke
Stargard Szczeciński	Stargard in Pommern
Stegna	Steegen
Świbno	Schievenhorst
Świdwin	Schivelbein
Świerzno	Schwirsen
Świna	Swine
Świnoujście	Swinemünde
Swornegacie	Schwornigatz
Szczecin	Stettin
Szczecinek	Neustettin
Szczeciński Park Krajobrazowy Puszcza Bukowa	Stettiner Landschaftspark Buchheide
Sztum	Stuhm
Sztutowo	Stutthof

Szymbark	Schönberg
Tczew	Dirschau
Trójmiasto	Dreistadt
Trójmiejski Park Krajobrazowy	Dreistädter Landschaftspark
Trzcińsko Zdrój	Bad Schönfließ
Trzebiatów	Treptow an der Rega
Trzęsacz	Hoff
Unieście	Nest
Ustka	Stolpmünde
Ustronie Morskie	Henkenhagen
Wałcz	Deutsch Krone
Wapnica	Kalkofen
Wdzydze Kiszewskie	Sanddorf
Wdzydzki Park Krajobrazowy	Wdzydzki-Landschaftspark
Węgorzyno	Wangerin
Wejherowo	Neustadt
Wiele	Wielle
Wieprza	Wipper
Wieżyca Góra	Turmberg
Wisła	Weichsel
Władysławowo	Großendorf
Wogra	Wugger
Wolin	Wollin
Woliński Park Narodowy	Woliner Nationalpark
Wzgórze Zielonka	Grüner Hügel
Zalesie	Laatziger Ablage
Zalew Kamieński	Camminer Bodden
Zalew Szczeciński	Stettiner Haff
Żarnowiec	Zarnowitz
Zatoka Pomorska	Pommersche Bucht
Zielin	Sellin
Złocieniec	Falkenburg
Złota Góra	Goldener Berg
Żuławy Wiślane	Weichselniederung
Żukowo	Zuckau

Deutsch – Polnisch

Adlerhorst	Orłowo
Alt Lietzegöricke	Stare Łysogórki
Bad Polzin	Połczyn-Zdrój
Bad Schönfließ	Trzcińsko Zdrój
Baldenburg	Biały Bór
Bärwalde	Mieszkowice
Bauerhufen	Chłopy
Baumgarten	Gudowo
Berent	Kościerzyna
Berg Dievenow	Dziwnów
Berlinchen	Barlinek
Berlinchen-Landsberger Landschaftspark	Barlinecko-Gorzowski Park Krajobrazowy
Bodenwinkel	Kąty Rybackie
Bukowo-See	Jez. Bukowo
Bütow	Bytów
Bytower Seenplatte	Pojezierze Bytowskie
Cammin	Kamień Pomorski
Camminer Bodden	Zalew Kamieński
Caseburg	Karsibór
Cedyński-Landschaftspark	Cedyński Park Krajobrazowy
Ceynowa	Chałupy
Dammscher See	Jez. Dąbie
Danzig	Gdańsk
Danziger Heisternest	Jurata
Deutsch Krone	Wałcz
Dievenow	Dziwna
Dirschau	Tczew
Drage	Drawa
Drahim	Stare Drawsko
Dramburg	Drawsko Pomorskie
Drawsko-Landschaftspark	Drawski Park Krajobrazowy
Drawsko-See	Jez. Drawsko
Dreistadt	Trójmiasto
Dreistädter Landschaftspark	Trójmiejski Park Krajobrazowy
Dünnow	Duninowo
Enzig-See	Jez. Ińsko
Falkenburg	Złocieniec
Fischerkaten	Pogorzelica
Freienwalde in Pommern	Chociwel
Funkenhagen	Gąski
Garder See	Jez. Gardno
Gdingen	Gdynia
Goldener Berg	Złota Góra
Gollenberg	Góra Chełmska
Gollnow	Goleniów
Gollnower Heide	Puszcza Goleniowska
Gołun-See	Jez. Gołun
Gosanberg	Góra Gosań
Greifenberg in Pommern	Gryfice
Greifenhagen	Gryfino
Groß Born	Borne Sulinowo
Großendorf	Władysławowo

Großmöllen	Mielno
Grüner Hügel	Wzgórze Zielonka
Güstebiese	Gozdowice
Habichtsberg	Jastrzębia Góra
Heidebrink	Międzywodzie
Henkenhagen	Ustronie Morskie
Hoff	Trzęsacz
Horst	Niechorze
Jamund-See	Jez. Jamno
Jeleń-See	Jez. Jeleń
Jershöft	Jarosławiec
Kłokowskie-See	Jez. Kłokowskie
Kaffeeberg	Góra Kawcza
Kahlberg-Liep	Krynica Morska
Kalkofen	Wapnica
Kallies	Kalisz Pomorski
Karthaus	Kartuzy
Karwen	Karwia
Kaschubische Seenplatte	Pojezierze Kaszubski
Kaschubisches Küstenland	Pobrzeże Kaszubski
Klein Schwornigatz	Małe Swornegacie
Kloster-See	Jez. Klasztorne
Klucken	Kluki
Kolbatz	Kołbacz
Kolberg	Kołobrzeg
Kolberger Deep	Dźwirzyno
Königsberg in der Neumark	Chojna
Konitz	Chojnice
Kordeshagen	Dobrzyca
Köslin	Koszalin
Krockow	Krokowa
Kußfeld	Kuźnica
Laase	Łazy
Laatziger Ablage	Zalesie
Landschaftspark Unteres Odertal	Park Krajobrazowy Dolina Dolnej Odry
Landschaftspark Zehden	Cedynski Park Krajobrazowy
Leba	Łeba
Leba-See	Jez. Łebsko
Lebbin	Lublin
Lonske-Düne	Łącka Góra
Lubie-See	Jez. Lubie
Ludwigsdorf	Chmielno
Madü-See	Jez. Miedwie
Marienburg	Malbork
Marienwerder	Kwidzyn
Märkisch Friedland	Mirosławiec
Mewe	Gniew
Mirchau	Mirachowo
Misdroy	Międzyzdroje
Modła-See	Jez. Modła
Mohrin	Moryń
Morzycko-See	Jez. Morzycko
Myślibórz-Seenplatte	Pojezierze Myślibórzkie
Nest	Unieście
Netze	Noteć
Neufähr	Sobieszewo
Neuhof	Nowęcin
Neukrug	Piaski
Neustadt	Wejherowo
Neustettin	Szczecinek
Neuwasser	Dąbki
Neuwedell	Drawno
Niederkränig	Krajnik Dolny
Niederwutzen	Osinów Dolny
Nörenberg	Ińsko
Oliva	Oliwa
Ostritz	Ostrzyce
Pasewark	Jantar
Plöne	Płonia
Poberow	Pobierowo
Pommersche Bucht	Zatoka Pomorska
Pommersche Seenplatte	Pojezierze Pomorskie
Prillwitz	Przelewice
Putzig	Puck
Putziger Heisternest	Jastarnia
Pyritz	Pyrzyce
Radolne-See	Jez. Radolne
Reetz	Recz
Rewahl	Rewal
Rixhöft	Kap Rozewie
Rowe	Rowy
Rügenwalde	Darłowo
Rügenwaldermünde	Darłówko
Sanddorf	Wdzydze Kiszewskie
Sarbsker See	Jez. Sarbsko
Schievenhorst	Świbno
Schivelbein	Świdwin
Schlochau	Człuchów
Schmolsin	Smołdzino
Schönberg	Szymbark
Schwanau	Sianowo
Schwirsen	Świerzno
Schwornigatz	Swornegacie
See Buckow	Bukowo Morskie

Sellin	Zielin
Soldin	Myślibórz
Sorenbohm	Sarbinowo
Stargard in Pommern	Stargard Szczeciński
Steegen	Stegna
Stettin	Szczecin
Stettiner Haff	Zalew Szczeciński
Stettiner Landschaftspark Buchheide	Szczeciński Park Krajobrazowy Puszcza Bukowa
Stilo-Katen	Osetnik
Stolp	Słupsk
Stolpmünde	Ustka
Stuhm	Sztum
Stutthof	Sztutowo
Swine	Świna
Swinemünde	Świnoujście
Tempelburg	Czaplinek
Tote Weichsel	Martwa Wisła
Treptow an der Rega	Trzebiatów
Treptower Deep	Mrzeżyno
Tucheler Heide	Bory Tucholskie
Türkissee	Jez. Turkusowe
Turmberg	Wieżyca Góra
Ueckermünder Heide	Puszcza Wkrańska
Vietzer See	Jez. Wicko
Vitter See	Jez. Kopań
Wangerin	Węgorzyno
Wdzydze-See	Jez. Wdzydze
Wdzydzki-Landschaftspark	Wdzydzki Park Krajobrazowy
Wdzydzki-See	Jez. Wdzydzki
Weichsel	Wisła
Weichsel-Nehrung, Frische Nehrung	Mierzeja Wiślana
Weichselniederung	Żuławy Wiślane
Wielle	Wiele
Wipper	Wieprza
Wobesde	Objazda
Woliner Nationalpark	Woliński Park Narodowy
Wollin	Wolin
Wugger	Wogra
Zäckerick	Siekierki
Zarnowitz	Żarnowiec
Zehden	Cedynia
Zellin	Czelin
Zoppot	Sopot
Zuckau	Żukowo

HILFE!

Dieses Reisehandbuch ist gespickt mit unzähligen Adressen, Preisen, Tipps und Infos. Nur vor Ort kann überprüft werden, was noch stimmt, was sich verändert hat, ob Preise gestiegen oder gefallen sind, ob ein Hotel, ein Restaurant immer noch empfehlenswert ist oder nicht mehr, ob ein Ziel noch oder jetzt erreichbar ist, ob es eine lohnende Alternative gibt usw.

Unsere Autoren sind zwar stetig unterwegs und versuchen, alle zwei Jahre eine komplette Aktualisierung zu erstellen, aber auf die Mithilfe von Reisenden können sie nicht verzichten.

Darum: Schreiben Sie uns, was sich geändert hat, was besser sein könnte, was gestrichen bzw. ergänzt werden soll. Nur so bleibt dieses Buch immer aktuell und zuverlässig. Wenn sich die Infos direkt auf das Buch beziehen, würde die Seitenangabe uns die Arbeit sehr erleichtern. Gut verwertbare Informationen belohnt der Verlag mit einem Sprechführer Ihrer Wahl aus der über 200 Bände umfassenden Reihe „Kauderwelsch".

Bitte schreiben Sie an:

REISE KNOW-HOW Verlag Peter Rump GmbH, Postfach 140666, D-33626 Bielefeld, oder per E-Mail an: info@reise-know-how.de

Danke!

Know-How auf einen Blick

Tschechien
Türkei, Hotelführer
Türkei, Mittelmeerküste

Ukraine, der Westen
Umbrien
Usedom

Venedig

Wales
Wangerooge
Warschau
Wien

Zypern, der Norden
Zypern, der Süden

Wohnmobil-Tourguides

Dänemark
Kroatien
Provence
Sardinien
Sizilien
Südnorwegen
Südschweden

Edition RKH

Durchgedreht – Sieben Jahre im Sattel
Eine Finca auf Mallorca
Geschichten aus dem anderen Mallorca
Mallorca für Leib und Seele
Rad ab!

Praxis

All inclusive?
Bordbuch Südeuropa
Canyoning
Clever buchen, besser fliegen
Clever kuren
Drogen in Reiseländern
Expeditionsmobil
Feste Europas
Fiestas Spanien
Fliegen ohne Angst
Frau allein unterwegs
Geolog. Erscheinungen
Gesundheitsurlaub in Dtl. Heilthermen
GPS f. Auto, Motorrad
GPS Outdoor-Navigation
Handy global
Höhlen erkunden
Inline Skating
Islam erleben
Kanu-Handbuch
Kartenlesen
Kreuzfahrt-Handbuch
Küstensegeln
Langzeitreisen
Marathon-Guide Deutschland
Mountainbiking
Orientierung mit Kompass und GPS
Paragliding-Handbuch
Pferdetrekking
Radreisen
Reisefotografie
Reisefotografie digital
Reisekochbuch
Reiserecht
Schutz vor Gewalt und Kriminalität
Schwanger reisen
Selbstdiagnose unterwegs
Sicherheit in Bärengebieten
Sicherheit Meer
Sonne, Wind, Reisewetter
Spaniens Fiestas
Sprachen lernen
Survival-Handbuch Naturkatastrophen
Tauchen Kaltwasser
Tauchen Warmwasser
Transsib
Trekking-Handbuch
Volunteering
Vulkane besteigen
Wann wohin reisen?
Wildnis-Ausrüstung
Wildnis-Backpacking
Wildnis-Küche
Winterwandern
Wohnmobil-Ausrüstung
Wohnmobil-Reisen
Wohnwagen Handbuch
Wracktauchen
Zahnersatz, Reiseziel

REISE KNOW-HOW

KulturSchock

Familienmanagement im Ausland
Finnland
Frankreich
Irland/Nordirland
Italien
Leben in fremden Kulturen
Polen
Rumänien
Russland
Schweiz
Spanien
Türkei
Ukraine
Ungarn

Europa

Wo man unsere Reiseliteratur bekommt:
Jede Buchhandlung Deutschlands, der Schweiz, Österreichs und der Benelux-Staaten kann unsere Bücher beziehen. Wer sie dort nicht findet, kann alle Bücher über unsere **Internet-Shops** bestellen.
Auf den Homepages gibt es **Informationen** zu allen Titeln:

www.reise-know-how.de oder **www.reisebuch.de**

Register

A

B

C

I

J

K

L

M

Y, Z

Die Autorin

Kristine Jaath, 1962 in Würzburg geboren, studierte Germanistik, Italienisch und Religionswissenschaften in Rom und Berlin, wo sie seit 1981 lebt. Nach sechsjähriger Tätigkeit für Funk und Fernsehen widmet sie sich seit 1995 ausschließlich dem Schreiben (und Reisen), veröffentlichte Reiseführer und zahlreiche Fotobildbände.

Seit dem Fall des Eisernen Vorhangs ist sie – ein Katzensprung von Berlin – in unserem Nachbarland Polen unterwegs. Im Reise Know-How Verlag ist von ihr außerdem der CityGuide „Berlin mit Potsdam" erschienen.

131po Foto: kj

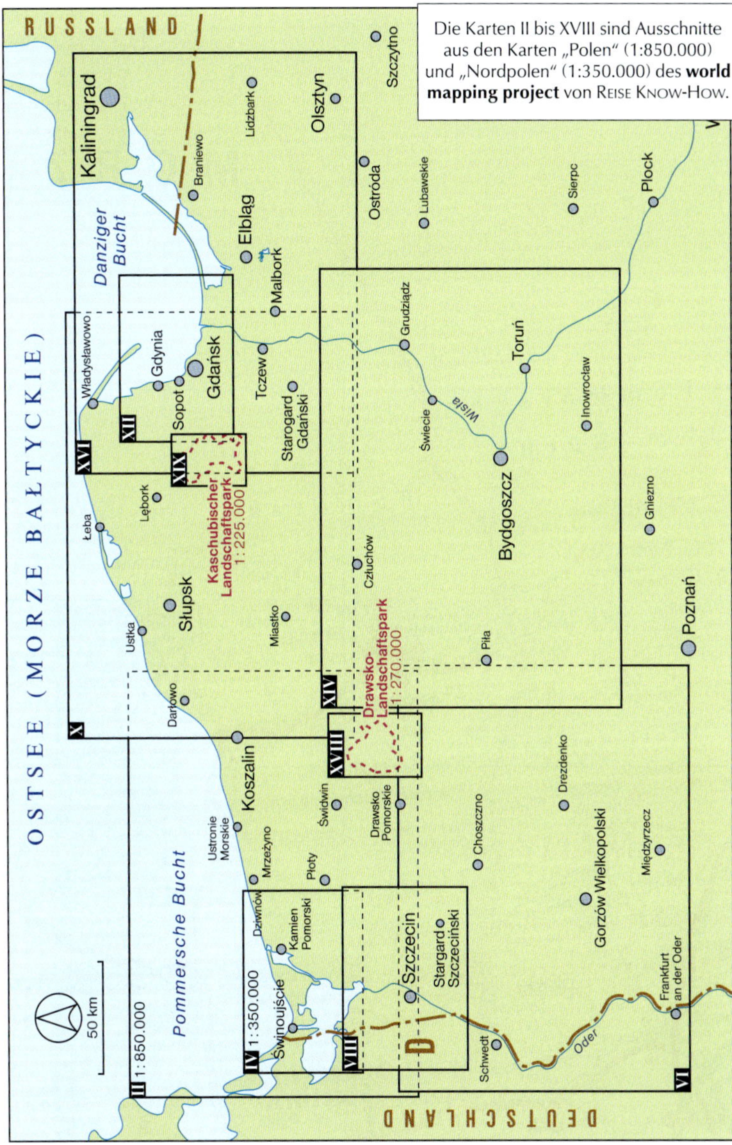

Die Karten II bis XVIII sind Ausschnitte aus den Karten „Polen“ (1:850.000) und „Nordpolen“ (1:350.000) des **world mapping project** von Reise Know-How.

Kartenatlas

A
B
Ystad
Sassnitz - Klaipeda
Malmö
København
MORZE
1
Greifswalder Oie
Pommersche Bucht
Zatoka Pomorska
Karlshagen
Zinnowitz
Zempin
Koserow
Usedom
Lütow
Achterwasser
2
Warthe
Lassan
Seebad Bansin
Seebad Ahlbeck
Mellenthin
Zirchow
Dargen
Usedom
Świnoujście (Swinemünde)
Wolin
Wolinski Park Narodowy
Międzyzdroje
Międzywodzie (Misdroy)
Dziwnów
Dziwnówek
Kamień Pomorski (Cammin)
Pobierowo
Niechorze
Rewal
Lędzin
Gostyń
Cerkwica
Swierzno
Rzewnowo
Stuchów
Mechowo
Gryfice (Greifenberg)
Kołczewo
Dusin
Sibin
Śniatowo
Niemica
Dziwna
Świna
E 65
Stettiner Haff
Wolin (Wollin)
Recław
Golczewo
Zalew Szczecinski (Stettiner Bucht)
Leopoldshagen
Mönkebude
Ueckermünde
Altwarp
Nowe Warpno (Neuwarp)
Łąka
Czarnocin
Moracz
Przybiernów
Wołczenica
Szczytniki
Błotno
Żabowo
GERMANY
Eggesin
Ferdinandshof
Ahlbeck
Torgelow
Hintersee
Trzebież
Roztoka Odrzańska
Zielonczyn
Stepnica
Babigoszcz
Gowienica
Nizina
Czermnica
Nowogard (Naugard)
3
Jatznick
Uecker
Viereck
Glashütte
Pampow
Dobieszczyn
Tanowo
Police
Modrzewie
Święta
Ina
Goleniów (Gollnow)
Wierzbięcin
Osina
Jenikowo
Sapólna
Pasewalk
Zerrenthin
Boock
Löcknitz
Dobra
Szczecin (Stettin)
Lubieszyn
Jez. Dąbie
Lubczyna
Czarna Łąka
Mosty
Tarnówko
Dębice
Nastazin
Maszewo (Massow)
Przemocze

C
D
0
20 km
1:850.000
BAŁTYCKIE
(OSTSEE)
Jarosławiec
Jez. Kopań
Drozdowo
Kopań
Darłowo
(Rügenwalde)
1
Dąbki
Rusko
Słowino
Łazy
Jez. Bukowo
Bielkowo
Grabowa
Mielno
Sucha Koszalińska
Niemica
Ustronie Morskie
Sarbinowo
Jez. Jamno
Tymień
Mścice
Sianów
Ratajki
Kołobrzeg
(Kolberg)
Dźwirzyno
Strachomino
Popowo
Koszalin (Köslin)
137
Kukinia
Dobrzyca
Mrzeżyno
Zieleniewo
Bonin
Nacław
Dygowo
Mierzyn
Warnino
Świeszyno
Drzonowo
Parsęta
Dunowo
Manowo
Trzebiatów
(Treptow a. Rega)
Ząbrowo
Mostowo
Pobłocie Wielkie
Niedalino
Rosnowo
Nieżyn
Karlino
(Körlin)
Pomianowo
Siemyśl
Gościno
Dargosław
Zegrze Pomorskie
Radew
2
Górawino
Białogard
(Belgard)
Kłanino
Stano-mino
Bożniewice
Rega
Dobrociechy
Brójce
Głodowa
Rokosowo
Bobolice
(Bublitz)
Laski
Rzesznikowo
Weldkowo
Tychowo
Mołstowa
Powalice
Wyszobór
Sławoborze
Wicewo
Kłodzino
Mieszałki
178
Wicimice
Czechy
Rąbino
Ząbrowo
Ciechnowo
E28
Bolkowo
Grzmiąca
Płoty
(Plathe)
Łabuń Wielki
Str. Dobrzyca
Białowąs
Resko
(Regenwalde)
Bełtno
Sława
Wielawino
Świdwin
(Schivelbein)
Rega
Redło
Radomyśl
205
Starogard
Ukleja
Połczyn Zdrój
(Bad Polzin)
Barwice
(Bärwalde)
120
Słonowice
Łosośnica
Radowo Wlk.
Bierzwnica
222
Chłopowo
Brzeźno
Troszczyno
hodnio-
Nowe Worowo
Strzmiele
Łabędzie
Gawroniec
Kluczewo
3
Siedlice
Łobez
(Labes)
Suliszewice
Polne
Silnowo
Dobra
(Daber)
Jez. Drawsko
Drawskie
Mieszewo
Jez. Siecino
Łubowo
Jez. Pile
Zarańsko
Pojezierze
morskie
Trzebawie
Jez. Woświn
Drawsko Pomorskie
(Dramburg)
Borne Sulinowo
(Groß Born)
Węgorzyno
(Wangerin)
Czaplinek
(Tempelburg)
Chociwel
(Freienwalde)
Ginawa
Jez. Lubie
Złocieniec
(Falkenburg)
Broczyno
Piława
C
D

A
B
Zatoka Pomorska
(Pommersche Bucht)
København 9,5 h
Malmö 4,5 h
Ystad 7-10 h
Rønne(Bornholm) 6 h
Koserow
Loddin
Ückeritz
Achterwasser
Seebad Bansin
Schmollensee
Pudagla
Naturpark
Seebad Heringsdorf
Seebad Ahlbeck
Neppermin
Benz
Gothensee
Mellenthin
Korswandt
Świnoujście (Swinemünde)
Międzyzdroje (Misdroy)
Wisełka
Woliński
Park
Narodowy
LUBIEWO
Warnowo
Usedom
Dargen
Zirchow
Kamminke
PAPROTNO
WARSZÓW
OGNICA
LUKNOWO
PRZYTÓR
J. Wicko Wielkie
Wicko
Lubin
Dargobądź
Mokrzyca Wielka
Łądzin
Wolin
Uznam
KARSIBÓR
Karsibór
Wlk. Krzek
ZACISZE
Oder Bucht
GERMANY
Zalew Szczeciński
(Stettiner Bucht)
GÜST
BELLIN
Altwarp
Nowe Warpno (Neuwarp)
Ueckermünde
Uecker
Hoppenwalde
Luckow
Eggesin
Rieth
Warnołęka
Czarnocin
Kopice
Ahlbeck
Brzózki
Gąsierzyno
Trzebież
Mützelburger See
Myślibórz
Hintersee
111
110
102
114
E65
3
1
2
3

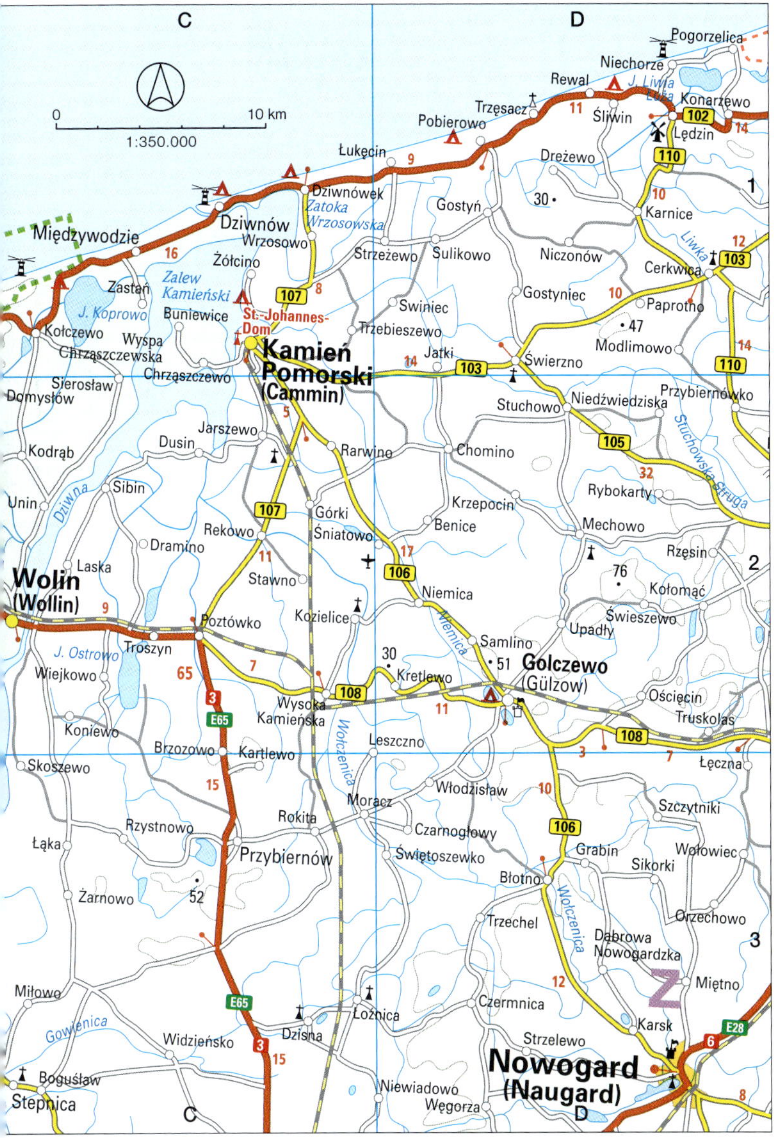
C
D
0
10 km
1:350.000
Pogorzelica
Niechorze
Rewal
J. Liwia Łuża
Konarzewo
Trzęsacz
Śliwin
Pobierowo
Lędzin
Łukęcin
Drężewo
Dziwnówek
Zatoka Wrzosowska
Gostyń
30
Karnice
Międzywodzie
Dziwnów
Wrzosowo
Strzeżewo
Sulikowo
Niczonów
Liwka
Cerkwica
Żółcino
Zalew Kamieński
Zastań
J. Koprowo
Buniewice
St.-Johannes-Dom
Swiniec
Gostyniec
Paprotno
47
Kołczewo
Wyspa Chrząszczewska
Trzebieszewo
Modlimowo
Kamień Pomorski (Cammin)
Jatki
Świerzno
Chrząszczewo
Sierosław
Domysłów
Stuchowo
Niedźwiedziska
Przybiernówko
Jarszewo
Dusin
Rarwino
Chomino
Stuchowska Struga
Kodrąb
Sibin
Dziwna
Krzepocin
Rybokarty
Unin
Górki
Rekowo
Śniatowo
Benice
Mechowo
Draminо
Rzęsin
Laska
76
Wolin (Wollin)
Stawno
Niemica
Kołomąć
Kozielice
Świeszewo
Poztówko
Samlino
Upadły
Troszyn
J. Ostrowo
30
51
Golczewo (Gülzow)
Wiejkowo
Kretlewo
Wysoka Kamieńska
Ościęcin
Koniewo
Truskolas
Wołczenica
Leszczno
Brzozowo
Kartlewo
Skoszewo
Łęczna
Włodzisław
Moracz
Szczytniki
Rokita
Rzystnowo
Czarnogłowy
Łąka
Przybiernów
Świętoszewko
Grabin
Wołowiec
Sikorki
Błotno
Żarnowo
52
Wołczenica
Trzechel
Orzechowo
Dąbrowa Nowogardzka
Miłowo
Miętno
Czermnica
Łożnica
Gowienica
Karsk
Dzisna
Widzieńsko
Strzelewo
Bogusław
Nowogard (Naugard)
Stepnica
Niewiadowo
Węgorza
102
110
103
107
105
106
108
E65
E28
1
2
3

Szczecin
(Stettin)
Szczecińska
Stargard
Szczeciński
Städtmauer
Kirchen
Uckermark
N. P. Unteres Odertal
Gryfino
(Greifenhagen)
Schwedt
Angermünde
Parsteiner See
Oderberg
Hohensaaten
Cedynia
Osinów Dolny
Altglietzen
Bad Freienwalde
Wriezen
Oderbruch
Alte Oder
Naturpark
Märkische
Schweiz
Buckow
Müncheberg
Seelow
Kostrzyn
(Küstrin)
Chojna
(Königsberg)
Jez. Morzycko
Myślibórz
(Soldin)
Jez. Myśliborskie
Pyrzyce
(Pyritz)
Lipiany
Barlinek
(Berlinchen)
Dębno (Neudamm)
Gorzów Wielkopolski
(Landsberg)
Ujście Warty P. N.
Warta
Pojezierze
Lubu
Słubice
(Frankfurt)
Frankfurt (Oder)
Fürstenwalde
Rzepin
(Reppen)
Sulęcin
(Zielenzig)
Lebus
Oder
Odra
GERMANY
Jez. Miedwie
Jez. Płoń
Jez. Długie
Randow
Welse
Myśl
A
B
1
2
3

Kartenatlas

A
B
0
10 km
1:350.000
Ahlbeck
Hintersee
Mützelburger See
Myślibórz
Brzózki
Gąsierzyno
Trzebież
Drogoradz
Niekłończyca
Puszcza
Wkrzańska
Randow
Glashütte
Borken
Marienthal
48
JASIENICA
Odra
Tatynia
Stolec
Pampow
Krugsdorf
Koblentz
Tanowo
Police
(Pölitz)
Rothenklem-
penow
Mewegen
Blankensee
Grzepnica
SKOLWIN
Zerrenthin
Boock
PILCHOWO
106
GLINKI
Rossow
Dobra
GŁĘBOKIE
OSÓW
GOLĘCINO
ODOLANY
BEZRZECZE
Bismark
Löcknitz
Altstadt,
Schloss der Herzöge
von Pommern
SZCZECIN
(Stettin)
Bergholz
GERMANY
MIERZYN
Ramin
Stobno
Wollschow
GUMIEŃCE
Brüssow
Schwennenz
Będargowo
POMORZANY
Woddow
Glasow
88
Przecław
Lebehn
Bagemühl
Ustowo
ZDROJE
Wallmow
Grünberg
Barnisław
PODJUCHY
Krackow
Nadrensee
E28
80
Moczyły
Kamieniec
Radziszewo
Schmölln
Park
Binowo
Penkun
Radekow
Krajobrazowy
Stare
Brynki
Grünz
Sommersdorf
Neurochlitz
Czepino
72
Schönfeld
Tantow
Landgraben
Wartin
Luckow
Dolina
Gryfino
(Greifenhagen)
Gardno
MESCHETIN
National-
Petershagen
Hohen-
reinkendorf
Dolnej
GRAJDOŁEK
Jez.
Wełtyńskie
104
113
114
115
119
11
13

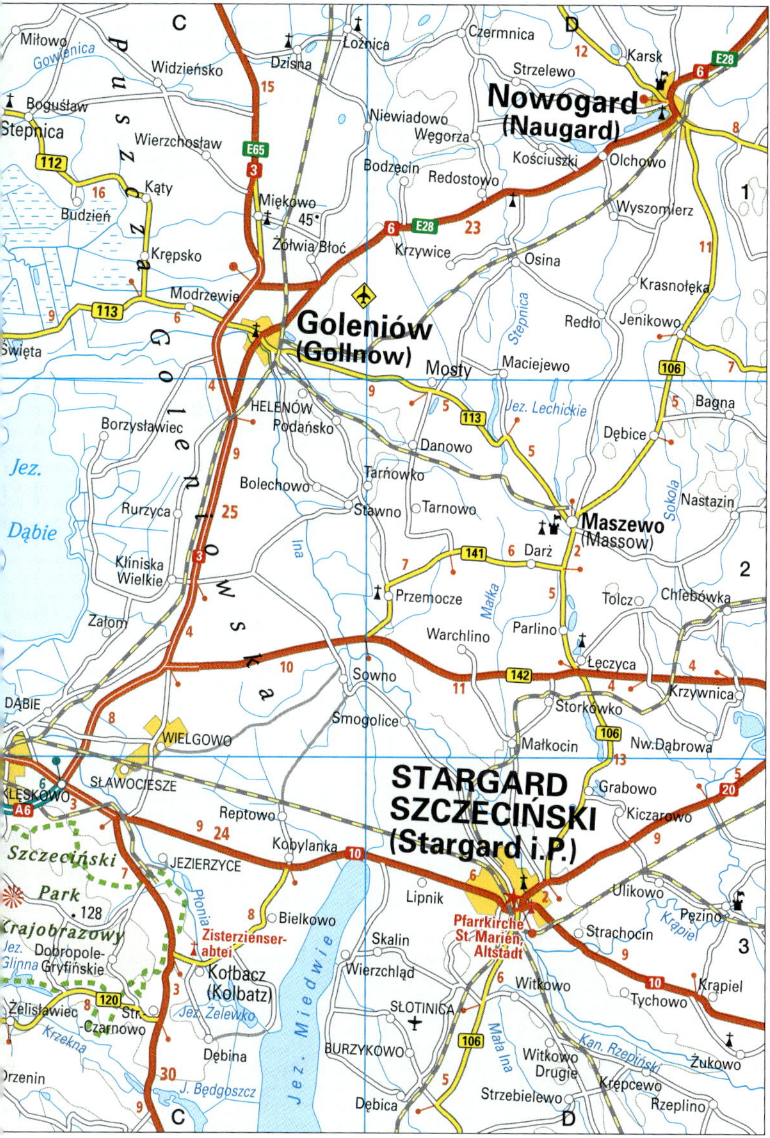
C
D
1
2
3
Puszcza Goleniowska
Miłowo
Gowienica
Widzieńsko
Dzisna
Łożnica
Czermnica
Karsk
Strzelewo
Nowogard
(Naugard)
E28
6
12
15
8
Bogusław
Stepnica
Wierzchosław
E65
3
112
Niewiadowo
Węgorza
Kościuszki
Olchowo
Bodzęcin
Redostowo
16
Kąty
Budzień
Miękowo
45
Żółwia Błoć
E28
23
Wyszomierz
Krzywice
Osina
11
Krępsko
Krasnołęka
Modrzewie
9
113
6
Goleniów
(Gollnow)
Stepnica
Redło
Jenikowo
Święta
Mosty
Maciejewo
106
7
4
HELENÓW
9
5
113
Bagna
Borzysławiec
Podańsko
Jez. Lechickie
Dębice
Danowo
Jez.
Dąbie
Tarnówko
Bolechowo
Nastazin
Rurzyca
25
Stawno
Tarnowo
Sokola
Maszewo
(Massow)
Ina
Kliniska
Wielkie
141
Darż
Przemocze
Małka
Tolcz
Chlebówka
Załom
Warchlino
Parlino
10
Łęczyca
142
Sowno
DĄBIE
Krzywnica
Storkówko
Smogolice
WIELGOWO
Małkocin
Nw.Dąbrowa
STARGARD
SZCZECIŃSKI
(Stargard i.P.)
Grabowo
20
KLĘSKOWO
SŁAWOCIESZE
Reptowo
Kiczarowo
A6
24
Kobylanka
Szczeciński
Park
Krajobrazowy
JEZIERZYCE
Lipnik
Ulikowo
128
Płonia
Bielkowo
Pęzino
Zisterzienser-
abtei
Pfarrkirche
St. Marien,
Altstadt
Strachocin
Krąpiel
Jez.
Glinna
Dobropole-
Gryfińskie
Skalin
Jez. Miedwie
Kołbacz
(Kolbatz)
Wierzchląd
Witkowo
Krąpiel
Tychowo
120
Żelisławiec
Czarnowo
Jez. Żelewko
SŁOTINICA
Krzekna
Dębina
Mała Ina
Kan. Rzepiński
Witkowo
Drugie
Żukowo
BURZYKOWO
Orzenin
30
J. Będgoszcz
Krępcewo
Strzebielewo
Rzeplino
Dębica

A
B
MORZE BAŁTYCKIE
(OSTSEE)
1
2
3
0
20 km
1:850.000
Słowiński Park Narodowy
Łeba
(Łeba)
Jez.
Łebsko
Łeba
Kluki
Rowy
Smołdzino
Jez. Gardno
Pobłocie
Główczyce
Ustka
(Stolpmünde)
Objazda
Gąbino
Żelkowo
Łupawa
Jarosławiec
Duninowo
Bydlino
Stowięcino
Lubuczewo
Bobrowniki
Jez.
Wicko
Bruskowo
Wielkie
Nacmierz
Jez.
Kopań
Postomino
Damnica
Potęgowo
Redzikowo
Kanin
Tyń
Drozdowo
Słupsk
(Stolp)
Mianowice
Chewnica
Darłowo
(Rügenwalde)
Wieprz
Reblino
Kobylnica
Łosino
Dąbki
Rusko
Kösliner und
Stolper Tor
Słonowice
Dębnica
Kaszubska
Podkomorzyce
Słowino
Warszkowo
Tychowo
Słupi
Bobieszewo
Jez.
Bukowo
Bielkowo
Bobrowice
Sławno
(Schlawe)
Kwakowo
Czarna Dąbrówka
Budowo
Sucha
Koszalińska
Grabowa
Korzybie
Niemica
Barcino
Suchorze
Unichowo
Słupia
Janiewice
Kępice
(Hammermühle)
Lejkowo
Kołczygłowy
Pomysk
Mały
Sianów
Koszalin (Köslin)
Ratajki
Krąg
Barcino
Borzytuchom
Jez. Jeleń
Laski
Trzebielino
Bytów
(Bütow)
Bonin
Nacław
Darnowo
Wieprza
Łubno
Udorpie
Manowo
Polanów
(Pollnow)
Dretyń
Tuchomie
Studzienice
Mostowo
Trzcinno
Rosnowo
Kawcze
Pomo
Zegrze
Pomorskie
Radew
Żydowo
Kramarzyny
Kłanino
Bożniewice
Miastko
(Rummelsburg)
Brzeźno
Szlacheckie
Lipnica
Dobrociechy
Głodowa
Drzewiany
Bobolice
(Bublitz)
Sępolno
Wielkie
Miłocice
Trzyniec
Weldkowo
Upiłka
Laska
Tychowo
Porost
Brda
Mieszałki
Biały Bór
(Baltenburg)
Koczała
Czechy
Drężno
Wierzchowo
Jez.
Wierzchowo
Czernica
Swornegacie
Grzmiąca
Białowąs
Suczka
Konarzyny
Park Nar.
Bory
Tucholskie
Wielawino
Drzonowo
Jez. Wielimie
Radomyśl
Jez.
Szczytno
Przechlewo
Barwice
(Bärwalde)
Rzeczenica
Jez.
Charzykowskie
E28

Władysławowo (Großendorf)
Mierzeja Helska
(Halbinsel Hel)
Jastarnia
Jurata
Hel
Puck
Zatoka Pucka
Zatoka Gdańska
Gdynia (Gotenhafen, Gdingen)
(Danziger Bucht)
Sopot (Zoppot)
Gdańsk (Danzig)
Reda (Rheda)
Wejherowo (Neustadt)
Rumia (Rahmel)
Lębork (Lauenburg)
Kartuzy (Karthaus)
Kaschubisches Museum
Żukowo (Zuckau)
Pruszcz Gdański (Praust)
Kościerzyna (Berent)
Skarszewy (Schöneck)
Tczew (Dirschau)
Starogard Gdański (Stargard)
Pelplin
Gniew (Mewe)
Kaschubischer ethnographischer Park
Jez. Wdzydze
Brusy (Bruß)
Czarna Woda (Schwarzwasser)
Skórcz (Skurz)
Bory Tucholskie
Pobrzeże Kaszubskie
Pomorskie
Jez. Żarnowieckie
J. Raduńskie
Wisła (Weichsel)

Puszcza Darżlubska
Wejherowo (Neustadt)
Bolszewo
Kalwaria
Zamek
Cedron
Gościcina
Żelistrzewo
Sławutówko
Nadmorski Park Krajobrazowy
Mrzezino
Reda
Rekowo Dolne
Ciechocino
Reda (Rheda)
Kazimierz
Kosakowo
Rumia (Rahmel)
Babie Doły
Zatoka Pucka
Jurata
GDYNIA (Gotenhafen, Gdingen)
Szmelta
Janowo
Obłuże
Zbychowo
Trójmiejski Park Krajobrazowy
Sopieszyno
Nowy Dwór Wejherowski
Przetoczyno
Chylonia
Kamienna Góra
Chwarzno
Witomino
Redłowo
Szemud
Wiczlino
Koleczkowo
Bojan
Orłowo
Wlk. Donimierz
Dąbrowa
Wlk. Kack
238
Kielno
J. Wycztok
J. Tuchomskie
Chwaszczyno
Kamienny Potok
Sopot (Zoppot)
Jez. Otalżyno
Kłosowo
Tuchom
Osowa
Jelitkowo
Brzeźno
Pomieczyno
Czeczewo
Westerplatte
GDAŃSK (Danzig)
Oliwa
ehem. Zisterzienserabtei
Banino
Miszewo
Rębiechowo
247
Przodkowo
Pępowo
Wrzeszcz
Altstadt
Stogi
Bysewo
Martwa Wisła
Grzybno
ehem. Norbertanerabtei
Kokoszki
Kartuzy (Karthaus)
Leźno
Jasień
Żukowo (Zuckau)
Kiełpino Górne
Szadółki
Karthäuserkloster
Nowy Glińcz
Olszynka
Kowale
Łostowice
Orunia
Dzierżążno
Niestępowo
156
Kiełpino
Przyjaźń
Lublewo Gdańskie
Pruszcz Gdański (Praust)
Wiślina
Niegowo
Radunia
Skrzeszewo Żukowskie
Kolbudy
Lipce
Somonino
Borcz
Kirche
Straszyn
Hopowo
255
Juszkowo
Roszkowo
Egiertowo
Marszewo
Jodłowno
213
218
216
224
211
221
222
226
E28
E75
E77
20

Kartenatlas

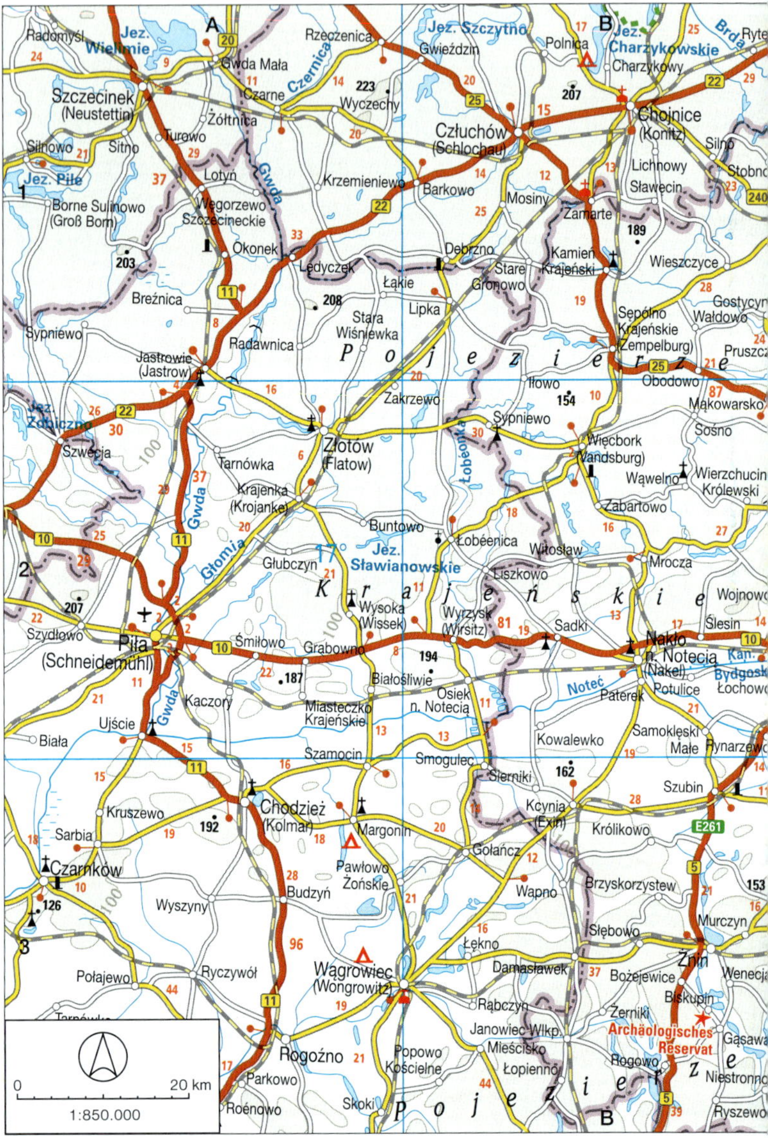

A
B
1
2
3
Radomyśl
Jez. Wielimie
Szczecinek
(Neustettin)
Gwda Mała
Czarne
Czernica
Rzeczenica
Jez. Szczytno
Gwieździn
Polnica
Jez. Charzykowskie
Charzykowy
Brda
Ryte
Chojnice
(Konitz)
Człuchów
(Schlochau)
Wyczechy
Żółtnica
Turowo
Silnowo
Sitno
Jez. Pile
Borne Sulinowo
(Groß Born)
Lotyń
Węgorzewo
Szczecineckie
Gwda
Krzemieniewo
Barkowo
Mosiny
Zamarte
Lichnowy
Sławęcin
Silno
Stobno
Okonek
Lędyczek
Debrzno
Stare
Gronowo
Kamień
Krajeński
Wieszczyce
Breźnica
Łąkie
Lipka
Stara
Wiśniewka
Sępólno
Krajeńskie
(Zempelburg)
Gostycyn
Wałdowo
Pruszcz
Sypniewo
Radawnica
Jastrowie
(Jastrow)
Pojezierze
Obodowo
Iłowo
Zakrzewo
Jez. Zdbiczno
Szwecja
Złotów
(Flatow)
Sypniewo
Więcbork
(Vandsburg)
Mąkowarsko
Sośno
Tarnówka
Krajenka
(Krojanke)
Łobżonka
Wąwelno
Wierzchucin
Królewski
Zabartowo
Buntowo
Jez. Sławianowskie
Łobżenica
Witosław
Mrocza
Głomia
Głubczyn
Krajeńskie
Wysoka
(Wissek)
Wyrzysk
(Wirsitz)
Liszkowo
Sadki
Wojnowo
Szydłowo
Piła
(Schneidemühl)
Śmiłowo
Grabowno
Białośliwie
Nakło
n. Notecią
(Nakel)
Ślesin
Kan. Bydgoski
Łochowo
Potulice
Noteć
Paterek
Osiek
n. Notecią
Miasteczko
Krajeńskie
Kaczory
Ujście
Biała
Kowalewko
Samoklęski
Małe
Rynarzewo
Szamocin
Smogulec
Sierniki
Szubin
Chodzież
(Kolmar)
Margonin
Kcynia
(Exin)
Królikowo
Kruszewo
Sarbia
Czarnków
Gołańcz
Pawłowo
Żońskie
Wapno
Brzyskorzystew
Budzyń
Wyszyny
Słębowo
Murczyn
Łekno
Żnin
Damasławek
Bożejewice
Wenecja
Połajewo
Ryczywół
Wągrowiec
(Wongrowitz)
Rąbczyn
Biskupin
Żerniki
Archäologisches
Reservat
Gąsawa
Janowiec Wlkp.
Mieścisko
Rogowo
Rogoźno
Popowo
Kościelne
Łopienno
Niestronno
Parkowo
Roénowo
Skoki
Ryszewo
0
20 km
1:850.000

Szlachta
C
D
Bory
Tucholskie
Głuche
Smętowo
Kwidzyn (Marienwerder)
Prabuty (Riesenburg)
Osiek
Opalenie
Śliwice
Wda
Nowe (Neuenburg)
Nebrowo Wielkie
Wandowo
Brzozowe Błota
Trumieje
Tleń
Osie
Warlubie
Wielki Komórsk
Gardeja
Tuchola (Tuchel)
Cekcyn
Jez. Wierzchy
Lniano
Wysoka
Bysław
Krąplewice
Drzycim
Łaskowice
Górna Grupa
Kłódka
Rogóźno
Łasin (Lessen)
Wielka Tymawa
Grudziądz (Graudenz)
Lubiewo
Krupocin
Plewno
Gruta
Osa
Świekatowo
Bukowiec
Świecie (Schwetz)
Podwiesk
Okonin
Radzyń Chełmiński
Jabłonowo Pomorskie (Gosslershausen)
Jez. Koronowskie
Serock
Różanna
Paparzyn
Zielnowo
Kujawsko-Pomorskie
Pruszcz
Chełmno (Kulm)
Stolno
Nowa Wieś Królewska
Książki
Koronowo (Crone)
Brda
Zbrachlin
Lisewo
Wąbrzeźno (Briesen)
Dobrcz
Wisła (Weichsel)
Kokocko
Żygląd
Jez. Wieczno
Niedźwiedź
Włóki
Pojezierze Chełmińskie
Maksymilianowo
Unisław
Chełmża (Kulmsee)
Orzechowo
Wrocki
Dąbrowa Chełmińska
Wybcz
Nawra
Jez. Chełmżyńskie
Lipnica
Ostromecko
Łubianka
Grzywna
Kowalewo Pomorskie (Schönsee)
Bydgoszcz (Bromberg)
Zławieś Wielka
Łysomice
Golub-Dobrzyń (Gollub)
Radomin
Białe Błota
Solec Kujawski
Przyłubie
Górsk
Elgiszewo
Drwęca
Brzoza
Puszcza Bydgoska
Toruń (Thorn)
Sitno
Dobrzejewice
Pojezierze Dobrzyńskie
Wiki
Złotoria
Zbójno
Nowa Wieś Wielka
Nieszawka
Mittelalterliche Stadt
Łabiszyn
Steklin
Rojewo
Osiek
Kikół
Złotniki Kujawskie
Gniewkowo
Aleksandrów Kujawski
Ciechocinek
Dźwierzchno
Barcin
Jaksice
Murzynno
Słuéewo
Nieszawa
Lipno
Parchanie
Stanomin
Raciążek
Pakość
Brudnowo
Waganiec
Inowrocław (Hohensalza)
Bobrowniki
Janikowo
Zakrzewo
Dąbrowa
Pieranie
Ujma Duża
Tupadły
Kan. Bachorze
Kazimierzewo
Fabianki
Noteć
Jez. Pakoskie
Dobre
Wieniec
Szpetal Górny

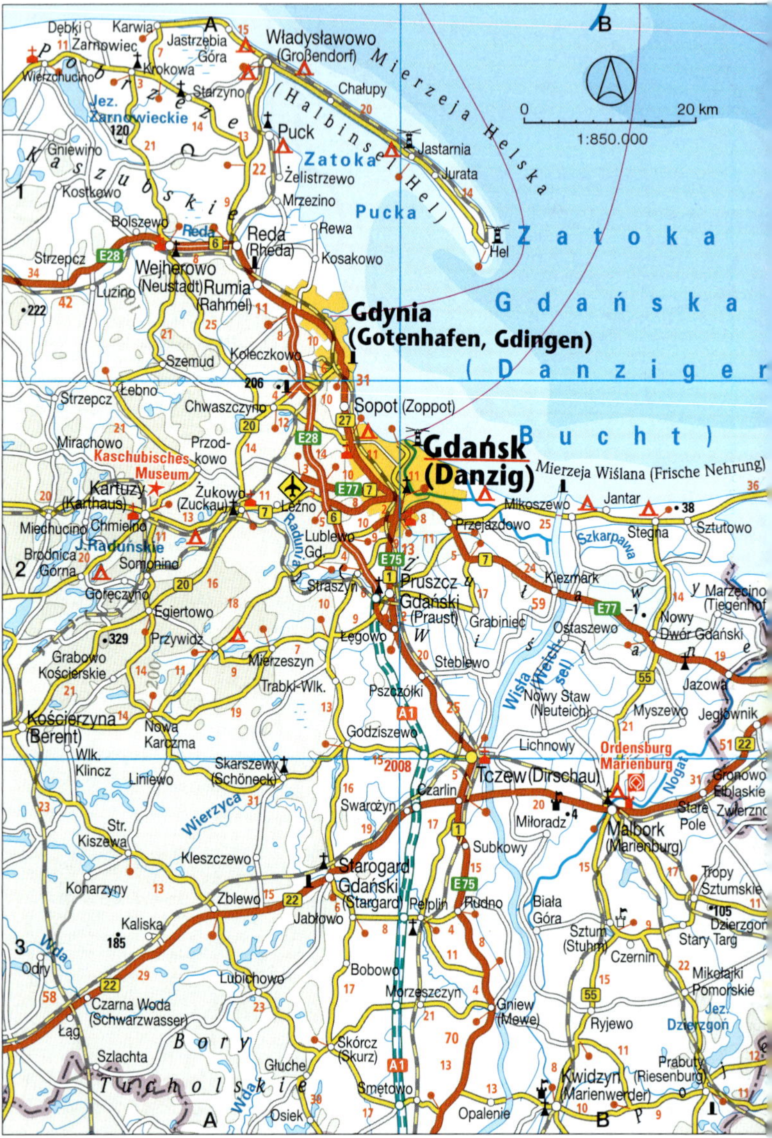
Władysławowo (Großendorf)
Mierzeja Helska (Halbinsel Hel)
Zatoka Pucka
Puck
Jastarnia
Jurata
Hel
Zatoka Gdańska (Danziger Bucht)
Gdynia (Gotenhafen, Gdingen)
Sopot (Zoppot)
Gdańsk (Danzig)
Mierzeja Wiślana (Frische Nehrung)
Wejherowo (Neustadt)
Rumia (Rahmel)
Reda (Rheda)
Kartuzy (Karthaus)
Kaschubisches Museum
Żukowo (Zuckau)
Pruszcz Gdański (Praust)
Tczew (Dirschau)
Ordensburg Marienburg
Malbork (Marienburg)
Starogard Gdański (Stargard)
Kościerzyna (Berent)
Nowy Staw (Neuteich)
Nowy Dwór Gdański
Marzęcino (Tiegenhof)
Skarszewy (Schöneck)
Czarna Woda (Schwarzwasser)
Skórcz (Skurz)
Gniew (Mewe)
Kwidzyn (Marienwerder)
Prabuty (Riesenburg)
Sztum (Stuhm)
Bory Tucholskie
Pojezierze Kaszubskie
Jez. Żarnowieckie
J. Raduńskie
Jez. Dzierzgoń
Wisła (Weichsel)
Nogat
Wierzyca
Wda
Radunia
Szkarpawa
Żuławy Wiślane
Mikoszewo
Jantar
Stegna
Sztutowo
Pelplin
Subkowy
Miłoradz
Stare Pole
Dzierzgoń
Stary Targ
Mikołajki Pomorskie
Ryjewo
Opalenie
Smętowo
Osiek
Gołuchowo
Szlachta
Łąg
Odry
Kaliska
Zblewo
Lubichowo
Bobowo
Morzeszczyn
Jabłowo
Rudno
Biała Góra
Czernin
Konarzyny
Kleszczewo
Str. Kiszewa
Wlk. Klincz
Liniewo
Nowa Karczma
Godziszewo
Swarożyn
Czarlin
Pszczółki
Steblewo
Grabiniec
Ostaszewo
Lichnowy
Myszewo
Jazowa
Jegłownik
Gronowo Elbląskie
Tropy Sztumskie
Trąbki Wlk.
Mierzeszyn
Przywidz
Egiertowo
Goręczyno
Grabowo Kościerskie
Brodnica Górna
Somonino
Chmielno
Miechucino
Mirachowo
Przodkowo
Strzepcz
Łebno
Szemud
Chwaszczyno
Koleczkowo
Luzino
Bolszewo
Kostkowo
Gniewino
Krokowa
Żarnowiec
Dębki
Karwia
Jastrzębia Góra
Wierzchucino
Starzyno
Chałupy
Żelistrzewo
Mrzezino
Rewa
Kosakowo
Lubiewo Gd.
Straszyn
Łęgowo
Leźno
Przejazdowo
Kiezmark
E28
E77
E75
A1
1:850.000
0
20 km

C
D
Kaliningrad
(Königsberg)
Pereslavskoe
Petrovo
Baevka
Kruglovo
Gurjevsk
Primorsk
Ljublino
Lesnoe
Svetlyj
Vzmor'e
Pregol'a
Lugovoe
Baltijsk
(Pillau)
Pribrežnyj
Lesnoj
Travemünde
Ribačij
Baltijskaja kosa
Kaliningradskij zaliv
Jablonevka
Semenovo
Novo-
moskovskij
Svetloe
Prohladnaja
Nivenskoe
Laduškin
Čechovo
Veseloe
Medovoe
Slavskoe
Tišino
Pjatidorožnoe
Gvardejskoe
Krasnoznamenskoe
Nowa
Karczma
Mamonovo
(Heiligenbeil)
Kornevo
Majskaja
Pasłęka
Pograničnoe
Bogatovo
Dolgorukovo
Bagrationovsk
(Preuß. Eylau)
Gronowo
Żelazna Góra
Głębock
Krynica
Morska
Zalew Wiślany (Frisches Haff)
Frombork
(Frauenburg)
Braniewo
(Braunsberg)
Toprzyny
Bezledy
Tolkmicko
(Tolkemit)
Lelkowo
Kandyty
Górowo
Iławeckie
Piotrowiec
Płoskinia
Pogrodzie
Chruściel
Wałsza
Zięby
Rubno
Wielkie
Tolko
Milejewo
Pakosze
Pieniężno
(Mehlsack)
Pieszkowo
Samolubie
Młynary
(Mühlhausen)
Nowica
Łyna
Kamiennik
Wielki
Elbląg (Elbing)
Spędy
Babiak
Słobity
Orneta
(Wormditt)
Warmińsko
Pasłęk
(Preuß. Holland)
Burdajny
Wolnica
Łaniewo
Lidzbark
Warmiński
(Heilsberg)
Komorowo
Żuławskie
Lubomino
Kan. Elbląski
Surowe
Markowo
Miłakowo
(Liebstadt i. O.)
Smolajny
Dobre Miasto
Rychliki
Kalnik
Wilczkowo
Radostowo
Kwietniewo
Drulity
Marzewo
Mazurskie
Kwiecewo
Barcikowo
Morąg
(Mohrungen)
Jez. Narie
Małdyty
Kalisty
Tuławki
Kronowo
Jez.
Ruda Woda
Jez.
Wadąg
Przezmark
Zawroty
Jonkowo
Dywity
Barczewo
Zalewo
(Saalfeld)
Stary
Dzierzgoń
(Christburg)
Łukta
Gledajty
Olsztyn
(Allenstein)
Boreczno
Jerzwałd
Kamieniec
Miłomłyn
(Liebenmühl)
Jez.
Szeląg
Wielki
Gietrzwałd
Jez.
Jeziorak
Klewki
Pojezierze
A193
A229
A194
A195
A196
S22
54
51
7
E77
16
53

A
B
163
170
152
Połczyn-Zdrój
(Bad-Polzin)
Swidwin
172
171
1
Barwice
(Bärwalde)
Brusno
Jez. Koprzywno
Klokowo
Tal der
fünf Seen
Wola Góra
219
Jez. Dębno
Czarnkowie
173
DRAWSKI
PARK
KRAJOBRAZOWY
(Drawsko-Landschaftspark)
Jez. Kolbackie
2
J. Siecino
Stare Drawsko
J. Komorze
Jez. Dolgie
Wielkie
Szczecinek,
Borne Sulinowo
Rzepowo
20
J. Drawsko
Cieszyno
Piaseczno
Czaplinek
(Tempelburg)
Siemczyno
Jez. Czaplino
Drawsko
Pomorskie
J. Wilczkowo
Bobrowo
Złocieniec
(Falkenburg)
Wasosz
Jez. Krzemno
3
Jez. Wasosze
177
0
5 km
163

A
B
0
5 km
1
2
3
KASZUBSKI
PARK
KRAJOBRAZOWY
(Kaschubischer Landschaftspark)
Łeba
J. Kamienniecki
Mirachowo
Sianowo
J. Sianowskie
214
Sierakowice
211
J. Łapalickie
Kartuzy
Garcz
Łapalice
J. Białe
Chmielno
J. Rekowo
1
J. Kłodno
228
J. Raduńskie Dolne
Rębószewo
Złota Góra
J. Wielkie Brodno
Brodnica Dolna
Jastrzębia Góra
Ostrzyce
(Ostrich)
J. Ostrzyckie
2
3
J. Raduńskie Górn
J. Patulskie
Wieżyca
Wieżyca Góra
Szymbark
Kaschubische Volkshochschule
Freilicht-museum Sägewerk
Gołubie
Stężyca
J. Stężyckie
J. Dąbrowskie
20
1 Tamowar
2 Stolemek
3 U Stolema
Kaschubische Straße

Legende Atlas

A10 E55 159 Straßennummern
Road numbers

Autobahn / im Bau
Motorway / under construction

Schnellstraße / im Bau
Dual carriageway / under construction

Fernstraße
Major route

Nebenstraße
Secondary road

Sonstige Straße
Other road

Fahrweg / Pfad
Track / Path

130 10 130 10 Entfernung in Kilometern
Distance in kilometres

Eisenbahn
Railway

Staatsgrenze / Grenzübergang
International boundary / border crossing

Wojewodschaftsgrenze
Voivodship boundary

Nationalpark
National park

Sperrgebiet
Restricted area

Burg, Festung sehenswert
Castle, Fortress of interest

Kloster sehenswert
Monastery of interest

Sonstige Sehenswürdigkeit
Other point of interest

Aussichtspunkt
Viewpoint

Campingplatz
Camping site

Leuchtturm
Lighthouse

Internationaler Flughafen
International airport

Naturpark
Nature reserve

Skrzyczne 1257 Berg (Höhe in m)
Mountain (height in m)

Dukla Besuch empfohlen von Reise Know-How
Recommended by Reise Know-How